8,000 Differences

Between the N.T. Greek Words
of the King James Bible
and the Modern Versions

A Scholarly Research Document

By Dr. J. A. Moorman
London, England

Published Jointly By:

THE BIBLE FOR TODAY
and
THE DEAN BURGON SOCIETY
900 Park Avenue & P. O. Box 354
Collingswood, New Jersey 08108
U.S.A.

Phone: 856-854-4452
Orders: 1-800-John 10:9
FAX: 856-854-2464

E-mail: BFT@BibleForToday.org
Website: www.BibleForToday.org
And
E-mail: DBS@DeanBurgonSociety.org
Website: www.DeanBurgonSociety.org

October, 2006
#3084

ISBN #1-56848-054-7

Œditor's Foreword

The Need For This Book. Several years ago Dr. J. A. Moorman completed his extensive work, *Eight Thousand Differences Between the Textus Receptus New Testament Greek and the Nestle-Aland New Testament Greek*. It represents hundreds of hours of technical work on the part of the author. We are privileged to have him as a member of our Dean Burgon Society Executive Committee. This 544-page scholarly work should be in the libraries, in the hands, and in the minds of all Bible-believing Christians, including parents, pastors, professors, and Bible-translators worldwide. It should be carried in all Christian bookstores as well.

The Bible Preservation Position of This Book. The **Bible For Today** and the **Dean Burgon Society** have united in the publishing of this monumental and important work. It is therefore a joint publication. Both of these organizations join with the Dr. Moorman in believing firmly, not only in the Verbal Plenary Inspiration (VPI) of the original Hebrew, Aramaic, and Greek Words of the Bible, but also in the Verbal Plenary Preservation (VPP) of those original Hebrew, Aramaic, and Greek Words. Both organizations believe that these Verbal Plenary Preserved Words are the Words which underlie the King James Bible. Though the former belief (VPI) is claimed to be held currently by virtually all Fundamentalist groups, sad to say, the latter belief (VPP) has been denied by many Fundamentalist colleges, universities, seminaries, churches, and pastors. This same denial is made by New Evangelical, Liberal, and Roman Catholic groups.

The Vindication of This Book. It is also falsely taught by these same Fundamentalist leaders that there are very few differences between the New Testament Greek texts of Westcott and Hort, Nestle/Aland, or United Bible Societies and the Greek Words underlying our King James Bible. Here is a tabulation of over 8,000 differences between these two kinds of Greek New Testament texts. The differences are in the Greek Words, but the English translations are also given to show where the changes affect translation. Some of the Greek differences do not affect the English translation, but they are differences nonetheless. There are over 356 of these differences that affect Bible doctrines in one way or another.

Dr. Moorman's Other Titles. The following is a list of fourteen other titles by Dr. Moorman available either from the **Bible For Today** or the **Dean Burgon Society**. Please add at least $4.00 or 15% for shipping.

Videos and Audios

The Doctrinal Heart of the Bible--Removed from Modern Versions
(#2726VHS, $15.00)
Why We Defend The K.J.B. And The Textus Receptus
(#1878/1-2, Cassettes, $7.00)

Shorter Works

Perhaps Today--Bible Teaching On Christ's Return (#1940, 2 pp., $1.00)
Psalm 12:6-7 And Bible Preservation (#2524, 5 pp., $1.00)

Longer Works (In Order of Size)

1 John 5:7-8 Defended As Genuine--Part Of #1617 (#2249, 15 pp., $2.00)
Samuel P. Tregelles and the Critical Text (#3195, 16 pp., $2.00)
Conies, Brass, And Easter--KJB Problems Answered (#1737, 38 pp., $4.00)
Modern Bibles--the Dark Secret (#2623, 48 pp., $3.00)
Missing In Modern Bibles--Nestle-Aland & NIV Errors
(#1726, 83 pp., $8.00)
356 Doctrinal Passages in the NIV and Other Modern Versions
(#2956, 100 pp., $10.00)
Early Manuscripts And The A.V.--A Closer Look (#1825, 157 pp., $15.00)
Hodges & Farstad's So-called "Majority" Text Refuted By Evidence
(#1617, 160 pp., $16.00)
Forever Settled--Bible Documents & History Survey
(#1428, 217 pp., $21.00)
Early Manuscripts, Church Fathers & the Authorized Version
[This title combines #1726, #2956, and #1825 above]
(#3230, 456 pp., $18.00)
Sincerely yours,

D. A. Waite

DAW/w

Pastor D. A. Waite, Th.D., Ph.D.
Director, **The Bible For Today**, Inc.
President, **The Dean Burgon Society**, Inc.

Table of Contents

HOW MANY DIFFERENCES
In the AV and Modern Version Texts?

The following Greek-English list extending to over 500 pages, shows every place where words and passages of the Modern Version Greek Text (Nestle-Aland 26,27) differ from those of the Received Text that underlies the Authorized Version.

There are 8,032 variation units! A variation unit may consist of a single word or many words – and at times entire verses.

A variation unit may involve –
- the spelling of a word
- substitution by different words
- interchange of the same words in a sentence
- frequently, the removal of words
- at times, the addition of words

Therefore a variation unit may comprise anything from one word to many verses, for example, the last eleven verses of Mark 16. Its length is determined by manuscript evidence showing it to be a unit that could not readily be divided into further parts.

Where it is "only" the spelling of a word, it will still affect the sound of the word and frequently the inflection and structure of the Greek sentence. When we believe that "*all* Scripture is given by inspiration of God" (II Tim. 3:16), and that "*every* word of God is pure" (Prov. 30:5), questions will not be raised as to which differences are "significant" or "insignificant". If this is how God breathed His Word out, then it is significant! Further, a denial of the Scripture's teaching concerning its own verbal preservation will weaken belief in verbal inspiration, for then certainty is lost as to which and how many of the words are inspired.

The variation will often affect the English translation. Where the variation is not translatable, a search of the list will show that the underlying text is frequently weakened or lessened in some way. This is much like having green grass, but with the root structure beneath weakened. Where the differences are translatable, the English of the AV governs the translation. In this way like is compared with like.

The Received Text-Scrivener Edition

The different editions of the Received Text represent the vast majority of Greek and versional manuscripts. Well over 90% of manuscript witness supports this text that underlies the King James Version. Most of the rest is mixed, but even here substantial support can be found for the TR. Therefore whether it was the editions of the Elzevir brothers (1624,33,41) that were popular on the Continent, or those of Robert Stephens (1546,49,50,51), accepted as the standard in English speaking countries, the Received Text was the text *received* around the world. Though based on each other, the different editions are not carbon copies; they have slight differences and are to a certain extent independent productions.

In its printed form, the Traditional Text in the editions of Erasmus (1516,19,22,27,35), paved the way for nearly a century of textual preparation leading to the publication of the King James Bible.

A very brief outline of this preparation can be seen in the following:

1. Erasmus' 1519 edition provided the basis for Luther's German translation. While William Tyndale followed Erasmus' 1519 and 1522 editions.

2. Erasmus' 1527,35 editions contained some changes from the Complutensian Polyglot (1514).

3. Simon Colinaeus (1534) published an edition based on Erasmus and the Complutensian.

4. Robert Stephens, the stepson of Colinaeus, published four editions (1546,49,50,51). His edition of 1550, known as the "royal edition" followed the text of Erasmus' 1527 and 1535 editions. The 1550 also contained marginal readings from the Complutensian. Stephens' 1551 Geneva edition reprinted the 1550 text and inserted for the first time the current verse divisions.

5. In Geneva, Theodore Beza published a total of ten folio (large page) and octavo (small page) editions. After a Latin translation (1556), his four folio editions (1565,82,88,98) became especially influential. These were based on the Stephens' 1550,51 with some changes and notes. Beza's last two octavo editions were published in 1590 and 1604, and his 1565 edition was the primary base for the later editions of the Elzevir brothers.[1]

Of Beza's 1598 edition, Scrivener says:

---

[1] The New Testament, *The Greek Text Underlying the English Authorised Version of 1611*, (London: Trinitarian Bible Society, 1997), Preface.

Between 1598 and 1611 no important editions appeared; so that Beza's fifth and last text of 1598 was more likely than any other to be in the hands of the King James revisers, and to be accepted by them as the best standard within their reach. It is moreover found on comparison to agree more closely with the Authorised Version than any other Greek text.[2]

Regarding places where the AV does not follow Beza, Scrivener says:

All variations from Beza's text of 1598, in number about 190, are set down in an Appendix at the end of the volume, together with the authorities on which they respectively rest.[3]

These 190 differences for the entire New Testament, many of which are very small, are a striking demonstration of the narrow limits of variation within the Received Text tradition. There is, in fact, just enough variation to show the *independence* of the witnesses. Their work reflects a refining process in the providential preservation of the Word of God. Compare this with the more than 3000 textual differences in the Gospels alone between Aleph and B the two pillars (!) of the modern version text, not to mention the great disparity between the other "witnesses" to the Critical text.

Scrivener revised Beza's edition of 1598 to the Authorised Version. It was first published in 1881 as *The New Testament in Greek According to the Text Followed in the Authorised Version,* and is the edition most in use today.

The God-consciousness and reverence for the Scriptures of these early Received Text editors is in complete contrast to the unbelief and rationalism, which characterises nearly all the editors of the critical text.

Edward F. Hills explains how a belief in the Bible's preservation marked the labours of Erasmus, Stephanus and Beza:

But in their actual editing and printing of the New Testament they were guided by the common faith in the Received Text. For in their appeal to the New Testament against the errors of the papacy and the Roman Catholic doctrinal system these Reformers were not introducing a novelty but were falling back on a principle which long before the Reformation had been acknowledged by everyone. For centuries it had been commonly believed that the currently received New Testament text, primarily the Greek text and secondarily the Latin text, was the True New Testament Text which had been preserved by God's special providence. It was out of this common faith, therefore, that the printed Textus Receptus was

---

[2] Frederick H. A. Scrivener, *Scrivener's Annotated Greek New Testament,* (Collingswood, New Jersey: Dean Burgon Society Press, 1999), p, viii.
[3] *Ibid.* p. ix.

born through the editorial labours of Erasmus and his successors under the guiding hand of God.[4]

"A Single Sheet of Paper"

After completing this list of variations, and in order to check it further, I am grateful to George Curry for producing a computer-generated comparison of the Received Text (Scrivener Edition) and the Nestle-Aland Text.

In the following, sample pages from his printout show the 12th chapters of six New Testament books. The underlined words are those of the Received Text, the crossed out is the Nestle-Aland variant. The vertical markings beside the text show where a line of Scripture is affected. *Most of the lines of the New Testament text are affected to some extent!* Here then is a further and graphic example of how substantial the problem is.

Speaking of the revised Greek text, F. J. A. Hort claimed that "the amount of what can in any sense be called substantial variation is but a small fraction of the whole residuary variation, and can hardly form more than a thousandth part of the entire text".[5] Since Hort's day, many have latched on to this and made the further claim that these differences could be contained on one page.

Note a recent example:

> To put this "thousandth part of the entire text" into perspective, I am looking at the last page of my Greek New Testament. It is numbered 895. Hort's estimate means that if all of the substantial variation between the families was grouped together in one place it would combine to occupy less than one page of my entire Testament.[6]

We wonder if those making and repeating this claim really mean to be taken seriously. It is indeed the opposite!

The Critical Text Still Bound to Aleph and B

The impression is also given that the Nestle-Aland text underlying modern Bibles is an *eclectic* text "drawn from all the best manuscript sources". In fact it is only slightly less bound to Aleph and B (codices Sinaiticus and Vaticanus) than it was at the time of Westcott and Hort. I have counted 214 instances where their text departs from a reading on which Aleph and B unite. After subtracting the

---

[4] Edward F. Hills, *The King James Version Defended*, (Des Moines, Iowa: The Christian Research Press, 1984), pp. 62,63.
[5] F. J. A. Hort, *The New Testament in the Original Greek*, (Cambridge: Macmillan and Co., 1882),II,2.
[6] Mark Minnick, "Let's Meet the Manuscripts", *From the Mind of God to the Mind of Man*, James B. Williams ed., (Greenville, South Carolina: Ambassador-Emerald International, 1999), pp. 85,86.

portions missing from the Vaticanus MS, these 214 departures are spread over 599 pages of Greek text in N/A 26,27. This is only about one departure for every 35 verses.

In fact Textual Criticism's use of the term "eclecticism" betrays the fundamental problem it faces: the *disparity* among the few Alexandrian manuscripts to which it is committed. It is precisely because of this disparity that they must exercise their eclectic faculties. Where, however, Aleph and B unite, it still remains as Hort declared back in 1881:

> It is our belief ...that the readings of Aleph B should be accepted as the true
> readings until strong internal evidence is found to the contrary...[7]

Once Textual Criticism made Aleph and B the primary pillars of its text, all energy thereafter was spent: (1) creating tailor-made theories of the text agreeable to Aleph and B, (2) searching the great mass of manuscripts for any traces of supporting evidence: (3) preparing editions in which evidence, for example, from the Fathers or Syriac Peshitta etc., is made to favour Aleph and B. On this last point notice how Bruce Metzger insists that the Scripture quotations of the early church fathers must be *reconstructed*!

> What is of far greater help to the textual critic is the reconstruction of the New Testament
> text used by an individual father.[8]

The very few manuscripts that lend support to this shorter and doctrinally weaker text are limited primarily to Alexandria and Egypt. The problem that this poses for Textual Criticism is seen in the following:

> They are keenly aware of the problems which arise from the fact that our earliest Greek
> evidence is generally derived from manuscripts and fathers of solely Egyptian provenance.
> Again in harmony with a number of other textual scholars they have no ready specific for the
> resolution of this problem and its ramifications in method.[9]

"The Harder Reading is Preferred"

Along with "the shorter reading is preferred", a number of other aspects of the Westcott and Hort textual theory were clearly tailor-made to fit the negative characteristics of Aleph and B.

As one goes through the long list of variations it becomes apparent as to why *"the harder reading is to be preferred"* became a canon in the Westcott and Hort theory. What "harder", of course, means is that the reading in Aleph and B is defective in sense, or historical accuracy, or grammatical form. The following

---

[7] *The New Testament in the Original Greek*, p.225.
[8] Bruce M. Metzger, *The Text of the New Testament*, (Oxford: The Clarendon Press, 1968), p. 172.

[9] J.Neville Birdsall, "Reviews", *Journal of Theological Studies*, (1996), p.638.

gives some examples from the Nestle-Aland text:

"Abia begat Asaph" rather than "Asa". Mt. 1:7

"Manasses begat Amos" rather than "Amon". Mt. 1:10

"...until this day, [day]". Repetition of "day". Mt. 28:15

"did strike him with the palms of their hands," becomes "did take him with the palms of their hands." Mk. 14:65

"Which of you shall have an ass or an ox fallen into a pit", becomes "a son or an ox." Lk. 14:5

"gave his only begotten Son", becomes "gave the only begotten son". Pronoun also missing in verse 17. Jhn. 3:16,17

"Barnabas and Saul returned from Jerusalem, when they had fulfilled their ministry, and took with them John", becomes "returned to Jerusalem". Acts 12:15

"but the Spirit suffered them not," becomes "the Spirit of Jesus." Acts 16:7

"And they drew Alexander out of the multitude," becomes "they instructed Alexander." Acts 19:33

"more than ten days", becomes "not more than eight or ten days". Acts 25:6

"let him be ignorant", becomes "he is ignored". I Cor. 14:38

"a spiritual body", becomes "a spiritual". I Cor. 15:44

"Stand fast therefore in the liberty wherewith Christ hath made us free", becomes "it is for liberty that Christ hath made us free. Therefore stand fast". Gal. 5:1

"That he might present it to himself", becomes "that he might present himself to himself". Eph. 5:27

"we were gentle among you", becomes "we were simple". I Thess. 2:7

"If any man or woman that believeth have widows", becomes "if any woman that believeth have widows", I Tim. 5:16

"keepers at home", becomes "workers at home". Titus 2:5

"scoffers", becomes "scoffers scoffing". II Pet. 3:3

"unto living fountains of waters", becomes "unto fountains of waters of life", Rev. 7:17

"God shall wipe away all tears from their eyes", becomes "...out of their eyes". Rev. 7:17

"an angel...saying with a loud voice", becomes "an eagle...saying with a loud voice". Rev. 8:13

"the court which is without the temple leave out", becomes "the court which is without the temple leave outside." Rev. 11:2

"And their dead bodies", (the two witnesses), becomes "And their dead   body". Rev. 11:8. Also singular in verse 9.

"He that leadeth into captivity", becomes "he that into captivity". Rev. 13:10

"I heard another out of the altar say", becomes "I heard of the altar say". Rev. 16:7

The seven angels rather than their vials are said to be "full of the seven last plagues". Rev. 21:9

"the names of the twelve apostles", becomes "the twelve names of the twelve apostles". Rev. 21:14

Computer-Generated Comparison
Matthew 12

40N 11 20 τοτε ηρξατο ονειδιζειν τας πολεις εν αις εγενοντο αι πλεισται δυναμεις αυτου οτι ου μετενοησαν

40N 11 21 ουαι σοι χοραζιν ουαι σοι βηθσαιδα οτι ει εν τυρω και σιδωνι εγενοντο αι δυναμεις αι γενομεναι εν υμιν παλαι αν εν σακκω και σποδω μετενοησαν

40N 11 22 πλην λεγω υμιν τυρω και σιδωνι ανεκτοτερον εσται εν ημερα κρισεως η υμιν

40N 11 23 και συ ~~καφαρναουμ μη εως ουρανου υψωθηση εως αδου καταβηση~~καπερναουμ η εως του ουρανου υψωθεισα εως αδου καταβιβασθηση οτι ει εν σοδομοις ~~εγενηθησαν~~εγενοντο αι δυναμεις αι γενομεναι εν σοι ~~εμεινεν~~εμειναν αν μεχρι της σημερον

40N 11 24 πλην λεγω υμιν οτι γη σοδομων ανεκτοτερον εσται εν ημερα κρισεως η σοι

40N 11 25 εν εκεινω τω καιρω αποκριθεις ο ιησους ειπεν εξομολογουμαι σοι πατερ κυριε του ουρανου και της γης οτι <u>απ</u>εκρυψας ταυτα απο σοφων και συνετων και απεκαλυψας αυτα νηπιοις

40N 11 26 ναι ο πατηρ οτι ουτως <u>εγενετο</u> ευδοκια~~εγενετο~~ εμπροσθεν σου

40N 11 27 παντα μοι παρεδοθη υπο του πατρος μου και ουδεις επιγινωσκει τον υιον ει μη ο πατηρ ουδε τον πατερα τις επιγινωσκει ει μη ο υιος και ω εαν βουληται ο υιος αποκαλυψαι

40N 11 28 δευτε προς με παντες οι κοπιωντες και πεφορτισμενοι καγω αναπαυσω υμας

40N 11 29 αρατε τον ζυγον μου εφ υμας και μαθετε απ εμου οτι ~~πραυς~~<u>πραος</u> ειμι και ταπεινος τη καρδια και ευρησετε αναπαυσιν ταις ψυχαις υμων

40N 11 30 ο γαρ ζυγος μου χρηστος και το φορτιον μου ελαφρον εστιν

40N 12 1 εν εκεινω τω καιρω επορευθη ο ιησους τοις σαββασιν δια των σποριμων οι δε μαθηται αυτου επειναμαν και ηρξαντο τιλλειν σταχυας και εσθιειν

40N 12 2 οι δε φαρισαιοι ιδοντες ~~ειπαν~~ειπον αυτω ιδου οι μαθηται σου ποιουσιν ο ουκ εξεστιν ποιειν εν σαββατω

40N 12 3 ο δε ειπεν αυτοις ουκ ανεγνωτε τι εποιησεν ~~δαυιδ~~δαβιδ οτε επεινασεν <u>αυτος</u> και οι μετ αυτου

40N 12 4 πως εισηλθεν εις τον οικον του θεου και τους αρτους της προθεσεως ~~εφαγον~~ ~~ος~~εφαγεν ους ουκ εξον ην αυτω φαγειν ουδε τοις μετ αυτου ει μη τοις ιερευσιν μονοις

40N 12 5 η ουκ ανεγνωτε εν τω νομω οτι τοις σαββασιν οι ιερεις εν τω ιερω το σαββατον βεβηλουσιν και αναιτιοι εισιν

40N 12 6 λεγω δε υμιν οτι του ιερου ~~μειζον~~μειζων εστιν ωδε

40N 12 7 ει δε εγνωκειτε τι εστιν ~~ελεος~~ελεον θελω και ου θυσιαν ουκ αν κατεδικασατε τους αναιτιους

40N 12 8 κυριος γαρ εστιν <u>και</u> του σαββατου ο υιος του ανθρωπου

40N 12 9 και μεταβας εκειθεν ηλθεν εις την συναγωγην αυτων

40N 12 10 και ιδου ανθρωπος <u>ην την</u> χειρα εχων ξηραν και επηρωτησαν αυτον λεγοντες ει εξεστιν τοις σαββασιν ~~θεραπευσαι~~θεραπευειν ινα κατηγορησωσιν αυτου

40N 12 11 ο δε ειπεν αυτοις τις εσται εξ υμων ανθρωπος ος εξει προβατον εν και εαν εμπεση τουτο τοις σαββασιν εις βοθυνον ουχι κρατησει αυτο και εγερει

40N 12 12 ποσω ουν διαφερει ανθρωπος προβατου ωστε εξεστιν τοις σαββασιν καλως ποιειν

40N   12   13   τοτε λεγει τω ανθρωπω εκτεινον~~σου~~ την χειρα <u>σου</u> και εξετεινεν και ~~απεκατεσταθη~~<u>αποκατεσταθη</u> υγιης ως η αλλη

40N   12   14   ~~εξελθοντες δε οι~~<u>οι δε</u> φαρισαιοι συμβουλιον ελαβον κατ αυτου <u>εξελθοντες</u> οπως αυτον απολεσωσιν

40N   12   15   ο δε ιησους γνους ανεχωρησεν εκειθεν και ηκολουθησαν αυτω ~~[οχλοι]~~<u>οχλοι</u> πολλοι και εθεραπευσεν αυτους παντας

40N   12   16   και επετιμησεν αυτοις ινα μη φανερον αυτον ποιησωσιν

40N   12   17   ~~ινα~~<u>οπως</u> πληρωθη το ρηθεν δια ησαιου του προφητου λεγοντος

40N   12   18   ιδου ο παις μου ον ηρετισα ο αγαπητος μου εις ον ευδοκησεν η ψυχη μου θησω το πνευμα μου επ αυτον και κρισιν τοις εθνεσιν απαγγελει

40N   12   19   ουκ ερισει ουδε κραυγασει ουδε ακουσει τις εν ταις πλατειαις την φωνην αυτου

40N   12   20   καλαμον συντετριμμενον ου κατεαξει και λινον τυφομενον ου σβεσει εως αν εκβαλη εις νικος την κρισιν

40N   12   21   και <u>εν</u> τω ονοματι αυτου εθνη ελπιουσιν

Mark 12

41N   12   16   οι δε ηνεγκαν και λεγει αυτοις τινος η εικων αυτη και η επιγραφη οι δε ~~ειπαν~~<u>ειπον</u> αυτω καισαρος

41N   12   17   ~~ο δε~~<u>και αποκριθεις ο</u> ιησους ειπεν αυτοις <u>αποδοτε</u> τα καισαρος~~αποδοτε~~ καισαρι και τα του θεου τω θεω και ~~εξεθαυμαζον~~<u>εθαυμασαν</u> επ αυτω

41N   12   18   και ερχονται σαδδουκαιοι προς αυτον οιτινες λεγουσιν αναστασιν μη ειναι και ~~επηρωτων~~<u>επηρωτησαν</u> αυτον λεγοντες

41N   12   19   διδασκαλε μωσης εγραψεν ημιν οτι εαν τινος αδελφος αποθανη και καταλιπη γυναικα και <u>τεκνα</u> μη αφη~~τεκνον~~ ινα λαβη ο αδελφος αυτου την γυναικα <u>αυτου</u> και εξαναστηση σπερμα τω αδελφω αυτου

41N   12   20   επτα <u>ουν</u> αδελφοι ησαν και ο πρωτος ελαβεν γυναικα και αποθνησκων ουκ αφηκεν σπερμα

41N   12   21   και ο δευτερος ελαβεν αυτην και απεθανεν ~~μη καταλιπων~~<u>και ουδε αυτος αφηκεν</u> σπερμα και ο τριτος ωσαυτως

41N   12   22   και <u>ελαβον αυτην</u> οι επτα <u>και</u> ουκ αφηκαν σπερμα ~~εσχατον παντων και η γυνη απεθανεν~~<u>εσχατη παντων απεθανεν και η γυνη</u>

41N   12   23   εν τη <u>ουν</u> αναστασει ~~[οταν αναστωσιν]~~<u>οταν αναστωσιν</u> τινος αυτων εσται γυνη οι γαρ επτα εσχον αυτην γυναικα

41N   12   24   ~~εφη αυτοις ο ιησους~~<u>και αποκριθεις ο ιησους ειπεν αυτοις</u> ου δια τουτο πλανασθε μη ειδοτες τας γραφας μηδε την δυναμιν του θεου

41N   12   25   οταν γαρ εκ νεκρων αναστωσιν ουτε γαμουσιν ουτε ~~γαμιζονται~~<u>γαμισκονται</u> αλλ εισιν ως αγγελοι <u>οι</u> εν τοις ουρανοις

41N   12   26   περι δε των νεκρων οτι εγειρονται ουκ ανεγνωτε εν τη βιβλω ~~μωυσεως επι του βατου πως~~<u>μωσεως επι της βατου ως</u> ειπεν αυτω ο θεος λεγων εγω ο θεος αβρααμ και ~~[ο]~~<u>ο</u> θεος ισαακ και ~~[ο]~~<u>ο</u> θεος ιακωβ

41N   12   27   ουκ εστιν <u>ο</u> θεος νεκρων αλλα <u>θεος</u> ζωντων <u>υμεις ουν</u> πολυ πλανασθε

41N   12   28   και προσελθων εις των γραμματεων ακουσας αυτων συζητουντων ~~ιδων~~<u>ειδως</u> οτι καλως <u>αυτοις</u> απεκριθη~~αυτοις~~ επηρωτησεν αυτον ποια εστιν ~~εντολη πρωτη παντων~~<u>πρωτη πασων εντολη</u>

41N   12   29   ~~απεκριθη ο ιησους οτι πρωτη εστιν~~<u>ο δε ιησους απεκριθη αυτω οτι</u> <u>πρωτη πασων των εντολων</u> ακουε ισραηλ κυριος ο θεος ημων κυριος εις εστιν

41N   12   30   και αγαπησεις κυριον τον θεον σου εξ ολης της καρδιας σου και εξ ολης της ψυχης σου και εξ ολης της διανοιας σου και εξ ολης της ισχυος σου <u>αυτη πρωτη</u>

41N   12   31   ~~δευτερα~~και δευτερα ομοια αυτη αγαπησεις τον πλησιον σου ως σεαυτον μειζων τουτων αλλη εντολη ουκ εστιν

41N   12   32   και ειπεν αυτω ο γραμματευς καλως διδασκαλε επ αληθειας ~~ειπες~~ειπας οτι εις εστιν θεος και ουκ εστιν αλλος πλην αυτου

41N   12   33   και το αγαπαν αυτον εξ ολης της καρδιας και εξ ολης της συνεσεως και εξ ολης της ψυχης και εξ ολης της ισχυος και το αγαπαν τον πλησιον ως εαυτον ~~περισσοτερον~~πλειον εστιν παντων των ολοκαυτωματων και των θυσιων

41N   12   34   και ο ιησους ιδων [αυτον]αυτον οτι νουνεχως απεκριθη ειπεν αυτω ου μακραν ει απο της βασιλειας του θεου και ουδεις ουκετι ετολμα αυτον επερωτησαι

41N   12   35   και αποκριθεις ο ιησους ελεγεν διδασκων εν τω ιερω πως λεγουσιν οι γραμματεις οτι ο χριστος υιος ~~δαυιδ εστιν~~εστιν δαβιδ

41N   12   36   αυτος ~~δαυιδ~~γαρ δαβιδ ειπεν εν τω πνευματι τω αγιω ειπεν ο κυριος τω κυριω μου καθου εκ δεξιων μου εως αν θω τους εχθρους σου ~~υποκατω~~υποποδιον των ποδων σου

41N   12   37   αυτος ~~δαυιδ~~ουν δαβιδ λεγει αυτον κυριον και ποθεν υιος αυτου εστιν~~υιος~~ και [ο]ο πολυς οχλος ηκουεν αυτου ηδεως

41N   12   38   και ελεγεν αυτοις εν τη διδαχη αυτου~~ελεγεν~~ βλεπετε απο των γραμματεων των θελοντων εν στολαις περιπατειν και ασπασμους εν ταις αγοραις

41N   12   39   και πρωτοκαθεδριας εν ταις συναγωγαις και πρωτοκλισιας εν τοις δειπνοις

41N   12   40   οι κατεσθιοντες τας οικιας των χηρων και προφασει μακρα προσευχομενοι ουτοι ληψονται περισσοτερον κριμα

41N   12   41   και καθισας ο ιησους κατεναντι του γαζοφυλακιου εθεωρει πως ο οχλος βαλλει χαλκον εις το γαζοφυλακιον και πολλοι πλουσιοι εβαλλον πολλα

Luke 12

42N   12   42   ~~και ειπεν~~ειπεν δε ο κυριος τις αρα εστιν ο πιστος οικονομος ~~ο~~και φρονιμος ον καταστησει ο κυριος επι της θεραπειας αυτου του διδοναι εν καιρω [το]το σιτομετριον

42N   12   43   μακαριος ο δουλος εκεινος ον ελθων ο κυριος αυτου ευρησει ποιουντα ουτως

42N   12   44   αληθως λεγω υμιν οτι επι πασιν τοις υπαρχουσιν αυτου καταστησει αυτον

42N   12   45   εαν δε ειπη ο δουλος εκεινος εν τη καρδια αυτου χρονιζει ο κυριος μου ερχεσθαι και αρξηται τυπτειν τους παιδας και τας παιδισκας εσθιειν τε και πινειν και μεθυσκεσθαι

42N   12   46   ηξει ο κυριος του δουλου εκεινου εν ημερα η ου προσδοκα και εν ωρα η ου γινωσκει και διχοτομησει αυτον και το μερος αυτου μετα των απιστων θησει

42N   12   47   εκεινος δε ο δουλος ο γνους το θελημα του κυριου εαυτου και μη ετοιμασας ~~η~~μηδε ποιησας προς το θελημα αυτου δαρησεται πολλας

42N   12   48   ο δε μη γνους ποιησας δε αξια πληγων δαρησεται ολιγας παντι δε ω εδοθη πολυ πολυ ζητηθησεται παρ αυτου και ω παρεθεντο πολυ περισσοτερον αιτησουσιν αυτον

42N   12   49   πυρ ηλθον βαλειν ~~επι~~εις την γην και τι θελω ει ηδη ανηφθη

42N   12   50   βαπτισμα δε εχω βαπτισθηναι και πως συνεχομαι εως οτου τελεσθη

42N   12   51   δοκειτε οτι ειρηνην παρεγενομην δουναι εν τη γη ουχι λεγω υμιν αλλ η διαμερισμον

42N   12   52   εσονται γαρ απο του νυν πεντε εν ~~ενι~~ οικω ενι διαμεμερισμενοι τρεις επι δυσιν και δυο επι τρισιν

42N   12   53   ~~διαμερισθησονται πατηρ επι~~διαμερισθησεται πατηρ εφ υιω και υιος επι πατρι μητηρ επι ~~την θυγατερα~~θυγατρι και θυγατηρ επι ~~την μητερα~~μητρι πενθερα επι την

42N   12   54   ελεγεν δε και τοις οχλοις οταν ιδητε [την]την νεφελην ανατελλουσαν επιαπο δυσμων ευθεως λεγετεοτι ομβρος ερχεται και γινεται ουτως

42N   12   55   και οταν νοτον πνεοντα λεγετε οτι καυσων εσται και γινεται

42N   12   56   υποκριται το προσωποντης γης και του ουρανου και της γης οιδατε δοκιμαζειν τον δε καιρονδε τουτον πως ουκ οιδατε δοκιμαζεινου δοκιμαζετε

42N   12   57   τι δε και αφ εαυτων ου κρινετε το δικαιον

42N   12   58   ως γαρ υπαγεις μετα του αντιδικου σου επ αρχοντα εν τη οδω δος εργασιαν απηλλαχθαι απ αυτου μηποτε κατασυρη σε προς τον κριτην και ο κριτης σε παραδωσει τω πρακτορι και ο πρακτωρ σε βαλειβαλλη εις φυλακην

42N   12   59   λεγω σοι ου μη εξελθης εκειθεν εως ου και το εσχατον λεπτον αποδως

42N   13   1   παρησαν δε τινες εν αυτω τω καιρω απαγγελλοντες αυτω περι των γαλιλαιων ων το αιμα πιλατος εμιξεν μετα των θυσιων αυτων

42N   13   2   και αποκριθεις ο ιησους ειπεν αυτοις δοκειτε οτι οι γαλιλαιοι ουτοι αμαρτωλοι παρα παντας τους γαλιλαιους εγενοντο οτι τοιαυτα πεπονθασιν

42N   13   3   ουχι λεγω υμιν αλλ εαν μη μετανοητε παντες ομοιωςωσαυτως απολεισθε

42N   13   4   η εκεινοι οι δεκα και οκτω εφ ους επεσεν ο πυργος εν τω σιλωαμ και απεκτεινεν αυτους δοκειτε οτι αυτοιουτοι οφειλεται εγενοντο παρα πανταςτους ανθρωπους τους κατοικουντας εν ιερουσαλημ

42N   13   5   ουχι λεγω υμιν αλλ εαν μη μετανοητε παντες ωσαυτωςομοιως απολεισθε

42N   13   6   ελεγεν δε ταυτην την παραβολην συκην ειχεν τιςπεφυτευμενην εν τω αμπελωνι αυτου πεφυτευμενην και ηλθενζητων καρπον ζητων εν αυτη και ουχ ευρεν

42N   13   7   ειπεν δε προς τον αμπελουργον ιδου τρια ετηαφ ου ερχομαι ζητων καρπον εν τη συκη ταυτη και ουχ ευρισκω εκκοψον[ουν] αυτην ινατι και την γην καταργει

42N   13   8   ο δε αποκριθεις λεγει αυτω κυριε αφες αυτην και τουτο το ετος εως οτου σκαψω περι αυτην και βαλω κοπριαν

42N   13   9   καν μεν ποιηση καρπον ει δε μηγε εις το μελλονει δε μη γε εκκοψεις αυτην

42N   13   10   ην δε διδασκων εν μια των συναγωγων εν τοις σαββασιν

42N   13   11   και ιδου γυνη ην πνευμα εχουσα ασθενειας ετη δεκα και οκτω και ην συγκυπτουσα και μη δυναμενη ανακυψαι εις το παντελες

42N   13   12   ιδων δε αυτην ο ιησους προσεφωνησεν και ειπεν αυτη γυναι απολελυσαι της ασθενειας σου

42N   13   13   και επεθηκεν αυτη τας χειρας και παραχρημα ανωρθωθη και εδοξαζεν τον θεον

Acts 12

44N   11   28   αναστας δε εις εξ αυτων ονοματι αγαβος εσημανεν δια του πνευματος λιμον μεγαλην μελλειν εσεσθαι εφ ολην την οικουμενην ητιςοστις και εγενετο επι κλαυδιου καισαρος

44N   11   29   των δε μαθητων καθως ευπορειτοηυπορειτο τις ωρισαν εκαστος αυτων εις διακονιαν πεμψαι τοις κατοικουσιν εν τη ιουδαια αδελφοις

44N   11   30   ο και εποιησαν αποστειλαντες προς τους πρεσβυτερους δια χειρος βαρναβα και σαυλου

44N   12   1   κατ εκεινον δε τον καιρον επεβαλεν ηρωδης ο βασιλευς τας χειρας κακωσαι τινας των απο της εκκλησιας

44N   12   2   ανειλεν δε ιακωβον τον αδελφον ιωαννου μαχαιρημαχαιρα

44N   12   3   ιδων δεκαι ιδων οτι αρεστον εστιν τοις ιουδαιοις προσεθετο συλλαβειν

44N   12   4   ον και πιασας εθετο εις φυλακην παραδους τεσσαρσιν τετραδιοις στρατιωτων φυλασσειν αυτον βουλομενος μετα το πασχα αναγαγειν αυτον τω λαω

44N   12   5   ο μεν ουν πετρος ετηρειτο εν τη φυλακη προσευχη δε ην εκτενως~~εκτενης~~ γινομενη υπο της εκκλησιας προς τον θεον ~~περι~~υπερ αυτου

44N   12   6   οτε δε ~~ημελλεν προαγειν αυτον~~εμελλεν αυτον προαγειν ο ηρωδης τη νυκτι εκεινη ην ο πετρος κοιμωμενος μεταξυ δυο στρατιωτων δεδεμενος αλυσεσιν δυσιν φυλακες τε προ της θυρας ετηρουν την φυλακην

44N   12   7   και ιδου αγγελος κυριου επεστη και φως ελαμψεν εν τω οικηματι παταξας δε την πλευραν του πετρου ηγειρεν αυτον λεγων αναστα εν ταχει και ~~εξεπεσαν~~εξεπεσον αυτου αι αλυσεις εκ των χειρων

44N   12   8   ειπεν δε~~τε~~ ο αγγελος προς αυτον περιζωσαι και υποδησαι τα σανδαλια σου εποιησεν δε ουτως και λεγει αυτω περιβαλου το ιματιον σου και ακολουθει μοι

44N   12   9   και εξελθων ηκολουθει αυτω και ουκ ηδει οτι αληθες εστιν το γινομενον δια του αγγελου εδοκει δε οραμα βλεπειν

44N   12   10   διελθοντες δε πρωτην φυλακην και δευτεραν ~~ηλθαν~~ηλθον επι την πυλην την σιδηραν την φερουσαν εις την πολιν ητις αυτοματη ~~ηνοιγη~~ηνοιχθη αυτοις και εξελθοντες προηλθον ρυμην μιαν και ευθεως απεστη ο αγγελος απ αυτου

44N   12   11   και ο πετρος~~εν εαυτω~~ γενομενος εν εαυτω ειπεν νυν οιδα αληθως οτι εξαπεστειλεν[θ] κυριος τον αγγελον αυτου και ~~εξειλατο~~εξειλετο με εκ χειρος ηρωδου και πασης της προσδοκιας του λαου των ιουδαιων

44N   12   12   συνιδων τε ηλθεν επι την οικιαν~~της~~ μαριας της μητρος ιωαννου του επικαλουμενου μαρκου ου ησαν ικανοι συνηθροισμενοι και προσευχομενοι

44N   12   13   κρουσαντος δε ~~αυτου~~του πετρου την θυραν του πυλωνος προσηλθεν παιδισκη υπακουσαι ονοματι ροδη

44N   12   14   και επιγνουσα την φωνην του πετρου απο της χαρας ουκ ηνοιξεν τον πυλωνα εισδραμουσα δε απηγγειλεν εσταναι τον πετρον προ του πυλωνος

44N   12   15   οι δε προς αυτην ~~ειπαν~~ειπον μαινη η δε διισχυριζετο ουτως εχειν οι δε ελεγον ο αγγελος ~~εστιν αυτου~~αυτου εστιν

44N   12   16   ο δε πετρος επεμενεν κρουων ανοιξαντες δε ~~ειδαν~~ειδον αυτον και εξεστησαν

44N   12   17   κατασεισας δε αυτοις τη χειρι σιγαν διηγησατο [αυτοις]αυτοις πως ο κυριος αυτον εξηγαγεν εκ της φυλακης ειπεν τε~~δε~~ απαγγειλατε ιακωβω και τοις αδελφοις ταυτα και εξελθων επορευθη εις ετερον τοπον

44N   12   18   γενομενης δε ημερας ην ταραχος ουκ ολιγος εν τοις στρατιωταις τι αρα ο πετρος εγενετο

44N   12   19   ηρωδης δε επιζητησας αυτον και μη ευρων ανακρινας τους φυλακας εκελευσεν απαχθηναι και κατελθων απο της ιουδαιας εις την καισαρειαν διετριβεν

44N   12   20   ην δε ο ηρωδης θυμομαχων τυριοις και σιδωνιοις ομοθυμαδον δε παρησαν προς αυτον και πεισαντες βλαστον τον επι του κοιτωνος του βασιλεως ητουντο ειρηνην δια το τρεφεσθαι αυτων την χωραν απο της βασιλικης

44N   12   21   τακτη δε ημερα ο ηρωδης ενδυσαμενος εσθητα βασιλικην [και]και καθισας επι του βηματος εδημηγορει προς αυτους

44N   12   22   ο δε δημος επεφωνει θεου φωνη και ουκ ανθρωπου

I Corinthians 12

46N   11   20   συνερχομενων ουν υμων επι το αυτο ουκ εστιν κυριακον δειπνον φαγειν

46N   11   21   εκαστος γαρ το ιδιον δειπνον προλαμβανει εν τω φαγειν και ος μεν πεινα ος δε μεθυει

46N   11   22   μη γαρ οικιας ουκ εχετε εις το εσθιειν και πινειν η της εκκλησιας του θεου καταφρονειτε και καταισχυνετε τους μη εχοντας τι ~~ειπω υμιν~~υμιν ειπω επαινεσω υμας εν

46N   11   23   εγω γαρ παρελαβον απο του κυριου ο και παρεδωκα υμιν οτι ο κυριος ιησους εν τη νυκτι η ~~παρεδιδετο~~παρεδιδοτο ελαβεν αρτον

46N   11   24   και ευχαριστησας εκλασεν και ειπεν λαβετε φαγετε τουτο μου εστιν το σωμα το υπερ υμων κλωμενον τουτο ποιειτε εις την εμην αναμνησιν

46N   11   25   ωσαυτως και το ποτηριον μετα το δειπνησαι λεγων τουτο το ποτηριον η καινη δι~~c~~θηκη εστιν εν τω εμω αιματι τουτο ποιειτε οσακις εαν πινητε εις την εμην αναμνησιν

46N   11   26   οσακις γαρ εαν εσθιητε τον αρτον τουτον και το ποτηριον τουτο πινητε τον θανατον του κυριου καταγγελλετε αχρις ου αν ελθη

46N   11   27   ωστε ος αν εσθιη τον αρτον τουτον η πινη το ποτηριον του κυριου αναξιως ενοχος εσται του σωματος ~~και του~~ αιματος του κυριου

46N   11   28   δοκιμαζετω δε ανθρωπος εαυτον και ουτως εκ του αρτου εσθιετω και εκ του ποτηριου πινετω

46N   11   29   ο γαρ εσθιων και πινων αναξιως κριμα εαυτω εσθιει και πινει μη διακρινων το σωμα του κυριου

46N   11   30   δια τουτο εν υμιν πολλοι ασθενεις και αρρωστοι και κοιμωνται ικανοι

46N   11   31   ει δε~~γαρ~~ εαυτους διεκρινομεν ουκ αν εκρινομεθα

46N   11   32   κρινομενοι δε υπο~~[του]~~ κυριου παιδευομεθα ινα μη συν τω κοσμω κατακριθωμεν

46N   11   33   ωστε αδελφοι μου συνερχομενοι εις το φαγειν αλληλους εκδεχεσθε

46N   11   34   ει δε τις πεινα εν οικω εσθιετω ινα μη εις κριμα συνερχησθε τα δε λοιπα ως αν ελθω διαταξομαι

46N   12   1   περι δε των πνευματικων αδελφοι ου θελω υμας αγνοειν

46N   12   2   οιδατε οτι~~οτε~~ εθνη ητε προς τα ειδωλα τα αφωνα ως αν ηγεσθε απαγομενοι

46N   12   3   διο γνωριζω υμιν οτι ουδεις εν πνευματι θεου λαλων λεγει αναθεμα ~~ιησους~~ιησουν και ουδεις δυναται ειπειν ~~κυριος ιησους~~κυριον ιησουν ει μη εν πνευματι αγιω

46N   12   4   διαιρεσεις δε χαρισματων εισιν το δε αυτο πνευμα

46N   12   5   και διαιρεσεις διακονιων εισιν και ο αυτος κυριος

46N   12   6   και διαιρεσεις ενεργηματων εισιν ο δε αυτος εστιν θεος ο ενεργων τα παντα εν πασιν

46N   12   7   εκαστω δε διδοται η φανερωσις του πνευματος προς το συμφερον

46N   12   8   ω μεν γαρ δια του πνευματος διδοται λογος σοφιας αλλω δε λογος γνωσεως κατα το αυτο πνευμα

46N   12   9   ετερω δε πιστις εν τω αυτω πνευματι αλλω δε χαρισματα ιαματων εν τω εν~~ι~~αυτω πνευματι

46N   12   10   αλλω δε ενεργηματα δυναμεων αλλω ~~[δε]~~δε προφητεια αλλω ~~[δε]~~δε διακρισεις πνευματων ετερω δε γενη γλωσσων αλλω δε ερμηνεια γλωσσων

46N   12   11   παντα δε ταυτα ενεργει το εν και το αυτο πνευμα διαιρουν ιδια εκαστω καθως βουλεται

46N   12   12   καθαπερ γαρ το σωμα εν εστιν και μελη εχει πολλα~~εχει~~ παντα δε τα μελη του σωματος του ενος πολλα οντα εν εστιν σωμα ουτως και ο χριστος

46N   12   13   και γαρ εν ενι πνευματι ημεις παντες εις εν σωμα εβαπτισθημεν ειτε ιουδαιοι ειτε ελληνες ειτε δουλοι ειτε ελευθεροι και παντες εις εν πνευμα εποτισθημεν

46N   12   14   και γαρ το σωμα ουκ εστιν εν μελος αλλα πολλα

46N   12   15   εαν ειπη ο πους οτι ουκ ειμι χειρ ουκ ειμι εκ του σωματος ου παρα τουτο ουκ εστιν εκ του σωματος

46N   12   16   και εαν ειπη το ους οτι ουκ ειμι οφθαλμος ουκ ειμι εκ του σωματος ου παρα τουτο ουκ εστιν εκ του σωματος

46N   12   17   ει ολον το σωμα οφθαλμος που η ακοη ει ολον ακοη που η οσφρησις

Revelation 12

66N   12   12   δια τουτο ευφραινεσθε ~~[οι]οι~~ ουρανοι και οι εν αυτοις σκηνουντες ουαι τοις κατοικουσιν την γην και την θαλασσαν οτι κατεβη ο διαβολος προς υμας εχων θυμον μεγαν ειδως οτι ολιγον καιρον εχει

66N   12   13   και οτε ειδεν ο δρακων οτι εβληθη εις την γην εδιωξεν την γυναικα ητις ετεκεν τον ~~αρσενα~~αρρενα

66N   12   14   και εδοθησαν τη ~~γυναικι~~ δυο πτερυγες του αετου του μεγαλου ινα πετηται εις την ερημον εις τον τοπον αυτης οπου τρεφεται εκει καιρον και καιρους και ημισυ καιρου απο προσωπου του οφεως

66N   12   15   και εβαλεν ο οφις ~~οπισω της γυναικος~~ οπισω της γυναικος ~~υδωρ ως ποταμον ινα αυτην ποταμοφορητον ποιηση~~ εκ του στοματος αυτου υδωρ ως ποταμον ινα ταυτην ποταμοφορητον ποιηση

66N   12   16   και εβοηθησεν η γη τη γυναικι και ηνοιξεν η γη το στομα αυτης και κατεπιεν τον ποταμον ον εβαλεν ο δρακων εκ του στοματος αυτου

66N   12   17   και ωργισθη ο δρακων επι τη γυναικι και απηλθεν ποιησαι πολεμον μετα των λοιπων του σπερματος αυτης των τηρουντων τας εντολας του θεου και εχοντων την μαρτυριαν ~~ιησου~~του ιησου χριστου

66N   12   18   ~~και εσταθη επι την αμμον της θαλασσης~~

66N   13   1   και εσταθην επι την αμμον της θαλασσης και ειδον εκ της θαλασσης θηριον αναβαινον εχον~~κερατα δεκα και~~ κεφαλας επτα και κερατα δεκα και επι των κερατων αυτου δεκα διαδηματα και επι τας κεφαλας αυτου ονομα~~[τα]~~ βλασφημιας

66N   13   2   και το θηριον ο ειδον ην ομοιον παρδαλει και οι ποδες αυτου ως αρκτου και το στομα αυτου ως στομα λεοντος και εδωκεν αυτω ο δρακων την δυναμιν αυτου και τον θρονον αυτου και εξουσιαν μεγαλην

66N   13   3   και ειδον μιαν~~εκ~~ των κεφαλων αυτου ως εσφαγμενην εις θανατον και η πληγη του θανατου αυτου εθεραπευθη και ~~εθαυμασθη~~εθαυμασεν ολη η γη οπισω του θηριου

66N   13   4   και προσεκυνησαν ~~τω δρακοντι οτι εδωκεν την~~τον δρακοντα ος εδωκεν εξουσιαν τω θηριω και προσεκυνησαν ~~τω θηριω~~το θηριον λεγοντες τις ομοιος τω θηριω~~και~~ τις δυναται πολεμησαι μετ αυτου

66N   13   5   και εδοθη αυτω στομα λαλουν μεγαλα και βλασφημιας και εδοθη αυτω εξουσια ποιησαι μηνας ~~τεσσερακοντα [και]~~τεσσαρακοντα δυο

66N   13   6   και ηνοιξεν το στομα αυτου εις ~~βλασφημιας~~βλασφημιαν προς τον θεον βλασφημησαι το ονομα αυτου και την σκηνην αυτου και τους εν τω ουρανω σκηνουντας

66N   13   7   και εδοθη αυτω πολεμον ~~ποιησαι~~πολεμον μετα των αγιων και νικησαι αυτους και εδοθη αυτω εξουσια επι πασαν φυλην και~~λαον~~ και γλωσσαν και εθνος

66N   13   8   και προσκυνησουσιν ~~αυτον~~αυτω παντες οι κατοικουντες επι της γης ~~ουων~~ ου γεγραπται ~~το ονομα αυτου εν τω βιβλιω~~τα ονοματα εν τη βιβλω της ζωης του αρνιου~~του~~ εσφαγμενου απο καταβολης κοσμου

66N   13   9   ει τις εχει ους ακουσατω

66N   13   10   ει τις~~εις~~ αιχμαλωσιαν συναγει εις αιχμαλωσιαν υπαγει ει τις εν ~~μαχαιρη αποκτανθηναι αυτον εν μαχαιρη~~μαχαιρα αποκτενει δει αυτον εν μαχαιρα αποκτανθηναι ωδε εστιν η υπομονη και η πιστις των αγιων

66N   13   11   και ειδον αλλο θηριον αναβαινον εκ της γης και ειχεν κερατα δυο ομοια αρνιω και ελαλει ως δρακων

66N   13   12   και την εξουσιαν του πρωτου θηριου πασαν ποιει ενωπιον αυτου και ποιει την γην και τους ~~εν αυτη κατοικουντας ινα προσκυνησουσιν~~κατοικουντας εν αυτη ινα προσκυνησωσιν το θηριον το πρωτον ου εθεραπευθη η πληγη του θανατου αυτου

66N   13   13   και ποιει σημεια μεγαλα ινα και πυρ ποιη ~~εκ του ουρανου~~ ~~καταβαινειν~~καταβαινειν εκ του ουρανου εις την γην ενωπιον των ανθρωπων
66N   13   14   και πλανα τους κατοικουντας επι της γης δια τα σημεια α εδοθη αυτω ποιησαι ενωπιον του θηριου λεγων τοις κατοικουσιν επι της γης ποιησαι εικονα τω θηριω ος εχει ~~την πληγην της μαχαιρης~~ο εχει την πληγην της μάχαιρας και εζησεν
66N   13   15   και εδοθη αυτω δουναι πνευμα τη εικονι του θηριου ινα και λαληση η εικων του θηριου και ποιηση ~~[ινα] οσοι εαν μη προσκυνησωσιν τη εικονι του θηριου~~οσοι αν μη προσκυνησωσιν την εικονα του θηριου ινα αποκτανθωσιν

The *nature* (many doctrinal passages are affected) and *number* of these alterations are great indeed! Is it possible that the Lord would inspire His Word verbally and yet not preserve it verbally? After nearly 2,000 years are we now left with a New Testament having 8,000 "areas of doubt" woven through its pages? Is it not a concern that the primary movers of the textual criticism that produced these changes were virtually to a man modernistic in their theology? And, what is to be said of Bible colleges and mission boards who, though basically sound in faith, promote the spread of foreign language translations based on this text? The harvest can only be as good as the seed sown!

"Every word of God is pure."   Proverbs 30:5

Jack Moorman
London, England
September 2002

Over 8,000 Differences Between the T.R. and the Nestle-Aland Greek N.T.

Textus Receptus-Scrivener	Nestle-Aland 26,27
Matthew 1:1	
the son of David	the son of David
υἱοῦ Δαβὶδ	υἱοῦ Δαυὶδ
Matthew 1:5	
Booz of Rachab	Boes of Rachab
Βοὸζ ἐκ τῆς ' ραχάβ	Βόες ἐκ τῆς ' ραχάβ
Matthew 1:5	
and Booz begat	and Boes begat
Βοὸζ δὲ ἐγέννησε	Βόες δὲ ἐγέννησεν
Matthew 1:5	
Obed of Ruth	Iobed of Ruth
Ὠβὴδ ἐκ τῆς ' ρούθ	Ἰωβὴδ ἐκ τῆς ' ρούθ
Matthew 1:5	
and Obed begat	and Jobed begat
Ὠβὴδ δὲ ἐγέννησε	Ἰωβὴδ δὲ ἐγέννησεν
Matthew 1:6	
and David	and David
Δαβὶδ δὲ	Δαυὶδ δὲ
Matthew 1:6	
the king begat	begat
ὁ βασιλεὺς ἐγέννησε	ἐγέννησεν
Matthew 1:6	
Solomon of her *that had been the wife* of Urias	Solomon of her *that had been the wife* of Urias
Σολομῶντα ἐκ τῆς τοῦ Οὐρίου	Σολομῶνα ἐκ τῆς τοῦ Οὐρίου
Matthew 1:7	
and Abia begat Asa	and Abia begat Asaph
Ἀβιὰ δὲ ἐγέννησε τὸν ' Ασά	Ἀβιὰ δὲ ἐγέννησεν τὸν ' Ασάφ
Matthew 1:8	
And Asa begat	And Asaph begat
Ἀσὰ δὲ ἐγέννησε	Ἀσάφ δὲ ἐγέννησεν
Matthew 1:10	
and Manasses begat Amon	and Manasses begat Amos
Μανασσῆς δὲ ἐγέννησε τὸν ' Αμών	Μανασσῆς δὲ ἐγέννησεν τὸν ' Αμώς
Matthew 1:10	
and Amon begat Josias	and Amos begat Josias
Ἀμὼν δὲ ἐγέννησε τὸν ' Ιωσίαν	Ἀμὼς δὲ ἐγέννησεν τὸν ' Ιωσίαν
Matthew 1:13	
begat Eliakim	begat Eliakim
δὲ ἐγέννησε τὸν ' Ελιακείμ	δὲ ἐγέννησεν τὸν ' Ελιακίμ
Matthew 1:13	
and Eliakim begat	and Eliakim begat
Ἐλιακεὶμ δὲ ἐγέννησε	Ἐλιακὶμ δὲ ἐγέννησεν
Matthew 1:14	
begat Achim	begat Achim
δὲ ἐγέννησε τὸν ' Αχείμ	δὲ ἐγέννησεν τὸν ' Αχίμ
Matthew 1:14	
and Achim begat	and Achim begat
Ἀχεὶμ δὲ ἐγέννησε	Ἀχὶμ δὲ ἐγέννησεν

Over 8,000 Differences Between the T.R. and the Nestle-Aland Greek N.T.

Textus Receptus-Scrivener	Nestle-Aland 26,27
Matthew 1:17	
to David	to David
ἕως Δαβίδ	ἕως Δαυίδ
Matthew 1:17	
from David	from David
ἀπὸ Δαβίδ	ἀπὸ Δαυίδ
Matthew 1:18	
Now the birth of Jesus Christ	Now the birth of Jesus Christ
Τοῦ δὲ Ἰησοῦ Χριστοῦ ἡ γέννησις	Τοῦ δὲ Ἰησοῦ Χριστοῦ ἡ γένεσις
Matthew 1:18	
When as his mother	His mother
γὰρ τῆς μητρὸς αὐτοῦ	τῆς μητρὸς αὐτοῦ
Matthew 1:19	
not willing to make her a publick example	not willing to make her an example
μὴ θέλων αὐτὴν παραδειγματίσαι	μὴ θέλων αὐτὴν δειγματίσαι
Matthew 1:20	
thou son of David	thou son of David
υἱὸς Δαβίδ	υἱὸς Δαυίδ
Matthew 1:20	
to take unto thee Mary	to take unto thee Mary
παραλαβεῖν Μαριὰμ	παραλαβεῖν Μαριάν
Matthew 1:22	
which was spoken of the Lord	which was spoken of the Lord
τὸ ῥηθὲν ὑπὸ τοῦ Κυρίου	τὸ ῥηθὲν ὑπὸ κυρίου
Matthew 1:24	
Then Joseph being raised	Then Joseph having risen
διεγερθεὶς δὲ ὁ Ἰωσὴφ	ἐγερθεὶς δὲ ὁ Ἰωσὴφ
Matthew 1:25	
not till she had brought forth her...son	not till she had brought forth a son
οὖ ἔτεκε τὸν υἱόν αὐτῆς	οὖ ἔτεκεν υἱόν
Matthew 1:25	
firstborn	....
τὸν πρωτότοκον	....
Matthew 2:3	
When Herod the king	When King Herod
δὲ Ἡρώδης ὁ βασιλεὺς	δὲ ὁ βασιλεὺς Ἡρώδης
Matthew 2:5	
And they said unto him	And they said unto him
οἱ δὲ εἶπον αὐτῷ	οἱ δὲ εἶπαν αὐτῷ
Matthew 2:5	
for thus it is written	for thus it is written
οὕτω γὰρ γέγραπται	οὕτως γὰρ γέγραπται
Matthew 2:8	
Go and search diligently	Go and diligently search
Πορευθέντες ἀκριβῶς ἐξετάσατε	Πορευθέντες ἐξετάσατε ἀκριβῶς
Matthew 2:9	
till it came and stood	till it came and stood
ἕως ἐλθὼν ἔστη	ἕως ἐλθὼν ἐστάθη

2

Over 8,000 Differences Between the T.R. and the Nestle-Aland Greek N.T.

Textus Receptus-Scrivener	Nestle-Aland 26,27

Matthew 2:15
which was spoken of the Lord
τὸ ῥηθὲν ὑπὸ τοῦ Κυρίου

which was spoken of *the* Lord
τὸ ῥηθὲν ὑπὸ κυρίου

Matthew 2:17
that which was spoken by Jeremy
τὸ ῥηθὲν ὑπὸ Ἰερεμίου

that which was spoken through Jeremy
τὸ ῥηθὲν διὰ Ἰερεμίου

Matthew 2:18
lamentation, and weeping
θρῆνος καὶ κλαυθμὸς

weeping
κλαυθμὸς

Matthew 2:19
an angel of the Lord appeareth in a dream
ἄγγελος Κυρίου κατ ὄναρ φαίνεται

an angel of the Lord appeareth in a dream
ἄγγελος κυρίου φαίνεται κατ ὄναρ

Matthew 2:21
and came into the land of Israel
καὶ ἦλθεν εἰς γῆν Ἰσραήλ

and entered into the land of Israel
καὶ εἰσῆλθεν εἰς γῆν Ἰσραήλ

Matthew 2:22
did reign in Judaea
βασιλεύει ἐπὶ τῆς Ἰουδαίας

did reign in Judaea
βασιλεύει τῆς Ἰουδαίας

Matthew 2:22
his father Herod
Ἡρώδου τοῦ πατρὸς αὐτοῦ

his father Herod
τοῦ πατρὸς αὐτοῦ Ἡρώδου

Matthew 2:23
called Nazareth
λεγομένην Ναζαρέθ

called Nazareth
λεγομένην Ναζαρέτ

Matthew 3:2
And saying
καὶ λέγων

[And] saying
(καὶ) λέγων

Matthew 3:3
spoken of by the prophet Esaias
ῥηθεὶς ὑπὸ Ἡσαΐου τοῦ προφήτου

spoken of through the prophet Esaias
ῥηθεὶς διὰ Ἡσαΐου τοῦ προφήτου

Matthew 3:4
and his meat was locusts
ἡ δὲ τροφὴ αὐτοῦ ἦν ἀκρίδες

and his meat was locusts
ἡ δὲ τροφὴ ἦν αὐτοῦ ἀκρίδες

Matthew 3:6
in Jordan
ἐν τῷ Ἰορδάνῃ

in the Jordan river
ἐν τῷ Ἰορδάνῃ ποταμῷ

Matthew 3:8
Bring forth therefore fruits meet
ποιήσατε οὖν καρποὺς ἀξίους

Bring forth therefore fruits meet
ποιήσατε οὖν καρπὸν ἄξιον

Matthew 3:10
And now also the axe
ἤδη δὲ καὶ ἡ ἀξίνη

And now the axe
ἤδη δὲ ἡ ἀξίνη

Matthew 3:11
I indeed baptize you
ἐγὼ μὲν βαπτίζω ὑμᾶς

I indeed baptize you
ἐγὼ μὲν ὑμᾶς βαπτίζω

Matthew 3:15
for thus it becometh us
οὕτω γὰρ πρέπον ἐστὶν ἡμῖν

for thus it becometh us
οὕτως γὰρ πρέπον ἐστὶν ἡμῖν

Over 8,000 Differences Between the T.R. and the Nestle-Aland Greek N.T.

Textus Receptus-Scrivener	Nestle-Aland 26,27

Matthew 3:16
And Jesus, when he was baptized
καὶ βαπτισθεὶς ὁ Ἰησοῦς

But Jesus, when he was baptized
βαπτισθεὶς δὲ ὁ Ἰησοῦς

Matthew 3:16
went up straightway out of the water:
ἀνέβη εὐθὺς ἀπὸ τοῦ ὕδατος

straightway went up out of the water
εὐθὺς ἀνέβη ἀπὸ τοῦ ὕδατος

Matthew 3:16
and, lo...were opened
καὶ ἰδοὺ, ἀνεῴχθησαν

and, lo...were opened
καὶ ἰδοὺ ἠνεῴχθησαν

Matthew 3:16
unto him
αὐτῷ

[unto him]
(αὐτῷ)

Matthew 3:16
and he saw the Spirit
καὶ εἶδε τὸ Πνεῦμα

and he saw the Spirit
καὶ εἶδεν (τὸ) πνεῦμα

Matthew 3:16
of God
τοῦ θεοῦ

of God
(τοῦ) θεοῦ

Matthew 3:16
and lighting upon him
καὶ ἐρχόμενον ἐπ αὐτόν

[and] lighting upon him
(καὶ) ἐρχόμενον ἐπ αὐτόν

Matthew 4:2
forty days and forty nights
ἡμέρας τεσσαράκοντα καὶ νύκτας τεσσαράκοντα

forty days and forty nights
ἡμέρας τεσσεράκοντα καὶ νύκτας τεσσεράκοντα

Matthew 4:3
when the tempter came to him
προσελθὼν αὐτῷ ὁ πειράζων

when the tempter came
προσελθὼν ὁ πειράζων

Matthew 4:3
he said
εἶπεν

he said to him
εἶπεν αὐτῷ

Matthew 4:4
Man shall not live
ζήσεται ἄνθρωπος

Man shall not live
ζήσεται ὁ ἄνθρωπος

Matthew 4:5
and setteth him
καὶ ἵστησιν αὐτὸν

and set him
καὶ ἔστησεν αὐτὸν

Matthew 4:9
And saith unto him
καὶ λέγει αὐτῷ

And said unto him
καὶ εἶπεν αὐτῷ

Matthew 4:9
All these things will I give thee
Ταῦτά πάντα σοι δώσω

All these things will I give thee
Ταῦτά σοι πάντα δώσω

Matthew 4:12
Now when Jesus had heard that
Ἀκούσας δὲ ὁ Ἰησοῦς ὅτι

Now when he had heard that
Ἀκούσας δὲ ὅτι

Matthew 4:13
And leaving Nazareth
καὶ καταλιπὼν τὴν Ναζαρὲθ

And leaving Nazara
καὶ καταλιπὼν τὴν Ναζαρὰ

4

Over 8,000 Differences Between the T.R. and the Nestle-Aland Greek N.T.

Textus Receptus-Scrivener	Nestle-Aland 26,27
Matthew 4:13	
and dwelt in Capernaum	and dwelt in Capernaum
κατῴκησεν εἰς Καπερναοὺμ	κατῴκησεν εἰς Καφαρναοὺμ
Matthew 4:13	
and Nephthalim	and Nephthalim
καὶ Νεφθαλείμ	καὶ Νεφθαλίμ
Matthew 4:15	
the land of Nephthalim	the land of Nephthalim
γῆ Νεφθαλείμ	γῆ Νεφθαλίμ
Matthew 4:16	
saw great light	saw great light
εἶδε φῶς μέγα	φῶς εἶδεν μέγα
Matthew 4:18	
And Jesus, walking	And walking
Περιπατῶν δὲ ὁ Ἰησοῦς	Περιπατῶν δὲ
Matthew 4:23	
went about all Galilee	went about all Galilee
περιηγεν ολην την γαλιλαιαν	περιῆγεν ἐν ὅλῃ τῇ Γαλιλαίᾳ
Matthew 4:23	
Jesus...teaching	teaching
ὁ Ἰησοῦς, διδάσκων	διδάσκων
Matthew 4:24	
and those which were possessed with devils	[and] those which were possessed with devils
καὶ δαιμονιζομένους	(καὶ) δαιμονιζομένους
Matthew 5:1	
his disciples came unto him	his disciples came unto him
προσῆλθον αὐτῷ οἱ μαθηταὶ αὐτοῦ	προσῆλθαν αὐτῷ οἱ μαθηταὶ αὐτοῦ
Matthew 5:11	
all manner of evil against you	all evil against you
πᾶν πονηρὸν ῥῆμα καθ ὑμῶν	πᾶν πονηρὸν καθ ὑμῶν
Matthew 5:11	
falsely	[falsely]
ψευδόμενοι	(ψευδόμενοι)
Matthew 5:12	
for so persecuted they	for so persecuted they
οὕτω γὰρ ἐδίωξαν	οὕτως γὰρ ἐδίωξαν
Matthew 5:13	
but to be cast out	but having been cast out
εἰ μὴ βληθῆναι ἔξω	εἰ μὴ βληθὲν ἔξω
Matthew 5:13	
and to be trodden	to be trodden
καὶ καταπατεῖσθαι	καταπατεῖσθαι
Matthew 5:16	
Let your light so shine	Let your light so shine
οὕτω λαμψάτω τὸ φῶς ὑμῶν	οὕτως λαμψάτω τὸ φῶς ὑμῶν
Matthew 5:19	
and shall teach men so	and shall teach men so
καὶ διδάξῃ οὕτω τοὺς ἀνθρώπους	καὶ διδάξῃ οὕτως τοὺς ἀνθρώπους
Matthew 5:20	

Over 8,000 Differences Between the T.R. and the Nestle-Aland Greek N.T.

Textus Receptus-Scrivener	Nestle-Aland 26,27
that they may be seen	that they may be seen
ὅπως ἂν φανῶσι	ὅπως φανῶσιν
Matthew 6:5	
They have their reward	They have their reward
ὅτι ἀπέχουσι τὸν μισθὸν αὐτῶν	ἀπέχουσιν τὸν μισθὸν αὐτῶν
Matthew 6:6	
into thy closet	into thy closet
εἰς τὸ ταμιεῖόν σου	εἰς τὸ ταμεῖόν σου
Matthew 6:6	
shall reward thee openly	shall reward thee
ἀποδώσει σοι ἐν τῷ φανερῷ	ἀποδώσει σοι
Matthew 6:10	
in earth	in earth
επι της γης	ἐπὶ γῆς
Matthew 6:12	
we forgive our debtors	we have forgiven our debtors
ἡμεῖς ἀφίεμεν τοῖς ὀφειλέταις ἡμῶν	ἡμεῖς ἀφήκαμεν τοῖς ὀφειλέταις ἡμῶν
Matthew 6:12	
For thine is the kingdom, and the power, and the glory, for ever. Amen	....
ὅτι σοῦ ἐστιν ἡ βασιλεία καὶ ἡ δύναμις καὶ ἡ δόξα εἰς τοὺς αἰῶνας. Ἀμήν	....
Matthew 6:15	
ye forgive not men their trespasses	ye forgive not men
μὴ ἀφῆτε τοῖς ἀνθρώποις τὰ παραπτώματα αὐτῶν	μὴ ἀφῆτε τοῖς ἀνθρώποις
Matthew 6:16	
as the hypocrites	as the hypocrites
ὥσπερ οἱ ὑποκριταί	ὡς οἱ ὑποκριταὶ
Matthew 6:16	
They have	They have
ὅτι ἀπέχουσι	ἀπέχουσιν
Matthew 6:18	
which is in secret	which is in secret
τῷ ἐν τῷ κρυπτῷ	τῷ ἐν τῷ κρυφαίῳ
Matthew 6:18	
which seeth in secret	which seeth in secret
ὁ βλέπων ἐν τῷ κρυπτῷ	ὁ βλέπων ἐν τῷ κρυφαίῳ
Matthew 6:18	
shall reward thee openly	shall reward thee
ἀποδώσει σοι ἐν τῷ φανερῷ	ἀποδώσει σοι
Matthew 6:21	
For where your treasure is	For where thy treasure is
ὅπου γάρ ἐστιν ὁ θησαυρός ὑμῶν	ὅπου γάρ ἐστιν ὁ θησαυρός σου
Matthew 6:21	
there will your heart be also	there will thy heart be also
ἐκεῖ ἔσται καὶ ἡ καρδία ὑμων	ἐκεῖ ἔσται καὶ ἡ καρδία σου
Matthew 6:22	

Over 8,000 Differences Between the T.R. and the Nestle-Aland Greek N.T.

Textus Receptus-Scrivener	Nestle-Aland 26,27
if therefore thine eye be single	if therefore thine eye be single
ἐὰν οὖν ὁ ὀφθαλμός σου ἁπλοῦς ᾖ	ἐὰν οὖν ᾖ ὁ ὀφθαλμός σου ἁπλοῦς
Matthew 6:24	
and mammon	and mammon
καὶ μαμμωνᾷ	καὶ μαμωνᾷ
Matthew 6:25	
or what ye shall drink	[or what ye shall drink]
καὶ τί πίητε	(ἢ τί πίητε)
Matthew 6:28	
how they grow	how they grow
πῶς αὐξάνει	πῶς αὐξάνουσιν
Matthew 6:28	
they toil not	they toil not
οὐ κοπιᾷ	οὐ κοπιῶσιν
Matthew 6:28	
neither do they spin	neither do they spin
οὐδὲ νήθει	οὐδὲ νήθουσιν
Matthew 6:32	
do the Gentiles seek	do the Gentiles seek
τὰ ἔθνη ἐπιζητεῖ	τὰ ἔθνη ἐπιζητοῦσιν
Matthew 6:33	
the kingdom of God	the kingdom [of God]
τὴν βασιλείαν τοῦ Θεοῦ	τὴν βασιλείαν (τοῦ θεοῦ)
Matthew 6:34	
shall take thought for the things of itself	shall take thought for itself
μεριμνήσει τὰ ἑαυτῆς	μεριμνήσει ἑαυτῆς
Matthew 7:2	
it shall be measured to you again	it shall be measured to you
ἀντιμετρηθήσεται ὑμῖν	μετρηθήσεται ὑμῖν
Matthew 7:4	
the mote out of thine eye	the mote out of thine eye
τὸ κάρφος ἀπὸ τοῦ ὀφθαλμοῦ σου	τὸ κάρφος ἐκ τοῦ ὀφθαλμοῦ σου
Matthew 7:5	
first cast out the beam out of thine own eye	first cast out the beam out of thine own eye
ἔκβαλε πρῶτον τὴν δοκόν ἐκ τοῦ ὀφθαλμοῦ σοῦ	ἔκβαλε πρῶτον ἐκ τοῦ ὀφθαλμοῦ σοῦ τὴν δοκόν
Matthew 7:6	
lest they trample them	lest they shall trample them
μήποτε καταπατήσωσιν αὐτοὺς	μήποτε καταπατήσουσιν αὐτοὺς
Matthew 7:9	
whom if	whom
ὃν ἐὰν	ὃν
Matthew 7:9	
his son ask bread	his son shall ask bread
αἰτήσῃ ὁ υἱὸς αὐτοῦ ἄρτον	αἰτήσει ὁ υἱὸς αὐτοῦ ἄρτον
Matthew 7:10	
Or if	or also
καὶ ἐὰν	ἢ καὶ
Matthew 7:10	

Over 8,000 Differences Between the T.R. and the Nestle-Aland Greek N.T.

Textus Receptus-Scrivener	Nestle-Aland 26,27
he ask a fish	a fish he shall ask
ἰχθὺν αἰτήσῃ	ἰχθὺν αἰτήσει
Matthew 7:12	
whatsoever ye would	whatsoever ye would
ὅσα ἂν θέλητε	ὅσα ἐὰν θέλητε
Matthew 7:12	
do ye even so	do ye even so
οὕτω καὶ ὑμεῖς ποιεῖτε	οὕτως καὶ ὑμεῖς ποιεῖτε
Matthew 7:13	
Enter ye in at	Enter ye in at
Εἰσέλθετε διὰ	Εἰσέλθατε διὰ
Matthew 7:14	
Because strait *is* the gate	how strait *is* the gate
ὅτι στενὴ ἡ πύλη	τί στενὴ ἡ πύλη
Matthew 7:15	
Beware of false prophets	Beware of false prophets
Προσέχετε δὲ ἀπὸ τῶν ψευδοπροφητῶν	Προσέχετε ἀπὸ τῶν ψευδοπροφητῶν
Matthew 7:16	
grapes of thorns	grapes of thorns
ἀπὸ ἀκανθῶν σταφυλὴν	ἀπὸ ἀκανθῶν σταφυλὰς
Matthew 7:20	
Wherefore by	Wherefore by
ἄραγε ἀπὸ	ἄρα γε ἀπὸ
Matthew 7:21	
which is in heaven	which is in heaven
τοῦ ἐν οὐρανοῖς	τοῦ ἐν τοῖς οὐρανοῖς
Matthew 7:22	
have we not prophesied in thy name	have we not prophesied in thy name
οὐ τῷ σῷ ὀνόματι προεφητεύσαμεν	οὐ τῷ σῷ ὀνόματι ἐπροφητεύσαμεν
Matthew 7:24	
I will liken him unto a wise man	he shall be likened unto a wise man
ὁμοιώσω αὐτὸν ἀνδρὶ φρονίμῳ	ὁμοιωθήσεται ἀνδρὶ φρονίμῳ
Matthew 7:24	
which built his house	which built his house
ὅστις ᾠκοδόμησε τὴν οἰκίαν αὐτοῦ	ὅστις ᾠκοδόμησεν αὐτοῦ τὴν οἰκίαν
Matthew 7:25	
and beat upon that house	and beat upon that house
καὶ προσέπεσον τῇ οἰκίᾳ ἐκείνῃ	καὶ προσέπεσαν τῇ οἰκίᾳ ἐκείνῃ
Matthew 7:26	
which built his house	which built his house
ὅστις ᾠκοδόμησε τὴν οἰκίαν αὐτοῦ	ὅστις ᾠκοδόμησεν αὐτοῦ τὴν οἰκίαν
Matthew 7:28	
when Jesus had ended	when Jesus had ended
ὅτε συνετέλεσεν ὁ Ἰησοῦς	ὅτε ἐτέλεσεν ὁ Ἰησοῦς
Matthew 7:29	
not as the scribes	not as their scribes
οὐχ ὡς οἱ γραμματεῖς	οὐχ ὡς οἱ γραμματεῖς αὐτῶν
Matthew 8:1	

Over 8,000 Differences Between the T.R. and the Nestle-Aland Greek N.T.

Textus Receptus-Scrivener	Nestle-Aland 26,27
When he was come down	When he was come down
Καταβάντι δὲ αὐτῷ	Καταβάντος δὲ αὐτοῦ
Matthew 8:2	
there came a leper	there came to him a leper
λεπρὸς ἐλθὼν	λεπρὸς προσελθὼν
Matthew 8:3	
Jesus...touched him	touched him
ἥψατο αὐτοῦ ὁ Ἰησοῦς	ἥψατο αὐτοῦ
Matthew 8:4	
and offer the gift	and offer the gift
καὶ προσένεγκε τὸ δῶρον	καὶ προσένεγκον τὸ δῶρον
Matthew 8:5	
And when...was entered	And when...was entered
Εἰσελθόντι δὲ	Εἰσελθόντος δὲ
Matthew 8:5	
Jesus	he
τῷ Ἰησοῦ	αὐτοῦ
Matthew 8:5	
into Capernaum,	into Capernaum,
εἰς Καπερναούμ,	εἰς Καφαρναοὺμ
Matthew 8:7	
And Jesus saith unto him, I will come and heal him	And saith unto him, I will come and heal him
καὶ λέγει αὐτῷ ὁ Ἰησοῦς, Ἐγὼ ἐλθὼν θεραπεύσω αὐτόν	καὶ λέγει αὐτῷ, Ἐγὼ ἐλθὼν θεραπεύσω αὐτόν
Matthew 8:8	
but speak the word only	but speak the word only
ἀλλὰ μόνον εἰπὲ λόγον	ἀλλὰ μόνον εἰπὲ λόγῳ
Matthew 8:10	
I have not found so great faith, no, not in Israel	I have found with no one so great faith, no, not in Israel
οὐδὲ ἐν τῷ Ἰσραὴλ τοσαύτην πίστιν εὗρον	παρ᾽ οὐδενὶ τοσαύτην πίστιν ἐν τῷ Ἰσραὴλ εὗρον
Matthew 8:13	
And Jesus said unto the centurion	And Jesus said unto the centurion
καὶ εἶπεν ὁ Ἰησοῦς τῷ ἑκατοντάρχῳ	καὶ εἶπεν ὁ Ἰησοῦς τῷ ἑκατοντάρχῃ
Matthew 8:13	
Go thy way; and as thou hast believed	Go thy way; as thou hast believed
Ὕπαγε, καὶ ὡς ἐπίστευσας	Ὕπαγε, ὡς ἐπίστευσας
Matthew 8:13	
And his servant was healed	And [his] servant was healed
καὶ ἰάθη ὁ παῖς αὐτοῦ	καὶ ἰάθη ὁ παῖς (αὐτοῦ)
Matthew 8:15	
and ministered unto them	and ministered unto him
καὶ διηκόνει αὐτοῖς	καὶ διηκόνει αὐτῷ
Matthew 8:18	
great multitudes	a multitude
πολλοὺς ὄχλους	ὄχλον

Over 8,000 Differences Between the T.R. and the Nestle-Aland Greek N.T.

Textus Receptus-Scrivener	Nestle-Aland 26,27
Matthew 8:21	
of his disciples	of [his] disciples
τῶν μαθητῶν αὐτοῦ	τῶν μαθητῶν (αὐτοῦ)
Matthew 8:22	
But Jesus said unto him	But Jesus says unto him
ὁ δὲ Ἰησοῦς εἶπεν αὐτῷ	ὁ δὲ Ἰησοῦς λέγει αὐτῷ
Matthew 8:25	
And his disciples came to *him*	And they came to *him*
Καὶ προσελθόντες οἱ μαθηταὶ αὐτοῦ	καὶ προσελθόντες ἤγειραν αὐτὸν
Matthew 8:25	
Lord, save us	Lord, save
Κύριε, σῶσον ἡμᾶς	Κύριε, σῶσον
Matthew 8:27	
and the sea obey him	and the sea obey him
καὶ ἡ θάλασσα ὑπακούουσιν αὐτῷ	καὶ ἡ θάλασσα αὐτῷ ὑπακούουσιν
Matthew 8:28	
And when he was come to the other side	And when he was come to the other side
Καὶ ἐλθόντι αὐτῷ εἰς τὸ πέραν	Καὶ ἐλθόντος αὐτοῦ εἰς τὸ πέραν
Matthew 8:28	
of the Gergesenes	of the Gadarenes
τῶν Γεργεσηνῶν	τῶν Γαδαρηνῶν
Matthew 8:29	
What have we to do with thee, Jesus, thou Son of God	What have we to do with thee, thou Son of God
Τί ἡμῖν καὶ σοί, Ἰησοῦ υἱὲ τοῦ Θεοῦ	Τί ἡμῖν καὶ σοί, υἱὲ τοῦ θεοῦ
Matthew 8:31	
suffer us to go away into the herd of swine	send us into the herd of swine
ἐπίτρεψον ἡμῖν ἀπελθεῖν εἰς τὴν ἀγέλην τῶν χοίρων	ἀπόστειλον ἡμᾶς εἰς τὴν ἀγέλην τῶν χοίρων
Matthew 8:32	
they went into the herd of swine	they went into the swine
ἀπῆλθον εἰς τὴν ἀγέλην τῶν χοίρων	ἀπῆλθον εἰς τοὺς χοίρους
Matthew 8:32	
the whole herd of swine ran	the whole herd ran
ὥρμησε πᾶσα ἡ ἀγέλη τῶν χοίρων	ὥρμησεν πᾶσα ἡ ἀγέλη
Matthew 8:34	
came out to meet Jesus	came out to meet Jesus
ἐξῆλθεν εἰς συνάντησιν τῷ Ἰησοῦ	ἐξῆλθεν εἰς ὑπάντησιν τῷ Ἰησοῦ
Matthew 9:1	
he entered into a ship	he entered into a ship
ἐμβὰς εἰς τὸ πλοῖον	ἐμβὰς εἰς πλοῖον
Matthew 9:2	
thy sins be forgiven thee	thy sins are forgiven
ἀφέωνταί σοι αἱ ἁμαρτίαι σου	ἀφίενταί σου αἱ ἁμαρτίαι
Matthew 9:3	
the scribes said	the scribes said
τῶν γραμματέων εἶπον	τῶν γραμματέων εἶπαν
Matthew 9:4	

Over 8,000 Differences Between the T.R. and the Nestle-Aland Greek N.T.

Textus Receptus-Scrivener	Nestle-Aland 26,27
Wherefore think ye evil	Wherefore think evil
Ἱνατί ὑμεῖς ἐνθυμεῖσθε πονηρὰ	Ἱνατί ἐνθυμεῖσθε πονηρὰ
Matthew 9:5	
Thy sins be forgiven thee	*Thy* sins be forgiven thee
Ἀφέωνταί σοι αἱ ἁμαρτίαι	Ἀφίενταί σου αἱ ἁμαρτίαι
Matthew 9:5	
Arise, and walk	Arise, and walk
Ἔγειραι καὶ περιπάτει	Ἔγειρε καὶ περιπάτει
Matthew 9:8	
they marvelled	they were afraid
ἐθαύμασαν	ἐφοβήθησαν
Matthew 9:9	
named Matthew	named Matthew
Ματθαῖον λεγόμενον	Μαθθαῖον λεγόμενον
Matthew 9:11	
they said unto his disciples	they said unto his disciples
εἶπον τοῖς μαθηταῖς αὐτοῦ	ἔλεγον τοῖς μαθηταῖς αὐτοῦ
Matthew 9:11	
Why…with publicans	Why…with publicans
Διατί μετὰ τῶν τελωνῶν	Διὰ τί μετὰ τῶν τελωνῶν
Matthew 9:12	
But when Jesus heard *that*	But when he heard *that*
ὁ δὲ Ἰησοῦς ἀκούσας	ὁ δὲ ἀκούσας
Matthew 9:12	
he said unto them	he said
εἶπεν αὐτοῖς	εἶπεν
Matthew 9:13	
I will have mercy	I will have mercy
Ἔλεον θέλω	Ἔλεος θέλω
Matthew 9:13	
for I am not come to call the righteous, but sinners to repentance	for I am not come to call the righteous, but sinners
οὐ γὰρ ἦλθον καλέσαι δικαίους, ἀλλὰ ἁμαρτωλούς εἰς μετάνοιαν	οὐ γὰρ ἦλθον καλέσαι δικαίους ἀλλὰ ἁμαρτωλούς
Matthew 9:14	
Why do we and the Pharisees	Why do we and the Pharisees
Διατί ἡμεῖς καὶ οἱ Φαρισαῖοι	Διὰ τί ἡμεῖς καὶ οἱ Φαρισαῖοι
Matthew 9:14	
the Pharisees fast oft	the Pharisees fast [oft]
οἱ Φαρισαῖοι νηστεύομεν πολλά	οἱ Φαρισαῖοι νηστεύομεν (πολλά)
Matthew 9:17	
else the bottles break	else the bottles break
εἰ δὲ μήγε, ῥήγνυνται οἱ ἀσκοί	εἰ δὲ μή γε, ῥήγνυνται οἱ ἀσκοί
Matthew 9:17	
and the bottles perish	and the bottles perish
καὶ οἱ ἀσκοὶ ἀπολοῦνται	καὶ οἱ ἀσκοὶ ἀπόλλυνται
Matthew 9:17	
and both are preserved	and both are preserved

Over 8,000 Differences Between the T.R. and the Nestle-Aland Greek N.T.

Textus Receptus-Scrivener	Nestle-Aland 26,27
καὶ ἀμφότερα συντηροῦνται	καὶ ἀμφότεροι συντηροῦνται
Matthew 9:22	
But Jesus turned him about	But Jesus turned him about
ὁ δὲ Ἰησοῦς ἐπιστραφεὶς	ὁ δὲ Ἰησοῦς στραφεὶς
Matthew 9:24	
He said unto them	He said
λέγει αὐτοῖς	ἔλεγεν
Matthew 9:27	
followed him	followed [him]
ἠκολούθησαν αὐτῷ	ἠκολούθησαν (αὐτῷ)
Matthew 9:27	
Thou Son of David, have mercy on us	*Thou* Son of David, have mercy on us
Ἐλέησον ἡμᾶς, υἱὲ Δαβίδ	Ἐλέησον ἡμᾶς, υἱὸς Δαυίδ
Matthew 9:30	
And their eyes were opened	And their eyes were opened
καὶ ἀνεῴχθησαν αὐτῶν οἱ ὀφθαλμοί	καὶ ἠνεῴχθησαν αὐτῶν οἱ ὀφθαλμοί
Matthew 9:30	
and Jesus straitly charged them	and Jesus straitly charged them
˘καὶ ἐνεβριμησατο αὐτοῖς ὁ Ἰησοῦς	καὶ ἐνεβριμήθη αὐτοῖς ὁ Ἰησοῦς
Matthew 9:35	
and every disease among the people	and every disease
καὶ πᾶσαν μαλακίαν ἐν τῷ λαῷ	καὶ πᾶσαν μαλακίαν
Matthew 9:36	
because they fainted	because they were harassed
ὅτι ἦσαν ἐκλελυμένοι	ὅτι ἦσαν ἐσκυλμένοι
Matthew 10:2	
James	and James
Ἰάκωβος	καὶ Ἰάκωβος
Matthew 10:3	
Matthew the publican	Matthew the publican
Ματθαῖος ὁ τελώνης	Μαθθαῖος ὁ τελώνης
Matthew 10:3	
and Lebbaeus, whose surname was Thaddaeus	and Thaddaeus
καὶ Λεββαῖος ὁ ἐπικληθεὶς Θαδδαῖος	καὶ Θαδδαῖος
Matthew 10:4	
Simon the Canaanite	Simon the Cananaean
Σίμων ὁ Κανανίτης	Σίμων ὁ Καναναῖος
Matthew 10:4	
and Judas Iscariot	and Judas Iscariot
καὶ Ἰούδας Ἰσκαριώτης	καὶ Ἰούδας ὁ Ἰσκαριώτης
Matthew 10:5	
city of the Samaritans	city of the Samaritans
πόλιν Σαμαρειτῶν	πόλιν Σαμαριτῶν
Matthew 10:8	
cleanse the lepers, raise the dead	raise the dead, cleanse the lepers
λεπροὺς καθαρίζετε, νεκροὺς ἐγείρετε	νεκροὺς ἐγείρετε, λεπροὺς καθαρίζετε
Matthew 10:10	
neither shoes, nor yet staves	neither shoes

14

Textus Receptus-Scrivener	Nestle-Aland 26,27
μηδὲ ὑποδήματα, μηδὲ ῥάβδον	μηδὲ ὑποδήματα

Matthew 10:10

for the workman is worthy of his meat

ἄξιος γὰρ ὁ ἐργάτης τῆς τροφῆς αὐτοῦ ἐστιν

for the workman *is* worthy of his meat

ἄξιος γὰρ ὁ ἐργάτης τῆς τροφῆς αὐτοῦ

Matthew 10:13

let your peace come upon it

ἐλθέτω ἡ εἰρήνη ὑμῶν ἐπ αὐτήν

let your peace come upon it

ἐλθάτω ἡ εἰρήνη ὑμῶν ἐπ αὐτήν

Matthew 10:14

And whosoever shall not receive you

και ος εαν μη δεξηται υμας

And whosoever shall not receive you

καὶ ὃς ἂν μὴ δέξηται ὑμᾶς

Matthew 10:14

when ye depart out of that house

ἐξερχόμενοι τῆς οἰκίας

when ye depart out of that house

ἐξερχόμενοι ἔξω τῆς οἰκίας

Matthew 10:19

But when they deliver you up

ὅταν δὲ παραδιδῶσιν ὑμᾶς

But when they deliver you up

ὅταν δὲ παραδῶσιν ὑμᾶς

Matthew 10:19

what ye shall speak

τί λαλήσετε

what ye shall speak

τί λαλήσητε

Matthew 10:23

flee ye into another

φεύγετε εἰς τὴν ἄλλην

flee ye into the next

φεύγετε εἰς τὴν ἑτέραν

Matthew 10:25

If...the master of the house Beelzebub

εἰ τὸν οἰκοδεσπότην Βεελζεβοὺβ

If...the master of the house Beelzebul

εἰ τὸν οἰκοδεσπότην Βεελζεβοὺλ

Matthew 10:25

they have called

ἐκάλεσαν

they have surnamed

ἐπεκάλεσαν

Matthew 10:28

And fear not

καὶ μὴ φοβηθῆτε

And fear not

καὶ μὴ φοβεῖσθε

Matthew 10:28

them which kill the body

ἀπὸ τῶν ἀποκτεινόντων τὸ σῶμα

them which kill the body

ἀπὸ τῶν ἀποκτεννόντων τὸ σῶμα

Matthew 10:28

but rather fear

φοβηθῆτε δὲ μᾶλλον

but rather fear

φοβεῖσθε δὲ μᾶλλον

Matthew 10:31

Fear ye not therefore

μὴ οὖν φοβηθῆτε

Fear ye not therefore

μὴ οὖν φοβεῖσθε

Matthew 10:32

which is in heaven

τοῦ ἐν οὐρανοῖς

which is in heaven

τοῦ ἐν (τοῖς) οὐρανοῖς

Matthew 10:33

him will I also deny

ἀρνήσομαι αὐτὸν κἀγὼ

I will also deny him

ἀρνήσομαι κἀγὼ αὐτὸν

Matthew 10:33

which is in heaven

which is in heaven

15

Over 8,000 Differences Between the T.R. and the Nestle-Aland Greek N.T.

Textus Receptus-Scrivener	Nestle-Aland 26,27
τοῦ ἐν οὐρανοῖς	τοῦ ἐν (τοῖς) οὐρανοῖς.
Matthew 10:41	
shall receive a prophet's reward	shall receive a prophet's reward
μισθὸν προφήτου λήψεται	μισθὸν προφήτου λήμψεται
Matthew 10:41	
shall receive a righteous man's reward	shall receive a righteous man's reward
μισθὸν δικαίου λήψεται	μισθὸν δικαίου λήμψεται
Matthew 10:42	
And whosoever	And whosoever
καὶ ὃς ἐαν	καὶ ὃς ἂν
Matthew 11:2	
he sent two of his disciples	he sent his disciples
πέμψας δύο τῶν μαθητῶν αὐτοῦ	πέμψας διὰ τῶν μαθητῶν αὐτοῦ
Matthew 11:5	
the dead are raised	and the dead are raised
νεκροὶ ἐγείρονται	καὶ νεκροὶ ἐγείρονται
Matthew 11:7	
What went ye out	What went ye out
Τί ἐξήλθετε	Τί ἐξήλθατε
Matthew 11:8	
But what went ye out	But what went ye out
ἀλλὰ τί ἐξήλθετε	ἀλλὰ τί ἐξήλθατε
Matthew 11:8	
A man clothed in soft raiment	A man clothed in soft *raiment*
ἄνθρωπον ἐν μαλακοῖς ἱματίοις ἠμφιεσμένον	ἄνθρωπον ἐν μαλακοῖς ἠμφιεσμένον
Matthew 11:9	
what went ye out for to see	what went ye out for to see
τί ἐξήλθετε ἰδεῖν	τί ἐξήλθατε ἰδεῖν
Matthew 11:10	
For this is *he*	this is *he*
οὗτός γάρ ἐστι	οὗτός ἐστιν
Matthew 11:13	
prophesied until John	prophesied until John
ἕως Ἰωάννου προεφήτευσαν	ἕως Ἰωάννου ἐπροφήτευσαν
Matthew 11:15	
He that hath ears to hear, let him hear	He that hath ears, let him hear
ὁ ἔχων ὦτα ἀκούειν, ἀκουέτω	ὁ ἔχων ὦτα ἀκουέτω
Matthew 11:16	
children	children
παιδαρίοις	παιδίοις
Matthew 11:16	
sitting in the markets	sitting in the markets
ἐν ἀγοραῖς καθημένοις	καθημένοις ἐν ταῖς ἀγοραῖς
Matthew 11:16	
and calling	who calling
καὶ προσφωνοῦσι	ἃ προσφωνοῦντα
Matthew 11:16	
unto their fellows	unto the others

Over 8,000 Differences Between the T.R. and the Nestle-Aland Greek N.T.

Textus Receptus-Scrivener	Nestle-Aland 26,27
τοῖς ἑταίροις αὐτῶν	τοῖς ἑτέροις
Matthew 11:17	
And saying	Saying
καὶ λέγουσιν	λέγουσιν
Matthew 11:17	
we have mourned unto you	we have mourned
ἐθρηνήσαμεν ὑμῖν	ἐθρηνήσαμεν
Matthew 11:19	
wisdom is justified of her children	wisdom is justified of her works
ἐδικαιώθη ἡ σοφία ἀπὸ τῶν τέκνων αὐτῆς	ἐδικαιώθη ἡ σοφία ἀπὸ τῶν ἔργων αὐτῆς
Matthew 11:23	
Capernaum, which art	Capernaum...not
Καπερναούμ, ἡ	Χαπερναουμ, μὴ
Matthew 11:23	
exalted unto heaven	art thou...exalted unto heaven?
ἕως τοῦ οὐρανοῦ ὑψωθεῖσα	ἕως οὐρανοῦ ὑψωθήσῃ;
Matthew 11:23	
shalt be brought down to hell	shall descend to hell
ἕως ᾅδου καταβιβασθήσῃ	ἕως ᾅδου καταβήσῃ
Matthew 11:23	
for if the mighty works...had been done in Sodom	for if the mighty works...had been done in Sodom
ὅτι εἰ ἐν Σοδόμοις ἐγένοντο αἱ δυνάμεις	ὅτι εἰ ἐν Σοδόμοις ἐγενήθησαν αἱ δυνάμεις
Matthew 11:23	
it would have remained until	it would have remained until
ἔμειναν ἂν μέχρι	ἔμεινεν ἂν μέχρι
Matthew 11:25	
because thou hast hid these things	because thou hast hid these things
ὅτι ἀπέκρυψας ταῦτα	ὅτι ἔκρυψας ταῦτα
Matthew 11:26	
it seemed good in thy sight	it seemed good in thy sight
ἐγένετο εὐδοκία ἔμπροσθέν σου	εὐδοκία ἐγένετο ἔμπροσθέν σου
Matthew 11:29	
for I am meek	for I am meek
ὅτι πρᾷός εἰμι	ὅτι πραΰς εἰμι
Matthew 12:2	
they said unto him	they said unto him
εἶπον αὐτῷ	εἶπαν αὐτῷ
Matthew 12:3	
what David did	what David did
τί ἐποίησε Δαβὶδ	τί ἐποίησεν Δαυὶδ
Matthew 12:3	
when he was an hungred	when he was an hungred
ὅτε ἐπείνασεν αὐτὸς	ὅτε ἐπείνασεν
Matthew 12:4	
and did eat the shewbread	and did eat the shewbread
καὶ τοὺς ἄρτους τῆς προθεσεως ἐφαγεν	καὶ τοὺς ἄρτους τῆς προθέσεως ἔφαγον
Matthew 12:4	
which was not lawful	which was not lawful

Over 8,000 Differences Between the T.R. and the Nestle-Aland Greek N.T.

Textus Receptus-Scrivener	Nestle-Aland 26,27
ὃς οὐκ ἐξὸν	ὃ οὐκ ἐξὸν
Matthew 12:6	
in this place is *one* greater than the temple	in this place is *one* greater than the temple
τοῦ ἱεροῦ μείζων ἐστιν ὧδε	τοῦ ἱεροῦ μεῖζόν ἐστιν ὧδε
Matthew 12:7	
I will have mercy	I will have mercy
Ἔλεον θέλω	Ἔλεος θέλω
Matthew 12:8	
For...is Lord even of the sabbath day	For...is Lord of the sabbath day
κύριος γάρ ἐστι καὶ τοῦ σαββάτου	κύριος γάρ ἐστιν τοῦ σαββάτου
Matthew 12:10	
there was a man which had *his* hand withered	a man which had *his* hand withered
ἄνθρωπος ἦν τὴν χεῖρα ἔχων ξηράν	ἄνθρωπος χεῖρα ἔχων ξηράν
Matthew 12:10	
to heal on the sabbath days	to heal on the sabbath days
τοῖς σάββασι θεραπεύειν	τοῖς σάββασιν θεραπεῦσαι
Matthew 12:13	
Stretch forth thine hand	Stretch forth thine hand
Ἔκτεινόν τὴν χεῖρα σου	Ἔκτεινόν σου τὴν χεῖρα
Matthew 12:13	
and it was restored whole	and it was restored whole
καὶ ἀποκατεστάθη ὑγιὴς	καὶ ἀπεκατεστάθη ὑγιὴς
Matthew 12:14	
Then the Pharisees went out, and held a council against him	Then the Pharisees went out, and held a council against him
οἱ δὲ Φαρισαῖοι συμβούλιον ἔλαβον κατ αὐτοῦ ἐξελθόντες	ἐξελθόντες δὲ οἱ Φαρισαῖοι συμβούλιον ἔλαβον κατ αὐτοῦ
Matthew 12:15	
and great multitudes followed him	and great [multitudes] followed him
καὶ ἠκολούθησαν αὐτῷ ὄχλοι πολλοί	καὶ ἠκολούθησαν αὐτῷ (ὄχλοι) πολλοί
Matthew 12:17	
That it might be fulfilled	That it might be fulfilled
ὅπως πληρωθῇ τὸ ῥηθὲν	ἵνα πληρωθῇ τὸ ῥηθὲν
Matthew 12:21	
And in his name	And in his name
καὶ ἐν τῷ ὀνόματι αὐτοῦ	καὶ τῷ ὀνόματι αὐτοῦ
Matthew 12:22	
insomuch that the blind and	insomuch that the
ωστε τον τυφλον και	ὥστε τὸν
Matthew 12:22	
dumb both spake and saw	dumb spake and saw
κωφὸν καὶ λαλεῖν καὶ βλέπειν	κωφὸν λαλεῖν καὶ βλέπειν
Matthew 12:23	
the son of David	the son of David
ὁ υἱὸς Δαβίδ	ὁ υἱὸς Δαυίδ
Matthew 12:25	
And Jesus knew their thoughts	And knew their thoughts
εἰδὼς δὲ ὁ Ἰησοῦς τὰς ἐνθυμήσεις αὐτῶν	εἰδὼς δὲ τὰς ἐνθυμήσεις αὐτῶν

Over 8,000 Differences Between the T.R. and the Nestle-Aland Greek N.T.

Textus Receptus-Scrivener	Nestle-Aland 26,27
Matthew 12:27	
therefore they shall be your judges	therefore they shall be your judges
διὰ τοῦτο αὐτοὶ ὑμῶν ἔσονται κριταί	διὰ τοῦτο αὐτοὶ κριταὶ ἔσονται ὑμῶν
Matthew 12:28	
But if I cast out...by the Spirit of God	But if I cast out...by the Spirit
εἰ δὲ ἐγὼ ἐν Πνεύματι Θεοῦ ἐγὼ ἐκβάλλω	εἰ δὲ ἐν πνεύματι θεοῦ ἐγὼ ἐκβάλλω
Matthew 12:29	
and spoil his goods	and seize his goods
καὶ τὰ σκεύη αὐτοῦ διάρπάσαι	καὶ τὰ σκεύη αὐτοῦ ἁρπάσαι
Matthew 12:31	
shall be forgiven unto men	shall be forgiven
οὐκ ἀφεθήσεται τοῖς ἀνθρώποις	οὐκ ἀφεθήσεται
Matthew 12:32	
And whosoever speaketh a word against	And whosoever speaketh a word against
καὶ ὃς ἂν εἴπῃ λόγον κατὰ	καὶ ὃς ἐὰν εἴπῃ λόγον κατὰ
Matthew 12:35	
out of the good treasure of the heart	out of the good treasure
ἐκ τοῦ ἀγαθοῦ θησαυροῦ τῆς καρδίας	ἐκ τοῦ ἀγαθοῦ θησαυροῦ
Matthew 12:35	
bringeth forth good things	bringeth forth good things
ἐκβάλλει τα ἀγαθά	ἐκβάλλει ἀγαθά
Matthew 12:36	
that men shall speak	that men shall speak
ὃ ἐὰν λαλήσωσιν οἱ ἄνθρωποι	ὃ λαλήσουσιν οἱ ἄνθρωποι
Matthew 12:38	
Then certain of the scribes...answered	Then certain of the scribes...answered him
Τότε ἀπεκρίθησαν τινες τῶν γραμματέων	Τότε ἀπεκρίθησαν αὐτῷ τινες τῶν γραμματέων
Matthew 12:42	
the wisdom of Solomon	the wisdom of Solomon
τὴν σοφίαν Σολομῶντος	τὴν σοφίαν Σολομῶνος
Matthew 12:42	
a greater than Solomon	a greater than Solomon
πλεῖον Σολομῶντος	πλεῖον Σολομῶνος
Matthew 12:44	
I will return into my house	I will return into my house
Ἐπιστρέψω εἰς τὸν οἶκόν μου	Εἰς τὸν οἶκόν μου ἐπιστρέψω
Matthew 12:46	
While he yet talked	While he yet talked
Ἔτι δὲ αὐτοῦ λαλοῦντος	Ἔτι αὐτοῦ λαλοῦντος
Matthew 12:47	
Then one said unto him, Behold, thy mother and thy brethren stand without, desiring to speak with thee	[Then one said unto him, Behold, thy mother and thy brethren stand without, desiring to speak with thee]
εἶπε δέ τις αὐτῷ, Ἰδοὺ, ἡ μήτηρ σου καὶ οἱ ἀδελφοί σου ἔξω ἑστήκασι, ζητοῦντές σοι λαλῆσαι	(εἶπεν δέ τις αὐτῷ, Ἰδοὺ ἡ μήτηρ σου καὶ οἱ ἀδελφοί σου ἔξω ἑστήκασιν ζητοῦντές σοι λαλῆσαι)
Matthew 12:48	
and said unto him that told him	and said unto him that told him

Over 8,000 Differences Between the T.R. and the Nestle-Aland Greek N.T.

Textus Receptus-Scrivener	Nestle-Aland 26,27
εἶπε τῷ εἰπόντι αὐτῷ	εἶπεν τῷ λέγοντι αὐτῷ
Matthew 13:1	
The same day	The same day
Ἐν δὲ τῇ ἡμέρᾳ ἐκείνῃ	Ἐν τῇ ἡμέρᾳ ἐκείνῃ
Matthew 13:1	
went Jesus out of the house	went Jesus *out* of the house
ἐξελθὼν ὁ Ἰησοῦς ἀπὸ τῆς οἰκίας	ἐξελθὼν ὁ Ἰησοῦς τῆς οἰκίας
Matthew 13:2	
he went into a ship	he went into a ship
αὐτὸν εἰς τὸ πλοῖον ἐμβάντα	αὐτὸν εἰς πλοῖον ἐμβάντα
Matthew 13:4	
and the fowls came	and the fowls having come
καὶ ἦλθε τὰ πετεινά	καὶ ἐλθόντα τὰ πετεινά
Matthew 13:4	
and devoured them up	devoured them up
καὶ κατέφαγεν αὐτά	κατέφαγεν αὐτά
Matthew 13:7	
and choked them	and choked them
καὶ ἀπέπνιξαν αὐτά	καὶ ἔπνιξαν αὐτά
Matthew 13:9	
Who hath ears to hear, let him hear	Who hath ears, let him hear
ὁ ἔχων ὦτα ἀκούειν, ἀκουέτω	ὁ ἔχων ὦτα ἀκουέτω
Matthew 13:10	
the disciples...said unto him	the disciples...said unto him
οἱ μαθηταὶ εἶπον αὐτῷ	οἱ μαθηταὶ εἶπαν αὐτῷ
Matthew 13:10	
Why speakest thou unto them in parables	Why speakest thou unto them in parables
Διατί ἐν παραβολαῖς λαλεῖς αὐτοῖς	Διὰ τί ἐν παραβολαῖς λαλεῖς αὐτοῖς
Matthew 13:14	
And in them is fulfilled	And *in* them is fulfilled
καὶ ἀναπληροῦται ἐπ αὐτοῖς	καὶ ἀναπληροῦται αὐτοῖς
Matthew 13:15	
and I should heal them	and I shall heal them
καὶ ἰάσωμαι αὐτούς	καὶ ἰάσομαι αὐτούς
Matthew 13:16	
and your ears, for they hear	and your ears, for they hear
καὶ τὰ ὦτα ὑμῶν, ὅτι ἀκούει	καὶ τὰ ὦτα ὑμῶν ὅτι ἀκούουσιν
Matthew 13:17	
and have not seen *them*	and have not seen *them*
καὶ οὐκ εἶδον	καὶ οὐκ εἶδαν
Matthew 13:18	
the parable of the sower	the parable of the sower
τὴν παραβολὴν τοῦ σπείροντος	τὴν παραβολὴν τοῦ σπείραντος
Matthew 13:22	
the care of this world	the care of the world
ἡ μέριμνα τοῦ αἰῶνος τούτου	ἡ μέριμνα τοῦ αἰῶνος
Matthew 13:23	
into the good ground	into the good ground

Over 8,000 Differences Between the T.R. and the Nestle-Aland Greek N.T.

Textus Receptus-Scrivener	Nestle-Aland 26,27
ἐπὶ τὴν γῆν τὴν καλὴν	ἐπὶ τὴν καλὴν γῆν
Matthew 13:23	
and understandeth	and understandeth
καὶ συνιών	καὶ συνιείς
Matthew 13:23	
some an hundredfold, some sixty, some thirty	some an hundredfold, some sixty, some thirty
ὁ μὲν ἑκατόν, ὁ δὲ ἑξήκοντα, ὁ δὲ τριάκοντα	ὃ μὲν ἑκατόν, ὃ δὲ ἑξήκοντα, ὃ δὲ τριάκοντα
Matthew 13:25	
and sowed tares	and sowed tares
καὶ ἔσπειρε ζιζάνια	καὶ ἐπέσπειρεν ζιζάνια
Matthew 13:27	
whence then hath it tares	whence then hath it tares
πόθεν οὖν ἔχει τὰ ζιζάνια	πόθεν οὖν ἔχει ζιζάνια
Matthew 13:28	
The servants said unto him	The servants say unto him
οἱ δὲ δοῦλοι εἶπον αὐτῷ	οἱ δὲ δοῦλοι λέγουσιν αὐτῷ
Matthew 13:29	
But he said	But he says
ὁ δέ ἔφη	ὁ δέ φησιν
Matthew 13:30	
until the harvest	until the harvest
μέχρι τοῦ θερισμοῦ	ἕως τοῦ θερισμοῦ
Matthew 13:30	
and in the time of harvest	and in *the* time of harvest
καὶ ἐν τῷ καιρῷ τοῦ θερισμοῦ	καὶ ἐν καιρῷ τοῦ θερισμοῦ
Matthew 13:34	
spake he not unto them	spake he nothing unto them
οὐκ ἐλάλει αὐτοῖς	οὐδὲν ἐλάλει αὐτοῖς
Matthew 13:35	
from the foundation of the world	from the foundation of the [world]
ἀπὸ καταβολῆς κόσμου	ἀπὸ καταβολῆς (κόσμου)
Matthew 13:36	
Jesus... went into the house	*he* ...went into the house
ἦλθεν εἰς τὴν οἰκίαν ὁ Ἰησοῦς	ἦλθεν εἰς τὴν οἰκίαν
Matthew 13:36	
Declare unto us the parable	Explain unto us the parable
Φράσον ἡμῖν τὴν παραβολὴν	Διασάφησον ἡμῖν τὴν παραβολὴν
Matthew 13:37	
He answered and said unto them	He answered and said
ὁ δὲ ἀποκριθεὶς εἶπεν αὐτοῖς	ὁ δὲ ἀποκριθεὶς εἶπεν
Matthew 13:39	
is the end of the world	is the end of *the* world
συντέλεια τοῦ αἰῶνός ἐστιν	συντέλεια αἰῶνός ἐστιν
Matthew 13:40	
and burned in the fire	and burned in the fire
καὶ πυρὶ κατακαίεται	καὶ πυρὶ (κατα)καίεται
Matthew 13:40	
in the end of this world	in the end of the world

Over 8,000 Differences Between the T.R. and the Nestle-Aland Greek N.T.

Textus Receptus-Scrivener	Nestle-Aland 26,27
ἐν τῇ συντελείᾳ τοῦ αἰῶνος τούτου	ἐν τῇ συντελείᾳ τοῦ αἰῶνος
Matthew 13:43	
Who hath ears to hear, let him hear	Who hath ears, let him hear
ὁ ἔχων ὦτα ἀκούειν ἀκουέτω	ὁ ἔχων ὦτα ἀκουέτω
Matthew 13:44	
Again, the kingdom of heaven is like	The kingdom of heaven is like
Πάλιν ὁμοία ἐστὶν ἡ βασιλεία τῶν οὐρανῶν	Ὁμοία ἐστὶν ἡ βασιλεία τῶν οὐρανῶν
Matthew 13:44	
and selleth all that he hath	and selleth all that he hath
καὶ πάντα ὅσα ἔχει πωλεῖ	καὶ πωλεῖ πάντα ὅσα ἔχει
Matthew 13:46	
Who, when he had found one pearl of great price	But, when he had found one pearl of great price
ὃς εὑρὼν ἕνα πολύτιμον μαργαρίτην	εὑρὼν δὲ ἕνα πολύτιμον μαργαρίτην
Matthew 13:48	
gathered the good into vessels	gathered the good into vessels
συνέλεξαν τὰ καλὰ εἰς ἀγγεῖα	συνέλεξαν τὰ καλὰ εἰς ἄγγη
Matthew 13:51	
Jesus saith unto them	....
Λέγει αὐτοῖς ὁ Ἰησοῦς	....
Matthew 13:51	
They say unto him, Yea, Lord	They say unto him, Yea
λέγουσιν αὐτῷ, Ναί Κύριε	λέγουσιν αὐτῷ, Ναί
Matthew 13:52	
instructed unto	instructed
μαθητευθεὶς εἰς	μαθητευθεὶς
Matthew 13:52	
the kingdom of heaven	the kingdom of heaven
τὴν βασιλείαν τῶν οὐρανῶν	τῇ βασιλείᾳ τῶν οὐρανῶν
Matthew 13:54	
insomuch that they were astonished	insomuch that they were astonished
ὥστε ἐκπλήττεσθαι αὐτοὺς	ὥστε ἐκπλήσσεσθαι αὐτοὺς
Matthew 13:55	
is not his mother called	is not his mother called
οὐχι ἡ μήτηρ αὐτοῦ λέγεται	οὐχ ἡ μήτηρ αὐτοῦ λέγεται
Matthew 13:55	
and his brethren, James, and Joses	and his brethren, James, and Joseph
καὶ οἱ ἀδελφοὶ αὐτοῦ Ἰάκωβος καὶ Ἰωσῆς	καὶ οἱ ἀδελφοὶ αὐτοῦ Ἰάκωβος καὶ Ἰωσὴφ
Matthew 13:57	
save in his own country	save in the country
εἰ μὴ ἐν τῇ πατρίδι αὐτοῦ	εἰ μὴ ἐν τῇ πατρίδι
Matthew 14:1	
Herod the tetrarch	Herod the tetrarch
Ἡρώδης ὁ τετράρχης	Ἡρώδης ὁ τετραάρχης
Matthew 14:3	
and bound him	and bound [him]
ἔδησεν αὐτὸν	ἔδησεν (αὐτὸν)
Matthew 14:3	
and put *him* in prison	and put *him* in prison

Textus Receptus-Scrivener	Nestle-Aland 26,27
καὶ ἔθετο ἐν φυλακῇ	καὶ ἐν φυλακῇ ἀπέθετο

Matthew 14:4

For John said unto him	For John said unto him
ἔλεγε γὰρ αὐτῷ ὁ Ἰωάννης	ἔλεγεν γὰρ ὁ Ἰωάννης αὐτῷ

Matthew 14:6

But when Herod's birthday was kept	But when Herod's birthday was kept
γενεσίων δὲ ἀγομένων τοῦ Ἡρώδου	γενεσίοις δὲ γενομένοις τοῦ Ἡρώδου

Matthew 14:9

And the king was sorry	And the king was sorry
καὶ ἐλυπήθη ὁ βασιλεὺς	καὶ λυπηθεὶς ὁ βασιλεὺς

Matthew 14:9

nevertheless for the oath's sake	for the oath's sake
διὰ δὲ τοὺς ὅρκους	διὰ τοὺς ὅρκους

Matthew 14:10

beheaded John	beheaded John
ἀπεκεφάλισε τὸν Ἰωάννην	ἀπεκεφάλισεν (τὸν) Ἰωάννην

Matthew 14:12

took up the body	took up the corpse
ἦραν τὸ σῶμα	ἦραν τὸ πτῶμα

Matthew 14:12

and buried it	and buried him
καὶ ἔθαψαν αὐτό	καὶ ἔθαψαν αὐτό(ν)

Matthew 14:13

When Jesus heard *of it*	When Jesus heard *of it*
Καὶ ἀκούσας ὁ Ἰησοῦς	Ἀκούσας δὲ ὁ Ἰησοῦς

Matthew 14:14

And Jesus went forth	And *he* went forth
καὶ ἐξελθὼν ὁ Ἰησοῦς	καὶ ἐξελθὼν

Matthew 14:14

was moved with compassion toward them	was moved with compassion toward them
ἐσπλαγχνίσθη ἐπ αὐτούς	ἐσπλαγχνίσθη ἐπ αὐτοῖς

Matthew 14:15

his disciples came to him	the disciples came to him
προσῆλθον αὐτῷ οἱ μαθηταὶ αὐτοῦ	προσῆλθον αὐτῷ οἱ μαθηταὶ

Matthew 14:16

But Jesus said unto them	But [Jesus] said unto them
ὁ δὲ Ἰησοῦς εἶπεν αὐτοῖς	ὁ δὲ (Ἰησοῦς) εἶπεν αὐτοῖς

Matthew 14:18

Bring them hither to me	Bring them hither to me
Φέρετέ μοι αὐτούς ὧδε	Φέρετέ μοι ὧδε αὐτούς

Matthew 14:19

to sit down on the grass	to sit down on the grass
ἀνακλιθῆναι επι τους χορτους	ἀνακλιθῆναι ἐπὶ τοῦ χόρτου

Matthew 14:19

and took the five	took the five
και λαβὼν τοὺς πέντε	λαβὼν τοὺς πέντε

Matthew 14:22

And straightway Jesus constrained	And straightway *he* constrained

Over 8,000 Differences Between the T.R. and the Nestle-Aland Greek N.T.

Textus Receptus-Scrivener	Nestle-Aland 26,27
Καὶ εὐθέως ἠνάγκασεν ὁ Ἰησοῦς	Καὶ εὐθέως ἠνάγκασεν
Matthew 14:22	
his disciples	the disciples
τοὺς μαθητὰς αὐτοῦ	τοὺς μαθητὰς
Matthew 14:24	
But the ship was now in the midst of the sea	But the ship was now many stadia distant from the land
τὸ δὲ πλοῖον ἤδη μέσον τῆς θαλάσσης ἦν	τὸ δὲ πλοῖον ἤδη σταδίους πολλοὺς ἀπὸ τῆς γῆς ἀπεῖχεν
Matthew 14:25	
Jesus went unto them	*he* went unto them
ἀπῆλθε πρὸς αὐτοὺς ὁ Ἰησοῦς	ἦλθεν πρὸς αὐτοὺς
Matthew 14:25	
walking on the sea	walking on the sea
περιπατῶν ἐπὶ τῆς θαλάσσης	περιπατῶν ἐπὶ τὴν θάλασσαν
Matthew 14:26	
And when the disciples saw him	But when the disciples saw him
καὶ ἰδόντες αὐτὸν οἱ μαθηταὶ	οἱ δὲ μαθηταὶ ἰδόντες αὐτὸν
Matthew 14:26	
walking on the sea	walking on the sea
ἐπὶ τῆς θαλάσσαν περιπατοῦντα	ἐπὶ τῆς θαλάσσης περιπατοῦντα
Matthew 14:27	
But straightway	But straightway
εὐθέως δὲ	εὐθὺς δὲ
Matthew 14:27	
Jesus spake unto them	[Jesus] spake unto them
ἐλάλησεν αὐτοῖς ὁ Ἰησοῦς	ἐλάλησεν (ὁ Ἰησοῦς) αὐτοῖς
Matthew 14:28	
bid me come unto thee on the water	bid me come unto thee on the water
κέλευσόν με πρὸς σὲ ἐλθεῖν ἐπὶ τὰ ὕδατα	κέλευσόν με ἐλθεῖν πρὸς σὲ ἐπὶ τὰ ὕδατα
Matthew 14:29	
Peter...he walked	Peter...he walked
ὁ Πέτρος περιεπάτησεν	(ὁ) Πέτρος περιεπάτησεν
Matthew 14:29	
to go to Jesus	and go to Jesus
ἐλθεῖν πρὸς τὸν Ἰησοῦν	καὶ ἦλθεν πρὸς τὸν Ἰησοῦν
Matthew 14:30	
the wind boisterous	the wind [boisterous]
τὸν ἄνεμον ἰσχυρὸν	τὸν ἄνεμον (ἰσχυρὸν)
Matthew 14:32	
And when they were come into the ship	And when they were come up into the ship
καὶ ἐμβάντων αὐτῶν εἰς τὸ πλοῖον	καὶ ἀναβάντων αὐτῶν εἰς τὸ πλοῖον
Matthew 14:33	
Then they that were in the ship came and worshipped him	Then they that were in the ship worshipped him
οἱ δὲ ἐν τῷ πλοίῳ, ἐλθόντες προσεκύνησαν αὐτῷ	οἱ δὲ ἐν τῷ πλοίῳ προσεκύνησαν αὐτῷ
Matthew 14:34	
they came into the land	they came to the land

Textus Receptus-Scrivener	Nestle-Aland 26,27
ἦλθον εἰς τὴν γῆν	ἦλθον ἐπὶ τὴν γῆν
Matthew 14:34	
of Gennesaret	into Gennesaret
Γεννησαρέτ	εἰς Γεννησαρέτ
Matthew 15:1	
which were of Jerusalem	from Jerusalem
οἱ ἀπὸ Ἱεροσολύμων	ἀπὸ Ἱεροσολύμων
Matthew 15:1	
scribes and Pharisees…saying	Pharisees and scribes…saying
γραμματεῖς καὶ Φαρισαῖοι, λέγοντες	Φαρισαῖοι καὶ γραμματεῖς λέγοντες
Matthew 15:2	
Why do thy disciples	Why do thy disciples
Διατί οἱ μαθηταί σου	Διὰ τί οἱ μαθηταί σου
Matthew 15:2	
for they wash not their hands	for they wash not [their] hands
οὐ γὰρ νίπτονται τὰς χεῖρας αὐτῶν	οὐ γὰρ νίπτονται τὰς χεῖρας (αὐτῶν)
Matthew 15:3	
Why do ye also	Why do ye also
Διατί καὶ ὑμεῖς	Διὰ τί καὶ ὑμεῖς
Matthew 15:4	
For God commanded, saying	For God said
ὁ γὰρ Θεὸς ἐνετείλατο λέγων	ὁ γὰρ θεὸς εἶπεν
Matthew 15:4	
Honour thy father and mother	Honour the father and mother
Τίμα τὸν πατέρα σου, καὶ τὴν μητέρα	Τίμα τὸν πατέρα καὶ τὴν μητέρα
Matthew 15:6	
And	….
καὶ	….
Matthew 15:6	
honour not	Not to honour
οὐ μὴ τιμήσῃ	οὐ μὴ τιμήσει
Matthew 15:6	
his father or his mother	his father
τὸν πατέρα αὐτοῦ· ἢ τὴν μητέρα αὐτοῦ	τὸν πατέρα αὐτοῦ
Matthew 15:6	
Thus have ye made the commandment of God of none effect	Thus have ye made the word of God of none effect
καὶ ἠκυρώσατε τὸν ἐντολὴν τοῦ Θεοῦ	καὶ ἠκυρώσατε τὸν λόγον τοῦ θεοῦ
Matthew 15:7	
well did Esaias prophesy of you	well did Esaias prophesy of you
καλῶς προεφήτευσε περὶ ὑμῶν Ἡσαΐας	καλῶς ἐπροφήτευσεν περὶ ὑμῶν Ἡσαΐας
Matthew 15:8	
draweth nigh unto me	….
Ἐγγίζει μοι	….
Matthew 15:8	
with their mouth, and	….
τῷ στόματι αὐτῶν, καὶ	….
Matthew 15:12	

Over 8,000 Differences Between the T.R. and the Nestle-Aland Greek N.T.

Textus Receptus-Scrivener	Nestle-Aland 26,27
Then came his disciples	Then came the diciples
τότε προσελθόντες οἱ μαθηταὶ αὐτοῦ	Τότε προσελθόντες οἱ μαθηταὶ
Matthew 15:12	
and said unto him	saying unto him
εἶπον αὐτῷ	λέγουσιν αὐτῷ
Matthew 15:14	
they be blind leaders	they be blind leaders
ὁδηγοί εἰσι τυφλοί	τυφλοί εἰσιν ὁδηγοι
Matthew 15:14	
of the blind	[of the blind]
τυφλῶν	(τυφλῶν)
Matthew 15:15	
this parable	[this] parable
τὴν παραβολήν ταύτην	τὴν παραβολήν (ταύτην)
Matthew 15:16	
And Jesus said	And he said
ὁ δὲ Ἰησοῦς εἶπεν	ὁ δὲ εἶπεν
Matthew 15:17	
Do not ye yet understand	Not ye understand
οὔπω νοεῖτε	οὐ νοεῖτε
Matthew 15:22	
and cried unto him, saying	and cried, saying
ἔκραύγασεν αὐτῷ λέγουσα	ἔκραζεν λέγουσα
Matthew 15:22	
Have mercy on me, O Lord, *thou* Son of David	Have mercy on me, O Lord, *thou* Son of David
Ἐλέησόν με, κύριε, υἱὲ Δαυίδ	Ἐλέησόν με, κύριε, υἱὸς Δαυίδ
Matthew 15:23	
his disciples...besought him	his disciples...besought him
οἱ μαθηταὶ αὐτοῦ, ἠρώτων αὐτὸν	οἱ μαθηταὶ αὐτοῦ ἠρώτουν αὐτὸν
Matthew 15:30	
blind, dumb, maimed	blind, maimed, dumb
τυφλούς, κωφούς, κυλλούς	τυφλούς, κυλλούς, κωφούς
Matthew 15:30	
and cast them down at Jesus' feet	and cast them down at his feet
καὶ ἔρριψαν αὐτοὺς παρὰ τοὺς πόδας τοῦ Ἰησοῦ	καὶ ἔρριψαν αὐτοὺς παρὰ τοὺς πόδας αὐτοῦ
Matthew 15:31	
Insomuch that the multitude	Insomuch that the multitude
ὥστε τοὺς ὄχλους	ὥστε τὸν ὄχλον
Matthew 15:31	
the lame to walk	and the lame to walk
χωλοὺς περιπατοῦντας	καὶ χωλοὺς περιπατοῦντας
Matthew 15:32	
they continue...three days	they continue...three days
ἡμέρας τρεῖς προσμένουσί	ἡμέραι τρεῖς προσμένουσίν
Matthew 15:33	
And his disciples say unto him	And the disciples say unto him
καὶ λέγουσιν αὐτῷ οἱ μαθηταί αὐτοῦ	καὶ λέγουσιν αὐτῷ οἱ μαθηταί

Over 8,000 Differences Between the T.R. and the Nestle-Aland Greek N.T.

Textus Receptus-Scrivener	Nestle-Aland 26,27
Matthew 15:34	
And they said	And they said
Οἱ δὲ εἶπον	οἱ δὲ εἶπαν
Matthew 15:35	
And he commanded the multitude	And having commanded the multitude
καὶ ἐκέλευσε τοῖς ὄχλοις	καὶ παραγγείλας τῷ ὄχλῳ
Matthew 15:36	
And he took the seven loaves	He took the seven loaves
καὶ λαβὼν τοὺς ἑπτὰ ἄρτους	ἔλαβεν τοὺς ἑπτὰ ἄρτους
Matthew 15:36	
and gave thanks, and brake *them*	and gave thanks, and brake *them*
εὐχαριστήσας ἔκλασε	καὶ εὐχαριστήσας ἔκλασεν
Matthew 15:36	
and gave	and gave
καὶ ἔδωκε	καὶ ἐδίδου
Matthew 15:36	
to his disciples	to the disciples
τοῖς μαθηταῖς αὐτοῦ	τοῖς μαθηταῖς
Matthew 15:36	
and the disciples to the multitude	and the disciples to the multitudes
οἱ δὲ μαθηταὶ τῷ ὄχλῳ	οἱ δὲ μαθηταὶ τοῖς ὄχλοις
Matthew 15:37	
and they took up of the broken *meat* that was left	and the broken *meat* that was left, they took up
καὶ ἦραν τὸ περισσεῦον τῶν κλασμάτων	καὶ τὸ περισσεῦον τῶν κλασμάτων ἦραν
Matthew 15:39	
into the coasts of Magdala	into the coasts of Magadan
εἰς τὰ ὅρια Μαγαδαλά	εἰς τὰ ὅρια Μαγαδάν
Matthew 16:2,3	
When it is evening, ye say, *It will be* fair weather: for the sky is red.	[When it is evening, ye say, *It will be* fair weather: for the sky is red.
3 And in the morning, *It will be* foul weather to day: for the sky is red and lowring. O *ye* hypocrites, ye can *discern* the face of the sky; but can ye not discern the signs of the times	3 And in the morning, *It will be* foul weather to day: for the sky is red and lowring. Ye can *discern* the face of the sky; but can ye not discern the signs of the times]
Ὀψίας γενομένης λέγετε, Εὐδία· πυρράζει γὰρ ὁ οὐρανός·	Ὀψίας γενομένης λέγετε, Εὐδία· πυρράζει γὰρ ὁ οὐρανός·
3 καὶ πρωΐ, Σήμερον χειμών· πυρράζει γὰρ στυγνάζων ὁ οὐρανός. ὑποκριταί, τὸ μὲν πρόσωπον τοῦ οὐρανοῦ γινώσκετε διακρίνειν, τὰ δὲ σημεῖα τῶν καιρῶν οὐ δύνασθε	3 καὶ πρωΐ, Σήμερον χειμών· πυρράζει γὰρ στυγνάζων ὁ οὐρανός. τὸ μὲν πρόσωπον τοῦ οὐρανοῦ γινώσκετε διακρίνειν, τὰ δὲ σημεῖα τῶν καιρῶν οὐ δύνασθε]
Matthew 16:4	
the sign of the prophet Jonas	the sign of the Jonas
τὸ σημεῖον Ἰωνᾶ τοῦ προφήτου	τὸ σημεῖον Ἰωνᾶ
Matthew 16:5	
And when his disciples were come	And when the disciples were come
Καὶ ἐλθόντες οἱ μαθηταὶ αὐτοῦ	Καὶ ἐλθόντες οἱ μαθηταὶ
Matthew 16:8	
he said unto them	he said

Over 8,000 Differences Between the T.R. and the Nestle-Aland Greek N.T.

Textus Receptus-Scrivener	Nestle-Aland 26,27
εἶπεν αὐτοῖς	εἶπεν

Matthew 16:8

| because ye have brought no bread | because ye have no bread |
| ὅτι ἄρτους οὐκ ἐλάβετε | ὅτι ἄρτους οὐκ ἔχετε |

Matthew 16:11

| concerning bread | concerning loaves |
| περὶ ἄρτου | περὶ ἄρτων |

Matthew 16:11

| that ye should beware of the leaven | But that ye beware of the leaven |
| προσέχειν ἀπὸ τῆς ζύμης | προσέχετε δὲ ἀπὸ τῆς ζύμης |

Matthew 16:12

| the leaven of bread | the leaven of loaves |
| τῆς ζύμης τοῦ ἄρτου | τῆς ζύμης τῶν ἄρτων |

Matthew 16:12

| but of | but of |
| ἀλλ ἀπὸ | ἀλλὰ ἀπὸ |

Matthew 16:13

| Whom do men say that I the Son of man am | Whom do men say that the Son of man is |
| τίνα με λέγουσιν οἱ ἄνθρωποι εἶναι, τὸν υἱὸν τοῦ ἀνθρώπου | Τίνα λέγουσιν οἱ ἄνθρωποι εἶναι τὸν υἱὸν τοῦ ἀνθρώπου |

Matthew 16:14

| And they said | And they said |
| οἱ δὲ εἶπον | οἱ δὲ εἶπαν |

Matthew 16:17

| And Jesus answered | But Jesus answered |
| καὶ ἀποκριθεὶς ὁ Ἰησοῦς | ἀποκριθεὶς δὲ ὁ Ἰησοῦς |

Matthew 16:17

| Simon Barjona | Simon Barjona |
| Σίμων Βαρ Ἰωνᾶ | Σίμων Βαριωνᾶ |

Matthew 16:19

| And I will give unto thee | I will give unto thee |
| καὶ δώσω σοι | δώσω σοι |

Matthew 16:19

| the keys of the kingdom | the keys of the kingdom |
| τὰς κλεῖς τῆς βασιλείας | τὰς κλεῖδας τῆς βασιλείας |

Matthew 16:20

| Then charged he his disciples | Then charged he the disciples |
| τότε διεστείλατο τοῖς μαθηταῖς αὐτοῦ | τότε διεστείλατο τοῖς μαθηταῖς |

Matthew 16:20

| that he was Jesus the Christ | that he was the Christ |
| ὅτι αὐτός ἐστιν Ἰησοῦς ὁ Χριστός | ὅτι αὐτός ἐστιν ὁ Χριστός |

Matthew 16:21

| how that he must go unto Jerusalem | how that he must go unto Jerusalem |
| ὅτι δεῖ αὐτὸν ἀπελθεῖν εἰς Ἱεροσόλυμα | ὅτι δεῖ αὐτὸν εἰς Ἱεροσόλυμα ἀπελθεῖν |

Matthew 16:23

| thou art an offence unto me | thou art an offence unto me |
| σκάνδαλον μοῦ εἶ | σκάνδαλον εἶ ἐμοῦ |

Matthew 16:25

Over 8,000 Differences Between the T.R. and the Nestle-Aland Greek N.T.

Textus Receptus-Scrivener	Nestle-Aland 26,27
For whosoever will	For whosoever will
ὃς γὰρ ἂν θέλῃ	ὃς γὰρ ἐὰν θέλῃ
Matthew 16:26	
For what is a man profited	For what shall a man be profited
τί γὰρ ὠφελεῖται ἄνθρωπος	τί γὰρ ὠφεληθήσεται ἄνθρωπος
Matthew 16:28	
There be some	That there be some
εἰσί τινες	ὅτι εἰσίν τινες
Matthew 16:28	
standing here	standing here
τῶν ὧδε ἑστηκότων	τῶν ὧδε ἑστώτων
Matthew 17:3	
there appeared unto them	there appeared unto them
ὤφθησαν αὐτοῖς	ὤφθη αὐτοῖς
Matthew 17:3	
Moses	Moses
Μωσῆς	Μωϋσῆς
Matthew 17:3	
talking with him	talking with him
μετ᾽ αὐτοῦ συλλαλοῦντες	συλλαλοῦντες μετ᾽ αὐτοῦ
Matthew 17:4	
let us make here three tabernacles	I will make here three tabernacles
ποιήσωμεν ὧδε τρεῖς σκηνάς	ποιήσω ὧδε τρεῖς σκηνάς
Matthew 17:4	
and one for Moses	and one for Moses
καὶ Μωσῇ μίαν	καὶ Μωϋσεῖ μίαν
Matthew 17:4	
and one for Elias	and for Elias one
καὶ μίαν Ἠλίᾳ	καὶ Ἠλίᾳ μίαν
Matthew 17:5	
hear ye him	hear ye him
αὐτοῦ ἀκούετε	ἀκούετε αὐτοῦ
Matthew 17:6	
the disciples... fell on their face	the disciples... fell on their face
οἱ μαθηταὶ ἔπεσον ἐπὶ πρόσωπον αὐτῶν	οἱ μαθηταὶ ἔπεσαν ἐπὶ πρόσωπον αὐτῶν
Matthew 17:7	
And Jesus came	And Jesus came
καὶ προσελθὼν ὁ Ἰησοῦς	καὶ προσῆλθεν ὁ Ἰησοῦς
Matthew 17:7	
and touched them	and touching them
ἥψατο αὐτῶν	καὶ ἁψάμενος αὐτῶν
Matthew 17:7	
and said	said
καὶ εἶπεν	εἶπεν
Matthew 17:8	
save Jesus only	save Jesus himself only
εἰ μὴ τὸν Ἰησοῦν μόνον	εἰ μὴ αὐτὸν Ἰησοῦν μόνον
Matthew 17:9	

Over 8,000 Differences Between the T.R. and the Nestle-Aland Greek N.T.

Textus Receptus-Scrivener

Nestle-Aland 26,27

And as they came down from the mountain
Καὶ καταβαινόντων αὐτῶν ἀπὸ τοῦ ὄρους
Matthew 17:9

And as they came down out of the mountain
Καὶ καταβαινόντων αὐτῶν ἐκ τοῦ ὄρους

be risen again from the dead
ἐκ νεκρῶν ἀναστῇ
Matthew 17:10

be raised again from the dead
ἐκ νεκρῶν ἐγερθῇ

his disciples... Saying
οἱ μαθηταὶ αὐτοῦ λέγοντες
Matthew 17:11

the disciples... Saying
οἱ μαθηταὶ λέγοντες

And Jesus answered
ὁ δὲ Ἰησοῦς ἀποκριθεὶς
Matthew 17:11

And he answered
ὁ δὲ ἀποκριθεὶς

and said unto them
εἶπεν αὐτοῖς
Matthew 17:11

and said
εἶπεν

Elias truly shall first come
Ἠλίας μὲν ἔρχεται πρῶτον
Matthew 17:12

Elias truly shall come
Ἠλίας μὲν ἔρχεται

but have done unto him
ἀλλ᾽ ἐποίησαν ἐν αὐτῷ
Matthew 17:12

but have done unto him
ἀλλὰ ἐποίησαν ἐν αὐτῷ

Likewise shall also
οὕτω καὶ
Matthew 17:14

Likewise shall also
οὕτως καὶ

And when they were come
Καὶ ἐλθόντων αὐτῶν
Matthew 17:14

And coming
Καὶ ἐλθόντων

kneeling down to him
γονυπετῶν αὐτῷ
Matthew 17:17

kneeling down to him
γονυπετῶν αὐτὸν

how long shall I suffer you
ἕως πότε ἔσομαι μεθ᾽ ὑμῶν
Matthew 17:19

how long shall I suffer you
ἕως πότε μεθ᾽ ὑμῶν ἔσομαι

Why could not we
Διατί ἡμεῖς οὐκ ἠδυνήθημεν
Matthew 17:20

Why could not we
Διὰ τί ἡμεῖς οὐκ ἠδυνήθημεν

And Jesus
ὁ δὲ Ἰησοῦς
Matthew 17:20

And he
ὁ δὲ

said unto them
εἶπεν αὐτοῖς
Matthew 17:20

says unto them
λέγει αὐτοῖς

Because of your unbelief
Διὰ τὴν ἀπιστίαν ὑμῶν
Matthew 17:20

Because of your little faith
Διὰ τὴν ὀλιγοπιστίαν ὑμῶν

Remove hence to yonder place
Μετάβηθι ἐντεῦθεν ἐκεῖ
Matthew 17:21

Remove hence to yonder place
Μετάβα ἔνθεν ἐκεῖ

30

Over 8,000 Differences Between the T.R. and the Nestle-Aland Greek N.T.

Textus Receptus-Scrivener	Nestle-Aland 26,27
Howbeit this kind goeth not out but by prayer and fasting	...
τοῦτο δὲ τὸ γένος οὐκ ἐκπορεύεται εἰ μὴ ἐν προσευχῇ καὶ νηστείᾳ	...
Matthew 17:22	
And while they abode	And while they abode togather
Ἀνατρεφομένων δὲ αὐτῶν	Συστρεφομένων δὲ αὐτῶν
Matthew 17:24	
to Capernaum	to Capernaum
εἰς Καπερναούμ	εἰς Καφαρναοὺμ
Matthew 17:24	
and said	and said
καὶ εἶπον	καὶ εἶπαν
Matthew 17:24	
pay tribute	pay tribute
τελεῖ τὰ δίδραχμα	τελεῖ (τὰ) δίδραχμα
Matthew 17:25	
And when he was come into the house	And coming into the house,he
καὶ ὅτε εἰσῆλθεν εἰς τὴν οἰκίαν	καὶ ἐλθόντα εἰς τὴν οἰκίαν
Matthew 17:26	
Peter saith unto him	And having said
λέγει αὐτῷ ὁ Πέτρος	εἰπόντος δέ
Matthew 17:26	
Then are the children free	Then are the children free
Ἄραγε ἐλεύθεροί εἰσιν οἱ υἱοί	Ἄρα γε ἐλεύθεροί εἰσιν οἱ υἱοί
Matthew 17:27	
go thou to the sea	go thou to *the* sea
πορευθεὶς εἰς τὴν θάλασσαν	πορευθεὶς εἰς θάλασσαν
Matthew 18:2	
And Jesus called a little child unto him	And he called a little child unto him
καὶ προσκαλεσάμενος ὁ Ἰησοῦς παιδίον	καὶ προσκαλεσάμενος παιδίον
Matthew 18:4	
Whosoever therefore shall humble himself	Whosoever therefore shall humble himself
ὅστις οὖν ταπεινώσῃ ἑαυτὸν	ὅστις οὖν ταπεινώσει ἑαυτὸν
Matthew 18:5	
whoso shall receive one such little child	whoso shall receive one such little child
ὃς ἐὰν δέξηται παιδίον τοιοῦτο ἕν	ὃς ἐὰν δέξηται ἓν παιδίον τοιοῦτο
Matthew 18:6	
about his neck	about his neck
ἐπὶ τὸν τράχηλον αὐτοῦ	περὶ τὸν τράχηλον αὐτοῦ
Matthew 18:7	
for it must needs be	for necessary
ἀνάγκη γάρ ἐστιν	ἀνάγκη γάρ
Matthew 18:7	
but woe to that man	but woe to the man
πλὴν οὐαὶ τῷ ἀνθρώπῳ ἐκείνῳ	πλὴν οὐαὶ τῷ ἀνθρώπῳ
Matthew 18:8	
cut them off	cut it off

Over 8,000 Differences Between the T.R. and the Nestle-Aland Greek N.T.

Textus Receptus-Scrivener	Nestle-Aland 26,27
ἔκκοψον αὐτὰ	ἔκκοψον αὐτὸν

Matthew 18:8

| to enter into life halt or maimed | to enter into life maimed or halt |
| εἰσελθεῖν εἰς τὴν ζωὴν χωλόν ἢ κυλλὸν | εἰσελθεῖν εἰς τὴν ζωὴν κυλλὸν ἢ χωλόν |

Matthew 18:11

| For the Son of man is come to save that which was lost | .... |
| ἦλθε γὰρ ὁ υἱὸς τοῦ ἀνθρώπου σῶσαι τὸ ἀπολωλός | .... |

Matthew 18:12

| doth he not leave the ninety and nine | will he not leave the ninety and nine |
| οὐχὶ ἀφεὶς τὰ ἐννενήκονταεννέα | οὐχὶ ἀφήσει τὰ ἐνενήκοντα ἐννέα |

Matthew 18:12

| and goeth into the mountains | and goeth into the mountains |
| ἐπὶ τὰ ὄρη πορευθεὶς ζητεῖ | ἐπὶ τὰ ὄρη καὶ πορευθεὶς |

Matthew 18:13

| than of the ninety and nine | than of the ninety and nine |
| ἢ ἐπὶ τοῖς ἐννενήκονταεννέα | ἢ ἐπὶ τοῖς ἐνενήκοντα ἐννέα |

Matthew 18:14

| one of these little ones | one of these little ones |
| εἷς τῶν μικρῶν τούτων | ἓν τῶν μικρῶν τούτων |

Matthew 18:15

| Moreover if thy brother shall trespass against thee | Moreover if thy brother shall trespass [against thee] |
| Ἐὰν δὲ ἁμαρτήσῃ εἰς σὲ ὁ ἀδελφός σου | Ἐὰν δὲ ἁμαρτήσῃ (εἰς σὲ) ὁ ἀδελφός σου |

Matthew 18:15

| go and tell him | go tell him |
| ὕπαγε καὶ ἔλεγξον αὐτὸν | ὕπαγε ἔλεγξον αὐτὸν |

Matthew 18:18

| shall be bound in heaven | shall be bound in heaven |
| ἔσται δεδεμένα ἐν τῷ οὐρανῷ | ἔσται δεδεμένα ἐν οὐρανῷ |

Matthew 18:18

| shall be loosed in heaven | shall be loosed in heaven |
| ἔσται λελυμένα ἐν τῷ οὐρανῷ | ἔσται λελυμένα ἐν οὐρανῷ. |

Matthew 18:19

| Again I say unto you | Again, [verily] I say unto you |
| Πάλιν λέγω ὑμῖν | Πάλιν (ἀμὴν) λέγω ὑμῖν |

Matthew 18:19

| if two of you shall agree | if two of you shall agree |
| ἐὰν δύο ὑμῶν συμφωνήσωσιν | ἐὰν δύο συμφωνήσωσιν ἐξ ὑμῶν |

Matthew 18:21

| Then came Peter to him, and said | Then came Peter, and said to him |
| Τότε προσελθὼν αὐτῷ ὁ Πέτρος εἶπε | Τότε προσελθὼν ὁ Πέτρος εἶπεν αὐτῷ |

Matthew 18:22

| but, Until | but, Until |
| ἀλλ᾽ ἕως | ἀλλὰ ἕως |

Matthew 18:25

| his lord commanded him to be sold | the lord commanded him to be sold |

Over 8,000 Differences Between the T.R. and the Nestle-Aland Greek N.T.

Textus Receptus-Scrivener	Nestle-Aland 26,27
ἐκέλευσεν αὐτὸν ὁ κύριος αὐτοῦ πραθῆναι	ἐκέλευσεν αὐτὸν ὁ κύριος πραθῆναι
Matthew 18:25	
and his wife	and the wife
καὶ τὴν γυναῖκα αὐτοῦ	καὶ τὴν γυναῖκα
Matthew 18:25	
all that he had	all that he has
πάντα ὅσα ειχε	πάντα ὅσα ἔχει
Matthew 18:26	
Lord, have patience with me	Have patience with me
Κύριε, μακροθύμησον ἐπ ἐμοί	Μακροθύμησον ἐπ ἐμοί
Matthew 18:26	
and I will pay thee all	and I will pay thee all
καὶ πάντα σοι ἀποδώσω	καὶ πάντα ἀποδώσω σοι
Matthew 18:28	
Pay me	Pay
Ἀπόδος μοι	Ἀπόδος
Matthew 18:28	
that thou owest	if anything thou owest
ὅ τι ὀφείλεις	εἴ τι ὀφείλεις
Matthew 18:29	
And his fellowservant fell down at his feet	And his fellowservant fell down
πεσὼν οὖν ὁ σύνδουλος αὐτοῦ εἰς τοὺς πόδας αὐτοῦ	πεσὼν οὖν ὁ σύνδουλος αὐτοῦ
Matthew 18:29	
and I will pay thee all	and I will pay thee
καὶ πάντα ἀποδώσω σοι	καὶ ἀποδώσω σοι
Matthew 18:30	
till he should pay the debt	till he should pay the debt
ἕως οὗ ἀποδῷ τὸ ὀφειλόμενον	ἕως ἀποδῷ τὸ ὀφειλόμενον
Matthew 18:31	
So when his fellowservants saw	His fellowservants therefore saw
ἰδόντες δὲ οἱ σύνδουλοι αὐτοῦ	ἰδόντες οὖν οἱ σύνδουλοι αὐτοῦ
Matthew 18:31	
told unto their lord	told unto their lord
διεσάφησαν τῷ κυρίῳ αὐτῶν	διεσάφησαν τῷ κυρίῳ ἑαυτῶν
Matthew 18:33	
even as I had pity on thee	even as I had pity on thee
ὡς καὶ ἐγώ σὲ ἠλέησα	ὡς κἀγὼ σὲ ἠλέησα
Matthew 18:34	
all that was due unto him	all that was due
πᾶν τὸ ὀφειλόμενον αὐτῷ	πᾶν τὸ ὀφειλόμενον
Matthew 18:35	
So likewise	So likewise
οὕτω καὶ	Οὕτως καὶ
Matthew 18:35	
my heavenly Father	my heavenly Father
ὁ πατήρ μου ὁ ἐπουράνιος	ὁ πατήρ μου ὁ οὐράνιος
Matthew 18:35	

Over 8,000 Differences Between the T.R. and the Nestle-Aland Greek N.T.

Textus Receptus-Scrivener	Nestle-Aland 26,27
from your hearts...their trespasses	from your hearts
ἀπὸ τῶν καρδιῶν ὑμῶν τὰ παραπτώματα αὐτῶν	ἀπὸ τῶν καρδιῶν ὑμῶν
Matthew 19:3	
The Pharisees also came unto him	Pharisees also came unto him
Καὶ προσῆλθον αὐτῷ οἱ Φαρισαῖοι	Καὶ προσῆλθον αὐτῷ Φαρισαῖοι
Matthew 19:3	
and saying unto him	and saying
καὶ λέγοντες αὐτῶ	καὶ λέγοντες
Matthew 19:4	
And he answered and said unto them	And he answered and said
ὁ δὲ ἀποκριθεὶς εἶπεν αὐτοῖς	ὁ δὲ ἀποκριθεὶς εἶπεν
Matthew 19:4	
that he which made *them* at the beginning	that he which created *them* at the beginning
ὅτι ὁ ποιήσας ἀπ ἀρχῆς	ὅτι ὁ κτίσας ἀπ ἀρχῆς
Matthew 19:5	
For this cause	For this cause
Ἕνεκεν τούτου	Ἕνεκα τούτου
Matthew 19:5	
and shall cleave to his wife	and shall cleave to his wife
καὶ προσκολληθήσεται τῇ γυναικὶ αὐτοῦ	καὶ κολληθήσεται τῇ γυναικὶ αὐτοῦ
Matthew 19:7	
Why did Moses then	Why did Moses then
Τί οὖν Μωσῆς	Τί οὖν Μωϋσῆς
Matthew 19:7	
and to put her away	and to put [her] away
καὶ ἀπολῦσαι αὐτήν	καὶ ἀπολῦσαι (αὐτήν)
Matthew 19:8	
Moses because	Moses because
ὅτι Μωσῆς	ὅτι Μωϋσῆς
Matthew 19:8	
it was not so	it was not so
οὐ γέγονεν οὕτω	οὐ γέγονεν οὕτως
Matthew 19:9	
except *it be* for fornication	not *it be* for fornication
εἰ μὴ ἐπὶ πορνείᾳ	μὴ ἐπὶ πορνείᾳ
Matthew 19:9	
and whoso marrieth her which is put away doth commit adultery	....
καὶ ὁ ἀπολελυμένην γαμήσας μοιχᾶται	....
Matthew 19:10	
His disciples say unto him	[His] disciples say unto him
λέγουσιν αὐτῷ οἱ μαθηταὶ αὐτοῦ	λέγουσιν αὐτῷ οἱ μαθηταὶ (αὐτοῦ)
Matthew 19:11	
this saying	[this] saying
τὸν λόγον τοῦτον	τὸν λόγον (τοῦτον)
Matthew 19:12	
which were so born	which were so born
ἐγεννήθησαν οὕτω	ἐγεννήθησαν οὕτως

Over 8,000 Differences Between the T.R. and the Nestle-Aland Greek N.T.

Textus Receptus-Scrivener	Nestle-Aland 26,27
Matthew 19:13	
Then were there brought unto him	Then were there brought unto him
Τότε προσηνέχθη αὐτῷ	Τότε προσηνέχθησαν αὐτῷ
Matthew 19:15	
And he laid *his* hands on them	And he laid *his* hands on them
καὶ ἐπιθεὶς αὐτοῖς τὰς χεῖρας	καὶ ἐπιθεὶς τὰς χεῖρας αὐτοῖς
Matthew 19:16	
one came and said unto him	one came and said unto him
εἷς προσελθὼν εἶπεν αὐτῷ	εἷς προσελθὼν αὐτῷ εἶπεν
Matthew 19:16	
Good Master	Master
Διδάσκαλε ἀγαθε	Διδάσκαλε
Matthew 19:16	
that I may have eternal life	that I may have eternal life
ἵνα ἔχω ζωὴν αἰώνιον	ἵνα σχῶ ζωὴν αἰώνιον
Matthew 19:17	
Why callest thou me good? *there is* none good but one, *that is* , God	Why askest thou me concerning good? One is good
Τί με λέγεις ἀγαθόν; οὐδεὶς ἀγαθός, εἰ μὴ εἷς, ὁ Θεός	Τί με ἐρωτᾷς περὶ τοῦ ἀγαθοῦ; εἷς ἐστιν ὁ ἀγαθός
Matthew 19:17	
but if thou wilt enter into life	but if thou wilt enter into life
εἰ δὲ θέλεις εἰσελθεῖν εἰς τὴν ζωὴν	εἰ δὲ θέλεις εἰς τὴν ζωὴν εἰσελθεῖν
Matthew 19:19	
Honour thy father	Honour the father
τίμα τὸν πατέρα σου	Τίμα τὸν πατέρα
Matthew 19:20	
All these things have I kept	All these things have I kept
Πάντα ταῦτα ἐφυλαξάμην	Πάντα ταῦτα ἐφύλαξα
Matthew 19:20	
from my youth up	....
ἐκ νεότητός μου	....
Matthew 19:21	
and give to the poor	and give to the poor
καὶ δὸς πτωχοῖς	καὶ δὸς (τοῖς) πτωχοῖς
Matthew 19:21	
and thou shalt have treasure in heaven	and thou shalt have treasure in *the* heavens
καὶ ἕξεις θησαυρὸν ἐν οὐρανῷ	καὶ ἕξεις θησαυρὸν ἐν οὐρανοῖς
Matthew 19:23	
That a rich man shall hardly enter	That a rich man shall hardly enter
ὅτι δυσκόλως πλούσιος εἰσελεύσεται	ὅτι πλούσιος δυσκόλως εἰσελεύσεται
Matthew 19:24	
than for a rich man to enter into the kingdom of God	than for a rich man to enter into the kingdom of God
ἢ πλούσιον εἰς τὴν βασιλείαν τοῦ Θεοῦ εἰσελθεῖν	ἢ πλούσιον εἰσελθεῖν εἰς τὴν βασιλείαν τοῦ θεοῦ.
Matthew 19:25	
When his disciples heard *it*	When the disciples heard *it*

Over 8,000 Differences Between the T.R. and the Nestle-Aland Greek N.T.

Textus Receptus-Scrivener	Nestle-Aland 26,27
ἀκούσαντες δὲ οἱ μαθηταὶ αὐτοῦ	ἀκούσαντες δὲ οἱ μαθηταὶ
Matthew 19:26	
but with God all things are possible	but with God all things possible
παρὰ δὲ θεῷ πάντα δυνατά ἐστι	παρὰ δὲ θεῷ πάντα δυνατά
Matthew 19:28	
ye also shall sit	ye also shall sit
καθίσεσθε καὶ ὑμεῖς	καθήσεσθε καὶ ὑμεῖς
Matthew 19:29	
every one that hath forsaken	every one that hath forsaken
πᾶς ὃς ἀφῆκεν	πᾶς ὅστις ἀφῆκεν
Matthew 19:29	
or mother, or wife, or children	or mother, or children
ἢ μητέρα ἢ γυναῖκα ἢ τέκνα	ἢ μητέρα ἢ τέκνα
Matthew 19:29	
shall receive an hundredfold	shall receive an hundredfold
ἑκατονταπλασίονα λήψεται	ἑκατονταπλασίονα λήμψεται
Matthew 20:3	
about the third hour	about *the* third hour
περὶ τὴν τρίτην ὥραν	περὶ τρίτην ὥραν
Matthew 20:4	
And said unto them	And said unto them
κἀκείνοις εἶπεν	καὶ ἐκείνοις εἶπεν
Matthew 20:5	
Again he went out	But again he went out
πάλιν ἐξελθὼν	πάλιν (δὲ) ἐξελθὼν
Matthew 20:6	
And about the eleventh hour he went out	And about the eleventh he went out
περὶ δὲ τὴν ἑνδεκάτην ὥραν ἐξελθὼν	περὶ δὲ τὴν ἑνδεκάτην ἐξελθὼν
Matthew 20:6	
and found others standing idle	and found others standing
εὗρεν ἄλλους ἑστῶτας ἀργούς	εὗρεν ἄλλους ἑστῶτας
Matthew 20:7	
and whatsoever is right, *that* shall ye receive	....
καὶ ὃ ἐὰν ᾖ δίκαιον λήψεσθε	....
Matthew 20:10	
But when the first came	And when the first came
ἐλθόντες δὲ οἱ πρῶτοι	καὶ ἐλθόντες οἱ πρῶτοι
Matthew 20:10	
that they should have received more	that they should have received more
ὅτι πλείονα λήψονται	ὅτι πλεῖον λήμψονται
Matthew 20:10	
and they likewise received every man a penny	and they likewise received every man a penny
καὶ ἔλαβον καὶ αὐτοὶ ἀνὰ δηνάριον	καὶ ἔλαβον (τὸ) ἀνὰ δηνάριον καὶ αὐτοί
Matthew 20:12	
Saying, These	Saying, These
λέγοντες, ὅτι Οὗτοι	λέγοντες, Οὗτοι
Matthew 20:13	
But he answered one of them, and said	But he answered one of them, and said

Over 8,000 Differences Between the T.R. and the Nestle-Aland Greek N.T.

Textus Receptus-Scrivener	Nestle-Aland 26,27
ὁ δὲ ἀποκριθεὶς εἶπεν ἑνὶ αὐτῶν	ὁ δὲ ἀποκριθεὶς ἑνὶ αὐτῶν εἶπεν
Matthew 20:15	
Is it not lawful for me	[Is it] not lawful for me
ἢ οὐκ ἔξεστί μοι	(ἢ) οὐκ ἔξεστίν μοι
Matthew 20:15	
to do what I will	what I will to do
ποιῆσαι ὃ θέλω	ὃ θέλω ποιῆσαι
Matthew 20:15	
Is thine eye evil	Or thine eye evil
εἰ ὁ ὀφθαλμός σου πονηρός ἐστιν	ἢ ὁ ὀφθαλμός σου πονηρός ἐστιν
Matthew 20:16	
for many be called, but few chosen	....
πολλοὶ γάρ εἰσι κλητοί, ὀλίγοι δὲ ἐκλεκτοί	....
Matthew 20:17	
took the twelve disciples	took the twelve [disciples]
παρέλαβε τοὺς δώδεκα μαθητὰς	παρέλαβεν τοὺς δώδεκα (μαθητὰς)
Matthew 20:17	
apart in the way, and said unto them	apart, and in the way, said unto them
κατ ἰδίαν, ἐν τῇ ὁδῷ, καὶ εἶπεν αὐτοῖς	κατ ἰδίαν, καὶ ἐν τῇ ὁδῷ εἶπεν αὐτοῖς
Matthew 20:19	
and the third day he shall rise again	and the third day he shall be raised
καὶ τῇ τρίτῃ ἡμέρᾳ ἀναστήσεται	καὶ τῇ τρίτῃ ἡμέρᾳ ἐγερθήσεται
Matthew 20:20	
and desiring a certain thing of him	and desiring a certain thing of him
καὶ αἰτοῦσά τι παρ αὐτοῦ	καὶ αἰτοῦσά τι ἀπ αὐτοῦ
Matthew 20:21	
and the other on the left	and the other on thy left
καὶ εἷς ἐξ εὐωνύμων	καὶ εἷς ἐξ εὐωνύμων σου
Matthew 20:22	
and to be baptized with the baptism that I am baptized with	....
καὶ τὸ βάπτισμα ὃ ἐγὼ βαπτίζομαι βαπτισθῆναι	....
Matthew 20:23	
And he saith unto them	He saith unto them
καὶ λέγει αὐτοῖς	λέγει αὐτοῖς
Matthew 20:23	
and be baptized with the baptism that I am baptized with	....
καὶ τὸ βάπτισμα ὃ ἐγὼ βαπτίζομαι βαπτισθήσεσθε	....
Matthew 20:23	
and on my left	and on the left
καὶ ἐξ εὐωνύμων μου	καὶ ἐξ εὐωνύμων
Matthew 20:23	
is not mine to give	[this] is not mine to give
οὐκ ἔστιν ἐμὸν δοῦναι	οὐκ ἔστιν ἐμὸν (τοῦτο) δοῦναι
Matthew 20:26	
But it shall not be so among you	It shall not be so among you

Over 8,000 Differences Between the T.R. and the Nestle-Aland Greek N.T.

Textus Receptus-Scrivener	Nestle-Aland 26,27
οὐχ οὕτως δὲ ἔσται ἐν ὑμῖν	οὐχ οὕτως ἔσται ἐν ὑμῖν
Matthew 20:26	
let him be your minister	he shall be your minister
γενέσθαι ἔστω ὑμῶν διάκονος	γενέσθαι ἔσται ὑμῶν διάκονος
Matthew 20:27	
And whosoever will	And whosoever will
καὶ ὃς ἐὰν θέλῃ	καὶ ὃς ἂν θέλῃ
Matthew 20:27	
let him be your servant	he shall be your servant
ἔστω ὑμῶν δοῦλος	ἔσται ὑμῶν δοῦλος
Matthew 20:30	
O Lord	[O Lord]
O Lord	[O Lord]
Matthew 20:30	
thou Son of David	*thou* Son of David
υἱὸς Δαβίδ	υἱὸς Δαυίδ
Matthew 20:31	
but they cried the more	but they cried the more
οἱ δὲ μεῖζον ἔκραζον	οἱ δὲ μεῖζον ἔκραξαν
Matthew 20:31	
thou Son of David	*thou* Son of David
υἱὸς Δαβίδ	υἱὸς Δαυίδ
Matthew 20:33	
that our eyes may be opened	that our eyes may be opened
ἵνα ἀνοιχθῶσιν ἡμῶν οἱ ὀφθαλμοί	ἵνα ἀνοιγῶσιν οἱ ὀφθαλμοὶ ἡμῶν
Matthew 20:34	
and touched their eyes	and touched their eyes
ἥψατο τῶν ὀφθαλμῶν αὐτῶν	ἥψατο τῶν ὀμμάτων αὐτῶν
Matthew 20:34	
their eyes received sight	received sight
ἀνέβλεψαν αὐτῶν οἱ ὀφθαλμοί	ἀνέβλεψαν
Matthew 21:1	
unto the mount of Olives	unto the mount of Olives
πρὸς τὸ ὄρος τῶν ἐλαιῶν	εἰς τὸ Ὄρος τῶν Ἐλαιῶν
Matthew 21:1	
then sent Jesus	then sent Jesus
τότε ὁ Ἰησοῦς ἀπέστειλε	τότε Ἰησοῦς ἀπέστειλεν
Matthew 21:2	
Go into the village	Go into the village
Πορεύθητε εἰς τὴν κώμην	Πορεύεσθε εἰς τὴν κώμην
Matthew 21:2	
over against you	over against you
τὴν ἀπέναντι ὑμῶν	τὴν κατέναντι ὑμῶν
Matthew 21:3	
and straightway he will send them	and straightway he will send them
εὐθέως δὲ ἀποστελεῖ αὐτούς	εὐθὺς δὲ ἀποστελεῖ αὐτούς
Matthew 21:4	
All this was done	This was done

Textus Receptus-Scrivener	Nestle-Aland 26,27
τοῦτο δὲ ὅλον γέγονεν	Τοῦτο δὲ γέγονεν

Matthew 21:5

| and a colt the foal of an ass | and upon a colt the foal of an ass |
| καὶ πῶλον υἱὸν ὑποζυγίου | καὶ ἐπὶ πῶλον υἱὸν ὑποζυγίου. |

Matthew 21:6

| as Jesus commanded them | as Jesus directed them |
| καθὼς προσέταξεν αὐτοῖς ὁ Ἰησοῦς | καθὼς συνέταξεν αὐτοῖς ὁ Ἰησοῦς |

Matthew 21:7

| and put on them | and put on them |
| καὶ ἐπέθηκαν ἐπάνω αὐτῶν | καὶ ἐπέθηκαν ἐπ αὐτῶν |

Matthew 21:7

| their clothes | the clothes |
| τὰ ἱμάτια αὐτῶν | τὰ ἱμάτια |

Matthew 21:7

| and they set *him* thereon | and they set *him* thereon |
| καὶ ἐπεκάθισαν ἐπάνω αὐτῶν | καὶ ἐπεκάθισεν ἐπάνω αὐτῶν |

Matthew 21:9

| And the multitudes that went before | And the multitudes that went before him |
| οἱ δὲ ὄχλοι οἱ προάγοντες | οἱ δὲ ὄχλοι οἱ προάγοντες αὐτὸν |

Matthew 21:9

| to the Son of David | to the Son of David |
| τῷ υἱῷ Δαβίδ | τῷ υἱῷ Δαυίδ |

Matthew 21:11

| This is Jesus the prophet | This is the prophet Jesus |
| Οὗτός ἐστιν Ἰησοῦς ὁ προφήτης | Οὗτός ἐστιν ὁ προφήτης Ἰησοῦς |

Matthew 21:12

| And Jesus went | And Jesus went |
| Καὶ εἰσῆλθεν ὁ Ἰησοῦς | Καὶ εἰσῆλθεν Ἰησοῦς |

Matthew 21:12

| into the temple of God | into the temple |
| εἰς τὸ ἱερόν τοῦ θεοῦ | εἰς τὸ ἱερόν |

Matthew 21:13

| ye have made it a den of thieves | ye make it a den of thieves |
| ἐποιήσατε σπήλαιον λῃστῶν | ποιεῖτε σπήλαιον λῃστῶν |

Matthew 21:15

| the children crying | the children who were crying |
| τοὺς παῖδας κράζοντας | τοὺς παῖδας τοὺς κράζοντας |

Matthew 21:15

| to the Son of David | to the Son of David |
| τῷ υἱῷ Δαβίδ | τῷ υἱῷ Δαυίδ |

Matthew 21:16

| And said unto him | And said unto him |
| καὶ εἶπον αὐτῷ | καὶ εἶπαν αὐτῷ |

Matthew 21:18

| Now in the morning | Now in the morning |
| Πρωΐας δὲ | Πρωΐ δὲ |

Matthew 21:22

| believing, ye shall receive | believing, ye shall receive |
| πιστεύοντες λήψεσθε | πιστεύοντες λήμψεσθε |

Over 8,000 Differences Between the T.R. and the Nestle-Aland Greek N.T.

Textus Receptus-Scrivener	Nestle-Aland 26,27
Matthew 21:23	
And when he was come into the temple	And when he was come into the temple
Καὶ ἐλθόντι αὐτῷ εἰς τὸ ἱερὸν	Καὶ ἐλθόντος αὐτοῦ εἰς τὸ ἱερὸν
Matthew 21:25	
The baptism of John	The baptism of John
τὸ βάπτισμα Ἰωάννου	τὸ βάπτισμα τὸ Ἰωάννου
Matthew 21:25	
And they reasoned with themselves	And they reasoned among themselves
οἱ δὲ διελογίζοντο παρ᾽ ἑαυτοῖς	οἱ δὲ διελογίζοντο ἐν ἑαυτοῖς
Matthew 21:25	
Why did ye not	Why did ye not
Διατί οὖν οὐκ	Διὰ τί οὖν οὐκ
Matthew 21:26	
for all hold John as a prophet	for all hold John as a prophet
πάντες γὰρ ἔχουσι τὸν Ἰωάννην ὡς προφήτην	πάντες γὰρ ὡς προφήτην ἔχουσιν τὸν Ἰωάννην
Matthew 21:27	
And they answered Jesus, and said	And they answered Jesus, and said
καὶ ἀποκριθέντες τῷ Ἰησοῦ εἶπον	καὶ ἀποκριθέντες τῷ Ἰησοῦ εἶπαν
Matthew 21:28	
in my vineyard	in the vineyard
ἐν τῷ ἀμπελῶνι μου	ἐν τῷ ἀμπελῶνι
Matthew 21:30	
And he came	But he came
καὶ προσελθὼν	προσελθὼν δὲ
Matthew 21:30	
to the second	to the other
τῷ δευτέρῳ	τῷ ἑτέρῳ
Matthew 21:31	
They say unto him	They say
λέγουσιν αὐτῷ	λέγουσιν
Matthew 21:32	
For John came unto you	For John came unto you
ἦλθε γὰρ πρὸς ὑμᾶς Ἰωάννης	ἦλθεν γὰρ Ἰωάννης πρὸς ὑμᾶς
Matthew 21:32	
repented not	repented not
οὐ μετεμελήθητε	οὐδὲ μετεμελήθητε
Matthew 21:33	
There was a certain householder	There was a householder
τις ἦν οἰκοδεσπότης	ἦν οἰκοδεσπότης
Matthew 21:33	
and let it out to husbandmen	and let it out to husbandmen
καὶ ἐξέδοτο αὐτὸν γεωργοῖς	καὶ ἐξέδετο αὐτὸν γεωργοῖς
Matthew 21:38	
and let us seize on his inheritance	and let us possess his inheritance
καὶ κατάσχωμεν τὴν κληρονομίαν αὐτοῦ	αὐτὸν καὶ σχῶμεν τὴν κληρονομίαν αὐτοῦ
Matthew 21:41	
and will let out *his* vineyard	and will let out *his* vineyard
καὶ τὸν ἀμπελῶνα ἐκδόσεται	καὶ τὸν ἀμπελῶνα ἐκδώσεται

Over 8,000 Differences Between the T.R. and the Nestle-Aland Greek N.T.

Textus Receptus-Scrivener	Nestle-Aland 26,27
Matthew 21:44	
And whosoever shall fall on this stone shall be broken: but on whomsoever it shall fall, it will grind him to powder	[And whosoever shall fall on this stone shall be broken: but on whomsoever it shall fall, it will grind him to powder]
καὶ ὁ πεσὼν ἐπὶ τὸν λίθον τοῦτον συνθλασθήσεται· ἐφ ὃν δ ἂν πέσῃ λικμήσει αὐτόν	(Καὶ ὁ πεσὼν ἐπὶ τὸν λίθον τοῦτον συνθλασθήσεται· ἐφ ὃν δ ἂν πέσῃ λικμήσει αὐτόν)
Matthew 21:46	
because they took him for a prophet	because they took him for a prophet
ἐπειδὴ ὡς προφήτην αὐτὸν εἶχον	ἐπεὶ εἰς προφήτην αὐτὸν εἶχον
Matthew 22:1	
spake unto them again by parables	spake again by parables unto them
πάλιν εἶπεν αὐτοῖς ἐν παραβολαῖς	πάλιν εἶπεν ἐν παραβολαῖς αὐτοῖς
Matthew 22:4	
I have prepared my dinner	I have prepared my dinner
τὸ ἄριστόν μου ἡτοίμασα	τὸ ἄριστόν μου ἡτοίμακα
Matthew 22:5	
one to his farm	one to his farm
ὁ μὲν εἰς τὸν ἴδιον ἀγρόν	ὃς μὲν εἰς τὸν ἴδιον ἀγρόν
Matthew 22:5	
another to his merchandise	another to his merchandise
ὁ δὲ εἰς τὴν ἐμπορίαν αὐτοῦ	ὃς δὲ ἐπὶ τὴν ἐμπορίαν αὐτοῦ
Matthew 22:7	
But when the king heard *thereof*	But the king
ἀκούσας δὲ ὁ βασιλεὺς	ὁ δὲ βασιλεὺς
Matthew 22:9	
and as many as ye shall find	and as many as ye shall find
καὶ ὅσους ἂν εὕρητε	καὶ ὅσους ἐὰν εὕρητε
Matthew 22:10	
and gathered together all as many as they found	and gathered together all as many as they found
συνήγαγον πάντας ὅσους εὗρον	συνήγαγον πάντας οὓς εὗρον
Matthew 22:13	
Then said the king	Then the king said
τότε εἶπεν ὁ βασιλεὺς	τότε ὁ βασιλεὺς εἶπεν
Matthew 22:13	
take him away, and cast *him*	cast him
ἄρατε αὐτὸν καὶ ἐκβάλετε	ἐκβάλετε αὐτὸν
Matthew 22:22	
and went their way	and went their way
ἀπῆλθον	ἀπῆλθαν
Matthew 22:23	
which say that there is no resurrection	saying that there is no resurrection
οἱ λέγοντες μὴ εἶναι ἀνάστασιν	λέγοντες μὴ εἶναι ἀνάστασιν
Matthew 22:24	
Moses said	Moses said
Μωσῆς εἶπεν	Μωϋσῆς εἶπεν
Matthew 22:25	
the first, when he had married a wife	the first, when he had married a wife

Over 8,000 Differences Between the T.R. and the Nestle-Aland Greek N.T.

Textus Receptus-Scrivener	Nestle-Aland 26,27
ὁ πρῶτος γάμησας	ὁ πρῶτος γήμας
Matthew 22:27	
the woman died also	the woman died
ἀπέθανε καὶ ἡ γυνή	ἀπέθανεν ἡ γυνή
Matthew 22:28	
Therefore in the resurrection	In the resurrection therefore
ἐν τῇ οὖν ἀναστάσει	ἐν τῇ ἀναστάσει οὖν
Matthew 22:30	
nor are given in marriage	nor are given in marriage
οὔτε ἐκγαμίζονται	οὔτε γαμίζονται
Matthew 22:30	
as the angels of God	as angels
ὡς ἄγγελοι τοῦ Θεοῦ	ὡς ἄγγελοι
Matthew 22:32	
God is not	God is not
οὐκ ἔστιν ὁ Θεὸς	οὐκ ἔστιν (ὁ) θεὸς
Matthew 22:32	
the God of the dead	of the dead
Θεὸς νεκρῶν	νεκρῶν
Matthew 22:35	
a lawyer... tempting him	a [lawyer]... tempting him
νομικὸς πειράζων αὐτόν	(νομικὸς) πειράζων αὐτόν
Matthew 22:35	
and saying	....
καὶ λέγων	....
Matthew 22:37	
Jesus	He
ὁ δὲ Ἰησοῦς	ὁ δὲ
Matthew 22:37	
said unto him	said unto him
εἶπεν αὐτῷ	ἔφη αὐτῷ
Matthew 22:38	
This is the first and great commandment	This is the great and first commandment
αὕτη ἐστὶ πρώτη καὶ μεγάλη ἐντολή	αὕτη ἐστὶν ἡ μεγάλη καὶ πρώτη ἐντολή
Matthew 22:40	
hang all the law and the prophets	all the law hangs, and the prophets
ὅλος ὁ νόμος καὶ οἱ προφῆται κρέμαται	ὅλος ὁ νόμος κρέμαται καὶ οἱ προφῆται
Matthew 22:42	
The Son of David	*The Son* of David
Τοῦ Δαβίδ	Τοῦ Δαυίδ
Matthew 22:43	
David in spirit	David in spirit
Δαβὶδ ἐν πνεύματι	Δαυὶδ ἐν πνεύματι
Matthew 22:43	
call him Lord	call him Lord
Κύριον αὐτὸν καλεῖ	καλεῖ αὐτὸν κύριον
Matthew 22:44	
The LORD said unto my Lord	*The* LORD said unto my Lord

Textus Receptus-Scrivener	Nestle-Aland 26,27
Εἶπεν ὁ Κύριος τῷ Κυρίῳ μου	Εἶπεν κύριος τῷ κυρίῳ μου

Matthew 22:44

till I make thine enemies thy footstool	till I place thine enemies under thy feet
ἕως ἂν θῶ τοὺς ἐχθρούς σου ὑποπόδιον των ποδων	ἕως ἂν θῶ τοὺς ἐχθρούς σου ὑποκάτω των ποδων

Matthew 22:45

If David then	If David then
εἰ οὖν Δαβὶδ	εἰ οὖν Δαυὶδ

Matthew 22:46

was able to answer him a word	was able to answer him a word
ἐδύνατο αὐτῷ ἀποκριθῆναι λόγον	ἐδύνατο ἀποκριθῆναι αὐτῷ λόγον

Matthew 23:2

in Moses' seat	in Moses' seat
Ἐπὶ τῆς Μωσέως καθέδρας	Ἐπὶ τῆς Μωϋσέως καθέδρας

Matthew 23:3

All therefore whatsoever	All therefore whatsoever
πάντα οὖν ὅσα ἂν	πάντα οὖν ὅσα ἐὰν

Matthew 23:3

they bid you observe	they bid you do
εἴπωσιν ὑμῖν τηρεῖν	εἴπωσιν ὑμῖν ποιήσατε

Matthew 23:3

that observe and do	*that* also observe
τηρεῖτε καὶ ποιεῖτε	καὶ τηρεῖτε

Matthew 23:4

For they bind heavy burdens	But they bind heavy burdens
δεσμεύουσι γὰρ φορτία βαρέα	δεσμεύουσιν δὲ φορτία βαρέα

Matthew 23:4

and grievous to be borne	[and grievous to be borne]
καὶ δυσβάστακτα	(καὶ δυσβάστακτα)

Matthew 23:4

but they *themselves* ... with one of their fingers	but they themselves... with one of their fingers
τῷ δὲ δακτύλῳ αὐτῶν	αὐτοὶ δὲ τῷ δακτύλῳ αὐτῶν

Matthew 23:5

they make broad their phylacteries	for they make broad their phylacteries
πλατύνουσι δὲ τὰ φυλακτήρια αὐτῶν	πλατύνουσιν γὰρ τὰ φυλακτήρια αὐτῶν

Matthew 23:5

and enlarge the borders of their garments	and enlarge the borders
καὶ μεγαλύνουσι τὰ κράσπεδα τῶν ἱματίων αὐτῶν	καὶ μεγαλύνουσιν τὰ κράσπεδα

Matthew 23:6

And love the uppermost rooms	And love the uppermost rooms
φιλοῦσι τὲ τὴν πρωτοκλισίαν	φιλοῦσιν δὲ τὴν πρωτοκλισίαν

Matthew 23:7

and to be called of men, Rabbi, Rabbi	and to be called of men, Rabbi
καὶ καλεῖσθαι ὑπὸ τῶν ἀνθρώπων, ῾Ραββί, ῾Ραββί	καὶ καλεῖσθαι ὑπὸ τῶν ἀνθρώπων, ῾Ραββί

Matthew 23:8

for one is your Master	for one is your Teacher
εἷς γάρ ἐστιν ὑμῶν ὁ καθηγητής	εἷς γάρ ἐστιν ὑμῶν ὁ διδάσκαλος

Over 8,000 Differences Between the T.R. and the Nestle-Aland Greek N.T.

Textus Receptus-Scrivener	Nestle-Aland 26,27
Matthew 23:8	
even Christ	....
ὁ Χριστὸς	....
Matthew 23:9	
for one is your Father	for one is your Father
εἷς γάρ ἐστιν ὁ πατὴρ ὑμῶν	εἷς γάρ ἐστιν ὑμῶν ὁ πατὴρ
Matthew 23:9	
which is in heaven	the heavenly
ὁ ἐν τοῖς ὁ οὐρανιός	ὁ οὐράνιος
Matthew 23:10	
for one is your Master	for your Master is one
εἷς γάρ ὑμῖν ἐστιν ὁ καθηγητὴς	ὅτι καθηγητὴς ὑμῶν ἐστιν εἷς
Matthew 23:14	
Woe unto you, scribes and Pharisees, hypocrites! for ye devour widows' houses, and for a pretence make long prayer: therefore ye shall receive the greater damnation	....
Οὐαὶ ὑμῖν, γραμματεῖς καὶ Φαρισαῖοι ὑποκριταί, ὅτι κατεσθίετε τὰς οἰκίας τῶν χηρῶν, καὶ προφάσει μακρὰ προσευχόμενοι· διὰ τοῦτο λήψεσθε περισσότερον κρίμα	....
Matthew 23:17	
the temple that sanctifieth the gold	the temple that sanctified the gold
ὁ ναὸς ὁ ἁγιάζων τὸν χρυσόν	ὁ ναὸς ὁ ἁγιάσας τὸν χρυσόν
Matthew 23:18	
Whosoever shall swear	Whosoever shall swear
Ὃς ἐὰν ὀμόσῃ	Ὃς ἂν ὀμόσῃ
Matthew 23:19	
Ye fools and blind	*Ye* blind
μωροὶ καὶ τυφλοί	τυφλοί
Matthew 23:23	
judgment, mercy	judgment, mercy
τὴν κρίσιν καὶ τὸν ἔλεον	τὴν κρίσιν καὶ τὸ ἔλεος
Matthew 23:23	
these ought ye to have done	[but] these ought ye to have done
ταῦτα ἔδει ποιῆσαι	ταῦτα (δὲ) ἔδει ποιῆσαι
Matthew 23:26	
the cup and platter	the cup
τοῦ ποτηρίου, καὶ τῆς παροψίδος	τοῦ ποτηρίου
Matthew 23:26	
that the outside of them	that the outside of it
καὶ τὸ ἐκτὸς αὐτῶν	καὶ τὸ ἐκτὸς αὐτοῦ
Matthew 23:28	
Even so ye also	Even so ye also
οὕτω καὶ ὑμεῖς	οὕτως καὶ ὑμεῖς
Matthew 23:28	
but within ye are full	but within ye are full
ἔσωθεν δέ μεστοὶ ἐστε	ἔσωθεν δέ ἐστε μεστοὶ

Over 8,000 Differences Between the T.R. and the Nestle-Aland Greek N.T.

Textus Receptus-Scrivener	Nestle-Aland 26,27
Matthew 23:30	
If we had been in the days	If we had been in the days
Εἰ ἦμεν ἐν ταῖς ἡμέραις	Εἰ ἤμεθα ἐν ταῖς ἡμέραις
Matthew 23:30	
we would not have been	we would not have been
οὐκ ἂν ἦμεν	οὐκ ἂν ἤμεθα
Matthew 23:30	
partakers with them	partakers with them
κοινωνοὶ αὐτῶν	αὐτῶν κοινωνοὶ
Matthew 23:34	
and *some* of them ye shall kill	*some* of them ye shall kill
καὶ ἐξ αὐτῶν ἀποκτενεῖτε	ἐξ αὐτῶν ἀποκτενεῖτε
Matthew 23:35	
shed upon the earth	shed upon the earth
ἐκχυνόμενον ἐπὶ τῆς γῆς	ἐκχυννόμενον ἐπὶ τῆς γῆς
Matthew 23:37	
even as a hen gathereth	even as a hen gathereth
ὃν τρόπον ἐπισυνάγει ὄρνις	ὃν τρόπον ὄρνις ἐπισυνάγει
Matthew 23:37	
her chickens	her chickens
τὰ νοσσία ἑαυτῆς	τὰ νοσσία αὐτῆς
Matthew 24:1	
and departed from the temple	and departed from the temple
ἐπορεύετο ἀπὸ τοῦ ἱεροῦ	ἀπὸ τοῦ ἱεροῦ ἐπορεύετο
Matthew 24:2	
And Jesus	And he answered
ὁ δὲ Ἰησοῦς	ὁ δὲ ἀποκριθεὶς
Matthew 24:2	
See ye not all these things	See ye not all these things
Οὐ βλέπετε πάντα ταῦτα	Οὐ βλέπετε ταῦτα πάντα
Matthew 24:2	
that shall not be thrown down	that shall not be thrown down
ὃς οὐ μὴ καταλυθήσεται	ὃς οὐ καταλυθήσεται
Matthew 24:3	
and of the end of the world	and end of the world
καὶ τῆς συντελείας τοῦ αἰῶνος	καὶ συντελείας τοῦ αἰῶνος
Matthew 24:6	
for all *these things* must come to pass	for *these things* must come to pass
δεῖ γὰρ πάντα γενέσθαι	δεῖ γὰρ γενέσθαι
Matthew 24:7	
and there shall be famines, and pestilences	and there shall be famines
καὶ ἔσονται λιμοὶ καὶ λοιμοι	καὶ ἔσονται λιμοὶ
Matthew 24:15	
stand in the holy place	stand in the holy place
ἐστὼς ἐν τόπῳ ἁγίῳ	ἐστὸς ἐν τόπῳ ἁγίῳ
Matthew 24:16	
flee into the mountains	flee into the mountains
φευγέτωσαν ἐπὶ τὰ ὄρη	φευγέτωσαν εἰς τὰ ὄρη

Over 8,000 Differences Between the T.R. and the Nestle-Aland Greek N.T.

Textus Receptus-Scrivener	Nestle-Aland 26,27
Matthew 24:17	
not come down	not come down
μὴ καταβαινέτω	μὴ καταβάτω
Matthew 24:17	
to take any thing out of his house	to take the things out of his house
ἆραι τι ἐκ τῆς οἰκίας αὐτοῦ	ἆραι τὰ ἐκ τῆς οἰκίας αὐτοῦ
Matthew 24:18	
to take his clothes	to take his garment
ἆραι τὰ ἱμάτια αὐτοῦ	ἆραι τὸ ἱμάτιον αὐτοῦ
Matthew 24:20	
neither on the sabbath day	neither the sabbath day
μηδὲ ἐν σαββάτῳ	μηδὲ σαββάτῳ
Matthew 24:27	
so shall also the coming	so shall the coming
οὕτως ἔσται καὶ ἡ παρουσία	οὕτως ἔσται ἡ παρουσία
Matthew 24:28	
For wheresoever	Wheresoever
ὅπου γὰρ ἐὰν	ὅπου ἐὰν
Matthew 24:30	
in heaven	in heaven
ἐν τῷ οὐρανῷ	ἐν οὐρανῷ
Matthew 24:31	
with a great sound of a trumpet	with a great trumpet
μετὰ σάλπιγγος φωνῆς μεγάλης	μετὰ σάλπιγγος μεγάλης
Matthew 24:31	
from one end of heaven to the other	from one end of heaven to the other
ἀπ ἄκρων οὐρανῶν ἕως ἄκρων αὐτῶν	ἀπ ἄκρων οὐρανῶν ἕως (τῶν) ἄκρων αὐτῶν
Matthew 24:33	
So likewise ye	So likewise ye
οὕτω καὶ ὑμεῖς	οὕτως καὶ ὑμεῖς
Matthew 24:34	
This generation shall not pass	That this generation shall not pass
οὐ μὴ παρέλθῃ ἡ γενεὰ αὕτη	ὅτι οὐ μὴ παρέλθῃ ἡ γενεὰ αὕτη
Matthew 24:35	
Heaven and earth shall pass away	Heaven and earth shall pass away
ὁ οὐρανὸς καὶ ἡ γῆ παρελεύσονται	ὁ οὐρανὸς καὶ ἡ γῆ παρελεύσεται
Matthew 24:36	
and hour	and hour
καὶ τῆς ὥρας	καὶ ὥρας
Matthew 24:36	
not the angels of heaven	not the angels of heaven, neither the son
οὐδὲ οἱ ἄγγελοι τῶν οὐρανῶν	οὐδὲ οἱ ἄγγελοι τῶν οὐρανῶν οὐδὲ ὁ υἱός
Matthew 24:36	
but my Father only	but the Father only
εἰ μὴ ὁ πατὴρ μου μόνος	εἰ μὴ ὁ πατὴρ μόνος
Matthew 24:37	
But as the days of Noe	For as the days of Noe
ὥσπερ δὲ αἱ ἡμέραι τοῦ Νῶε	ὥσπερ γὰρ αἱ ἡμέραι τοῦ Νῶε

Over 8,000 Differences Between the T.R. and the Nestle-Aland Greek N.T.

Textus Receptus-Scrivener	Nestle-Aland 26,27
Matthew 24:37	
so shall also the coming	so shall the coming
οὕτως ἔσται καὶ ἡ παρουσία	οὕτως ἔσται ἡ παρουσία
Matthew 24:38	
For as in the days	For as in the days
ὥσπερ γὰρ ἦσαν ἐν ταῖς ἡμέραις	ὡς γὰρ ἦσαν ἐν ταῖς ἡμέραις
Matthew 24:38	
that were before the flood	[that] were before the flood
ταῖς πρὸ τοῦ κατακλυσμοῦ	(ἐκείναις) ταῖς πρὸ τοῦ κατακλυσμοῦ
Matthew 24:38	
marrying and giving in marriage	marrying and giving in marriage
γαμοῦντες καὶ ἐκγαμίζοντες	γαμοῦντες καὶ γαμίζοντες
Matthew 24:39	
so shall also the coming	so shall [also] the coming
οὕτως ἔσται καὶ ἡ παρουσία	οὕτως ἔσται (καὶ) ἡ παρουσία
Matthew 24:40	
the one shall be taken	one shall be taken
ὁ εἷς παραλαμβάνεται	εἷς παραλαμβάνεται
Matthew 24:40	
and the other left	and *the* other left
καὶ ὁ εἷς ἀφίεται	καὶ εἷς ἀφίεται
Matthew 24:41	
Two *women shall be* grinding at the mill	Two *women shall be* grinding at the mill
δύο ἀλήθουσαι ἐν τῷ μύλωνι	δύο ἀλήθουσαι ἐν τῷ μύλῳ
Matthew 24:42	
for ye know not what hour	for ye know not what day
ὅτι οὐκ οἴδατε ποίᾳ ὥρᾳ	ὅτι οὐκ οἴδατε ποίᾳ ἡμέρᾳ
Matthew 24:43	
and would not have suffered his house to be broken up	and would not have suffered the house to be broken up
καὶ οὐκ ἂν εἴασε διορυγῆναι τὴν οἰκίαν αὐτου	καὶ οὐκ ἂν εἴασεν διορυχθῆναι τὴν οἰκίαν αὐτοῦ.
Matthew 24:44	
for in such an hour as ye think not	for in such an hour as ye think not
ὅτι ᾗ ὥρᾳ οὐ δοκεῖτε	ὅτι ᾗ οὐ δοκεῖτε ὥρᾳ
Matthew 24:45	
whom his lord hath made ruler	whom the lord hath made ruler
ὃν κατέστησεν ὁ κύριος αὐτοῦ	ὃν κατέστησεν ὁ κύριος
Matthew 24:45	
over his household	over his household
ἐπὶ τῆς θεραπείας αὐτοῦ	ἐπὶ τῆς οἰκετείας αὐτοῦ
Matthew 24:45	
to give them	to give them
τοῦ διδόναι αὐτοῖς	τοῦ δοῦναι αὐτοῖς
Matthew 24:46	
shall find so doing	shall find so doing
εὑρήσει ποιοῦντα οὕτως	εὑρήσει οὕτως ποιοῦντα
Matthew 24:48	
My lord delayeth his coming	My lord delayeth

Over 8,000 Differences Between the T.R. and the Nestle-Aland Greek N.T.

Textus Receptus-Scrivener	Nestle-Aland 26,27
Χρονίζει ὁ κύριος μου ἐλθεῖν	Χρονίζει μου ὁ κύριος
Matthew 24:49	
and to eat	and should eat
ἐσθίειν δὲ	ἐσθίῃ δὲ
Matthew 24:49	
and drink	and drink
καὶ πίνειν	καὶ πίνῃ
Matthew 25:1	
which took their lamps	which took their lamps
αἵτινες λαβοῦσαι τὰς λαμπάδας αὐτῶν	αἵτινες λαβοῦσαι τὰς λαμπάδας ἑαυτῶν
Matthew 25:1	
and went forth to meet the bridegroom	and went forth to meet the bridegroom
ἐξῆλθον εἰς ἀπάντησιν τοῦ νυμφίου	ἐξῆλθον εἰς ὑπάντησιν τοῦ νυμφίου
Matthew 25:2	
And five of them were	And five of them were
πέντε δὲ ἦσαν ἐξ αὐτῶν	πέντε δὲ ἐξ αὐτῶν ἦσαν
Matthew 25:2	
wise	foolish
φρόνιμοι	μωραὶ
Matthew 25:2	
and five	and five
καὶ αἱ πέντε	καὶ πέντε
Matthew 25:2	
were foolish	were wise
μωραὶ	φρόνιμοι
Matthew 25:3	
They that *were* foolish	For the foolish
αἵτινες μωραί	αἱ γὰρ μωραὶ
Matthew 25:3	
took their lamps	took their lamps
λαβοῦσαι τὰς λαμπάδας ἑαυτῶν	λαβοῦσαι τὰς λαμπάδας αὐτῶν
Matthew 25:4	
oil in their vessels	oil in the vessels
ἔλαιον ἐν τοῖς ἀγγείοις αὐτῶν	ἔλαιον ἐν τοῖς ἀγγείοις
Matthew 25:4	
with their lamps	with the lamps
μετὰ τῶν λαμπάδων αὐτῶν	μετὰ τῶν λαμπάδων ἑαυτῶν
Matthew 25:6	
Behold, the bridegroom cometh	Behold, the bridegroom
Ἰδοὺ ὁ νυμφίος, ἔρχεται	Ἰδοὺ ὁ νυμφίος
Matthew 25:6	
go ye out to meet him	go ye out to meet [him]
ἐξέρχεσθε εἰς ἀπάντησιν αὐτοῦ	ἐξέρχεσθε εἰς ἀπάντησιν (αὐτοῦ)
Matthew 25:7	
and trimmed their lamps	and trimmed their lamps
καὶ ἐκόσμησαν τὰς λαμπάδας αὐτῶν	καὶ ἐκόσμησαν τὰς λαμπάδας ἑαυτῶν
Matthew 25:8	
said unto the wise	said unto the wise

Textus Receptus-Scrivener	Nestle-Aland 26,27
φρονίμοις εἶπον	φρονίμοις εἶπαν
Matthew 25:9	
lest there be not enough for us	lest there be not enough for us
Μήποτε οὐκ ἀρκέσῃ ἡμῖν	Μήποτε οὐ μὴ ἀρκέσῃ ἡμῖν
Matthew 25:9	
but go ye rather	go ye rather
πορεύεσθε δὲ μᾶλλον	πορεύεσθε μᾶλλον
Matthew 25:13	
wherein the Son of man cometh	....
ἐν ᾗ ὁ υἱὸς τοῦ ἀνθρώοου ἔρχεται	....
Matthew 25:16	
Then...went	*Then* ...went
πορευθεὶς δὲ	πορευθεὶς
Matthew 25:16	
and traded with the same	and traded with the same
εἰργάσατο ἐν αὐτοῖς	ἠργάσατο ἐν αὐτοῖς
Matthew 25:16	
and made *them* other five talents	and gained other five
καὶ ἐποίησεν ἄλλα πέντε τάλαντα	καὶ ἐκέρδησεν ἄλλα πέντε
Matthew 25:17	
And likewise	Likewise
ὡσαύτως καὶ	ὡσαύτως
Matthew 25:17	
he also gained other two	gained other two
ἐκέρδησε καὶ αὐτὸς ἄλλα δύο	ἐκέρδησεν ἄλλα δύο
Matthew 25:18	
digged in the earth	digged earth
ὤρυξεν ἐν τῇ γῇ	ὤρυξεν γῆν
Matthew 25:18	
and hid	and hid
καὶ ἀπέκρυψε	καὶ ἔκρυψεν
Matthew 25:19	
After a long time	After a long time
μετὰ δὲ χρόνον πολὺν	μετὰ δὲ πολὺν χρόνον
Matthew 25:19	
and reckoneth with them	and reckoneth with them
καὶ συναίρει μετ αὐτῶν λόγον	καὶ συναίρει λόγον μετ αὐτῶν
Matthew 25:20	
I have gained beside them	I have gained
ἐκέρδησαν ἐπ αὐτοῖς	ἐκέρδησα
Matthew 25:21	
His lord said unto him	His lord said unto him
Ἔφη δε αὐτῷ ὁ κύριος αὐτοῦ	ἔφη αὐτῷ ὁ κύριος αὐτοῦ
Matthew 25:22	
He also that had...two talents came	He also that had two talents came
προσελθὼν δὲ καὶ ὁ τὰ δύο τάλαντα	προσελθὼν (δὲ) καὶ ὁ τὰ δύο τάλαντα
Matthew 25:22	
received	....

Over 8,000 Differences Between the T.R. and the Nestle-Aland Greek N.T.

Textus Receptus-Scrivener	Nestle-Aland 26,27
λαβών	....
Matthew 25:22	
I have gained two other talents beside them	I have gained two other talents
ἄλλα δύο τάλαντα ἐκέρδησα ἐπ αὐτοῖς	ἄλλα δύο τάλαντα ἐκέρδησα
Matthew 25:27	
Thou oughtest therefore	Thou oughtest therefore
ἔδει οὖν σε	ἔδει σε οὖν
Matthew 25:27	
to have put my money	to have put my money
βαλεῖν το ἀργύριον μου	βαλεῖν τὰ ἀργύριά μου
Matthew 25:29	
but from him that hath not	but of him that hath not
ἀπὸ δὲ τοῦ μὴ ἔχοντος	τοῦ δὲ μὴ ἔχοντος
Matthew 25:30	
cast ye the unprofitable servant	cast ye the unprofitable servant
τὸν ἀχρεῖον δοῦλον ἐκβάλλετε	τὸν ἀχρεῖον δοῦλον ἐκβάλετε
Matthew 25:31	
and all the holy angels with him	and all the angels with him
καὶ πάντες οἱ ἅγιοι ἄγγελοι μετ αὐτοῦ	καὶ πάντες οἱ ἄγγελοι μετ αὐτοῦ
Matthew 25:32	
And before him shall be gathered	And before him shall be gathered
καὶ συναχθήσεται ἔμπροσθεν αὐτοῦ	καὶ συναχθήσονται ἔμπροσθεν αὐτοῦ
Matthew 25:32	
and he shall separate them	and he shall separate them
καὶ ἀφοριεῖ αὐτοὺς	καὶ ἀφορίσει αὐτοὺς
Matthew 25:36	
and ye came unto me	and ye came unto me
καὶ ἤλθετε πρός με	καὶ ἤλθατε πρός με
Matthew 25:39	
Or when saw we thee sick	Or when saw we thee sick
πότε δέ σε εἴδομεν ἀσθενῆ	πότε δέ σε εἴδομεν ἀσθενοῦντα
Matthew 25:41	
Depart from me, ye cursed	Depart from me, [ye] cursed
Πορεύεσθε ἀπ ἐμοῦ οἱ κατηραμένοι	Πορεύεσθε ἀπ ἐμοῦ (οἱ) κατηραμένοι
Matthew 25:44	
Then shall they also answer him	Then shall they also answer
τότε ἀποκριθήσονται αὐτῷ	τότε ἀποκριθήσονται
Matthew 26:3	
the chief priests, and the scribes	the chief priests
οἱ ἀρχιερεῖς καὶ οἱ γραμματεῖς	οἱ ἀρχιερεῖς
Matthew 26:4	
that they might take Jesus by subtilty	that they might by subtility take Jesus
ἵνα τὸν Ἰησοῦν κρατήσωσι δόλῳ	ἵνα τὸν Ἰησοῦν δόλῳ κρατήσωσιν
Matthew 26:7	
having an alabaster box of very precious ointment	having an alabaster box of very precious ointment
ἀλάβαστρον μύρου ἔχουσα βαρυτίμου	ἔχουσα ἀλάβαστρον μύρου βαρυτίμου
Matthew 26:7	
on his head	on his head

Over 8,000 Differences Between the T.R. and the Nestle-Aland Greek N.T.

Textus Receptus-Scrivener	Nestle-Aland 26,27
ἐπὶ τὴν κεφαλὴν αὐτοῦ	ἐπὶ τῆς κεφαλῆς αὐτοῦ
Matthew 26:8	
But when his disciples saw *it*	But when the disciples saw *it*
ἰδόντες δὲ οἱ μαθηταὶ αὐτοῦ	ἰδόντες δὲ οἱ μαθηταὶ
Matthew 26:9	
For...might have been...	For...might have been...
ἠδύνατο γὰρ	ἐδύνατο γὰρ
Matthew 26:9	
this ointment...sold	this...sold
τοῦτο τὸ μύρον πραθῆναι	τοῦτο πραθῆναι
Matthew 26:10	
for she hath wrought a good work upon me	for she hath wrought a good work upon me
γὰρ καλὸν εἰργάσατο εἰς ἐμέ	γὰρ καλὸν ἠργάσατο εἰς ἐμέ
Matthew 26:17	
to Jesus, saying unto him	to Jesus, saying
τῷ Ἰησοῦ λέγοντες αὐτῷ	τῷ Ἰησοῦ λέγοντες
Matthew 26:22	
and began every one of them to say unto him	and began every one to say unto him
ἤρξαντο λέγειν αὐτῷ ἕκαστος αὐτῶν	ἤρξαντο λέγειν αὐτῷ εἷς ἕκαστος
Matthew 26:23	
He that dippeth his hand with me in the dish	He that dippeth his hand with me in the dish
Ὁ ἐμβάψας μετ᾽ ἐμοῦ ἐν τῷ τρυβλίῳ τὴν χεῖρα	Ὁ ἐμβάψας μετ᾽ ἐμοῦ τὴν χεῖρα ἐν τῷ τρυβλίῳ
Matthew 26:26	
Jesus took bread	Jesus took bread
λαβὼν ὁ Ἰησοῦς τὸν ἄρτον	λαβὼν ὁ Ἰησοῦς ἄρτον
Matthew 26:26	
and brake *it*, and gave *it* to the disciples	and brake *it*, and having given *it* to the disciples
ἔκλασε καὶ ἐδίου τοῖς μαθηταῖς	ἔκλασεν καὶ δοὺς τοῖς μαθηταῖς
Matthew 26:26	
and said, Take, eat	said, Take, eat
καὶ εἶπε, Λάβετε φάγετε	εἶπεν, Λάβετε φάγετε
Matthew 26:27	
And he took the cup	And he took *the* cup
καὶ λαβὼν τὸ ποτήριον	καὶ λαβὼν ποτήριον
Matthew 26:28	
my blood of the new testament	my blood of the testament
τὸ αἷμά μου, τὸ τῆς καινῆς διαθήκης	τὸ αἷμά μου τῆς διαθήκης
Matthew 26:29	
I will not drink	I will not drink
ὅτι οὐ μὴ πίω	οὐ μὴ πίω
Matthew 26:29	
fruit of the vine	fruit of the vine
τοῦ γεννήματος τῆς ἀμπέλου	τοῦ γενήματος τῆς ἀμπέλου
Matthew 26:31	
and the sheep... shall be scattered abroad	and the sheep... shall be scattered abroad
καὶ διασκορπισθήσεται τὰ πρόβατα	καὶ διασκορπισθήσονται τὰ πρόβατα
Matthew 26:33	
Though all *men* shall be offended	If all *men* shall be offended

Over 8,000 Differences Between the T.R. and the Nestle-Aland Greek N.T.

Textus Receptus-Scrivener	Nestle-Aland 26,27
Εἰ καὶ πάντες σκανδαλισθήσονται	Εἰ πάντες σκανδαλισθήσονται
Matthew 26:35	
Likewise also said all the disciples	Likewise also said all the disciples
ὁμοίως καὶ πάντες οἱ μαθηταὶ εἶπον	ὁμοίως καὶ πάντες οἱ μαθηταὶ εἶπαν
Matthew 26:36	
unto a place called Gethsemane	unto a place called Gethsemane
εἰς χωρίον λεγόμενον Γεθσημανῆ	εἰς χωρίον λεγόμενον Γεθσημανί
Matthew 26:36	
while I go	while I go
ἕως οὗ ἀπελθὼν	ἕως (οὗ) ἀπελθὼν
Matthew 26:36	
pray yonder	pray yonder
προσεύξωμαι ἐκεῖ	ἐκεῖ προσεύξωμαι
Matthew 26:39	
let this cup pass from me	let this cup pass from me
παρελθέτω ἀπ ἐμοῦ τὸ ποτήριον τοῦτο	παρελθάτω ἀπ ἐμοῦ τὸ ποτήριον τοῦτο
Matthew 26:42	
if this cup may not	if this may not
εἰ οὐ δύναται τοῦτο τὸ ποτήριον	εἰ οὐ δύναται τοῦτο
Matthew 26:42	
pass away from me	pass away
παρελθεῖν ἀπ ἐμοῦ	παρελθεῖν
Matthew 26:43	
And he came and found them asleep again	And he came and found them asleep
καὶ ἐλθὼν πάλιν εὑρίσκει αὐτοὺς πάλιν καθεύδοντας	καὶ ἐλθὼν πάλιν εὗρεν αὐτοὺς καθεύδοντας
Matthew 26:44	
and went away again	and again went away
ἀπελθὼν πάλιν	πάλιν ἀπελθὼν
Matthew 26:44	
saying the same words	saying the same words again
τὸν αὐτὸν λόγον εἰπὼν	τὸν αὐτὸν λόγον εἰπὼν πάλιν
Matthew 26:45	
Then cometh he to his disciples	Then cometh he to the disciples
τότε ἔρχεται πρὸς τοὺς μαθητὰς αὐτοῦ	τότε ἔρχεται πρὸς τοὺς μαθητὰς
Matthew 26:45	
Sleep on now	Sleep on now
Καθεύδετε τὸ λοιπὸν	Καθεύδετε (τὸ) λοιπὸν
Matthew 26:50	
Friend, wherefore art thou come	Friend, wherefore art thou come
Ἑταῖρε, ἐφ ᾧ πάρει	Ἑταῖρε, ἐφ ὃ πάρει
Matthew 26:52	
Put up again thy sword	Put up again thy sword
Ἀπόστρεψον σου τὴν μάχαιράν	Ἀπόστρεψον τὴν μάχαιράν σου
Matthew 26:52	
shall perish with the sword	shall perish with the sword
ἐν μαχαίρᾳ ἀπολοῦνται	ἐν μαχαίρῃ ἀπολοῦνται
Matthew 26:53	

Over 8,000 Differences Between the T.R. and the Nestle-Aland Greek N.T.

Textus Receptus-Scrivener	Nestle-Aland 26,27
Thinkest thou that I cannot now pray	Thinkest thou that I cannot pray
ἢ δοκεῖς ὅτι οὐ δύναμαι ἄρτι παρακαλέσαι	ἢ δοκεῖς ὅτι οὐ δύναμαι παρακαλέσαι
Matthew 26:53	
and he shall presently give me	and he shall presently give me now
καὶ παραστήσει μοι	καὶ παραστήσει μοι ἄρτι
Matthew 26:53	
more than	more *than*
πλείους ἢ	πλείω
Matthew 26:53	
twelve legions of angels	twelve legions of angels
δώδεκα λεγεῶνας ἀγγέλων	δώδεκα λεγιῶνας ἀγγέλων
Matthew 26:54	
that thus it must be	that thus it must be
ὅτι οὕτω δεῖ γενέσθαι	ὅτι οὕτως δεῖ γενέσθαι
Matthew 26:55	
Are ye come out as against a thief	Are ye come out as against a thief
Ὡς ἐπὶ λῃστὴν ἐξήλθετε	Ὡς ἐπὶ λῃστὴν ἐξήλθατε
Matthew 26:55	
daily with you	daily
ἡμέραν πρὸς ὑμᾶς	ἡμέραν
Matthew 26:55	
I sat...teaching in the temple	I sat...in the temple teaching
ἐκαθεζόμην διδάσκων ἐν τῷ ἱερῷ	ἐν τῷ ἱερῷ ἐκαθεζόμην διδάσκων
Matthew 26:59	
Now the chief priests, and elders	Now the chief priests
οἱ δὲ ἀρχιερεῖς καὶ οἱ πρεσβύτεροι	οἱ δὲ ἀρχιερεῖς
Matthew 26:60	
yea, though	....
καὶ	....
Matthew 26:60	
many false witnesses came	many false witnesses came
πολλῶν ψευδομαρτύρων προσελθόντων	πολλῶν προσελθόντων ψευδομαρτύρων
Matthew 26:60	
yet found they none	....
οὐχ εὗρον	....
Matthew 26:60	
At the last came two false witnesses	At the last came two
ὕστερον δὲ προσελθόντες δύο ψευδομάρτυρες	ὕστερον δὲ προσελθόντες δύο
Matthew 26:61	
This *fellow* said	This *fellow* said
εἶπον, Οὗτος ἔφη	εἶπαν, Οὗτος ἔφη
Matthew 26:61	
and to build it in three days	and to build in three days
καὶ διὰ τριῶν ἡμερῶν οἰκοδομῆσαι αὐτόν	καὶ διὰ τριῶν ἡμερῶν οἰκοδομῆσαι
Matthew 26:63	
And the high priest answered and said unto him	And the high priest answered said unto him
καὶ ἀποκριθεὶς ὁ ἀρχιερεὺς εἶπεν αὐτῷ	καὶ ὁ ἀρχιερεὺς εἶπεν αὐτῷ
Matthew 26:65	

Over 8,000 Differences Between the T.R. and the Nestle-Aland Greek N.T.

Textus Receptus-Scrivener

Nestle-Aland 26,27

saying, He hath spoken blasphemy
λέγων ὅτι Ἐβλασφήμησε
Matthew 26:65

saying, He hath spoken blasphemy
λέγων, Ἐβλασφήμησεν

now ye have heard his blasphemy
νῦν ἠκούσατε τὴν βλασφημίαν αὐτοῦ
Matthew 26:66

now ye have heard the blasphemy
νῦν ἠκούσατε τὴν βλασφημίαν

They answered and said
οἱ δὲ ἀποκριθέντες εἶπον
Matthew 26:67

They answered and said
οἱ δὲ ἀποκριθέντες εἶπαν

and others smote *him* with the palms of their
hands
οἱ δὲ ἐρράπισαν
Matthew 26:69

and others smote *him* with the palms of their
hands
οἱ δὲ ἐράπισαν

Now Peter sat without in the palace
Ὁ δὲ Πέτρος ἔξω ἐκάθητο ἐν τῇ αὐλῇ
Matthew 26:71

Now Peter sat without in the palace
Ὁ δὲ Πέτρος ἐκάθητο ἔξω ἐν τῇ αὐλῇ

And when he was gone out into the porch
ἐξελθόντα δὲ αὐτὸν εἰς τὸν πυλῶνα
Matthew 26:71

And having gone out into the porch
ἐξελθόντα δὲ εἰς τὸν πυλῶνα

This *fellow* was also with Jesus
Καὶ οὗτος ἦν μετὰ Ἰησοῦ
Matthew 26:72

This *fellow* was with Jesus
Οὗτος ἦν μετὰ Ἰησοῦ

denied with an oath
ἠρνήσατο μεθ ὅρκου
Matthew 26:74

denied with an oath
ἠρνήσατο μετὰ ὅρκου

Then began he to curse
τότε ἤρξατο καταναθεματίζειν
Matthew 26:75

Then began he to curse
τότε ἤρξατο καταθεματίζειν

the word of Jesus
τοῦ ῥήματος τοῦ Ἰησοῦ
Matthew 26:75

the word of Jesus
τοῦ ῥήματος Ἰησοῦ

which said unto him
εἰρηκότος αὐτῷ
Matthew 27:2

which said
εἰρηκότος

and delivered him
καὶ παρέδωκαν αὐτὸν
Matthew 27:2

and delivered him
καὶ παρέδωκαν

to Pontius Pilate
Ποντίῳ Πιλάτῳ
Matthew 27:3

to Pilate
Πιλάτῳ

and brought again the thirty pieces of silver
ἀπέστρεψε τὰ τριάκοντα ἀργύρια
Matthew 27:3

and brought again the thirty pieces of silver
ἔστρεψεν τὰ τριάκοντα ἀργύρια

and elders
καὶ τοῖς πρεσβυτέροις
Matthew 27:4

and elders
καὶ πρεσβυτέροις

And they said
οἱ δὲ εἶπον

And they said
οἱ δὲ εἶπαν

Textus Receptus-Scrivener	Nestle-Aland 26,27
Matthew 27:4	
see thou *to that*	see thou *to that*
σὺ ὄψει	σὺ ὄψῃ
Matthew 27:5	
And he cast down the pieces of silver in the temple	And he cast down the pieces of silver into the temple
καὶ ῥίψας τὰ ἀργύρια ἐν τῷ ναῷ	καὶ ῥίψας τὰ ἀργύρια εἰς τὸν ναὸν
Matthew 27:6	
took the silver pieces, and said	took the silver pieces, and said
λαβόντες τὰ ἀργύρια εἶπον	λαβόντες τὰ ἀργύρια εἶπαν
Matthew 27:11	
And Jesus stood	And Jesus stood
Ὁ δὲ Ἰησοῦς ἔστη	Ὁ δὲ Ἰησοῦς ἐστάθη
Matthew 27:11	
And Jesus said unto him	And Jesus said
ὁ δὲ Ἰησοῦς ἔφη αὐτῷ	ὁ δὲ Ἰησοῦς ἔφη
Matthew 27:12	
the chief priests and elders	the chief priests and elders
τῶν ἀρχιερέων καὶ τῶν πρεσβυτέρων	τῶν ἀρχιερέων καὶ πρεσβυτέρων
Matthew 27:16	
a notable prisoner, called Barabbas	a notable prisoner, called [Jesus] Barabbas
δέσμιον ἐπίσημον, λεγόμενον Βαραββᾶν	δέσμιον ἐπίσημον λεγόμενον (Ἰησοῦν) Βαραββᾶν
Matthew 27:17	
Barabbas, or Jesus	[Jesus] Barabbas, or Jesus
Βαραββᾶν ἢ Ἰησοῦν	(Ἰησοῦν τὸν) Βαραββᾶν ἢ Ἰησοῦν
Matthew 27:21	
They said	They said
οἱ δὲ εἶπον	οἱ δὲ εἶπαν
Matthew 27:21	
Barabbas	Barabbas
Βαραββᾶν	Τὸν Βαραββᾶν
Matthew 27:22	
They all say unto him	*They* all say
λέγουσιν αὐτῷ πάντες	λέγουσιν πάντες
Matthew 27:23	
And the governor said	And he said
ὁ δὲ ἡγεμὼν ἔφη	ὁ δὲ ἔφη
Matthew 27:24	
I am innocent of the blood of this just person	I am innocent of the blood of this person
Ἀθῷός εἰμι ἀπὸ τοῦ αἵματος τοῦ δικαίου τούτου	Ἀθῷός εἰμι ἀπὸ τοῦ αἵματος τούτου
Matthew 27:28	
and put on him a scarlet robe	and put on him a scarlet robe
περιέθηκαν αὐτῷ χλαμύδα κοκκίνην	χλαμύδα κοκκίνην περιέθηκαν αὐτῷ
Matthew 27:29	
they put it upon his head	they put it upon his head
ἐπέθηκαν ἐπὶ τὴν κεφαλην αὐτοῦ	ἐπέθηκαν ἐπὶ τῆς κεφαλῆς αὐτοῦ
Matthew 27:29	
and a reed in his right hand	and a reed in his right hand

Over 8,000 Differences Between the T.R. and the Nestle-Aland Greek N.T.

Textus Receptus-Scrivener	Nestle-Aland 26,27
καὶ κάλαμον ἐπὶ τὴν δεξιὰν αὐτοῦ	καὶ κάλαμον ἐν τῇ δεξιᾷ αὐτοῦ
Matthew 27:29	
and mocked him	and mocked him
ἐνέπαιζον αὐτῷ	ἐνέπαιξαν αὐτῷ
Matthew 27:29	
Hail, King of the Jews	Hail, King of the Jews
χαῖρε, ὁ βασιλεὺς τῶν Ἰουδαίων	Χαῖρε, βασιλεῦ τῶν Ἰουδαίων
Matthew 27:33	
Golgotha, that is to say, a place of a skull	Golgotha, that is to say, a place of a skull
Γολγοθᾶ, ὅς ἐστι λεγόμενος Κρανίου Τόπος	Γολγοθᾶ, ὅ ἐστιν Κρανίου Τόπος λεγόμενος
Matthew 27:34	
They gave him vinegar to drink mingled with gall	They gave him wine to drink mingled with gall
ἔδωκαν αὐτῷ πιεῖν ὄξος μετὰ χολῆς μεμιγμένον	ἔδωκαν αὐτῷ πιεῖν οἶνον μετὰ χολῆς μεμιγμένον
Matthew 27:34	
he would not drink	he would not drink
οὐκ ἤθελη πιεῖν	οὐκ ἠθέλησεν πιεῖν
Matthew 27:35	
that it might be fulfilled which was spoken by the prophet, They parted my garments among them, and upon my vesture did they cast lots	....
ἵνα πληρωθῇ τὸ ῥηθὲν ὑπὸ τοῦ προφήτου, Διεμερισαντο τὰ ἱμάτιά μου ἑαυτοῖς, καὶ ἐπὶ τὸν ἱματισμόν μου ἔβαλον κλῆρον	....
Matthew 27:40	
come down from the cross	[also] come down from the cross
κατάβηθι ἀπὸ τοῦ σταυροῦ	(καὶ) κατάβηθι ἀπὸ τοῦ σταυροῦ.
Matthew 27:41	
Likewise also the chief priests	Likewise also the chief priests
ὁμοίως δὲ καὶ οἱ ἀρχιερεῖς	ὁμοίως καὶ οἱ ἀρχιερεῖς
Matthew 27:42	
If he be the King of Israel	he is the King of Israel
εἰ βασιλεὺς Ἰσραήλ ἐστι	βασιλεὺς Ἰσραήλ ἐστιν
Matthew 27:42	
and we will believe him	and we will believe on him
καὶ πιστεύσομεν αὐτῷ	καὶ πιστεύσομεν ἐπ αὐτόν
Matthew 27:43	
let him deliver him now	let him deliver now
ῥυσάσθω νῦν αὐτόν	ῥυσάσθω νῦν
Matthew 27:44	
which were crucified with him	which were crucified with him
οἱ συσταυρωθέντες αὐτῷ	οἱ συσταυρωθέντες σὺν αὐτῷ
Matthew 27:44	
cast the same in his teeth	cast the same to his teeth.
ὠνείδιζον αὐτῷ.	ὠνείδιζον αὐτόν
Matthew 27:45	
unto the ninth hour	unto the ninth hour
ἕως ὥρας ἐννάτης	ἕως ὥρας ἐνάτης
Matthew 27:46	

56

Over 8,000 Differences Between the T.R. and the Nestle-Aland Greek N.T.

Textus Receptus-Scrivener	Nestle-Aland 26,27
And about the ninth hour	And about the ninth hour
περὶ δὲ τὴν ἐννάτην ὥραν	περὶ δὲ τὴν ἐνάτην ὥραν
Matthew 27:46	
lama sabachthani	lama sabachthani
λαμὰ σαβαχθανι	λεμα σαβαχθανι
Matthew 27:47	
Some of them that stood there	Some of them that stood there
τινὲς δὲ τῶν ἐκεῖ ἑστώτων	τινὲς δὲ τῶν ἐκεῖ ἑστηκότων
Matthew 27:51	
was rent in twain from the top to the bottom	was rent from the top to the bottom into twain
ἐσχίσθη εἰς δύο ἀπὸ ἄνωθεν ἕως κάτω	ἐσχίσθη ἀπ ἄνωθεν ἕως κάτω εἰς δύο
Matthew 27:52	
bodies of the saints which slept arose	bodies of the saints which slept arose
σώματα τῶν κεκοιμημένων ἁγίων ἠγέρθη	σώματα τῶν κεκοιμημένων ἁγίων ἠγέρθησαν
Matthew 27:56	
and Mary the mother of James and Joses	and Mary the mother of James and Joseph
καὶ Μαρία ἡ τοῦ Ἰακώβου καὶ Ἰωσῆ	καὶ Μαρία ἡ τοῦ Ἰακώβου καὶ Ἰωσὴφ
Matthew 27:57	
who also himself was Jesus' disciple	who also himself was Jesus' disciple
ὃς καὶ αὐτὸς ἐμαθήτευσε τῷ Ἰησοῦ	ὃς καὶ αὐτὸς ἐμαθητεύθη τῷ Ἰησοῦ
Matthew 27:58	
Then Pilate commanded the body to be delivered	Then Pilate commanded to be delivered
τότε ὁ Πιλᾶτος ἐκέλευσε ἀποδοθῆναι τὸ σῶμα	τότε ὁ Πιλᾶτος ἐκέλευσεν ἀποδοθῆναι
Matthew 27:59	
he wrapped it in a clean linen cloth	he wrapped it [in] a clean linen cloth
ἐνετύλιξεν αὐτὸ σινδόνι καθαρᾷ	ἐνετύλιξεν αὐτὸ (ἐν) σινδόνι καθαρᾷ
Matthew 27:61	
Mary Magdalene	Mary Magdalene
Μαριὰ ἡ Μαγδαληνὴ	Μαριὰμ ἡ Μαγδαληνὴ
Matthew 27:64	
lest his disciples come by night	lest his disciples come
μήποτε ἐλθόντες οἱ μαθηταὶ αὐτοῦ νυκτὸς	μήποτε ἐλθόντες οἱ μαθηταὶ αὐτοῦ
Matthew 27:65	
Pilate said unto them	Pilate said unto them
ἔφη δὲ αὐτοῖς ὁ Πιλᾶτος	ἔφη αὐτοῖς ὁ Πιλᾶτος
Matthew 28:1	
came Mary Magdalene	came Mary Magdalene
ἦλθε Μαριὰ ἡ Μαγδαληνὴ	ἦλθεν Μαριὰμ ἡ Μαγδαληνὴ
Matthew 28:2	
and came	and came
προσελθὼν	καὶ προσελθὼν
Matthew 28:2	
and rolled back the stone from the door	and rolled back the stone
ἀπεκύλισε τὸν λίθον ἀπὸ τῆς θύρας	ἀπεκύλισεν τὸν λίθον
Matthew 28:3	
white as snow	white as snow
λευκὸν ὡσεὶ χιών	λευκὸν ὡς χιών
Matthew 28:4	

Over 8,000 Differences Between the T.R. and the Nestle-Aland Greek N.T.

Textus Receptus-Scrivener	Nestle-Aland 26,27
and became as dead *men*	and became as dead *men*
καὶ ἐγένοντο ὡσεὶ νεκροί	καὶ ἐγενήθησαν ὡς νεκροί
Matthew 28:6	
see the place where the Lord lay	see the place where *he* lay
ἴδετε τὸν τόπον ὅπου ἔκειτο ὁ Κύριος	ἴδετε τὸν τόπον ὅπου ἔκειτο
Matthew 28:8	
And they departed quickly from the sepulchre	And they departed quickly from the sepulchre
καὶ ἐξελθοῦσαι ταχὺ ἀπὸ τοῦ μνημείου	καὶ ἀπελθοῦσαι ταχὺ ἀπὸ τοῦ μνημείου
Matthew 28:8	
And as they went to tell his disciples	....
ὡς δὲ ἐπορεύοντο ἀπαγγεῖλαι τοῖς μαθηταῖς αὐτοῦ	....
Matthew 28:9	
behold, Jesus met them	behold, Jesus met them
καὶ ἰδοὺ, ὁ Ἰησοῦς ἀπήντησεν αὐταῖς	καὶ ἰδοὺ Ἰησοῦς ὑπήντησεν αὐταῖς
Matthew 28:14	
we will persuade him	we will persuade [him]
ἡμεῖς πείσομεν αὐτὸν	ἡμεῖς πείσομεν (αὐτὸν)
Matthew 28:15	
until this day	until this day, [day]
μέχρι τῆς σήμερον	μέχρι τῆς σήμερον (ἡμέρας)
Matthew 28:17	
And when they saw him, they worshipped him	And when they saw him, they worshipped
καὶ ἰδόντες αὐτὸν προσεκύνησαν αὐτῷ	καὶ ἰδόντες αὐτὸν προσεκύνησαν
Matthew 28:18	
in heaven and in earth	in heaven and in [the] earth
ἐν οὐρανῷ καὶ ἐπὶ γῆς	ἐν οὐρανῷ καὶ ἐπὶ (τῆς) γῆς
Matthew 28:20	
Amen	....
Ἀμήν	....
Mark 1:1	
Jesus Christ, the Son of God	Jesus Christ, [the Son of God]
Ἰησοῦ Χριστοῦ υἱοῦ τοῦ Θεοῦ	Ἰησοῦ Χριστοῦ (υἱοῦ θεοῦ)
Mark 1:2	
As it is written	As it is written
Ὡς γέγραπται	Καθὼς γέγραπται
Mark 1:2	
in the prophets	in Isaiah the prophet
ἐν τοῖς προφήταις	ἐν τῷ Ἡσαΐᾳ τῷ προφήτῃ
Mark 1:2	
Behold, I send my messenger	Behold, *I* send my messenger
Ἰδοὺ ἐγὼ ἀποστέλλω τὸν ἄγγελόν μου	Ἰδοὺ ἀποστέλλω τὸν ἄγγελόν μου
Mark 1:2	
which shall prepare thy way before thee	which shall prepare thy way
ὃς κατασκευάσει τὴν ὁδόν σου ἔμπροσθέν σου	ὃς κατασκευάσει τὴν ὁδόν σου
Mark 1:4	
John did baptize in the wilderness	John did baptize in the wilderness
ἐγένετο Ἰωάννης βαπτίζων ἐν τῇ ἐρήμῳ	ἐγένετο Ἰωάννης (ὁ) βαπτίζων ἐν τῇ ἐρήμῳ

Over 8,000 Differences Between the T.R. and the Nestle-Aland Greek N.T.

Textus Receptus-Scrivener	Nestle-Aland 26,27
Mark 1:5	
and they of Jerusalem	and all they of Jerusalem
καὶ οἱ Ἱεροσολυμῖται	καὶ οἱ Ἱεροσολυμῖται πάντες
Mark 1:5	
and were all baptized of him in the river of Jordan	and were baptized of him in the river of Jordan
καὶ ἐβαπτίζοντο πάντες ἐν τῷ Ἰορδάνῃ ποταμῷ ὑπ αὐτοῦ	καὶ ἐβαπτίζοντο ὑπ αὐτοῦ ἐν τῷ Ἰορδάνῃ ποταμῷ
Mark 1:6	
And John was	And John was
ἦν δὲ Ἰωάννης	καὶ ἦν ὁ Ἰωάννης
Mark 1:8	
I indeed	I
ἐγὼ μὲν	ἐγὼ
Mark 1:8	
have baptized you with water	have baptized you with water
ἐβάπτισα ὑμᾶς ἐν ὕδατι	ἐβάπτισα ὑμᾶς ὕδατι
Mark 1:9	
from Nazareth	from Nazareth
ἀπὸ Ναζαρὲθ	ἀπὸ Ναζαρὲτ
Mark 1:9	
and was baptized of John in Jordan	and was baptized in Jordan by John
καὶ ἐβαπτίσθη ὑπὸ Ἰωάννου εἰς τὸν Ἰορδάνην	καὶ ἐβαπτίσθη εἰς τὸν Ἰορδάνην ὑπὸ Ἰωάννου
Mark 1:10	
And straightway	And straightway
καὶ εὐθέως	καὶ εὐθὺς
Mark 1:10	
coming up out of the water	coming up out of the water
ἀναβαίνων ἀπὸ τοῦ ὕδατος	ἀναβαίνων ἐκ τοῦ ὕδατος
Mark 1:10	
the Spirit like a dove	the Spirit like a dove
τὸ Πνεῦμα ὡσεὶ περιστερὰν	τὸ πνεῦμα ὡς περιστερὰν
Mark 1:10	
descending upon him	descending unto him
καταβαῖνον ἐπ αὐτόν	καταβαῖνον εἰς αὐτόν
Mark 1:11	
in whom I am well pleased	in thee I am well pleased
ἐν ᾧ εὐδόκησα	ἐν σοὶ εὐδόκησα
Mark 1:13	
And he was there in the wilderness	And he was in the wilderness
καὶ ἦν ἐκεῖ ἐν τῇ ἐρήμῳ	καὶ ἦν ἐν τῇ ἐρήμῳ
Mark 1:13	
forty days	forty days
ἡμέρας τεσσεράκοντα	τεσσεράκοντα ἡμέρας
Mark 1:14	
preaching the gospel of the kingdom of God	preaching the gospel of God
κηρύσσων τὸ εὐαγγέλιον τῆς βασιλείας τοῦ Θεοῦ	κηρύσσων τὸ εὐαγγέλιον τοῦ θεοῦ

Mark 1:16

Over 8,000 Differences Between the T.R. and the Nestle-Aland Greek N.T.

Textus Receptus-Scrivener	Nestle-Aland 26,27
Now as he walked by the sea	And passing on by the sea
Περιπατῶν δὲ παρὰ τὴν θάλασσαν	Καὶ παράγων παρὰ τὴν θάλασσαν
Mark 1:16	
Simon and Andrew his brother	Simon and Andrew the brother of Simon
Σίμωνα καὶ Ἀνδρέαν τὸν ἀδελφὸν αὐτοῦ	Σίμωνα καὶ Ἀνδρέαν τὸν ἀδελφὸν Σίμωνος
Mark 1:16	
casting a net into the sea	casting a net into the sea
βάλλοντας ἀμφίβληστρον ἐν τῇ θαλάσσῃ	ἀμφιβάλλοντας ἐν τῇ θαλάσσῃ
Mark 1:18	
And straightway they forsook	And straightway they forsook
καὶ εὐθέως ἀφέντες	καὶ εὐθὺς ἀφέντες
Mark 1:18	
their nets	the nets
τὰ δίκτυα αὐτῶν	τὰ δίκτυα
Mark 1:19	
And when he had gone a little further thence	And when he had gone a little further
Καὶ προβὰς ἐκεῖθεν ὀλίγον	Καὶ προβὰς ὀλίγον
Mark 1:20	
And straightway he called them	And straightway he called them
καὶ εὐθεὼς ἐκάλεσεν αὐτούς	καὶ εὐθὺς ἐκάλεσεν αὐτούς
Mark 1:21	
And they went into Capernaum	And they went into Capernaum
Καὶ εἰσπορεύονται εἰς Καπερναούμ	Καὶ εἰσπορεύονται εἰς Καφαρναούμ.
Mark 1:21	
and straightway	and straightway
καὶ εὐθεὼς	καὶ εὐθὺς
Mark 1:23	
And there was in their synagogue	And straightway there was in their synagogue
καὶ ἦν ἐν τῇ συναγωγῇ αὐτῶν	καὶ εὐθὺς ἦν ἐν τῇ συναγωγῇ αὐτῶν
Mark 1:24	
Saying, Let us alone; what have we to do with thee	Saying, Let us alone; what have we to do with thee
λέγων, εα, τί ἡμῖν καὶ σοί	λέγων, Τί ἡμῖν καὶ σοί
Mark 1:26	
and cried with a loud voice	and cried with a loud voice
καὶ κράξαν φωνῇ μεγάλῃ	καὶ φωνῆσαν φωνῇ μεγάλῃ
Mark 1:27	
And they were all amazed	And they were all amazed
καὶ ἐθαμβήθησαν παντές	καὶ ἐθαμβήθησαν ἅπαντες
Mark 1:27	
insomuch that they questioned among themselves	insomuch that they questioned among themselves
ὥστε συζητεῖν πρὸς αὐτούς	ὥστε συζητεῖν πρὸς ἑαυτούς
Mark 1:27	
what new doctrine is this	a new doctrine
τις ἡ διδαχὴ ἡ καινὴ αὕτη	διδαχὴ καινὴ
Mark 1:27	
for with authority	with authority

Textus Receptus-Scrivener	Nestle-Aland 26,27
ὅτι κατ ἐξουσίαν	κατ ἐξουσίαν
Mark 1:28	
And...his fame spread abroad	And...his fame spread abroad
ἐξῆλθεν δὲ ἡ ἀκοὴ αὐτοῦ	καὶ ἐξῆλθεν ἡ ἀκοὴ αὐτοῦ
Mark 1:28	
immediately...throughout all the region round about	immediately...everywhere throughout all the region round about
εὐθὺς εἰς ὅλην τὴν περίχωρον	εὐθὺς πανταχοῦ εἰς ὅλην τὴν περίχωρον
Mark 1:29	
And forthwith	And forthwith
Καὶ εὐθέως	Καὶ εὐθὺς
Mark 1:30	
and anon	and anon
καὶ εὐθέως	καὶ εὐθὺς
Mark 1:31	
took her by the hand	took *her* by the hand
κρατήσας τῆς χειρός αὐτῆς	κρατήσας τῆς χειρός
Mark 1:31	
and immediately the fever left her	and the fever left her
καὶ ἀφῆκεν αὐτὴν ὁ πυρετός εὐθέως	καὶ ἀφῆκεν αὐτὴν ὁ πυρετός
Mark 1:33	
And all the city was gathered together	And all the city was gathered together
καὶ ἡ πόλις ὅλη ἐπισυνηγμένη ἦν	καὶ ἦν ὅλη ἡ πόλις ἐπισυνηγμένη
Mark 1:35	
a great while before day	a great while before day
ἔννυχον λίαν	ἔννυχα λίαν
Mark 1:36	
followed after him	followed after him
κατεδίωξαν αὐτὸν	κατεδίωξεν αὐτὸν
Mark 1:36	
Simon	Simon
ὁ Σίμων	Σίμων
Mark 1:37	
And when they had found him	And found him
καὶ εὑρόντες αὐτὸν	καὶ εὗρον αὐτὸν
Mark 1:37	
they said unto him	and they said unto him
λέγουσιν αὐτῷ	καὶ λέγουσιν αὐτῷ
Mark 1:38	
Let us go into the next towns	Let us go elsewhere into the next towns
Ἄγωμεν εἰς τὰς ἐχομένας κωμοπόλεις	Ἄγωμεν ἀλλαχοῦ εἰς τὰς ἐχομένας κωμοπόλεις
Mark 1:38	
that I may preach there also	that I may preach there also
ἵνα κἀκεῖ κηρύξω	ἵνα καὶ ἐκεῖ κηρύξω
Mark 1:38	
for therefore came I forth	for therefore came I forth
εἰς τοῦτο γὰρ ἐξελήλυθα	εἰς τοῦτο γὰρ ἐξῆλθον
Mark 1:39	

Over 8,000 Differences Between the T.R. and the Nestle-Aland Greek N.T.

Textus Receptus-Scrivener	Nestle-Aland 26,27
And he preached	And he went and preached
καὶ ἦν κηρύσσων	καὶ ἦλθεν κηρύσσων
Mark 1:39	
in their synagogues	in their synagogues
ἐν ταῖς συναγωγαῖς αὐτῶν	εἰς τὰς συναγωγὰς αὐτῶν
Mark 1:40	
and kneeling down	[and kneeling down]
καὶ γονυπετῶν	(καὶ γονυπετῶν)
Mark 1:40	
to him	....
αὐτὸν	....
Mark 1:41	
And Jesus, moved with compassion	And moved with compassion
ὁ δὲ Ἰησοῦς σπλἀγνισθεὶς	καὶ σπλαγχνισθεὶς
Mark 1:41	
put forth his hand, and touched him	put forth his hand, and touched him
ἐκτείνας τὴν χεῖρα, ἥψατο αὐτοῦ	ἐκτείνας τὴν χεῖρα αὐτοῦ ἥψατο
Mark 1:42	
And as soon as he had spoken	And
καὶ εἰπόντες αὐτοῦ	καὶ
Mark 1:42	
immediately the leprosy departed from him	immediately the leprosy departed from him
εὐθέως ἀπῆλθεν ἀπ αὐτοῦ ἡ λέπρα	εὐθὺς ἀπῆλθεν ἀπ αὐτοῦ ἡ λέπρα
Mark 1:43	
and forthwith sent him away	and forthwith sent him away
εὐθέως ἐξέβαλεν αὐτόν	εὐθὺς ἐξέβαλεν αὐτόν
Mark 1:44	
but go	but go
ἀλλ ὕπαγε	ἀλλὰ ὕπαγε
Mark 1:44	
which Moses commanded	which Moses commanded
ἃ προσέταξε Μωσῆς	ἃ προσέταξεν Μωϋσῆς
Mark 1:45	
without in desert places	without upon desert places
ἔξω ἐν ἐρήμοις τόποις	ἔξω ἐπ ἐρήμοις τόποις
Mark 1:45	
and they came to him from every quarter	and they came to him from every quarter
καὶ ἤρχοντο πρὸς αὐτὸν πάνταχόθεν	καὶ ἤρχοντο πρὸς αὐτὸν πάντοθεν
Mark 2:1	
And again he entered	And he entered again
Καὶ πάλιν εἰσελθὼν	Καὶ εἰσελθὼν πάλιν
Mark 2:1	
into Capernaum	into Capernaum
εἰς Καπερναοὺμ	εἰς Καφαρναοὺμ
Mark 2:1	
and it was noised	it was noised
καὶ ἠκούσθη	ἠκούσθη
Mark 2:1	

Over 8,000 Differences Between the T.R. and the Nestle-Aland Greek N.T.

Textus Receptus-Scrivener	Nestle-Aland 26,27
that he was in the house	that he was in the house
ὅτι εἰς οἴκῳ ἐστί	ὅτι ἐν οἴκῳ ἐστίν
Mark 2:2	
And straightway many were gathered together	And many were gathered together
καὶ εὐθέως συνήχθησαν πολλοί	καὶ συνήχθησαν πολλοὶ
Mark 2:3	
And they come unto him, bringing one sick of the palsy	And they come unto him, bringing one sick of the palsy
καὶ ἔρχονται πρὸς αὐτὸν, παραλυτικὸν φέροντες	καὶ ἔρχονται φέροντες πρὸς αὐτὸν παραλυτικὸν
Mark 2:4	
And when they could not come nigh unto him	And when they could not bring *him* nigh unto him
καὶ μὴ δυνάμενοι προσεγγίσαι αὐτῷ	καὶ μὴ δυνάμενοι προσενέγκαι αὐτῷ
Mark 2:4	
they let down the bed	they let down the bed
χαλῶσι τὸν κράββαττον	χαλῶσι τὸν κράβαττον
Mark 2:4	
wherein the sick of the palsy lay	wherein the sick of the palsy lay
ἐφ ᾧ ὁ παραλυτικὸς κατέκειτο	ὅπου ὁ παραλυτικὸς κατέκειτο
Mark 2:5	
When Jesus saw	When Jesus saw
ἰδὼν δὲ ὁ Ἰησοῦς	καὶ ἰδὼν ὁ Ἰησοῦς
Mark 2:5	
thy sins be forgiven thee	thy sins are forgiven
ἀφέωνταί σοι αἱ ἁμαρτίαι σου	ἀφίενταί σου αἱ ἁμαρτίαι
Mark 2:7	
Why doth this *man* thus speak	Why doth this *man* thus speak
Τί οὗτος οὕτω λαλεῖ	Τί οὗτος οὕτως λαλεῖ
Mark 2:7	
blasphemies	He blasphemes
βλασφημίας	βλασφημεῖ
Mark 2:8	
And immediately	And immediately
καὶ εὐθέως	καὶ εὐθὺς
Mark 2:8	
he said unto them	he saith unto them
εἶπεν αὐτοῖς	λέγει αὐτοῖς
Mark 2:9	
Thy sins be forgiven thee	*Thy* sins are forgiven thee
Ἀφέωνταί σοι αἱ ἁμαρτίαι	Ἀφίενταί σου αἱ ἁμαρτίαι
Mark 2:9	
or to say, Arise	or to say, Arise
ἢ εἰπεῖν, Ἔγειραι	ἢ εἰπεῖν, Ἔγειρε
Mark 2:9	
and take up thy bed	and take up thy bed
καὶ ἆρον σου τὸν κράββαττόν	καὶ ἆρον τὸν κράβαττόν σου
Mark 2:10	
on earth to forgive sins	to forgive sins on earth
ἀφιέναι ἐπὶ τῆς γῆς ἁμαρτίας	ἀφιέναι ἁμαρτίας ἐπὶ τῆς γῆς

Over 8,000 Differences Between the T.R. and the Nestle-Aland Greek N.T.

Textus Receptus-Scrivener	Nestle-Aland 26,27
Mark 2:11	
Arise	Arise
ἔγειραι	ἔγειρε
Mark 2:11	
and take up	take up
καὶ ἆρον	ἆρον
Mark 2:11	
thy bed	thy bed
τὸν κράβαττόν σου	τὸν κράβαττόν σου
Mark 2:12	
And...he arose	And he arose, and
καὶ ἠγέρθη	καὶ ἠγέρθη καὶ
Mark 2:12	
immediately	immediately
εὐθέως	εὐθὺς
Mark 2:12	
took up	took up the bed
καὶ ἄρας	ἄρας
Mark 2:12	
the bed	the bed
τὸν κράββαττον	τὸν κράβαττον
Mark 2:12	
and went forth before them all	and went forth before them all
ἐξῆλθεν ἐναντίον πάντων	ἐξῆλθεν ἔμπροσθεν πάντων
Mark 2:12	
We never saw it on this fashion	We never saw it on this fashion
ὅτι Οὐδέποτε οὕτως εἴδομεν	ὅτι Οὕτως οὐδέποτε εἴδομεν
Mark 2:15	
And it came to pass... sat at meat	And it came to pass... sat at meat
καὶ ἐγενέτο ἐν τῷ κατακεῖσθαι	Καὶ γίνεται κατακεῖσθαι
Mark 2:15	
and they followed him	and they were following him
καὶ ἠκολούθησαν αὐτῷ	καὶ ἠκολούθουν αὐτῷ
Mark 2:16	
And when the scribes and Pharisees	And when the scribes of the Pharisees
καὶ οἱ γραμματεῖς καὶ οἱ Φαρισαῖοι	καὶ οἱ γραμματεῖς τῶν Φαρισαίων
Mark 2:16	
saw him eat	saw that *he* was eating
ἰδόντες αὐτὸν ἐσθίοντα	ἰδόντες ὅτι ἐσθίει
Mark 2:16	
with publicans and sinners	with sinners and publicans
μετὰ τῶν τελωνῶν καὶ ἁμαρτωλῶν	μετὰ τῶν ἁμαρτωλῶν καὶ τελωνῶν
Mark 2:16	
How is it that	Because with
Τί ὅτι μετὰ	Ὅτι μετὰ
Mark 2:16	
he eateth and drinketh	he eateth
ἐσθίει καὶ πίνει	ἐσθίει

Textus Receptus-Scrivener	Nestle-Aland 26,27
Mark 2:17	
he saith unto them, They that...no need	he saith unto them, They [that]...no need
λέγει αὐτοῖς, Οὐ χρείαν	λέγει αὐτοῖς (ὅτι) Οὐ χρείαν
Mark 2:17	
I came not to call the righteous, but sinners to repentance	I came not to call the righteous, but sinners
οὐκ ἦλθον καλέσαι δικαίους, ἀλλὰ ἁμαρτωλούς εἰς μετάνοιαν	οὐκ ἦλθον καλέσαι δικαίους ἀλλὰ ἁμαρτωλούς
Mark 2:18	
and of the Pharisees used to fast	and the Pharisees used to fast
καὶ τῶν Φαρισαίων νηστεύοντες	καὶ οἱ Φαρισαῖοι νηστεύοντες
Mark 2:18	
and of the Pharisees fast	and of the disciples of the Pharisees fast
καὶ οἱ τῶν Φαρισαίων νηστεύουσι	καὶ οἱ μαθηταὶ τῶν Φαρισαίων νηστεύουσιν
Mark 2:19	
as long as they have the bridegroom with them	as long as they have the bridegroom with them
ὅσον χρόνον μεθ ἑαυτῶν ἔχουσι τὸν νυμφίον	ὅσον χρόνον ἔχουσιν τὸν νυμφίον μετ αὐτῶν
Mark 2:20	
then shall they fast in those days	then shall they fast in that day
τότε νηστεύσουσιν ἐν ἐκείναις ταῖς ἡμέραις	τότε νηστεύσουσιν ἐν ἐκείνῃ τῇ ἡμέρᾳ
Mark 2:21	
No man also	No man
και οὐδεὶς	οὐδεὶς
Mark 2:21	
seweth a piece of new cloth	seweth a piece of new cloth
ἐπίβλημα ῥάκους ἀγνάφου ἐπιρράπτει	ἐπίβλημα ῥάκους ἀγνάφου ἐπιράπτει
Mark 2:21	
on an old garment	on an old garment
ἐπὶ ἱματίῳ παλαιῷ	ἐπὶ ἱμάτιον παλαιόν
Mark 2:21	
that filled it up taketh away from	that filled it up taketh away from
αἴρει τὸ πλήρωμα αὐτοῦ	αἴρει τὸ πλήρωμα ἀπ αὐτοῦ
Mark 2:22	
doth burst	doth burst
ῥήσσει	ῥήξει
Mark 2:22	
the new wine...the bottles	the wine...the bottles
ὁ οἶνος ὁ νέος τοὺς ἀσκούς	ὁ οἶνος τοὺς ἀσκούς
Mark 2:22	
and the wine is spilled	and the wine is marred
καὶ ὁ οἶνος ἐκχεῖται	καὶ ὁ οἶνος ἀπόλλυται
Mark 2:22	
and the bottles will be marred	and the bottles
καὶ οἱ ἀσκοί ἀπόλοῦνται	καὶ οἱ ἀσκοί
Mark 2:22	
but new wine must be put into new bottles	but new wine into new bottles
ἀλλὰ οἶνον νέον εἰς ἀσκοὺς καινοὺς βλητέον	ἀλλὰ οἶνον νέον εἰς ἀσκοὺς καινούς
Mark 2:23	

Over 8,000 Differences Between the T.R. and the Nestle-Aland Greek N.T.

Textus Receptus-Scrivener	Nestle-Aland 26,27
he went through the corn fields on the sabbath day	he went through the corn fields on the sabbath day
παραπορεύεσθαι αὐτὸν ἐν τοῖς σάββασιν διὰ τῶν σπορίμων	αὐτὸν ἐν τοῖς σάββασιν παραπορεύεσθαι διὰ τῶν σπορίμων
Mark 2:23	
and his disciples began	and his disciples began
καὶ ἤρξαντο οἱ μαθηταὶ αὐτοῦ	καὶ οἱ μαθηταὶ αὐτοῦ ἤρξαντο
Mark 2:24	
why do they on the sabbath day	why do they on the sabbath day
τί ποιοῦσιν ἐν τοῖς σάββασιν	τί ποιοῦσιν τοῖς σάββασιν
Mark 2:25	
And he said unto them	And he said unto them
καὶ αὐτός ἔλεγεν αὐτοῖς	καὶ λέγει αὐτοῖς
Mark 2:25	
what David did	what David did
τί ἐποίησε Δαβίδ	τί ἐποίησεν Δαυίδ
Mark 2:26	
in the days of Abiathar the high priest	in the days of Abiathar *the* high priest
ἐπὶ Ἀβιαθὰρ τοῦ ἀρχιερέως	ἐπὶ Ἀβιαθὰρ ἀρχιερέως
Mark 2:26	
but for the priests	but for the priests
εἰ μὴ τοῖς ἱερεῦσι	εἰ μὴ τοὺς ἱερεῖς
Mark 2:27	
and not man	and not man
οὐχ ὁ ἄνθρωπος	καὶ οὐχ ὁ ἄνθρωπος
Mark 3:3	
the man which had the withered hand	the man which had the withered hand
τῷ ἀνθρώπῳ τῷ ἐξηραμμένην ἔχοντι, τὴν χεῖρα	τῷ ἀνθρώπῳ τῷ τὴν ξηρὰν χεῖρα ἔχοντι
Mark 3:3	
Stand forth	Stand forth
Ἔγειραι εἰς τὸ μέσον	Ἔγειρε εἰς τὸ μέσον
Mark 3:4	
Is it lawful to do good on the sabbath days	Is it lawful to do good on the sabbath days
Ἔξεστι τοῖς σάββασιν ἀγαθοποιῆσαι	Ἔξεστιν τοῖς σάββασιν ἀγαθὸν ποιῆσαι
Mark 3:5	
Stretch forth thine hand	Stretch forth the hand
Ἔκτεινον τὴν χεῖρα σου	Ἔκτεινον τὴν χεῖρα
Mark 3:5	
and his hand was restored	and his hand was restored
καὶ ἀποκατεστάθη ἡ χεὶρ αὐτοῦ	καὶ ἀπεκατεστάθη ἡ χεὶρ αὐτοῦ
Mark 3:5	
whole as the other	....
ὑγιὴς ὡς ἡ ἄλλη	....
Mark 3:6	
and straightway	and straightway
εὐθέως	εὐθὺς
Mark 3:6	
took counsel... against him,	gave counsel... against him

Over 8,000 Differences Between the T.R. and the Nestle-Aland Greek N.T.

Textus Receptus-Scrivener	Nestle-Aland 26,27
συμβούλιον ἐποίουν κατ αὐτοῦ	συμβούλιον ἐδίδουν κατ αὐτοῦ
Mark 3:7	
withdrew himself with his disciples	with his disciples withdrew himself
ἀνεχώρησεν μετὰ τῶν μαθητῶν αὐτοῦ	μετὰ τῶν μαθητῶν αὐτοῦ ἀνεχώρησεν
Mark 3:7	
from Galilee followed	from Galilee [followed]
ἀπὸ τῆς Γαλιλαίας ἠκολούθησεν	ἀπὸ τῆς Γαλιλαίας (ἠκολούθησεν)
Mark 3:7	
him	....
αὐτῷ	....
Mark 3:8	
and they about Tyre	and about Tyre
καὶ οἱ περὶ Τύρον	καὶ περὶ Τύρον
Mark 3:8	
when they had heard what great things he did	hearing what great things he did
ἀκουσάντες ὅσα ἐποίει	ἀκούοντες ὅσα ἐποίει
Mark 3:11	
when they saw him	when they saw him
ὅταν αὐτὸν ἐθεώρει	ὅταν αὐτὸν ἐθεώρουν
Mark 3:11	
fell down before him	fell down before him
προσέπιπτεν αὐτῷ	προσέπιπτον αὐτῷ
Mark 3:11	
and cried, saying	and cried, saying
καὶ ἔκραζε λέγοντα	καὶ ἔκραζον λέγοντες
Mark 3:14	
And he ordained twelve	And he ordained twelve, [whom he named apostles]
καὶ ἐποίησε δώδεκα	καὶ ἐποίησεν δώδεκα, (οὓς καὶ ἀποστόλους ὠνόμασεν)
Mark 3:15	
to heal sicknesses, and	....
θεραπεύειν τὰς νόσοις, καὶ	....
Mark 3:16	
....	[And he appointed the twelve]
....	(καὶ ἐποίησεν τοὺς δώδεκα)
Mark 3:16	
And Simon he surnamed Peter	And Simon he surnamed Peter
Καὶ ἐπέθηκε τῷ Σίμωνι ὄνομα Πέτρον	καὶ ἐπέθηκεν ὄνομα τῷ Σίμωνι Πέτρον
Mark 3:17	
and he surnamed them Boanerges	and he surnamed them Boanerges
καὶ ἐπέθηκεν αὐτοῖς ὀνόματα Βοανηργές	καὶ ἐπέθηκεν αὐτοῖς ὀνόμα(τα) Βοανηργές
Mark 3:18	
and Matthew	and Matthew
καὶ Ματθαῖον	καὶ Μαθθαῖον
Mark 3:18	
and Simon the Canaanite	and Simon the Cananaean
καὶ Σίμωνα τὸν Κανανίτην	καὶ Σίμωνα τὸν Καναναῖον

Over 8,000 Differences Between the T.R. and the Nestle-Aland Greek N.T.

Textus Receptus-Scrivener	Nestle-Aland 26,27
Mark 3:19	
And Judas Iscariot	And Judas Iscariot
καὶ Ἰούδαν Ἰσκαριώτην	καὶ Ἰούδαν Ἰσκαριώθ
Mark 3:19	
and they went into an house	and he went into an house
Καὶ ἔρχονται εἰς οἶκον	Καὶ ἔρχεται εἰς οἶκον
Mark 3:20	
And the multitude cometh together again	And the multitude cometh together again
καὶ συνέρχεται πάλιν ὄχλος	καὶ συνέρχεται πάλιν (ὁ) ὄχλος
Mark 3:20	
not so much as eat bread	not so much as eat bread
μήτε ἄρτον φαγεῖν	μηδὲ ἄρτον φαγεῖν
Mark 3:25	
cannot	cannot
οὐ δύναται	οὐ δυνήσεται
Mark 3:25	
that house...stand	that house...stand
σταθῆναι ἡ οἰκία ἐκείνη	ἡ οἰκία ἐκείνη σταθῆναι
Mark 3:26	
and be divided	and be divided
καὶ μεμέρισται	καὶ ἐμερίσθη
Mark 3:26	
he cannot stand	he cannot stand
οὐ δύναται σταθῆναι	οὐ δύναται στῆναι
Mark 3:27	
No man can	But, no man can
οὐ δύναται οὐδεὶς	ἀλλ οὐ δύναται οὐδεὶς
Mark 3:27	
enter into a strong man's house, and spoil his goods	enter into a strong man's house, and spoil his goods
τὸ σκεύη τοῦ ἰσχυροῦ εἰσελθὼν εἰς τὴν οἰκίαν αὐτοῦ, διαρπάσαι	εἰς τὴν οἰκίαν τοῦ ἰσχυροῦ εἰσελθὼν τὰ σκεύη αὐτοῦ διαρπάσαι
Mark 3:28	
All sins shall be forgiven unto the sons of men	All sins shall be forgiven unto the sons of men
ὅτι πάντα ἀφεθήσεται τὰ ἁμαρτήματα τοῖς υἱοῖς τῶν ἀνθρώπων	ὅτι πάντα ἀφεθήσεται τοῖς υἱοῖς τῶν ἀνθρώπων, τὰ ἁμαρτήματα
Mark 3:28	
and blasphemies	and the blasphemies
καὶ βλασφημίαι	καὶ αἱ βλασφημίαι
Mark 3:28	
wherewith soever they shall blaspheme	wherewith soever they shall blaspheme
ὅσας ἂν βλασφημήσωσιν	ὅσα ἐὰν βλασφημήσωσιν
Mark 3:29	
but is in danger	but is in danger
ἀλλ ἔνοχός ἐστιν	ἀλλὰ ἔνοχός ἐστιν
Mark 3:29	
of eternal damnation	of eternal sin
αἰωνίου κρίσεως	αἰωνίου ἁμαρτήματος

Textus Receptus-Scrivener	Nestle-Aland 26,27
Mark 3:31	
There came then	And there came
Ἔρχεται οὖν	Καὶ ἔρχεται
Mark 3:31	
his brethren and his mother	his mother and his brethern
οἱ ἀδελφοὶ καὶ ἡ μήτηρ αὐτοῦ	ἡ μήτηρ αὐτοῦ καὶ οἱ ἀδελφοὶ αὐτοῦ
Mark 3:31	
and, standing without	and, standing without
καὶ ἔξω ἑστῶτος	καὶ ἔξω στήκοντες
Mark 3:31	
calling him	calling him
φωνοῦντες αὐτόν	καλοῦντες αὐτόν
Mark 3:32	
And the multitude sat about him	And the multitude sat about him
καὶ ἐκάθητο ὄχλος περὶ αὐτὸν	καὶ ἐκάθητο περὶ αὐτὸν ὄχλος
Mark 3:32	
and they said unto him	and they say unto him
εἶπον δὲ αὐτῷ	καὶ λέγουσιν αὐτῷ
Mark 3:32	
thy brethren without seek for thee	thy brethren [and thy sisters] without seek for thee
οἱ ἀδελφοί σου ἔξω ζητοῦσί σε	οἱ ἀδελφοί σου (καὶ αἱ ἀδελφαί σου) ἔξω ζητοῦσίν σε
Mark 3:33	
And he answered them, saying	And answering them, he says
καὶ ἀπεκριθη αὐτοῖς λέγων	καὶ ἀποκριθεὶς αὐτοῖς λέγει
Mark 3:33	
my mother, or	my mother, and
ἡ μήτηρ μου, ἤ	ἡ μήτηρ μου καὶ
Mark 3:33	
my brethren	[my] brethren
οἱ ἀδελφοί μου	οἱ ἀδελφοί (μου)
Mark 3:34	
And he looked round about on them which sat about him	And he looked round about on them which sat about him
καὶ περιβλεψάμενος κύκλῳ τοὺς περὶ αὐτὸν καθημένους	καὶ περιβλεψάμενος τοὺς περὶ αὐτὸν κύκλῳ καθημένους
Mark 3:35	
For whosoever shall do	[For] whosoever shall do
ὃς γὰρ ἂν ποιήσῃ	ὃς (γὰρ) ἂν ποιήσῃ
Mark 3:35	
and my sister	and sister
καὶ ἀδελφὴ μου	καὶ ἀδελφὴ
Mark 4:1	
and there was gathered unto him	and there was gathered unto him
καὶ συνήχθη πρὸς αὐτὸν	καὶ συνάγεται πρὸς αὐτὸν
Mark 4:1	
a great multitude	a very great multitude
ὄχλος πολύς	ὄχλος πλεῖστος

Over 8,000 Differences Between the T.R. and the Nestle-Aland Greek N.T.

Textus Receptus-Scrivener	Nestle-Aland 26,27
Mark 4:1	
he entered into a ship	he entered into a ship
αὐτὸν ἐμβάντα εἰς τὸ πλοῖον	αὐτὸν εἰς πλοῖον ἐμβάντα
Mark 4:1	
the whole multitude was by the sea on the land	the whole multitude were by the sea on the land
πᾶς ὁ ὄχλος πρὸς τὴν θάλασσαν ἐπὶ τῆς γῆς ἦν	πᾶς ὁ ὄχλος πρὸς τὴν θάλασσαν ἐπὶ τῆς γῆς ἦσαν
Mark 4:3	
there went out a sower to sow	there went out a sower to sow
ἐξῆλθεν ὁ σπείρων τοῦ σπεῖραι	ἐξῆλθεν ὁ σπείρων σπεῖραι
Mark 4:4	
the fowls of the air	the fowls
τὰ πετεινὰ τοῦ οὐρανοῦ	τὰ πετεινὰ
Mark 4:5	
And some fell	And some fell
ἄλλο δὲ ἔπεσεν	καὶ ἄλλο ἔπεσεν
Mark 4:5	
and immediately	and immediately
καὶ εὐθέως	καὶ εὐθὺς
Mark 4:6	
But when the sun was up	And when the sun was up
ἡλίου δὲ ἀνατείλαντος	καὶ ὅτε ἀνέτειλεν ὁ ἥλιος
Mark 4:8	
And other fell	And other fell
καὶ ἄλλο ἔπεσεν	καὶ ἄλλα ἔπεσεν
Mark 4:8	
and increased	and increased
καὶ αὐξανόντα	καὶ αὐξανόμενα
Mark 4:9	
And he said unto them	And he said
καὶ ἔλεγεν αὐτοῖς	καὶ ἔλεγεν
Mark 4:9	
He that hath ears to hear	He that hath ears to hear
Ὁ ἔχων ὦτα ἀκούειν	Ὃς ἔχει ὦτα ἀκούειν
Mark 4:10	
And when	And when
Ὅτε δὲ	Καὶ ὅτε
Mark 4:10	
he was alone	he was alone
ἐγένετο καταμόνας	ἐγένετο κατὰ μόνας
Mark 4:10	
asked of him	asked of him
ἠρώτησαν αὐτὸν	ἠρώτων αὐτὸν
Mark 4:10	
the parable	the parables
τὴν παραβολήν	τὰς παραβολάς
Mark 4:11	
Unto you it is given to know the mystery	Unto you it is given to know the mystery

70

Textus Receptus-Scrivener	Nestle-Aland 26,27
Ὑμῖν δέδοται γνῶναι τὸ μυστήριον	Ὑμῖν τὸ μυστήριον δέδοται
Mark 4:12	
and *their* sins should be forgiven them	and should be forgiven them
καὶ ἀφεθῇ αὐτοῖς τὰ ἀμαρτήματα	καὶ ἀφεθῇ αὐτοῖς
Mark 4:15	
Satan cometh immediately	Satan cometh immediately
εὐθέως ἔρχεται ὁ Σατανᾶς	εὐθὺς ἔρχεται ὁ Σατανᾶς
Mark 4:15	
the word that was sown in their hearts	the word that was sown in them
τὸν λόγον τὸν ἐσπαρμένον ἐν ταῖς καρδίαις αὐτῶν	τὸν λόγον τὸν ἐσπαρμένον εἰς αὐτούς
Mark 4:16	
And these are they likewise	And these are they
καὶ οὗτοί εἰσιν ὁμοίως	καὶ οὗτοί εἰσιν
Mark 4:16	
immediately...with gladness	immediately...with gladness
εὐθέως μετὰ χαρᾶς	εὐθὺς μετὰ χαρᾶς
Mark 4:17	
immediately they are offended	immediately they are offended
εὐθέως σκανδαλίζονται	εὐθὺς σκανδαλίζονται
Mark 4:18	
And these are they	And others are they
καὶ οὗτοί εἰσιν	καὶ ἄλλοι εἰσιν
Mark 4:18	
....	these are
....	οὗτοί εἰσιν
Mark 4:18	
such as hear the word	such as heard the word
οἱ τὸν λόγον ἀκούοντες	οἱ τὸν λόγον ἀκούσαντες
Mark 4:19	
the cares of this world	the cares of the world
αἱ μέριμναι τοῦ αἰῶνος τούτου	αἱ μέριμναι τοῦ αἰῶνος
Mark 4:20	
And these are they	And those are they
καὶ οὗτοί εἰσιν	καὶ ἐκεῖνοί εἰσιν
Mark 4:21	
Is a candle brought	Is a candle brought
Μήτι ὁ λύχνος ἔρχεται	Μήτι ἔρχεται ὁ λύχνος
Mark 4:21	
and not to be set on a candlestick	and not to be set on a candlestick
οὐχ ἵνα ἐπὶ τὴν λυχνίαν ἐπιτεθῇ	οὐχ ἵνα ἐπὶ τὴν λυχνίαν τεθῇ
Mark 4:22	
For there is nothing hid	For it is not hid
οὐ γάρ ἐστι τι κρυπτὸν	οὐ γάρ ἐστιν κρυπτὸν
Mark 4:22	
which	which
ὃ ἐὰν	ἐὰν
Mark 4:22	

Over 8,000 Differences Between the T.R. and the Nestle-Aland Greek N.T.

Textus Receptus-Scrivener	Nestle-Aland 26,27
shall not be manifested	shall not be manifested
μὴ φανερωθῇ	μὴ ἵνα φανερωθῇ
Mark 4:22	
but that it should come abroad	but that it should come abroad
ἀλλ ἵνα εἰς φανερόν ἔλθῃ	ἀλλ ἵνα ἔλθῃ εἰς φανερόν
Mark 4:24	
and unto you that hear shall more be given	shall more be given you
καὶ προστεθήσεται ὑμῖν τοῖς ἀκούουσιν	καὶ προστεθήσεται ὑμῖν
Mark 4:25	
For he that hath	For he that hath
Ὅς γὰρ ἂν ἔχῃ	ὃς γὰρ ἔχει
Mark 4:26	
as if a man	as a man
ὡςεαν ἄνθρωπος	ὡς ἄνθρωπος
Mark 4:27	
and the seed should spring	and the seed should spring
καὶ ὁ σπόρος βλαστάνῃ	καὶ ὁ σπόρος βλαστᾷ
Mark 4:28	
For the earth	The earth
γὰρ ἡ γῆ	ἡ γῆ
Mark 4:28	
after that the full corn in the ear	after that the full corn in the ear
εἶτα πλήρη σῖτον ἐν τῷ στάχυϊ	εἶτα πλήρη(ς) σῖτον ἐν τῷ στάχυϊ
Mark 4:29	
But when the fruit is brought forth	But when the fruit is brought forth
ὅταν δὲ παραδῷ ὁ καρπός	ὅταν δὲ παραδοῖ ὁ καρπός
Mark 4:29	
immediately he putteth in the sickle	immediately he putteth in the sickle
εὐθέως ἀποστέλλει τὸ δρέπανον	εὐθὺς ἀποστέλλει τὸ δρέπανον
Mark 4:30	
Whereunto shall we liken	How shall we liken
Τίνι ὁμοιώσωμεν	Πῶς ὁμοιώσωμεν
Mark 4:30	
or with what comparison shall we compare it	or in what shall we compare it
ἢ ἐν ποίᾳ παραβολῇ παραβάλωμεν αὐτήν	ἢ ἐν τίνι αὐτὴν παραβολῇ θῶμεν
Mark 4:31	
is less than all the seeds	being less than all the seeds
μικρότερος πάντων τῶν σπερμάτων ἐστὶ	μικρότερον ὂν πάντων τῶν σπερμάτων
Mark 4:32	
and becometh greater than all herbs	and becometh greater than all herbs
καὶ γίνεται πάντων τῶν λαχάνων μεῖζων	καὶ γίνεται μεῖζον πάντων τῶν λαχάνων
Mark 4:34	
he expounded all things to his disciples	he expounded all things to his own disciples
τοῖς μαθηταῖς αὐτοῦ ἐπέλυε πάντα	τοῖς ἰδίοις μαθηταῖς ἐπέλυεν πάντα
Mark 4:36	
And...also...other	And...other
καὶ ἄλλα δὲ	καὶ ἄλλα
Mark 4:36	

Textus Receptus-Scrivener	Nestle-Aland 26,27
little ships	ships
πλοιάρια	πλοῖα
Mark 4:37	
And there arose a great storm of wind	And there arose a great storm of wind
καὶ γίνεται λαῖλαψ ἀνέμου μεγάλη	καὶ γίνεται λαῖλαψ μεγάλη ἀνέμου
Mark 4:37	
and the waves	and the waves
τὰ δὲ κύματα	καὶ τὰ κύματα
Mark 4:37	
so that it was now full	so that the boat was now full
ὥστε αὐτὸ ἤδη γεμίζεσθαι	ὥστε ἤδη γεμίζεσθαι τὸ πλοῖον
Mark 4:38	
And he was	And he was
καὶ ἦν αὐτὸς	καὶ αὐτὸς ἦν
Mark 4:38	
in the hinder part of the ship	in the hinder part of the ship
ἐπὶ τῇ πρύμνῃ	ἐν τῇ πρύμνῃ
Mark 4:38	
and they awake him	and they awake him
καὶ διεγείρουσιν αὐτὸν	καὶ ἐγείρουσιν αὐτὸν
Mark 4:40	
Why are ye so fearful	Why are ye fearful
Τί δειλοί ἐστε; οὕτω	Τί δειλοί ἐστε
Mark 4:40	
how is it that ye have no faith	how is it that ye have no faith
πῶς οὐκ ἔχετε πίστιν	οὔπω ἔχετε πίστιν
Mark 4:41	
and the sea obey him	and the sea obey him
καὶ ἡ θάλασσα ὑπακούουσιν αὐτῷ	καὶ ἡ θάλασσα ὑπακούει αὐτῷ
Mark 5:1	
into the country of the Gadarenes	into the country of the Gergesenes
εἰς τὴν χώραν τῶν Γαδαρηνῶν	εἰς τὴν χώραν τῶν Γερασηνῶν
Mark 5:2	
And when he was come out of the ship	And when he was come out of the ship
καὶ ἐξελθόντι αὐτῷ ἐκ τοῦ πλοίου	καὶ ἐξελθόντος αὐτοῦ ἐκ τοῦ πλοίου
Mark 5:2	
immediately	immediately
εὐθέως	εὐθὺς
Mark 5:2	
there met him	there met him
ἀπήντησεν αὐτῷ	ὑπήντησεν αὐτῷ
Mark 5:3	
among the tombs	among the tombs
ἐν τοῖς μνημείοις	ἐν τοῖς μνήμασιν
Mark 5:3	
and...no, not	and...no not
καὶ οὔτε	καὶ οὐδὲ
Mark 5:3	

Over 8,000 Differences Between the T.R. and the Nestle-Aland Greek N.T.

Textus Receptus-Scrivener	Nestle-Aland 26,27
with chains	with a chain
ἁλύσεσιν	ἁλύσει
Mark 5:3	
no man	no man...any longer
οὐδεὶς	οὐκέτι οὐδεὶς
Mark 5:3	
could bind him	could bind him
ἠδύνατο αὐτὸν δῆσαι	ἐδύνατο αὐτὸν δῆσαι
Mark 5:4	
neither could any *man* tame him	neither could any *man* tame him
οὐδεὶς αὐτὸν ἴσχυε δαμάσαι	οὐδεὶς ἴσχυεν αὐτὸν δαμάσαι
Mark 5:5	
in the mountains, and in the tombs	in the tombs, and in the mountains
ἐν τοῖς ὄρεσι καὶ ἐν τοῖς μνήμασιν	ἐν τοῖς μνήμασιν καὶ ἐν τοῖς ὄρεσιν
Mark 5:6	
But when he saw Jesus	And when he saw Jesus
ἰδὼν δὲ τὸν Ἰησοῦν	καὶ ἰδὼν τὸν Ἰησοῦν
Mark 5:7	
And cried with a loud voice, and said	And cried with a loud voice, and saith
καὶ κράξας φωνῇ μεγάλῃ εἶπε	καὶ κράξας φωνῇ μεγάλῃ λέγει
Mark 5:9	
What *is* thy name?	What *is* thy name?
Τί σοι ὄνομά	Τί ὄνομά σοι
Mark 5:9	
And he answered, saying	And he says to him
καὶ ἀπεκρίθη λέγων	καὶ λέγει αὐτῷ
Mark 5:9	
My name is Legion	My name is Legion
Λεγεὼν ὄνομά μοι	Λεγιὼν ὄνομά μοι
Mark 5:10	
not send them away	not send them away
μὴ αὐτοὺς ἀποστείλῃ ἔξω	μὴ αὐτὰ ἀποστείλῃ ἔξω
Mark 5:11	
nigh unto the mountains	nigh unto the mountains
πρὸς τὰ ὄρη	πρὸς τῷ ὄρει
Mark 5:12	
And all the devils besought him	And besought him
καὶ παρεκάλεσαν αὐτὸν πάντες οἱ δαίμονες	καὶ παρεκάλεσαν αὐτὸν
Mark 5:13	
And forthwith Jesus gave them leave	And gave them leave
καὶ ἐπέτρεψεν αὐτοῖς εὐθέως ὁ Ἰησοῦς	καὶ ἐπέτρεψεν αὐτοῖς
Mark 5:13	
they were about two thousand	about two thousand
ἦσαν δὲ ὡς δισχίλιοι	ὡς δισχίλιοι
Mark 5:14	
And they that fed	And they that fed
οἱ δὲ βόσκοντες	καὶ οἱ βόσκοντες
Mark 5:14	

Over 8,000 Differences Between the T.R. and the Nestle-Aland Greek N.T.

Textus Receptus-Scrivener	Nestle-Aland 26,27
the swine fled	them fled
τοὺς χοίρους ἔφυγον	αὐτοὺς ἔφυγον
Mark 5:14	
and told *it* in the city	and told *it* in the city
καὶ ἀνήγγειλαν εἰς τὴν πόλιν	καὶ ἀπήγγειλαν εἰς τὴν πόλιν
Mark 5:14	
And they went out to see	And they went to see
καὶ ἐξῆλθον ἰδεῖν	καὶ ἦλθον ἰδεῖν
Mark 5:15	
sitting, and clothed	sitting, clothed
καθήμενον καὶ ἱματισμένον	καθήμενον ἱματισμένον
Mark 5:15	
and had the legion	and had the legion
τὸν ἐσχηκότα τὸν λεγεῶνα	τὸν ἐσχηκότα τὸν λεγιῶνα
Mark 5:18	
And when he was come	And when he was come
καὶ ἐμβάντος αὐτοῦ	καὶ ἐμβαίνοντος αὐτοῦ
Mark 5:18	
that he might be with him	that he might be with him
ἵνα ᾖ μετ αὐτοῦ	ἵνα μετ αὐτοῦ ᾖ
Mark 5:19	
Howbeit	And
ὁ δὲ	καὶ
Mark 5:19	
Jesus suffered him not	*he* suffered him not
Ἰησοῦς οὐκ ἀφῆκεν αὐτόν	οὐκ ἀφῆκεν αὐτόν
Mark 5:19	
and tell them	and tell them
καὶ ἀνάγγειλον αὐτοῖς	καὶ ἀπάγγειλον αὐτοῖς
Mark 5:19	
how great things the Lord...for thee	how great things the Lord...for thee
ὅσα σοι ὁ Κύριός	ὅσα ὁ κύριός σοι
Mark 5:19	
hath done	hath done
εποίησε	πεποίηκεν
Mark 5:21	
And when Jesus was passed over again by ship	And when Jesus was passed over again [by ship]
Καὶ διαπεράσαντος τοῦ Ἰησοῦ ἐν τῷ πλοίῳ	Καὶ διαπεράσαντος τοῦ Ἰησοῦ (ἐν τῷ πλοίῳ)
Mark 5:22	
And, behold, there cometh	And, there cometh
καὶ ἰδοὺ, ἔρχεται	καὶ ἔρχεται
Mark 5:22	
Jairus by name	Jairus by name
ὀνόματι Ἰάειρος	ὀνόματι Ἰάϊρος
Mark 5:23	
And besought him	And beseeches him
καὶ παρεκάλει αὐτὸν	καὶ παρακαλεῖ αὐτὸν
Mark 5:23	

Over 8,000 Differences Between the T.R. and the Nestle-Aland Greek N.T.

Textus Receptus-Scrivener	Nestle-Aland 26,27
lay thy hands on her	lay thy hands on her
ἐπιθῇς αὐτῇ τὰς χεῖρας	ἐπιθῇς τὰς χεῖρας αὐτῇ
Mark 5:23	
that she may be healed	that she may be healed
ὅπως σωθῇ	ἵνα σωθῇ
Mark 5:23	
and she shall live	and she may live
καὶ ζήσεται	καὶ ζήσῃ
Mark 5:25	
And a certain woman	And a woman
Καὶ γυνή τις	καὶ γυνὴ
Mark 5:25	
twelve years	twelve years
ἔτη δώδεκα	δώδεκα ἔτη
Mark 5:26	
and had spent all that she had	and had spent all that she had
καὶ δαπανήσασα τὰ παρ ἑαυτῆς πάντα	καὶ δαπανήσασα τὰ παρ αὐτῆς πάντα
Mark 5:28	
If	If
ὅτι Κἂν	ὅτι Ἐὰν
Mark 5:28	
I may touch but his clothes	I may touch but his clothes
τῶν ἱματίων αὐτοῦ ἅψωμαι	ἅψωμαι κἂν τῶν ἱματίων αὐτοῦ
Mark 5:29	
And straightway	And straightway
καὶ εὐθὲως	καὶ εὐθὺς
Mark 5:30	
And...immediately	And...immediately
καὶ εὐθὲως	καὶ εὐθὺς
Mark 5:33	
knowing what was done in her	knowing what was done in her
εἰδυῖα ὃ γέγονεν ἐπ αὐτῇ	εἰδυῖα ὃ γέγονεν αὐτῇ
Mark 5:34	
Daughter	Daughter
Θύγατερ	Θυγάτηρ
Mark 5:36	
As soon as Jesus	But Jesus
ὁ δὲ Ἰησοῦς εὐθέως	ὁ δὲ Ἰησοῦς
Mark 5:36	
heard the word	having heard the word
ἀκούσας τὸν λόγον	παρακούσας τὸν λόγον
Mark 5:37	
And he suffered no man to follow him	And he suffered no man with *him* to follow him
καὶ οὐκ ἀφῆκεν οὐδένα αὐτῷ συνακολουθῆσαι	καὶ οὐκ ἀφῆκεν οὐδένα μετ αὐτοῦ συνακολουθῆσαι
Mark 5:37	
save Peter	save Peter
εἰ μὴ Πέτρον	εἰ μὴ τὸν Πέτρον

Over 8,000 Differences Between the T.R. and the Nestle-Aland Greek N.T.

Textus Receptus-Scrivener	Nestle-Aland 26,27
Mark 5:38	
And he cometh to the house	And they come to the house
καὶ ἔρχεται εἰς τὸν οἶκον	καὶ ἔρχονται εἰς τὸν οἶκον
Mark 5:40	
But when he	But when he
ὁ δὲ	αὐτὸς δὲ
Mark 5:40	
had put them all out	had put them all out
ἐκβαλὼν ἅπαντας	ἐκβαλὼν πάντας
Mark 5:40	
where the damsel was lying	where the damsel was
ὅπου ἦν τὸ παιδίον ἀνακείμενον	ὅπου ἦν τὸ παιδίον
Mark 5:41	
Talitha cumi	Talitha cum
Ταλιθα, κοῦμι	Ταλιθα κουμ
Mark 5:41	
I say unto thee, arise	I say unto thee, arise
σοὶ λέγω ἔγειραι	σοὶ λέγω, ἔγειρε
Mark 5:42	
And straightway	And straightway
καὶ εὐθέως	καὶ εὐθὺς
Mark 5:42	
And they were astonished with a great astonishment	And [immediately] they were astonished with a great astonishment
καὶ ἐξέστησαν ἐκστάσει μεγάλῃ	καὶ ἐξέστησαν (εὐθὺς) ἐκστάσει μεγάλῃ
Mark 5:43	
that no man should know it	that no man should know it
ἵνα μηδεὶς γνῷ τοῦτο	ἵνα μηδεὶς γνοῖ τοῦτο
Mark 6:1	
and came into	and came into
καὶ ἦλθεν εἰς	καὶ ἔρχεται εἰς
Mark 6:2	
he began to teach in the synagogue	he began to teach in the synagogue
ἤρξατο ἐν τῇ συναγωγῇ διδάσκειν	ἤρξατο διδάσκειν ἐν τῇ συναγωγῇ
Mark 6:2	
what wisdom is this which *is* given unto him	what wisdom is this which *is* given unto this *man*
τίς ἡ σοφία ἡ δοθεῖσα αὐτῷ	τίς ἡ σοφία ἡ δοθεῖσα τούτῳ
Mark 6:2	
that	....
ὅτι	....
Mark 6:2	
even such mighty works	and such mighty works
καὶ δυνάμεις τοιαῦται	καὶ αἱ δυνάμεις τοιαῦται
Mark 6:2	
are wrought by his hands	are wrought by his hands
διὰ τῶν χειρῶν αὐτοῦ γινόνται	διὰ τῶν χειρῶν αὐτοῦ γινόμεναι
Mark 6:3	
Is not this	Is not this

Over 8,000 Differences Between the T.R. and the Nestle-Aland Greek N.T.

Textus Receptus-Scrivener	Nestle-Aland 26,27
οὐκ οὗτός ἐστιν	οὐχ οὗτός ἐστιν

Mark 6:3

the son of Mary	the son of Mary
ὁ υἱὸς Μαρίας	ὁ υἱὸς τῆς Μαρίας

Mark 6:3

the brother of James	the brother of James
ἀδελφὸς δὲ Ἰακώβου	καὶ ἀδελφὸς Ἰακώβου

Mark 6:3

James, and Joses	James, and Joses
Ἰακώβου καὶ Ἰωσῆ	Ἰακώβου καὶ Ἰωσῆτος

Mark 6:4

But Jesus said unto them	But Jesus said unto them
ἔλεγε δὲ αὐτοῖς ὁ Ἰησοῦς	καὶ ἔλεγεν αὐτοῖς ὁ Ἰησοῦς

Mark 6:4

and among his own kin	and among his own kin
καὶ ἐν τοῖς συγγενεσι	καὶ ἐν τοῖς συγγενεῦσιν αὐτοῦ

Mark 6:5

And he could there	And he could there
καὶ οὐκ ἠδύνατο ἐκεῖ	καὶ οὐκ ἐδύνατο ἐκεῖ

Mark 6:5

do no mighty work	do no mighty work
οὐδεμίαν δύναμιν ποιῆσαι	ποιῆσαι οὐδεμίαν δύναμιν

Mark 6:8

no scrip, no bread	no bread, no scrip
μὴ πήραν, μὴ ἄρτον	μὴ ἄρτον, μὴ πήραν

Mark 6:9

But be shod	But be shod
ἀλλ ὑποδεδεμένους	ἀλλὰ ὑποδεδεμένους

Mark 6:9

and not put on two coats	and not put on two coats
καὶ μὴ ἐνδύσασθαι δύο χιτῶνας	καὶ μὴ ἐνδύσησθε δύο χιτῶνας

Mark 6:11

And whosoever shall not receive you	And whatsoever place shall not receive you
καὶ ὅσοι ἂν μὴ δέξηται ὑμᾶς	καὶ ὃς ἂν τόπος μὴ δέξηται ὑμᾶς

Mark 6:11

Verily I say unto you, It shall be more tolerable for Sodom and Gomorrha in the day of judgment, than for that city	....
ἀμὴν λέγω ὑμῖν, ἀνεκτοτερον ἔσται Σοδόμοις ἢ Γομόρροις ἐν ἐμέρᾳ κρίσεως, ἢ τῇ πόλει ἐκείνη	....

Mark 6:12

and preached that men should repent	and preached that men should repent
ἐκήρυσσον ἵνα μετανοησῶσι	ἐκήρυξαν ἵνα μετανοῶσιν

Mark 6:14

and he said	and they said
καὶ ἔλεγεν	καὶ ἔλεγον

Mark 6:14

That John the Baptist was risen from the dead	That John the Baptist has risen from the dead

Over 8,000 Differences Between the T.R. and the Nestle-Aland Greek N.T.

Textus Receptus-Scrivener	Nestle-Aland 26,27
ὅτι Ἰωάννης ὁ βαπτίζων ἐκ νεκρῶν ἠγέρθη	ὅτι Ἰωάννης ὁ βαπτίζων ἐγήγερται ἐκ νεκρῶν
Mark 6:15	
Others said	But others said
ἄλλοι ἔλεγον	ἄλλοι δὲ ἔλεγον
Mark 6:15	
That it is a prophet	That a prophet
ὅτι Προφήτης ἐστίν	ὅτι προφήτης
Mark 6:15	
or as one of the prophets	as one of the prophets
ἢ ὡς εἷς τῶν προφητῶν	ὡς εἷς τῶν προφητῶν
Mark 6:16	
Herod...said	Herod...said
Ἡρώδης εἶπεν	Ἡρώδης ἔλεγεν
Mark 6:16	
whom I beheaded	whom I beheaded
ὅτι Ὃν ἐγὼ ἀπεκεφάλισα	Ὃν ἐγὼ ἀπεκεφάλισα
Mark 6:16	
It is	....
οὗτός ἐστιν	....
Mark 6:16	
he is risen from the dead	he is risen
αὐτὸς ἠγέρθη ἐκ νεκρῶν	οὗτος ἠγέρθη
Mark 6:17	
in prison	in prison
ἐν τῇ φυλακῇ	ἐν φυλακῇ
Mark 6:20	
he did many things	he did many things
πολλὰ ἐποίει	πολλὰ ἠπόρει
Mark 6:21	
made a supper	made a supper
δεῖπνον ἐποίει	δεῖπνον ἐποίησεν
Mark 6:22	
the daughter of the said Herodias	the daughter of the said Herodias
τῆς θυγατρὸς αὐτῆς τῆς Ἡρωδιάδος	τῆς θυγατρὸς αὐτοῦ Ἡρωδιάδος
Mark 6:22	
danced, and pleased Herod	danced, she pleased Herod
ὀρχησαμένης, καὶ ἀρεσάσης, τῷ Ἡρώδῃ	ὀρχησαμένης, ἤρεσεν τῷ Ἡρώδῃ
Mark 6:23	
And he sware unto her	And he sware unto her [greatly]
καὶ ὤμοσεν αὐτῇ	καὶ ὤμοσεν αὐτῇ (πολλά)
Mark 6:23	
Whatsoever thou shalt ask of me	Whatsoever thou shalt ask of me
ὅτι, Ὃ ἐάν με αἰτήσῃς	Ὃ τι ἐάν με αἰτήσῃς
Mark 6:24	
And she went forth	And she went forth
ἡ δὲ ἐξελθοῦσα	καὶ ἐξελθοῦσα
Mark 6:24	
What shall I ask	What should I ask

Over 8,000 Differences Between the T.R. and the Nestle-Aland Greek N.T.

Textus Receptus-Scrivener	Nestle-Aland 26,27
Τί αἰτήσομαι	Τί αἰτήσωμαι
Mark 6:24	
John the Baptist	John the Baptist
Ἰωάννου τοῦ βαπτίστου	Ἰωάννου τοῦ βαπτίζοντος
Mark 6:25	
And she came in straightway	And she came in straightway
καὶ εἰσελθοῦσα εὐθέως	καὶ εἰσελθοῦσα εὐθὺς
Mark 6:25	
I will that thou give me by and by	I will that thou give me by and by
Θέλω ἵνα μοι δῷς ἐξαυτῆς	Θέλω ἵνα ἐξαυτῆς δῷς μοι
Mark 6:26	
and for their sakes which sat with him	and for their sakes which sat
καὶ τοὺς συνανακειμένους	καὶ τοὺς ἀνακειμένους
Mark 6:26	
he would not reject her	he would not reject her
οὐκ ἠθέλησεν αὐτήν ἀθετῆσαι	οὐκ ἠθέλησεν ἀθετῆσαι αὐτήν
Mark 6:27	
And immediately	And immediately
καὶ εὐθέως	καὶ εὐθὺς
Mark 6:27	
the king sent an executioner	the king sent an executioner
ἀποστείλας ὁ βασιλεὺς σπεκουλάτωρα	ἀποστείλας ὁ βασιλεὺς σπεκουλάτορα
Mark 6:27	
and commanded his head to be brought	and commanded to bring his head
ἐπέταξεν ἐνεχθῆναι τὴν κεφαλὴν αὐτοῦ	ἐπέταξεν ἐνέγκαι τὴν κεφαλὴν αὐτοῦ
Mark 6:27	
and he went	and went
ὁ δὲ ἀπελθὼν	καὶ ἀπελθὼν
Mark 6:30	
all things, both what they had done, and	all things, what they had done, and
πάντα καὶ ὅσα ἐποίησαν καὶ	πάντα ὅσα ἐποίησαν καὶ
Mark 6:31	
And he said unto them	And he says unto them
καὶ εἶπεν αὐτοῖς	καὶ λέγει αὐτοῖς
Mark 6:31	
and rest a while	and rest a while
καὶ ἀναπαύσεσθε ὀλίγον	καὶ ἀναπαύσασθε ὀλίγον
Mark 6:31	
and they had no leisure so much as to eat	and they had no leisure so much as to eat
καὶ οὐδὲ φαγεῖν ηὐκαίρουν	καὶ οὐδὲ φαγεῖν εὐκαίρουν
Mark 6:32	
And they departed into a desert place by ship	And they departed by ship into a desert place
καὶ ἀπῆλθον εἰς ἔρημον τόπον τῷ πλοίῳ	καὶ ἀπῆλθον ἐν τῷ πλοίῳ εἰς ἔρημον τόπον
Mark 6:33	
And the people saw them departing	And saw them departing
καὶ εἶδον αὐτοὺς ὑπάγοντας οἱ ὄχλοι	καὶ εἶδον αὐτοὺς ὑπάγοντας
Mark 6:33	
and many knew him	and many knew *him*

Over 8,000 Differences Between the T.R. and the Nestle-Aland Greek N.T.

Textus Receptus-Scrivener	Nestle-Aland 26,27
καὶ ἐπέγνωσαν αὐτὸν πολλοί	καὶ ἐπέγνωσαν πολλοί
Mark 6:33	
and came together unto him	....
καὶ συνῆλθον πρὸς αὐτὸν	....
Mark 6:34	
And Jesus, when he came out, saw much people	And when he came out, saw much people
καὶ ἐξελθὼν εἶδεν ὁ Ἰησοῦς πολὺν ὄχλον	καὶ ἐξελθὼν εἶδεν πολὺν ὄχλον
Mark 6:34	
and was moved with compassion toward them	and was moved with compassion toward them
καὶ ἐσπλαγχνίσθη ἐπ αὐτοῖς	καὶ ἐσπλαγχνίσθη ἐπ αὐτοὺς
Mark 6:35	
his disciples came unto him, and said	his disciples came unto him, and said
προσελθόντες αὐτῷ οἱ μαθηταὶ αὐτοῦ λέγουσιν	προσελθόντες αὐτῷ οἱ μαθηταὶ αὐτοῦ ἔλεγον
Mark 6:36	
and buy themselves bread	and buy themselves
ἀγοράσωσιν ἑαυτοῖς ἄτους	ἀγοράσωσιν ἑαυτοῖς
Mark 6:36	
for...nothing to eat	anything to eat
τὶ γὰρ φάγωσιν οὐκ	τί φάγωσιν
Mark 6:36	
they have	....
ἔχουσιν	....
Mark 6:37	
Shall we go and buy two hundred pennyworth of bread	Shall we go and buy two hundred pennyworth of bread
Ἀπελθόντες ἀγοράσωμεν διακοσίων δηναρίων ἄρτους	Ἀπελθόντες ἀγοράσωμεν δηναρίων διακοσίων ἄρτους
Mark 6:37	
and give them to eat	and shall give them to eat
καὶ δῶμεν αὐτοῖς φαγεῖν	καὶ δώσομεν αὐτοῖς φαγεῖν
Mark 6:38	
go and see	go, see
ὑπάγετε καὶ ἴδετε	ὑπάγετε ἴδετε
Mark 6:40	
And they sat down	And they sat down
καὶ ἀνέπεσον	καὶ ἀνέπεσαν
Mark 6:40	
by hundreds	by hundreds
ἀνὰ ἑκατὸν	κατὰ ἑκατὸν
Mark 6:40	
and by fifties	and by fifties
καὶ ἀνὰ πεντήκοντα	καὶ κατὰ πεντήκοντα
Mark 6:41	
and gave them to his disciples	and gave them to [his] disciples
ἐδίδου τοῖς μαθηταῖς αὐτοῦ	ἐδίδου τοῖς μαθηταῖς (αὐτοῦ)
Mark 6:41	
to set before them	to set before them
ἵνα παραθῶσιν αὐτοῖς	ἵνα παρατιθῶσιν αὐτοῖς

Over 8,000 Differences Between the T.R. and the Nestle-Aland Greek N.T.

Textus Receptus-Scrivener	Nestle-Aland 26,27
Mark 6:43	
they took up...of the fragments	they took up...of the fragments
ἦραν κλασμάτων	ἦραν κλάσματα
Mark 6:43	
twelve baskets	twelve baskets
δώδεκα κοφίνους	δώδεκα κοφίνων
Mark 6:43	
full	full
πληρεις	πληρώματα
Mark 6:44	
they that did eat of the loaves	they that did eat of [the loaves]
ἦσαν οἱ φαγόντες τοὺς ἄρτους	ἦσαν οἱ φαγόντες (τοὺς ἄρτους)
Mark 6:44	
about five thousand men	five thousand men
ὡσεὶ πεντακισχίλιοι ἄνδρες	πεντακισχίλιοι ἄνδρες
Mark 6:45	
And straightway	And straightway
Καὶ εὐθέως	Καὶ εὐθὺς
Mark 6:45	
while he sent away the people	while he sends away the people
ἕως αὐτὸς ἀπολύσῃ τὸν ὄχλον	ἕως αὐτὸς ἀπολύει τὸν ὄχλον
Mark 6:48	
And he saw them	And seeing them
καὶ εἶδεν αὐτοὺς	καὶ ἰδὼν αὐτοὺς
Mark 6:48	
and about the fourth watch	about the fourth watch
καὶ περὶ τετάρτην φυλακὴν	περὶ τετάρτην φυλακὴν
Mark 6:49	
walking upon the sea	upon the sea
περιπατοῦντα ἐπὶ τῆς θαλάσσης	ἐπὶ τῆς θαλάσσης
Mark 6:49	
they supposed	they supposed that
ἔδοξαν	ἔδοξαν ὅτι
Mark 6:49	
it had been a spirit	it is a spirit
φάντασμά εἶναι	φάντασμά ἐστιν
Mark 6:50	
And	But
καὶ	ὁ δὲ
Mark 6:50	
immediately he talked	immediately he talked
εὐθέως ἐλάλησε	εὐθὺς ἐλάλησεν
Mark 6:51	
and they were sore amazed in themselves beyond measure	and they were sore amazed in themselves [beyond measure]
καὶ λίαν ἐκ περισσοῦ ἐν ἑαυτοῖς ἐξίσταντο	καὶ λίαν (ἐκ περισσοῦ) ἐν ἑαυτοῖς ἐξίσταντο
Mark 6:51	
and wondered	....

Over 8,000 Differences Between the T.R. and the Nestle-Aland Greek N.T.

Textus Receptus-Scrivener	Nestle-Aland 26,27
καὶ ἐθαύμαζον	....
Mark 6:52	
for their heart was hardened	but their heart was hardened
ἦν γὰρ ἡ καρδία αὐτῶν πεπωρωμένη	ἀλλ᾽ ἦν αὐτῶν ἡ καρδία πεπωρωμένη
Mark 6:53	
And when they had passed over, they came into the land of Gennesaret	And when they had passed over unto the land, they came into Gennesaret
Καὶ διαπεράσαντες ἦλθον ἐπὶ τὴν γῆν Γεννησαρέτ	Καὶ διαπεράσαντες ἐπὶ τὴν γῆν ἦλθον εἰς Γεννησαρὲτ
Mark 6:54	
straightway they knew him	straightway they knew him
εὐθέως ἐπιγνόντες αὐτὸν	εὐθὺς ἐπιγνόντες αὐτὸν
Mark 6:55	
And ran through	And they ran through
περιεδραμόντες	περιέδραμον
Mark 6:55	
that whole region round about	that whole region
ὅλην τὴν περίχωραν ἐκείνην	ὅλην τὴν χώραν ἐκείνην
Mark 6:55	
and began	and began
ἤρξαντο	καὶ ἤρξαντο
Mark 6:55	
to carry about in beds	to carry about in beds
ἐπὶ τοῖς κραββάττοις	ἐπὶ τοῖς κραβάττοις
Mark 6:55	
where they heard he was	where they heard he was
ὅπου ἤκουον ὅτι ἐκεῖ ἐστί	ὅπου ἤκουον ὅτι ἐστίν
Mark 6:56	
into villages, or cities	into villages, or into cities
εἰς κώμας ἢ πόλεις	εἰς κώμας ἢ εἰς πόλεις
Mark 6:56	
or country	or into country
ἢ ἀγροὺς	ἢ εἰς ἀγροὺς
Mark 6:56	
they laid the sick	they laid the sick
ἐτίθουν τοὺς ἀσθενοῦντας	ἐτίθεσαν τοὺς ἀσθενοῦντας
Mark 6:56	
and as many as touched him	and as many as touched him
καὶ ὅσοι ἂν ἥπτοντο αὐτοῦ	καὶ ὅσοι ἂν ἥψαντο αὐτοῦ
Mark 7:2	
some of his disciples	that some of his disciples
τινὰς τῶν μαθητῶν αὐτοῦ	τινὰς τῶν μαθητῶν αὐτοῦ ὅτι
Mark 7:2	
eat bread	eat bread
ἐσθίοντας ἄρτους	ἐσθίουσιν τοὺς ἄρτους
Mark 7:2	
they found fault	....
ἐμέμψαντο	....

Over 8,000 Differences Between the T.R. and the Nestle-Aland Greek N.T.

Textus Receptus-Scrivener	Nestle-Aland 26,27
Mark 7:4	
from the market	from the market
ἀπὸ ἀγορᾶς	ἀπ ἀγορᾶς
Mark 7:4	
brasen vessels, and of tables	brasen vessels, [and of tables]
χαλκίων καὶ κλινῶν	χαλκίων (καὶ κλινῶν)
Mark 7:5	
Then...asked him	And...asked him
ἔπειτα ἐπερωτῶσιν αὐτὸν	καὶ ἐπερωτῶσιν αὐτὸν
Mark 7:5	
Why	Why
Διὰτι	Διὰ τί
Mark 7:5	
walk not thy disciples	walk not thy disciples
οἱ μαθηταί σού οὐ περιπατοῦσιν	οὐ περιπατοῦσιν οἱ μαθηταί σου
Mark 7:5	
unwashen hands	defiled hands
ἀνίπτοις χερσὶν	κοιναῖς χερσὶν
Mark 7:6	
He answered and said unto them	He said unto them
ὁ δὲ ἀποκριθεὶς εἶπεν αὐτοῖς	ὁ δὲ εἶπεν αὐτοῖς
Mark 7:6	
Well hath	Well hath
ὅτι Καλῶς	Καλῶς
Mark 7:6	
Esaias prophesied of you	Esaias prophesied of you
προεφήτευσεν Ἡσαίας περὶ ὑμῶν	ἐπροφήτευσεν Ἡσαίας περὶ ὑμῶν
Mark 7:6	
as it is written	as it is written, [that]
ὡς γέγραπται	ὡς γέγραπται (ὅτι)
Mark 7:8	
For laying aside the commandment	Laying aside the commandment
ἀφέντες γὰρ τὴν ἐντολὴν	ἀφέντες τὴν ἐντολὴν
Mark 7:8	
as the washing of pots and cups: and many other such like things ye do	....
βαπτισμοὺς ξεστῶν καὶ ποτηρίων· καὶ ἀλλὰ παρόμοια τοιαῦτα πολλὰ ποιεῖτε	....
Mark 7:9	
that ye may keep your own tradition	that ye may keep your own tradition
ἵνα τὴν παράδοσιν ὑμῶν τηρήσητε	ἵνα τὴν παράδοσιν ὑμῶν στήσητε
Mark 7:10	
For Moses said	For Moses said
Μωσῆς γὰρ εἶπε	Μωσῆς γὰρ εἶπε
Mark 7:12	
And ye suffer him no more	Ye suffer him no more
καὶ οὐκέτι ἀφίετε αὐτὸν	οὐκέτι ἀφίετε αὐτὸν
Mark 7:12	

Over 8,000 Differences Between the T.R. and the Nestle-Aland Greek N.T.

Textus Receptus-Scrivener	Nestle-Aland 26,27
for his father	for the father
τῷ πατρὶ αὐτοῦ	τῷ πατρὶ
Mark 7:12	
or his mother	or the mother
ἢ τῇ μητρί αὐτοῦ	ἢ τῇ μητρί
Mark 7:14	
And when he had called all the people	And when he had called again the people
καὶ προσκαλεσάμενος πάντα τὸν ὄχλον	Καὶ προσκαλεσάμενος πάλιν τὸν ὄχλον
Mark 7:14	
Hearken unto me every one	Hearken unto me every one
Ἀκούετέ μου πάντες	Ἀκούσατέ μου πάντες
Mark 7:14	
and understand	and understand
καὶ σύνειτε	καὶ σύνετε
Mark 7:15	
can defile him	can defile him
ὃ δύναται αὐτὸν κοινῶσαι	ὃ δύναται κοινῶσαι αὐτόν
Mark 7:15	
but the things which come out of him	but the things which come out of a man
ἀλλὰ τὰ ἐκπορευόμενά ἀπ αὐτοῦ	ἀλλὰ τὰ ἐκ τοῦ ἀνθρώπου ἐκπορευόμενά
Mark 7:15	
those are they that defile	are they that defile
ἐκεῖνά ἐστι τὰ κοινοῦντα	ἐστιν τὰ κοινοῦντα
Mark 7:16	
If any man have ears to hear, let him hear.	....
Εἴ τις ἔχει ὦτα ἀκούειν, ἀκουέτω	....
Mark 7:17	
concerning the parable	the parable
περὶ τῆς παραβολῆς	τὴν παραβολήν
Mark 7:18	
Are ye so	Are ye so
Οὕτω καὶ ὑμεῖς	Οὕτως καὶ ὑμεῖς
Mark 7:19	
purging all meats	purging all meats
καθαρίζον πάντα τὰ βρώματα	καθαρίζων πάντα τὰ βρώματα
Mark 7:21, 22	
adulteries, fornications, murders, 22 thefts	fornications, thefts, murders, thefts
μοιχεῖαι, πορνεῖαι, φόνοι, κλοπαί	πορνεῖαι, κλοπαί, φόνοι, μοιχειαι
Mark 7:24	
And from thence	But from thence
Καὶ ἐκεῖθεν ἀναστὰς	Ἐκεῖθεν δὲ ἀναστὰς
Mark 7:24	
into the borders of Tyre	into the borders of Tyre
εἰς τὰ μεθόρια Τύρου	εἰς τὰ ὅρια Τύρου
Mark 7:24	
and Sidon	....
καὶ Σιδῶνος	....
Mark 7:24	

Over 8,000 Differences Between the T.R. and the Nestle-Aland Greek N.T.

Textus Receptus-Scrivener	Nestle-Aland 26,27
entered into an house	entered into an house
εἰσελθὼν εἰς τὴν οἰκίαν	εἰσελθὼν εἰς οἰκίαν
Mark 7:25	
For...heard	But immediately...heard
ἀκούσασα γὰρ	ἀλλ εὐθὺς ἀκούσασα
Mark 7:26	
The woman was a Greek	The woman was a Greek
ην ἐν δὲ ἡ δὲ γυνὴ Ἑλληνίς	ἡ δὲ γυνὴ ἦν Ἑλληνίς
Mark 7:26	
cast forth the devil	cast forth the devil
τὸ δαιμόνιον ἐκβάλλῃ	τὸ δαιμόνιον ἐκβάλῃ
Mark 7:27	
But Jesus	And
ὁ δὲ ὁ Ἰησοῦς	καὶ
Mark 7:27	
said unto her	said unto her
εἶπεν αὐτῇ	ἔλεγεν αὐτῇ
Mark 7:27	
for it is not meet to take	for it is not meet to take
οὐ γάρ καλὸν ἐστι λαβεῖν	οὐ γάρ ἐστιν καλὸν λαβεῖν
Mark 7:27	
and to cast *it* unto the dogs	and to the dogs to cast *it*
καὶ βαλεῖν τοῖς κυναρίοις	καὶ τοῖς κυναρίοις βαλεῖν
Mark 7:28	
Yes, Lord	Lord
Ναί, Κύριε	Κύριε
Mark 7:28	
yet the dogs	also the dogs
καὶ γὰρ τὰ κυνάρια	καὶ τὰ κυνάρια
Mark 7:28	
eat of the...crumbs	eat of the...crumbs
ἐσθίει ἀπὸ τῶν ψιχίων	ἐσθίουσιν ἀπὸ τῶν ψιχίων
Mark 7:29	
the devil is gone out of thy daughter	out of thy daughter the devil is gone
ἐξελήλυθε τὸ δαιμόνιον ἐκ τῆς θυγατρός σου	ἐξελήλυθεν ἐκ τῆς θυγατρός σου τὸ δαιμόνιον
Mark 7:30	
she found the devil gone out, and her daughter laid upon the bed	she found her daughter laid upon the bed and the devil gone out
εὗρε τὸ δαιμόνιον ἐξεληλυθός, καὶ τὴν θυγατερα βεβλημένον ἐπὶ τῆς κλίνης	εὗρεν τὸ παιδίον βεβλημένον ἐπὶ τὴν κλίνην καὶ τὸ δαιμόνιον ἐξεληλυθός
Mark 7:31	
departing from the coasts of Tyre and Sidon, he came	departing from the coasts of Tyre,he passed through Sidon
ἐξελθὼν ἐκ τῶν ὁρίων Τύρου καὶ Σιδῶνος, ἦλθεν	ἐξελθὼν ἐκ τῶν ὁρίων Τύρου ἦλθεν διὰ Σιδῶνος
Mark 7:31	
unto the sea	unto the sea
πρὸς τὴν θάλασσαν	εἰς τὴν θάλασσαν
Mark 7:32	

Textus Receptus-Scrivener	Nestle-Aland 26,27
deaf, and had an impediment in his speech	deaf, and had an impediment in his speech
κωφὸν μογιλάλον	κωφὸν καὶ μογιλάλον
Mark 7:35	
And straightway	And [straightway]
καὶ εὐθέως	καὶ (εὐθέως)
Mark 7:35	
his ears were opened	his ears were opened
διηνοίθησαν αὐτοῦ αἱ ἀκοαί	ἠνοίγησαν αὐτοῦ αἱ ἀκοαί
Mark 7:36	
that they should tell no man	that they should tell no man
ἵνα μηδενὶ εἴπωσιν	ἵνα μηδενὶ λέγωσιν
Mark 7:36	
but the more he charged them	but the more *he* charged them
ὅσον δὲ αὐτὸς αὐτοῖς διεστέλλετο	ὅσον δὲ αὐτοῖς διεστέλλετο
Mark 7:36	
so much the more a great deal	they so much the more a great deal
μᾶλλον περισσότερον	αὐτοὶ μᾶλλον περισσότερον
Mark 7:37	
and the dumb to speak	and [the] dumb to speak
καὶ τοὺς ἀλάλους λαλεῖν	καὶ (τοὺς) ἀλάλους λαλεῖν
Mark 8:1	
the multitude being very great	the multitude again being great
παμπολλοῦ ὄχλου ὄντος	πάλιν πολλοῦ ὄχλου ὄντος
Mark 8:1	
Jesus called	called
προσκαλεσάμενος ὁ Ἰησοῦς	προσκαλεσάμενος
Mark 8:1	
his disciples	the disciples
τοὺς μαθητὰς αὐτοῦ	τοὺς μαθητὰς
Mark 8:2	
three days	three days
ἡμέρας τρεῖς	ἡμέραι τρεῖς
Mark 8:3	
for divers of them	and divers of them
τινες γὰρ αὐτῶν	καί τινες αὐτῶν
Mark 8:3	
came from far	came from far
μακρόθεν ἥκασι	ἀπὸ μακρόθεν ἥκασιν
Mark 8:4	
From whence can	that, From whence can
Πόθεν τούτους δυνήσεταί	ὅτι Πόθεν τούτους δυνήσεταί
Mark 8:5	
And he asked them	And he asked them
καὶ ἐπηρώτα αὐτούς	καὶ ἠρώτα αὐτούς
Mark 8:5	
And they said	And they said
Οἱ δὲ εἶπον	οἱ δὲ εἶπαν
Mark 8:6	

Over 8,000 Differences Between the T.R. and the Nestle-Aland Greek N.T.

Textus Receptus-Scrivener	Nestle-Aland 26,27
he commanded the people	he commands the people
παραγγέλλε τῷ ὄχλῳ	παραγγέλλει τῷ ὄχλῳ
Mark 8:6	
to set before *them*	to set before *them*
ἵνα παραθῶσι	ἵνα παρατιθῶσιν
Mark 8:7	
he blessed	he blessed them
εὐλογήσας	εὐλογήσας αὐτὰ
Mark 8:7	
and commanded to set them also before them	and also commanded to set them before
εἶπε παρατιθέναι καὶ αὐτά	εἶπεν καὶ ταῦτα παρατιθέναι
Mark 8:8	
So they did eat	And they did eat
ἔφαγον δὲ	καὶ ἔφαγον
Mark 8:9	
And they that had eaten were	And they were
ἦσαν δὲ οἱ φαγότες	ἦσαν δὲ
Mark 8:10	
And straightway	And straightway
καὶ εὐθέως	Καὶ εὐθὺς
Mark 8:12	
Why doth this generation seek after a sign	Why doth this generation seek after a sign
Τί ἡ γενεὰ αὕτη σημεῖον ἐπιζητεῖ	Τί ἡ γενεὰ αὕτη ζητεῖ σημεῖον
Mark 8:13	
and entering...again	and entering again
ἐμβὰς πάλιν	πάλιν ἐμβὰς
Mark 8:13	
into the ship	....
εἰς τὸ πλοῖν	....
Mark 8:14	
Now *the disciples* had forgotten	Now *the disciples* had forgotten
Καὶ ἐπελάθοντο οἱ μαθηταὶ	Καὶ ἐπελάθοντο
Mark 8:16	
they reasoned among themselves, saying	they reasoned among themselves
διελογίζοντο πρὸς ἀλλήλους, λέγοντες	διελογίζοντο πρὸς ἀλλήλους
Mark 8:16	
It is because we have no bread	*It is* because they have no bread
ὅτι Ἄρτους οὐκ ἔχομεν	ὅτι Ἄρτους οὐκ ἔχουσιν
Mark 8:17	
And when Jesus knew *it*	And when *he* knew *it*
καὶ γνοὺς ὁ Ἰησοῦς	καὶ γνοὺς
Mark 8:17	
yet hardened	hardened
ἔτι πεπωρωμένην	πεπωρωμένην
Mark 8:19	
full of fragments took ye up	full of fragments took ye up
πλήρεις κλασμάτων ἤρατε	κλασμάτων πλήρεις ἤρατε
Mark 8:20	

Textus Receptus-Scrivener	Nestle-Aland 26,27
And when the seven	When the seven
Ὅτε δὲ τοὺς ἑπτά	Ὅτε τοὺς ἑπτά
Mark 8:20	
And they said	And they say
Οἱ δὲ εἶπον	καὶ λέγουσιν
Mark 8:20	
....	[to him]
....	(αὐτῷ)
Mark 8:21	
How is it	....
Πῶς	....
Mark 8:21	
that ye do not understand	Do ye not yet understand
οὐ συνίετε	Οὔπω συνίετε
Mark 8:22	
And he cometh to Bethsaida	And they come to Bethsaida
καὶ ἔρχεται εἰς Βηθσαϊδά	Καὶ ἔρχονται εἰς Βηθσαϊδάν
Mark 8:23	
and led him out	and brought him out
ἐξήγαγεν αὐτὸν ἔξω	ἐξήνεγκεν αὐτὸν ἔξω
Mark 8:23	
if he saw ought	if thou seest ought
Εἴ τι βλέπει	Εἴ τι βλέπεις
Mark 8:24	
I see men as trees	I see men, that as trees
Βλέπω τοὺς ἀνθρώπους ὡς δένδρα	Βλέπω τοὺς ἀνθρώπους, ὅτι ὡς δένδρα
Mark 8:24	
walking	I see walking
περιπατοῦντας	ὁρῶ περιπατοῦντας
Mark 8:25	
and made him look up	and he saw clearly
καὶ ἐποίησεν αὐτὸν ἀναβλέψαι	καὶ διέβλεψεν
Mark 8:25	
and he was restored	and he was restored
καὶ ἀποκατεστάθη	καὶ ἀπεκατέστη
Mark 8:25	
and saw...clearly	and saw...clearly
καὶ ἐνέβλεψεν τηλαυγῶς	καὶ ἐνέβλεπεν τηλαυγῶς
Mark 8:25	
every man	all things
ἅπαντας	ἅπαντα
Mark 8:26	
to his house	to his house
εἰς τὸν οἶκον αὐτοῦ	εἰς οἶκον αὐτοῦ
Mark 8:26	
nor tell it to any in the town	....
μηδὲ εἴπῃς τινὶ ἐν τῇ κώμῃ	....
Mark 8:28	

Over 8,000 Differences Between the T.R. and the Nestle-Aland Greek N.T.

Textus Receptus-Scrivener	Nestle-Aland 26,27
And they answered	And they spake to him
Οἱ δὲ ἀπεκρίθησαν	οἱ δὲ εἶπαν αὐτῷ λέγοντες
Mark 8:28	
John	[that] it is John
Ἰωάννην	(ὅτι) Ἰωάννην
Mark 8:28	
and others,	and others, That it is
ἄλλοι δὲ	ἄλλοι δὲ ὅτι
Mark 8:28	
One of the prophets	one of the prophets
ἕνα τῶν προφητῶν	εἷς τῶν προφητῶν
Mark 8:29	
And he saith unto them	And he asked them
καὶ αὐτὸς λέγει αὐτούς	καὶ αὐτὸς ἐπηρώτα αὐτούς
Mark 8:29	
And Peter answereth	Peter answereth
ἀποκριθεὶς δὲ ὁ Πέτρος	ἀποκριθεὶς ὁ Πέτρος
Mark 8:31	
and be rejected of	and be rejected by
καὶ ἀποδοκιμασθῆναι ἀπὸ	καὶ ἀποδοκιμασθῆναι ὑπὸ
Mark 8:31	
and of the chief priests	and of the chief priests
καὶ ἀρχιερέων	καὶ τῶν ἀρχιερέων
Mark 8:31	
and scribes	and the scribes
καὶ γραμματέων	καὶ τῶν γραμματέων
Mark 8:32	
And Peter took him	And Peter took him
καὶ προσλαβόμενος αὐτὸν ὁ Πέτρος	καὶ προσλαβόμενος ὁ Πέτρος αὐτὸν
Mark 8:33	
he rebuked Peter	he rebuked Peter
ἐπετίμησε τῷ Πέτρῳ	ἐπετίμησεν Πέτρῳ
Mark 8:33	
saying, Get thee	and saying, Get thee
λέγων, Ὕπαγε	καὶ λέγει, Ὕπαγε
Mark 8:34	
Whosoever will	If anyone will
Ὅστις θέλει	Εἴ τις θέλει
Mark 8:34	
come after me	follow after me
ὀπίσω μου ἐλθεῖν	ὀπίσω μου ἀκολουθεῖν
Mark 8:35	
For whosoever will	For whosoever will
ὃς γὰρ ἂν θέλῃ	ὃς γὰρ ἐὰν θέλῃ
Mark 8:35	
shall lose his life	shall lose his life
ἀπολέσῃ τὴν ψυχὴν αὐτοῦ	ἀπολέσει τὴν ψυχὴν αὐτοῦ
Mark 8:35	

Textus Receptus-Scrivener	Nestle-Aland 26,27
the same shall save it	shall save it
οὗτὸς σώσει αὐτήν	σώσει αὐτήν
Mark 8:36	
For what shall it profit	For what does it profit
τί γὰρ ὠφελήσει	τί γὰρ ὠφελεῖ
Mark 8:36	
if he shall gain the whole world	to gain the whole world
ἐὰν κερδήσῃ τὸν κόσμον ὅλον	κερδῆσαι τὸν κόσμον ὅλον
Mark 8:36	
and lose his own soul	and to lose his own soul
καὶ ζημιωθῇ τὴν ψυχὴν αὐτοῦ	καὶ ζημιωθῆναι τὴν ψυχὴν αὐτοῦ
Mark 8:37	
Or what shall a man give in exchange	for what shall a man give in exchange
ἢ τί δώσει ἄνθρωπος ἀντάλλαγμα	τί γὰρ δοῖ ἄνθρωπος ἀντάλλαγμα
Mark 8:38	
Whosoever therefore	Whosoever therefore
ὃς γὰρ ἂν	ὃς γὰρ ἐὰν
Mark 9:1	
That there be some of them that stand here	That there be some of them that stand here
ὅτι εἰσί τινες τῶν ὧδε ἑστηκότων	ὅτι εἰσίν τινες ὧδε τῶν ἑστηκότων
Mark 9:2	
And after	And after
Καὶ μεθ᾽	Καὶ μετὰ
Mark 9:3	
exceeding white as snow	exceeding white
λευκὰ λίαν ὡς χιὼν	λευκὰ λίαν
Mark 9:3	
can white them	can thus white them
οὐ δύναται λευκᾶναι	οὐ δύναται οὕτως λευκᾶναι
Mark 9:4	
with Moses	with Moses
σὺν Μωσεῖ	σὺν Μωϋσεῖ
Mark 9:5	
let us make three tabernacles	let us make three tabernacles
ποιήσωμεν σκηνάς τρεῖς	ποιήσωμεν τρεῖς σκηνάς
Mark 9:5	
and one for Moses	and one for Moses
καὶ Μωσεῖ μίαν	καὶ Μωϋσεῖ μίαν
Mark 9:6	
For he wist not what to say	For he wist not what to answer
οὐ γὰρ ᾔδει τί λαλήσῃ	οὐ γὰρ ᾔδει τί ἀποκριθῇ
Mark 9:6	
for they were sore afraid	for they became sore afraid
ἦσαν γὰρ ἔκφοβοι	ἔκφοβοι γὰρ ἐγένοντο
Mark 9:7	
and a voice came	and a voice came
καὶ ἦλθε φωνὴ	καὶ ἐγένετο φωνὴ
Mark 9:7	

Over 8,000 Differences Between the T.R. and the Nestle-Aland Greek N.T.

Textus Receptus-Scrivener	Nestle-Aland 26,27
out of the cloud, saying	out of the cloud
ἐκ τῆς νεφέλης, λέγουσα	ἐκ τῆς νεφέλης
Mark 9:7	
hear him.	hear him.
αὐτοῦ ἀκούετε	ἀκούετε αὐτοῦ
Mark 9:9	
And as they came down	And as they came down
Καταβαινόντων δὲ αὐτῶν	Καὶ καταβαινόντων αὐτῶν
Mark 9:9	
from the mountain	out of the mountain
ἀπὸ τοῦ ὄρους	ἐκ τοῦ ὄρους
Mark 9:9	
that they should tell no man what things they had seen	that they should tell no man what things they had seen
ἵνα μηδενὶ διηγήσωνται ἃ εἶδον	ἵνα μηδενὶ ἃ εἶδον διηγήσωνται
Mark 9:12	
And he answered and told them	And he told them
ὁ δὲ ἀποκριθεὶς εἶπεν αὐτοῖς	ὁ δὲ ἔφη αὐτοῖς
Mark 9:12	
and restoreth all things	and restoreth all things
ἀποκαθιστᾷ πάντα	ἀποκαθιστάνει πάντα
Mark 9:12	
and be set at nought	and be set at nought
καὶ ἐξουδενωθῇ	καὶ ἐξουδενηθῇ
Mark 9:13	
they have done unto him whatsoever they listed	they have done unto him whatsoever they listed
ἐποίησαν αὐτῷ ὅσα ἤθελησαν	ἐποίησαν αὐτῷ ὅσα ἤθελον
Mark 9:14	
And when he came	And when he came
Καὶ ἐλθὼν	Καὶ ἐλθόντες
Mark 9:14	
he saw a great multitude	he saw a great multitude
εἶδεν ὄχλον πολὺν	εἶδον ὄχλον πολὺν
Mark 9:14	
questioning with them	questioning with them
συζητοῦντας αὐτοῖς	συζητοῦντας πρὸς αὐτούς
Mark 9:15	
And straightway	And straightway
καὶ εὐθέως	καὶ εὐθὺς
Mark 9:15	
all the people, when they beheld him	all the people, when they beheld him
πᾶς ὁ ὄχλος ἰδὼν αὐτὸν	πᾶς ὁ ὄχλος ἰδόντες αὐτὸν
Mark 9:15	
were greatly amazed	were greatly amazed
ἐξεθαμβήθη	ἐξεθαμβήθησαν
Mark 9:16	
he asked the scribes	he asked them
ἐπηρώτησε τοὺς γραμματεῖς	ἐπηρώτησεν αὐτούς

Over 8,000 Differences Between the T.R. and the Nestle-Aland Greek N.T.

Textus Receptus-Scrivener	Nestle-Aland 26,27
Mark 9:17	
one of the multitude answered	one of the multitude answered him
ἀπεκρίθεις εἷς ἐκ τοῦ ὄχλου	ἀπεκρίθη αὐτῷ εἷς ἐκ τοῦ ὄχλου
Mark 9:17	
and said	....
εἶπε	....
Mark 9:18	
And wheresoever	And wheresoever
καὶ ὅπου ἂν	καὶ ὅπου ἐὰν
Mark 9:18	
gnasheth with his teeth	gnasheth with the teeth
τρίζει τοὺς ὀδόντας αὐτοῦ	τρίζει τοὺς ὀδόντας
Mark 9:18	
I spake to thy disciples	I spake to thy disciples
εἶπον τοῖς μαθηταῖς σου	εἶπα τοῖς μαθηταῖς σου
Mark 9:19	
He answereth him, and saith	He answereth them, and saith
ὁ δὲ ἀποκριθεὶς αὐτῷ λέγει	ὁ δὲ ἀποκριθεὶς αὐτοῖς λέγει
Mark 9:20	
straightway the spirit	the spirit straightway
εὐθέως τὸ πνεῦμα	τὸ πνεῦμα εὐθὺς
Mark 9:20	
tare him	tare him
εσπάραξεν αὐτόν	συνεσπάραξεν αὐτόν
Mark 9:21	
And he said, Of a child	And he said, Of a child
ὁ δὲ εἶπε, Παιδιόθεν.	ὁ δὲ εἶπεν, Ἐκ παιδιόθεν
Mark 9:22	
it hath cast him into the fire	it hath cast him into the fire
αὐτὸν καὶ εἰς πῦρ ἔβαλε	καὶ εἰς πῦρ αὐτὸν ἔβαλεν
Mark 9:22	
but if thou canst do any thing	but if thou canst do any thing
ἀλλ εἴ τι δύνασαι	ἀλλ εἴ τι δύνῃ
Mark 9:23	
If thou canst believe	If thou canst
Εἰ δύνασαι πιστεῦσαι	Εἰ δύνῃ
Mark 9:24	
And straightway	And straightway
καὶ εὐθὲως	εὐθὺς
Mark 9:24	
and said with tears	and said
μετὰ δακρύων ἔλεγε	ἔλεγεν
Mark 9:24	
Lord, I believe	I believe
Πιστεύω· Κύριε	Πιστεύω
Mark 9:25	
Thou dumb and deaf spirit	*Thou* dumb and deaf spirit
Τὸ πνεῦμα τὸ ἄλαλον καὶ κωφὸν	Τὸ ἄλαλον καὶ κωφὸν πνεῦμα

Over 8,000 Differences Between the T.R. and the Nestle-Aland Greek N.T.

Textus Receptus-Scrivener	Nestle-Aland 26,27
Mark 9:25	
I charge thee	I charge thee
ἐγώ σοι ἐπιτάσσω	ἐγὼ ἐπιτάσσω σοι
Mark 9:26	
And *the spirit* cried	And *the spirit* cried
καὶ κράξαν	καὶ κράξας
Mark 9:26	
and rent him sore	and rent *him* sore
καὶ πολλὰ σπαράξας αὐτὸν	καὶ πολλὰ σπαράξας
Mark 9:26	
insomuch that many said	insomuch that many said
ὥστε πολλοὺς λέγειν	ὥστε τοὺς πολλοὺς λέγειν
Mark 9:27	
took him by the hand	took his hand
κρατήσας αὐτὸν τῆς χειρὸς	κρατήσας τῆς χειρὸς αὐτοῦ
Mark 9:28	
when he was come into the house	when he was come into the house
εἰσελθόντα αὐτὸν εἰς οἶκον	εἰσελθόντος αὐτοῦ εἰς οἶκον
Mark 9:28	
asked him privately	privately asked him
ἐπηρώτων αὐτὸν κατ ἰδίαν	κατ ἰδίαν ἐπηρώτων αὐτόν
Mark 9:29	
but by prayer and fasting	but by prayer
εἰ μὴ ἐν προσευχῇ καὶ νηστείᾳ	εἰ μὴ ἐν προσευχῇ
Mark 9:30	
And they departed thence	And they departed thence
Καὶ ἐκεῖθεν ἐξελθόντες	Κἀκεῖθεν ἐξελθόντες
Mark 9:30	
that any man should know *it*	that any man should know *it*
ἵνα τις γνῷ	ἵνα τις γνοῖ
Mark 9:31	
he shall rise the third day	he shall rise after three days
τῇ τρίτῃ ἡμέραι ἀναστήσεται	μετὰ τρεῖς ἡμέρας ἀναστήσεται
Mark 9:33	
And he came	And they came
Καὶ ἦλθεν	Καὶ ἦλθον
Mark 9:33	
to Capernaum	to Capernaum
εἰς Καπερναούμ	εἰς Καφαρναούμ
Mark 9:33	
that ye disputed among yourselves	that ye disputed
πρὸς ἑαυτοὺς διελογίζεσθε	διελογίζεσθε
Mark 9:37	
and whosoever	and whosoever
καὶ ὃς ἐὰν	καὶ ὃς ἂν
Mark 9:37	
shall receive me	should receive me
ἐμὲ δέξηται	ἐμὲ δέχηται

Over 8,000 Differences Between the T.R. and the Nestle-Aland Greek N.T.

Textus Receptus-Scrivener	Nestle-Aland 26,27
Mark 9:38	
And John answered him	John said to him
Ἀποκρίθη δὲ αὐτῷ ὁ Ἰωάννης	Ἔφη αὐτῷ ὁ Ἰωάννης
Mark 9:38	
saying	
λέγων	....
	....
Mark 9:38	
and he followeth not us: and we forbad him	and we forbad him, because he followed not us
ὃς οὐκ ἀκολουθεῖ ἡμῖν· καὶ ἐκωλύσαμεν αὐτόν	καὶ ἐκωλύομεν αὐτόν, ὅτι οὐκ ἠκολούθει ἡμῖν
Mark 9:38	
because he followeth not us	....
ὅτι οὐκ ἀκολουθεῖ ἡμῖν	....
Mark 9:41	
in...name	in name
ἐν τῷ ὀνόματι	ἐν ὀνόματι
Mark 9:41	
my	
μου	....
	....
Mark 9:41	
I say unto you, he shall not lose	I say unto you, that he shall not lose
λέγω ὑμῖν, οὐ μὴ ἀπολέσῃ	λέγω ὑμῖν ὅτι οὐ μὴ ἀπολέσῃ
Mark 9:42	
that believe in me	that believe [in me]
τῶν πιστευόντων εἰς ἐμέ	τῶν πιστευόντων (εἰς ἐμέ)
Mark 9:42	
that a millstone were hanged	that a millstone were hanged
εἰ περίκειται λίθος μύλικὸς	εἰ περίκειται μύλος ὀνικὸς
Mark 9:43	
it is better for thee	it is better for thee
καλόν σοι ἐστί	καλόν ἐστίν σε
Mark 9:43	
to enter into life maimed	to enter into life maimed
κυλλὸν εἰς τὴν ζωὴν εἰσελθεῖν	κυλλὸν εἰσελθεῖν εἰς τὴν ζωὴν
Mark 9:44	
Where their worm dieth not, and the fire is not quenched	....
ὅπου ὁ σκώληξ αὐτῶν οὐ τελευτᾷ, καὶ τὸ πῦρ οὐ σβέννυται	....
Mark 9:45	
it is better for thee to enter	it is better for thee to enter
καλόν ἐστί σοι εἰσελθεῖν	καλόν ἐστίν σε εἰσελθεῖν
Mark 9:45	
into the fire that never shall be quenched	....
εἰς τὸ πῦρ τὸ ἄσβεστον	....
Mark 9:46	
Where their worm dieth not, and the fire is not quenched	....

Over 8,000 Differences Between the T.R. and the Nestle-Aland Greek N.T.

Textus Receptus-Scrivener	Nestle-Aland 26,27
ὅπου ὁ σκώληξ αὐτῶν οὐ τελευτᾷ, καὶ τὸ πῦρ οὐ σβέννυται	....
Mark 9:47	
it is better for thee	it is better for thee
καλόν σοι ἐστὶ	καλόν σέ ἐστιν
Mark 9:47	
to be cast into hell fire	to be cast into hell
βληθῆναι εἰς τὴν γέενναν τοῦ πυρὸς	βληθῆναι εἰς τὴν γέενναν
Mark 9:49	
and every sacrifice shall be salted with salt	....
καὶ πᾶσα θυσία ἁλὶ ἁλισθησεται	....
Mark 9:50	
Have salt in yourselves	Have salt in yourselves
ἔχετε ἐν ἑαυτοῖς ἅλας	ἔχετε ἐν ἑαυτοῖς ἅλα
Mark 10:1	
And he arose from thence	And he arose from thence
Κακεῖθεν ἀναστὰς	Καὶ ἐκεῖθεν ἀναστὰς
Mark 10:1	
by the farther side of Jordan	[and] farther side of Jordan
διὰ τοῦ πέραν τοῦ Ἰορδάνου	(καὶ) πέραν τοῦ Ἰορδάνου
Mark 10:2	
And the Pharisees came to him	And Pharisees came to him
καὶ προσελθόντες οἱ Φαρισαῖοι	καὶ προσελθόντες Φαρισαῖοι
Mark 10:2	
and asked him	and were asking him
ἐπηρώτησαν αὐτὸν	ἐπηρώτων αὐτὸν
Mark 10:3	
What did Moses command you	What did Moses command you
Τί ὑμῖν ἐνετείλατο Μωσῆς	Τί ὑμῖν ἐνετείλατο Μωϋσῆς
Mark 10:4	
And they said	And they said
Οἱ δὲ εἶπον	οἱ δὲ εἶπαν
Mark 10:4	
Moses suffered	Moses suffered
Μωσῆς Ἐπέτρεψε	Ἐπέτρεψεν Μωϋσῆς
Mark 10:5	
And Jesus answered and said unto them	But Jesus said unto them
Καὶ ἀποκριθεὶς ὁ Ἰησοῦς εἶπεν αὐτοῖς	ὁ δὲ Ἰησοῦς εἶπεν αὐτοῖς
Mark 10:6	
God made them	made them
ἐποίησεν αὐτοὺς ὁ Θεός	ἐποίησεν αὐτούς
Mark 10:7	
and cleave to his wife	[and cleave to his wife]
καὶ προσκολληθήσεται πρὸς τὴν γυναῖκα αὐτοῦ	(καὶ προσκολληθήσεται πρὸς τὴν γυναῖκα αὐτοῦ)
Mark 10:10	
And in the house	And into the house
καὶ ἐν τῇ οἰκίᾳ	Καὶ εἰς τὴν οἰκίαν
Mark 10:10	

Textus Receptus-Scrivener	Nestle-Aland 26,27
his disciples	the disciples
οἱ μαθηταὶ αὐτοῦ	οἱ μαθηταὶ
Mark 10:10	
...again of the same *matter*	...about this *matter*
περὶ τοῦ αὐτοῦ	περὶ τούτου
Mark 10:10	
asked him	asked him
ἐπηρώτησαν αὐτόν	ἐπηρώτων αὐτόν
Mark 10:11	
Whosoever shall put away	Whosoever shall put away
Ὃς ἐὰν ἀπολύσῃ	Ὃς ἂν ἀπολύσῃ
Mark 10:12	
And if a woman shall put away	And if she puts away
καὶ ἐὰν γυνὴ ἀπολύσῃ	καὶ ἐὰν αὐτὴ ἀπολύσασα
Mark 10:12	
and	....
καὶ	....
Mark 10:12	
be married to another	marry another
γαμηθῇ ἄλλῳ	γαμήσῃ ἄλλον
Mark 10:13	
that he should touch them	that he should touch them
ἵνα ἅψηται αὐτῶν	ἵνα αὐτῶν ἅψηται
Mark 10:13	
and *his* disciples rebuked those that brought *them*	and *his* disciples rebuked them
οἱ δὲ μαθηταὶ ἐπετίμων τοῖς προσφέρρουσιν	οἱ δὲ μαθηταὶ ἐπετίμησαν αὐτοῖς
Mark 10:14	
and forbid them not	forbid them not
καὶ μὴ κωλύετε αὐτά	μὴ κωλύετε αὐτά
Mark 10:15	
Whosoever shall not receive	Whosoever shall not receive
ὃς ἐὰν μὴ δέξηται	ὃς ἂν μὴ δέξηται
Mark 10:16	
put *his* hands upon them, and blessed them	blesses, put *his* hands upon them
τιθεὶς τὰς χεῖρας ἐπ᾽ αὐτά, ηὐλόγει αὐτά	κατευλόγει τιθεὶς τὰς χεῖρας ἐπ᾽ αὐτά
Mark 10:19	
Do not commit adultery, Do not kill	Do not kill, Do not commit adultery
Μὴ μοιχεύσῃς, μὴ φονεύσῃς	Μὴ φονεύσῃς, Μὴ μοιχεύσῃς
Mark 10:20	
And he answered and	And he
ὁ δὲ ἀποκριθεὶς	ὁ δὲ
Mark 10:20	
said unto him	said unto him
ἔπεν αὐτῷ	ἔφη αὐτῷ
Mark 10:21	
One thing thou lackest	One thing thou lackest
Ἕν σοι ὑστερεῖ	Ἕν σε ὑστερεῖ

Over 8,000 Differences Between the T.R. and the Nestle-Aland Greek N.T.

Textus Receptus-Scrivener	Nestle-Aland 26,27
Mark 10:21	
and give to the poor	and give to [the] poor
καὶ δὸς τοῖς πτωχοῖς	καὶ δὸς (τοῖς) πτωχοῖς
Mark 10:21	
take up the cross	....
ἄρας τὸν σταυρόν	....
Mark 10:24	
how hard is it for them that trust in riches to enter into the kingdom of God	how hard is it for them to enter into the kingdom of God
πῶς δύσκολόν ἐστι τοὺς πεποιθότας ἐπι τοῖς χρήμασιν, εἰς τὴν βασιλείαν τοῦ Θεοῦ εἰσελθεῖν	πῶς δύσκολόν ἐστιν εἰς τὴν βασιλείαν τοῦ θεοῦ εἰσελθεῖν
Mark 10:25	
through the eye	through [the] eye
διὰ τῆς τρυμαλιᾶς	διὰ (τῆς) τρυμαλιᾶς
Mark 10:25	
of a needle	of a needle
τῆς ῥαφίδος	(τῆς) ῥαφίδος
Mark 10:27	
And Jesus looking upon them	Jesus looking upon them
ἐμβλέψας δὲ αὐτοῖς ὁ Ἰησοῦς	ἐμβλέψας αὐτοῖς ὁ Ἰησοῦς
Mark 10:27	
but not with God	but not with God
ἀλλ οὐ τῷ Θεῷ	ἀλλ οὐ παρὰ θεῷ
Mark 10:27	
for with God all things are possible	for with God all things possible
πάντα γὰρ δυνατὰ ἐστὶ παρὰ τῷ Θεῷ	πάντα γὰρ δυνατὰ παρὰ τῷ θεῷ.
Mark 10:28	
Then...began	...began
καὶ ἤρξατο	Ἤρξατο
Mark 10:28	
Peter...to say unto him	Peter...to say unto him
ὁ Πέτρος λέγειν αὐτῷ	λέγειν ὁ Πέτρος αὐτῷ
Mark 10:28	
and have followed thee	and have followed thee
καὶ ἠκολουθήσαμέν σοι	καὶ ἠκολουθήκαμέν σοι
Mark 10:29	
And Jesus answered and said	Jesus said
ἀποκριθεὶς δὲ ὁ Ἰησοῦς ἔπεν	ἔφη ὁ Ἰησοῦς
Mark 10:29	
or father, or mother	or mother, or father
ἢ πατέρα, ἢ μητέρα	ἢ μητέρα ἢ πατέρα
Mark 10:29	
or wife	....
ἢ γυναῖκα	....
Mark 10:29	
and the gospel's	and the gospel's sake
καὶ τοῦ εὐαγγελίου	καὶ ἔνεκεν τοῦ εὐαγγελίου
Mark 10:31	

Over 8,000 Differences Between the T.R. and the Nestle-Aland Greek N.T.

Textus Receptus-Scrivener	Nestle-Aland 26,27
and the last first	and [the] last first
καὶ οἱ ἔσχατοι πρῶτοι	καὶ (οἱ) ἔσχατοι πρῶτοι
Mark 10:32	
and as they followed	but as they followed
καὶ ἀκολουθοῦντες	οἱ δὲ ἀκολουθοῦντες
Mark 10:34	
and shall scourge him, and shall spit upon him	and shall spit upon him, and shall scourge him
καὶ μαστιγώσουσιν αὐτόν, καὶ ἐμπτύσουσιν αὐτῷ	καὶ ἐμπτύσουσιν αὐτῷ καὶ μαστιγώσουσιν αὐτὸν
Mark 10:34	
and shall kill him	and shall kill
καὶ ἀποκτενοῦσιν αὐτὸν	καὶ ἀποκτενοῦσιν
Mark 10:34	
and the third day he shall rise again	and after three days he shall rise again
καὶ τῇ τρίτῃ ἡμέρᾳ ἀναστήσεται	καὶ μετὰ τρεῖς ἡμέρας ἀναστήσεται
Mark 10:35	
saying, Master	saying to him, Master
λέγοντες, Διδάσκαλε	λέγοντες αὐτῷ, Διδάσκαλε
Mark 10:35	
whatsoever we shall desire	whatsoever we shall desire thee
αἰτήσωμέν	αἰτήσωμέν σε
Mark 10:36	
that I should do for you	that [I] should do for you
ποιῆσαι με ὑμῖν	(με) ποιήσω ὑμῖν
Mark 10:37	
And he said unto them	And he said unto them
οἱ δὲ εἶπον αὐτῷ	ὁ δὲ εἶπεν αὐτοῖς
Mark 10:37	
one on thy right hand	one on thy right hand
εἷς ἐκ δεξιῶν σου	εἷς σου ἐκ δεξιῶν
Mark 10:37	
and the other on thy left hand	and the other on *thy* left hand
καὶ εἷς ἐξ εὐωνύμων σου	καὶ εἷς ἐξ ἀριστερῶν
Mark 10:38	
and be baptized	or be baptized
καὶ τὸ βάπτισμα	ἢ τὸ βάπτισμα
Mark 10:39	
And they said unto him	And they said unto him
οἱ δὲ εἶπον αὐτῷ	οἱ δὲ εἶπαν αὐτῷ
Mark 10:39	
Ye shall indeed drink of the cup that I drink of	Ye shall drink of the cup that I drink of
Τὸ μὲν ποτήριον ὃ ἐγὼ πίνω πίεσθε	Τὸ ποτήριον ὃ ἐγὼ πίνω πίεσθε
Mark 10:40	
on my right hand and	on my right hand, or
ἐκ δεξιῶν μου καὶ	ἐκ δεξιῶν μου ἢ
Mark 10:40	
on my left hand	on left hand
ἐξ εὐωνύμων μου	ἐξ εὐωνύμων
Mark 10:42	

Over 8,000 Differences Between the T.R. and the Nestle-Aland Greek N.T.

Textus Receptus-Scrivener	Nestle-Aland 26,27
But Jesus called them	And Jesus called them
ὁ δὲ Ἰησοῦς προσκαλεσάμενος αὐτοὺς	καὶ προσκαλεσάμενος αὐτοὺς ὁ Ἰησοῦς
Mark 10:43	
But so...not	But so...not
οὐχ οὕτω δέ	οὐχ οὕτως δέ
Mark 10:43	
shall it...be	it is
ἔσται	ἔστιν
Mark 10:43	
but whosoever	but whosoever
ἀλλ ὃς ἐὰν	ἀλλ ὃς ἂν
Mark 10:43	
will be great among you	will be great among you
θέλη γενέσθαι μέγας ἐν ὑμῖν	θέλη μέγας γενέσθαι ἐν ὑμῖν
Mark 10:43	
shall be your minister	shall be your minister
ἔσται διάκονος ὑμῶν	ἔσται ὑμῶν διάκονος
Mark 10:44	
whosoever of you will	whosoever among you wills
ὃς ἂν θέλη ὑμῶν	ὃς ἂν θέλη ἐν ὑμῖν
Mark 10:44	
be the chiefest	to be the chiefest
γενέσθαι πρῶτος	εἶναι πρῶτος
Mark 10:46	
...Bartimaeus, the son of Timaeus	...Bartimaeus, the son of Timaeus
υἱὸς Τιμαίου Βαρτιμαῖος	ὁ υἱὸς Τιμαίου Βαρτιμαῖος
Mark 10:46	
blind	blind
ὁ τυφλὸς	τυφλὸς
Mark 10:46	
sat by the highway side begging	begging *as he* sat by the highway side
ἐκάθητο παρὰ τὴν ὁδόν προσαιτῶν	προσαίτης ἐκάθητο παρὰ τὴν ὁδόν
Mark 10:47	
Jesus of Nazareth	Jesus of Nazareth
Ἰησοῦς ὁ Ναζωραῖός	Ἰησοῦς ὁ Ναζαρηνός
Mark 10:47	
Jesus, *thou* Son of David	Jesus, *thou* Son of David
Ὁ υἱὸς Δαβὶδ Ἰησοῦ	Υἱὲ Δαυὶδ Ἰησοῦ
Mark 10:48	
Thou Son of David	*Thou* Son of David
Υἱὲ Δαβίδ	Υἱὲ Δαυίδ
Mark 10:49	
and commanded him to be called	and commanded, call ye him
εἶπεν αὐτὸν, Φωνηθῆναι	εἶπεν, Φωνήσατε αὐτόν
Mark 10:49	
rise; he calleth thee	rise; he calleth thee
ἔγειραι, φωνεῖ σε	ἔγειρε, φωνεῖ σε
Mark 10:50	

Textus Receptus-Scrivener	Nestle-Aland 26,27
rose, and came to Jesus	leaped up, and came to Jesus
ἀναστὰς ἦλθε πρὸς τὸν Ἰησοῦν	ἀναπηδήσας ἦλθεν πρὸς τὸν Ἰησοῦν
Mark 10:51	
And Jesus answered and said unto him	And Jesus answered and said unto him
καὶ ἀποκριθεὶς λέγει αὐτῷ ὁ Ἰησοῦς	καὶ ἀποκριθεὶς αὐτῷ ὁ Ἰησοῦς εἶπεν
Mark 10:51	
What wilt thou that I should do unto thee	What wilt thou that I should do unto thee
Τί θέλεις ποιήσω σοι	Τί σοι θέλεις ποιήσω
Mark 10:52	
And Jesus said	And Jesus said
ὁ δὲ Ἰησοῦς εἶπεν	καὶ ὁ Ἰησοῦς εἶπεν
Mark 10:52	
And immediately	And immediately
καὶ εὐθέως	καὶ εὐθὺς
Mark 10:52	
and followed Jesus	and followed him
καὶ ἠκολούθει τῷ Ἰησοῦ	καὶ ἠκολούθει αὐτῷ
Mark 11:1	
to Jerusalem	to Jerusalem
εἰς Ἰερουσάλυμα	εἰς Ἱεροσόλυμα
Mark 11:2	
and as soon as	and as soon as
καὶ εὐθέως	καὶ εὐθὺς
Mark 11:2	
whereon never man	whereon never man not yet
ὃν οὐδεὶς ἀνθρώπων	ὃν οὐδεὶς οὔπω ἀνθρώπων
Mark 11:2	
sat	sat
κεκάθικε	ἐκάθισεν
Mark 11:2	
loose him	loose him
λύσαντες αὐτὸν	λύσατε αὐτὸν
Mark 11:2	
and bring *him*	and bring *him*
ἀγάγετε	καὶ φέρετε
Mark 11:3	
say ye that	say ye
εἴπατε ὅτι	εἴπατε
Mark 11:3	
and straightway	and straightway
καὶ εὐθέως	καὶ εὐθὺς
Mark 11:3	
he will send him hither	he will send him again hither
αὐτὸν ἀποστελεῖ ὧδε	αὐτὸν ἀποστέλλει πάλιν ὧδε
Mark 11:4	
And they went their way	And they went their way
ἀπῆλθον δὲ	καὶ ἀπῆλθον
Mark 11:4	

Over 8,000 Differences Between the T.R. and the Nestle-Aland Greek N.T.

Textus Receptus-Scrivener	Nestle-Aland 26,27
and found the colt	and found *the* colt
καὶ εὗρον τὸν πῶλον	καὶ εὗρον πῶλον
Mark 11:4	
tied by the door	tied by *the* door
δεδεμένον πρὸς τὴν θύραν	δεδεμένον πρὸς θύραν
Mark 11:6	
And they said	And they said
οἱ δὲ εἶπον	οἱ δὲ εἶπαν
Mark 11:6	
even as Jesus had commanded	even as Jesus had said
καθὼς ἐνετείλατο ὁ Ἰησοῦς	καθὼς εἶπεν ὁ Ἰησοῦς
Mark 11:7	
And they brought the colt	And they brought the colt
καὶ ἤγαγον τὸν πῶλον	καὶ φέρουσιν τὸν πῶλον
Mark 11:7	
and cast	and cast
καὶ ἐπέβαλον	καὶ ἐπιβάλλουσιν
Mark 11:7	
and he sat upon him	and he sat upon him
καὶ ἐκάθισεν ἐπ αὐτῷ	καὶ ἐκάθισεν ἐπ αὐτόν
Mark 11:8	
And many	And many
πολλοὶ δὲ	καὶ πολλοὶ
Mark 11:8	
and others cut down branches	and others having cut down branches
ἄλλοι δὲ στοιβάδας ἔκοπτον	ἄλλοι δὲ στιβάδας κόψαντες
Mark 11:8	
off the trees	out of the fields
ἐκ τῶν δένδρων	ἐκ τῶν ἀγρῶν
Mark 11:8	
and strawed *them* in the way	....
καὶ ἐστρώννυον εἰς τὴν ὁδὸν	....
Mark 11:9	
cried, saying	cried
ἔκραζον, λέγοντες	ἔκραζον
Mark 11:10	
Blessed be the kingdom...that cometh in the name of the Lord	Blessed be the kingdom...that cometh
εὐλογημένη ἡ ἐρχομένη βασιλεία ἐν ὀνόματι Κυρίου	Εὐλογημένη ἡ ἐρχομένη βασιλεία
Mark 11:10	
our father David	our father David
τοῦ πατρὸς ἡμῶν Δαβίδ	τοῦ πατρὸς ἡμῶν Δαυίδ
Mark 11:11	
And Jesus entered into Jerusalem	And entered into Jerusalem
καὶ εἰσῆλθεν εἰς Ἱεροσόλυμα ὁ Ἰησοῦς	Καὶ εἰσῆλθεν εἰς Ἱεροσόλυμα
Mark 11:11	
and into the temple	into the temple

Textus Receptus-Scrivener	Nestle-Aland 26,27
καὶ εἰς τὸ ἱερόν	εἰς τὸ ἱερόν
Mark 11:13	
seeing a fig tree afar off	seeing a fig tree from afar off
ἰδὼν συκῆν μακρόθεν	ἰδὼν συκῆν ἀπὸ μακρόθεν
Mark 11:13	
if haply he might find any thing	if haply he might find any thing
εἰ ἄρα εὑρήσει τι	εἰ ἄρα τι εὑρήσει
Mark 11:13	
for the time of figs was not *yet*	for the time of figs was not *yet*
οὐ γὰρ ἦν καιρὸς σύκων	ὁ γὰρ καιρὸς οὐκ ἦν σύκων
Mark 11:14	
Jesus answered and said unto it	*he* answered and said unto it
ἀποκριθεὶς ὁ Ἰησοῦς εἶπεν αὐτῇ	ἀποκριθεὶς εἶπεν αὐτῇ
Mark 11:14	
of thee hereafter for ever	of thee hereafter for ever
ἐκ σοῦ εἰς τὸν αἰῶνα	εἰς τὸν αἰῶνα ἐκ σοῦ
Mark 11:15	
Jesus went into the temple	*he* went into the temple
εἰσελθὼν ὁ Ἰησοῦς εἰς τὸ ἱερὸν	εἰσελθὼν εἰς τὸ ἱερὸν
Mark 11:15	
and bought in the temple	and bought in the temple
καὶ ἀγοράζοντας ἐν τῷ ἱερῷ	καὶ τοὺς ἀγοράζοντας ἐν τῷ ἱερῷ
Mark 11:17	
And he taught, saying unto them	And he taught, and said unto them
καὶ ἐδίδασκε, λέγων αὐτοῖς	καὶ ἐδίδασκεν καὶ ἔλεγεν αὐτοῖς
Mark 11:17	
but ye have made it	but ye have made it
ὑμεῖς δὲ ἐποιήσατε αὐτὸν	ὑμεῖς δὲ πεποιήκατε αὐτὸν
Mark 11:18	
the scribes and chief priests heard *it*	the chief priests and the scribes heard *it*
ἤκουσαν οἱ γραμματεῖς καὶ οἱ ἀρχιερεῖς	ἤκουσαν οἱ ἀρχιερεῖς καὶ οἱ γραμματεῖς
Mark 11:18	
how they might destroy him	how they might destroy him
πῶς αὐτὸν ἀπολέσουσιν	πῶς αὐτὸν ἀπολέσωσιν
Mark 11:18	
because all the people	for all the people
ὅτι πᾶς ὁ ὄχλος	πᾶς γὰρ ὁ ὄχλος
Mark 11:19	
when even was come	when even was come
ὅτε ὀψὲ ἐγένετο	ὅταν ὀψὲ ἐγένετο
Mark 11:19	
he went out of the city	they went out of the city
ἐξεπορεύετο ἔξω τῆς πόλεως	ἐξεπορεύοντο ἔξω τῆς πόλεως
Mark 11:20	
And in the morning	And in the morning
Καὶ πρωὶ παραπορευόμενοι	Καὶ παραπορευόμενοι πρωὶ
Mark 11:22	
And Jesus answering	

Over 8,000 Differences Between the T.R. and the Nestle-Aland Greek N.T.

Textus Receptus-Scrivener	Nestle-Aland 26,27
καὶ ἀποκριθεὶς Ἰησοῦς	καὶ ἀποκριθεὶς ὁ Ἰησοῦς
Mark 11:23	
For verily I say unto you	Verily I say unto you
ἀμὴν γὰρ λέγω ὑμῖν	ἀμὴν λέγω ὑμῖν
Mark 11:23	
but shall believe	but shall believe
ἀλλὰ πιστεύσῃ	ἀλλὰ πιστεύῃ
Mark 11:23	
that those things which he saith	that those things which he saith
ὅτι ἃ λέγεῖ	ὅτι ὃ λαλεῖ
Mark 11:23	
he shall have whatsoever he saith	he shall have
ἔσται αὐτῷ ὃ ἐὰν εἴπῃ	ἔσται αὐτῷ
Mark 11:24	
What things soever	What things
πάντα ὅσα ἄν	πάντα ὅσα
Mark 11:24	
ye desire, when ye pray	also ye desire, when ye pray
προσεύχομενοι αἰτεῖσθε	προσεύχεσθε καὶ αἰτεῖσθε
Mark 11:24	
believe that ye receive *them*	believe that ye received *them*
πιστεύετε ὅτι λαμβάνετε	πιστεύετε ὅτι ἐλάβετε
Mark 11:25	
And when ye stand	And when ye stand
καὶ ὅταν στήκετε	καὶ ὅταν στήκετε
Mark 11:26	
But if ye do not forgive, neither will your Father which is in heaven forgive your trespasses	....
εἰ δὲ ὑμεῖς οὐκ ἀφίετε, οὐδὲ ὁ πατὴρ ὑμῶν ὁ ἐν τοῖς οὐρανοῖς ἀφησεῖ τὰ παραπτώματα ὑμῶν	....
Mark 11:28	
And say unto him	And said unto him
καὶ λέγουσιν αὐτῷ	καὶ ἔλεγον αὐτῷ
Mark 11:28	
and who	or who
καὶ τίς	ἢ τίς
Mark 11:28	
gave thee this authority	gave thee this authority
σοι τὴν ἐξουσίαν ταύτην ἔδωκεν	σοι ἔδωκεν τὴν ἐξουσίαν ταύτην
Mark 11:29	
Jesus answered and said unto them	Jesus said unto them
Ἰησοῦς ἀποκριθεὶς εἶπεν αὐτοῖς	Ἰησοῦς εἶπεν αὐτοῖς
Mark 11:29	
I will also ask of you	I will ask of you
Ἐπερωτήσω ὑμᾶς κἀγὼ	Ἐπερωτήσω ὑμᾶς
Mark 11:30	
The baptism of John	The baptism of John
τὸ βάπτισμα Ἰωάννου	τὸ βάπτισμα τὸ Ἰωάννου

Over 8,000 Differences Between the T.R. and the Nestle-Aland Greek N.T.

Textus Receptus-Scrivener	Nestle-Aland 26,27
Mark 11:31	
they reasoned with themselves	they reasoned with themselves
ἐλογίζοντο πρὸς ἑαυτοὺς	διελογίζοντο πρὸς ἑαυτοὺς
Mark 11:31	
Why	Why
Διατί	Διὰ τί
Mark 11:31	
then did ye not believe	[then] did ye not believe
οὖν οὐκ ἐπιστεύσατε	(οὖν) οὐκ ἐπιστεύσατε
Mark 11:32	
But	But
ἀλλ	ἀλλὰ
Mark 11:32	
if we shall say,	should we say?
ἐὰν εἴπωμεν,	εἴπωμεν;
Mark 11:32	
they feared the people	they feared the crowd
ἐφοβοῦντο τὸν λαόν	ἐφοβοῦντο τὸν ὄχλον
Mark 11:32	
that he was a prophet indeed	that he was a prophet indeed
ὅτι ὄντως προφήτης ἦν	ὄντως ὅτι προφήτης ἦν
Mark 11:33	
they answered and said unto Jesus	they answered Jesus, saying
ἀποκριθέντες λέγουσι τῷ Ἰησοῦ	ἀποκριθέντες τῷ Ἰησοῦ λέγουσιν
Mark 11:33	
Jesus answering saith unto them	Jesus saith unto them
ὁ Ἰησοῦς ἀποκριθεὶς λέγει αὐτοῖς	ὁ Ἰησοῦς λέγει αὐτοῖς
Mark 12:1	
to speak unto them by parables	to speak unto them by parables
αὐτοῖς ἐν παραβολαῖς λέγειν	αὐτοῖς ἐν παραβολαῖς λαλεῖν
Mark 12:1	
A *certain* man planted a vineyard	A *certain* man planted a vineyard
Ἀμπελῶνα ἐφύτευσεν ἄνθρωπος	Ἀμπελῶνα ἄνθρωπος ἐφύτευσεν
Mark 12:1	
and let it out	and let it out
καὶ ἐξέδοτο αὐτὸν	καὶ ἐξέδετο αὐτὸν
Mark 12:2	
of the fruit	of the fruits
ἀπὸ τοῦ καρποῦ	ἀπὸ τῶν καρπῶν
Mark 12:3	
And they caught *him*	And they caught *him*
οἱ δὲ λαβόντες αὐτὸν	καὶ λαβόντες αὐτὸν
Mark 12:4	
and at him they cast stones, and wounded *him* in the head	and him they wounded in the head
κἀκεῖνον λιθοβολήσαντες ἐκεφαλίωσαν	κἀκεῖνον ἐκεφαλίωσαν
Mark 12:4	
and sent *him* away shamefully handled.	and shamefully handled *him*

Over 8,000 Differences Between the T.R. and the Nestle-Aland Greek N.T.

Textus Receptus-Scrivener	Nestle-Aland 26,27
καὶ ἀπέστειλαν ἠτιμωμένον	καὶ ἠτίμασαν
Mark 12:5	
And again he sent another	And he sent another
καὶ πάλιν ἄλλον ἀπέστειλε	καὶ ἄλλον ἀπέστειλεν
Mark 12:5	
beating some	beating some
τοὺς μὲν δέροντες	οὓς μὲν δέροντες
Mark 12:5	
and killing some	and killing some
τοὺς δὲ ἀποκτείνοντες	οὓς δὲ ἀποκτέννοντες
Mark 12:6	
yet therefore	yet
ἔτι οὖν	ἔτι
Mark 12:6	
Having...one son, his wellbeloved	Having...one...son
ἕνα υἱὸν ἔχων	ἕνα εἶχεν, υἱὸν
Mark 12:6	
his wellbeloved	wellbeloved
ἀγαπητόν αὐτοῦ	ἀγαπητόν
Mark 12:6	
he sent him also	he sent him
ἀπέστειλε καὶ αὐτὸν	ἀπέστειλεν αὐτὸν
Mark 12:6	
last unto them	last unto them
πρὸς αὐτοὺς ἔσχατον	ἔσχατον πρὸς αὐτοὺς
Mark 12:7	
those husbandmen said among themselves	those husbandmen said among themselves
οἱ γεωργοὶ εἶπον πρὸς ἑαυτοὺς	οἱ γεωργοὶ πρὸς ἑαυτοὺς εἶπαν
Mark 12:8	
And they took him, and killed *him*	And they took him, and killed *him*
καὶ λαβόντες αὐτόν ἀπέκτειναν	καὶ λαβόντες ἀπέκτειναν αὐτόν
Mark 12:8	
and cast *him* out of the vineyard	and cast him out of the vineyard
καὶ ἐξέβαλον ἔξω τοῦ ἀμπελῶνος	καὶ ἐξέβαλον αὐτὸν ἔξω τοῦ ἀμπελῶνος
Mark 12:9	
What...therefore	What...therefore
τί οὖν	τί (οὖν)
Mark 12:14	
And when they were come	And when they were come
οἱ δὲ ἐλθόντες	καὶ ἐλθόντες
Mark 12:14	
Is it lawful to give tribute to Caesar	Is it lawful to give tribute to Caesar
ἔξεστι κῆνσον Καίσαρι δοῦναι	ἔξεστιν δοῦναι κῆνσον Καίσαρι
Mark 12:16	
And they said unto him	And they said unto him
οἱ δὲ εἶπον αὐτῷ	οἱ δὲ εἶπαν αὐτῷ
Mark 12:17	
And Jesus answering	But Jesus

Over 8,000 Differences Between the T.R. and the Nestle-Aland Greek N.T.

Textus Receptus-Scrivener	Nestle-Aland 26,27
καὶ ἀποκριθεὶς ὁ Ἰησοῦς	ὁ δὲ Ἰησοῦς
Mark 12:17	
Render to Caesar	Render to Caesar
Ἀπόδοτε τὰ Καίσαρος	Τὰ Καίσαρος ἀπόδοτε
Mark 12:17	
And they marvelled at him	And they greatly wondered at him
Καὶ ἐθαύμαζον ἐπ᾽ αὐτῷ	καὶ ἐξεθαύμαζον ἐπ᾽ αὐτῷ
Mark 12:18	
and they asked him	and they asked him
καὶ ἐπηρώτησαν αὐτὸν	καὶ ἐπηρώτων αὐτὸν
Mark 12:19	
Moses wrote	Moses wrote
Μωσῆς ἔγραψεν	Μωϋσῆς ἔγραψεν
Mark 12:19	
and leave no children	and leave no children
καὶ τέκνα μὴ ἀφῇ	καὶ μὴ ἀφῇ τέκνον
Mark 12:19	
that his brother should take his wife	that his brother should take the wife
ἵνα λάβῃ ὁ ἀδελφὸς αὐτοῦ τὴν γυναῖκα αὐτοῦ	ἵνα λάβῃ ὁ ἀδελφὸς αὐτοῦ τὴν γυναῖκα
Mark 12:20	
Now there were seven brethren	There were seven brethren
Ἑπτὰ οὖν ἀδελφοὶ ἦσαν	ἑπτὰ ἀδελφοὶ ἦσαν
Mark 12:21	
neither left he any seed	having left behind no seed
καὶ οὐδὲ αὐτὸς ἀφῆκε σπέρμα	μὴ καταλιπὼν σπέρμα
Mark 12:22	
And the seven had her	
καὶ ἔλαβον αὐτὴν οἱ ἑπτὰ	....
Mark 12:22	....
and left no seed	and the seven left no seed
καὶ οὐκ ἀφῆκαν σπέρμα	καὶ οἱ ἑπτὰ οὐκ ἀφῆκαν σπέρμα
Mark 12:22	
last of all	last of all
ἐσχάτη πάντων	ἔσχατον πάντων
Mark 12:22	
the woman died also	the woman died also
ἀπέθανε καὶ ἡ γυνὴ	καὶ ἡ γυνὴ ἀπέθανεν
Mark 12:23	
In the resurrection therefore	In the resurrection
ἐν τῇ οὖν ἀναστάσει	ἐν τῇ ἀναστάσει
Mark 12:23	
when they shall rise	[when they shall rise]
ὅταν ἀναστῶσι	(ὅταν ἀναστῶσιν)
Mark 12:24	
And Jesus answering said unto them	And Jesus said unto them
καὶ ἀποκριθεὶς ὁ Ἰησοῦς εἶπεν αὐτοῖς	ἔφη αὐτοῖς ὁ Ἰησοῦς
Mark 12:25	
nor are given in marriage	nor are given in marriage

Over 8,000 Differences Between the T.R. and the Nestle-Aland Greek N.T.

Textus Receptus-Scrivener	Nestle-Aland 26,27
οὔτε γαμίσκονται	οὔτε γαμίζονται
Mark 12:25	
as the angels which are in heaven	as angels which are in heaven
ὡς ἄγγελοι οἱ ἐν τοῖς οὐρανοῖς	ὡς ἄγγελοι ἐν τοῖς οὐρανοῖς
Mark 12:26	
in the book of Moses	in the book of Moses
ἐν τῇ βίβλῳ Μωσέως	ἐν τῇ βίβλῳ Μωϋσέως
Mark 12:26	
...in the bush	...in the bush
ἐπὶ τῆς βάτου	ἐπὶ τοῦ βάτου
Mark 12:26	
how	how
ὡς	πῶς
Mark 12:26	
and the God of Isaac	and [the] God of Isaac
καὶ ὁ Θεὸς Ἰσαὰκ	καὶ (ὁ) θεὸς Ἰσαὰκ
Mark 12:26	
and the God of Jacob	and [the] God of Jacob
καὶ ὁ Θεὸς Ἰακώβ	καὶ (ὁ) θεὸς Ἰακώβ
Mark 12:27	
He is not the God of the dead	He is not God of the dead
οὐκ ἔστιν ὁ Θεὸς νεκρῶν	οὐκ ἔστιν θεὸς νεκρῶν
Mark 12:27	
but the God of the living	but of the living
ἀλλὰ Θεὸς ζώντων	ἀλλὰ ζώντων
Mark 12:27	
ye therefore do greatly err	ye do greatly err
ὑμεῖς οὖν πολὺ πλανᾶσθε	πολὺ πλανᾶσθε
Mark 12:28	
perceiving that...well	seeing that...well
εἰδὼς ὅτι καλῶς	ἰδὼν ὅτι καλῶς
Mark 12:28	
he had answered them	he had answered them
αὐτοῖς ἀπεκρίθη	ἀπεκρίθη αὐτοῖς
Mark 12:28	
Which is the first commandment of all	Which is the first commandment of all
Ποία ἐστὶ πρώτη πάντων ἐντολὴ	Ποία ἐστὶν ἐντολὴ πρώτη πάντων
Mark 12:29	
And Jesus answered	Jesus answered
ὁ δὲ Ἰησοῦς ἀπεκρίθη	ἀπεκρίθη ὁ Ἰησοῦς
Mark 12:29	
him	....
αὐτῷ	....
Mark 12:29	
The first of all the commandments *is*	The first is
ὅτι Πρώτη πασῶν ἐντολῶν	ὅτι Πρώτη ἐστίν
Mark 12:30	
this is the first commandment	....

Textus Receptus-Scrivener	Nestle-Aland 26,27
αὕτη πρώτη ἐντολή	....
Mark 12:31	
And	....
καὶ	....
Mark 12:31	
the second *is* like, *namely* this	The second *is* this
δευτέρα ὁμοία, αὕτη	δευτέρα αὕτη
Mark 12:32	
thou hast said the truth	thou hast said the truth
ἐπ ἀληθείας εἶπας	ἐπ ἀληθείας εἶπες
Mark 12:32	
for there is one God	for there is one
ὅτι εἷς ἐστι Θεὸς	ὅτι εἷς ἐστιν
Mark 12:33	
and with all the soul	....
καὶ ἐξ ὅλης τῆς ψυχῆς	....
Mark 12:33	
is more than all	is abundantly more than all
πλεῖόν ἐστι πάντων	περισσότερόν ἐστιν πάντων
Mark 12:33	
and sacrifices	and sacrifices
καὶ τῶν θυσιῶν	καὶ θυσιῶν
Mark 12:34	
And when Jesus saw that he	And when Jesus saw that [he]
καὶ ὁ Ἰησοῦς ἰδὼν αὐτὸν ὅτι	καὶ ὁ Ἰησοῦς ἰδὼν (αὐτὸν) ὅτι
Mark 12:35	
that Christ is the Son of David	that Christ is the Son of David
ὅτι ὁ Χριστὸς, υἱὸς ἐστι Δαβίδ	ὅτι ὁ Χριστὸς υἱὸς Δαυίδ ἐστιν
Mark 12:36	
For...himself	himself
αὐτὸς γὰρ	αὐτὸς
Mark 12:36	
David...said	David...said
Δαβὶδ εἶπεν	Δαυὶδ εἶπεν
Mark 12:36	
The LORD said	*The* LORD said
Εἶπεν ὁ Κύριος	Εἶπεν κύριος
Mark 12:36	
thy footstool	thy footstool
ὑποπόδιον τῶν ποδῶν σου	ὑποκατω τῶν ποδῶν σου
Mark 12:37	
...therefore himself	...himself
Αὐτὸς οὖν	αὐτὸς
Mark 12:37	
David	David
Δαβὶδ	Δαυὶδ
Mark 12:37	
whence is he *then* his son	whence is he *then* his son

Over 8,000 Differences Between the T.R. and the Nestle-Aland Greek N.T.

Textus Receptus-Scrivener	Nestle-Aland 26,27
πόθεν υἱός αὐτοῦ ἐστι	πόθεν αὐτοῦ ἐστιν υἱός

Mark 12:37

| And the common people | And [the] common people |
| καὶ ὁ πολὺς ὄχλος | και (ὁ) πολὺς ὄχλος |

Mark 12:38

| And he said unto them in his doctrine | And in his doctrine, he said |
| Καὶ ἔλεγεν αὐτοῖς ἐν τῇ διδαχῇ αὐτοῦ | Καὶ ἐν τῇ διδαχῇ αὐτοῦ ἔλεγεν |

Mark 12:40

| these shall receive | these shall receive |
| οὗτοι λήψονται | οὗτοι λήμψονται |

Mark 12:41

| And Jesus sat | And *he* sat |
| Καὶ καθίσας ὁ Ἰησοῦς | Καὶ καθίσας |

Mark 12:43

| and saith unto them | and said unto them |
| λέγει αὐτοῖς | εἶπεν αὐτοῖς |

Mark 12:43

| hath cast more in, than all | hath cast more in, than all |
| πλεῖον πάντων βέβληκε | πλεῖον πάντων ἔβαλεν |

Mark 12:43

| which have cast | which have cast |
| τῶν βαλόντων | τῶν βαλλόντων |

Mark 13:2

| And Jesus answering said unto him | And Jesus said unto him |
| καὶ ὁ Ἰησοῦς ἀποκριθεὶς εἶπεν αὐτῷ | καὶ ὁ Ἰησοῦς εἶπεν αὐτῷ |

Mark 13:2

| there shall not be left | there shall not be left here |
| οὐ μὴ ἀφεθῇ | οὐ μὴ ἀφεθῇ ὧδε |

Mark 13:2

| one stone upon another | one stone upon another |
| λίθος ἐπὶ λίθῳ | λίθος ἐπὶ λίθον |

Mark 13:3

| asked him | asked him |
| ἐπηρώτων αὐτὸν | ἐπηρώτα αὐτὸν |

Mark 13:4

| Tell us | Tell us |
| Εἰπὲ ἡμῖν | Εἰπὸν ἡμῖν |

Mark 13:4

| all these things shall be fulfilled | all these things shall be fulfilled |
| πάντα ταῦτα συντελεῖσθαι | ταῦτα συντελεῖσθαι πάντα |

Mark 13:5

| And Jesus answering them | And Jesus |
| Ὁ δὲ Ἰησοῦς ἀποκριθεὶς αὐτοῖς | ὁ δὲ Ἰησοῦς |

Mark 13:5

| began to say | began to say to them |
| ἤρξατο λέγειν | ἤρξατο λέγειν αὐτοῖς |

Mark 13:6

| For many shall come | Many shall come |

Textus Receptus-Scrivener	Nestle-Aland 26,27
πολλοὶ γὰρ ἐλεύσονται	πολλοὶ ἐλεύσονται

Mark 13:7

for *such things* must needs be	*such things* must needs be
δεῖ γὰρ γενέσθαι	δεῖ γενέσθαι

Mark 13:8

For nation shall rise against nation	For nation shall rise against nation
ἐγερθήσεται γὰρ ἔθνος ἐπὶ ἔθνος	ἐγερθήσεται γὰρ ἔθνος ἐπ ἔθνος

Mark 13:8

and there shall be earthquakes	there shall be earthquakes
καὶ ἔσονται σεισμοὶ	ἔσονται σεισμοὶ

Mark 13:8

and there shall be famines	there shall be famines
καὶ ἔσονται λιμοί	ἔσονται λιμοί

Mark 13:8

and troubles	....
καὶ ταραχαί	....

Mark 13:8

these *are* the beginnings of sorrows	these *are* the beginning of sorrows
ἀρχαὶ ὠδίνων ταῦτα	ἀρχὴ ὠδίνων ταῦτα

Mark 13:9

for they shall deliver you up	they shall deliver you up
παραδώσουσι γὰρ ὑμᾶς	παραδώσουσιν ὑμᾶς

Mark 13:9

ye shall be brought	ye shall stand
ἀχθήσεσθε	σταθήσεσθε

Mark 13:10

must first be published	must first be published
δεῖ πρῶτον κηρυχθῆναι	πρῶτον δεῖ κηρυχθῆναι

Mark 13:11

But when they shall lead *you*	But when they shall lead *you*
ὅταν δὲ ἄγαγωσιν ὑμᾶς	καὶ ὅταν ἄγωσιν ὑμᾶς

Mark 13:11

neither do ye premeditate	....
μηδὲ μελετᾶτε	....

Mark 13:12

Now the brother shall betray	And the brother shall betray
Παραδώσει δὲ ἀδελφὸς	καὶ παραδώσει ἀδελφὸς

Mark 13:14

spoken of by Daniel the prophet	....
τὸ ῥηθὲν ὑπὸ Δανιὴλ τοῦ προφήτου	....

Mark 13:14

standing where it ought not	standing where it ought not
ἐστὼς ὅπου οὐ δεῖ	ἐστηκότα ὅπου οὐ δεῖ

Mark 13:15

And...him that is on the housetop	[And]...him that is on the housetop
ὁ δὲ ἐπὶ τοῦ δώματος	ὁ (δὲ) ἐπὶ τοῦ δώματος

Mark 13:15

not go down into the house	not go down

Over 8,000 Differences Between the T.R. and the Nestle-Aland Greek N.T.

Textus Receptus-Scrivener	Nestle-Aland 26,27
μὴ καταβάτω εἰς τὴν οἰκίαν	μὴ καταβάτω

Mark 13:15

neither enter *therein*	neither enter *therein*
μηδὲ εἰσελθέτω	μηδὲ εἰσελθάτω

Mark 13:16

him that is in the field	him in the field
ὁ εἰς τὸν ἀγρὸν ὢν	ὁ εἰς τὸν ἀγρὸν

Mark 13:18

that your flight be not in the winter	that it not be not in the winter
ἵνα μὴ γένηται ἡ φυγὴ ὑμῶν χειμῶνος	ἵνα μὴ γένηται χειμῶνος

Mark 13:19

which God created	which God created
ἧς ἔκτισεν ὁ Θεὸς	ἣν ἔκτισεν ὁ θεὸς

Mark 13:20

except that the Lord had shortened those days	except that the Lord had shortened those days
εἰ μὴ Κύριος ἐκολόβωσε τὰς ἡμέρας	εἰ μὴ ἐκολόβωσεν κύριος τὰς ἡμέρας

Mark 13:21

Lo, here *is* Christ	Lo, here *is* Christ
Ἰδοὺ ὧδε ὁ Χριστός	Ἴδε ὧδε ὁ Χριστός

Mark 13:21

or, lo, *he is* there	lo, *he is* there
ἤ Ἰδού, ἐκεῖ	Ἴδε ἐκεῖ

Mark 13:21

believe *him* not	believe *him* not
μὴ πιστεύητε	μὴ πιστεύετε

Mark 13:22

if *it were* possible, even the elect	if *it were* possible, the elect
εἰ δυνατόν, καὶ τοὺς ἐκλεκτούς	εἰ δυνατόν, τοὺς ἐκλεκτούς

Mark 13:23

behold, I have foretold you all things	I have foretold you all things
ἰδοὺ προείρηκα ὑμῖν πάντα	προείρηκα ὑμῖν πάντα

Mark 13:24

But in those	But in those
Ἀλλ' ἐν ἐκείναις	Ἀλλὰ ἐν ἐκείναις

Mark 13:25

the stars of heaven shall fall	the stars shall fall out of heaven
οἱ ἀστέρες τοῦ οὐρανοῦ ἔσονται ἐκπίπτοντες	οἱ ἀστέρες ἔσονται ἐκ τοῦ οὐρανοῦ πίπτοντες

Mark 13:27

then shall he send his angels	then shall he send angels
τότε ἀποστελεῖ τοὺς ἀγγέλους αὐτοῦ	τότε ἀποστελεῖ τοὺς ἀγγέλους

Mark 13:27

and shall gather together his elect	and shall gather together [his] elect
καὶ ἐπισυνάξει τοὺς ἐκλεκτοὺς αὐτοῦ	καὶ ἐπισυνάξει τοὺς ἐκλεκτοὺς (αὐτοῦ)

Mark 13:28

When her branch is yet tender	When her branch is yet tender
ὅταν αὐτῆς ἤδη ὁ κλάδος ἁπαλὸς γένηται	ὅταν ἤδη ὁ κλάδος αὐτῆς ἁπαλὸς γένηται

Mark 13:29

| So ye in like manner | So ye in like manner |

Textus Receptus-Scrivener	Nestle-Aland 26,27
οὕτω καὶ ὑμεῖς	οὕτως καὶ ὑμεῖς
Mark 13:29	
when ye shall see these things come to pass	when ye shall see these things come to pass
ὅταν ταῦτα ἴδητε γινόμενα	ὅταν ἴδητε ταῦτα γινόμενα
Mark 13:30	
till all these things be done	till all these things be done
μέχρις οὗ πάντα ταῦτα γένηται	μέχρις οὗ ταῦτα πάντα γένηται
Mark 13:31	
but my words shall not pass away	but my words shall not pass away
οἱ δὲ λόγοι μου οὐ μὴ παρέλθωσι	οἱ δὲ λόγοι μου οὐ μὴ παρελεύσονται
Mark 13:32	
that day and *that* hour	that day or *that* hour
τῆς ἡμέρας ἐκείνης καὶ τῆς ὥρας	τῆς ἡμέρας ἐκείνης ἢ τῆς ὥρας
Mark 13:32	
not the angels which are in heaven	not the angels in heaven
οὐδὲ οἱ ἄγγελοι οἱ ἐν οὐρανῷ	οὐδὲ οἱ ἄγγελοι ἐν οὐρανῷ
Mark 13:33	
Take ye heed, watch and pray	Take ye heed, watch
βλέπετε, ἀγρυπνεῖτε, καὶ προσεύχεσθε	βλέπετε ἀγρυπνεῖτε
Mark 13:34	
and to every man his work	to every man his work
καὶ ἑκάστῳ τὸ ἔργον αὐτοῦ	ἑκάστῳ τὸ ἔργον αὐτοῦ
Mark 13:35	
cometh, at even	cometh, or at even
ἔρχεται, ὀψὲ	ἔρχεται, ἢ ὀψὲ
Mark 13:35	
or at midnight	or at midnight
ἢ μεσονυκτίου	ἢ μεσονύκτιον
Mark 13:37	
And what I say unto you	And what I say unto you
ἃ δὲ ὑμῖν λέγω	ὃ δὲ ὑμῖν λέγω
Mark 14:2	
But they said	For they said
ἔλεγον δὲ	ἔλεγον γάρ
Mark 14:2	
lest there be an uproar of the people	lest there be an uproar of the people
μήποτε θόρυβος ἔσται τοῦ λαοῦ	μήποτε ἔσται θόρυβος τοῦ λαοῦ
Mark 14:3	
and she brake	she brake
καὶ συντρίψασα	συντρίψασα
Mark 14:3	
the box	the box
τὸ ἀλάβαστρον	τὴν ἀλάβαστρον
Mark 14:3	
and poured *it* on his head	and poured *it* on his head
κατέχεεν αὐτοῦ κατὰ τῆς κεφαλῆς	κατέχεεν αὐτοῦ τῆς κεφαλῆς
Mark 14:4	
and said	....

Over 8,000 Differences Between the T.R. and the Nestle-Aland Greek N.T.

Textus Receptus-Scrivener	Nestle-Aland 26,27
καὶ λέγοντες	....
Mark 14:5	
For it might have been sold	For this ointment might have been sold
ἠδύνατο γὰρ τοῦτο πραθῆναι	ἠδύνατο γὰρ τοῦτο τὸ μύρον πραθῆναι
Mark 14:5	
for more than three hundred pence	for more than three hundred pence
ἐπάνω τριακοσίων δηναρίων	ἐπάνω δηναρίων τριακοσίων
Mark 14:6	
she hath wrought a good work on me	she hath wrought a good work on me
καλὸν ἔργον εἰργάσατο εἰς ἐμέ	καλὸν ἔργον ἠργάσατο ἐν ἐμοί
Mark 14:7	
ye may do them good	ye may do them good
αὐτοὺς εὖ ποιῆσαι	αὐτοῖς εὖ ποιῆσαι
Mark 14:8	
She hath done what she could	*She* hath done what she could
ὃ εἶχεν αὕτη, ἐποίησε	ὃ ἔσχεν ἐποίησεν
Mark 14:8	
to anoint my body	to anoint my body
μυρίσαι μου τὸ σῶμά	μυρίσαι τὸ σῶμά μου
Mark 14:9	
Verily I say unto you	But, verily I say unto you
ἀμὴν λέγω ὑμῖν	ἀμὴν δὲ λέγω ὑμῖν
Mark 14:9	
Wheresoever	Wheresoever
ὅπου ἂν	ὅπου ἐὰν
Mark 14:9	
this gospel shall be preached	the gospel shall be preached
κηρυχθῇ τὸ εὐαγγέλιον τοῦτο	κηρυχθῇ τὸ εὐαγγέλιον
Mark 14:10	
And Judas	And Judas
Καὶ ὁ Ἰούδας	Καὶ Ἰούδας
Mark 14:10	
Iscariot	Iscariot, who
ὁ Ἰσκαριώτης	Ἰσκαριὼθ ὁ
Mark 14:10	
to betray him unto them	to betray him unto them
ἵνα παραδῷ αὐτὸν αὐτοῖς	ἵνα αὐτὸν παραδοῖ αὐτοῖς
Mark 14:11	
how he might conveniently betray him	how he might conveniently betray him
πῶς εὐκαίρως αὐτὸν παραδῷ	πῶς αὐτὸν εὐκαίρως παραδοῖ
Mark 14:14	
Where is the guestchamber	Where is my guestchamber
Ποῦ ἐστι τὸ κατάλυμά	Ποῦ ἐστιν τὸ κατάλυμά μου
Mark 14:15	
a large upper room furnished	a large upper room furnished
ἀνώγεον μέγα ἐστρωμένον	ἀνάγαιον μέγα ἐστρωμένον
Mark 14:15	
there make ready	and there make ready

Over 8,000 Differences Between the T.R. and the Nestle-Aland Greek N.T.

Textus Receptus-Scrivener	Nestle-Aland 26,27
ἐκεῖ ἑτοιμάσατε	καὶ ἐκεῖ ἑτοιμάσατε
Mark 14:16	
his disciples went forth	the disciples went forth
ἐξῆλθον οἱ μαθηταὶ αὐτοῦ	ἐξῆλθον οἱ μαθηταὶ
Mark 14:18	
Jesus said	Jesus said
εἶπεν ὁ Ἰησοῦς	ὁ Ἰησοῦς εἶπεν
Mark 14:19	
And they began to be sorrowful	*They* began to be sorrowful
οἱ δὲ ἤρξαντο λυπεῖσθαι	ἤρξαντο λυπεῖσθαι
Mark 14:19	
to say unto him one by one	to say unto him one by one
λέγειν αὐτῷ εἷς καθ εἷς	λέγειν αὐτῷ εἷς κατὰ εἷς
Mark 14:19	
Is it I	*Is* it I
Μή τι ἐγώ	Μήτι ἐγώ
Mark 14:19	
and another *said, Is* it I	
καὶ ἄλλος, μή τι ἐγώ	....
	....
Mark 14:20	
And he answered and said unto them	And he said unto them
ὁ δὲ ἀποκριθεὶς εἶπεν αὐτοῖς	ὁ δὲ εἶπεν αὐτοῖς
Mark 14:20	
It is one of the twelve	*It is* one of the twelve
Εἷς ἐκ τῶν δώδεκα	Εἷς τῶν δώδεκα
Mark 14:21	
The Son of man indeed goeth	That the Son of man indeed goeth
ὁ μὲν υἱὸς τοῦ ἀνθρώπου ὑπάγει	ὅτι ὁ μὲν υἱὸς τοῦ ἀνθρώπου ὑπάγει
Mark 14:21	
good were it	good
καλὸν ἦν	καλὸν
Mark 14:22	
Jesus took bread	he took bread
λαβὼν ὁ Ἰησοῦς ἄρτον	λαβὼν ἄρτον
Mark 14:22	
Take, eat	Take
Λάβετε, φάγετε	Λάβετε
Mark 14:23	
And he took the cup	And he took *the* cup
καὶ λαβὼν τὸ ποτήριον	καὶ λαβὼν ποτήριον
Mark 14:24	
my blood	my blood
τὸ αἷμά μου, τὸ	τὸ αἷμά μου
Mark 14:24	
of the new testament	of the testament
τῆς καινῆς διαθήκης	τῆς διαθήκης
Mark 14:24	
which is shed for many	which is shed for many

Over 8,000 Differences Between the T.R. and the Nestle-Aland Greek N.T.

Textus Receptus-Scrivener	Nestle-Aland 26,27
τὸ περὶ πολλῶν ἐκχυννόμενον	τὸ ἐκχυννόμενον ὑπὲρ πολλῶν
Mark 14:25	
the fruit of the vine	the fruit of the vine
τοῦ γεννήματος τῆς ἀμπέλου	τοῦ γενήματος τῆς ἀμπέλου
Mark 14:27	
ye shall be offended because of me this night	ye shall be offended
σκανδαλισθήσεσθε ἐν ἐμοὶ ἐν τῇ νυκτὶ ταύτῃ	σκανδαλισθήσεσθε
Mark 14:27	
and the sheep shall be scattered	and the sheep shall be scattered
καὶ διασκορπισθήσεται τὰ πρόβατα	καὶ τὰ πρόβατα διασκορπισθήσονται
Mark 14:29	
Although all shall be offended	Although all shall be offended
Καὶ εἰ πάντες σκανδαλισθήσονται	Εἰ καὶ πάντες σκανδαλισθήσονται
Mark 14:30	
That this day	That thou this day
ὅτι σήμερον	ὅτι σὺ σήμερον
Mark 14:30	
even in this night	*even* this night
ἐν τῇ νυκτὶ ταύτῃ	ταύτῃ τῇ νυκτὶ
Mark 14:30	
thou shalt deny me thrice	thou shalt deny me thrice
τρίς ἀπαρνήσῃ με	τρίς με ἀπαρνήσῃ
Mark 14:31	
But he...vehemently	But he...vehemently
ὁ δὲ ἐκ περισσοῦ	ὁ δὲ ἐκπερισσῶς
Mark 14:31	
spake	spoke
ἔλεγε	ἐλάλει
Mark 14:31	
the more	....
μᾶλλον	....
Mark 14:31	
If I should die with thee	If I should die with thee
Ἐὰν με δέῃ συναποθανεῖν σοι	Ἐὰν δέῃ με συναποθανεῖν σοι
Mark 14:32	
named Gethsemane	named Gethsemane
ὄνομα Γεθσημανῆ	ὄνομα Γεθσημανί
Mark 14:33	
he taketh with him Peter and James	he taketh with him Peter and James
παραλαμβάνει τὸν Πέτρον καὶ τὸν Ἰάκωβον	παραλαμβάνει τὸν Πέτρον καὶ (τὸν) Ἰάκωβον
Mark 14:33	
and John	and John
καὶ Ἰωάννην	καὶ (τὸν) Ἰωάννην
Mark 14:33	
with him	with him
μεθ ἑαυτοῦ	μετ αὐτοῦ
Mark 14:35	
and fell on the ground	and fell on the ground

Textus Receptus-Scrivener	Nestle-Aland 26,27
ἔπεσεν ἐπὶ τῆς γῆς	ἔπιπτεν ἐπὶ τῆς γῆς

Mark 14:36

take away this cup from me	take away this cup from me
παρένεγκε τὸ ποτήριον ἀπ ἐμοῦ τοῦτο	παρένεγκε τὸ ποτήριον τοῦτο ἀπ ἐμοῦ·

Mark 14:38

lest ye enter into temptation	lest ye enter into temptation
ἵνα μὴ εἰσέλθητε εἰς πειρασμόν	ἵνα μὴ ἔλθητε εἰς πειρασμόν

Mark 14:40

And when he returned, he found them	And coming again, he found them
καὶ ὑποστρέψας εὗρεν αὐτοὺς	καὶ πάλιν ἐλθὼν εὗρεν αὐτοὺς

Mark 14:40

asleep again	asleep
πάλιν καθεύδοντας	καθεύδοντας

Mark 14:40

for their eyes were	for their eyes were
ἦσαν γὰρ οἱ ὀφθαλμοὶ αὐτῶν	ἦσαν γὰρ αὐτῶν οἱ ὀφθαλμοὶ

Mark 14:40

heavy	heavy
βεβαρημένοι	καταβαρυνόμενοι

Mark 14:40

neither wist they what to answer him	neither wist they what to answer him
οὐκ ᾔδεισαν τί αὐτῷ ἀποκριθῶσι	οὐκ ᾔδεισαν τί ἀποκριθῶσιν αὐτῷ

Mark 14:43

And immediately	And immediately
Καὶ εὐθέως	Καὶ εὐθὺς

Mark 14:43

one of the twelve	one of the twelve
εἷς ὢν τῶν δώδεκα	εἷς τῶν δώδεκα

Mark 14:43

a great multitude	a multitude
ὄχλος πολὺς	ὄχλος

Mark 14:44

and lead *him* away safely	and lead *him* away safely
καὶ ἀπαγάγετε ἀσφαλῶς	καὶ ἀπάγετε ἀσφαλῶς

Mark 14:45

he goeth straightway to him	he goeth straightway to him
εὐθέως προσελθὼν αὐτῷ	εὐθὺς προσελθὼν αὐτῷ

Mark 14:45

and saith, Master, master	and saith, Master
λέγει, ' Ραββί ' ραββί	λέγει, ' ραββί

Mark 14:46

they laid their hands on him	they laid hands on him
ἐπέβαλον ἐπ αὐτὸν τὰς χεῖρας αὐτῶν	ἐπέβαλον τὰς χεῖρας αὐτῷ

Mark 14:47

And one of them that stood by	And one of them that stood by
εἷς δέ τις τῶν παρεστηκότων	εἷς δέ (τις) τῶν παρεστηκότων

Mark 14:47

and cut off his ear	and cut off his ear

Over 8,000 Differences Between the T.R. and the Nestle-Aland Greek N.T.

Textus Receptus-Scrivener	Nestle-Aland 26,27
καὶ ἀφεῖλεν αὐτοῦ τὸ ὠρίον	καὶ ἀφεῖλεν αὐτοῦ τὸ ὠτάριον
Mark 14:48	
Are ye come out, as against a thief	Are ye come out, as against a thief
Ὡς ἐπὶ λῃστὴν ἐξήλθετε	Ὡς ἐπὶ λῃστὴν ἐξήλθατε
Mark 14:50	
And they all forsook him, and fled	And they all forsook him, and fled
καὶ ἀφέντες αὐτὸν πάντες ἔφυγον	καὶ ἀφέντες αὐτὸν ἔφυγον πάντες
Mark 14:51	
a certain young man	a certain young man
εἷς τις νεανίσκος	νεανίσκος τις
Mark 14:51	
followed him	followed with him
ἠκολούθει αὐτῷ	συνηκολούθει αὐτῷ
Mark 14:51	
and the young men laid hold on him	and laid hold on him
καὶ κρατοῦσιν αὐτόν οἱ νεανίσκοι	καὶ κρατοῦσιν αὐτόν
Mark 14:52	
fled from them	fled
ἔφυγεν ἀπ αὐτῶν	ἔφυγεν
Mark 14:53	
and with him were assembled	and were assembled
καὶ συνέρχονται αὐτῷ	καὶ συνέρχονται
Mark 14:55	
and found none	and found none
καὶ οὐχ εὕρισκον	καὶ οὐχ ηὕρισκον
Mark 14:60	
in the midst	in the midst
εἰς τὸ μέσον	εἰς μέσον
Mark 14:61	
and answered nothing	and not answered nothing
καὶ οὐδέν ἀπεκρίνατο	καὶ οὐκ ἀπεκρίνατο οὐδέν
Mark 14:62	
sitting on the right hand of power,	sitting on the right hand of power,
καθήμενον ἐκ δεξιῶν τῆς δυνάμεως	ἐκ δεξιῶν καθήμενον τῆς δυνάμεως
Mark 14:64	
condemned him to be guilty of death	condemned him to be guilty of death
κατέκριναν αὐτὸν εἶναι ἔνοχον θανάτου	κατέκριναν αὐτὸν ἔνοχον εἶναι θανάτου
Mark 14:65	
and to cover his face	and to cover his face
καὶ περικαλύπτειν τὸ πρόσωπον αὐτοῦ	καὶ περικαλύπτειν αὐτοῦ τὸ πρόσωπον
Mark 14:65	
did strike him	did take him
αὐτὸν ἔβαλλον	αὐτὸν ἔλαβον
Mark 14:66	
Peter was beneath in the palace	Peter was beneath in the palace
τοῦ Πέτρου ἐν τῇ αὐλῇ κάτω	τοῦ Πέτρου κάτω ἐν τῇ αὐλῇ
Mark 14:67	
And thou also wast with Jesus of Nazareth	And thou also wast with Jesus of Nazareth

118

Textus Receptus-Scrivener	Nestle-Aland 26,27
Καὶ σὺ μετὰ τοῦ Ναζαρηνοῦ τοῦ Ἰησοῦ ἦσθα	Καὶ σὺ μετὰ τοῦ Ναζαρηνοῦ ἦσθα τοῦ Ἰησοῦ
Mark 14:68	
saying, I know not	saying, neither know I
λέγων, Οὐκ οἶδα	λέγων, Οὔτε οἶδα
Mark 14:68	
neither understand I	neither understand I
οὐδὲ ἐπίσταμαι	οὔτε ἐπίσταμαι
Mark 14:68	
what thou sayest	what thou sayest
τί σὺ λέγεις	σὺ τί λέγεις
Mark 14:68	
and the cock crew	[and the cock crew]
καὶ ἀλέκτωρ ἐφώνησε	(καὶ ἀλέκτωρ ἐφώνησεν)
Mark 14:69	
saw him again, and began to say	saw him, and began to say again
ἰδοῦσα αὐτὸν πάλιν ἤρξατο λέγειν	ἰδοῦσα αὐτὸν ἤρξατο πάλιν λέγειν
Mark 14:69	
to say to them that stood by	to say to them that stood by
τοῖς παρεστηκόσιν	τοῖς παρεστῶσιν
Mark 14:70	
and thy speech agreeth *thereto*	....
καὶ ἡ λαλιά σου ὁμοιάζει	....
Mark 14:71	
to curse and to swear	to curse and to swear
ἀναθεματίζειν καὶ ὀμνύνειν	ἀναθεματίζειν καὶ ὀμνύναι
Mark 14:72	
And the second time the cock crew	And immediately the second time the cock crew
καὶ ἐκ δευτέρου ἀλέκτωρ ἐφώνησε	καὶ εὐθὺς ἐκ δευτέρου ἀλέκτωρ ἐφώνησεν
Mark 14:72	
Peter called to mind the word	Peter called to mind the word
ἀνεμνήσθη ὁ Πέτρος τοῦ ῥήματος	ἀνεμνήσθη ὁ Πέτρος τὸ ῥῆμα
Mark 14:72	
that Jesus said unto him	that Jesus said unto him
οὗ εἶπεν αὐτῷ ὁ Ἰησοῦς	ὡς εἶπεν αὐτῷ ὁ Ἰησοῦς
Mark 14:72	
thou shalt deny me thrice	thou shalt deny me thrice
ἀπαρνήσῃ με τρίς	τρίς με ἀπαρνήσῃ
Mark 15:1	
And straightway	And straightway
Καὶ εὐθέως	Καὶ εὐθὺς
Mark 15:1	
in the morning	*in the* morning
ἐπὶ τὸ πρωῒ	πρωῒ
Mark 15:1	
and delivered *him* to Pilate	and delivered *him to* Pilate
καὶ παρέδωκαν τῷ Πιλάτῳ	καὶ παρέδωκαν Πιλάτῳ
Mark 15:2	
And he answering said unto him	And he answering saith unto him

Over 8,000 Differences Between the T.R. and the Nestle-Aland Greek N.T.

Textus Receptus-Scrivener	Nestle-Aland 26,27
Ὁ δὲ ἀποκριθεὶς εἶπεν αὐτῷ	ὁ δὲ ἀποκριθεὶς αὐτῷ λέγει
Mark 15:3	
but he answered nothing	....
αὐτὸς δὲ οὐδὲν ἀπεκρίνατο	....
Mark 15:4	
Pilate asked him again	Pilate asked him again
Πιλᾶτος πάλιν ἐπηρώτησεν αὐτὸν	Πιλᾶτος πάλιν ἐπηρώτα αὐτὸν
Mark 15:4	
they witness against thee	they witness against thee
καταμαρτυροῦσιν	κατηγοροῦσιν
Mark 15:6	
whomsoever they desired	whomsoever they desired
ὅνπερ ᾐτοῦντο	ὃν παρῃτοῦντο
Mark 15:7	
with them that had made insurrection with him	with them that had made insurrection
μετὰ τῶν συστασιαστῶν	μετὰ τῶν στασιαστῶν
Mark 15:8	
And the multitude crying aloud	And the multitude coming up
καὶ ἀναβοήσας ὁ ὄχλος	καὶ ἀναβὰς ὁ ὄχλος
Mark 15:8	
as he had ever done unto them	as he had done unto them
καθὼς ἀεὶ ἐποίει αὐτοῖς	καθὼς ἐποίει αὐτοῖς
Mark 15:12	
Pilate answered and said again unto them	Pilate answered and said again unto them
Πιλᾶτος ἀποκριθεὶς πάλιν ἔλεγεν αὐτοῖς	Πιλᾶτος πάλιν ἀποκριθεὶς ἔλεγεν αὐτοῖς
Mark 15:12	
What will ye then	What [will] ye then
Τί οὖν θέλετε	Τί οὖν (θέλετε)
Mark 15:12	
whom ye call	[whom ye call]
ὃν λέγετε	(ὃν λέγετε)
Mark 15:12	
the King of the Jews	the King of the Jews
βασιλέα τῶν Ἰουδαίων	τὸν βασιλέα τῶν Ἰουδαίω
Mark 15:14	
Why, what evil hath he done	Why, what evil hath he done
Τί γὰρ κακὸν ἐποίησεν	Τί γὰρ ἐποίησεν κακόν
Mark 15:14	
And they cried out the more exceedingly	And they cried out the more exceedingly
οἱ δὲ περισσοτέρως ἔκραξαν	οἱ δὲ περισσῶς ἔκραξαν
Mark 15:17	
they clothed him with purple	they clothed him with purple
ἐνδύουσιν αὐτὸν πορφύραν	ἐνδιδύσκουσιν αὐτὸν πορφύραν
Mark 15:20	
his own clothes	his clothes
τὰ ἱμάτια τὰ ἴδια	τὰ ἱμάτια αὐτοῦ
Mark 15:22	
unto the place Golgotha	unto the place Golgotha

Textus Receptus-Scrivener	Nestle-Aland 26,27
ἐπὶ Γολγοθᾶ τόπον	ἐπὶ τὸν Γολγοθᾶν τόπον

Mark 15:23

| they gave him to drink | they gave him |
| ἐδίδουν αὐτῷ πιεῖν | ἐδίδουν αὐτῷ |

Mark 15:23

| but he received *it* not | who however received *it* not |
| ὁ δὲ οὐκ ἔλαβε | ὃς δὲ οὐκ ἔλαβεν |

Mark 15:24

| And when they had crucified him | And they crucified him |
| καὶ σταυρώσαντες αὐτὸν | καὶ σταυροῦσιν αὐτὸν |

Mark 15:24

| they parted | and they part |
| διεμερίζον | καὶ διαμερίζονται |

Mark 15:28

| And the scripture was fulfilled, which saith, And he was numbered with the transgressors | .... |
| καὶ ἐπληρώθη ἡ γραφὴ ἡ λέγουσα, Καὶ μετὰ ἀνόμων ἐλογίσθη | .... |

Mark 15:29

| and buildest *it* in three days, | and buildest *it* in three days, |
| καὶ ἐν τρισὶν ἡμέραις οἰκοδομῶν | καὶ οἰκοδομῶν ἐν τρισὶν ἡμέραις |

Mark 15:30

| and come down from the cross | come down from the cross |
| καὶ κατάβα ἀπὸ τοῦ σταυροῦ | καταβὰς ἀπὸ τοῦ σταυροῦ |

Mark 15:31

| Likewise also the chief priests | Likewise also the chief priests |
| ὁμοίως δὲ καὶ οἱ ἀρχιερεῖς | ὁμοίως καὶ οἱ ἀρχιερεῖς |

Mark 15:32

| the King of Israel | the King of Israel |
| ὁ βασιλεὺς τοῦ Ἰσραὴλ | ὁ βασιλεὺς Ἰσραὴλ |

Mark 15:32

| they that were crucified with him | they that were crucified with him |
| οἱ συνεσταυρωμένοι αὐτῷ | οἱ συνεσταυρωμένοι σὺν αὐτῷ |

Mark 15:33

| And when the sixth hour was come | And when the sixth hour was come |
| Γενομένης δὲ ὥρας ἕκτης | Καὶ γενομένης ὥρας ἕκτης |

Mark 15:33

| until the ninth hour | until the ninth hour |
| ἕως ὥρας ἐννάτης | ἕως ὥρας ἐνάτης |

Mark 15:34

| And at the ninth hour | And at the ninth hour |
| καὶ τῇ ὥρᾳ τῇ ἐννάτῃ | καὶ τῇ ἐνάτῃ ὥρᾳ |

Mark 15:34

| cried with a loud voice, saying | cried with a loud voice |
| φωνῇ μεγάλῃ, λέγων | φωνῇ μεγάλῃ |

Mark 15:34

| Eloi, Eloi, lama sabachthani | Eloi, Eloi, lema sabachthani |
| Ἐλωΐ Ἐλωΐ, λαμμᾶ σαβαχθανί | Ελωι ελωι λεμα σαβαχθανι |

Over 8,000 Differences Between the T.R. and the Nestle-Aland Greek N.T.

Textus Receptus-Scrivener	Nestle-Aland 26,27
Mark 15:34	
why hast thou forsaken me	why hast thou forsaken me
εἰς τί με ἐγκατέλιπές	εἰς τί ἐγκατέλιπές με
Mark 15:35	
Behold, he calleth Elias	Behold, he calleth Elias
Ἰδοὺ Ἠλίαν φωνεῖ	Ἴδε Ἠλίαν φωνεῖ
Mark 15:36	
And one ran	And one ran
δραμὼν δέ εἷς	δραμὼν δέ τις
Mark 15:36	
and filled a spunge	[and] filled a spunge
καὶ γεμίσας σπόγγον	(καὶ) γεμίσας σπόγγον
Mark 15:36	
and put *it* on a reed	put *it* on a reed
περιθεὶς τε καλάμῳ	περιθεὶς καλάμῳ
Mark 15:38	
from the top to the bottom	from the top to the bottom
ἀπὸ ἄνωθεν ἕως κάτω	ἀπ ἄνωθεν ἕως κάτω.
Mark 15:39	
that...so	that...so
ὅτι οὕτω	ὅτι οὕτως
Mark 15:39	
he...cried out, and gave up the ghost	he...gave up the ghost
κράξας ἐξέπνευσεν	ἐξέπνευσεν
Mark 15:39	
Truly this man	Truly this man
Ἀληθῶς ὁ ἄνθρωπος οὗτος	Ἀληθῶς οὗτος ὁ ἄνθρωπος
Mark 15:39	
was the Son of God	was the Son of God
υἱὸς ἦν Θεοῦ	υἱὸς θεοῦ ἦν
Mark 15:40	
among whom was Mary Magdalene	among also Mary Magdalene
ἐν αἷς ἦν καὶ Μαρία ἡ Μαγδαληνὴ	ἐν αἷς καὶ Μαρία ἡ Μαγδαληνὴ
Mark 15:40	
Mary...of James the less	Mary...of James the less
Μαρία ἡ τοῦ Ἰακώβου τοῦ μικροῦ	Μαρία ἡ Ἰακώβου τοῦ μικροῦ
Mark 15:40	
and of Joses	and of Joses
καὶ Ἰωσῆ	καὶ Ἰωσῆτος
Mark 15:41	
Who also, when	Who, when
αἱ καί, ὅτε	αἱ ὅτε
Mark 15:43	
Joseph...came	Joseph...having come
ἦλθεν Ἰωσὴφ	ἐλθὼν Ἰωσὴφ
Mark 15:43	
of Arimathaea	of Arimathaea
ὁ ἀπὸ Ἀριμαθαίας	(ὁ) ἀπὸ Ἀριμαθαίας

Textus Receptus-Scrivener	Nestle-Aland 26,27
Mark 15:43	
and went in boldly unto Pilate	and went in boldly unto Pilate
τολμήσας εἰσῆλθε πρὸς Πιλᾶτον	τολμήσας εἰσῆλθεν πρὸς τὸν Πιλᾶτον
Mark 15:45	
he gave the body to Joseph	he gave the corpse to Joseph
ἐδωρήσατο τὸ σῶμα τῷ Ἰωσήφ	ἐδωρήσατο τὸ πτῶμα τῷ Ἰωσήφ
Mark 15:46	
and took him down	took him down
καὶ καθελὼν αὐτὸν	καθελὼν αὐτὸν
Mark 15:46	
and laid him in a sepulchre	and placed him in a sepulchre
καὶ κατέθηκεν αὐτὸν ἐν μνημείῳ	καὶ ἔθηκεν αὐτὸν ἐν μνημείῳ
Mark 15:47	
and Mary *the mother* of Joses	and Mary *the mother* of Joses
καὶ Μαρία Ἰωσῆ	καὶ Μαρία ἡ Ἰωσῆτος
Mark 15:47	
where he was laid	where he was laid
ποῦ τίθεται	ποῦ τέθειται
Mark 16:1	
Mary the *mother* of James	Mary the *mother* of James
Μαρία ἡ τοῦ Ἰακώβου	Μαρία ἡ (τοῦ) Ἰακώβου
Mark 16:2	
very early in the morning the first *day* of the week	very early in the morning the first *day* of the week
λίαν πρωὶ τῆς μιᾶς σαββάτων	λίαν πρωὶ τῇ μιᾷ τῶν σαββάτων
Mark 16:7	
But go your way	But go your way
ἀλλ ὑπάγετε	ἀλλὰ ὑπάγετε
Mark 16:8	
they went out quickly	they went out
ἐξελθοῦσαι ταχὺ	ἐξελθοῦσαι
Mark 16:8	
for they trembled	for they trembled
εἶχε δὲ αὐτὰς τρόμος	εἶχεν γὰρ αὐτὰς τρόμος
Mark 16:8	
neither said they any thing to any *man*; for they were afraid.	neither said they any thing to any *man*; for they were afraid.
καὶ οὐδενὶ οὐδὲν εἶπον, ἐφοβοῦντο γάρ.	καὶ οὐδενὶ οὐδὲν εἶπαν, ἐφοβοῦντο γάρ.
Mark 16:9-20	

Textus Receptus--Scrivener	Nestle-Aland 26, 27

Textus Receptus--Scrivener

[9] Now when *Jesus* was risen early the first *day* of the week, he appeared first to Mary Magdalene, out of whom he had cast seven devils.

[10] *And* she went and told them that had been with him, as they mourned and wept.

[11] And they, when they had heard that he was alive, and had been seen of her, believed not.

[12] After that he appeared in another form unto two of them, as they walked, and went into the country.

[13] And they went and told *it* unto the residue: neither believed they them.

[14] Afterward he appeared unto the eleven as they sat at meat, and upbraided them with their unbelief and hardness of heart, because they believed not them which had seen him after he was risen.

[15] And he said unto them, Go ye into all the world, and preach the gospel to every creature.

[16] He that believeth and is baptized shall be saved; but he that believeth not shall be damned.

[17] And these signs shall follow them that believe; In my name shall they cast out devils; they shall speak with new tongues;

[18] They shall take up serpents; and if they drink any deadly thing, it shall not hurt them; they shall lay hands on the sick, and they shall recover.

[19] So then after the Lord had spoken unto them, he was received up into heaven, and sat on the right hand of God.

[20] And they went forth, and preached every where, the Lord working with *them*, and confirming the word with signs following. Amen.

Nestle-Aland 26, 27

[[[9] Now when *Jesus* was risen early the first *day* of the week, he appeared first to Mary Magdalene, out of whom he had cast seven devils.

[10] *And* she went and told them that had been with him, as they mourned and wept.

[11] And they, when they had heard that he was alive, and had been seen of her, believed not.

[12] After that he appeared in another form unto two of them, as they walked, and went into the country.

[13] And they went and told *it* unto the residue: neither believed they them.

[14] Afterward he appeared unto the eleven as they sat at meat, and upbraided them with their unbelief and hardness of heart, because they believed not them which had seen him after he was risen.

[15] And he said unto them, Go ye into all the world, and preach the gospel to every creature.

[16] He that believeth and is baptized shall be saved; but he that believeth not shall be damned.

[17] And these signs shall follow them that believe; In my name shall they cast out devils; they shall speak with new tongues;

[18] They shall take up serpents; and if they drink any deadly thing, it shall not hurt them; they shall lay hands on the sick, and they shall recover.

[19] So then after the Lord had spoken unto them, he was received up into heaven, and sat on the right hand of God.

[20] And they went forth, and preached every where, the Lord working with *them*, and confirming the word with signs following. Amen.]]

Textus Receptus--Scrivener	Nestle-Aland 26, 27

⁹Ἀναστὰς δὲ πρωὶ πρώτῃ σαββάτου ἐφάνη πρῶτον Μαρίᾳ τῇ Μαγδαληνῇ, ἀφ᾽ ἧς ἐκβεβλήκει ἑπτὰ δαιμόνια.
¹⁰ἐκείνη πορευθεῖσα ἀπήγγειλε τοῖς μετ᾽ αὐτοῦ γενομένοις, πενθοῦσι καὶ κλαίουσι.
¹¹κἀκεῖνοι ἀκούσαντες ὅτι ζῇ καὶ ἐθεάθη ὑπ᾽ αὐτῆς ἠπίστησαν.
¹²Μετὰ δὲ ταῦτα δυσὶν ἐξ αὐτῶν περιπατοῦσιν ἐφανερώθη ἐν ἑτέρᾳ μορφῇ, πορευομένοις εἰς ἀγρόν.
¹³κἀκεῖνοι ἀπελθόντες ἀπήγγειλαν τοῖς λοιποῖς· οὐδὲ ἐκείνοις ἐπίστευσαν.
¹⁴Ὕστερον, ἀνακειμένοις αὐτοῖς τοῖς ἔνδεκα ἐφανερώθη, καὶ ὠνείδισε τὴν ἀπιστίαν αὐτῶν καὶ σκληροκαρδίαν, ὅτι τοῖς θεασαμένοις αὐτὸν ἐγηγερμένον, οὐκ ἐπίστευσαν.
¹⁵καὶ εἶπεν αὐτοῖς, Πορευθέντες εἰς τὸν κόσμον ἅπαντα, κηρύξατε τὸ εὐαγγέλιον πάσῃ τῇ κτίσει.
¹⁶ὁ πιστεύσας καὶ βαπτισθεὶς, σωθήσεται· ὁ δὲ ἀπιστήσας, κατακριθήσεται.
¹⁷σημεῖα δὲ τοῖς πιστεύσασι ταῦτα παρακολουθήσει· ἐν τῷ ὀνόματί μου δαιμόνια ἐκβαλοῦσι· γλώσσαις λαλήσουσι καιναῖς,
¹⁸ὄφεις ἀροῦσι· κἂν θανάσιμόν τι πίωσιν, οὐ μὴ αὐτοὺς βλάψει, ἐπὶ ἀρρώστους χεῖρας ἐπιθήσουσι, καὶ καλῶς ἕξουσιν.
¹⁹Ὁ μὲν οὖν Κύριος, μετὰ τὸ λαλῆσαι αὐτοῖς, ἀνελήφθη εἰς τὸν οὐρανόν, καὶ ἐκάθισεν ἐκ δεξιῶν τοῦ Θεοῦ.
²⁰ἐκεῖνοι δὲ ἐξελθόντες ἐκήρυξαν πανταχοῦ, τοῦ Κυρίου συνεργοῦντος, καὶ τὸν λόγον βεβαιοῦντος διὰ τῶν ἐπακολουθούντων σημείων. Ἀμήν.

[[⁹Ἀναστὰς δὲ πρωὶ πρώτῃ σαββάτου ἐφάνη πρῶτον Μαρίᾳ τῇ Μαγδαληνῇ, ἀφ᾽ ἧς ἐκβεβλήκει ἑπτὰ δαιμόνια.
¹⁰ἐκείνη πορευθεῖσα ἀπήγγειλε τοῖς μετ᾽ αὐτοῦ γενομένοις, πενθοῦσι καὶ κλαίουσι.
¹¹κἀκεῖνοι ἀκούσαντες ὅτι ζῇ καὶ ἐθεάθη ὑπ᾽ αὐτῆς ἠπίστησαν.
¹²Μετὰ δὲ ταῦτα δυσὶν ἐξ αὐτῶν περιπατοῦσιν ἐφανερώθη ἐν ἑτέρᾳ μορφῇ, πορευομένοις εἰς ἀγρόν.
¹³κἀκεῖνοι ἀπελθόντες ἀπήγγειλαν τοῖς λοιποῖς· οὐδὲ ἐκείνοις ἐπίστευσαν.
¹⁴Ὕστερον, ἀνακειμένοις αὐτοῖς τοῖς ἔνδεκα ἐφανερώθη, καὶ ὠνείδισε τὴν ἀπιστίαν αὐτῶν καὶ σκληροκαρδίαν, ὅτι τοῖς θεασαμένοις αὐτὸν ἐγηγερμένον, οὐκ ἐπίστευσαν.
¹⁵καὶ εἶπεν αὐτοῖς, Πορευθέντες εἰς τὸν κόσμον ἅπαντα, κηρύξατε τὸ εὐαγγέλιον πάσῃ τῇ κτίσει.
¹⁶ὁ πιστεύσας καὶ βαπτισθεὶς, σωθήσεται· ὁ δὲ ἀπιστήσας, κατακριθήσεται.
¹⁷σημεῖα δὲ τοῖς πιστεύσασι ταῦτα παρακολουθήσει· ἐν τῷ ὀνόματί μου δαιμόνια ἐκβαλοῦσι· γλώσσαις λαλήσουσι καιναῖς,
¹⁸ὄφεις ἀροῦσι· κἂν θανάσιμόν τι πίωσιν, οὐ μὴ αὐτοὺς βλάψει, ἐπὶ ἀρρώστους χεῖρας ἐπιθήσουσι, καὶ καλῶς ἕξουσιν.
¹⁹Ὁ μὲν οὖν Κύριος, μετὰ τὸ λαλῆσαι αὐτοῖς, ἀνελήφθη εἰς τὸν οὐρανόν, καὶ ἐκάθισεν ἐκ δεξιῶν τοῦ Θεοῦ.
²⁰ἐκεῖνοι δὲ ἐξελθόντες ἐκήρυξαν πανταχοῦ, τοῦ Κυρίου συνεργοῦντος, καὶ τὸν λόγον βεβαιοῦντος διὰ τῶν ἐπακολουθούντων σημείων. Ἀμήν.]]

Luke 1:5
Herod, the king
Ἡρώδου τοῦ βασιλέως

Herod, the king
Ἡρώδου βασιλέως

Luke 1:5
and his wife
καὶ ἡ γυνὴ αὐτοῦ

and his wife
καὶ γυνὴ αὐτῷ

Luke 1:6
both righteous before God
δίκαιοι ἀμφότεροι ἐνώπιον τοῦ Θεοῦ

both righteous before God
δίκαιοι ἀμφότεροι ἐναντίον τοῦ θεοῦ

Luke 1:7
because that Elisabeth was barren
καθότι ἡ Ἐλισάβετ ἦν στεῖρα

because that Elisabeth was barren
καθότι ἦν ἡ Ἐλισάβετ στεῖρα

Luke 1:10
the whole multitude of the people were praying
πᾶν τὸ πλῆθος τοῦ λαοῦ ἦν προσευχόμενον

the whole multitude of the people were praying
πᾶν τὸ πλῆθος ἦν τοῦ λαοῦ προσευχόμενον

Luke 1:14
at his birth
ἐπὶ τῇ γεννέσει

at his birth
ἐπὶ τῇ γενέσει

Luke 1:15
great in the sight of the Lord
μέγας ἐνώπιον τοῦ Κυρίου

great in the sight of [the] Lord
μέγας ἐνώπιον (τοῦ) κυρίου

Luke 1:21
he tarried so long in the temple

he tarried so long in the temple

Over 8,000 Differences Between the T.R. and the Nestle-Aland Greek N.T.

Textus Receptus-Scrivener	Nestle-Aland 26,27
χρονίζειν αὐτόν ἐν τῷ ναῷ	χρονίζειν ἐν τῷ ναῷ αὐτόν

Luke 1:22

he could not speak	he could not speak
οὐκ ἠδύνατο λαλῆσαι	οὐκ ἐδύνατο λαλῆσαι

Luke 1:25

Thus	Thus
Ὅτι Οὕτω	ὅτι Οὕτως

Luke 1:25

hath the Lord dealt	hath *the* Lord dealt
πεποίηκεν ὁ Κύριος	πεποίηκεν κύριος

Luke 1:25

to take away my reproach	to take away my reproach
ἀφελεῖν τὸ ὄνειδός μου	ἀφελεῖν ὄνειδός μου

Luke 1:26

from God	from God
ὑπὸ τοῦ θεοῦ	ἀπὸ τοῦ θεοῦ

Luke 1:27

espoused to a man	espoused to a man
μεμνηστευμένην ἀνδρὶ	ἐμνηστευμένην ἀνδρὶ

Luke 1:27

of the house of David	of the house of David
ἐξ οἴκου Δαβίδ	ἐξ οἴκου Δαυίδ

Luke 1:28

And the angel came in unto her	And came in unto her
καὶ εἰσελθὼν ὁ ἄγγελος πρὸς αὐτὴν	καὶ εἰσελθὼν πρὸς αὐτὴν

Luke 1:28

blessed *art* thou among women	....
εὐλογημένη σὺ ἐν γυναιξίν	....

Luke 1:29

And when she saw *him*	And she
ἡ δὲ ἰδοῦσα	ἡ δὲ

Luke 1:29

was troubled at his saying	was troubled at the saying
διεταράχθη ἐπὶ τῷ λόγῳ αὐτοῦ	ἐπὶ τῷ λόγῳ διεταράχθη

Luke 1:31

thou shalt conceive in thy womb	thou shalt conceive in thy womb
συλλήψῃ ἐν γαστρὶ	συλλήμψῃ ἐν γαστρὶ

Luke 1:32

the throne of...David	the throne of...David
τὸν θρόνον Δαβίδ	τὸν θρόνον Δαυὶδ

Luke 1:35

that holy thing which shall be born of thee	that holy thing which shall be born
τὸ γεννώμενον ἐκ σοῦ ἅγιον	τὸ γεννώμενον ἅγιον

Luke 1:36

thy cousin Elisabeth	thy cousin Elisabeth
Ἐλισάβετ ἡ συγγενής σου	Ἐλισάβετ ἡ συγγενίς σου

Luke 1:36

| she hath also conceived | she hath also conceived |

Over 8,000 Differences Between the T.R. and the Nestle-Aland Greek N.T.

Textus Receptus-Scrivener	Nestle-Aland 26,27
καὶ αὐτὴ συνείληφυῖα	καὶ αὐτὴ συνείληφεν
Luke 1:36	
in her old age	in her old age
ἐν γήρᾳ αὐτῆς	ἐν γήρει αὐτῆς
Luke 1:37	
with God	with God
παρὰ τῷ Θεῷ	παρὰ τοῦ θεοῦ
Luke 1:41	
when Elisabeth heard the salutation of Mary	when Elisabeth heard the salutation of Mary
ὡς ἤκουσεν ἡ Ἐλισάβετ τὸν ἀσπασμὸν τῆς Μαρίας	ὡς ἤκουσεν τὸν ἀσπασμὸν τῆς Μαρίας ἡ Ἐλισάβετ
Luke 1:42	
she spake out with a loud voice	she spake out with a loud cry
ἀνεφώνησε φωνῇ μεγάλῃ	ἀνεφώνησεν κραυγῇ μεγάλῃ
Luke 1:43	
the mother of my Lord should come to me	the mother of my Lord should come to me
ἔλθῃ ἡ μήτηρ τοῦ Κυρίου μου πρὸς μέ	ἔλθῃ ἡ μήτηρ τοῦ κυρίου μου πρὸς ἐμέ
Luke 1:49	
great things	great things
μεγάλεῖα	μεγάλα
Luke 1:50	
from generation to generation	from generation and generation
εἰς γενεὰς γενεῶν	εἰς γενεὰς καὶ γενεὰς
Luke 1:56	
about three months	about three months
ὡσεὶ μῆνας τρεῖς	ὡς μῆνας τρεῖς
Luke 1:59	
on the eighth day	on the eighth day
ἐν τῇ ὀγδόῃ ἡμέρᾳ	ἐν τῇ ἡμέρᾳ τῇ ὀγδόῃ
Luke 1:61	
And they said unto her	And they said unto her
καὶ εἶπον πρὸς αὐτὴν	καὶ εἶπαν πρὸς αὐτὴν
Luke 1:61	
There is none of thy kindred	There is none of thy kindred
Οὐδείς ἐστιν ἐν τῇ συγγενείᾳ σου	Οὐδείς ἐστιν ἐκ τῆς συγγενείας σου
Luke 1:62	
how he would have him called	how he would have it called
τὸ τί ἂν θέλοι καλεῖσθαι αὐτόν	τὸ τί ἂν θέλοι καλεῖσθαι αὐτό
Luke 1:63	
His name is John	His name is John
Ἰωάννης ἐστὶ τὸ ὄνομα αὐτοῦ	Ἰωάννης ἐστὶν ὄνομα αὐτοῦ
Luke 1:66	
And the hand of the Lord	For also the hand of the Lord
καὶ χεὶρ Κυρίου	καὶ γὰρ χεὶρ κυρίου
Luke 1:67	
and prophesied, saying	and prophesied, saying
καὶ προεφήτευσε λέγων	καὶ ἐπροφήτευσεν λέγων
Luke 1:69	

Over 8,000 Differences Between the T.R. and the Nestle-Aland Greek N.T.

Textus Receptus-Scrivener	Nestle-Aland 26,27
in the house	in *the* house
ἐν τῷ οἴκῳ	ἐν οἴκῳ
Luke 1:69	
...David	...David
Δαβὶδ	Δαυὶδ
Luke 1:69	
his servant	his servant
τοῦ παιδὸς αὐτοῦ	παιδὸς αὐτοῦ
Luke 1:70	
since the world began	*since* the world began
τῶν ἀπ αἰῶνος	ἀπ αἰῶνος
Luke 1:74	
of ...enemies	of enemies
τῶν ἐχθρῶν	ἐχθρῶν
Luke 1:74	
our	....
ἡμῶν	....
Luke 1:75	
all the days	all our days
πάσας τὰς ἡμέρας	πάσαις ταῖς ἡμέραις ἡμῶν
Luke 1:75	
of our life	....
τῆς ζωῆς ἡμῶν	....
Luke 1:76	
And thou, child	And thou also, child
καὶ σὺ, παιδίον	Καὶ σὺ δέ, παιδίον
Luke 1:76	
before the face of the Lord	before the Lord
πρὸ προσώπου Κυρίου	ἐνώπιον κυρίου
Luke 1:78	
hath visited us	shall visit us
ἐπεσκέψατο ἡμᾶς	ἐπισκέψεται ἡμᾶς
Luke 2:2	
And this taxing	*And* this taxing
αὕτη ἡ ἀπογραφὴ	αὕτη ἀπογραφὴ
Luke 2:3	
into his own city	into his city
εἰς τὴν ἰδίαν πόλιν	εἰς τὴν ἑαυτοῦ πόλιν
Luke 2:4	
unto the city of David	unto the city of David
εἰς πόλιν Δαβὶδ	εἰς πόλιν Δαβὶδ
Luke 2:4	
lineage of David	lineage of David
πατριᾶς Δαβὶδ	πατριᾶς Δαυίδ
Luke 2:5	
Mary his espoused	Mary his espoused
Μαριὰμ τῇ μεμνηστευμένῃ αὐτῷ	Μαριὰμ τῇ ἐμνηστευμένῃ αὐτῷ
Luke 2:5	

Textus Receptus-Scrivener	Nestle-Aland 26,27
wife	....
γυναικὶ	....
Luke 2:7	
laid him in a manger	laid him in a manger
ἀνέκλινεν αὐτὸν ἐν τῇ φάτνῃ	ἀνέκλινεν αὐτὸν ἐν φάτνῃ
Luke 2:9	
And, lo, the angel of the Lord	And the angel of the Lord
καὶ ἰδοὺ ἄγγελος Κυρίου	καὶ ἄγγελος κυρίου
Luke 2:11	
in the city of David	in the city of David
ἐν πόλει Δαβίδ	ἐν πόλει Δαυίδ
Luke 2:12	
lying	and lying
κείμενον	καὶ κείμενον
Luke 2:12	
in a manger	in a manger
ἐν τῇ φάτνῃ	ἐν φάτνῃ
Luke 2:14	
peace, good will toward men	peace to men of good will
εἰρήνη· ἐν ἀνθρώποις εὐδοκία	εἰρήνη ἐν ἀνθρώποις εὐδοκίας
Luke 2:15	
the shepherds	the shepherds
καὶ οἱ ἄνθρωποι οἱ ποιμένες	οἱ ποιμένες
Luke 2:15	
said one to another	said one to another
εἶπον πρὸς ἀλλήλους	ἐλάλουν πρὸς ἀλλήλους
Luke 2:16	
And they came with haste	And they came with haste
καὶ ἦλθον σπεύσαντες	καὶ ἦλθαν σπεύσαντες
Luke 2:16	
and found	and found
καὶ ἀνεῦρον	καὶ ἀνεῦραν
Luke 2:17	
they made known abroad the saying	they made known the saying
διεγνώρισαν περὶ τοῦ ῥήματος	ἐγνώρισαν περὶ τοῦ ῥήματος
Luke 2:20	
And the shepherds returned	And the shepherds returned
καὶ ἐπέστρεψαν οἱ ποιμένες	καὶ ὑπέστρεψαν οἱ ποιμένες
Luke 2:21	
for the circumcising of the child	for his circumcision
τοῦ περιτεμεῖν τὸ παιδίον	τοῦ περιτεμεῖν αὐτόν
Luke 2:21	
before he was conceived	before he was conceived
πρὸ τοῦ συλληφθῆναι αὐτὸν	πρὸ τοῦ συλλημφθῆναι αὐτὸν
Luke 2:22	
the days of her purification	the days of their purification
αἱ ἡμέραι τοῦ καθαρισμοῦ αὐτῆς	αἱ ἡμέραι τοῦ καθαρισμοῦ αὐτῶν
Luke 2:22	

Over 8,000 Differences Between the T.R. and the Nestle-Aland Greek N.T.

Textus Receptus-Scrivener	Nestle-Aland 26,27
according to the law of Moses	according to the law of Moses
κατὰ τὸν νόμον Μωσέως	κατὰ τὸν νόμον Μωϋσέως
Luke 2:24	
in the law of the Lord	in the law of the Lord
ἐν νόμῳ Κυρίου	ἐν τῷ νόμῳ κυρίου
Luke 2:24	
two young pigeons	two young pigeons
δύο νεοσσοὺς περιστερῶν	δύο νοσσοὺς περιστερῶν
Luke 2:25	
there was a man in Jerusalem	there was a man in Jerusalem
ἦν ἄνθρωπος ἐν Ἰερουσαλήμ	ἄνθρωπος ἦν ἐν Ἰερουσαλὴμ
Luke 2:25	
whose name *was* Simeon	whose name *was* Simeon
ᾧ ὄνομα Σιμεών	ᾧ ὄνομα Συμεών
Luke 2:25	
and the Holy Ghost was upon him	and the Holy Ghost was upon him
καὶ Πνεῦμα Ἅγιον ἦν ἐπ᾽ αὐτόν	καὶ πνεῦμα ἦν ἅγιον ἐπ᾽ αὐτόν
Luke 2:26	
before	before
πρὶν ἤ	πρὶν (ἤ)
Luke 2:26	
he had seen the Lord's Christ	he had seen the Lord's Christ
ἴδῃ τὸν Χριστὸν Κυρίου	ἂν ἴδῃ τὸν Χριστὸν κυρίου
Luke 2:28	
took he him up in his arms	took he him up in the arms
αὐτὸς ἐδέξατο αὐτὸ εἰς τὰς ἀγκάλας αὐτοῦ	αὐτὸς ἐδέξατο αὐτὸ εἰς τὰς ἀγκάλας
Luke 2:33	
And Joseph	And his father
καὶ ἦν ὁ Ἰωσὴφ	καὶ ἦν ὁ πατὴρ αὐτοῦ
Luke 2:33	
and his mother	and the mother
καὶ ἡ μήτηρ αὐτοῦ	καὶ ἡ μήτηρ
Luke 2:34	
Simeon blessed them	Simeon blessed them
εὐλόγησεν αὐτοὺς Σιμεών	εὐλόγησεν αὐτοὺς Συμεὼν
Luke 2:35	
Yea...thy own	Yea...thy own
καὶ σοῦ δὲ αὐτῆς	Καὶ σοῦ (δὲ) αὐτῆς
Luke 2:36	
had lived with an husband seven years	had lived with an husband seven years
ζήσασα ἔτη μετὰ ἀνδρὸς ἑπτὰ	ζήσασα μετὰ ἀνδρὸς ἔτη ἑπτὰ
Luke 2:37	
she *was* a widow of about	she *was* a widow of
αὐτὴ χήρα ὡς	αὐτὴ χήρα
Luke 2:37	
fourscore and four years	fourscore and four years
ἐτῶν ὀγδοηκοντατεσσάρων	ἐτῶν ὀγδοήκοντα τεσσάρων
Luke 2:37	

Textus Receptus-Scrivener	Nestle-Aland 26,27
which departed not from the temple	which departed not *from* the temple
ἢ οὐκ ἀφίστατο ἀπὸ τοῦ ἱεροῦ	ἢ οὐκ ἀφίστατο τοῦ ἱεροῦ
Luke 2:38	
And she...in that instant	And...in that instant
καὶ αὕτη αὐτῇ τῇ ὥρᾳ	καὶ αὐτῇ τῇ ὥρᾳ
Luke 2:38	
gave thanks likewise unto the Lord	gave thanks likewise unto God
ἀνθωμολογεῖτο τῷ Κυρίῳ	ἀνθωμολογεῖτο τῷ θεῷ
Luke 2:38	
looked for redemption in Jerusalem	looked for redemption *in* Jerusalem
προσδεχομένοις λύτρωσιν ἐν Ἰερουσαλήμ	προσδεχομένοις λύτρωσιν Ἰερουσαλήμ
Luke 2:39	
when they had performed all things	when they had performed all things
ὡς ἐτέλεσαν ἅπαντα	ὡς ἐτέλεσαν πάντα
Luke 2:39	
they returned into Galilee	they returned into Galilee
ὑπέστρεψαν εἰς τὴν Γαλιλαίαν	ἐπέστρεψαν εἰς τὴν Γαλιλαίαν
Luke 2:39	
to their own city	to their own city
εἰς τὴν πόλιν αὐτῶν	εἰς πόλιν ἑαυτῶν
Luke 2:40	
and waxed strong in spirit	and waxed strong
καὶ ἐκραταιοῦτο πνεύματι	καὶ ἐκραταιοῦτο
Luke 2:40	
filled with wisdom	filled with wisdom
πληρούμενον σοφίας	πληρούμενον σοφίᾳ
Luke 2:42	
they went up	they went up
ἀναβάντων αὐτῶν	ἀναβαινόντων αὐτῶν
Luke 2:42	
to Jerusalem	....
εἰς Ἰεροσόλυμα	....
Luke 2:43	
and Joseph and his mother knew not *of it*	and his parents knew not *of it*
καὶ οὐκ ἔγνω Ἰωσὴφ καὶ ἡ μήτηρ αὐτοῦ	καὶ οὐκ ἔγνωσαν οἱ γονεῖς αὐτοῦ
Luke 2:44	
But they, supposing him to have been in the company	But they, supposing him to have been in the company
νομίσαντες δὲ αὐτὸν ἐν τῇ συνοδίᾳ εἶναι	νομίσαντες δὲ αὐτὸν εἶναι ἐν τῇ συνοδίᾳ
Luke 2:44	
they sought him among *their* kinsfolk	they sought him among *their* kinsfolk
ἀνεζήτουν αὐτὸν ἐν τοῖς συγγενέσι	ἀνεζήτουν αὐτὸν ἐν τοῖς συγγενεῦσιν
Luke 2:44	
and acquaintance	and acquaintance
καὶ ἐν τοῖς γνωστοῖς	καὶ τοῖς γνωστοῖς
Luke 2:45	
when they found him not, they turned back again	when they found not, they turned back again
μὴ εὑρόντες αὐτὸν, ὑπέστρεψαν	μὴ εὑρόντες ὑπέστρεψαν

Over 8,000 Differences Between the T.R. and the Nestle-Aland Greek N.T.

Textus Receptus-Scrivener	Nestle-Aland 26,27
Luke 2:45	
seeking him	seeking him
ζητοῦντες αὐτόν	ἀναζητοῦντες αὐτόν
Luke 2:46	
after three days	after three days
μεθ ἡμέρας τρεῖς	μετὰ ἡμέρας τρεῖς
Luke 2:48	
his mother said unto him	his mother said unto him
πρὸς αὐτὸν ἡ μήτηρ αὐτοῦ εἶπε	εἶπεν πρὸς αὐτὸν ἡ μήτηρ αὐτοῦ
Luke 2:51	
kept all these sayings	kept all the sayings
διετήρει πάντα τὰ ῥήματα ταῦτα	διετήρει πάντα τὰ ῥήματα
Luke 2:52	
And Jesus increased in wisdom	And Jesus increased [in] wisdom
Καὶ Ἰησοῦς προέκοπτε σοφίᾳ	Καὶ Ἰησοῦς προέκοπτεν (ἐν τῇ) σοφίᾳ
Luke 3:1	
tetrarch of Galilee	tetrarch of Galilee
τετραρχοῦντος τῆς Γαλιλαίας	τετρααρχοῦντος τῆς Γαλιλαίας
Luke 3:1	
tetrarch of Ituraea	tetrarch of Ituraea
τετραρχοῦντος τῆς Ἰτουραίας	τετρααρχοῦντος τῆς Ἰτουραίας
Luke 3:1	
tetrarch of Abilene	tetrarch of Abilene
Ἀβιληνῆς τετραρχοῦντος	Ἀβιληνῆς τετρααρχοῦντος
Luke 3:2	
being the high priests	being the high priests
ἐπ ἀρχιερέων	ἐπὶ ἀρχιερέως
Luke 3:2	
John the son of Zacharias	John the son of Zacharias
Ἰωάννην τὸν τοῦ Ζαχαρίου υἱὸν	Ἰωάννην τὸν Ζαχαρίου υἱὸν
Luke 3:3	
into all the country	into all [the] country
εἰς πᾶσαν τὴν περίχωρον	εἰς πᾶσαν (τὴν) περίχωρον
Luke 3:4	
Esaias the prophet, saying	Esaias the prophet
Ἡσαίου τοῦ προφήτου, λέγοντος	Ἡσαίου τοῦ προφήτου
Luke 3:10	
What shall we do then	What should we do then
Τί οὖν ποιήσομεν	Τί οὖν ποιήσωμεν
Luke 3:11	
He answereth and saith	He answereth and said
ἀποκριθεὶς δὲ λέγει	ἀποκριθεὶς δὲ ἔλεγεν
Luke 3:12	
and said unto him	and said unto him
καὶ εἶπον πρὸς αὐτόν	καὶ εἶπαν πρὸς αὐτόν
Luke 3:12	
what shall we do	what should we do
τί ποιήσομεν	τί ποιήσωμεν

Textus Receptus-Scrivener	Nestle-Aland 26,27
Luke 3:14	
And what shall we do	And what should we do
Καὶ ἡμεῖς τί ποιήσομεν	Τί ποιήσωμεν καὶ ἡμεῖς
Luke 3:14	
And he said unto them	And he said unto them
καὶ εἶπε πρὸς αὐτοὺς	καὶ εἶπεν αὐτοῖς
Luke 3:16	
John answered, saying unto *them* all	John answered, saying unto *them* all
ἀπεκρίνατο ὁ Ἰωάννης, ἅπασι λέγων	ἀπεκρίνατο λέγων πᾶσιν ὁ Ἰωάννης
Luke 3:17	
and he will throughly purge his floor	he will throughly purge his floor
καὶ διακαθαριεῖ τὴν ἅλωνα αὐτοῦ	διακαθᾶραι τὴν ἅλωνα αὐτοῦ
Luke 3:17	
and will gather the wheat	and gather the wheat
καὶ συνάξει τὸν σῖτον	καὶ συναγαγεῖν τὸν σῖτον
Luke 3:19	
Ηεροδ τηε τετραρχη	Ηεροδ τηε τετραρχη
Ἡρώδης ὁ τετράρχης	Ἡρῴδης ὁ τετραάρχης
Luke 3:19	
his brother Philip's wife	his brother's wife
τῆς γυναικὸς φιλίππου τοῦ ἀδελφοῦ αὐτοῦ	τῆς γυναικὸς τοῦ ἀδελφοῦ αὐτοῦ
Luke 3:20	
that he shut up John	[that] he shut up John
καὶ κατέκλεισε τὸν Ἰωάννην	(καὶ) κατέκλεισεν τὸν Ἰωάννην
Luke 3:20	
in prison	in prison
ἐν τῇ φυλακῇ	ἐν φυλακῇ
Luke 3:22	
like a dove	like a dove
ὡσεὶ περιστερὰν	ὡς περιστερὰν
Luke 3:22	
and a voice came from heaven, which said	and a voice came from heaven
καὶ φωνὴν ἐξ οὐρανοῦ γενέσθαι, λέγουσαν	καὶ φωνὴν ἐξ οὐρανοῦ γενέσθαι
Luke 3:22	
in thee I am well pleased	in thee I am well pleased
ἐν σοὶ ηὐδόκησα	ἐν σοὶ εὐδόκησα
Luke 3:23	
And Jesus himself	And Jesus himself
Καὶ αὐτὸς ἦν ὁ Ἰησοῦς	Καὶ αὐτὸς ἦν Ἰησοῦς
Luke 3:23	
began to be about thirty years of age	began to be about thirty years of age
ὡσεὶ ἐτῶν τριάκοντα ἀρχόμενος	ἀρχόμενος ὡσεὶ ἐτῶν τριάκοντα
Luke 3:23	
being (as was supposed) the son of Joseph	being the son (as was supposed) of Joseph
ὢν, ὡς ἐνομίζετο υἱός, Ἰωσὴφ	ὢν υἱός, ὡς ἐνομίζετο, Ἰωσὴφ
Luke 3:24	
the son of Matthat	*the son* of Matthat
τοῦ Ματθὰτ	τοῦ Μαθθὰτ

Over 8,000 Differences Between the T.R. and the Nestle-Aland Greek N.T.

Textus Receptus-Scrivener	Nestle-Aland 26,27
Luke 3:24	
the son of Janna	*the son* of Jannai
τοῦ Ἰαννά	τοῦ Ἰανναί
Luke 3:26	
the son of Semei	*the son* of Semein
τοῦ Σεμεΐ	τοῦ Σεμεΐν
Luke 3:26	
the son of Joseph	*the son* of Josech
τοῦ Ἰωσήφ	τοῦ Ἰωσήχ
Luke 3:26	
the son of Juda	*the son* of Joda
τοῦ Ἰουδά	τοῦ Ἰωδά
Luke 3:27	
the son of Joanna	*the son* of Joannan
τοῦ Ἰωανά	τοῦ Ἰωανάν
Luke 3:28	
the son of Elmodam	*the son* of Elmadam
τοῦ Ἐλμωδάμ	τοῦ Ἐλμαδάμ
Luke 3:29	
the son of Jose	*the son* of Joshua
τοῦ Ἰωσή	τοῦ Ἰησοῦ
Luke 3:29	
the son of Jorim	*the son* of Jorim
τοῦ Ἰωρεἰμ	τοῦ Ἰωρἰμ
Luke 3:29	
the son of Matthat	*the son* of Matthat
τοῦ Ματθάτ	τοῦ Μαθθάτ
Luke 3:30	
the son of Simeon	*the son* of Simeon
τοῦ Σιμεών	τοῦ Συμεών
Luke 3:30	
the son of Jonan	*the son* of Jonam
τοῦ Ἰωνάν	τοῦ Ἰωνάμ
Luke 3:30	
the son of Eliakim	*the son* of Eliakim
τοῦ Ἐλιακεἰμ	τοῦ Ἐλιακἰμ
Luke 3:31	
the son of Menan	*the son* of Menna
τοῦ Μενάμ	τοῦ Μεννά
Luke 3:31	
the son of Nathan	*the son* of Natham
τοῦ Ναθάν	τοῦ Ναθάμ
Luke 3:31	
the son of David	*the son* of David
τοῦ Δαβίδ	τοῦ Δαυίδ
Luke 3:32	
the son of Obed	*the son* of Jobed
τοῦ Ὠβήδ	τοῦ Ἰωβήδ

134

Textus Receptus-Scrivener	Nestle-Aland 26,27

Luke 3:32
the son of Booz
τοῦ Βόοζ

Luke 3:32
the son of Salmon
τοῦ Σαλμών

Luke 3:33
the son of Aminadab...*the son* of Aram

τοῦ Ἀμιναδάβ, τοῦ Ἀράμ

Luke 3:35
the son of Saruch
τοῦ Σαρούχ

Luke 3:36
the son of Cainan
τοῦ Καϊνάν

Luke 3:37
the son of Jared
τοῦ Ἰαρέδ

Luke 3:37
the son of Cainan
τοῦ Καϊνὰν

Luke 4:1
And Jesus being full of the Holy Ghost
Ἰησοῦς δὲ Πνεύματος Ἁγίου πλήρης

Luke 4:1
into the wilderness
εἰς τῇ ἐρήμον

Luke 4:2
forty days
ἡμέρας τεσσαράκοντα

Luke 4:2
he afterward hungered
ὕστερον ἐπείνασε

Luke 4:3
And the devil said unto him
καὶ εἶπεν αὐτῷ ὁ διάβολος

Luke 4:4
And Jesus answered him
καὶ ἀπεκρίθη Ἰησοῦς πρὸς αὐτὸν

Luke 4:4
saying, It is written
λέγων, Γέγραπται

Luke 4:4
but by every word of God
ἀλλ ἐπὶ παντὶ ῥήματι Θεοῦ

Luke 4:5
the devil, taking him up into an high mountain

---

the son of Boos
τοῦ Βόος

the son of Sala
τοῦ Σαλὰ

the son of Aminadab...*the son* of Admin...*the son* of Arni
τοῦ Ἀμιναδὰβ τοῦ Ἀδμὶν τοῦ Ἀρνὶ

the son of Seruch
τοῦ Σεροὺχ

the son of Cainam
τοῦ Καϊνὰμ

the son of Jaret
τοῦ Ἰάρετ

the son of Cainam
τοῦ Καϊνὰμ

And Jesus being full of the Holy Ghost
Ἰησοῦς δὲ πλήρης πνεύματος ἀγίου

in the wilderness
ἐν τῇ ἐρήμῳ

forty days
ἡμέρας τεσσεράκοντα

he hungered
ἐπείνασεν

But the devil said unto him
Εἶπεν δὲ αὐτῷ ὁ διάβολος

And Jesus answered him
καὶ ἀπεκρίθη πρὸς αὐτὸν ὁ Ἰησοῦς

It is written
Γέγραπται

....
....

taking him

Over 8,000 Differences Between the T.R. and the Nestle-Aland Greek N.T.

Textus Receptus-Scrivener	Nestle-Aland 26,27
ἀναγαγὼν αὐτὸν ὁ διάβολος εἰς ὄρος ὑψηλόν	ἀναγαγὼν αὐτὸν
Luke 4:7	
If thou therefore wilt worship me	If thou therefore wilt worship me
σὺ οὖν ἐὰν προσκυνήσῃς ἐνώπιον μοῦ	σὺ οὖν ἐὰν προσκυνήσῃς ἐνώπιον ἐμοῦ
Luke 4:7	
all shall be thine	all shall be thine
ἔσται σοῦ πάντα	ἔσται σοῦ πᾶσα
Luke 4:8	
And Jesus answered and said unto him	And Jesus answered and said unto him
καὶ ἀποκριθεὶς αὐτῷ εἶπεν ὁ Ἰησοῦς	καὶ ἀποκριθεὶς ὁ Ἰησοῦς εἶπεν αὐτῷ
Luke 4:8	
Get thee behind me, Satan	....
Ὕπαγε ὀπίσω μου, Σατανᾶ	....
Luke 4:8	
for it is written	it is written
γέγραπται γὰρ	Γέγραπται
Luke 4:8	
Thou shalt worship the Lord thy God	The Lord thy God thou shalt worship
Προσκυνήσεις Κύριον τὸν Θεόν σου	Κύριον τὸν θεόν σου προσκυνήσεις
Luke 4:9	
And he brought him	But he brought him
καὶ ἤγαγεν αὐτὸν	Ἤγαγεν δὲ αὐτὸν
Luke 4:9	
and set him on	and set on
καὶ ἔστησεν αὐτὸν ἐπὶ	καὶ ἔστησεν ἐπὶ
Luke 4:9	
If thou be the Son of God	If thou be *the* Son of God
Εἰ ὁ υἱὸς εἶ τοῦ Θεοῦ	Εἰ υἱὸς εἶ τοῦ θεοῦ
Luke 4:16	
he came to Nazareth	he came to Nazara
ἦλθεν εἰς τὴν Ναζαρέθ	ἦλθεν εἰς Ναζαρά
Luke 4:17	
the prophet Esaias	the prophet Esaias
Ἠσαΐου τοῦ προφήτου	τοῦ προφήτου Ἠσαΐου
Luke 4:18	
because he hath anointed me	because he hath anointed me
οὗ ἕνεκεν ἔχρισέ με	οὗ εἵνεκεν ἔχρισέν με
Luke 4:18	
to preach the gospel to the poor	to preach the gospel to the poor
εὐαγγελίζεσθαι πτωχοῖς	εὐαγγελίσασθαι πτωχοῖς
Luke 4:18	
to heal the brokenhearted	....
ἰάσασθαι τοὺς συντετριμμένους τὴν καρδίαν	....
Luke 4:20	
And the eyes of all them that were in the synagogue were	And the eyes of all them that were in the synagogue were
καὶ πάντων ἐν τῇ συναγωγῇ οἱ ὀφθαλμοὶ ἦσαν	καὶ πάντων οἱ ὀφθαλμοὶ ἐν τῇ συναγωγῇ ἦσαν
Luke 4:22	

Textus Receptus-Scrivener	Nestle-Aland 26,27
Is not this Joseph's son	Is not this Joseph's son
Οὐχ οὗτός ἐστιν ὁ υἱός Ἰωσὴφ	Οὐχὶ υἱός ἐστιν Ἰωσὴφ οὗτος
Luke 4:23	
done in Capernaum	done in Capernaum
γενόμενα ἐν τῇ Καπερναούμ	γενόμενα εἰς τὴν Καφαρναοὺμ
Luke 4:26	
a city of Sidon	a city of Sidon
τῆς Σιδῶνος	τῆς Σιδωνίας
Luke 4:27	
in Israel in the time of Eliseus the prophet	in Israel in the time of Eliseus the prophet
ἐπὶ Ἐλισαίου τοῦ προφήτου ἐν τῷ Ἰσραὴλ	ἐν τῷ Ἰσραὴλ ἐπὶ Ἐλισαίου τοῦ προφήτου
Luke 4:27	
saving Naaman	saving Naaman
εἰ μὴ Νεεμὰν	εἰ μὴ Ναιμὰν
Luke 4:29	
led him unto the brow	led him unto the brow
ἤγαγον αὐτὸν ἕως τῆς ὀφρύος	ἤγαγον αὐτὸν ἕως ὀφρύος
Luke 4:29	
whereon their city was built	whereon their city was built
ἐφ οὗ ἡ πόλις αὐτῶν ᾠκοδόμητο	ἐφ οὗ ἡ πόλις ᾠκοδόμητο αὐτῶν
Luke 4:29	
that they might cast him down headlong	that they might cast him down headlong
εἰς τὸ κατακρημνίσαι αὐτόν	ὥστε κατακρημνίσαι αὐτόν
Luke 4:31	
to Capernaum	to Capernaum
εἰς Καπερναοὺμ	εἰς Καφαρναοὺμ
Luke 4:34	
Saying	....
λέγων	....
Luke 4:35	
and come out of him	and come out from him
καὶ ἔξελθε ἐξ αὐτοῦ	καὶ ἔξελθε ἀπ αὐτοῦ
Luke 4:38	
And he arose out of the synagogue	And he arose from the synagogue
Ἀναστὰς δὲ ἐκ τῆς συναγωγῆς	Ἀναστὰς δὲ ἀπὸ τῆς συναγωγῆς
Luke 4:38	
And Simon's wife's mother	And Simon's wife's mother
ἡ πενθερὰ δὲ τοῦ Σίμωνος	πενθερὰ δὲ τοῦ Σίμωνος
Luke 4:40	
all they that had any sick	all they that had any sick
πάντες ὅσοι εἶχον ἀσθενοῦντας	ἅπαντες ὅσοι εἶχον ἀσθενοῦντας
Luke 4:40	
laid his hands	laying his hands
τὰς χεῖρας ἐπιθεὶς	τὰς χεῖρας ἐπιτιθεὶς
Luke 4:40	
and healed them	and healed them
ἐθεράπευσεν αὐτούς	ἐθεράπευεν αὐτούς
Luke 4:41	

Over 8,000 Differences Between the T.R. and the Nestle-Aland Greek N.T.

Textus Receptus-Scrivener	Nestle-Aland 26,27
crying out, and saying	crying out, and saying
κράζοντα καὶ λέγοντα	κρ[αυγ]άζοντα καὶ λέγοντα
Luke 4:41	
Thou art Christ the Son of God	Thou the Son of God
Σὺ εἶ ὁ Χριστὸς ὁ υἱὸς τοῦ Θεοῦ	Σὺ εἶ ὁ υἱὸς τοῦ θεοῦ
Luke 4:42	
the people sought him	the people sought after him
οἱ ὄχλοι ἐζήτουν αὐτόν	οἱ ὄχλοι ἐπεζήτουν αὐτόν
Luke 4:43	
for therefore	for therefore
ὅτι εἰς τοῦτο	ὅτι ἐπὶ τοῦτο
Luke 4:43	
am I sent	I was sent
ἀπεστάλμαι	ἀπεστάλην
Luke 4:44	
And he preached in the synagogues	And he preached in the synagogues
Καὶ ἦν κηρύσσων ἐν ταῖς συναγωγαῖς	καὶ ἦν κηρύσσων εἰς τὰς συναγωγὰς
Luke 4:44	
of Galilee	of Judea
τῆς Γαλιλαίας	τῆς Ἰουδαίας
Luke 5:1	
pressed upon him to hear	pressed upon him also to hear
ἐπικεῖσθαι αὐτῷ τοῦ ἀκούειν	ἐπικεῖσθαι αὐτῷ καὶ ἀκούειν
Luke 5:2	
but the fishermen were gone out of them	but the fishermen were gone out of them
Οἱ δὲ ἁλιεῖς ἀποβάντες ἀπ αὐτῶν	οἱ δὲ ἁλιεῖς ἀπ αὐτῶν ἀποβάντες
Luke 5:2	
washing *their* nets	washing *their* nets
ἀπέπλυναν τὰ δίκτυα	ἔπλυνον τὰ δίκτυα
Luke 5:3	
which was Simon's	which was Simon's
ὃ ἦν τοῦ Σίμωνος	ὃ ἦν Σίμωνος
Luke 5:3	
And he sat down	But he sat down
καὶ καθίσας	καθίσας δὲ
Luke 5:3	
and taught the people out of the ship	and taught the people out of the ship
ἐδίδασκεν ἐκ τοῦ πλοίου τοὺς ὄχλους	ἐκ τοῦ πλοίου ἐδίδασκεν τοὺς ὄχλους
Luke 5:5	
Simon answering	Simon answering
ἀποκριθεὶς ὁ Σίμων	ἀποκριθεὶς Σίμων
Luke 5:5	
said unto him	said
εἶπεν αὐτῷ	εἶπεν
Luke 5:5	
all the night	all *the* night
δι ὅλης τῆς νυκτὸς	δι ὅλης νυκτὸς
Luke 5:5	

Textus Receptus-Scrivener	Nestle-Aland 26,27
I will let down the net	I will let down the nets
χαλάσω τὸ δίκτυον	χαλάσω τὰ δίκτυα
Luke 5:6	
a great multitude of fishes	a great multitude of fishes
ἰχθύων πλῆθος πολύ	πλῆθος ἰχθύων πολύ
Luke 5:6	
and...brake	and...brake
διερρήγνυτο δὲ	διερρήσσετο δὲ
Luke 5:6	
their net	their nets
τὸ δίκτυον αὐτῶν	τὰ δίκτυα αὐτῶν
Luke 5:7	
which were in the other ship	in the other ship
τοῖς ἐν τῷ ἑτέρῳ πλοίῳ	ἐν τῷ ἑτέρῳ πλοίῳ
Luke 5:8	
at Jesus' knees	at Jesus' knees
τοῖς γόνασι τοῦ Ἰησοῦ	τοῖς γόνασιν Ἰησοῦ
Luke 5:9	
the fishes which they had taken	the fishes which they had taken
τῶν ἰχθύων ᾗ συνέλαβον	τῶν ἰχθύων ὧν συνέλαβον
Luke 5:11	
forsook all	forsook all
ἀφέντες ἅπαντα	ἀφέντες πάντα
Luke 5:12	
who seeing Jesus	who seeing Jesus
καὶ ἰδὼν τὸν Ἰησοῦν	ἰδὼν δὲ τὸν Ἰησοῦν
Luke 5:13	
touched him, saying	touched him, saying
ἥψατο αὐτοῦ, εἰπών	ἥψατο αὐτοῦ λέγων
Luke 5:14	
according as Moses commanded	according as Moses commanded
καθὼς προσέταξε Μωσῆς	καθὼς προσέταξεν Μωϋσῆς
Luke 5:15	
to be healed by him	to be healed
θεραπεύεσθαι ὑπ αὐτοῦ	θεραπεύεσθαι
Luke 5:17	
the power of the Lord was present to heal them	the power of the Lord was *present* to heal him
καὶ δύναμις Κυρίου ἦν εἰς τὸ ἰᾶσθαι αὐτούς	δύναμις κυρίου ἦν εἰς τὸ ἰᾶσθαι αὐτόν
Luke 5:18	
to lay *him* before him	to lay [him] before him
θεῖναι ἐνώπιον αὐτοῦ	θεῖναι (αὐτὸν) ἐνώπιον αὐτοῦ
Luke 5:19	
And when they could not find by what *way*	And when they could not find what *way*
καὶ μὴ εὑρόντες διὰ ποίας	καὶ μὴ εὑρόντες ποίας
Luke 5:20	
he said unto him	he said
εἶπεν αὐτῷ	εἶπεν
Luke 5:21	

Over 8,000 Differences Between the T.R. and the Nestle-Aland Greek N.T.

Textus Receptus-Scrivener	Nestle-Aland 26,27
Who can forgive sins	Who can forgive sins
τίς δύναται ἀφεῖναι ἁμαρτίας	τίς δύναται ἁμαρτίας ἀφεῖναι
Luke 5:23	
Rise up and walk	Rise up and walk
Ἔγειραι καὶ περιπάτει	Ἔγειρε καὶ περιπάτει
Luke 5:24	
that ye may know that the Son of man hath power	that ye may know that the Son of man hath power
εἰδῆτε ὅτι ἐξουσίαν ἔχει ὁ υἱὸς τοῦ ἀνθρώπου	εἰδῆτε ὅτι ὁ υἱὸς τοῦ ἀνθρώπου ἐξουσίαν ἔχει
Luke 5:24	
Arise, and take up	Arise, and take up
ἔγειραι, καὶ ἄρας	ἔγειρε καὶ ἄρας
Luke 5:25	
and took up that whereon he lay	and took up that whereon he lay
ἄρας ἐφ ᾧ κατέκειτο	ἄρας ἐφ ὃ κατέκειτο
Luke 5:28	
And he left all	And he left all
Καὶ καταλιπὼν ἅπαντα	καὶ καταλιπὼν πάντα
Luke 5:28	
rose up, and followed him	rose up, and followed him
ἀναστὰς ἠκολούθησεν αὐτῷ	ἀναστὰς ἠκολούθει αὐτῷ
Luke 5:29	
Levi	Levi
ὁ Λευΐς	Λευΐς
Luke 5:29	
there was a great company of publicans	there was a great company of publicans
ἦν ὄχλος τελωνῶν πολὺς	ἦν ὄχλος πολὺς τελωνῶν
Luke 5:30	
But their scribes and Pharisees murmured	But the Pharisees and their scribes murmured
καὶ ἐγόγγυζον οἱ γραμματεῖς αὐτῶν καὶ οἱ Φαρισαῖοι	καὶ ἐγόγγυζον οἱ Φαρισαῖοι καὶ οἱ γραμματεῖς αὐτῶν
Luke 5:30	
Why	Why
Διατί	Διὰ τί
Luke 5:30	
with publicans	with the publicans
μετὰ τελωνῶν	μετὰ τῶν τελωνῶν
Luke 5:31	
but they that are sick	but they that are sick
ἀλλ οἱ κακῶς ἔχοντες	ἀλλὰ οἱ κακῶς ἔχοντες
Luke 5:33	
And they said	And they said
οἱ δὲ εἶπον	Οἱ δὲ εἶπαν
Luke 5:33	
Why...the disciples	The disciples
Διατί οἱ μαθηταὶ	Οἱ μαθηταὶ
Luke 5:34	
And he said unto them	And Jesus said unto them

Textus Receptus-Scrivener	Nestle-Aland 26,27
ὁ δὲ εἶπε πρὸς αὐτούς	ὁ δὲ Ἰησοῦς εἶπεν πρὸς αὐτούς
Luke 5:34	
Can ye make...fast	Can ye make...fast
ποιῆσαι νηστεῦσειν	ποιῆσαι νηστεῦσαι
Luke 5:36	
No man putteth a piece of a new garment	No man putteth a piece from a new garment
Οὐδεὶς ἐπίβλημα ἱματίου καινοῦ	Οὐδεὶς ἐπίβλημα ἀπὸ ἱματίου καινοῦ
Luke 5:36	
upon an old	he rends...upon an old
ἐπιβάλλει ἐπὶ ἱμάτιον παλαιόν	σχίσας ἐπιβάλλει ἐπὶ ἱμάτιον παλαιόν
Luke 5:36	
if otherwise	if otherwise
εἰ δὲ μήγε	εἰ δὲ μή γε
Luke 5:36	
then both the new maketh a rent	then both the new will make a rent
καὶ τὸ καινὸν σχίζει	καὶ τὸ καινὸν σχίσει
Luke 5:36	
agreeth not with the old	will not agree with the old
τῷ παλαιῷ οὐ συμφωνει	τῷ παλαιῷ οὐ συμφωνήσει
Luke 5:36	
the piece that was *taken* out of the new	the piece that was *taken* out of the new
ἐπίβλημα τὸ ἀπὸ τοῦ καινοῦ	τὸ ἐπίβλημα τὸ ἀπὸ τοῦ καινοῦ
Luke 5:37	
else	else
εἰ δὲ μήγε	εἰ δὲ μή γε
Luke 5:37	
else the new wine will burst the bottles	else the new wine will burst the bottles
ῥήξει ὁ νέος οἶνος τοὺς ἀσκούς	ῥήξει ὁ οἶνος ὁ νέος τοὺς ἀσκούς
Luke 5:38	
and both are preserved	....
καὶ ἀμφότεροι συντηροῦνται	....
Luke 5:39	
No man also	No man [also]
καὶ οὐδεὶς	(καὶ) οὐδεὶς
Luke 5:39	
straightway desireth new	desireth new
εὐθέως θέλει νέον	θέλει νέον
Luke 5:39	
The old is better	The old is good
Ὁ παλαιὸς χρηστότερός ἐστιν	Ὁ παλαιὸς χρηστός ἐστιν
Luke 6:1	
And it came to pass on the second sabbath after the first	And it came to pass on the sabbath
Ἐγένετο δὲ ἐν σαββάτῳ δευτεροπρώτῳ	Ἐγένετο δὲ ἐν σαββάτῳ
Luke 6:1	
through the corn	through *the* corn
διὰ τῶν σπορίμων	διὰ σπορίμων
Luke 6:1	

Textus Receptus-Scrivener	Nestle-Aland 26,27
and his disciples plucked the ears of corn, and did eat	and his disciples plucked and did eat the ears of corn
καὶ ἔτιλλον οἱ μαθηταὶ αὐτοῦ στάχυας, καὶ ἤσθιον	καὶ ἔτιλλον οἱ μαθηταὶ αὐτοῦ καὶ ἤσθιον τοὺς στάχυας

Luke 6:2

And certain of the Pharisees said	And certain of the Pharisees said
τινὲς δὲ τῶν Φαρισαίων εἶπον	τινὲς δὲ τῶν Φαρισαίων εἶπαν

Luke 6:2

unto them	....
αὐτοῖς	....

Luke 6:2

not lawful to do on the sabbath days	not lawful on the sabbath days
οὐκ ἔξεστι ποιεῖν ἐν τοῖς σάββασι	οὐκ ἔξεστιν τοῖς σάββασιν

Luke 6:3

what David did	what David did
ὃ ἐποίησε Δαβὶδ	ὃ ἐποίησεν Δαυὶδ

Luke 6:3

when himself was an hungred	when himself was an hungred
ὁπότε ἐπείνασεν αὐτὸς	ὅτε ἐπείνασεν αὐτὸς

Luke 6:3

and they which were with him	and they which were with him
καὶ οἱ μετ αὐτοῦ ὄντες	καὶ οἱ μετ αὐτοῦ (ὄντες)

Luke 6:4

How he went into	[How] he went into
ὡς εἰσῆλθεν εἰς	(ὡς) εἰσῆλθεν εἰς

Luke 6:4

did take...the shewbread	taking...the shewbread
τοὺς ἄρτους τῆς προθέσεως ἔλαβε	τοὺς ἄρτους τῆς προθέσεως λαβὼν

Luke 6:4

and eat	*and* eat
καὶ ἔφαγε	ἔφαγεν

Luke 6:4

and gave also to them that were with him	and gave to them that were with him
καὶ ἔδωκε καὶ τοῖς μετ αὐτοῦ	καὶ ἔδωκεν τοῖς μετ αὐτοῦ

Luke 6:5

And he said unto them, That	And he said unto them
καὶ ἔλεγεν αὐτοῖς, ὅτι	καὶ ἔλεγεν αὐτοῖς

Luke 6:5

the Son of man is Lord also of the sabbath	the Son of man is Lord of the sabbath
Κύριός ἐστιν ὁ υἱὸς τοῦ ἀνθρώπου καὶ τοῦ σαββάτου	Κύριός ἐστιν τοῦ σαββάτου ὁ υἱὸς τοῦ ἀνθρώπου

Luke 6:6

also on another sabbath	on another sabbath
καὶ ἐν ἑτέρῳ σαββάτῳ	ἐν ἑτέρῳ σαββάτῳ

Luke 6:6

and there was a man	and there was a man
καὶ ἦν ἐκεῖ ἄνθρωπος	καὶ ἦν ἄνθρωπος ἐκεῖ

Luke 6:7

Textus Receptus-Scrivener	Nestle-Aland 26,27
And...watched him	And...watched him
παρετήρουν δὲ αὐτὸν	παρετηροῦντο δὲ αὐτὸν
Luke 6:7	
whether he would heal on the sabbath day	whether he heals on the sabbath day
εἰ ἐν τῷ σαββάτῳ θεραπεύσει	εἰ ἐν τῷ σαββάτῳ θεραπεύει
Luke 6:7	
that they might find an accusation against him	that they might accuse him
ἵνα εὕρωσι κατηγορίαν αὐτοῦ	ἵνα εὕρωσιν κατηγορεῖν αὐτοῦ
Luke 6:8	
and said	but said
καὶ εἶπε	εἶπεν δὲ
Luke 6:8	
to the man	to the man
τῷ ἀνθρώπῳ	τῷ ἀνδρὶ
Luke 6:8	
Rise up, and stand forth	Rise up, and stand forth
Ἔγειραι; καὶ στῆθι	Ἔγειρε καὶ στῆθι
Luke 6:8	
And he arose and stood forth	And he arose and stood forth
ὁ δὲ ἀναστὰς ἔστη	καὶ ἀναστὰς ἔστη
Luke 6:9	
Then said Jesus	But Jesus said
εἶπεν οὖν ὁ Ἰησοῦς	εἶπεν δὲ ὁ Ἰησοῦς
Luke 6:9	
I will ask you one thing	I ask you
Ἐπερωτήσω ὑμᾶς τί	Ἐπερωτῶ ὑμᾶς
Luke 6:9	
Is it lawful on the sabbath days	Is it lawful on the sabbath days
Ἔξεστι τοῖς σάββασιν	εἰ ἔξεστιν τῷ σαββάτῳ
Luke 6:10	
he said unto the man	he said to him
εἶπε τῷ ἀνθρώπῳ	εἶπεν αὐτῷ
Luke 6:10	
And he did so	And he did
ὁ δὲ ἐποίησεν οὕτω	ὁ δὲ ἐποίησεν
Luke 6:10	
and his hand was restored	and his hand was restored
καὶ ἀποκατεστάθη ἡ χεὶρ αὐτοῦ	καὶ ἀπεκατεστάθη ἡ χεὶρ αὐτοῦ
Luke 6:10	
whole as the other	....
ὑγιὴς ὡς ἡ ἄλλη	....
Luke 6:11	
what they might do to Jesus	what they might do to Jesus
τί ἂν ποιήσειαν τῷ Ἰησοῦ	τί ἂν ποιήσαιεν τῷ Ἰησοῦ
Luke 6:12	
that he went out into a mountain	that he went out into a mountain
ἐξῆλθεν εἰς τὸ ὄρος	ἐξελθεῖν αὐτὸν εἰς τὸ ὄρος
Luke 6:14	

Over 8,000 Differences Between the T.R. and the Nestle-Aland Greek N.T.

Textus Receptus-Scrivener	Nestle-Aland 26,27
James	and James
Ἰάκωβον	καὶ Ἰάκωβον
Luke 6:14	
Philip	and Philip
Φίλιππον	καὶ Φίλιππον
Luke 6:15	
Matthew	and Matthew
Ματθαῖον	καὶ Μαθθαῖον
Luke 6:15	
James	and James
Ἰάκωβον	καὶ Ἰάκωβον
Luke 6:15	
the *son* of Alphaeus	*the* son of Alphaeus
τὸν τοῦ Ἀλφαίου	Ἀλφαίου
Luke 6:16	
And Judas	And Judas
Ἰούδαν	καὶ Ἰούδαν
Luke 6:16	
and Judas Iscariot	and Judas Iscariot
καὶ Ἰούδαν Ἰσκαριώτην	καὶ Ἰούδαν Ἰσκαριώθ
Luke 6:16	
which also was the traitor	which was the traitor
ὃς καὶ ἐγένετο προδότης	ὃς ἐγένετο προδότης
Luke 6:17	
and the company of his disciples	and the company of his many disciples
καὶ ὄχλος μαθητῶν αὐτοῦ	καὶ ὄχλος πολὺς μαθητῶν αὐτοῦ
Luke 6:18	
And they that were vexed	And they that were vexed
καὶ οἱ ὀχλούμενοι	καὶ οἱ ἐνοχλούμενοι
Luke 6:18	
with unclean spirits	with unclean spirits
ὑπὸ πνευμάτων ἀκαθάρτων	ἀπὸ πνευμάτων ἀκαθάρτων
Luke 6:18	
and they were healed	and they were healed
καὶ ἐθεραπεύοντο	ἐθεραπεύοντο
Luke 6:19	
the whole multitude sought to touch him	the whole multitude sought to touch him
πᾶς ὁ ὄχλος ἐζήτει ἅπτεσθαι αὐτοῦ	πᾶς ὁ ὄχλος ἐζήτουν ἅπτεσθαι αὐτοῦ
Luke 6:23	
Rejoice ye in that	Rejoice ye in that
χαίρετε ἐν ἐκείνῃ	χάρητε ἐν ἐκείνῃ
Luke 6:23	
for in the like manner	for in the like manner
κατὰ ταῦτα γὰρ	κατὰ τὰ αὐτὰ γὰρ
Luke 6:25	
Woe unto you that are full	Woe unto you that are full now
οὐαὶ ὑμῖν, οἱ ἐμπεπλησμένοι	οὐαὶ ὑμῖν, οἱ ἐμπεπλησμένοι νῦν
Luke 6:25	

Over 8,000 Differences Between the T.R. and the Nestle-Aland Greek N.T.

Textus Receptus-Scrivener	Nestle-Aland 26,27
Woe unto you that laugh now	Woe, that laugh now
οὐαί ὑμῖν οἱ γελῶντες νῦν	οὐαί, οἱ γελῶντες νῦν
Luke 6:26	
Woe unto you	Woe
οὐαὶ ὑμῖν	οὐαὶ
Luke 6:26	
when all men shall speak well of you	when all men shall speak well of you
ὅταν καλῶς ὑμᾶς εἴπωσι πάντες οἱ ἄνθρωποι	ὅταν ὑμᾶς καλῶς εἴπωσιν πάντες οἱ ἄνθρωποι
Luke 6:26	
for so did	for so did
κατὰ ταῦτα γὰρ	κατὰ τὰ αὐτὰ γὰρ
Luke 6:28	
them that curse you	them that curse you
τοὺς καταρωμένους ὑμῖν	τοὺς καταρωμένους ὑμᾶς
Luke 6:28	
and pray	pray
καὶ προσεύχεσθε	προσεύχεσθε
Luke 6:28	
for them which despitefully use you	for them which despitefully use you
ὑπὲρ τῶν ἐπηρεαζόντων ὑμᾶς	περὶ τῶν ἐπηρεαζόντων ὑμᾶς
Luke 6:30	
Give to every man that asketh of thee	Give to every man *that* asketh of thee
παντὶ δὲ τῷ αἰτοῦντί σε δίδου	παντὶ αἰτοῦντί σε δίδου
Luke 6:31	
do ye also	do
καὶ ὑμεῖς ποιεῖτε	ποιεῖτε
Luke 6:33	
And if ye do good	[For] if also ye do good
καὶ ἐὰν ἀγαθοποιῆτε	καὶ (γὰρ) ἐὰν ἀγαθοποιῆτε
Luke 6:33	
for sinners also	sinners also
καὶ γὰρ οἱ ἁμαρτωλοὶ	καὶ οἱ ἁμαρτωλοὶ
Luke 6:34	
And if ye lend *to them*	And if ye lend *to them*
καὶ ἐὰν δανείζητε	καὶ ἐὰν δανίσητε
Luke 6:34	
of whom ye hope to receive	of whom ye hope to receive
παρ ὧν ἐλπίζετε ἀπολαβεῖν	παρ ὧν ἐλπίζετε λαβεῖν
Luke 6:34	
what thank have ye	what thank have ye
ποία ὑμῖν χάρις ἐστί	ποία ὑμῖν χάρις (ἐστίν)
Luke 6:34	
for sinners also	sinners also
καὶ γὰρ οἱ ἁμαρτωλοὶ	καὶ ἁμαρτωλοὶ
Luke 6:34	
lend to sinners	lend to sinners
ἁμαρτωλοῖς δανείζουσιν	ἁμαρτωλοῖς δανίζουσιν
Luke 6:35	

Over 8,000 Differences Between the T.R. and the Nestle-Aland Greek N.T.

Textus Receptus-Scrivener	Nestle-Aland 26,27

and lend
καὶ δανείζετε

and lend
καὶ δανίζετε

Luke 6:35

ye shall be the children of the Highest
ἔσεσθε υἱοὶ τοῦ ὑψίστου

ye shall be the children of *the* Highest
ἔσεσθε υἱοὶ ὑψίστου

Luke 6:36

Be ye therefore merciful
γίνεσθε οὖν οἰκτίρμονες

Be ye merciful
Γίνεσθε οἰκτίρμονες

Luke 6:36

as your Father also
καθὼς καὶ ὁ πατὴρ ὑμῶν

as your Father [also]
καθὼς (καὶ) ὁ πατὴρ ὑμῶν

Luke 6:37

Judge not
μὴ κρίνετε

And, judge not
Καὶ μὴ κρίνετε

Luke 6:37

condemn not
μὴ καταδικάζετε

and, condemn not
καὶ μὴ καταδικάζετε

Luke 6:38

and shaken together
καὶ σεσαλευμένον

shaken together
σεσαλευμένον

Luke 6:38

and running over
καὶ ὑπερεκχυνόμενον

running over
ὑπερεκχυνόμενον

Luke 6:38

For with the same measure that ye mete withal
τῷ γὰρ αὐτῷ μέτρῳ ᾧ

For with the measure that ye mete
ᾧ γὰρ μέτρῳ μετρεῖτε

Luke 6:39

And he spake
Εἶπε δὲ

And he spake also
Εἶπεν δὲ καὶ

Luke 6:39

shall they not both fall into the ditch
οὐχὶ ἀμφότεροι εἰς βόθυνον πεσοῦνται

shall they not both fall into the ditch
οὐχὶ ἀμφότεροι εἰς βόθυνον ἐμπεσοῦνται

Luke 6:40

above his master
ὑπὲρ τὸν διδάσκαλον αὐτοῦ

above the master
ὑπὲρ τὸν διδάσκαλον

Luke 6:42

Either how canst thou say to thy brother
ἢ πῶς δύνασαι λέγειν τῷ ἀδελφῷ σου

How canst thou say to thy brother
πῶς δύνασαι λέγειν τῷ ἀδελφῷ σου

Luke 6:42

and then shalt thou see clearly to pull out the mote that is in thy brother's eye.
καὶ τότε διαβλέψεις ἐκβαλεῖν τὸ κάρφος τὸ ἐν τῷ ὀφθαλμῷ τοῦ ἀδελφοῦ σου

and then shalt thou see clearly the mote that is in thy brother's eye to cast out
καὶ τότε διαβλέψεις τὸ κάρφος τὸ ἐν τῷ ὀφθαλμῷ τοῦ ἀδελφοῦ σου ἐκβαλεῖν

Luke 6:43

neither doth a corrupt tree
οὐδὲ δένδρον σαπρὸν

neither again doth a corrupt tree
οὐδὲ πάλιν δένδρον σαπρὸν

Luke 6:44

nor of a bramble bush gather they grapes

nor of a bramble bush gather they grapes

Textus Receptus-Scrivener	Nestle-Aland 26,27
οὐδὲ ἐκ βάτου τρυγῶσιν σταφυλὴν	οὐδὲ ἐκ βάτου σταφυλὴν τρυγῶσιν
Luke 6:45	
of the good treasure of his heart	of the good treasure of the heart
τοῦ ἀγαθοῦ θησαυροῦ τῆς καρδίας αὐτοῦ	τοῦ ἀγαθοῦ θησαυροῦ τῆς καρδίας
Luke 6:45	
and an evil man	and an evil one
καὶ ὁ πονηρὸς ἄνθρωπος	καὶ ὁ πονηρὸς
Luke 6:45	
out of the evil treasure of his heart	out of the evil
ἐκ τοῦ πονηροῦ θησαυροῦ τῆς καρδίας αὐτοῦ	ἐκ τοῦ πονηροῦ
Luke 6:45	
for of the abundance	for of the abundance
ἐκ γὰρ τοῦ περισσεύματος	ἐκ γὰρ περισσεύματος
Luke 6:45	
of the heart	of *the* heart
τῆς καρδίας	καρδίας
Luke 6:48	
and when the flood arose	and when the flood arose
πλημμύρας δὲ γενομέας	πλημμύρης δὲ γενομένης
Luke 6:48	
the stream beat vehemently	the stream beat vehemently
προσέρρηξεν ὁ ποταμὸς	προσέρηξεν ὁ ποταμὸς
Luke 6:48	
and could not shake it: for it was founded upon a rock	and could not shake it: because it was well built
καὶ οὐκ ἴσχυσε σαλεῦσαι αὐτὴν· τεθεμενίωτο γὰρ ἐπὶ τὴν πέτραν	καὶ οὐκ ἴσχυσεν σαλεῦσαι αὐτὴν διὰ τὸ καλῶς οἰκοδομῆσθαι αὐτήν
Luke 6:48	
and immediately	and immediately
καὶ εὐθέως	καὶ εὐθὺς
Luke 6:49	
it fell	it fell
ἔπεσε	συνέπεσεν
Luke 7:1	
Now when he had ended	After that he had ended
Ἐπεὶ δὲ ἐπλήρωσε	Ἐπειδὴ ἐπλήρωσεν
Luke 7:4	
for whom he should do this	for whom he should do this
ᾧ παρέξηει τοῦτο	ᾧ παρέξῃ τοῦτο
Luke 7:6	
the centurion sent friends to him	the centurion sent friends
ἔπεμψε πρὸς αὐτὸν ὁ ἑκατοντάρχης φίλους	ἔπεμψεν φίλους ὁ ἑκατοντάρχης
Luke 7:6	
for I am not worthy	for I am not worthy
οὐ γὰρ εἰμι ἱκανός	οὐ γὰρ ἱκανός εἰμι
Luke 7:7	
and my servant shall be healed	and let my servant be healed
καὶ ἰαθήσεται ὁ παῖς μου	καὶ ἰαθήτω ὁ παῖς μου

Over 8,000 Differences Between the T.R. and the Nestle-Aland Greek N.T.

Textus Receptus-Scrivener	Nestle-Aland 26,27

Luke 7:10
they that were sent, returning to the house
ὑποστρέψαντες οἱ πεμφθέντες, εἰς τὸν οἶκον

they that were sent, returning to the house
ὑποστρέψαντες εἰς τὸν οἶκον οἱ πεμφθέντες

Luke 7:10
found the servant whole that had been sick
εὗρον τὸν ἀσθενοῦντα δοῦλον ὑγιαίνοντα

found the servant whole
εὗρον τὸν δοῦλον ὑγιαίνοντα

Luke 7:11
the day after
ἐν τῇ ἑξῆς

the day after
ἐν τῷ ἑξῆς

Luke 7:11
he went into a city
ἐπορεύετο εἰς πόλιν

he went into a city
ἐπορεύθη εἰς πόλιν

Luke 7:11
many of his disciples
οἱ μαθηταὶ αὐτοῦ ἱκανοὶ

his disciples
οἱ μαθηταὶ αὐτοῦ

Luke 7:12
the only son of his mother
υἱὸς μονογενὴς τῇ μητρὶ αὐτοῦ

the only son of his mother
μονογενὴς υἱὸς τῇ μητρὶ αὐτοῦ

Luke 7:12
and she was a widow
καὶ αὕτη ἦν χήρα

and she was a widow
καὶ αὐτὴ ἦν χήρα

Luke 7:16
And there came a fear on all
ἔλαβε δὲ φόβος ἅπαντας

And there came a fear on all
ἔλαβεν δὲ φόβος πάντας

Luke 7:16
That a great prophet is risen up among us
ὅτι Προφήτης μέγας ἐγήγερται ἐν ἡμῖν

That a great prophet is risen up among us
ὅτι Προφήτης μέγας ἠγέρθη ἐν ἡμῖν

Luke 7:17
and throughout all the region round about
καὶ ἐν πάσῃ τῇ περιχώρῳ

and all the region round about
καὶ πάσῃ τῇ περιχώρῳ

Luke 7:19
sent *them* to Jesus, saying
ἔπεμψε πρὸς τὸν Ἰησοῦν, λέγων

sent *them* to the Lord, saying
ἔπεμψεν πρὸς τὸν κύριον λέγων

Luke 7:20
they said
εἶπον

they said
εἶπαν

Luke 7:20
hath sent us unto thee
ἀπέσταλκεν ἡμᾶς πρὸς σὲ

hath sent us unto thee
ἀπέστειλεν ἡμᾶς πρὸς σὲ

Luke 7:21
...in that same
ἐν αὐτῇ

In that
ἐν ἐκείνῃ

Luke 7:21
And...hour
δὲ τῇ ὥρᾳ

In...hour
τῇ ὥρᾳ

Luke 7:21
he gave sight
ἐχαρίσατο τὸ βλέπειν

he gave sight
ἐχαρίσατο βλέπειν

Textus Receptus-Scrivener	Nestle-Aland 26,27
Luke 7:22	
Then Jesus answering	Then answering
καὶ ἀποκριθεὶς ὁ᾿Ιησοῦς	καὶ ἀποκριθεὶς
Luke 7:22	
how that the blind see	*the* blind see
ὅτι τυφλοὶ ἀναβλέπουσι	τυφλοὶ ἀναβλέπουσιν
Luke 7:22	
the deaf hear	and the deaf hear
κωφοὶ ἀκούουσι	καὶ κωφοὶ ἀκούουσιν
Luke 7:24	
What went ye out	What went ye out
Τί ἐξεληύθατε	Τί ἐξήλθατε
Luke 7:25	
what went ye out	what went ye out
τί ἐξεληλύθατε	τί ἐξήλθατε
Luke 7:26	
what went ye out	what went ye out
τί ἐξεληλύθατε	τί ἐξήλθατε
Luke 7:27	
Behold, I send my messenger	Behold, *I* send my messenger
᾿Ιδοὺ ἐγὼ ἀποστέλλω τὸν ἄγγελόν μου	᾿Ιδοὺ ἀποστέλλω τὸν ἄγγελόν μου
Luke 7:28	
For I say unto you	I say unto you
λέγω γὰρ ὑμῖν	λέγω ὑμῖν
Luke 7:28	
Among those that are born of women...a greater prophet	Among those that are born of women...a greater
μείζων ἐν γεννητοῖς γυναικῶν προφήτης	μείζων ἐν γεννητοῖς γυναικῶν
Luke 7:28	
than John the Baptist	than John
᾿Ιωάννου τοῦ βαπτιστοῦ	᾿Ιωάννου
Luke 7:31	
And the Lord said	....
εἶπε δὲ ὁ Κύριος	....
Luke 7:32	
and saying	who saying
καὶ λέγουσιν	ἃ λέγει
Luke 7:32	
we have mourned to you	we have mourned
ἐθρηνήσαμεν ὑμῖν	ἐθρηνήσαμεν
Luke 7:33	
neither eating bread	not eating bread
μήτε ἄρτον ἐσθίων	μὴ ἐσθίων ἄρτον
Luke 7:33	
nor drinking wine	nor drinking wine
μήτε οἶνον πίνων	μήτε πίνων οἶνον
Luke 7:34	
a friend of publicans	a friend of publicans

Textus Receptus-Scrivener	Nestle-Aland 26,27
τελωνῶν φίλος	φίλος τελωνῶν

Luke 7:35

| wisdom is justified of all her children | wisdom is justified of all her children |
| ἐδικαιώθη ἡ σοφία ἀπὸ τῶν τέκνων αὐτῆς πάντων | ἐδικαιώθη ἡ σοφία ἀπὸ πάντων τῶν τέκνων αὐτῆς |

Luke 7:36

| he went into the...house | he went into the...house |
| εἰσελθὼν εἰς τὴν οἰκίαν | εἰσελθὼν εἰς τὸν οἶκον |

Luke 7:36

| and sat down to meat | and sat down to meat |
| ἀνεκλίθη | κατεκλίθη |

Luke 7:37

| a woman in the city, which was a sinner | a woman which was in the city, a sinner |
| γυνὴ ἐν τῇ πόλει ἥτις ἦν, ἁμαρτωλός | γυνὴ ἥτις ἦν ἐν τῇ πόλει ἁμαρτωλός |

Luke 7:37

| when she knew | and when she knew |
| ἐπιγνοῦσα | καὶ ἐπιγνοῦσα |

Luke 7:37

| that *Jesus* sat at meat | that *Jesus* sat at meat |
| ὅτι ἀνάκειται | ὅτι κατάκειται |

Luke 7:38

| stood at his feet behind *him* weeping | stood behind *him* at his feet weeping |
| στᾶσα παρὰ τοὺς πόδας αὐτοῦ ὀπίσω κλαίουσα | στᾶσα ὀπίσω παρὰ τοὺς πόδας αὐτοῦ κλαίουσα |

Luke 7:38

| and began to wash his feet with tears | and began to wash his feet |
| ἤρξατο βρέχειν τοὺς πόδας αὐτοῦ δάκρυσι | ἤρξατο βρέχειν τοὺς πόδας αὐτοῦ |

Luke 7:40

| And he saith, Master, say on | Master, say on, he saith |
| ὁ δέ φησί, Διδάσκαλε, εἰπέ | ὁ δέ, Διδάσκαλε, εἰπέ, φησίν |

Luke 7:41

| two debtors | two debtors |
| Δύο χρεωφειλέται | δύο χρεοφειλέται |

Luke 7:41

| a certain creditor | a certain creditor |
| δανειστῇ τινι | δανιστῇ τινι |

Luke 7:42

| And when they had nothing | When they had nothing |
| μὴ ἐχόντων δὲ αὐτῶν | μὴ ἐχόντων αὐτῶν |

Luke 7:42

Tell me	
εἰπέ	....
	....

Luke 7:42

| will love him most | will love him most |
| πλεῖον αὐτόν ἀγαπήσει | πλεῖον ἀγαπήσει αὐτόν |

Luke 7:43

| ...answered | ...answered |
| ἀποκριθεὶς δὲ | ἀποκριθεὶς |

Luke 7:43

Over 8,000 Differences Between the T.R. and the Nestle-Aland Greek N.T.

Textus Receptus-Scrivener	Nestle-Aland 26,27
Simon	Simon
ὁ Σίμων	Σίμων
Luke 7:44	
thou gavest me no water for my feet	thou gavest me no water for feet
ὕδωρ ἐπὶ τοὺς πόδας μου οὐκ ἔδωκας	ὕδωρ μοι ἐπὶ πόδας οὐκ ἔδωκας
Luke 7:44	
and wiped *them* with the hairs of her head	and wiped *them* with her hairs
καὶ ταῖς θριξὶ τῆς κεφαλῆς αὐτῆς ἐξέμαξε	καὶ ταῖς θριξὶν αὐτῆς ἐξέμαξεν
Luke 7:46	
hath anointed my feet	hath anointed my feet
ἤλειψε μου τοὺς πόδας	ἤλειψεν τοὺς πόδας μου
Luke 8:3	
which ministered unto him	which ministered unto them
αἵτινες διηκόνουν αὐτῷ	αἵτινες διηκόνουν αὐτοῖς
Luke 8:3	
of their substance	of their substance
ἀπὸ τῶν ὑπαρχόντων αὐταῖς	ἐκ τῶν ὑπαρχόντων αὐταῖς
Luke 8:6	
And some fell upon a rock	And some fell down upon a rock
καὶ ἕτερον ἔπεσεν ἐπὶ τὴν πέτραν	καὶ ἕτερον κατέπεσεν ἐπὶ τὴν πέτραν
Luke 8:8	
And other fell on good ground	And other fell into good ground
καὶ ἕτερον ἔπεσεν ἐπὶ τὴν γῆν τὴν ἀγαθήν	καὶ ἕτερον ἔπεσεν εἰς τὴν γῆν τὴν ἀγαθήν
Luke 8:9	
And his disciples asked him, saying	And his disciples asked him
Ἐπηρώτων δὲ αὐτὸν οἱ μαθηταὶ αὐτοῦ, λέγοντες	Ἐπηρώτων δὲ αὐτὸν οἱ μαθηταὶ αὐτοῦ
Luke 8:9	
What might this parable be	What might the parable be
Τίς εἴη ἡ παραβολὴ αὕτη	τίς αὕτη εἴη ἡ παραβολή
Luke 8:12	
are they that hear	are they that heard
εἰσιν οἱ ἀκούοντες	εἰσιν οἱ ἀκούσαντες
Luke 8:16	
but setteth *it* on a candlestick	but setteth *it* on a candlestick
ἀλλ ἐπὶ λυχνίας ἐπιτίθησιν	ἀλλ ἐπὶ λυχνίας τίθησιν
Luke 8:17	
that shall not be known	that shall not in any wise be known
ὃ οὐ γνωσθήσεται	ὃ οὐ μὴ γνωσθῇ
Luke 8:18	
for whosoever hath	for whosoever hath
ὃς γὰρ ἂν ἔχῃ	ὃς ἂν γὰρ ἔχῃ
Luke 8:19	
Then came to him	Then came to him
Παρεγένοντο δὲ πρὸς αὐτὸν	Παρεγένετο δὲ πρὸς αὐτὸν
Luke 8:20	
And it was told him	But it was told him
καὶ ἀπηγγέλη αὐτῷ	ἀπηγγέλη δὲ αὐτῷ
Luke 8:20	

Textus Receptus-Scrivener	Nestle-Aland 26,27
which said	....
λέγοντων	....

Luke 8:20

| desiring to see thee | desiring to see thee |
| ἰδεῖν σε θέλοντές | ἰδεῖν θέλοντές σε |

Luke 8:21

| hear the word of God, and do it | hear the word of God, and do |
| τὸν λόγον τοῦ Θεοῦ ἀκούοντες καὶ ποιοῦντες αὐτόν | τὸν λόγον τοῦ θεοῦ ἀκούοντες καὶ ποιοῦντες |

Luke 8:22

| Now it came to pass | Now it came to pass |
| Καὶ ἐγένετο | Ἐγένετο δὲ |

Luke 8:24

| Then he arose | Then being aroused |
| ὁ δὲ ἐγερθεὶς | ὁ δὲ διεγερθεὶς |

Luke 8:25

| Where is your faith | Where is your faith |
| Ποῦ ἐστιν ἡ πίστις ὑμῶν | Ποῦ ἡ πίστις ὑμῶν |

Luke 8:26

| the country of the Gadarenes | the country of the Gerasenes |
| τὴν χώραν τῶν Γαδαρηνῶν | τὴν χώραν τῶν Γερασηνῶν |

Luke 8:26

| which is over against Galilee | which is over against Galilee |
| ἥτις ἐστὶν ἀντιπέρα τῆς Γαλιλαίας | ἥτις ἐστὶν ἀντιπέρα τῆς Γαλιλαίας |

Luke 8:27

| there met him...a certain man | there came...a certain man |
| ὑπήντησεν αὐτῷ ἀνήρ τις | ὑπήντησεν ἀνήρ τις |

Luke 8:27

| which had devils | having devils |
| ὃς εἶχε δαιμόνια | ἔχων δαιμόνια |

Luke 8:27

| long time | long time |
| ἐκ χρόνων ἱκανων | καὶ χρόνῳ ἱκανῷ |

Luke 8:27

| and ware no clothes | put no clothes on |
| καὶ ἱμάτιον οὐκ ἐνεδιδύσκετο | οὐκ ἐνεδύσατο ἱμάτιον |

Luke 8:28

| When he saw Jesus, he cried out | When he saw Jesus, cried out |
| ἰδὼν δὲ τὸν Ἰησοῦν, καὶ ἀνακράξας | ἰδὼν δὲ τὸν Ἰησοῦν ἀνακράξας |

Luke 8:29

| and he was kept bound with chains | and he was kept bound with chains |
| καὶ ἐδεσμεῖτο ἁλύσεσι | καὶ ἐδεσμεύετο ἁλύσεσιν |

Luke 8:29

| and was driven of the devil | and was driven of the devil |
| ἠλαύνετο ὑπὸ τοῦ δαίμονος | ἠλαύνετο ὑπὸ τοῦ δαιμονίου |

Luke 8:30

| And Jesus asked him, saying | And Jesus asked him |
| ἐπηρώτησε δὲ αὐτὸν ὁ Ἰησοῦς, λέγων | ἐπηρώτησεν δὲ αὐτὸν ὁ Ἰησοῦς |

Textus Receptus-Scrivener	Nestle-Aland 26,27
Luke 8:30	
What is thy name	What is thy name
Τί σοι ἐστιν ὄνομά	Τί σοι ὄνομά ἐστιν
Luke 8:30	
And he said, Legion	And he said, Legion
ὁ δὲ εἶπε, Λεγεών	ὁ δὲ εἶπεν, Λεγιών
Luke 8:30	
because many devils were entered into him	because many devils were entered into him
ὅτι δαιμόνια πολλὰ εἰσῆλθεν εἰς αὐτόν	ὅτι εἰσῆλθεν δαιμόνια πολλὰ εἰς αὐτόν
Luke 8:32	
an herd of many swine feeding	an herd of many swine feeding
ἀγέλη χοίρων ἱκανῶν βοσκομένων	ἀγέλη χοίρων ἱκανῶν βοσκομένη
Luke 8:32	
and they besought him	and they besought him
καὶ παρεκάλουν αὐτὸν	καὶ παρεκάλεσαν αὐτὸν
Luke 8:33	
and entered into the swine	and entered into the swine
εἰσῆλθεν εἰς τοὺς χοίρους	εἰσῆλθον εἰς τοὺς χοίρους
Luke 8:34	
what was done, they fled	what was done, they fled
τὸ γεγενημένον ἔφυγον	τὸ γεγονὸς ἔφυγον
Luke 8:34	
and went and told *it*	and told *it*
καὶ ἀπελθόντες ἀπήγγειλαν	καὶ ἀπήγγειλαν
Luke 8:35	
the devils were departed	the devils went out
τὰ δαιμόνια ἐξεληλύθει	τὰ δαιμόνια ἐξῆλθεν
Luke 8:36	
They also which saw *it*	They which saw *it*
αὐτοῖς καὶ οἱ ἰδόντες	αὐτοῖς οἱ ἰδόντες
Luke 8:37	
besought him	besought him
ἠρώτησαν αὐτὸν	ἠρώτησεν αὐτὸν
Luke 8:37	
of the Gadarenes	of the Gergasenes
τῶν Γαδαρηνῶν	τῶν Γερασηνῶν
Luke 8:37	
went up into the ship	went up into *the* ship
ἐμβὰς εἰς τὸ πλοῖον	ἐμβὰς εἰς πλοῖον
Luke 8:38	
Now the man...besought him	Now the man...besought him
ἐδέετο δὲ αὐτοῦ ὁ ἀνὴρ	ἐδεῖτο δὲ αὐτοῦ ὁ ἀνὴρ
Luke 8:38	
but Jesus sent him away	but *he* sent him away
ἀπέλυσε δὲ αὐτὸν ὁ Ἰησοῦς	ἀπέλυσεν δὲ αὐτὸν
Luke 8:39	
shew how great things God hath done unto thee	shew how great things God hath done unto thee
διηγοῦ ὅσα ἐποίησε σοι ὁ Θεός	διηγοῦ ὅσα σοι ἐποίησεν ὁ θεός

Over 8,000 Differences Between the T.R. and the Nestle-Aland Greek N.T.

Textus Receptus-Scrivener	Nestle-Aland 26,27
Luke 8:40	
it came to pass	....
Ἐγένετο	....
Luke 8:40	
when Jesus was returned	when Jesus was returned
τῷ ὑποστρέφαι τὸν Ἰησοῦν	τῷ ὑποστρέφειν τὸν Ἰησοῦν
Luke 8:41	
named Jairus	named Jairus
ὄνομα Ἰάειρος	ὄνομα Ἰάϊρος
Luke 8:41	
and he was a ruler	and this one was a ruler
καὶ αὐτὸς ἄρχων	καὶ οὗτος ἄρχων
Luke 8:41	
at Jesus' feet	at Jesus' feet
παρὰ τοὺς πόδας τοῦ Ἰησοῦ	παρὰ τοὺς πόδας (τοῦ) Ἰησοῦ
Luke 8:43	
which...upon	which
ἥτις εἰς	ἥτις
Luke 8:43	
had spent all her living...physicians	[had spent all her living...physicians]
ἰατροῖς προσαναλώσασα ὅλον τὸν βίον	(ἰατροῖς προσαναλώσασα ὅλον τὸν βίον)
Luke 8:43	
neither could be healed of any	neither could be healed of any
οὐκ ἴσχυσεν ὑπ οὐδενὸς θεραπευθῆναι	οὐκ ἴσχυσεν ἀπ οὐδενὸς θεραπευθῆναι
Luke 8:45	
Peter and they that were with him	Peter
ὁ Πέτρος καὶ οἱ μετ αὐτοῦ	ὁ Πέτρος
Luke 8:45	
and sayest thou, Who touched me	....
καὶ λέγεις, Τίς ὁ ἁψάμενός μου	....
Luke 8:46	
virtue is gone out of me	virtue had gone out of me
δύναμιν ἐξελθοῦσαν ἀπ ἐμοῦ	δύναμιν ἐξεληλυθυῖαν ἀπ ἐμοῦ
Luke 8:47	
declared unto him before all the people	declared before all the people
ἀπήγγειλεν αὐτῷ ἐνώπιον παντὸς τοῦ λαοῦ	ἀπήγγειλεν ἐνώπιον παντὸς τοῦ λαοῦ
Luke 8:48	
And he said unto her, Daughter, be of good comfort	And he said unto her, Daughter
ὁ δὲ εἶπεν αὐτῇ, Θάρσει, θυγάτηρ	ὁ δὲ εἶπεν αὐτῇ, Θυγάτηρ
Luke 8:49	
saying to him	saying
λέγων αὐτῷ	λέγων
Luke 8:49	
trouble not the Master	no longer trouble the Master
μὴ σκύλλε τὸν διδάσκαλον	μηκέτι σκύλλε τὸν διδάσκαλον
Luke 8:50	
he answered him, saying	he answered him

Textus Receptus-Scrivener	Nestle-Aland 26,27
ἀπεκρίθη αὐτῷ, λέγων	ἀπεκρίθη αὐτῷ
Luke 8:50	
believe only	believe only
μόνον πίστευε	μόνον πίστευσον
Luke 8:51	
And when he came into the house	And when he came into the house
εἰσελθὼν δὲ εἰς τὴν οἰκίαν	ἐλθὼν δὲ εἰς τὴν οἰκίαν
Luke 8:51	
he suffered no man to go in	he suffered no man to go in with him
οὐκ ἀφῆκεν εἰσελθεῖν οἰδένα	οὐκ ἀφῆκεν εἰσελθεῖν τινα σὺν αὐτῷ
Luke 8:51	
save Peter, and James, and John	save Peter, and John and James
εἰ μὴ Πέτρον καὶ Ἰάκωβον καὶ Ἰωάννην	εἰ μὴ Πέτρον καὶ Ἰωάννην καὶ Ἰάκωβον
Luke 8:52	
she is not dead	for she is not dead
οὐκ ἀπέθανεν	οὐ γὰρ ἀπέθανεν
Luke 8:54	
And he put them all out, and took her	But he took her
αὐτὸς δὲ ἐκβαλὼν ἔξω πάντας, καὶ κρατήσας	αὐτὸς δὲ κρατήσας
Luke 8:54	
saying, Maid, arise	saying, Maid, arise
λέγων, Ἡ παῖς, ἔγειρου	λέγων, Ἡ παῖς, ἔγειρε
Luke 9:1	
his twelve disciples	the twelve
τοὺς δώδεκα μαθητὰς αὐτοῦ	τοὺς δώδεκα
Luke 9:2	
and to heal the sick	and to heal [the sick]
καὶ ἰᾶσθαι τοὺς ἀσθενοῦντος	καὶ ἰᾶσθαι (τοὺς ἀσθενεῖς)
Luke 9:3	
neither staves	neither a staff
μήτε ῥάβδους	μήτε ῥάβδον
Luke 9:3	
neither have two coats apiece	neither have two coats [apiece]
μήτε ἀνὰ δύο χιτῶνας ἔχειν	μήτε (ἀνὰ) δύο χιτῶνας ἔχειν
Luke 9:5	
will not receive you	will not receive you
μὴ δέξωνται ὑμᾶς	μὴ δέχωνται ὑμᾶς
Luke 9:5	
the very dust	the dust
καὶ τὸν κονιορτὸν	τὸν κονιορτὸν
Luke 9:5	
shake off	shake off
ἀποτινάξατε	ἀποτινάσσετε
Luke 9:7	
Ηεροδ τηε τετραρχη	Ηεροδ τηε τετραρχη
Ἡρώδης ὁ τετράρχης	Ἡρώδης ὁ τετραάρχης
Luke 9:7	
of all that was done by him	of all that was done

Textus Receptus-Scrivener	Nestle-Aland 26,27
τὰ γινόμενα ὑπ αὐτοῦ πάντα	τὰ γινόμενα πάντα
Luke 9:7	
that John was risen from the dead	that John was risen from the dead
ὅτι Ἰωάννης ἐγήγερται ἐκ νεκρῶν	ὅτι Ἰωάννης ἠγέρθη ἐκ νεκρῶν
Luke 9:8	
one of the old prophets was risen again	certain of the old prophets was risen again
προφήτης εἷς τῶν ἀρχαίων ἀνέστη	προφήτης τις τῶν ἀρχαίων ἀνέστη
Luke 9:9	
And Herod said	But Herod said
καὶ εἶπεν ὁ Ἡρώδης	εἶπεν δὲ Ἡρώδης
Luke 9:9	
of whom I hear such things	of whom I hear such things
περὶ οὗ ἐγὼ ἀκούω τοιαῦτα	περὶ οὗ ἀκούω τοιαῦτα
Luke 9:10	
into a desert place belonging to the city called Bethsaida	into a city called Bethsaida
εἰς τόπον ἔρημον πόλεως καλουμένην Βηθσαϊδά	εἰς πόλιν καλουμένην Βηθσαϊδά
Luke 9:11	
and he received them	and he gladly received them
καὶ δεξάμενος αὐτοὺς	καὶ ἀποδεξάμενος αὐτοὺς
Luke 9:12	
the twelve...said unto him	the twelve...said unto him
οἱ δώδεκα εἶπον αὐτῷ	οἱ δώδεκα εἶπαν αὐτῷ
Luke 9:12	
that they may go into	that they may go into
ἵνα ἀπελθόντες εἰς	ἵνα πορευθέντες εἰς
Luke 9:12	
and country	and country
καὶ τοὺς ἀγροὺς	καὶ ἀγροὺς
Luke 9:1	
And they said	And they said
οἱ δὲ εἶπον	οἱ δὲ εἶπαν
Luke 9:13	
but five loaves and two fishes	but five loaves and two fishes
ἢ πέντε ἄρτοι καὶ δύο ἰχθύες	ἢ ἄρτοι πέντε καὶ ἰχθύες δύο
Luke 9:14	
by fifties in a company	by [about] fifties in a company
κλισίας ἀνὰ πεντήκοντα	κλισίας (ὡσεὶ) ἀνὰ πεντήκοντα
Luke 9:15	
And they did so	And they did so
καὶ ἐποίησαν οὕτω	καὶ ἐποίησαν οὕτως
Luke 9:15	
and made them all sit down	and made them all sit down
καὶ ἀνέκλιναν ἅπαντας	καὶ κατέκλιναν ἅπαντας
Luke 9:16	
to set before the multitude	to set before the multitude
παρατιθέναι τῷ ὄχλῳ	παραθεῖναι τῷ ὄχλῳ
Luke 9:18	

Over 8,000 Differences Between the T.R. and the Nestle-Aland Greek N.T.

Textus Receptus-Scrivener	Nestle-Aland 26,27
alone praying	alone praying
προσευχόμενον καταμόνας	προσευχόμενον κατὰ μόνας
Luke 9:19	
They answering said	They answering said
Οἱ δὲ ἀποκριθέντες εἶπον	οἱ δὲ ἀποκριθέντες εἶπαν
Luke 9:20	
Peter answering said	Peter answering said
ἀποκριθεὶς δὲ ὁ Πέτρος εἶπε	Πέτρος δὲ ἀποκριθεὶς εἶπεν
Luke 9:21	
to tell no man that thing	to tell no man that thing
μηδενὶ εἰπεῖν τοῦτο	μηδενὶ λέγειν τοῦτο
Luke 9:23	
will come after me	will come after me
θέλει ὀπίσω μου ἐλθεῖν	θέλει ὀπίσω μου ἔρχεσθαι
Luke 9:23	
let him deny himself	let him deny himself
ἀπαρνησάσθω ἑαυτὸν	ἀρνησάσθω ἑαυτὸν
Luke 9:27	
there be some standing here	there be some standing
εἰσί τινες τῶν ὧδε ἑστηκότων	εἰσίν τινες τῶν αὐτοῦ ἑστηκότων
Luke 9:27	
which shall not taste of death	which should not taste of death
οἳ οὐ μὴ γεύσονται θανάτου	οἳ οὐ μὴ γεύσωνται θανάτου
Luke 9:28	
he took	he took
καὶ παραλαβὼν	(καὶ) παραλαβὼν
Luke 9:28	
Peter and John and James	Peter and John and James
τὸν Πέτρον καὶ Ἰωάννην καὶ Ἰάκωβον	Πέτρον καὶ Ἰωάννην καὶ Ἰάκωβον
Luke 9:30	
Moses and Elias	Moses and Elias
Μωσῆς καὶ Ἠλίας	Μωϋσῆς καὶ Ἠλίας
Luke 9:31	
which he should accomplish	which he should accomplish
ἣν ἔμελλε πληροῦν	ἣν ἤμελλεν
Luke 9:33	
and one for Moses	and one for Moses
καὶ Μωσεῖ μίαν	καὶ μίαν Μωϋσεῖ
Luke 9:34	
and overshadowed them	and overshadowed them
καὶ ἐπεσκίασεν αὐτούς	καὶ ἐπεσκίαζεν αὐτούς
Luke 9:34	
they entered into the cloud	they entered into the cloud
ἐκείνους εἰσελθεῖν εἰς τὴν νεφέλην	εἰσελθεῖν αὐτοὺς εἰς τὴν νεφέλην
Luke 9:35	
This is my beloved Son	This is my chosen Son
Οὗτός ἐστιν ὁ υἱός μου ὁ ἀγαπητὸς	Οὗτός ἐστιν ὁ υἱός μου ὁ ἐκλελεγμένος
Luke 9:36	

Over 8,000 Differences Between the T.R. and the Nestle-Aland Greek N.T.

Textus Receptus-Scrivener	Nestle-Aland 26,27
Jesus was found alone	Jesus was found alone
εὑρέθη ὁ Ἰησοῦς μόνος	εὑρέθη Ἰησοῦς μόνος
Luke 9:36	
which they had seen	which they had seen
ὧν ἑώρακασιν	ὧν ἑώρακαν
Luke 9:37	
that on the next day	that the next day
ἐν τῇ ἑξῆς ἡμέρᾳ	τῇ ἑξῆς ἡμέρᾳ
Luke 9:38	
a man of the company cried out	a man of the company cried out
ἀνὴρ ἀπὸ τοῦ ὄχλου ἀνεβόησε	ἀνὴρ ἀπὸ τοῦ ὄχλου ἐβόησεν
Luke 9:38	
look upon my son	look upon my son
ἐπιβλέψον ἐπὶ τὸν υἱόν μου	ἐπιβλέψαι ἐπὶ τὸν υἱόν μου
Luke 9:38	
he is mine	he is mine
ἐστι μοί	μοί ἐστιν
Luke 9:40	
to cast him out	to cast him out
ἵνα ἐκβάλωσιν αὐτό	ἵνα ἐκβάλωσιν αὐτό
Luke 9:43	
all things which...did	all things which *he* did
πᾶσιν οἷς ἐποίησεν ὁ Ἰησοῦς	πᾶσιν οἷς ἐποίει
Luke 9:43	
Jesus	....
ὁ Ἰησοῦς	....
Luke 9:47	
Jesus, perceiving the thought	Jesus, perceiving the thought
Ἰησοῦς ἰδὼν τὸν διαλογισμὸν	Ἰησοῦς εἰδὼς τὸν διαλογισμὸν
Luke 9:47	
took a child	took a child
ἐπιλαβόμενος παιδίου	ἐπιλαβόμενος παιδίον
Luke 9:48	
and whosoever shall receive me	and whosoever shall receive me
καὶ ὃς ἐὰν ἐμὲ δέξηται	καὶ ὃς ἂν ἐμὲ δέξηται
Luke 9:48	
the same shall be great	the same is great
οὗτός ἔσται μέγας	οὗτός ἐστιν μέγας
Luke 9:49	
And John answered	And John answered
Ἀποκριθεὶς δὲ ὁ Ἰωάννης	Ἀποκριθεὶς δὲ Ἰωάννης
Luke 9:49	
in thy name	in thy name
ἐπὶ τῷ ὀνόματί σου	ἐν τῷ ὀνόματί σου
Luke 9:49	
casting out devils	casting out devils
ἐκβάλλοντα τὰ δαιμόνια	ἐκβάλλοντα δαιμόνια
Luke 9:49	

Textus Receptus-Scrivener	Nestle-Aland 26,27
and we forbad him	and we forbad him
καὶ ἐκωλύσαμεν αὐτὸν	καὶ ἐκωλύομεν αὐτὸν
Luke 9:50	
And Jesus said unto him	But Jesus said unto him
καὶ εἶπε δὲ πρὸς αὐτὸν ὁ Ἰησοῦς	εἶπεν δὲ πρὸς αὐτὸν ὁ Ἰησοῦς
Luke 9:50	
for he that is not against us	for he that is not against you
ὃς γὰρ οὐκ ἔστι καθ ἡμῶν	ὃς γὰρ οὐκ ἔστιν καθ ὑμῶν
Luke 9:50	
is for us	is for you
ὑπὲρ ἡμῶν ἐστιν	ὑπὲρ ὑμῶν ἐστιν
Luke 9:51	
that he should be received up	that he should be received up
τῆς ἀναλήψεως αὐτοῦ	τῆς ἀναλήμψεως αὐτοῦ
Luke 9:51	
...his face	...face
τὸ πρόσωπον αὐτοῦ	τὸ πρόσωπον
Luke 9:51	
stedfastly set	stedfastly set
ἐστήριξε	ἐστήρισεν
Luke 9:52	
into a village of the Samaritans	into a village of the Samaritans
εἰς κώμην Σαμαρειτῶν	εἰς κώμην Σαμαριτῶν
Luke 9:52	
to make ready for him	to make ready for him
ὥστε ἑτοιμάσαι αὐτῷ	ὡς ἑτοιμάσαι αὐτῷ
Luke 9:54	
And when his disciples	And when the disciples
δὲ οἱ μαθηταὶ αὐτοῦ	δὲ οἱ μαθηταὶ
Luke 9:54	
they said, Lord	they said, Lord
εἶπον, Κύριε	εἶπαν, Κύριε
Luke 9:54	
even as Elias did	....
ὡς καὶ Ἡλας ἐποίησε	....
Luke 9:55,56	
55and said, Ye know not what manner of spirit ye are of. 56 For the Son of man is not come to destroy men's lives, but to save *them*	....
55καὶ εἶπεν, Οὐκ οἴδατε οἴου πνεύματός ἐστε ἡμεῖς 56 ὁ γὰρ υἱὸς τοῦ ἀνθρώπου οὐκ ἦλθε ψυχὰς ἀνθρώπων ἀπολέσαι, αλλα σῶσαι	....
Luke 9:57	
And it came to pass, that, as they went	And, as they went
Ἐγένετο δὲ πορευομένων αὐτῶν	Καὶ πορευομένων αὐτῶν
Luke 9:57	

Textus Receptus-Scrivener	Nestle-Aland 26,27
...I will follow thee whithersoever	...I will follow thee whithersoever
Ἀκολουθήσω σοι ὅπου ἄν	Ἀκολουθήσω σοι ὅπου ἐάν
Luke 9:57	
Lord	....
Κύριε	....
Luke 9:59	
Lord, suffer me first to go	[Lord], suffer me first to go
Κύριε, ἐπίτρεψόν μοι ἀπελθόντι πρῶτον	(Κύριε), ἐπίτρεψόν μοι ἀπελθόντι πρῶτον
Luke 9:60	
Jesus said unto him	*He* said unto him
εἶπε δὲ αὐτῷ ὁ Ἰησοῦς	εἶπεν δὲ αὐτῷ
Luke 9:62	
And Jesus said unto him	And Jesus said [unto him]
εἶπε δὲ πρὸς αὐτὸν ὁ Ἰησοῦς	εἶπεν δε (πρὸς αὐτὸν) ὁ Ἰησοῦς
Luke 9:62	
having put his hand to the plough	having put the hand to the plough
ἐπιβαλὼν τὴν χεῖρα αὐτοῦ ἐπ ἄροτρον	ἐπιβαλὼν τὴν χεῖρα ἐπ ἄροτρον
Luke 9:62	
is fit for the kingdom of God	is fit for the kingdom of God
εὔθετός ἐστιν εἰς τὴν βασιλείαν τοῦ Θεοῦ	εὔθετός ἐστιν τῇ βασιλείᾳ τοῦ θεοῦ
Luke 10:1	
other...also	other
καὶ ἑτέρους	ἑτέρους
Luke 10:1	
seventy	seventy[two]
ἑβδομήκοντα	ἑβδομήκοντα (δύο)
Luke 10:1	
sent them two and two	sent them two and two
ἀπέστειλεν αὐτοὺς ἀνὰ δύο	ἀπέστειλεν αὐτοὺς ἀνὰ δύο (δύο)
Luke 10:1	
whither he himself would come	whither he himself would come
ἔμελλεν αὐτὸς ἔρχεσθαι	ἤμελλεν αὐτὸς ἔρχεσθαι
Luke 10:2	
Therefore said he unto them	But said he unto them
ἔλεγεν οὖν πρὸς αὐτούς	ἔλεγεν δὲ πρὸς αὐτούς
Luke 10:2	
that he would send forth labourers	that he would send forth labourers
ὅπως ἐκβάλλῃ ἐργάτας	ὅπως ἐργάτας ἐκβάλῃ
Luke 10:3	
behold, I send you forth	behold, *I* send you forth
ἰδοὺ, ἐγὼ ἀποστέλλω ὑμᾶς	ἰδοὺ ἀποστέλλω ὑμᾶς
Luke 10:4	
Carry neither purse	Carry neither purse
μὴ βαστάζετε βαλάντιον	μὴ βαστάζετε βαλλάντιον
Luke 10:4	
nor shoes	nor shoes
μηδὲ ὑποδήματα	μὴ ὑποδήματα
Luke 10:5	

Textus Receptus-Scrivener	Nestle-Aland 26,27
And into whatsoever house ye enter	And into whatsoever house ye enter
εἰς ἣν δ ἂν οἰκίαν εἰσέρχησθε	εἰς ἣν δ ἂν εἰσέλθητε οἰκίαν
Luke 10:6	
And if	And if
καὶ ἐὰν μὲν	καὶ ἐὰν
Luke 10:6	
...be there	...be there
ἦ ἐκεῖ	ἐκεῖ ἦ
Luke 10:6	
the son of peace	*the* son of peace
ὁ υἱὸς εἰρήνης	ἐκεῖ ἦ υἱὸς εἰρήνης
Luke 10:6	
your peace shall rest upon it	your peace shall rest upon it
ἐπαναπαύσεται ἐπ αὐτὸν ἡ εἰρήνη ὑμῶν	ἐπαναπαήσεται ἐπ αὐτὸν ἡ εἰρήνη ὑμῶν
Luke 10:6	
if not	if not
εἰ δὲ μήγε	εἰ δὲ μή γε
Luke 10:7	
for the labourer is worthy of his hire	for the labourer *is* worthy of his hire
ἄξιος γὰρ ὁ ἐργάτης τοῦ μισθοῦ αὐτοῦ ἐστι	ἄξιος γὰρ ὁ ἐργάτης τοῦ μισθοῦ αὐτοῦ
Luke 10:8	
And into whatsoever city	And into whatsoever city
καὶ εἰς ἣν δἂν πόλιν	καὶ εἰς ἣν ἂν πόλιν
Luke 10:10	
But into whatsoever city ye enter	But into whatsoever city ye enter
εἰς ἣν δ ἂν πόλιν εἰσέρχησθε	εἰς ἣν δ ἂν πόλιν εἰσέλθητε
Luke 10:11	
we do wipe off against you	we do wipe off of our feet against you
ἀπομασσόμεθα ὑμῖν	εἰς τοὺς πόδας ἀπομασσόμεθα ὑμῖν
Luke 10:11	
that the kingdom of God is come nigh unto you	that the kingdom of God is come nigh
ὅτι ἤγγικεν ἐφ ὑμᾶς ἡ βασιλεία τοῦ Θεοῦ	ὅτι ἤγγικεν ἡ βασιλεία τοῦ θεοῦ
Luke 10:12	
But I say unto you	I say unto you
λέγω δὲ ὑμῖν	λέγω ὑμῖν
Luke 10:13	
Woe unto thee, Chorazin	Woe unto thee, Chorazin
οὐαί σοι, Χωραζίν	Οὐαί σοι, Χοραζίν
Luke 10:13	
the mighty works had been done	the mighty works had been done
ἐγένοντο, αἱ δυνάμεις	ἐγενήθησαν αἱ δυνάμεις
Luke 10:13	
sitting in sackcloth and ashes	sitting in sackcloth and ashes
ἐν σάκκῳ καὶ σποδῷ καθήμεναι	ἐν σάκκῳ καὶ σποδῷ καθήμενοι
Luke 10:15	
And thou, Capernaum	And thou, Capernaum
καὶ σύ, Καπερναούμ	καὶ σύ, Καφαρναούμ
Luke 10:15	

Over 8,000 Differences Between the T.R. and the Nestle-Aland Greek N.T.

Textus Receptus-Scrivener	Nestle-Aland 26,27
which art exalted to heaven	wilt thou be exalted to heaven?
ἡ ἕως τοῦ οὐρανοῦ ὑψωθεῖσα	μὴ ἕως οὐρανοῦ ὑψωθήσῃ;
Luke 10:15	
to hell	to hell
ἕως ᾅδου	ἕως τοῦ ᾅδου
Luke 10:15	
shalt be thrust down	shalt be thrust down
καταβιβασθήσῃ	καταβήσῃ
Luke 10:17	
And the seventy returned	And the seventy[two] returned
Ὑπέστρεψαν δὲ οἱ ἑβδομήκοντα	Ὑπέστρεψαν δὲ οἱ ἑβδομήκοντα (δύο)
Luke 10:19	
I give unto you power	I have given unto you power
δίδωμι ὑμῖν τὴν ἐξουσίαν	δέδωκα ὑμῖν τὴν ἐξουσίαν
Luke 10:19	
and nothing shall by any means hurt you	and nothing shall by any means hurt you
καὶ οὐδὲν ὑμᾶς οὐ μὴ ἀδικήσει	καὶ οὐδὲν ὑμᾶς οὐ μὴ ἀδικήσῃ
Luke 10:20	
but rather rejoice	but rejoice
χαίρετε δὲ μᾶλλον	χαίρετε δὲ
Luke 10:20	
your names are written in heaven.	your names have been written in heaven.
τὰ ὀνόματα ὑμῶν ἐγράφη ἐν τοῖς οὐρανοῖς	τὰ ὀνόματα ὑμῶν ἐγγέγραπται ἐν τοῖς οὐρανοῖς
Luke 10:21	
rejoiced in	rejoiced in
ἠγαλλιάσατο	ἠγαλλιάσατο (ἐν)
Luke 10:21	
in spirit	in the Holy Spirit
τῷ πνεύματι	τῷ πνεύματι τῷ ἁγίῳ
Luke 10:21	
Jesus	....
ὁ Ἰησοῦς	....
Luke 10:21	
for so it seemed good in thy sight	for so it seemed good in thy sight
ὅτι οὕτως ἐγένετο εὐδοκία ἔμπροσθέν σου	ὅτι οὕτως εὐδοκία ἐγένετο ἔμπροσθέν σου
Luke 10:22	
All things are delivered to me	All things are delivered to me
Πάντα παρεδόθη μοι	Πάντα μοι παρεδόθη
Luke 10:24	
and have not seen *them*	and have not seen *them*
καὶ οὐκ εἶδον	καὶ οὐκ εἶδαν
Luke 10:25	
tempted him, saying	tempted him, saying
ἐκπειράζων αὐτὸν, καὶ λέγων	ἐκπειράζων αὐτὸν λέγων
Luke 10:27	
with all thy heart	with all thy heart
ἐξ ὅλης τῆς καρδίας σου	ἐξ ὅλης (τῆς) καρδίας σου
Luke 10:27	

Textus Receptus-Scrivener	Nestle-Aland 26,27
and with all thy soul	and with all thy soul
καὶ ἐξ ὅλης τῆς ψυχῆς σου	καὶ ἐν ὅλῃ τῇ ψυχῇ σου
Luke 10:27	
and with all thy strength	and with all thy strength
καὶ ἐξ ὅλης τῆς ἰσχύος σου	καὶ ἐν ὅλῃ τῇ ἰσχύϊ σου
Luke 10:27	
and with all thy mind	and with all thy mind
καὶ ἐξ ὅλης τῆς διανοίας σου	καὶ ἐν ὅλῃ τῇ διανοίᾳ σου
Luke 10:29	
But he, willing to justify himself	But he, willing to justify himself
ὁ δὲ θέλων δικαιοῦν ἑαυτὸν	ὁ δὲ θέλων δικαιῶσαι ἑαυτὸν
Luke 10:30	
And Jesus answering said	Jesus answering said
ὑπολαβὼν δε ὁ Ἰησοῦς εἶπεν	ὑπολαβὼν ὁ Ἰησοῦς εἶπεν
Luke 10:30	
leaving him half dead	leaving him half dead
ἀφέντες ἡμιθανῆ τυγχάνοντα	ἀφέντες ἡμιθανῆ
Luke 10:32	
a Levite, when he was at the place	a Levite, [when he was] at the place
Λευΐτης γενόμενος κατὰ τὸν τόπον	Λευΐτης (γενόμενος) κατὰ τὸν τόπον
Luke 10:33	
and when he saw him	and when he saw
καὶ ἰδὼν αὐτὸν	καὶ ἰδὼν
Luke 10:35	
And on the morrow when he departed	And on the morrow
καὶ ἐπὶ τὴν αὔριον ἐξελθὼν	καὶ ἐπὶ τὴν αὔριον
Luke 10:35	
he took out two pence, and gave *them* to the host	he *it* took out, and gave two pence to the host
ἐκβαλὼν δύο δηνάρια ἔδωκε τῷ πανδοχεῖ	ἐκβαλὼν ἔδωκεν δύο δηνάρια τῷ πανδοχεῖ
Luke 10:35	
and said unto him	and said
καὶ εἶπεν αὐτῷ	καὶ εἶπεν
Luke 10:36	
Which now of these three	Which of these three
τίς οὖν τούτων τῶν τριῶν	τίς τούτων τῶν τριῶν
Luke 10:36	
thinkest thou, was neighbour	thinkest thou, was neighbour
δοκεῖ σοι πλησίον γεγονέναι	πλησίον δοκεῖ σοι γεγονέναι
Luke 10:37	
Then said Jesus unto him	Jesus said unto him
εἶπεν οὖν αὐτῷ ὁ Ἰησοῦς	εἶπεν δὲ αὐτῷ ὁ Ἰησοῦς
Luke 10:38	
Now it came to pass, as they went	But, as they went
Ἐγένετο δὲ ἐν τῷ πορεύεσθαι αὐτοὺς	Ἐν δὲ τῷ πορεύεσθαι αὐτοὺς
Luke 10:38	
that he entered	he entered
καὶ αὐτὸς εἰσῆλθεν	αὐτὸς εἰσῆλθεν

Over 8,000 Differences Between the T.R. and the Nestle-Aland Greek N.T.

Textus Receptus-Scrivener	Nestle-Aland 26,27
Luke 10:38	
Martha received him into her house	Martha received him
Μάρθα ὑπεδέξατο αὐτόν εἰς τὸν οἶκον αὐτῆς	Μάρθα ὑπεδέξατο αὐτόν
Luke 10:39	
a sister called Mary	a sister called Mary
ἀδελφὴ καλουμένη Μαριά	ἀδελφὴ καλουμένη Μαριάμ
Luke 10:39	
which also	[which] also
ἣ καὶ	(ἣ) καὶ
Luke 10:39	
sat at	sat at
παρακαθίσασα παρὰ	παρακαθεσθεῖσα πρὸς
Luke 10:39	
Jesus' feet	the Lord's feet
τοὺς πόδας τοῦ Ἰησοῦ	τοὺς πόδας τοῦ κυρίου
Luke 10:41	
troubled about many things	agitated about many things
τυρβάζῃ περὶ πολλά	θορυβάζῃ περὶ πολλά
Luke 10:41	
And Jesus answered and said unto her	And the Lord answered and said unto her
ἀποκριθεὶς δὲ εἶπεν αὐτῇ ὁ Ἰησοῦς	ἀποκριθεὶς δὲ εἶπεν αὐτῇ ὁ κύριος
Luke 10:41	
and troubled about many things	and agitated about many things
καὶ τυρβάζῃ περὶ πολλά	καὶ θορυβάζῃ περὶ πολλά
Luke 10:42	
and Mary	for Mary
Μαριά δὲ	Μαριάμ γὰρ
Luke 10:42	
which shall not be taken away from her	which shall not be taken away *from* her
ἥτις οὐκ ἀφαιρεθήσεται ἀπ᾽ αὐτῆς	ἥτις οὐκ ἀφαιρεθήσεται αὐτῆς
Luke 11:2	
Our Father which art in heaven	Father
Πάτερ ἡμῶν ὁ ἐν τοῖς οὐρανοις	Πάτερ
Luke 11:2	
Thy will be done, as in heaven, so in earth	....
γενηθήτω τὸ θέλημά σου, ὡς ἐν οὐρανῷ, καὶ ἐπὶ τῆς γῆς	....
Luke 11:4	
for we also forgive	for we also forgive
καὶ γὰρ αὐτοὶ ἀφίεμεν	καὶ γὰρ αὐτοὶ ἀφίομεν
Luke 11:4	
but deliver us from evil	....
ἀλλὰ ῥῦσαι ἡμᾶς ἀπὸ τοῦ πονηροῦ	....
Luke 11:8	
because he is his friend	because he is his friend
διὰ τὸ εἶναι αὐτοῦ φίλον	διὰ τὸ εἶναι φίλον αὐτοῦ
Luke 11:10	
it shall be opened	it shall be opened

Textus Receptus-Scrivener	Nestle-Aland 26,27
ἀνοιγήσεται	ἀνοιγ(ής)εται
Luke 11:11	
of any of you	of any of you
τίνα δὲ ὑμῶν	τίνα δὲ ἐξ ὑμῶν
Luke 11:11	
If a son shall ask bread...will he give him a stone? or if he ask a fish, will he for a fish	If a son shall ask a fish...will he for a fish
αἰτήσει ὁ υἱὸς ἄρτον, μὴ λίθον ἐπιδώσει αὐτῷ; εἰ καὶ ἰχθῦν, μὴ ἀντὶ ἰχθύος	αἰτήσει ὁ υἱὸς ἰχθύν, καὶ ἀντὶ ἰχθύος
Luke 11:11	
give him a serpent	give him a serpent
ὄφιν ἐπιδώσει αὐτῷ	ὄφιν αὐτῷ ἐπιδώσει
Luke 11:12	
Or if	Or
ἢ καὶ ἐὰν	ἢ καὶ
Luke 11:12	
he shall ask an egg	he shall ask an egg
αἰτήσῃ ᾠόν	αἰτήσει ᾠόν
Luke 11:12	
will he offer him a scorpion?	he shall give him a scorpion
μὴ ἐπιδώσει αὐτῷ σκορπίον;	ἐπιδώσει αὐτῷ σκορπίον
Luke 11:13	
know how to give good gifts	know how to give good gifts
οἴδατε ἀγαθὰ δόματα διδόναι	οἴδατε δόματα ἀγαθὰ διδόναι
Luke 11:13	
your heavenly Father	*your* heavenly Father
ὁ πατὴρ ὁ ἐξ οὐρανοῦ	ὁ πατὴρ (ὁ) ἐξ οὐρανοῦ
Luke 11:14	
and it was dumb	[and it was] dumb
καὶ αὐτὸ ἦν κωφόν	(καὶ αὐτὸ ην) κωφόν
Luke 11:15	
Beelzebub the chief of the devils	Beelzebub the chief of the devils
Βεελζεβοὺλ ἄρχοντι τῶν δαιμονίων	Βεελζεβοὺλ τῷ ἄρχοντι τῶν δαιμονίων
Luke 11:16	
sought of him a sign from heaven	a sign from heaven they sought of him
σημεῖον παρ αὐτοῦ ἐζήτουν ἐξ οὐρανου	σημεῖον ἐξ οὐρανοῦ ἐζήτουν παρ αὐτοῦ
Luke 11:19	
therefore shall they be your judges	therefore shall they be your judges
διὰ τοῦτο κριταὶ ὑμῶν αὐτοὶ ἔσονται	διὰ τοῦτο αὐτοὶ ὑμῶν κριταὶ ἔσονται
Luke 11:20	
But if I with the finger of God cast out devils	But if [I] with the finger of God cast out devils
εἰ δὲ ἐν δακτύλῳ Θεοῦ ἐκβάλλω τὰ δαιμόνια	εἰ δὲ ἐν δακτύλῳ θεοῦ (ἐγὼ) ἐκβάλλω τὰ δαιμόνια
Luke 11:22	
But when a stronger	But when a stronger
ἐπὰν δὲ ὁ ἰσχυρότερος	ἐπὰν δὲ ἰσχυρότερος
Luke 11:24	
and finding none, he saith	and finding none, [then] he saith

Over 8,000 Differences Between the T.R. and the Nestle-Aland Greek N.T.

Textus Receptus-Scrivener	Nestle-Aland 26,27
καὶ μὴ εὑρίσκον, λέγει	καὶ μὴ εὑρίσκον, (τότε) λέγει

Luke 11:26

taketh *to him* seven other spirits more wicked than himself	taketh *to him* seven other spirits more wicked than himself
παραλαμβάνει ἑπτὰ ἕτερα πνεύματα πονηρότερα ἑαυτοῦ	παραλαμβάνει ἕτερα πνεύματα πονηρότερα ἑαυτοῦ ἑπτά

Luke 11:27

a certain woman of the company lifted up her voice, and said unto him	a certain woman of the company lifted up her voice, and said unto him
τις γυνὴ φωνὴν ἐκ τοῦ ὄχλου, εἶπεν αὐτῷ	τις φωνὴν γυνὴ ἐκ τοῦ ὄχλου εἶπεν αὐτῷ

Luke 11:28

Yea rather, blessed *are* they that hear	Yea rather, blessed *are* they that hear
Μενοῦνγε μακάριοι οἱ ἀκούοντες	Μενοῦν μακάριοι οἱ ἀκούοντες

Luke 11:28

the word of God, and keep it	the word of God, and keep *it*
τὸν λόγον τοῦ Θεοῦ καὶ φυλάσσοντες αὐτὸν	τὸν λόγον τοῦ θεοῦ καὶ φυλάσσοντες

Luke 11:29

This is an evil generation	This generation is an evil generation
Ἡ γενεὰ αὕτη πονηρά ἐστι	Ἡ γενεὰ αὕτη γενεὰ πονηρά ἐστιν

Luke 11:29

they seek a sign	they seek a sign
σημεῖον ἐπιζητεῖ	σημεῖον ζητεῖ

Luke 11:29

the sign of Jonas the prophet	the sign of Jonas
τὸ σημεῖον Ἰωνᾶ τοῦ προφήτου	τὸ σημεῖον Ἰωνᾶ

Luke 11:30

Jonas was a sign unto the Ninevites	Jonas was a sign unto the Ninevites
Ἰωνᾶς σημεῖον τοῖς Νινευίταις	Ἰωνᾶς τοῖς Νινευίταις σημεῖον

Luke 11:31

the wisdom of Solomon	the wisdom of Solomon
τὴν σοφίαν Σολομῶντος	τὴν σοφίαν Σολομῶνος

Luke 11:31

a greater than Solomon	a greater than Solomon
πλεῖον Σολομῶντος	πλεῖον Σολομῶνος

Luke 11:32

The men of Nineve shall rise up	The men,Ninevites, shall rise up
ἄνδρες Νινευὶ ἀναστήσονται	ἄνδρες Νινευῖται ἀναστήσονται

Luke 11:33

No man	No man
Οὐδεὶς δὲ	Οὐδεὶς

Luke 11:33

putteth *it* in a secret place	putteth *it* in a secret place
εἰς κρύπτον τίθησιν	εἰς κρύπτην τίθησιν

Luke 11:33

neither under a bushel	[neither under a bushel]
οὐδὲ ὑπὸ τὸν μόδιον	(οὐδὲ ὑπὸ τὸν μόδιον)

Luke 11:33

may see the light	may see the light

Textus Receptus-Scrivener	Nestle-Aland 26,27
τὸ φέγγος βλέπωσιν	τὸ φῶς βλέπωσιν
Luke 11:34	
The light of the body is the eye	The light of the body is thy eye
ὁ λύχνος τοῦ σώματός ἐστιν ὁ ὀφθαλμός	ὁ λύχνος τοῦ σώματός ἐστιν ὁ ὀφθαλμός σου
Luke 11:34	
therefore when thine eye	when thine eye
ὅταν οὖν ὁ ὀφθαλμός σου	ὅταν ὁ ὀφθαλμός σου
Luke 11:36	
having no part dark	having no part dark
μὴ ἔχον τι μέρος σκοτεινόν	μὴ ἔχον μέρος τι σκοτεινόν,
Luke 11:37	
besought him	besought him
ἠρώτα αὐτὸν	ἐρωτᾷ αὐτὸν
Luke 11:37	
a certain Pharisee	a Pharisee
Φαρισαῖος τις	Φαρισαῖος
Luke 11:42	
But woe unto you	But woe unto you
Ἀλλ᾽ οὐαὶ ὑμῖν	ἀλλὰ οὐαὶ ὑμῖν
Luke 11:42	
these ought ye to have done	but these ought ye to have done
ταῦτα ἔδει ποιῆσαι	ταῦτα δὲ ἔδει ποιῆσαι
Luke 11:42	
and not to leave the other undone	and not to let the other pass by
κἀκεῖνα μὴ ἀφεῖναι	κἀκεῖνα μὴ παρεῖναι
Luke 11:44	
Woe unto you, scribes and Pharisees, hypocrites	Woe unto you
οὐαὶ ὑμῖν γραμματεῖς καὶ φαρισαῖοι, ὑποκριταί	οὐαὶ ὑμῖν
Luke 11:44	
and the men that walk over *them*	and the men [that] walk over *them*
καὶ οἱ ἄνθρωποι οἱ περιπατοῦντες ἐπάνω	καὶ οἱ ἄνθρωποι (οἱ) περιπατοῦντες ἐπάνω
Luke 11:48	
Truly ye bear witness	Truly witnesses ye are
ἄρα μάρτυρεῖτε	ἄρα μάρτυρές ἐστε
Luke 11:48	
and ye build their sepulchres	and ye build
ὑμεῖς δὲ οἰκοδομεῖτε αὐτῶν τὰ μνημεῖα	ὑμεῖς δὲ οἰκοδομεῖτε
Luke 11:49	
they shall slay and persecute	they shall slay and persecute
ἀποκτενοῦσι καὶ ἐκδιώξουσιν	ἀποκτενοῦσιν καὶ διώξουσιν
Luke 11:50	
which was shed from the foundation	which was shed from the foundation
τὸ ἐκχυνόμενον ἀπὸ καταβολῆς	τὸ ἐκκεχυμένον ἀπὸ καταβολῆς
Luke 11:51	
From the blood of Abel	From *the* blood of Abel
ἀπὸ τοῦ αἵματος Ἄβελ	ἀπὸ αἵματος Ἄβελ
Luke 11:51	
unto the blood of Zacharias	unto *the* blood of Zacharias

Over 8,000 Differences Between the T.R. and the Nestle-Aland Greek N.T.

Textus Receptus-Scrivener	Nestle-Aland 26,27
ἕως τοῦ αἵματος Ζαχαρίου	ἕως αἵματος Ζαχαρίου
Luke 11:52	
ye entered not in yourselves	ye entered not in yourselves
αὐτοὶ οὐκ εἰσήλθετε	αὐτοὶ οὐκ εἰσήλθατε
Luke 11:53	
And as he said these things unto them	And as he went out thence
Λέγοντες δὲ αὐτοῦ ταῦτα πρὸς αὐτοὺς	Κἀκεῖθεν ἐξελθόντος αὐτοῦ
Luke 11:54	
and seeking to catch	to catch
καὶ ζητοῦντες θηρεῦσαί	θηρεῦσαί
Luke 11:54	
that they might accuse him	....
ἵνα κατηγορήσωσιν αὐτοῦ	....
Luke 12:1	
of the leaven of the Pharisees, which is hypocrisy	of the leaven which is hypocrisy of the Pharisees
ἀπὸ τῆς ζύμης τῶν Φαρισαίων, ἥτις ἐστὶν ὑπόκρισις	ἀπὸ τῆς ζύμης, ἥτις ἐστὶν ὑπόκρισις, τῶν Φαρισαίων.
Luke 12:5	
hath power to cast into hell	hath power to cast into hell
ἐξουσίαν ἔχοντα ἐμβαλεῖν εἰς τὴν γέενναν	ἔχοντα ἐξουσίαν ἐμβαλεῖν εἰς τὴν γέενναν
Luke 12:6	
Are not five sparrows sold for two farthings	Are not five sparrows sold for two farthings
οὐχὶ πέντε στρουθία πωλεῖται ἀσσαρίων δύο	οὐχὶ πέντε στρουθία πωλοῦνται ἀσσαρίων δύο
Luke 12:7	
Fear not therefore	Fear not
μὴ οὖν φοβεῖσθε	μὴ φοβεῖσθε
Luke 12:11	
And when they bring you unto	And when they bring you into
ὅταν δὲ προσφέρωσιν ὑμᾶς	ὅταν δὲ εἰσφέρωσιν ὑμᾶς
Luke 12:11	
take ye no thought	ye should take no thought
μὴ μεριμνᾶτε	μὴ μεριμνήσητε
Luke 12:13	
And one of the company said unto him	And one of the company said unto him
Εἶπε δέ τις αὐτῷ ἐκ τοῦ ὄχλου	Εἶπεν δέ τις ἐκ τοῦ ὄχλου αὐτῷ
Luke 12:14	
who made me a judge	who made me a judge
τίς με κατέστησε δικαστὴν	τίς με κατέστησεν κριτὴν
Luke 12:15	
beware of covetousness	beware of all covetousness
φυλάσσεσθε ἀπὸ τῆς πλεονεξίας	φυλάσσεσθε ἀπὸ πάσης πλεονεξίας
Luke 12:15	
of the things which he possesseth	of the things which he possesseth
ἐκ τῶν ὑπαρχόντων αὐτοῦ	ἐκ τῶν ὑπαρχόντων αὐτῷ
Luke 12:18	
all...fruits	all the wheat
πάντα τὰ γενήματά	πάντα τὸν σῖτον
Luke 12:18	

Textus Receptus-Scrivener	Nestle-Aland 26,27
my	....
μου	....

Luke 12:20

Thou fool	Thou fool
Ἄφρον	Ἄφρων

Luke 12:22

And he said unto his disciples	And he said unto [his] disciples
Εἶπε δὲ πρὸς τοὺς μαθητάς αὐτοῦ	Εἶπεν δὲ πρὸς τοὺς μαθητάς (αὐτοῦ)

Luke 12:22

Therefore I say unto you	Therefore I say unto you
Διὰ τοῦτο ὑμῖν λέγω	Διὰ τοῦτο λέγω ὑμῖν

Luke 12:22

Take no thought for your life	Take no thought for the life
μὴ μεριμνᾶτε τῇ ψυχῇ ὑμῶν	μὴ μεριμνᾶτε τῇ ψυχῇ

Luke 12:23

The life is more	For the life is more
ἡ ψυχὴ πλεῖόν ἐστι	ἡ γὰρ ψυχὴ πλεῖόν ἐστιν

Luke 12:25

can add to his stature	can to his stature add
δύναται προσθεῖναι ἐπὶ τὴν ἡλικίαν αὐτοῦ	δύναται ἐπὶ τὴν ἡλικίαν αὐτοῦ προσθεῖναι

Luke 12:25

one cubit	a cubit
πῆχυν ἕνα	πῆχυν

Luke 12:26

If ye then be not	If ye then be not
εἰ οὖν οὐτὲ	εἰ οὖν οὐδὲ

Luke 12:28

the grass, which is to day in the field	the grass, which is to day in the field
τὸν χόρτον ἐν τῷ ἀγρῷ σήμερον ὄντα	ἐν ἀγρῷ τὸν χόρτον ὄντα σήμερον

Luke 12:28

God so clothe	God so clothe
ὁ Θεὸς οὕτως ἀμφιέννυσι	ὁ θεὸς οὕτως ἀμφιέζει

Luke 12:29

or what ye shall drink	and what ye shall drink
ἢ τί πίητε	καὶ τί πίητε

Luke 12:30

do the nations of the world seek after	do the nations of the world seek after
τὰ ἔθνη τοῦ κόσμου ἐπιζητεῖ	τὰ ἔθνη τοῦ κόσμου ἐπιζητοῦσιν

Luke 12:31

But rather seek ye the kingdom of God	But rather seek ye his kingdom
πλὴν ζητεῖτε τὴν βασιλείαν τοῦ Θεοῦ	πλὴν ζητεῖτε τὴν βασιλείαν αὐτοῦ

Luke 12:31

and all these things shall be added unto you	and these things shall be added unto you
καὶ ταῦτα πάντα προστεθήσεται ὑμῖν	καὶ ταῦτα προστεθήσεται ὑμῖν

Luke 12:33

provide yourselves bags	provide yourselves bags
ποιήσατε ἑαυτοῖς βαλάντια	ποιήσατε ἑαυτοῖς βαλλάντια

Luke 12:36

Over 8,000 Differences Between the T.R. and the Nestle-Aland Greek N.T.

Textus Receptus-Scrivener	Nestle-Aland 26,27
when he will return from the wedding	when he may return from the wedding
πότε ἀναλύσει ἐκ τῶν γάμων	πότε ἀναλύσῃ ἐκ τῶν γάμων
Luke 12:38	
And if he shall come in the second watch	And in the second
καὶ ἐὰν ἔλθῃ ἐν τῇ δευτέρᾳ φυλακῇ	κἂν ἐν τῇ δευτέρᾳ
Luke 12:38	
and find *them* so	and find *them* so
καὶ εὕρῃ οὕτω	καὶ εὕρῃ οὕτως
Luke 12:38	
blessed are those servants	blessed are those
μακάριοί εἰσιν οἱ δοῦλοι ἐκεῖνοι	μακάριοί εἰσιν ἐκεῖνοι
Luke 12:39	
he would have watched	....
ἐγρηγόρησεν ἄν	....
Luke 12:39	
and not have suffered	*and* not have suffered
καὶ οὐκ ἂν ἀφῆκε	οὐκ ἂν ἀφῆκεν
Luke 12:39	
his house to be broken through	his house to be broken through
διορυγῆναι τὸν οἶκον αὐτοῦ	διορυχθῆναι τὸν οἶκον αὐτοῦ
Luke 12:40	
Be ye therefore ready also	Be ye ready also
καὶ ὑμεῖς οὖν γίνεσθε ἕτοιμοι	καὶ ὑμεῖς γίνεσθε ἕτοιμοι
Luke 12:41	
Then Peter said unto him	Then Peter said
Εἶπε δὲ αὐτῷ ὁ Πέτρος	Εἶπεν δὲ ὁ Πέτρος
Luke 12:42	
And the Lord said	And the Lord said
εἶπε δὲ ὁ Κύριος	καὶ εἶπεν ὁ κύριος
Luke 12:42	
that faithful and wise steward	that faithful, the wise steward
ὁ πιστὸς οἰκονόμος καὶ φρόνιμος	ὁ πιστὸς οἰκονόμος ὁ φρόνιμος
Luke 12:42	
their portion of meat	*their* portion of meat
τὸ σιτομέτριον	(τὸ) σιτομέτριον
Luke 12:47	
which knew his lord's will	which knew his lord's will
ὁ γνοὺς τὸ θέλημα τοῦ κυρίου ἑαυτοῦ	ὁ γνοὺς τὸ θέλημα τοῦ κυρίου αὐτοῦ
Luke 12:47	
neither did according to his will	or did according to his will
μηδὲ ποιήσας πρὸς τὸ θέλημα αὐτοῦ	ἢ ποιήσας πρὸς τὸ θέλημα αὐτοῦ
Luke 12:49	
I am come to send fire on the earth	I am come to send fire on the earth
Πῦρ ἦλθον βαλεῖν εἰς τὴν γῆν	Πῦρ ἦλθον βαλεῖν ἐπὶ τὴν γῆν
Luke 12:50	
and how am I straitened till it be accomplished	and how am I straitened till it be accomplished
καὶ πῶς συνέχομαι ἕως οὗ τελεσθῇ	καὶ πῶς συνέχομαι ἕως ὅτου τελεσθῇ
Luke 12:52	

Textus Receptus-Scrivener	Nestle-Aland 26,27
five in one house	five in one house
πέντε ἐν οἴκῳ ἑνί	πέντε ἐν ἑνὶ οἴκῳ
Luke 12:53	
The father shall be divided	The father shall be divided(pl)
διαμερισθήσεται πατὴρ	διαμερισθήσονται πατὴρ
Luke 12:53	
against the son	against the son
ἐφ υἱῷ	ἐπὶ υἱῷ
Luke 12:53	
the mother against the daughter	the mother against the daughter
μήτηρ ἐπὶ θυγατρί	μήτηρ ἐπὶ τὴν θυγατέρα
Luke 12:53	
and the daughter against the mother	and the daughter against the mother
καὶ θυγάτηρ ἐπὶ μητρί	καὶ θυγάτηρ ἐπὶ τὴν μητέρα
Luke 12:53	
against her mother in law	against the mother in law
ἐπὶ τὴν πενθεράν αὐτῆς	ἐπὶ τὴν πενθεράν
Luke 12:54	
When ye see a cloud	When ye see a cloud
Ὅταν ἴδητε τὴν νεφέλην	Ὅταν ἴδητε (τὴν) νεφέλην
Luke 12:54	
rise out of the west	rise on the west
ἀνατέλλουσαν ἀπὸ δυσμῶν	ἀνατέλλουσαν ἐπὶ δυσμῶν
Luke 12:54	
ye say, There cometh a shower	ye say that, There cometh a shower
λέγετε, Ὄμβρος ἔρχεται	λέγετε ὅτι Ὄμβρος ἔρχεται
Luke 12:54	
and so it is	and so it is
καὶ γίνεται οὕτω	καὶ γίνεται οὕτως
Luke 12:56	
the face of the sky and of the earth	the face of the sky and of the earth
τὸ πρόσωπον τοῦ οὐρανοῦ καὶ τῆς γῆς	τὸ πρόσωπον τῆς γῆς καὶ τοῦ οὐρανοῦ
Luke 12:56	
but...this time	but...this time
τὸν δὲ καιρὸν τοῦτον	τὸν καιρὸν δὲ τοῦτον
Luke 12:56	
how is it that ye do not discern	how is it that ye do not know to discern
πῶς οὐ δοκιμάζετε	πῶς οὐκ οἴδατε δοκιμάζειν
Luke 12:58	
the judge deliver thee to the officer	the judge shall deliver thee to the officer
ὁ κριτής σε παραδῷ τῷ πράκτορι	ὁ κριτής σε παραδώσει τῷ πράκτορι
Luke 12:58	
the officer cast thee into prison	the officer shall cast thee into prison
ὁ πράκτωρ σε βάλλῃ εἰς φυλακήν	ὁ πράκτωρ σε βαλεῖ εἰς φυλακήν
Luke 12:59	
till	till
ἕως οὗ	ἕως
Luke 13:2	

Over 8,000 Differences Between the T.R. and the Nestle-Aland Greek N.T.

Textus Receptus-Scrivener	Nestle-Aland 26,27
And Jesus answering said unto them	And *he* answering said unto them
καὶ ἀποκριθεὶς ὁ Ἰησοῦς εἶπεν αὐτοῖς	καὶ ἀποκριθεὶς εἶπεν αὐτοῖς
Luke 13:2	
because they suffered such things	because they suffered these things
ὅτι τοιαῦτα πεπόνθασιν	ὅτι ταῦτα πεπόνθασιν
Luke 13:3	
ye shall all likewise perish	ye shall all likewise perish
πάντες ὡσαύτως ἀπολεῖσθε	πάντες ὁμοίως ἀπολεῖσθε
Luke 13:4	
Or those eighteen	Or those eighteen
ἢ ἐκεῖνοι οἱ δεκα καὶ οκτὼ	ἢ ἐκεῖνοι οἱ δεκαοκτὼ
Luke 13:4	
think ye that they were sinners	think ye that they were sinners
δοκεῖτε ὅτι οὗτοὶ ὀφειλέται	δοκεῖτε ὅτι αὐτοὶ ὀφειλέται
Luke 13:4	
above all men that dwelt	above all men that dwelt
παρὰ πάντας ἀνθρώπους τοὺς κατοικοῦντας	παρὰ πάντας τοὺς ἀνθρώπους τοὺς κατοικοῦντας
Luke 13:4	
in Jerusalem	*in* Jerusalem
ἐν Ἰερουσαλήμ	Ἰερουσαλήμ
Luke 13:5	
ye shall all likewise perish	ye shall all likewise perish
πάντες ὁμοίως ἀπολεῖσθε	πάντες ὡσαύτως ἀπολεῖσθε
Luke 13:6	
A certain *man* had a fig tree planted in his vineyard	A certain *man* had a fig tree planted in his vineyard
Συκῆν εἶχέ τις ἐν τῷ ἀμπελῶνι αὐτοῦ πεφυτευμένην	Συκῆν εἶχέν τις πεφυτευμένην ἐν τῷ ἀμπελῶνι αὐτοῦ
Luke 13:6	
and he came and sought fruit	and he came and sought fruit
καὶ ἦλθε καρπὸν ζητῶν	καὶ ἦλθεν ζητῶν καρπὸν
Luke 13:7	
three years I come seeking fruit	for three years I come seeking fruit
τρία ἔτη ἔρχομαι ζητῶν καρπὸν	τρία ἔτη ἀφ οὗ ἔρχομαι ζητῶν καρπὸν
Luke 13:7	
cut it down	[therefore] cut it down
ἔκκοψον αὐτήν	ἔκκοψον (οὖν) αὐτήν
Luke 13:8	
and dung it	and dung it
καὶ βάλω κόπριαν	καὶ βάλω κόπρια
Luke 13:9	
and if not, *then* after that thou shalt cut it down	*then* after that, if not, thou shalt cut it down
εἰ δὲ μήγε, εἰς τὸ μέλλον , ἐκκόψεις αὐτήν	εἰς τὸ μέλλον , εἰ δὲ μή γε, ἐκκόψεις αὐτήν
Luke 13:11	
there was a woman which had a spirit	a woman which had a spirit
γυνὴ ἦν πνεῦμα ἔχουσα	γυνὴ πνεῦμα ἔχουσα
Luke 13:11	

Textus Receptus-Scrivener	Nestle-Aland 26,27
eighteen years	eighteen years
ἔτη δέκα καὶ ὀκτώ	ἔτη δεκαοκτώ
Luke 13:14	
and said unto the people	and said unto the people, that
ἔλεγε τῷ ὄχλῳ	ἔλεγεν τῷ ὄχλῳ ὅτι
Luke 13:14	
in them therefore come	in them therefore come
ἐν ταύταις οὖν ἐρχόμενοι	ἐν αὐταῖς οὖν ἐρχόμενοι
Luke 13:15	
The Lord then answered him	But the Lord answered him
ἀπεκρίθη οὖν αὐτῷ ὁ Κύριος	ἀπεκρίθη δὲ αὐτῷ ὁ κύριος
Luke 13:15	
and said, *Thou* hypocrite	and said, *You* hypocrites
καὶ εἶπεν, Ὑποκριτά	καὶ εἶπεν, Ὑποκριταί
Luke 13:18	
Then said he	Therefore said he
Ἔλεγε δὲ	Ἔλεγεν οὖν
Luke 13:19	
and waxed a great tree	and waxed a tree
καὶ ἐγένετο εἰς δένδρον μέγα	καὶ ἐγένετο εἰς δένδρον
Luke 13:21	
a woman...hid	a woman...hid
γυνὴ ἐνέκρυψεν	γυνὴ (ἐν)έκρυψεν
Luke 13:22	
toward Jerusalem.	toward Jerusalem
εἰς Ἱερουσάλημ.	εἰς Ἱεροσόλυμα
Luke 13:24	
at the strait gate	at the strait door
διὰ τῆς στενῆς πύλης	διὰ τῆς στενῆς θύρας
Luke 13:25	
Lord, Lord, open unto us	Lord, open unto us
Κύριε, Κύριε, ἄνοιξον ἡμῖν	Κύριε, ἄνοιξον ἡμῖν
Luke 13:27	
But he shall say, I tell you	But he shall say, telling you
καὶ ἐρεῖ, Λέγω ὑμῖν	καὶ ἐρεῖ λέγων ὑμῖν
Luke 13:27	
I know you not whence ye are	I know [you] not whence ye are
Οὐκ οἶδα ὑμᾶς πόθεν ἐστέ	Οὐκ οἶδα (ὑμᾶς) πόθεν ἐστέ
Luke 13:27	
all *ye* workers	all *ye* workers
πάντες οἱ ἐργάται	πάντες ἐργάται
Luke 13:27	
of iniquity	of iniquity
τῆς ἀδικίας	ἀδικίας
Luke 13:28	
when ye shall see	when ye shall see
ὅταν ὄψησθε	ὅταν ὄψεσθε
Luke 13:31	

Textus Receptus-Scrivener	Nestle-Aland 26,27
The same day	The same hour
Ἐν αὐτῇ τῇ ἡμέρα	Ἐν αὐτῇ τῇ ὥρα
Luke 13:31	
came certain of the Pharisees	came certain of the Pharisees
προσῆλθόν τινες Φαρισαῖοι	προσῆλθάν τινες Φαρισαῖοι
Luke 13:32	
and I do cures to day and to morrow	and I do cures to day and to morrow
καὶ ἰάσεις ἐπιτελῶ σήμερον καὶ αὔριον	καὶ ἰάσεις ἀποτελῶ σήμερον καὶ αὔριον
Luke 13:35	
your house is left unto you desolate	your house is left unto you
ἀφίεται ὑμῖν ὁ οἶκος ὑμῶν ἔρημος	ἀφίεται ὑμῖν ὁ οἶκος ὑμῶν
Luke 13:35	
verily	....
ἀμὴν	....
Luke 13:35	
and...I say	[and]...I say
δὲ λέγω	λέγω (δὲ)
Luke 13:35	
unto you	unto you
ὑμῖν ὅτι	ὑμῖν
Luke 13:35	
Ye shall not see me	Ye shall not see me
Οὐ μὴ με ἴδητέ	οὐ μὴ ἴδητέ με
Luke 13:35	
until	until
ἔως ἄν	ἔως
Luke 13:35	
the time come	*the time* shall come
ἥξῃ	(ἥξει)
Luke 13:35	
when ye shall say	[when] ye shall say
ὅτε εἴπητε	(ὅτε) εἴπητε
Luke 14:1	
of the chief Pharisees	of the chief Pharisees
τῶν ἀρχόντων τῶν Φαρισαίων	τῶν ἀρχόντων (τῶν) Φαρισαίων
Luke 14:3	
saying, Is it lawful	saying, Is it lawful
λέγων, Ἐι ἔξεστι	λέγων, Ἔξεστιν
Luke 14:3	
to heal on the sabbath day	to heal on the sabbath day
τῷ σαββάτῳ θεραπεύειν	τῷ σαββάτῳ θεραπεῦσαι
Luke 14:3	
....	or not
....	ἢ οὔ
Luke 14:5	
And answered them, saying	And saying to them
καὶ ἀποκριθεὶς πρὸς αὐτοὺς εἶπε	καὶ πρὸς αὐτοὺς εἶπεν
Luke 14:5	

Textus Receptus-Scrivener	Nestle-Aland 26,27
an ass or an ox	a son or an ox
ὄνος ἢ βοῦς	υἱὸς ἢ βοῦς
Luke 14:5	
fallen into a pit	fallen into a pit
εἰς φρέαρ ἐμπεσεῖται	εἰς φρέαρ πεσεῖται
Luke 14:5	
on the sabbath day	on the sabbath day
ἐν τῇ ἡμέρᾳ τοῦ σαββάτου	ἐν ἡμέρᾳ τοῦ σαββάτου
Luke 14:6	
they could not answer him again to these things	they could not answer again to these things
οὐκ ἴσχυσαν ἀνταποκριθῆναι αὐτῷ πρὸς ταῦτα	οὐκ ἴσχυσαν ἀνταποκριθῆναι πρὸς ταῦτα
Luke 14:9	
and thou begin with shame	and thou begin with shame
καὶ τότε ἄρξῃ μετ᾽ αἰσχύνης	καὶ τότε ἄρξῃ μετὰ αἰσχύνης
Luke 14:10	
go and sit down	go and sit down
πορευθεὶς ἀνάπεσον	πορευθεὶς ἀνάπεσε
Luke 14:10	
he may say unto thee	he will say unto thee
εἴπῃ σοι	ἐρεῖ σοι
Luke 14:10	
in the presence of them that sit at meat	in the presence of all them that sit at meat
ἐνώπιον τῶν συνανακειμένων	ἐνώπιον πάντων τῶν συνανακειμένων
Luke 14:12	
lest they also bid thee again	lest they also bid thee again
μήποτε καὶ αὐτοί σε ἀντικαλέσωσί	μήποτε καὶ αὐτοὶ ἀντικαλέσωσίν σε
Luke 14:12	
and a recompence be made thee	and a recompence be made thee
καὶ γένηται σοι ἀνταπόδομά	καὶ γένηται ἀνταπόδομά σοι
Luke 14:13	
But when thou makest a feast	But when thou makest a feast
ἀλλ᾽ ὅταν ποιῇς δοχὴν	ἀλλ᾽ ὅταν δοχὴν ποιῇς
Luke 14:13	
call the poor, the maimed	call the poor, the maimed
κάλει πτωχούς, ἀναπήρους	κάλει πτωχούς, ἀναπείρους
Luke 14:15	
Blessed *is* he that shall eat bread	Blessed *is* whosoever that shall eat bread
Μακάριος ὃς φάγεται ἄρτον	Μακάριος ὅστις φάγεται ἄρτον
Luke 14:16	
A certain man made a great supper	A certain man made a great supper
Ἄνθρωπός τις ἐποίησε δεῖπνον μέγα	Ἄνθρωπός τις ἐποίει δεῖπνον μέγα
Luke 14:17	
for all things are now ready	for is now ready
ὅτι ἤδη ἔτοιμά ἐστι πάντα	ὅτι ἤδη ἔτοιμά ἐστιν
Luke 14:18	
And they all with one *consent* began to make excuse	And they all with one *consent* began to make excuse
καὶ ἤρξαντο ἀπὸ μιᾶς παραιτεῖσθαι πάντες	καὶ ἤρξαντο ἀπὸ μιᾶς πάντες παραιτεῖσθαι

Over 8,000 Differences Between the T.R. and the Nestle-Aland Greek N.T.

Textus Receptus-Scrivener	Nestle-Aland 26,27
Luke 14:18	
I must needs go and see it	I must needs go to see it
ἔχω ἀνάγκην ἐξελθεῖν καὶ ἰδεῖν αὐτόν	ἔχω ἀνάγκην ἐξελθὼν ἰδεῖν αὐτόν
Luke 14:21	
So that servant came	So the servant came
καὶ παραγενόμενος ὁ δοῦλος ἐκεῖνος	καὶ παραγενόμενος ὁ δοῦλος
Luke 14:21	
the poor, and the maimed	the poor, and the maimed
καὶ τοὺς πτωχοὺς καὶ ἀναπήρους	καὶ τοὺς πτωχοὺς καὶ ἀναπείρους
Luke 14:21	
and the halt, and the blind	and the blind, and the halt
καὶ χωλοὺς καὶ τυφλοὺς	καὶ τυφλοὺς καὶ χωλοὺς
Luke 14:22	
it is done as thou hast commanded	it is done which thou hast commanded
γέγονεν ὡς ἐπέταξας	γέγονεν ὃ ἐπέταξας
Luke 14:23	
that my house may be filled	that my house may be filled
ἵνα γεμισθῇ ὁ οἶκος μου	ἵνα γεμισθῇ μου ὁ οἶκος
Luke 14:26	
yea,and	yea,and
ἔτι δὲ	ἔτι τε
Luke 14:26	
his own life	his own life
τὴν ἑαυτοῦ ψυχὴν	τὴν ψυχὴν ἑαυτοῦ
Luke 14:26	
he cannot be my disciple	he cannot be my disciple
οὐ δύναται μου μαθητής εἶναί	οὐ δύναται εἶναι μου μαθητής
Luke 14:27	
And whosoever	Whosoever
καὶ ὅστις	ὅστις
Luke 14:27	
his cross	his cross
τὸν σταυρὸν αὐτοῦ	τὸν σταυρὸν ἑαυτοῦ
Luke 14:27	
cannot be my disciple	cannot be my disciple
οὐ δύναται μου εἶναί μαθητής	οὐ δύναται εἶναι μου μαθητής
Luke 14:28	
whether he have *sufficient*	whether he have
εἰ ἔχει τὰ	εἰ ἔχει
Luke 14:28	
to finish *it*	to finish *it*
πρὸς ἀπαρτισμόν	εἰς ἀπαρτισμόν
Luke 14:29	
begin to mock him	begin to mock him
ἄρξωνται ἐμπαίζειν αὐτῷ	ἄρξωνται αὐτῷ ἐμπαίζειν
Luke 14:31	
going to make war against another king	going to make war against another king

Textus Receptus-Scrivener	Nestle-Aland 26,27
πορευόμενος συμβαλεῖν ἑτέρῳ βασιλεῖ εἰς πόλεμον	πορευόμενος ἑτέρῳ βασιλεῖ συμβαλεῖν εἰς πόλεμον
Luke 14:31	
and consulteth whether he be able	and will consult whether he be able
βουλεύεται εἰ δυνατός ἐστιν	βουλεύσεται εἰ δυνατός ἐστιν
Luke 14:31	
to meet him	to meet him
ἀπαντῆσαι τῷ	ὑπαντῆσαι τῷ
Luke 14:32	
Or else	Or else
εἰ δὲ μήγε	εἰ δὲ μή γε
Luke 14:33	
he cannot be my disciple	he cannot be my disciple
οὐ δύναται μου εἶναί μαθητής	οὐ δύναται εἶναί μου μαθητής
Luke 14:34	
Salt *is* good	Therefore salt *is* good
καλὸν τὸ ἅλας	Καλὸν οὖν τὸ ἅλας
Luke 14:34	
but if the salt have lost his savour	but if also the salt have lost his savour
ἐὰν δὲ τὸ ἅλας μωρανθῇ	ἐὰν δὲ καὶ τὸ ἅλας μωρανθῇ
Luke 15:1	
Then drew near unto him	Then drew near unto him
Ἦσαν δὲ ἐγγίζοντες αὐτῷ	Ἦσαν δὲ αὐτῷ ἐγγίζοντες
Luke 15:2	
And the Pharisees and scribes murmured	And both the Pharisees and scribes murmured
καὶ διεγόγγυζον οἱ Φαρισαῖοι καὶ οἱ γραμματεῖς	καὶ διεγόγγυζον οἵ τε Φαρισαῖοι καὶ οἱ γραμματεῖς
Luke 15:4	
if he lose one of them	if he lose one of them
καὶ ἀπολέσας ἓν ἐξ αὐτῶν	καὶ ἀπολέσας ἐξ αὐτῶν ἓν
Luke 15:4	
doth not leave the ninety and nine	doth not leave the ninety and nine
οὐ καταλείπει τὰ ἐννενήκονταεννέα	οὐ καταλείπει τὰ ἐνενήκοντα ἐννέα
Luke 15:5	
on his shoulders	on his shoulders
ἐπὶ τοὺς ὤμους ἑαυτοῦ	ἐπὶ τοὺς ὤμους αὐτοῦ
Luke 15:7	
I say unto you, that likewise	I say unto you, that likewise
λέγω ὑμῖν ὅτι οὕτω	λέγω ὑμῖν ὅτι οὕτως
Luke 15:7	
joy shall be in heaven	joy shall be in heaven
χαρὰ ἔσται ἐν τῷ οὐρανῷ	χαρὰ ἐν τῷ οὐρανῷ ἔσται
Luke 15:7	
more than over ninety and nine just persons	more than over ninety and nine just persons
ἢ ἐπὶ ἐννενήκονταεννέα δικαίοις	ἢ ἐπὶ ἐνενήκοντα ἐννέα δικαίοις
Luke 15:8	
till she find *it*	till she find *it*
ἕως οὕτου εὕρῃ	ἕως οὗ εὕρῃ

Over 8,000 Differences Between the T.R. and the Nestle-Aland Greek N.T.

Textus Receptus-Scrivener	Nestle-Aland 26,27
Luke 15:9	
she calleth *her* friends	she calleth *her* friends
συγκαλεῖται τὰς φίλας	συγκαλεῖ τὰς φίλας
Luke 15:9	
and *her* neighbours	and *her* neighbours
καὶ τὰς γείτονας	καὶ γείτονας
Luke 15:10	
Likewise, I say unto you	Likewise, I say unto you
οὗτω, λέγω ὑμῖν	οὗτως, λέγω ὑμῖν
Luke 15:10	
there is joy in the presence of the angels	there is joy in the presence of the angels
χαρὰ γίνεται ἐνώπιον τῶν ἀγγέλων	γίνεται χαρὰ ἐνώπιον τῶν ἀγγέλων
Luke 15:12	
And he divided unto them *his* living.	And he divided unto them *his* living.
καὶ διεῖλεν αὐτοῖς τὸν βίον	ὁ δὲ διεῖλεν αὐτοῖς τὸν βίον
Luke 15:13	
gathered all together	gathered all together
συναγαγὼν ἅπαντα	συναγαγὼν πάντα
Luke 15:14	
a mighty famine	a mighty famine
λιμὸς ἰσχυρὸς	λιμὸς ἰσχυρὰ
Luke 15:16	
And he would fain have filled his belly with the	And he would fain have filled himself out of the
καὶ ἐπεθύμει γεμίσαι τὴν κοιλίαν αὐτοῦ ἀπὸ τῶν	καὶ ἐπεθύμει χορτασθῆναι ἐκ τῶν
Luke 15:17	
And when he came to himself, he said	And when he came to himself, he said
εἰς ἑαυτὸν δὲ ἐλθὼν, εἶπε	εἰς ἑαυτὸν δὲ ἐλθὼν ἔφη
Luke 15:17	
have bread enough	have bread enough
περισσεύουσιν ἄρτων	περισσεύονται ἄρτων
Luke 15:17	
and I perish with hunger	and I perish with hunger
ἐγὼ δὲ λιμῷ ἀπόλλυμαι	ἐγὼ δὲ λιμῷ ὧδε ἀπόλλυμαι
Luke 15:19	
And am no more worthy	Am no more worthy
καὶ οὐκέτι εἰμὶ ἄξιος	οὐκέτι εἰμὶ ἄξιος
Luke 15:21	
And the son said unto him	And the son said unto him
εἶπε δὲ αὐτῷ ὁ υἱὸς	εἶπεν δὲ ὁ υἱὸς αὐτῷ
Luke 15:21	
and am no more worthy	am no more worthy
καὶ οὐκέτι εἰμὶ ἄξιος	οὐκέτι εἰμὶ ἄξιος
Luke 15:22	
Bring forth	Quickly bring forth
Ἐξενέγκατε	Ταχὺ ἐξενέγκατε
Luke 15:22	
the best robe	the best robe

Textus Receptus-Scrivener	Nestle-Aland 26,27
τὴν στολὴν τὴν πρώτην	στολὴν τὴν πρώτην
Luke 15:23	
And bring hither the...calf	And bring the...calf
καὶ ἐνέγκαντες τὸν μόσχον	καὶ φέρετε τὸν μόσχον
Luke 15:24	
he was lost, and is found	he was lost, and is found
καὶ ἀπολωλὼς ἦν καὶ εὑρέθη	ἦν ἀπολωλὼς καὶ εὑρέθη
Luke 15:26	
and asked what these things meant	and asked what these things meant
ἐπυνθάνετο τί εἴη ταῦτα	ἐπυνθάνετο τί ἂν εἴη ταῦτα
Luke 15:28	
therefore came his father out	his father came out
ὁ οὖν πατὴρ αὐτοῦ ἐξελθὼν	ὁ δὲ πατὴρ αὐτοῦ ἐξελθὼν
Luke 15:29	
said to *his* father	said to his father
εἶπε τῷ πατρὶ	εἶπεν τῷ πατρὶ αὐτοῦ
Luke 15:30	
the fatted calf	the fatted calf
τὸν μόσχον τὸν σιτευτὸν	τὸν σιτευτὸν μόσχον
Luke 15:31	
and is alive again	and is alive
καὶ ἀνέζησε	καὶ ἔζησεν
Luke 15:31	
and was lost	and lost
καὶ ἀπολωλὼς ἦν	καὶ ἀπολωλὼς
Luke 16:1	
unto his disciples	unto the disciples
πρὸς τοὺς μαθητάς αὐτοῦ	πρὸς τοὺς μαθητάς
Luke 16:2	
for thou mayest be no longer steward	for thou mayest be no longer steward
οὐ γὰρ δύνήσῃ ἔτι οἰκονομεῖν	οὐ γὰρ δύνῃ ἔτι οἰκονομεῖν
Luke 16:4	
when I am put out of the stewardship	when I am put out of the stewardship
ὅταν μετασταθῶ τῆς οἰκονομίας	ὅταν μετασταθῶ ἐκ τῆς οἰκονομίας
Luke 16:5	
of his lord's debtors	of his lord's debtors
τῶν χρεωφειλετῶν τοῦ κυρίου ἑαυτοῦ	τῶν χρεοφειλετῶν τοῦ κυρίου ἑαυτοῦ
Luke 16:6	
And he said unto him	But he said unto him
καὶ εἶπεν αὐτῷ	ὁ δὲ εἶπεν αὐτῷ
Luke 16:6	
Take thy bill	Take thy bills
Δέξαι σου τὸ γράμμα	Δέξαι σου τὰ γράμματα
Luke 16:7	
And he said unto him	He said unto him
καὶ λέγει αὐτῷ	λέγει αὐτῷ
Luke 16:7	
Take thy bill	Take thy bills

Over 8,000 Differences Between the T.R. and the Nestle-Aland Greek N.T.

Textus Receptus-Scrivener	Nestle-Aland 26,27
Δέξαι σου τὸ γράμμα	Δέξαι σου τὰ γράμματα
Luke 16:8	
their generation	their generation
τὴν γενεὰν ἑαυτῶν	τὴν γενεὰν τὴν ἑαυτῶν
Luke 16:9	
And I say unto you	And I say unto you
κἀγὼ ὑμῖν λέγω	Καὶ ἐγὼ ὑμῖν λέγω
Luke 16:9	
Make to yourselves friends	Make to yourselves friends
Ποιήσατε ἑαυτοῖς φίλους	ἑαυτοῖς ποιήσατε φίλους
Luke 16:9	
that, when ye fail	that, when it shall fail
ἵνα ὅταν ἐκλίπητε	ἵνα ὅταν ἐκλίπῃ
Luke 16:14	
the Pharisees also	the Pharisees
καὶ οἱ Φαρισαῖοι	οἱ Φαρισαῖοι
Luke 16:15	
is abomination in the sight of God	*is* abomination in the sight of God
βδέλυγμα ἐνώπιον τοῦ Θεοῦ ἐστιν	βδέλυγμα ἐνώπιον τοῦ θεοῦ
Luke 16:16	
The law and the prophets *were* until John	The law and the prophets *were* until John
ὁ νόμος καὶ οἱ προφῆται ἕως Ἰωάννου	Ὁ νόμος καὶ οἱ προφῆται μέχρι Ἰωάννου
Luke 16:18	
and whosoever	and
καὶ πᾶς	καὶ
Luke 16:20	
And there was a certain beggar named Lazarus	And a certain beggar named Lazarus
πτωχὸς δέ τις ἦν ὀνόματι Λάζαρος	πτωχὸς δέ τις ὀνόματι Λάζαρος
Luke 16:20	
which was laid at his gate	was laid at his gate
ὃς ἐβέβλητο πρὸς τὸν πυλῶνα αὐτοῦ	ἐβέβλητο πρὸς τὸν πυλῶνα αὐτοῦ
Luke 16:20	
full of sores	full of sores
ἡλκωμένος	εἱλκωμένος
Luke 16:21	
with the crumbs which fell from	with that which fell from
ἀπὸ τῶν ψιχίων τῶν πιπτόντων ἀπὸ	ἀπὸ τῶν πιπτόντων ἀπὸ
Luke 16:21	
and licked his sores	and licked his sores
ἀπέλειχον τὰ ἕλκη αὐτοῦ	ἐπέλειχον τὰ ἕλκη αὐτοῦ
Luke 16:22	
into Abraham's bosom	into Abraham's bosom
εἰς τὸν κόλπον τοῦ Ἀβραάμ	εἰς τὸν κόλπον Ἀβραάμ
Luke 16:23	
seeth Abraham	seeth Abraham
ὁρᾷ τὸν Ἀβραάμ	ὁρᾷ Ἀβραάμ
Luke 16:25	
remember that thou...receivedst	remember that...receivedst

Textus Receptus-Scrivener	Nestle-Aland 26,27
μνήσθητι ὅτι ἀπέλαβες σὺ	μνήσθητι ὅτι ἀπέλαβες
Luke 16:25	
but now he is comforted	but now here is comforted
νῦν δὲ ὅδε παρακαλεῖται	νῦν δὲ ὧδε παρακαλεῖται
Luke 16:26	
And beside all this	And in all this
καὶ ἐπὶ πᾶσι τούτοις	καὶ ἐν πᾶσι τούτοις
Luke 16:26	
would pass from hence to you	would pass from hence to you
διαβῆναι ἐντεῦθεν πρὸς ὑμᾶς	διαβῆναι ἔνθεν πρὸς ὑμᾶς
Luke 16:26	
neither can they pass to us, that *would come* from thence	neither can pass to us, that *would come* from thence
μηδὲ οἱ ἐκεῖθεν πρὸς ἡμᾶς διαπερῶσιν	μηδὲ ἐκεῖθεν πρὸς ἡμᾶς διαπερῶσιν
Luke 16:27	
I pray thee therefore, father	I pray thee therefore, father
Ἐρωτῶ οὖν σε, πάτερ	Ἐρωτῶ σε οὖν, πάτερ
Luke 16:29	
Abraham saith unto him	But Abraham saith
λέγει αὐτῷ Ἀβραάμ	λέγει δὲ Ἀβραάμ
Luke 16:29	
They have Moses	They have Moses
Ἔχουσι Μωσέα	Ἔχουσι Μωϋσέα
Luke 16:31	
If...Moses	If...Moses
Εἰ Μωσέως	Εἰ Μωϋσέως
Luke 16:31	
neither...though one	neither...though one
οὐδὲ ἐάν τις	οὐδ ἐάν τις
Luke 17:1	
Then said he unto the disciples	Then said he unto his disciples
Εἶπε δὲ πρὸς τοὺς μαθητὰς	Εἶπεν δὲ πρὸς τοὺς μαθητὰς αὐτοῦ
Luke 17:1	
It is impossible but that offences will come	It is impossible but that offences will come
Ἀνένδεκτόν ἐστι τοῦ μὴ ἐλθεῖν σκάνδαλα	Ἀνένδεκτόν ἐστιν τοῦ τὰ σκάνδαλα μὴ ἐλθεῖν
Luke 17:1	
but woe *unto him*, through whom they come	yet woe *unto him*, through whom they come
οὐαὶ δὲ δι οὗ ἔρχεται	πλὴν οὐαὶ δι οὗ ἔρχεται
Luke 17:2	
It were better for him that a millstone	It were better for him that a millstone
λυσιτελεῖ αὐτῷ εἰ μύλος ὀνικὸς	λυσιτελεῖ αὐτῷ εἰ λίθος μυλικὸς
Luke 17:2	
offend one of these little ones	offend one of these little ones
σκανδαλίσῃ ἕνα τῶν μικρῶν τούτων	σκανδαλίσῃ τῶν μικρῶν τούτων ἕνα
Luke 17:3	
If	If
ἐὰν δὲ	ἐὰν
Luke 17:3	

Over 8,000 Differences Between the T.R. and the Nestle-Aland Greek N.T.

Textus Receptus-Scrivener	Nestle-Aland 26,27
thy brother trespass against thee	thy brother trespass
ἁμάρτῃ εἰς σὲ ὁ ἀδελφός σου	ἁμάρτῃ ὁ ἀδελφός σου
Luke 17:4	
And if he trespass against thee seven times in a day	And if he trespass against thee seven times in a day
καὶ ἐὰν ἑπτάκις τῆς ἡμέρας ἁμάρτῃ εἰς σὲ	καὶ ἐὰν ἑπτάκις τῆς ἡμέρας ἁμαρτήσῃ εἰς σὲ
Luke 17:4	
and seven times in a day	and seven times
καὶ ἑπτάκις τῆς ἡμέρας	καὶ ἑπτάκις
Luke 17:4	
turn again to thee	turn again to thee
ἐπιστρέψῃ ἐπὶ σὲ	ἐπιστρέψῃ πρὸς σὲ
Luke 17:5	
And the apostles said	And the apostles said
Καὶ εἶπον οἱ ἀπόστολοι	Καὶ εἶπαν οἱ ἀπόστολοι
Luke 17:6	
If ye had faith	If ye have faith
Εἰ εἴχετε πίστιν	Εἰ ἔχετε πίστιν
Luke 17:6	
ye might say unto this sycamine tree	ye might say unto [this] sycamine tree
ἐλέγετε ἂν τῇ συκαμίνῳ ταύτῃ	ἐλέγετε ἂν τῇ συκαμίνῳ (ταύτῃ)
Luke 17:6	
If ye had faith	If ye have faith
Εἰ εἴχετε πίστιν	Εἰ ἔχετε πίστιν
Luke 17:7	
will say unto him by and by	will say unto him by and by
ἐρεῖ Εὐθέως	ἐρεῖ αὐτῷ, Εὐθέως
Luke 17:7	
Go and sit down to meat	Go and sit down to meat
Παρελθὼν ἀνάπεσαι	παρελθὼν ἀνάπεσε
Luke 17:9	
Doth he thank	Doth he thank
μὴ χάριν ἔχει	μὴ ἔχει χάριν
Luke 17:9	
that servant	the servant
τῷ δούλῳ ἐκείνῳ	τῷ δούλῳ
Luke 17:9	
because he did the things that were commanded him	because he did the things that were commanded
ὅτι ἐποίησε τὰ διαταχθέντα αὐτῷ	ὅτι ἐποίησεν τὰ διαταχθέντα
Luke 17:9	
I trow not	
οὐ δοκῶ	....
	....
Luke 17:10	
So likewise ye	So likewise ye
οὕτω καὶ ὑμεῖς	οὕτως καὶ ὑμεῖς
Luke 17:10	
that which was our duty to do	what was our duty to do

Textus Receptus-Scrivener	Nestle-Aland 26,27
ὅτι ὃ ὠφείλομεν ποιῆσαι	ὃ ὠφείλομεν ποιῆσαι
Luke 17:11	
as he went to Jerusalem	as *he* went to Jerusalem
ἐν τῷ πορεύεσθαι αὐτὸν εἰς Ἰερουσαλήμ	ἐν τῷ πορεύεσθαι εἰς Ἰερουσαλήμ
Luke 17:11	
through the midst of Samaria	through the midst of Samaria
διὰ μέσου Σαμαρείας	διὰ μέσον Σαμαρείας
Luke 17:12	
there met him	there met [him]
ἀπήντησαν αὐτῷ	ἀπήντησαν ⟨αὐτῷ⟩
Luke 17:17	
he was a Samaritan	he was a Samaritan
αὐτὸς ἦν Σαμαρείτης	αὐτὸς ἦν Σαμαρίτης
Luke 17:21	
Lo here! or, lo there	Lo here! or, there
Ἰδοὺ ὧδε, ἤ, Ἰδοὺ ἐκεῖ	Ἰδοὺ ὧδε· ἤ, Ἐκεῖ
Luke 17:23	
See here	See there
Ἰδοὺ ὧδε	Ἰδοὺ ἐκεῖ
Luke 17:23	
or	[or]
ἤ	⟨ἤ⟩
Luke 17:23	
see there	see here
Ἰδοὺ ἐκεῖ	Ἰδοὺ ὧδε
Luke 17:24	
For as the lightning,that lighteneth	For as the lightning lighteneth
ὥσπερ γὰρ ἡ ἀστραπὴ ἡ ἀστράπτουσα	ὥσπερ γὰρ ἡ ἀστραπὴ ἀστράπτουσα
Luke 17:24	
out of the one *part* under heaven	out of the one *part* under heaven
ἐκ τῆς ὑπ' οὐρανὸν	ἐκ τῆς ὑπὸ τὸν οὐρανὸν
Luke 17:24	
so shall also	so shall
οὕτως ἔσται καὶ	οὕτως ἔσται
Luke 17:24	
so shall also the Son of man be in his day	so shall also the Son of man [be in his day]
ὁ υἱὸς τοῦ ἀνθρώπου ἐν τῇ ἡμέρᾳ αὐτοῦ	ὁ υἱὸς τοῦ ἀνθρώπου ⟨ἐν τῇ ἡμέρᾳ αὐτοῦ⟩
Luke 17:26	
in the days of Noe	in the days of Noe
ἐν ταῖς ἡμέραις του Νῶε	ἐν ταῖς ἡμέραις Νῶε
Luke 17:27	
they married wives, they were given in marriage	they married wives, they were given in marriage
ἐγάμουν, ἐξεγαμίζοντο	ἐγάμουν, ἐγαμίζοντο
Luke 17:27	
and destroyed them all	and destroyed them all
καὶ ἀπώλεσεν ἅπαντας	καὶ ἀπώλεσεν πάντας
Luke 17:28	
Likewise also as it was	Likewise also as it was

183

Textus Receptus-Scrivener	Nestle-Aland 26,27
ὁμοίως καὶ ὡς ἐγένετο	ὁμοίως καθὼς ἐγένετο

Luke 17:29

| and destroyed *them* all | and destroyed *them* all |
| καὶ ἀπώλεσεν ἅπαντας | καὶ ἀπώλεσεν πάντας |

Luke 17:30

| Even thus shall it be | Even thus shall it be |
| κατὰ ταὐτὰ ἔσται | κατὰ τὰ αὐτὰ ἔσται |

Luke 17:31

| and he that is in the field | and he that is in *the* field |
| καὶ ὁ ἐν τῷ ἀγρῷ | καὶ ὁ ἐν ἀγρῷ |

Luke 17:33

| Whosoever shall seek to save his life | Whosoever shall seek to gain his life |
| ὃς ἐὰν ζητήσῃ τὴν ψυχὴν αὐτοῦ σῶσαι | ὃς ἐὰν ζητήσῃ τὴν ψυχὴν αὐτοῦ περιποιήσασθαι |

Luke 17:33

| and whosoever | but whosoever |
| καὶ ὃς ἐὰν | ὃς δ ἂν |

Luke 17:33

| shall preserve it | shall preserve *it* |
| ἀπολέσῃ αὐτὴν | ἀπολέσῃ |

Luke 17:34

| the one shall be taken | the one shall be taken |
| ὁ εἷς παραληφθήσεται | ὁ εἷς παραλημφθήσεται |

Luke 17:35

| Two *women* shall be grinding | Two *women* shall be grinding |
| δύο ἔσονται ἀλήθουσαι | ἔσονται δύο ἀλήθουσαι |

Luke 17:35

| the one shall be taken | the one shall be taken |
| ἡ μία παραληφθήσεται | ἡ μία παραλημφθήσεται |

Luke 17:35

| and the other left | but the other left |
| καὶ ἡ ἑτέρα ἀφεθήσεται | ἡ δὲ ἑτέρα ἀφεθήσεται |

Luke 17:35

| Two men shall be in the field; the one shall be taken, and the other left | .... |
| δύο ἔσονται ἐν τῷ ἀγρῷ· ὁ εἷ παραληφθήσεται, καὶ ὁ ἔτερος ἀφεθήσεται | .... |

Luke 17:37

| thither will the eagles be gathered together | thither also will the eagles be gathered |
| ἐκεῖ συναχθήσονται οἱ ἀετοί | ἐκεῖ καὶ οἱ ἀετοὶ ἐπισυναχθήσονται |

Luke 18:1

| And he spake a parable | And he spake a parable |
| Ἔλεγε δὲ καὶ παραβολὴν | Ἔλεγεν δὲ παραβολὴν |

Luke 18:1

| that men ought always to pray | that men ought always to pray |
| τὸ δεῖν πάντοτε προσεύχεσθαι | τὸ δεῖν πάντοτε προσεύχεσθαι αὐτοὺς |

Luke 18:1

| and not to faint | and not to faint |

Textus Receptus-Scrivener	Nestle-Aland 26,27
καὶ μὴ ἐκκακεῖν	καὶ μὴ ἐγκακεῖν
Luke 18:4	
And he would not for a while	And he would not for a while
καὶ οὐκ ἤθελησεν ἐπὶ χρόνον	καὶ οὐκ ἤθελεν ἐπὶ χρόνον
Luke 18:4	
nor regard man	nor regard man
καὶ ἄνθρωπον οὐκ ἐντρέπομαι	οὐδὲ ἄνθρωπον ἐντρέπομαι
Luke 18:7	
And shall not God avenge	And shall not God avenge
ὁ δὲ Θεὸς οὐ μὴ ποιήσει τὴν ἐκδίκησιν	ὁ δὲ θεὸς οὐ μὴ ποιήσῃ τὴν ἐκδίκησιν
Luke 18:7	
which cry...unto him	which cry...to him
τῶν βοώντων πρὸς αὐτὸν	τῶν βοώντων αὐτῷ
Luke 18:7	
though he bear long with them	though he bear long with them
καὶ μακροθυμῶν ἐπ αὐτοῖς	καὶ μακροθυμεῖ ἐπ αὐτοῖς
Luke 18:13	
And the publican	But the publican
καὶ ὁ τελώνης	ὁ δὲ τελώνης
Luke 18:13	
would not lift up so much as *his* eyes unto heaven	would not lift up so much as *his* eyes unto heaven
οὐδὲ τοὺς ὀφθαλμοὺς εἰς τὸν οὐρανόν ἐπᾶραι	οὐδὲ τοὺς ὀφθαλμοὺς ἐπᾶραι εἰς τὸν οὐρανόν
Luke 18:13	
but smote upon his breast	but smote his breast
ἀλλ ἔτυπτεν εἰς τὸ στῆθος αὐτοῦ	ἀλλ ἔτυπτεν τὸ στῆθος αὐτοῦ
Luke 18:14	
rather than the other	*rather* than the other
ἢ ἐκεῖνος	παρ ἐκεῖνον
Luke 18:15	
they rebuked them	they rebuked them
ἐπετίμησαν αὐτοῖς	ἐπετίμων αὐτοῖς
Luke 18:16	
But Jesus called them *unto him*	But Jesus called them *unto him*
ὁ δὲ ᾽Ιησοῦς προσκαλεσάμενος αὐτὰ	ὁ δὲ ᾽Ιησοῦς προσεκαλέσατο αὐτὰ
Luke 18:16	
and said	saying
εἶπεν	λέγων
Luke 18:17	
Whosoever shall not receive	Whosoever shall not receive
ὃς ἐὰν μὴ δέξηται	ὃς ἂν μὴ δέξηται
Luke 18:20	
Honour thy father and thy mother	Honour thy father and mother
Τίμα τὸν πατέρα σου καὶ τὴν μητέρα σου	Τίμα τὸν πατέρα σου καὶ τὴν μητέρα
Luke 18:21	
All these have I kept	All these have I kept
Ταῦτα πάντα ἐφύλαξαμην	Ταῦτα πάντα ἐφύλαξα
Luke 18:21	

Textus Receptus-Scrivener	Nestle-Aland 26,27
from my youth up	from youth up
ἐκ νεότητός μου	ἐκ νεότητος
Luke 18:22	
Now when Jesus heard these things	Now when Jesus heard
ἀκούσας δὲ ταῦτα ὁ Ἰησοῦς	ἀκούσας δὲ ὁ Ἰησοῦς
Luke 18:22	
thou shalt have treasure in	thou shalt have treasure in
ἕξεις θησαυρὸν ἐν	ἕξεις θησαυρὸν ἐν (τοῖς)
Luke 18:22	
heaven	heaven
οὐρανῷ	οὐρανοῖς
Luke 18:23	
he was very sorrowful	he was very sorrowful
περίλυπος ἐγένετο	περίλυπος ἐγενήθη
Luke 18:24	
that he was very sorrowful	[that he was very sorrowful]
περίλυπον γενόμενον	(περίλυπον γενόμενον)
Luke 18:24	
enter into the kingdom of God	enter into the kingdom of God
εἰσελεύσονται εἰς τὴν βασιλείαν τοῦ Θεοῦ	εἰς τὴν βασιλείαν τοῦ θεοῦ εἰσπορεύονται
Luke 18:25	
to go through a needle's eye	to go through a needle's eye
διὰ τρυμαλιᾶς ῥαφίδος εἰσελθεῖν	διὰ τρήματος βελόνης εἰσελθεῖν
Luke 18:26	
And they that heard it said	And they that heard it said
εἶπον δὲ οἱ ἀκούσαντες	εἶπαν δὲ οἱ ἀκούσαντες
Luke 18:27	
are possible with God	are possible with God
δυνατά ἐστι παρὰ τῷ Θεῷ	δυνατά παρὰ τῷ θεῷ ἐστιν
Luke 18:28	
Lo, we have left all, and followed thee.	Lo, we having left all followed thee
Ἰδοὺ ἡμεῖς ἀφήκαμεν πάντα, καὶ ἠκολουθήσαμέν σοι	Ἰδοὺ ἡμεῖς ἀφέντες τὰ ἴδια ἠκολουθήσαμέν σοι
Luke 18:29	
that hath left house, or parents, or brethren, or wife	that hath left house, or wife, or brethren, or parents
ὃς ἀφῆκεν οἰκίαν, ἢ γονεῖς, ἢ ἀδελφοὺς, ἢ γυναῖκα	ὃς ἀφῆκεν οἰκίαν ἢ γυναῖκα ἢ ἀδελφοὺς ἢ γονεῖς
Luke 18:30	
Who...not	Who...not
ὃς οὐ μὴ	ὃς οὐχὶ μὴ
Luke 18:30	
shall...receive	shall...receive
ἀπολάβῃ	(ἀπο)λάβῃ
Luke 18:31	
we go up to Jerusalem	we go up to Jerusalem
ἀναβαίνομεν εἰς Ἰερουσολύμα	ἀναβαίνομεν εἰς Ἰερουσαλήμ,
Luke 18:35	

Textus Receptus-Scrivener	Nestle-Aland 26,27
by the way side begging	by the way side begging
παρὰ τὴν ὁδὸν προσαιτῶν	παρὰ τὴν ὁδὸν ἐπαιτῶν
Luke 18:38	
thou Son of David	*thou* Son of David
υἱὲ Δαβίδ	υἱὲ Δαυίδ
Luke 18:39	
that he should hold his peace	that he should hold his peace
ἵνα σιωπήσῃ	ἵνα σιγήσῃ
Luke 18:39	
Thou Son of David	*Thou* Son of David
Υἱὲ Δαβίδ	Υἱὲ Δαυίδ
Luke 18:41	
Saying	....
λέγων	....
Luke 19:2	
and he was rich	and he *was* rich
καὶ οὗτος ἦν πλούσιος	καὶ αὐτὸς πλούσιος
Luke 19:4	
And he ran before	And he ran to the front
καὶ προδραμὼν ἔμπροσθεν	καὶ προδραμὼν εἰς τὸ ἔμπροσθεν
Luke 19:4	
and climbed up into a sycomore tree	and climbed up into a sycomore tree
ἀνέβη ἐπὶ συκομωραίαν	ἀνέβη ἐπὶ συκομορέαν
Luke 19:4	
for he was to pass that *way*	for he was to pass that *way*
ὅτι δί ἐκείνης ἤμελλε διέρχεσθαι	ὅτι ἐκείνης ἤμελλεν διέρχεσθαι
Luke 19:5	
Jesus...saw him, and said unto him,	Jesus...said unto him
ὁ Ἰησοῦς εἶδεν αὐτόν, καὶ εἶπε πρὸς αὐτὸν	Ἰησοῦς εἶπεν πρὸς αὐτόν
Luke 19:7	
And when they saw *it*	And when they saw *it*
Καὶ ἰδόντες ἅπαντες	καὶ ἰδόντες πάντες
Luke 19:8	
the half	the half
τὰ ἡμίση	τὰ ἡμίσιά
Luke 19:8	
of my goods	of my goods
τῶν ὑπαρχόντων μου	μου τῶν ὑπαρχόντων
Luke 19:8	
I give to the poor	to the poor I give
δίδωμι τοῖς πτωχοῖς	τοῖς πτωχοῖς δίδωμι
Luke 19:11	
because he was nigh to Jerusalem	because he was nigh to Jerusalem
διὰ τὸ ἐγγὺς αὐτὸν, εἶναι Ἰερουσαλήμ	διὰ τὸ ἐγγὺς εἶναι Ἰερουσαλὴμ αὐτὸν
Luke 19:13	
Occupy till I come	Occupy while I come
Πραγματεύσασθε ἕως ἔρχομαι	Πραγματεύσασθε ἐν ᾧ ἔρχομαι
Luke 19:15	

Over 8,000 Differences Between the T.R. and the Nestle-Aland Greek N.T.

Textus Receptus-Scrivener	Nestle-Aland 26,27
to whom he had given the money	to whom he had given the money
οἷς ἔδωκε τὸ ἀργύριον	οἷς δεδώκει τὸ ἀργύριον
Luke 19:15	
that he might know how much every man had gained by trading	that he might know how much they had gained by trading
ἵνα γνῷ τίς τί διεπραγματεύσατο	ἵνα γνοῖ τί διεπραγματεύσαντο
Luke 19:16	
thy pound hath gained ten pounds	thy pound hath gained ten pounds
ἡ μνᾶ σου προσειργάσατο δέκα μνᾶς	ἡ μνᾶ σου δέκα προσηργάσατο μνᾶς
Luke 19:17	
Well, thou good servant	Well done, thou good servant
Εὖ, ἀγαθὲ δοῦλε	Εὖγε, ἀγαθὲ δοῦλε
Luke 19:18	
Lord, thy pound	Thy pound, Lord
Κύριε, ἡ μνᾶ σου	Ἡ μνᾶ σου, κύριε
Luke 19:19	
Be thou also over five cities	Be thou also over five cities
Καὶ σὺ γίνου ἐπάνω πέντε πόλεων	Καὶ σὺ ἐπάνω γίνου πέντε πόλεων
Luke 19:20	
And another came, saying	And the other came, saying
Καὶ ἔτερος ἦλθε λέγων	καὶ ὁ ἔτερος ἦλθεν λέγων
Luke 19:22	
And he saith unto him	He saith unto him
λέγει δὲ αὐτῷ	λέγει αὐτῷ
Luke 19:23	
Wherefore then gavest not thou	Wherefore then gavest not thou
καὶ διατί οὐκ ἔδωκάς	καὶ διὰ τί οὐκ ἔδωκάς
Luke 19:23	
my money	my money
τὸ ἀργύριον μου	μου τὸ ἀργύριον
Luke 19:23	
into the bank	into *the* bank
ἐπὶ τὴν τράπεζαν	ἐπὶ τράπεζαν
Luke 19:23	
that at my coming	that at my coming
καὶ ἐγὼ ἐλθὼν	κἀγὼ ἐλθὼν
Luke 19:23	
I might have required mine own with usury	I might have required mine own with usury
σὺν τόκῳ ἂν ἔπραξα αὐτὸ	σὺν τόκῳ ἂν αὐτὸ ἔπραξα
Luke 19:25	
And they said unto him	And they said unto him
καὶ εἶπον αὐτῷ	καὶ εἶπαν αὐτῷ
Luke 19:26	
For I say unto you	I say unto you
λέγω γὰρ ὑμῖν	λέγω ὑμῖν
Luke 19:26	
even that he hath shall be taken away from him	even that he hath shall be taken away
καὶ ὃ ἔχει ἀρθήσεται ἀπ αὐτοῦ	καὶ ὃ ἔχει ἀρθήσεται

Over 8,000 Differences Between the T.R. and the Nestle-Aland Greek N.T.

Textus Receptus-Scrivener	Nestle-Aland 26,27
Luke 19:27	
But those mine enemies	But these mine enemies
πλὴν τοὺς ἐχθρούς μου ἐκείνους	πλὴν τοὺς ἐχθρούς μου τούτους
Luke 19:27	
and slay *them* before me	and slay them before me
καὶ κατασφάξατε ἔμπροσθέν μου	καὶ κατασφάξατε αὐτοὺς ἔμπροσθέν μου
Luke 19:29	
Bethphage and Bethany	Bethphage and Bethany
Βηθφαγὴ καὶ Βηθανίαν	Βηθφαγὴ καὶ Βηθανία(ν)
Luke 19:29	
he sent two of his disciples	he sent two disciples
ἀπέστειλε δύο τῶν μαθητῶν αὐτοῦ	ἀπέστειλεν δύο τῶν μαθητῶν
Luke 19:30	
Saying, Go ye	Saying, Go ye
εἰπών, Ὑπάγετε	λέγων, Ὑπάγετε
Luke 19:30	
loose him, and bring *him hither*	and loose him, and bring *him hither*
λύσαντες αὐτὸν ἀγάγετε	καὶ λύσαντες αὐτὸν ἀγάγετε
Luke 19:31	
Why do ye loose *him*	Why do ye loose *him*
Διατί λύετε	Διὰ τί λύετε
Luke 19:31	
thus shall ye say unto him	thus shall ye say
οὕτως ἐρεῖτε αὐτῷ	οὕτως ἐρεῖτε
Luke 19:33	
the owners thereof said	the owners thereof said
εἶπον οἱ κύριοι αὐτοῦ	εἶπαν οἱ κύριοι αὐτοῦ
Luke 19:34	
And they said	And they said
οἱ δὲ εἶπον	οἱ δὲ εἶπαν
Luke 19:34	
The Lord hath need of him	that, The Lord hath need of him
Ὁ κύριος αὐτοῦ χρείαν ἔχει	ὅτι Ὁ κύριος αὐτοῦ χρείαν ἔχει
Luke 19:35	
and they cast their garments	and they cast their garments
καὶ ἐπιρρίψαντες ἑαυτῶν τὰ ἱμάτια	καὶ ἐπιρίψαντες αὐτῶν τὰ ἱμάτια
Luke 19:38	
the King that cometh	the King that cometh
ὁ ἐρχόμενος βασιλεὺς	ὁ ἐρχόμενος ὁ βασιλεὺς
Luke 19:38	
peace in heaven	peace in heaven
εἰρήνη, ἐν οὐρανῷ	ἐν οὐρανῷ εἰρήνη
Luke 19:39	
said unto him	said unto him
εἶπον πρὸς αὐτόν	εἶπαν πρὸς αὐτόν
Luke 19:40	
And he answered and said unto them	And he answered and said
καὶ ἀποκριθεὶς εἶπεν αὐτοῖς	καὶ ἀποκριθεὶς εἶπεν

Textus Receptus-Scrivener	Nestle-Aland 26,27
Luke 19:40	
I tell you that	I tell you
Λέγω ὑμῖν ὅτι	Λέγω ὑμῖν
Luke 19:40	
if these should hold their peace	if these shall hold their peace
ἐὰν οὗτοι σιωπήσωσιν	ἐὰν οὗτοι σιωπήσουσιν
Luke 19:40	
the stones would immediately cry out	the stones would cry out
οἱ λίθοι κεκράξονται	οἱ λίθοι κράξουσιν
Luke 19:41	
and wept over it	and wept over it
ἔκλαυσεν ἐπ αὐτῇ	ἔκλαυσεν ἐπ αὐτήν
Luke 19:42	
If thou hadst known, even thou	If thou hadst known
ὅτι Εἰ ἔγνως καὶ σὺ	ὅτι Εἰ ἔγνως
Luke 19:42	
at least	....
καὶ γε	....
Luke 19:42	
in this thy day	in this day
ἐν τῇ ἡμέρᾳ σου ταύτῃ	ἐν τῇ ἡμέρᾳ ταύτῃ
Luke 19:42	
....	even thou
....	καὶ σὺ
Luke 19:42	
the things *which belong* unto thy peace	the things *which belong* unto peace
τὰ πρὸς εἰρήνην σου	τὰ πρὸς εἰρήνην
Luke 19:43	
that thine enemies shall cast a trench about thee	that thine enemies shall cast a trench about thee
καὶ περιβαλοῦσιν οἱ ἐχθροί σου χάρακά σοι	καὶ παρεμβαλοῦσιν οἱ ἐχθροί σου χάρακά σοι
Luke 19:44	
and they shall not leave in thee one stone upon another	and they shall not leave one stone upon another in thee
καὶ οὐκ ἀφήσουσιν ἐν σοί λίθον ἐπὶ λίθῳ	καὶ οὐκ ἀφήσουσιν λίθον ἐπὶ λίθον ἐν σοί
Luke 19:43	
because thou knewest not	because thou knewest not
ἀνθ ὧν οὐκ ἔγνως	ἀνθ ὧν οὐκ ἔγνως
Luke 19:45	
and began to cast out them that sold therein, and them that bought	and began to cast out them that sold therein
ἤρξατο ἐκβάλλειν τοὺς πωλοῦντας ἐν αὐτῷ καὶ ἀγοράζοντας	ἤρξατο ἐκβάλλειν τοὺς πωλοῦντας
Luke 19:46	
My house is the house of prayer	and my house shall be the house of prayer
Ὁ οἶκός μου οἶκος προσευχῆς ἐστιν	Καὶ ἔσται ὁ οἶκός μου οἶκος προσευχῆς
Luke 20:1	
on one of those days	on one of the days
ἐν μιᾷ τῶν ἡμερῶν ἐκείνων	ἐν μιᾷ τῶν ἡμερῶν

Over 8,000 Differences Between the T.R. and the Nestle-Aland Greek N.T.

Textus Receptus-Scrivener	Nestle-Aland 26,27
Luke 20:2	
And spake	And spake
καὶ εἶπον	καὶ εἶπαν
Luke 20:2	
unto him, saying	saying unto him
πρὸς αὐτόν, λέγοντες	λέγοντες πρὸς αὐτόν
Luke 20:2	
Tell us	Tell us
Εἰπὲ ἡμῖν	Εἰπὸν ἡμῖν
Luke 20:3	
I will also ask you one thing	I will also ask you a thing
Ἐρωτήσω ὑμᾶς κἀγὼ ἕνα λόγον	Ἐρωτήσω ὑμᾶς κἀγὼ λόγον
Luke 20:5	
Why	Why
Διατί	Διὰ τί
Luke 20:5	
then believed ye him not	believed ye him not
οὖν οὐκ ἐπιστεύσατε	οὐκ ἐπιστεύσατε
Luke 20:6	
all the people will stone us	all the people will stone us
πᾶς ὁ λαὸς καταλιθάσει ἡμᾶς	ὁ λαὸς ἅπας καταλιθάσει ἡμᾶς
Luke 20:9	
A certain man planted a vineyard,	A [certain man] planted a vineyard
Ἄνθρωπός τις ἐφύτευσεν ἀμπελῶνα	Ἄνθρωπός (τις) ἐφύτευσεν ἀμπελῶνα
Luke 20:9	
and let it forth	and let it forth
καὶ ἐξέδοτο αὐτὸν	καὶ ἐξέδετο αὐτὸν
Luke 20:10	
And at the season	And *at* the season
καὶ ἐν καιρῷ	καὶ καιρῷ
Luke 20:10	
they should give him	they shall give him
δῶσιν αὐτῷ	δώσουσιν αὐτῷ
Luke 20:10	
but the husbandmen beat him, and sent him away empty	but the husbandmen sent him away and beat him, empty
οἱ δὲ γεωργοὶ δείραντες αὐτὸν, ἐξαπέστειλαν κενόν	οἱ δὲ γεωργοὶ ἐξαπέστειλαν αὐτὸν δείραντες κενόν
Luke 20:11	
And again he sent another servant	And again he sent another servant
καὶ προσέθετο πέμψαι ἕτερον δοῦλον	καὶ προσέθετο ἕτερον πέμψαι δοῦλον
Luke 20:12	
And again he sent a third	And again he sent a third
καὶ προσέθετο πέμψαι τρίτον	καὶ προσέθετο τρίτον πέμψαι
Luke 20:13	
it may be they will reverence *him* when they see him	it may be they will reverence him
ἴσως τοῦτον ἰδόντες ἐντραπήσονται	ἴσως τοῦτον ἐντραπήσονται

Over 8,000 Differences Between the T.R. and the Nestle-Aland Greek N.T.

Textus Receptus-Scrivener	Nestle-Aland 26,27
Luke 20:14	
they reasoned among themselves, saying	they reasoned toward one another, saying
διελογίζοντο πρὸς ἑαυτούς, λέγοντες	διελογίζοντο πρὸς ἀλλήλους λέγοντες
Luke 20:14	
come, let us kill him	let us kill him
δεῦτε ἀποκτείνωμεν αὐτόν	ἀποκτείνωμεν αὐτόν
Luke 20:16	
And when they heard *it*, they said	And when they heard *it*, they said
ἀκούσαντες δὲ εἶπον	ἀκούσαντες δὲ εἶπαν
Luke 20:19	
the chief priests and the scribes	the scribes and the chief priests
οἱ ἀρχιερεῖς καὶ οἱ γραμματεῖς	οἱ γραμματεῖς καὶ οἱ ἀρχιερεῖς
Luke 20:19	
that he had spoken this parable against them	that he had spoken this parable against them
ὅτι πρὸς αὐτοὺς τὴν παραβολὴν ταύτην εἶπε	ὅτι πρὸς αὐτοὺς εἶπεν τὴν παραβολὴν ταύτην
Luke 20:20	
that so they might deliver him	that so they might deliver him
εἰς τὸ παραδοῦναι αὐτὸν	ὥστε παραδοῦναι αὐτὸν
Luke 20:22	
Is it lawful for us to give tribute unto Caesar	Is it lawful for us to give tribute unto Caesar
ἔξεστιν ἡμῖν Καίσαρι φόρον δοῦναι	ἔξεστιν ἡμᾶς Καίσαρι φόρον δοῦναι
Luke 20:23	
Why tempt ye me	....
Τί με πειράζετε	....
Luke 20:24	
Shew me a penny	Shew me a penny
ἐπιδείξατέ μοι δηνάριον	Δείξατέ μοι δηνάριον
Luke 20:24	
They answered and said	They said
ἀποκριθέντες δὲ εἶπον	οἱ δὲ εἶπαν
Luke 20:25	
And he said unto them	And he said unto them
ὁ δὲ εἶπεν αὐτοῖς	ὁ δὲ εἶπεν πρὸς αὐτούς
Luke 20:25	
Render therefore	Therefore render
Ἀπόδοτε τοίνυν	Τοίνυν ἀπόδοτε
Luke 20:27	
which deny that there is any resurrection	which [deny] that there is any resurrection
οἱ ἀντιλέγοντες ἀνάστασιν μὴ εἶναι	οἱ (ἀντι)λέγοντες ἀνάστασιν μὴ εἶναι
Luke 20:28	
Moses wrote	Moses wrote
Μωσῆς ἔγραψεν	Μωϋσῆς ἔγραψεν
Luke 20:28	
and he die without children	and thus without children
καὶ οὗτος ἄτεκνος, ἀποθάνῃ	καὶ οὗτος ἄτεκνος
Luke 20:30	
And the second took her to wife, and he died childless	And the second

Textus Receptus-Scrivener	Nestle-Aland 26,27
καὶ ἔλαβεν ὁ δεύτερος τὴν γυναῖκα, καὶ οὗτος ἀπέθανεν ἄτεκνος	καὶ ὁ δεύτερος

Luke 20:31

and in like manner the seven also
δὲ καὶ οἱ ἑπτὰ καὶ

and in like manner the seven
δὲ καὶ οἱ ἑπτὰ

Luke 20:32

Last of all the woman died also
ὕστερον πάντων ἀπέθανε καὶ ἡ γυνὴ

And lastly the woman died
ὕστερον καὶ ἡ γυνὴ ἀπέθανεν

Luke 20:33

Therefore in the resurrection whose wife of them is she
ἐν τῇ οὖν ἀναστάσει, τίνος αὐτῶν γίνεται γυνή

The woman, therefore in the resurrection, whose wife of them is she
ἡ γυνὴ οὖν ἐν τῇ ἀναστάσει τίνος αὐτῶν γίνεται γυνή

Luke 20:34

And Jesus answering said unto them
καὶ ἀποκριθεὶς εἶπεν αὐτοῖς ὁ Ἰησοῦς

And Jesus said unto them
καὶ εἶπεν αὐτοῖς ὁ Ἰησοῦς

Luke 20:34

and are given in marriage
καὶ ἐν ἐκγαμίσκονται

and are given in marriage
καὶ γαμίσκονται

Luke 20:35

nor are given in marriage
οὔτε ἐκγαμίσονται

nor are given in marriage
οὔτε γαμίζονται

Luke 20:36

Neither can they die any more
οὔτε γὰρ ἀποθανεῖν ἔτι δύνανται

Neither can they die any more
οὐδὲ γὰρ ἀποθανεῖν ἔτι δύνανται

Luke 20:36

and are the children of God
καὶ υἱοί εἰσι τοῦ θεοῦ

and are the children of God
καὶ υἱοί εἰσιν θεοῦ

Luke 20:37

Moses shewed
Μωσῆς ἐμήνυσεν

Moses shewed
Μωϋσῆς ἐμήνυσεν

Luke 20:37

the God of Abraham, and the God of Isaac, and the God of Jacob
τὸν Θεὸν Ἀβραὰμ καὶ τὸν Θεὸν Ἰσαὰκ καὶ τον Θεὸν Ἰακώβ

the God of Abraham, and God of Isaac, and God of Jacob
τὸν θεὸν Ἀβραὰμ καὶ θεὸν Ἰσαὰκ καὶ θεὸν Ἰακώβ

Luke 20:39

certain of the scribes...said
τινες τῶν γραμματέων εἶπον

certain of the scribes...said
τινες τῶν γραμματέων εἶπαν

Luke 20:40

And after that
οὐκέτι δὲ

For after that
οὐκέτι γὰρ

Luke 20:41

How say they that Christ is David's son
Πῶς λέγουσιν τὸν Χριστὸν υἱόν Δαβὶδ εἶναι

How say they that Christ is David's son
Πῶς λέγουσιν τὸν Χριστὸν εἶναι Δαυὶδ υἱόν

Luke 20:42

And...himself
καὶ αὐτὸς

For...himself
αὐτὸς γὰρ

Over 8,000 Differences Between the T.R. and the Nestle-Aland Greek N.T.

Textus Receptus-Scrivener	Nestle-Aland 26,27
Luke 20:42	
David	David
Δαβὶδ	Δαυὶδ
Luke 20:42	
The LORD said unto my Lord	*The* LORD said unto my Lord
Εἶπεν ὁ Κύριος τῷ Κυρίῳ μου	Εἶπεν κύριος τῷ κυρίῳ μου
Luke 20:44	
David therefore	David therefore
Δαβὶδ οὖν	Δαυὶδ οὖν
Luke 20:44	
how is he then his son	how is he then his son
πῶς υἱός αὐτοῦ ἐστιν	πῶς αὐτοῦ υἱός ἐστιν
Luke 20:45	
he said unto his disciples	he said unto [his] disciples
εἶπε τοῖς μαθηταῖς αὐτοῦ	εἶπεν τοῖς μαθηταῖς (αὐτοῦ)
Luke 20:47	
the same shall receive	the same shall receive
οὗτοι λήψονται	οὗτοι λήμψονται
Luke 21:1	
and saw the rich men casting their gifts into the treasury	and saw the rich men casting their gifts into the treasury
εἶδε τοὺς βάλλοντας τὰ δῶρα αὐτῶν εἰς τὸ γαζοφυλάκιον αὐτῶν πλουσίους	εἶδεν τοὺς βάλλοντας εἰς τὸ γαζοφυλάκιον τὰ δῶρα αὐτῶν πλουσίους
Luke 21:2	
And he saw also	And he saw
εἶδε δέ καὶ	εἶδεν δέ
Luke 21:2	
casting in thither two mites	casting in thither two mites
βάλλουσαν ἐκεῖ δύο λεπτὰ	βάλλουσαν ἐκεῖ λεπτὰ δύο
Luke 21:3	
that this poor widow	that this poor widow
ὅτι ἡ χήρα ἡ πτωχὴ αὕτη	ὅτι ἡ χήρα αὕτη ἡ πτωχὴ
Luke 21:4	
For all these	For all these
ἅπαντες γὰρ οὗτοι	πάντες γὰρ οὗτοι
Luke 21:4	
cast in unto the offerings of God	cast in unto the offerings
ἔβαλον εἰς τὰ δῶρα τοῦ Θεοῦ	ἔβαλον εἰς τὰ δῶρα
Luke 21:4	
all the living	all the living
ἅπαντα τὸν βίον	πάντα τὸν βίον
Luke 21:8	
saying, I am *Christ*	saying, I am *Christ*
λέγοντες, ὅτι Ἐγώ εἰμι	λέγοντες, Ἐγώ εἰμι
Luke 21:8	
go ye not therefore after them	go ye not after them
μὴ οὖν πορευθῆτε ὀπίσω αὐτῶν	μὴ πορευθῆτε ὀπίσω αὐτῶν
Luke 21:10	

Textus Receptus-Scrivener	Nestle-Aland 26,27
Nation shall rise against nation	Nation shall rise against nation
Ἐγερθήσεται ἔθνος ἐπὶ ἔθνος	Ἐγερθήσεται ἔθνος ἐπ ἔθνος
Luke 21:11	
And great earthquakes...in divers places, and famines	And great earthquakes... and in divers places, famines
σεισμοί τε μεγάλοι κατὰ τόπους καὶ λιμοὶ	σεισμοί τε μεγάλοι καὶ κατὰ τόπους λιμοὶ
Luke 21:11	
and great signs shall there be from heaven	and great signs shall there be from heaven
καὶ σημεῖα ἀπ οὐρανοῦ μεγάλα ἔσται	καὶ ἀπ οὐρανοῦ σημεῖα μεγάλα ἔσται
Luke 21:12	
But before all these	But before all these
πρὸ δὲ τούτων ἁπάντων	πρὸ δὲ τούτων πάντων
Luke 21:12	
delivering *you* up to the synagogues	delivering *you* up to the synagogues
παραδιδόντες εἰς συναγωγὰς	παραδιδόντες εἰς τὰς συναγωγὰς
Luke 21:12	
being brought before kings	being brought before kings
αγομένους ἐπὶ βασιλεῖς	ἀπαγομένους ἐπὶ βασιλεῖς
Luke 21:13	
And it shall turn to you for a testimony	It shall turn to you for a testimony
ἀποβήσεται δὲ ὑμῖν εἰς μαρτύριον	ἀποβήσεται ὑμῖν εἰς μαρτύριον
Luke 21:14	
Settle it therefore	Settle it therefore
θέσθε οὖν	θέτε οὖν
Luke 21:14	
in your hearts	in your hearts
εἰς τὰς καρδίας ὑμῶν	ἐν ταῖς καρδίαις ὑμῶν
Luke 21:15	
which...shall not be able to gainsay	which...shall not be able to resist
ᾗ οὐ δυνήσονται ἀντειπεῖν	ᾗ οὐ δυνήσονται ἀντιστῆναι
Luke 21:15	
nor	or
οὐδὲ	ἢ
Luke 21:15	
resist	gainsay
ἀντιστῆναι	ἀντειπεῖν
Luke 21:15	
all your adversaries	all your adversaries
πάντες οἱ ἀντικείμενοι ὑμῖν	ἅπαντες οἱ ἀντικείμενοι ὑμῖν
Luke 21:20	
Jerusalem compassed with armies	Jerusalem compassed with armies
κυκλουμένην ὑπὸ στρατοπέδων τὴν Ἰερουσαλήμ	κυκλουμένην ὑπὸ στρατοπέδων Ἰερουσαλήμ
Luke 21:22	
may be fulfilled	may be fulfilled
τοῦ πληρωθῆναι	τοῦ πλησθῆναι
Luke 21:23	
But woe unto them	Woe unto them
οὐαὶ δὲ ταῖς	οὐαὶ ταῖς

Over 8,000 Differences Between the T.R. and the Nestle-Aland Greek N.T.

Textus Receptus-Scrivener	Nestle-Aland 26,27
Luke 21:23	
wrath upon this people	wrath to this people
ὀργὴ ἐν τῷ λαῷ τούτῳ	ὀργὴ τῷ λαῷ τούτῳ
Luke 21:24	
And they shall fall by the edge of the sword	And they shall fall by the edge of the sword
καὶ πεσοῦνται στόματι μαχαίρας	καὶ πεσοῦνται στόματι μαχαίρης
Luke 21:24	
into all nations	into all nations
εἰς πάντα τὰ ἔθνη	εἰς τὰ ἔθνη πάντα
Luke 21:24	
until the times of the Gentiles be fulfilled	until the times of the Gentiles be fulfilled
ἄχρι πληρωθῶσι καιροὶ ἐθνῶν	ἄχρι οὗ πληρωθῶσιν καιροὶ ἐθνῶν
Luke 21:25	
And there shall be signs	And there shall be signs
καὶ ἔσται σημεῖα	Καὶ ἔσονται σημεῖα
Luke 21:25	
the sea and the waves roaring	the sea and the waves roaring
ἠχούσης· θαλάσσης καὶ σάλου	ἤχους θαλάσσης καὶ σάλου
Luke 21:31	
So likewise ye	So likewise ye
οὕτω καὶ ὑμεῖς	οὕτως καὶ ὑμεῖς
Luke 21:33	
but my words shall not pass away	but my words shall not pass away
οἱ δὲ λόγοι μου οὐ μὴ παρελθωσι	οἱ δὲ λόγοι μου οὐ μὴ παρελεύσονται
Luke 21:34	
your hearts be overcharged	your hearts be overcharged
βαρυνθῶσιν ὑμῶν αἱ καρδίαι	μήποτε βαρηθῶσιν ὑμῶν αἱ καρδίαι
Luke 21:34	
and so that day come upon you unawares	and so that day come upon you unawares
καὶ αἰφνίδιος ἐφ ὑμᾶς ἐπιστῇ ἡ ἡμέρα ἐκείνη	καὶ ἐπιστῇ ἐφ ὑμᾶς αἰφνίδιος ἡ ἡμέρα ἐκείνη
Luke 21:35	
For as a snare shall it come	For as a snare shall it come
ὡς παγὶς γὰρ ἐπελεύσεται	ὡς παγὶς. ἐπεισελεύσεται γὰρ
Luke 21:36	
Watch ye therefore	But watch
Ἀγρυπνεῖτε οὖν	ἀγρυπνεῖτε δὲ
Luke 21:36	
that ye may be accounted worthy to escape all these things	that ye may be accounted worthy to prevail in all these things
ἵνα καταξιωθῆτε ἐκφυγεῖν ταῦτα πάντα	ἵνα κατισχύσητε ἐκφυγεῖν ταῦτα πάντα
Luke 22:3	
Then entered Satan	Then entered Satan
Εἰσῆλθε δὲ ὁ Σατανᾶς	Εἰσῆλθεν δὲ Σατανᾶς
Luke 22:3	
into Judas surnamed Iscariot	into Judas called Iscariot
εἰς Ἰούδαν τὸν ἐπικαλούμενον Ἰσκαριώτην	εἰς Ἰούδαν τὸν καλούμενον Ἰσκαριώτην
Luke 22:4	
the chief priests and captains	the chief priests and captains

Textus Receptus-Scrivener	Nestle-Aland 26,27
τοῖς ἀρχιερεῦσι καὶ τοῖς στρατηγοῖς	τοῖς ἀρχιερεῦσιν καὶ στρατηγοῖς
Luke 22:4	
how he might betray him unto them	how unto them he might betray him
τὸ πῶς αὐτὸν παραδῷ αὐτοῖς	τὸ πῶς αὐτοῖς παραδῷ αὐτόν
Luke 22:6	
to betray him unto them in the absence of the multitude	to betray him unto them in the absence of the multitude
παραδοῦναι αὐτὸν αὐτοῖς ἄτερ ὄχλου	παραδοῦναι αὐτὸν ἄτερ ὄχλου αὐτοῖς
Luke 22:7	
when the passover must be killed	[when] the passover must be killed
ἐν ᾗ ἔδει θύεσθαι τὸ πάσχα	(ἐν) ᾗ ἔδει θύεσθαι τὸ πάσχα
Luke 22:9	
And they said unto him	And they said unto him
οἱ δὲ εἶπον αὐτῷ	οἱ δὲ εἶπαν αὐτῷ
Luke 22:10	
into the house where he entereth in	into the house into which he entereth
εἰς τὴν οἰκίαν οὗ εἰσπορεύεται	εἰς τὴν οἰκίαν εἰς ἣν εἰσπορεύεται
Luke 22:12	
you a large upper room furnished	you a large upper room furnished
ἀνώγεον μέγα ἐστρωμένον	ἀνάγαιον μέγα ἐστρωμένον
Luke 22:13	
as he had said unto them	as he had said unto them
καθὼς εἰρήκεν αὐτοῖς	καθὼς εἰρήκει αὐτοῖς
Luke 22:14	
and the twelve apostles with him	and the apostles with him
καὶ οἱ δώδεκα ἀπόστολοι σὺν αὐτῷ	καὶ οἱ ἀπόστολοι σὺν αὐτῷ
Luke 22:16	
I will not any more eat	I will not eat
ὅτι οὐκέτι οὐ μὴ φάγω	ὅτι οὐ μὴ φάγω
Luke 22:16	
thereof	it
ἐξ αὐτοῦ	αὐτό
Luke 22:17	
and divide *it* among yourselves	and divide *it* among yourselves
καὶ διαμερίσατε ἑαυτοῖς	καὶ διαμερίσατε εἰς ἑαυτούς
Luke 22:18	
I will not drink	I will not drink
ὅτι οὐ μὴ πίω	(ὅτι) οὐ μὴ πίω
Luke 22:18	
of the fruit of the vine	now from the fruit of the vine
ἀπὸ τοῦ γεννήματος τῆς ἀμπέλου	ἀπὸ τοῦ νῦν ἀπὸ τοῦ γενήματος τῆς ἀμπέλου
Luke 22:18	
until the kingdom of God shall come	until the kingdom of God shall come
ἕως ὅτου ἡ βασιλεία τοῦ Θεοῦ ἔλθῃ	ἕως οὗ ἡ βασιλεία τοῦ θεοῦ ἔλθῃ
Luke 22:20	
Likewise also the cup	Also the cup likewise
ὡσαύτως καὶ τὸ ποτήριον	καὶ τὸ ποτήριον ὡσαύτως
Luke 22:20	

Over 8,000 Differences Between the T.R. and the Nestle-Aland Greek N.T.

Textus Receptus-Scrivener	Nestle-Aland 26,27
which is shed for you	which is shed for you
τὸ ὑπὲρ ὑμῶν ἐκχυνόμενον	τὸ ὑπὲρ ὑμῶν ἐκχυννόμενον
Luke 22:22	
And truly the Son of man	Because the Son truly of man
καὶ ὁ μὲν υἱὸς τοῦ ἀνθρώπου	ὅτι ὁ υἱὸς μὲν τοῦ ἀνθρώπου
Luke 22:22	
goeth, as it was determined	goeth, as it was determined
πορεύεται κατὰ τὸ ὡρισμένον	κατὰ τὸ ὡρισμένον πορεύεται
Luke 22:26	
let him be as the younger	let him be as the younger
γενέσθω ὡς ὁ νεώτερος	γινέσθω ὡς ὁ νεώτερος
Luke 22:27	
but I am among you as he that serveth	but I am among you as he that serveth
ἐγὼ δὲ εἰμι ἐν μέσῳ ὑμῶν ὡς ὁ διακονῶν	ἐγὼ δὲ ἐν μέσῳ ὑμῶν εἰμι ὡς ὁ διακονῶν
Luke 22:30	
That ye may eat	That ye may eat
ἵνα ἔσθίητε	ἵνα ἔσθητε
Luke 22:30	
and sit	and sit
καὶ καθίσησθε	καὶ καθησεσθε
Luke 22:30	
on thrones judging the twelve tribes of Israel	on twelve thrones judging the tribes of Israel
ἐπὶ θρόνων κρίνοντες τὰς δώδεκα φυλὰς τοῦ Ἰσραήλ	ἐπὶ θρόνων τὰς δώδεκα φυλὰς κρίνοντες τοῦ Ἰσραήλ
Luke 22:31	
And the Lord said	
εἶπε δὲ ὁ Κύριος	....
	....
Luke 22:32	
that thy faith fail not	that thy faith fail not
ἵνα μὴ ἐκλείπῃ ἡ πίστις σου	ἵνα μὴ ἐκλίπῃ ἡ πίστις σου
Luke 22:32	
strengthen thy brethren	strengthen thy brethren
στήριξον τοὺς ἀδελφούς σου	στήρισον τοὺς ἀδελφούς σου
Luke 22:34	
the cock shall not crow this day	the cock shall not crow this day
οὐ μὴ φωνήσει σήμερον ἀλέκτωρ	οὐ φωνήσει σήμερον ἀλέκτωρ
Luke 22:34	
before that thou shalt thrice deny that thou knowest me	until thou shalt thrice deny that thou knowest me
πρὶν ἢ τρίς ἀπαρνήσῃ εἰδέναι με	ἕως τρίς με ἀπαρνήσῃ εἰδέναι
Luke 22:35	
When I sent you without purse	When I sent you without purse
Ὅτε ἀπέστειλα ὑμᾶς ἄτερ βαλαντίου	Ὅτε ἀπέστειλα ὑμᾶς ἄτερ βαλλαντίου
Luke 22:35	
And they said	And they said
οἱ δὲ εἶπον	οἱ δὲ εἶπαν
Luke 22:36	
Then said he unto them	But he said unto them

Textus Receptus-Scrivener	Nestle-Aland 26,27
εἶπεν οὖν αὐτοῖς	εἶπεν δὲ αὐτοῖς

Luke 22:36

he that hath a purse	he that hath a purse
ὁ ἔχων βαλάντιον	ὁ ἔχων βαλλάντιον

Luke 22:37

that this that is written must yet be accomplished in me	that this that is written must be accomplished in me
ὅτι ἔτι τοῦτο τὸ γεγραμμένον δεῖ τελεσθῆναι ἐν ἐμοί	ὅτι τοῦτο τὸ γεγραμμένον δεῖ τελεσθῆναι ἐν ἐμοί

Luke 22:37

for the things concerning me have an end	for the thing concerning me has an end
καὶ γὰρ τὰ περὶ ἐμοῦ τέλος ἔχει	καὶ γὰρ τὸ περὶ ἐμοῦ τέλος ἔχει

Luke 22:38

And they said	And they said
οἱ δὲ εἶπον	οἱ δὲ εἶπαν

Luke 22:39

and his disciples also followed him.	and the disciples also followed him.
ἠκολούθησαν δὲ αὐτῷ καὶ οἱ μαθηταί αὐτοῦ	ἠκολούθησαν δὲ αὐτῷ καὶ οἱ μαθηταί

Luke 22:42

remove this cup from me	remove this cup from me
παρένεγκε τὸ ποτήριον τοῦτο ἀπ᾽ ἐμοῦ	παρένεγκε τοῦτο τὸ ποτήριον ἀπ᾽ ἐμοῦ

Luke 22:42

but thine, be done	but thine, be done
ἀλλὰ τὸ σὸν γενέσθω	ἀλλὰ τὸ σὸν γινέσθω

Luke 22:43,44

43 And there appeared an angel unto him from heaven, strengthening him. 44 And being in an agony he prayed more earnestly: and his sweat was as it were great drops of blood falling down to the ground.	[[43 And there appeared an angel unto him from heaven, strengthening him. 44 And being in an agony he prayed more earnestly: and his sweat was as it were great drops of blood falling down to the ground.]]
43 ὤφθη δὲ αὐτῷ ἄγγελος ἀπ᾽ οὐρανοῦ ἐνισχύων αὐτόν. 44 καὶ γενόμενος ἐν ἀγωνίᾳ, ἐκτενέστερον προσηύχετο. ἐγένετο δὲ ὁ ἱδρὼς αὐτοῦ ὡσεὶ θρόμβοι αἵματος καταβαίνοντος ἐπὶ τὴν γῆν.	((43 ὤφθη δὲ αὐτῷ ἄγγελος ἀπ᾽ οὐρανοῦ ἐνισχύων αὐτόν. 44 καὶ γενόμενος ἐν ἀγωνίᾳ ἐκτενέστερον προσηύχετο· καὶ ἐγένετο ὁ ἱδρὼς αὐτοῦ ὡσεὶ θρόμβοι αἵματος καταβαίνοντος ἐπὶ τὴν γῆν.))

Luke 22:45

and was come to his disciples	and was come to the disciples
ἐλθὼν πρὸς τοὺς μαθητὰς αὐτοῦ	ἐλθὼν πρὸς τοὺς μαθητὰς

Luke 22:45

he found them sleeping	he found them sleeping
εὗρεν αὐτοὺς κοιμωμένους	εὗρεν κοιμωμένους αὐτοὺς

Luke 22:47

And while he yet spake	While he yet spake
Ἔτι δὲ αὐτοῦ λαλοῦντος	Ἔτι αὐτοῦ λαλοῦντος

Luke 22:47

went before them	went before them
προήρχετο αὐτῶν	προήρχετο αὐτούς

Luke 22:48

Over 8,000 Differences Between the T.R. and the Nestle-Aland Greek N.T.

Textus Receptus-Scrivener	Nestle-Aland 26,27
But Jesus said unto him	But Jesus said unto him
ὁ δὲ Ἰησοῦς εἶπεν αὐτῷ	Ἰησοῦς δὲ εἶπεν αὐτῷ,
Luke 22:49	
they said unto him	they said
εἶπον αὐτῷ	εἶπαν
Luke 22:49	
with the sword	with the sword
ἐν μαχαίρᾳ	ἐν μαχαίρῃ
Luke 22:50	
the servant of the high priest	the servant of the high priest
τὸν δοῦλον τοῦ ἀρχιερέως	τοῦ ἀρχιερέως τὸν δοῦλον
Luke 22:50	
and cut off his right ear	and cut off his right ear
καὶ ἀφεῖλεν αὐτοῦ τὸ οὖς τὸ δεξιόν	καὶ ἀφεῖλεν τὸ οὖς αὐτοῦ τὸ δεξιόν
Luke 22:51	
And he touched his ear	And he touched the ear
καὶ ἁψάμενος τοῦ ὠτίου αὐτοῦ	καὶ ἁψάμενος τοῦ ὠτίου
Luke 22:52	
Then Jesus said	Then Jesus said
εἶπε δὲ ὁ Ἰησοῦς	εἶπεν δὲ Ἰησοῦς
Luke 22:52	
Be ye come out, as against a thief	Be ye come out, as against a thief
Ὡς ἐπὶ λῃστὴν ἐξεληλύθατε	Ὡς ἐπὶ λῃστὴν ἐξήλθατε
Luke 22:53	
this is your hour	this is your hour
αὕτη ὑμῶν ἐστὶν ἡ ὥρα	αὕτη ἐστὶν ὑμῶν ἡ ὥρα
Luke 22:54	
and brought him	and brought
καὶ εἰσήγαγον αὐτὸν	καὶ εἰσήγαγον
Luke 22:54	
into the...house	into the...house
εἰς τὸν οἶκον	εἰς τὴν οἰκίαν
Luke 22:55	
And when they had kindled a fire	And when they had kindled a fire
ἀψάντων δὲ πῦρ	περιαψάντων δὲ πῦρ
Luke 22:55	
and were set down together	and were set down together
καὶ συγκαθισάντων αὐτῶν	καὶ συγκαθισάντων
Luke 22:55	
Peter sat down among them	Peter sat down among them
ἐκάθητο ὁ Πέτρος ἐν μέσῳ αὐτῶν	ἐκάθητο ὁ Πέτρος μέσος αὐτῶν
Luke 22:57	
And he denied him, saying	And he denied, saying
ὁ δὲ ἠρνήσατο αὐτὸν λέγων	ὁ δὲ ἠρνήσατο λέγων
Luke 22:57	
Woman, I know him not	I know him not, woman
Γύναι, οὐκ οἶδα αὐτόν	Οὐκ οἶδα αὐτόν, γύναι
Luke 22:58	

Over 8,000 Differences Between the T.R. and the Nestle-Aland Greek N.T.

Textus Receptus-Scrivener	Nestle-Aland 26,27
And Peter said	And Peter said
ὁ δὲ Πέτρος εἴπεν	ὁ δὲ Πέτρος ἔφη
Luke 22:60	
the cock crew	*the* cock crew
ἐφώνησεν ὁ ἀλέκτωρ	ἐφώνησεν ἀλέκτωρ
Luke 22:61	
Peter remembered the word of the Lord	Peter remembered the word of the Lord
ὑπεμνήσθη ὁ Πέτρος τοῦ λόγου τοῦ Κυρίου	ὑπεμνήσθη ὁ Πέτρος τοῦ ῥήματος τοῦ κυρίου
Luke 22:61	
Before the cock crow, thou shalt deny me thrice	Before the cock crow today, thou shalt deny me thrice
Πρὶν ἀλέκτορα φωνῆσαι, ἀπαρνήσῃ με τρίς	Πρὶν ἀλέκτορα φωνῆσαι σήμερον ἀπαρνήσῃ με τρίς
Luke 22:62	
And Peter went out, and wept bitterly	And *he* went out, and wept bitterly
καὶ ἐξελθὼν ἔξω ὁ Πέτρος ἔκλαυσε πικρῶς	καὶ ἐξελθὼν ἔξω ἔκλαυσεν πικρῶς
Luke 22:63	
the men that held Jesus	the men that held him
οἱ ἄνδρες οἱ συνέχοντες τὸν Ἰησοῦν	οἱ ἄνδρες οἱ συνέχοντες αὐτὸν
Luke 22:64	
they struck him on the face	....
ἔτυπτον αὐτοῦ τὸ πρόσωπον	....
Luke 22:64	
and asked him	asked
καὶ ἐπηρώτων αὐτὸν	ἐπηρώτων
Luke 22:66	
and led him	and led him away
καὶ ἀνήγαγον αὐτὸν	καὶ ἀπήγαγον αὐτὸν
Luke 22:66	
into their council	into their council
εἰς τὸ συνέδριον ἑαυτῶν	εἰς τὸ συνέδριον αὐτῶν
Luke 22:67	
tell us	tell us
εἰπὲ ἡμῖν	εἰπὸν ἡμῖν
Luke 22:68	
And if I also ask *you*	And if I ask *you*
ἐὰν δὲ καὶ ἐρωτήσω	ἐὰν δὲ ἐρωτήσω
Luke 22:68	
ye will not answer me	ye will not answer
οὐ μὴ ἀποκριθῆτέ μοι	οὐ μὴ ἀποκριθῆτε
Luke 22:68	
nor let *me* go	....
ἢ ἀπολύσητε	....
Luke 22:69	
Hereafter shall	But hereafter shall
Ἀπὸ τοῦ νῦν ἔσται	ἀπὸ τοῦ νῦν δὲ ἔσται
Luke 22:70	
Then said they all	Then said they all

Over 8,000 Differences Between the T.R. and the Nestle-Aland Greek N.T.

Textus Receptus-Scrivener	Nestle-Aland 26,27
εἶπον δὲ πάντες	εἶπαν δὲ πάντες
Luke 22:71	
And they said	And they said
οἱ δὲ εἶπον	οἱ δὲ εἶπαν
Luke 22:71	
What need we any further witness	What need we any further witness
Τί ἔτι χρείαν ἔχομεν μαρτυρίας	Τί ἔτι ἔχομεν μαρτυρίας χρείαν
Luke 23:1	
and led him	and led him
ἤγαγεν αὐτὸν	ἤγαγον αὐτὸν
Luke 23:2	
We found this *fellow*	We found this *fellow*
Τοῦτον εὕρομεν	Τοῦτον εὕραμεν
Luke 23:2	
perverting the nation	perverting our nation
διαστρέφοντα τὸ ἔθνος	διαστρέφοντα τὸ ἔθνος ἡμῶν
Luke 23:2	
and forbidding to give tribute to Caesar	and forbidding to give tribute to Caesar
καὶ κωλύοντα Καίσαρι φόρους διδόναι	καὶ κωλύοντα φόρους Καίσαρι διδόναι
Luke 23:2	
saying	and saying
λέγοντα	καὶ λέγοντα
Luke 23:3	
And Pilate asked him	And Pilate asked him
ὁ δὲ Πιλᾶτος ἐπηρώτησεν αὐτὸν	ὁ δὲ Πιλᾶτος ἠρώτησεν αὐτὸν
Luke 23:5	
beginning from Galilee	and beginning from Galilee
ἀρξάμενος ἀπὸ τῆς Γαλιλαίας	καὶ ἀρξάμενος ἀπὸ τῆς Γαλιλαίας
Luke 23:6	
When Pilate heard of Galilee	When Pilate heard
Πιλᾶτος δὲ ἀκούσας Γαλιλαίαν	Πιλᾶτος δὲ ἀκούσας
Luke 23:8	
for he was desirous to see him of a long *season*	for he was desirous to see him of a long *season*
ἦν γὰρ θέλων ἐξ ἱκανῶν ἰδεῖν αὐτὸν	ἦν γὰρ ἐξ ἱκανῶν χρόνων θέλων ἰδεῖν αὐτὸν
Luke 23:8	
because he had heard many things of him	because he had heard of him
διὰ τὸ ἀκούειν πολλὰ περὶ αὐτοῦ	διὰ τὸ ἀκούειν περὶ αὐτοῦ
Luke 23:11	
Herod with his men of war	Herod also with his men of war
ὁ Ἡρώδης σὺν τοῖς στρατεύμασιν αὐτοῦ	(καὶ) ὁ Ἡρώδης σὺν τοῖς στρατεύμασιν αὐτοῦ
Luke 23:11	
arrayed him in a gorgeous robe	arrayed in a gorgeous robe
περιβαλὼν αὐτὸν ἐσθῆτα λαμπρὰν	περιβαλὼν ἐσθῆτα λαμπρὰν
Luke 23:12	
Pilate and Herod were made friends together	Herod and Pilate were made friends together
ἐγένοντο δὲ φίλοι ὅ τε Πιλᾶτος καὶ ὁ Ἡρώδης	ἐγένοντο δὲ φίλοι ὅ τε Ἡρώδης καὶ ὁ Πιλᾶτος
Luke 23:12	
were at enmity between themselves	were at enmity between themselves

Textus Receptus-Scrivener	Nestle-Aland 26,27
ἐν ἔχθρᾳ ὄντες πρὸς ἑαυτούς	ἐν ἔχθρᾳ ὄντες πρὸς αὐτούς
Luke 23:14	
have found no	have found no
οὐδὲν εὗρον	οὐθὲν εὗρον
Luke 23:15	
for I sent	for he sent
ἀνέπεμψα γὰρ	ἀνέπεμψεν γὰρ
Luke 23:15	
you to him	him *back* to us
ὑμᾶς πρὸς αὐτὸν	αὐτὸν πρὸς ἡμᾶς
Luke 23:17	
For of necessity he must release one unto them at the feast	....
ἀνάγκην δὶ εἶχεν ἀπολύειν αὐτοῖς κατὰ ἑορτὴν ἔνα	....
Luke 23:18	
And they cried out all at once, saying	And they cried out all at once, saying
ἀνέκραξαν δὲ παμπληθεὶ λέγοντες	ἀνέκραγον δὲ παμπληθεὶ λέγοντες
Luke 23:19	
was cast into prison	was cast into prison
βεβλημένος εἰς φυλακήν	βληθεὶς ἐν τῇ φυλακῇ
Luke 23:20	
Pilate therefore	But Pilate
οὖν ὁ Πιλᾶτος	δὲ ὁ Πιλᾶτος
Luke 23:20	
spake again to them	spake again to them
προσεφώνησε	προσεφώνησεν αὐτοῖς
Luke 23:21	
saying, Crucify *him*, crucify him	saying, Crucify *him*, crucify him
λέγοντες, Σταύρωσον, σταύρωσον αὐτόν	λέγοντες, Σταύρου, σταύρου αὐτόν.
Luke 23:23	
and of the chief priests	....
καὶ τῶν ἀρχιερέων	....
Luke 23:24	
And Pilate	And Pilate
ὁ δὲ Πιλᾶτος	καὶ Πιλᾶτος
Luke 23:25	
And he released unto them	And he released
ἀπέλυσε δὲ αὐτοῖς	ἀπέλυσεν δὲ
Luke 23:25	
was cast into prison	was cast into prison
βεβλημένον εἰς τὴν φυλακὴν	βεβλημένον εἰς φυλακὴν
Luke 23:26	
they laid hold upon one Simon, a Cyrenian, coming out of the country	they laid hold upon one Simon, a Cyrenian, coming out of the country
ἐπιλαβόμενοι Σίμωνός τινος Κυρηναίου τοῦ ἐρχόμενου ἀπ ἀγροῦ	ἐπιλαβόμενοι Σίμωνά τινα Κυρηναῖον ἐρχόμενον ἀπ ἀγροῦ
Luke 23:27	

Over 8,000 Differences Between the T.R. and the Nestle-Aland Greek N.T.

Textus Receptus-Scrivener	Nestle-Aland 26,27
which also bewailed	which bewailed
αἳ καὶ ἐκόπτοντο	αἳ ἐκόπτοντο
Luke 23:28	
But Jesus turning unto them said	But Jesus turning unto them said
στραφεὶς δὲ πρὸς αὐτὰς ὁ Ἰησοῦς εἶπε	στραφεὶς δὲ πρὸς αὐτὰς (ὁ) Ἰησοῦς εἶπεν
Luke 23:29	
Blessed *are* the barren, and the wombs	Blessed *are* the barren, and the wombs
Μακάριαι αἱ στεῖραι, καὶ κοιλίαι	Μακάριαι αἱ στεῖραι καὶ αἱ κοιλίαι
Luke 23:29	
and the paps which never gave suck	and the paps which never nourished
καὶ μαστοὶ οἳ οὐκ ἐθήλασαν	καὶ μαστοὶ οἳ οὐκ ἔθρεψαν
Luke 23:32	
two other, malefactors	two other, malefactors
ἕτεροι δύο κακοῦργοι	ἕτεροι κακοῦργοι δύο
Luke 23:33	
And when they were come to the place	And when they were come to the place
Καὶ ὅτε ἀπῆλθον ἐπὶ τὸν τόπον	καὶ ὅτε ἦλθον ἐπὶ τὸν τόπον
Luke 23:34	
Then said Jesus, Father, forgive them; for they know not what they do	[[Then said Jesus, Father, forgive them; for they know not what they do]]
ὁ δὲ Ἰησοῦς ἔλεγε, Πάτερ, ἄφες αὐτοῖς· οὐ γὰρ οἴδασι τί ποιοῦσι	((ὁ δὲ Ἰησοῦς ἔλεγεν, Πάτερ, ἄφες αὐτοῖς, οὐ γὰρ οἴδασιν τί ποιοῦσιν))
Luke 23:34	
and cast lots	and cast lots
ἔβαλον κλῆρον	ἔβαλον κλήρους
Luke 23:35	
And the rulers also with them	And the rulers also
καὶ οἱ ἄρχοντες σὺν αὐτοῖς	καὶ οἱ ἄρχοντες
Luke 23:35	
the chosen of God	the chosen of God
ὁ τοῦ Θεοῦ ἐκλεκτός	τοῦ θεοῦ ὁ ἐκλεκτός
Luke 23:36	
also mocked him	also mocked him
ἐνέπαιζον δὲ αὐτῷ καὶ	ἐνέπαιξαν δὲ αὐτῷ καὶ
Luke 23:36	
coming to him, and offering him vinegar	coming to him, offering him vinegar
προσερχόμενοι καὶ ὄξος προσφέροντες αὐτῷ	προσερχόμενοι, ὄξος προσφέροντες αὐτῷ
Luke 23:38	
And a superscription also was written over him	And a superscription also over him
ἦν δὲ καὶ ἐπιγραφὴ γεγραμμένη ἐπ αὐτῷ	ἦν δὲ καὶ ἐπιγραφὴ ἐπ αὐτῷ
Luke 23:38	
in letters of Greek, and Latin, and Hebrew	....
γράμμασιν Ἑλληνικοῖς, καὶ Ῥωμαικοῖς καὶ Ἑβραικοῖς	....
Luke 23:38	
THIS IS THE KING OF THE JEWS	THIS *IS* THE KING OF THE JEWS
Οὗτὸς ἐστιν ὁ βασιλεὺς τῶν Ἰουδαίων	Ὁ βασιλεὺς τῶν Ἰουδαίων οὗτος
Luke 23:39	

Textus Receptus-Scrivener	Nestle-Aland 26,27
If thou be Christ	Art thou not the Christ?
Εἰ σὺ εἶ ὁ Χριστός	Οὐχὶ σὺ εἶ ὁ Χριστός;
Luke 23:40	
rebuked him, saying	rebuking him, said
ἐπιτίμα αὐτῷ, λέγων	ἐπιτιμῶν αὐτῷ ἔφη
Luke 23:42	
And he said unto Jesus	And he said, Jesus
καὶ ἔλεγε, τῷ Ἰησοῦ	καὶ ἔλεγεν, Ἰησοῦ
Luke 23:42	
Lord, remember me	Remember me
Μνήσθητί μου, Κύριε	μνήσθητί μου
Luke 23:42	
when thou comest into thy kingdom	when thou comest into thy kingdom
ὅταν ἔλθῃς ἐν τῇ βασιλείᾳ σου	ὅταν ἔλθῃς εἰς τὴν βασιλείαν σου
Luke 23:43	
And Jesus said unto him	And *he* said unto him
καὶ εἶπεν αὐτῷ, ὁ Ἰησοῦς	καὶ εἶπεν αὐτῷ
Luke 23:43	
Verily I say unto thee	Verily I say unto thee
Ἀμήν λέγω σοι	Ἀμήν σοι λέγω
Luke 23:44	
And it was about the sixth hour	And it was now about the sixth hour
Ἦν δὲ ὡσεὶ ὥρα ἕκτη	Καὶ ἦν ἤδη ὡσεὶ ὥρα
Luke 23:44	
until the ninth hour	until the ninth hour
ἕως ὥρας ἐννάτης	ἕως ὥρας ἐνάτης
Luke 23:45	
And the sun was darkened	The sun darkened
καὶ ἐσκοτίσθη ὁ ἥλιος	τοῦ ἡλίου ἐκλιπόντος
Luke 23:45	
and the veil of the temple was rent in the midst	but the veil of the temple was rent in the midst
καὶ ἐσχίσθη τὸ καταπέτασμα τοῦ ναοῦ μέσον	ἐσχίσθη δὲ τὸ καταπέτασμα τοῦ ναοῦ μέσον
Luke 23:46	
into thy hands I commend my spirit	into thy hands I commend my spirit
εἰς χεῖράς σου παραθήσομαι τὸ πνεῦμά μου	εἰς χεῖράς σου παρατίθεμαι τὸ πνεῦμά μου
Luke 23:46	
and having said thus, he gave up the ghost	but having said thus, he gave up the ghost
Καὶ ταῦτα εἰπὼν ἐξέπνευσεν	τοῦτο δὲ εἰπὼν ἐξέπνευσεν
Luke 23:47	
Now when the centurion saw	Now when the centurion saw
ἰδὼν δὲ ὁ ἑκατόνταρχος	Ἰδὼν δὲ ὁ ἑκατοντάρχης
Luke 23:47	
he glorified God	he glorified God
ἐδόξασε τὸν Θεὸν	ἐδόξαζεν τὸν θεὸν
Luke 23:48	
beholding the things which were done	having beholden the things which were done
θεωροῦντες τὰ γενόμενα	θεωρήσαντες τὰ γενόμενα
Luke 23:48	

Over 8,000 Differences Between the T.R. and the Nestle-Aland Greek N.T.

Textus Receptus-Scrivener	Nestle-Aland 26,27
smote their breasts	smote the breasts
τύπτοντες ἐαυτῶν τὰ στήθη	τύπτοντες τὰ στήθη
Luke 23:49	
And all his acquaintance	And all his acquaintance
δὲ πάντες οἱ γνωστοὶ αὐτοῦ	δὲ πάντες οἱ γνωστοὶ αὐτῷ
Luke 23:49	
afar off	from afar off
μακρόθεν	ἀπὸ μακρόθεν
Luke 23:49	
and the women that followed him	and the women that followed him
καὶ γυναῖκες αἱ συνακολουθήσασαι αὐτῷ	καὶ γυναῖκες αἱ συνακολουθοῦσαι αὐτῷ
Luke 23:50	
and he was a good man	[and] a good man
ἀνὴρ ἀγαθὸς	(καὶ) ἀνὴρ ἀγαθὸς
Luke 23:51	
who	who
ὃς καὶ	ὃς
Luke 23:51	
also himself waited	waited
προσεδέχετο καὶ αὐτὸς	προσεδέχετο
Luke 23:53	
And he took it down, and wrapped it in linen	And taking down, wrapped it in linen
καὶ καθελὼν αὐτὸ ἐνετύλιξεν αὐτὸ σινδόνι	καὶ καθελὼν ἐνετύλιξεν αὐτὸ σινδόνι
Luke 23:53	
and laid it in a sepulchre	and laid him in a sepulchre
καὶ ἔθηκεν αὐτὸ ἐν μνήματι	καὶ ἔθηκεν αὐτὸν ἐν μνήματι
Luke 23:53	
wherein never man before was laid	wherein never man before was laid
οὗ οὐκ ἦν οὐδέπω οὐδεὶς κείμενος	οὗ οὐκ ἦν οὐδεὶς οὔπω κείμενος
Luke 23:54	
And that day was the preparation	And that day was the preparation
καὶ ἡμέρα ἦν Παρασκευή	καὶ ἡμέρα ἦν παρασκευῆς
Luke 23:55	
And the women also	And the women
δὲ καὶ γυναῖκες	δὲ αἱ γυναῖκες
Luke 23:55	
which came with him from Galilee	which came with him from Galilee
συνεληλυθυῖαι αὐτῷ ἐκ τῆς Γαλιλαίας	συνεληλυθυῖαι ἐκ τῆς Γαλιλαίας αὐτῷ
Luke 24:1	
very early in the morning	very early in the morning
ὄρθρου βαθέος	ὄρθρου βαθέως
Luke 24:1	
they came unto the sepulchre	unto the sepulchre they came
ἦλθον ἐπὶ τὸ μνῆμα	ἐπὶ τὸ μνῆμα ἦλθον
Luke 24:1	
and certain *others* with them	....
καὶ τινες σὺν αὐταῖς	....
Luke 24:3	

Over 8,000 Differences Between the T.R. and the Nestle-Aland Greek N.T.

Textus Receptus-Scrivener	Nestle-Aland 26,27
And they entered in	But they entered in
καὶ εἰσελθοῦσαι	εἰσελθοῦσαι δὲ
Luke 24:4	
as they were much perplexed thereabout	as they were much perplexed thereabout
ἐν τῷ διαπορεῖσθαι αὐτὰς περὶ τούτου	ἐν τῷ ἀπορεῖσθαι αὐτὰς περὶ τούτου
Luke 24:4	
two men stood	two men stood
δύο ἄνδρες ἐπέστησαν	ἄνδρες δύο ἐπέστησαν
Luke 24:4	
in shining garments	in shining garments
ἐν ἐσθήσεσιν ἀστραπτούσαις	ἐν ἐσθῆτι ἀστραπτούσῃ
Luke 24:5	
and bowed down *their* faces	and bowed down *their* faces
καὶ κλινουσῶν τὸ πρόσωπον	καὶ κλινουσῶν τὰ πρόσωπα
Luke 24:5	
they said unto them	they said unto them
εἶπον πρὸς αὐτάς	εἶπαν πρὸς αὐτάς
Luke 24:6	
but is risen	but is risen
ἀλλ ἠγέρθη	ἀλλὰ ἠγέρθη
Luke 24:7	
The Son of man must be delivered	The Son of man must be delivered
ὅτι δεῖ τὸν υἱὸν τοῦ ἀνθρώπου παραδοθῆναι	τὸν υἱὸν τοῦ ἀνθρώπου ὅτι δεῖ παραδοθῆναι
Luke 24:10	
and Mary *the mother* of James	and Mary the *mother* of James
καὶ Μαρία Ἰακώβου	καὶ Μαρία ἡ Ἰακώβου
Luke 24:10	
which told	told
αἵ ἔλεγον	ἔλεγον
Luke 24:11	
their words	these words
τὰ ῥήματα αὐτῶν	τὰ ῥήματα ταῦτα,
Luke 24:12	
the linen clothes laid by themselves	the linen clothes by themselves
τὰ ὀθόνια κείμενα μόνα	τὰ ὀθόνια μόνα
Luke 24:13	
two of them went that same day to a village	two of them that same day went to a village
δύο ἐξ αὐτῶν ἦσαν πορευόμενοι ἐν αὐτῇ τῇ	δύο ἐξ αὐτῶν ἐν αὐτῇ τῇ ἡμέρᾳ ἦσαν
ἡμέρᾳ εἰς κώμην	πορευόμενοι εἰς κώμην
Luke 24:15	
Jesus himself	Jesus himself
καὶ αὐτὸς ὁ Ἰησοῦς	καὶ αὐτὸς Ἰησοῦς
Luke 24:17	
and are sad?	and they stood sad
καὶ ἐστὲ σκυθρωποί;	καὶ ἐστάθησαν σκυθρωποί
Luke 24:18	
And the one of them...answering	And one of them...answering
ἀποκριθεὶς δὲ ὁ εἷς	ἀποκριθεὶς δὲ εἷς

Over 8,000 Differences Between the T.R. and the Nestle-Aland Greek N.T.

Textus Receptus-Scrivener	Nestle-Aland 26,27
Luke 24:18	
whose name was Cleopas	named Cleopas
ᾧ ὄνομα Κλεοπᾶς	ὀνόματι Κλεοπᾶς
Luke 24:18	
a stranger in Jerusalem	one visiting Jerusalem
παροικεῖς ἐν Ἰερουσαλὴμ	παροικεῖς Ἰερουσαλὴμ
Luke 24:19	
And they said unto him	And they said unto him
Οἱ δὲ εἶπον αὐτῷ	οἱ δὲ εἶπαν αὐτῷ
Luke 24:19	
Concerning Jesus of Nazareth	Concerning Jesus of Nazareth
περὶ Ἰησοῦ τοῦ Ναζωραίου	περὶ Ἰησοῦ τοῦ Ναζαρηνοῦ
Luke 24:21	
and beside all this	and also beside all this
ἀλλά γε σὺν πᾶσι τούτοις	ἀλλά γε καὶ σὺν πᾶσιν τούτοις
Luke 24:21	
to day is the third day	this is the third day
τρίτην ταύτην ἡμέραν ἄγει σήμερον	τρίτην ταύτην ἡμέραν ἄγει
Luke 24:22	
which were early	which were early
γενόμεναι ὀρθριαὶ	γενόμεναι ὀρθριναὶ
Luke 24:24	
and found *it* even so	and found *it* even so
καὶ εὗρον οὕτω καθὼς	καὶ εὗρον οὕτως καθὼς
Luke 24:27	
And beginning at Moses	And beginning at Moses
καὶ ἀρξάμενος ἀπὸ Μωσέως	καὶ ἀρξάμενος ἀπὸ Μωϋσέως
Luke 24:27	
he expounded unto them	he expounded unto them
διηρμήνευεν αὐτοῖς	διερμήνευσεν αὐτοῖς
Luke 24:28	
he made as though he would have gone further	he made as though he would have gone further
αὐτὸς προσεποιεῖτο πορρώτερω πορεύεσθαι	αὐτὸς προσεποιήσατο πορρώτερον πορεύεσθαι
Luke 24:29	
and the day is far spent	and the day is already far spent
καὶ κέκλικεν ἡ ἡμέρα	καὶ κέκλικεν ἤδη ἡ ἡμέρα.
Luke 24:32	
And they said one to another	And they said one to another
καὶ εἶπον πρὸς ἀλλήλους	καὶ εἶπαν πρὸς ἀλλήλους
Luke 24:32	
Did not our heart burn within us	Did not our heart burn [within us]
Οὐχὶ ἡ καρδία ἡμῶν καιομένη ἦν ἐν ἡμῖν	Οὐχὶ ἡ καρδία ἡμῶν καιομένη ἦν (ἐν ἡμῖν)
Luke 24:32	
and while he opened	while he opened
καὶ ὡς διήνοιγεν	ὡς διήνοιγεν
Luke 24:33	
and found the eleven gathered together	and found the eleven gathered
καὶ εὗρον συνηθροισμένους τοὺς ἕνδεκα	καὶ εὗρον ἠθροισμένους τοὺς ἕνδεκα

Over 8,000 Differences Between the T.R. and the Nestle-Aland Greek N.T.

Textus Receptus-Scrivener	Nestle-Aland 26,27
Luke 24:34	
Saying, The Lord is risen indeed	Saying, Indeed the Lord is risen
λέγοντας, ὅτι Ἠγέρθη ὁ Κύριος ὄντως	λέγοντας ὅτι ὄντως ἠγέρθη ὁ κύριος
Luke 24:36	
Jesus himself stood in the midst of them,	he stood in the midst of them
αὐτὸς ὁ Ἰησοῦς ἔστη ἐν μέσῳ αὐτῶν	αὐτὸς ἔστη ἐν μέσῳ αὐτῶν
Luke 24:38	
and why do thoughts	and why do thoughts
καὶ διατί διαλογισμοὶ	καὶ διὰ τί διαλογισμοὶ
Luke 24:38	
arise in your hearts	arise in your heart
ἀναβαίνουσιν ἐν ταῖς καρδίαις ὑμῶν	ἀναβαίνουσιν ἐν τῇ καρδίᾳ ὑμῶν
Luke 24:39	
that it is I myself	that it is I myself
ὅτι αὐτός ἐγώ εἰμι	ὅτι ἐγώ εἰμι αὐτός
Luke 24:40	
he shewed them	he shewed them
ἐπέδειξεν αὐτοῖς	ἔδειξεν αὐτοῖς
Luke 24:42	
and of an honeycomb	....
καὶ ἀπὸ μελισσίου κηρίου	....
Luke 24:44	
And he said unto them	And he said unto them
Εἶπε δὲ αὐτοῖς	Εἶπεν δὲ πρὸς αὐτούς
Luke 24:44	
These are the words which I spake unto you	These are my words which I spake unto you
Οὗτοι οἱ λόγοι, οὓς ἐλάλησα πρὸς ὑμᾶς	Οὗτοι οἱ λόγοι μου οὓς ἐλάλησα πρὸς ὑμᾶς
Luke 24:44	
in the law of Moses	in the law of Moses
ἐν τῷ νόμῳ Μωσέως	ἐν τῷ νόμῳ Μωϋσέως
Luke 24:44	
and *in* the prophets	and *in* the prophets
καὶ προφήταις	καὶ τοῖς προφήταις
Luke 24:46	
Thus it is written	Thus it is written
Οὕτω γέγραπται	Οὕτως γέγραπται
Luke 24:46	
and thus it behoved Christ to suffer	*that* Christ should suffer
καὶ οὕτως εἴδει παθεῖν τὸν Χριστὸν	παθεῖν τὸν Χριστὸν
Luke 24:47	
repentance and remission of sins	repentance unto remission of sins
μετάνοιαν καὶ ἄφεσιν ἁμαρτιῶν	μετάνοιαν εἰς ἄφεσιν ἁμαρτιῶν
Luke 24:47	
beginning at Jerusalem	beginning at Jerusalem
ἀρξάμενον ἀπὸ Ἰερουσαλήμ	ἀρξάμενοι ἀπὸ Ἰερουσαλήμ
Luke 24:48	
And ye are witnesses	Ye *are* witnesses
ὑμεῖς δὲ ἐστε μάρτυρες	ὑμεῖς μάρτυρες

Over 8,000 Differences Between the T.R. and the Nestle-Aland Greek N.T.

Textus Receptus-Scrivener	Nestle-Aland 26,27
Luke 24:49	
And, behold, I	And, [behold], I
καὶ ἰδοὺ ἐγὼ	καὶ (ἰδοὺ) ἐγὼ
Luke 24:49	
but tarry ye in the city of Jerusalem	but tarry ye in the city
ὑμεῖς δὲ καθίσατε ἐν τῇ πόλει Ἰερουσαλήμ	ὑμεῖς δὲ καθίσατε ἐν τῇ πόλει
Luke 24:49	
until ye be endued with power from on high	until ye be endued with power from on high
ἕως οὗ ἐνδύσησθε δύναμιν ἐξ ὕψους	ἕως οὗ ἐνδύσησθε ἐξ ὕψους δύναμιν
Luke 24:50	
And he led them out	And he led them [out]
Ἐξήγαγε δὲ αὐτοὺς ἔξω	Ἐξήγαγεν δὲ αὐτοὺς (ἔξω)
Luke 24:50	
as far as to Bethany	as far as to Bethany
ἕως εἰς Βηθανίαν	ἕως πρὸς Βηθανίαν
Luke 24:53	
praising and blessing God	blessing God
αἰνοῦντες καὶ εὐλογοῦντες τὸν Θεόν	εὐλογοῦντες τὸν θεόν
Luke 24:53	
Amen	....
Ἀμήν	....
John 1:16	
And of his fulness	Because of his fulness
καὶ ἐκ τοῦ πληρώματος αὐτοῦ	ὅτι ἐκ τοῦ πληρώματος αὐτοῦ
John 1:17	
was given by Moses	was given by Moses
διὰ Μωσέως ἐδόθη	διὰ Μωϋσέως ἐδόθη
John 1:18	
the	....
ὁ	....
John 1:18	
only begotten Son	only begotten God
μονογενὴς υἱός	μονογενὴς θεὸς
John 1:19	
when the Jews sent	when the Jews sent [unto him]
ὅτε ἀπέστειλαν οἱ Ἰουδαῖοι	ὅτε ἀπέστειλαν (πρὸς αὐτὸν) οἱ Ἰουδαῖοι
John 1:20	
I am not the Christ	I am not the Christ
ὅτι Οὐκ εἰμὶ ἐγὼ ὁ Χριστός	ὅτι Ἐγὼ οὐκ εἰμὶ ὁ Χριστός
John 1:21	
Art thou Elias	Art thou Elias
Ἡλίας εἶ σύ	Σύ Ἡλίας εἶ
John 1:22	
Then said they unto him	Then said they unto him
εἶπον οὖν αὐτῷ	εἶπαν οὖν αὐτῷ
John 1:24	
And they which were sent	And *they which* were sent
καὶ οἱ ἀπεσταλμένοι	Καὶ ἀπεσταλμένοι

Textus Receptus-Scrivener	Nestle-Aland 26,27
John 1:25	
and said unto him	and said unto him
καὶ εἶπον αὐτῷ	καὶ εἶπαν αὐτῷ
John 1:25	
not that Christ, nor Elias	not that Christ, nor Elias
οὔτε Ἡλίας, οὔτε ὁ προφήτης	οὐδὲ Ἡλίας οὐδὲ ὁ προφήτης
John 1:26	
but there standeth one among you	but there standeth one among you
μέσος δὲ ὑμῶν ἔστηκεν	μέσος ὑμῶν ἔστηκεν
John 1:27	
He it is, who coming after me	Who coming after me
αὐτός ἐστιν ὁ ὀπίσω μου ἐρχόμενος	ὁ ὀπίσω μου ἐρχόμενος
John 1:27	
is preferred before me	....
ὃς ἔμπροσθέν μου γέγονεν	....
John 1:27	
I am not worthy	I am not worthy
οὗ ἐγὼ οὐκ εἰμὶ ἄξιος	οὗ οὐκ εἰμὶ (ἐγὼ) ἄξιος
John 1:28	
in Bethabara	in Bethany
ἐν Βηθαβαρᾷ	ἐν Βηθανίᾳ
John 1:28	
where John was	where John was
ὅπου ἦν Ἰωάννης	ὅπου ἦν ὁ Ἰωάννης
John 1:29	
The next day John seeth Jesus	The next day *he* seeth Jesus
Τῇ ἐπαύριον βλέπει ὁ Ἰωάννης τὸν Ἰησοῦν	Τῇ ἐπαύριον βλέπει τὸν Ἰησοῦν
John 1:30	
This is he of whom	This is he of whom
οὗτός ἐστι περὶ οὗ	οὗτός ἐστιν ὑπὲρ οὗ
John 1:31	
am I come baptizing with water	am I come baptizing with water
ἦλθον ἐγὼ ἐν τῷ ὕδατι βαπτίζων	ἦλθον ἐγὼ ἐν ὕδατι βαπτίζων
John 1:32	
like a dove	like a dove
ὡσεὶ περιστερὰν	ὡς περιστερὰν
John 1:37	
And the two disciples heard him speak	And the two disciples heard him speak
Καὶ ἤκουσαν αὐτοῦ οἱ δύο μαθηταὶ λαλοῦντος	καὶ ἤκουσαν οἱ δύο μαθηταὶ αὐτοῦ λαλοῦντος
John 1:38	
They said unto him	They said unto him
οἱ δὲ εἶπον αὐτῷ	οἱ δὲ εἶπαν αὐτῷ
John 1:38	
being interpreted, Master	being interpreted, Master
ἑρμηνευόμενον, Διδάσκαλε	μεθερμηνευόμενον Διδάσκαλἐ
John 1:39	
Come and see	Come and ye shall see
Ἔρχεσθε καὶ ἴδετε	Ἔρχεσθε καὶ ὄψεσθε

Over 8,000 Differences Between the T.R. and the Nestle-Aland Greek N.T.

Textus Receptus-Scrivener	Nestle-Aland 26,27
John 1:39	
They came and saw where he dwelt	Therefore they came and saw where he dwelt
ἦλθον καὶ εἶδον ποῦ μένει	ἦλθαν οὖν καὶ εἶδαν ποῦ μένει
John 1:39	
for it was about the tenth hour	it was about the tenth hour
ὥρα δὲ ἦν ὡς δεκάτη	ὥρα ἦν ὡς δεκάτη
John 1:41	
He first findeth his own brother	He first findeth his own brother
εὑρίσκει οὗτος πρῶτος τὸν ἀδελφὸν τὸν ἴδιον	εὑρίσκει οὗτος πρῶτον τὸν ἀδελφὸν τὸν ἴδιον
John 1:41	
which is, being interpreted, the Christ	which is, being interpreted, Christ
ἐστι μεθερμηνευόμενον ὁ Χριστός	ὅ ἐστιν μεθερμηνευόμενον Χριστός
John 1:42	
And he brought him	He brought him
καὶ ἤγαγεν αὐτὸν	ἤγαγεν αὐτὸν
John 1:42	
And when Jesus beheld him	When Jesus beheld him
ἐμβλέψας δὲ αὐτῷ ὁ Ἰησοῦς	ἐμβλέψας αὐτῷ ὁ Ἰησοῦς εἶπεν
John 1:42	
Thou art Simon the son of Jona	Thou art Simon the son of John
Σὺ εἶ Σίμων ὁ υἱὸς Ἰωνᾶ	Σὺ εἶ Σίμων ὁ υἱὸς Ἰωάννου
John 1:43	
Jesus would go forth	*he* would go forth
ὁ Ἰησοῦς ἐξελθεῖν	ἐξελθεῖν
John 1:43	
and saith unto him	and Jesus saith unto him
καὶ λέγει αὐτῷ	λέγει αὐτῷ ὁ Ἰησοῦς
John 1:45	
Moses in the law	Moses in the law
Μωσῆς ἐν τῷ νόμῳ	Μωϋσῆς ἐν τῷ νόμῳ
John 1:45	
Jesus...the son of Joseph	Jesus...son of Joseph
Ἰησοῦν τὸν υἱὸν τοῦ Ἰωσὴφ	Ἰησοῦν υἱὸν τοῦ Ἰωσὴφ
John 1:45	
of Nazareth	of Nazareth
ἀπὸ Ναζαρέθ	ἀπὸ Ναζαρέτ
John 1:46	
out of Nazareth	out of Nazareth
Ἐκ Ναζαρὲθ	Ἐκ Ναζαρὲτ
John 1:46	
Philip saith unto him	Philip saith unto him
λέγει αὐτῷ Φίλιππος	λέγει αὐτῷ (ὁ) Φίλιππος
John 1:48	
Jesus answered	Jesus answered
Ἀπεκρίθη ὁ Ἰησοῦς	ἀπεκρίθη Ἰησοῦς
John 1:49	
Nathanael answered	Nathanael answered him
ἀπεκρίθη Ναθαναήλ	ἀπεκρίθη αὐτῷ Ναθαναήλ

Textus Receptus-Scrivener	Nestle-Aland 26,27
John 1:49	
and saith unto him	....
καὶ λέγει αὐτῷ	....
John 1:49	
thou art the King of Israel	thou art the King of Israel
σὺ εἶ ὁ βασιλεὺς τοῦ Ἰσραήλ	σὺ βασιλεὺς εἶ τοῦ Ἰσραήλ
John 1:50	
I saw thee under	that I saw thee under
εἶδόν σε ὑποκάτω	ὅτι εἶδόν σε ὑποκάτω
John 1:50	
thou shalt see greater things than these	thou shalt see greater things than these
μείζω τούτων ὄψει	μείζω τούτων ὄψῃ
John 1:51	
Hereafter ye shall see heaven open	Ye shall see heaven open
ἀπ᾽ ἄρτι ὄψεσθε τὸν οὐρανὸν ἀνεῳγότα	ὄψεσθε τὸν οὐρανὸν ἀνεῳγότα
John 2:4	
Jesus saith unto her	[And] Jesus saith unto her
λέγει αὐτῇ ὁ Ἰησοῦς	(καὶ) λέγει αὐτῇ ὁ Ἰησοῦς
John 2:6	
six waterpots of stone	six waterpots of stone
ὑδρίαι λίθιναι ἕξ	λίθιναι ὑδρίαι ἕξ
John 2:6	
set...after the manner of the purifying of the Jews	after the manner of the purifying of the Jews, set
κείμεναι κατὰ τὸν καθαρισμὸν τῶν Ἰουδαίων	κατὰ τὸν καθαρισμὸν τῶν Ἰουδαίων κείμεναι
John 2:8	
And they bare *it*	And they bare *it*
καὶ ἤνεγκαν	οἱ δὲ ἤνεγκαν
John 2:10	
then that which is worse	that which is worse
τότε τὸν ἐλάσσω	τὸν ἐλάσσω
John 2:11	
beginning of miracles	beginning of miracles
τὴν ἀρχὴν τῶν σημείων	ἀρχὴν τῶν σημείων
John 2:12	
went down to Capernaum	went down to Capernaum
κατέβη εἰς Καπερναούμ,	κατέβη εἰς Καφαρναοὺμ
John 2:12	
and his brethren, and his disciples	and [his] brethren, and his disciples
καὶ οἱ ἀδελφοὶ αὐτοῦ, καὶ οἱ μαθηταὶ αὐτοῦ	καὶ οἱ ἀδελφοὶ (αὐτοῦ) καὶ οἱ μαθηταὶ αὐτοῦ
John 2:15	
and overthrew the tables	and overthrew the tables
καὶ τὰς τραπέζας ἀνέστρεψε	καὶ τὰς τραπέζας ἀνέτρεψεν
John 2:17	
And his disciples remembered	His disciples remembered
ἐμνήσθησαν δὲ οἱ μαθηταὶ αὐτοῦ	Ἐμνήσθησαν οἱ μαθηταὶ αὐτοῦ
John 2:17	
The zeal of thine house hath eaten me up	The zeal of thine house will eat me up
Ὁ ζῆλος τοῦ οἴκου σου κατέφαγέ με	Ὁ ζῆλος τοῦ οἴκου σου καταφάγεταί με

Over 8,000 Differences Between the T.R. and the Nestle-Aland Greek N.T.

Textus Receptus-Scrivener	Nestle-Aland 26,27
John 2:18	
and said unto him	and said unto him
καὶ εἶπον αὐτῷ	καὶ εἶπαν αὐτῷ
John 2:19	
Jesus answered	Jesus answered
ἀπεκρίθη ὁ Ἰησοῦς	ἀπεκρίθη Ἰησοῦς
John 2:20	
Then said the Jews	Then said the Jews
εἶπον οὖν οἱ Ἰουδαῖοι	εἶπαν οὖν οἱ Ἰουδαῖοι
John 2:20	
Forty and six years	Forty and six years
Τεσσαράκοντα καὶ ἓξ ἔτεσιν	Τεσσεράκοντα καὶ ἓξ ἔτεσιν
John 2:20	
was this temple in building	was this temple in building
ᾠκοδομήθη ὁ ναὸς οὗτος	οἰκοδομήθη ὁ ναὸς οὗτος
John 2:22	
that he had said this unto them	that he had said this
ὅτι τοῦτο ἔλεγεν αὐτοῖς	ὅτι τοῦτο ἔλεγεν
John 2:22	
the word which Jesus had said	the word which Jesus had said
τῷ λόγῳ ᾧ εἶπεν ὁ Ἰησοῦς	τῷ λόγῳ ὃν εἶπεν ὁ Ἰησοῦς
John 2:23	
Now when he was in Jerusalem	Now when he was in Jerusalem
Ὡς δὲ ἦν ἐν Ἱεροσολύμοις	Ὡς δὲ ἦν ἐν τοῖς Ἱεροσολύμοις
John 2:24	
But Jesus	But Jesus
αὐτὸς δὲ ὁ Ἰησοῦς	αὐτὸς δὲ Ἰησοῦς
John 2:24	
did not commit himself unto them	did not commit himself unto them
οὐκ ἐπίστευεν ἑαυτὸν αὐτοῖς	οὐκ ἐπίστευεν αὐτὸν αὐτοῖς
John 3:2	
The same came to Jesus	The same came to him
οὗτος ἦλθε πρὸς τὸν Ἰσοῦν	οὗτος ἦλθεν πρὸς αὐτὸν
John 3:2	
for no man can do these miracles	for no man can do these miracles
οὐδεὶς γὰρ ταῦτα τὰ σημεῖα δύναται ποιεῖν	οὐδεὶς γὰρ δύναται ταῦτα τὰ σημεῖα ποιεῖν
John 3:3	
Jesus answered	Jesus answered
Ἀπεκρίθη ὁ Ἰησοῦς	ἀπεκρίθη Ἰησοῦς
John 3:4	
Nicodemus saith unto him	Nicodemus saith unto him
λέγει πρὸς αὐτὸν ὁ Νικόδημος	λέγει πρὸς αὐτὸν (ὁ) Νικόδημος
John 3:5	
Jesus answered	Jesus answered
ἀπεκρίθη ὁ Ἰησοῦς	ἀπεκρίθη Ἰησοῦς
John 3:10	
Jesus answered	Jesus answered
ἀπεκρίθη ὁ Ἰησοῦς	ἀπεκρίθη Ἰησοῦς

Textus Receptus-Scrivener	Nestle-Aland 26,27
John 3:13	
the Son of man which is in heaven	the Son of man
ὁ υἱὸς τοῦ ἀνθρώπου ὁ ὢν ἐν τῷ οὐρανοῦ	ὁ υἱὸς τοῦ ἀνθρώπου
John 3:14	
And as Moses	And as Moses
καὶ καθὼς Μωσῆς	καὶ καθὼς Μωϋσῆς
John 3:14	
believeth in him	believeth in him
πιστεύων εἰς αὐτὸν	πιστεύων ἐν αὐτῷ
John 3:14	
should not perish, but have eternal life	have eternal life
μὴ ἀπόληται, ἀλλ ἔχῃ ζωὴν αἰώνιον	ἔχῃ ζωὴν αἰώνιον
John 3:16	
For God so loved	For God so loved
Οὕτω γὰρ ἠγάπησεν ὁ Θεὸς	Οὕτως γὰρ ἠγάπησεν ὁ θεὸς
John 3:16	
that he gave his only begotten Son	that he gave the only begotten Son
ὥστε τὸν υἱὸν αὐτοῦ τὸν μονογενῆ ἔδωκεν	ὥστε τὸν υἱὸν τὸν μονογενῆ ἔδωκεν
John 3:17	
For God sent not his Son	For God sent not the Son
οὐ γὰρ ἀπέστειλεν ὁ Θεὸς τὸν υἱὸν αὐτοῦ	οὐ γὰρ ἀπέστειλεν ὁ θεὸς τὸν υἱὸν
John 3:19	
because their deeds were evil	because their deeds were evil
ἦν γὰρ πονηρὰ αὐτῶν τὰ ἔργα	ἦν γὰρ αὐτῶν πονηρὰ τὰ ἔργα
John 3:23	
And John also	And John also
δὲ καὶ Ἰωάννης	δὲ καὶ ὁ Ἰωάννης
John 3:25	
and the Jews	and a Jew
μετὰ Ἰουδαίων	μετὰ Ἰουδαίου
John 3:26	
and said unto him	and said unto him
καὶ εἶπον αὐτῷ	καὶ εἶπαν αὐτῷ
John 3:27	
A man can receive nothing	A man can receive not one thing
Οὐ δύναται ἄνθρωπος λαμβάνειν οὐδὲν	Οὐ δύναται ἄνθρωπος λαμβάνειν οὐδὲ ἕν
John 3:28	
I am not	[that] I am not
Οὐκ εἰμὶ ἐγὼ	(ὅτι) Οὐκ εἰμὶ ἐγὼ
John 3:31	
is above all	[is above all]
ἐπάνω πάντων ἐστί	(ἐπάνω πάντων ἐστίν)
John 3:32	
And what he hath seen	What he hath seen
καὶ ὃ ἑώρακε	ὃ ἑώρακεν
John 3:34	
for God giveth not the Spirit by measure *unto him*	for *he* giveth not the Spirit by measure *unto him*
οὐ γὰρ ἐκ μέτρου δίδωσιν ὁ Θεὸς τὸ Πνεῦμὰ	οὐ γὰρ ἐκ μέτρου δίδωσιν τὸ πνεῦμα

Over 8,000 Differences Between the T.R. and the Nestle-Aland Greek N.T.

Textus Receptus-Scrivener	Nestle-Aland 26,27

John 4:1
When therefore the Lord knew
Ὡς οὖν ἔγνω ὁ Κύριος

When therefore Jesus knew
Ὡς οὖν ἔγνω ὁ Ἰησοῦς

John 4:5
that Jacob gave to his son Joseph
ὃ ἔδωκεν Ἰακὼβ Ἰωσὴφ τῷ υἱῷ αὐτοῦ

that Jacob gave to his son Joseph
ὃ ἔδωκεν Ἰακὼβ (τῷ) Ἰωσὴφ τῷ υἱῷ αὐτοῦ

John 4:6
and it was about the sixth hour
ὥρα ἦν ὡσεὶ ἕκτη

and it was about the sixth hour
ὥρα ἦν ὡς ἕκτη

John 4:7
Give me to drink
Δός μοι πιεῖν

Give me to drink
Δός μοι πεῖν

John 4:9
which am a woman of Samaria
οὔσης γυναικὸς Σαμαρείτιδος

which am a woman of Samaria
γυναικὸς Σαμαρίτιδος οὔσης

John 4:9
askest drink of me
ἐμοῦ πιεῖν αἰτεῖς

askest drink of me
ἐμοῦ πεῖν αἰτεῖς

John 4:9
which am a woman of Samaria
οὔσης γυναικὸς Σαμαρείτιδος

which am a woman of Samaria
γυναικὸς Σαμαρίτιδος οὔσης

John 4:9
with the Samaritans
Σαμαρείταις

with the Samaritans
Σαμαρίταις

John 4:10
Give me to drink
Δός μοι πιεῖν

Give me to drink
Δός μοι πεῖν

John 4:11
The woman saith unto him
λέγει αὐτῷ ἡ γυνή

[The woman] saith unto him
λέγει αὐτῷ (ἡ γυνή)

John 4:13
Jesus answered
ἀπεκρίθη ὁ Ἰησοῦς

Jesus answered
ἀπεκρίθη Ἰησοῦς

John 4:14
shall never thirst
οὐ μὴ διψήσῃ εἰς τὸν αἰῶνα

shall never thirst
οὐ μὴ διψήσει εἰς τὸν αἰῶνα

John 4:15
neither come hither to draw
μηδὲ ἔρχωμαι ἐνθάδε ἀντλεῖν

neither come hither to draw
μηδὲ διέρχωμαι ἐνθάδε ἀντλεῖν

John 4:16
Jesus saith unto her
λέγει αὐτῇ ὁ Ἰησοῦς

He saith unto her
Λέγει αὐτῇ

John 4:17
and said
καὶ εἶπεν

καὶ εἶπεν αὐτῷ
καὶ εἶπεν αὐτῷ

John 4:20
worshipped in this mountain
ἐν τούτῳ τῷ ὄρει προσεκύνησαν

worshipped in this mountain
ἐν τῷ ὄρει τούτῳ προσεκύνησαν

Over 8,000 Differences Between the T.R. and the Nestle-Aland Greek N.T.

Textus Receptus-Scrivener	Nestle-Aland 26,27
John 4:20	
ought to worship	ought to worship
δεῖ προσκυνεῖν	προσκυνεῖν δεῖ
John 4:21	
Woman, believe me	Believe me
Γύναι, πίστευόν μοι	Πίστευέ μοι
John 4:23	
But the hour cometh	But the hour cometh
ἀλλ ἔρχεται ὥρα	ἀλλὰ ἔρχεται ὥρα
John 4:25	
he will tell us all things	he will tell us all things
ἀναγγελεῖ ἡμῖν πάντα	ἀναγγελεῖ ἡμῖν ἅπαντα
John 4:27	
came his disciples	came his disciples
ἦλθον οἱ μαθηταὶ αὐτοῦ	ἦλθαν οἱ μαθηταὶ αὐτοῦ
John 4:27	
and marvelled	were marvelling
καὶ ἐθαύμασαν	καὶ ἐθαύμαζον
John 4:30	
Then they went out of the city	They went out of the city
ἐξῆλθον οὖν ἐκ τῆς πόλεως	ἐξῆλθον ἐκ τῆς πόλεως
John 4:31	
In the mean while	In the mean while
ἐν δὲ τῷ μεταξὺ	Ἐν τῷ μεταξὺ
John 4:33	
Hath any man	Hath any man
Μήτις	Μή τις
John 4:34	
to do the will	to do the will
ἵνα ποιῶ τὸ θέλημα	ἵνα ποιήσω τὸ θέλημα
John 4:35	
There are yet four months	There are yet four months
Ἔτι τετράμηνόν ἐστι	Ἔτι τετράμηνός ἐστιν
John 4:36	
And he that reapeth	He that reapeth
καὶ ὁ θερίζων	ὁ θερίζων
John 4:36	
that both he that soweth	that he that soweth
ἵνα καὶ ὁ σπείρων	ἵνα ὁ σπείρων
John 4:39	
of the Samaritans	of the Samaritans
τῶν Σαμαρειτῶν	τῶν Σαμαριτῶν
John 4:39	
all that ever I did	all that I did
πάντα ὅσα ἐποίησα	πάντα ἃ ἐποίησα.
John 4:40	
the Samaritans	the Samaritans
οἱ Σαμαρεῖται	οἱ Σαμαρῖται

Over 8,000 Differences Between the T.R. and the Nestle-Aland Greek N.T.

Textus Receptus-Scrivener	Nestle-Aland 26,27
John 4:42	
Christ, the Saviour of the world	the Saviour of the world
ὁ σωτὴρ τοῦ κόσμου ὁ Χριστός	ὁ σωτὴρ τοῦ κόσμου
John 4:43	
departed thence, and went into Galilee	departed thence into Galilee
ἐξῆλθεν ἐκεῖθεν, καὶ ἀπῆλθεν εἰς τὴν Γαλιλαίαν	ἐξῆλθεν ἐκεῖθεν εἰς τὴν Γαλιλαίαν
John 4:44	
For Jesus himself	For Jesus himself
αὐτὸς γὰρ ὁ Ἰησοῦς	αὐτὸς γὰρ Ἰησοῦς
John 4:45	
having seen all the things that he did	having seen all the things whatsoever he did
πάντα ἑωρακότες ἃ ἐποίησεν	πάντα ἑωρακότες ὅσα ἐποίησεν
John 4:46	
So Jesus came again	So *he* came again
Ἦλθεν οὖν ὁ Ἰησοῦς πάλιν	Ἦλθεν οὖν πάλιν
John 4:46	
at Capernaum	at Capernaum
ἐν Καπερναούμ	ἐν Καφαρναούμ
John 4:47	
and besought him	and besought
καὶ ἠρώτα αὐτὸν	καὶ ἠρώτα
John 4:50	
And the man believed	The man believed
καὶ ἐπίστευσεν ὁ ἄνθρωπος	ἐπίστευσεν ὁ ἄνθρωπος
John 4:50	
the word that	the word that
τῷ λόγῳ ᾧ	τῷ λόγῳ ὃν
John 4:50	
Jesus had spoken unto him	Jesus had spoken unto him
εἶπεν αὐτῷ Ἰησοῦς	εἶπεν αὐτῷ ὁ Ἰησοῦς
John 4:51	
his servants met him	his servants met him
οἱ δοῦλοι αὐτοῦ ἀπήντησαν αὐτῷ	οἱ δοῦλοι αὐτοῦ ὑπήντησαν αὐτῷ
John 4:51	
and told *him*, saying	saying
καὶ ἀπήγγειλαν λέγοντες	λέγοντες
John 4:51	
Thy son liveth	His son liveth
ὅτι Ὁ παῖς σου ζῇ	ὅτι ὁ παῖς αὐτοῦ ζῇ
John 4:52	
Then enquired he of them the hour	Then enquired he the hour of them
ἐπύθετο οὖν παρ' αὐτῶν τὴν ὥραν	ἐπύθετο οὖν τὴν ὥραν παρ' αὐτῶν
John 4:52	
And they said unto him	They said therefore unto him
καὶ εἶπον αὐτῷ	εἶπαν οὖν αὐτῷ
John 4:52	
Yesterday at the seventh hour	Yesterday at the seventh hour
ὅτι Χθὲς ὥραν ἑβδόμην	ὅτι Ἐχθὲς ὥραν ἑβδόμην

Over 8,000 Differences Between the T.R. and the Nestle-Aland Greek N.T.

Textus Receptus-Scrivener	Nestle-Aland 26,27
John 4:53	
at the same hour	[at] the same hour
ἐν ἐκείνῃ τῇ ὥρᾳ	(ἐν) ἐκείνῃ τῇ ὥρᾳ
John 4:53	
Thy son liveth	Thy son liveth
ὅτι Ὁ υἱός σου ζῇ	Ὁ υἱός σου ζῇ
John 4:54	
This *is* again	[But] this *is* again
τοῦτο πάλιν	Τοῦτο (δὲ) πάλιν
John 5:1	
and Jesus went up	and Jesus went up
καὶ ἀνέβη ὁ Ἰησοῦς	καὶ ἀνέβη Ἰησοῦς
John 5:2	
which is called in the Hebrew tongue Bethesda	which is called in the Hebrew tongue Bethzatha
ἡ ἐπιλεγομένη Ἐβραϊστὶ Βηθεσδά	ἡ ἐπιλεγομένη Ἐβραϊστὶ Βηθζαθά
John 5:3	
a great multitude of impotent folk	a multitude of impotent folk
πλῆθος πολὺ τῶν ἀσθενούντων	πλῆθος τῶν ἀσθενούντων
John 5:3,4	
waiting for the moving of the water.	....
4 For an angel went down at a certain season into the pool, and troubled the water: whosoever then first after the troubling of the water stepped in was made whole of whatsoever disease he had.	
ἐκδεχομένων τὴν τοῦ ὕδατος κίνσιν.	....
4 ἄγγελος γὰρ κατὰ καιρὸν κατέβαινεν ἐν τῇ κολυμβήθρᾳ, καὶ ἐτάπασσε τὸ ὕδωρ· ὁ οὖν πρῶτος ἐμβὰς μετὰ τὴν ταραχὴν τοῦ ὕδατος, ὑγιὴς ἐγίνετο, ᾧ δήποτε κατειχετο νοσήματι.	
John 5:5	
thirty and eight years	thirty [and] eight years
τριάκοντα καὶ ὀκτὼ ἔτη	τριάκοντα (καὶ) ὀκτὼ ἔτη
John 5:5	
which had an infirmity	which had his infirmity
ἔχων ἐν τῇ ἀσθενείᾳ	ἔχων ἐν τῇ ἀσθενείᾳ αὐτοῦ
John 5:7	
to put me into the pool	to put me into the pool
βάλλῃ με εἰς τὴν κολυμβήθραν	βάλῃ με εἰς τὴν κολυμβήθραν
John 5:8	
take up	take up
Ἔγειραι	Ἔγειρε
John 5:8	
take up thy bed	take up thy bed
ἆρον τὸν κράββαττόν σου	ἆρον τὸν κράβαττόν σου
John 5:9	
and took up his bed	and took up his bed
καὶ ἦρε τὸν κράββαττον αὐτοῦ	καὶ ἦρεν τὸν κράβαττον αὐτοῦ

Over 8,000 Differences Between the T.R. and the Nestle-Aland Greek N.T.

Textus Receptus-Scrivener	Nestle-Aland 26,27
John 5:10	
it is not lawful for thee	and it is not lawful for thee
οὐκ ἔξεστί σοι	καὶ οὐκ ἔξεστίν σοι
John 5:10	
bed	bed
κράββαττον	κράβαττόν
John 5:10	
thy	thy
....	σου
John 5:11	
He answered them	And he answered them
ἀπεκρίθη αὐτοῖς	ὁ δὲ ἀπεκρίθη αὐτοῖς
John 5:11	
Take up thy bed	Take up thy bed
Ἆρον τὸν κράββαττόν σου	Ἆρον τὸν κράβαττόν σου
John 5:12	
Then asked they him	They asked him
ἠρώτησαν οὖν αὐτόν	ἠρώτησαν αὐτόν
John 5:12	
Take up thy bed, and walk	Take up, and walk
Ἆρον τὸν κράββαττόν σου καὶ περιπάτει	Ἆρον καὶ περιπάτει
John 5:14	
lest a worse thing come unto thee	lest a worse thing come unto thee
ἵνα μὴ χεῖρόν τί σοι γένηται	ἵνα μὴ χεῖρόν σοί τι γένηται
John 5:16	
And therefore did the Jews persecute Jesus	And therefore did the Jews persecute Jesus
καὶ διὰ τοῦτο ἐδίωκον τὸν Ἰησοῦν οἱ Ἰουδαῖοι	καὶ διὰ τοῦτο ἐδίωκον οἱ Ἰουδαῖοι τὸν Ἰησοῦν
John 5:16	
and sought to slay him	....
καὶ ἐζήτουν αὐτὸν ἀποκτεῖναι	....
John 5:17	
But Jesus answered them	But [Jesus] answered them
ὁ δὲ Ἰησοῦς ἀπεκρίνατο αὐτοῖς	ὁ δὲ (Ἰησοῦς) ἀπεκρίνατο αὐτοῖς
John 5:19	
and said unto them	and said unto them
καὶ εἶπεν αὐτοῖς	καὶ ἔλεγεν αὐτοῖς
John 5:21	
even so the Son	even so the Son
οὕτω καὶ ὁ υἱὸς	οὕτως καὶ ὁ υἱὸς
John 5:25	
the dead shall hear	the dead shall hear
οἱ νεκροὶ ἀκούσονται	οἱ νεκροὶ ἀκούσουσιν
John 5:25	
and they that hear shall live	and they that hear shall live
καὶ οἱ ἀκούσαντες ζήσονται	καὶ οἱ ἀκούσαντες ζήσουσιν
John 5:26	
so hath he given to the Son to have life	so hath he given to the Son to have life
οὕτως ἔδωκε καὶ τῷ υἱῷ ζωὴν ἔχειν	οὕτως καὶ τῷ υἱῷ ἔδωκεν ζωὴν ἔχειν

Textus Receptus-Scrivener	Nestle-Aland 26,27
John 5:27	
And hath given him authority to execute judgment also	And hath given him authority to execute judgment
καὶ ἐξουσίαν ἔδωκεν αὐτῷ καὶ κρίσιν ποιεῖν	καὶ ἐξουσίαν ἔδωκεν αὐτῷ κρίσιν ποιεῖν
John 5:28	
shall hear his voice	shall hear his voice
ἀκούσουσονται τῆς φωνῆς αὐτοῦ	ἀκούσουσιν τῆς φωνῆς αὐτοῦ
John 5:30	
the will of the Father which hath sent me	the will of *him* which hath sent me
τὸ θέλημα τοῦ πέμψαντός με πατρός	τὸ θέλημα τοῦ πέμψαντός με
John 5:35	
to rejoice	to rejoice
ἀγαλλιασθῆναι	ἀγαλλιαθῆναι
John 5:36	
which the Father hath given me	which the Father hath given me
ἃ ἔδωκέ μοι ὁ πατὴρ	ἃ δέδωκέν μοι ὁ πατὴρ
John 5:36	
the same works that I do	the same works that *I* do
αὐτὰ τὰ ἔργα ἃ ἐγὼ ποιῶ	αὐτὰ τὰ ἔργα ἃ ποιῶ
John 5:37	
hath borne witness of me	hath borne witness of me
αὐτὸς μεμαρτύρηκε περὶ ἐμοῦ	ἐκεῖνος μεμαρτύρηκεν περὶ ἐμοῦ
John 5:37	
Ye have neither heard his voice at any time	Ye have neither heard his voice at any time
οὔτε φωνὴν αὐτοῦ ἀκηκόατε πώποτε	οὔτε φωνὴν αὐτοῦ πώποτε ἀκηκόατε
John 5:38	
abiding in you	abiding in you
μένοντα ἐν ὑμῖν	ἐν ὑμῖν μένοντα
John 5:39	
Search the scriptures	Search the scriptures
ἐρευνᾶτε τὰς γραφάς	ἐραυνᾶτε τὰς γραφάς
John 5:42	
But I know you	But I know you
ἀλλ ἔγνωκα ὑμᾶς	ἀλλὰ ἔγνωκα ὑμᾶς
John 5:43	
him ye will receive	him ye will receive
ἐκεῖνον λήψεσθε	ἐκεῖνον λήμψεσθε
John 5:45	
Moses, in whom	Moses, in whom
Μωσῆς, εἰς ὃν	Μωϋσῆς, εἰς ὃν
John 5:46	
For had ye believed Moses	For had ye believed Moses
εἰ γὰρ ἐπιστεύετε Μωσῇ	εἰ γὰρ ἐπιστεύετε Μωϋσεῖ
John 6:2	
And a great multitude followed him	But a great multitude followed him
καὶ ἠκολούθει αὐτῷ ὄχλος πολύς	ἠκολούθει δὲ αὐτῷ ὄχλος πολύς
John 6:2	
because they saw	because they saw

Textus Receptus-Scrivener	Nestle-Aland 26,27
ὅτι ἑώρων	ὅτι ἐθεώρουν

John 6:2

his miracles	the miracles
αὐτοῦ τὰ σημεῖα	τὰ σημεῖα

John 6:3

And Jesus went up into a mountain	And Jesus went up into a mountain
ἀνῆλθε δὲ εἰς τὸ ὄρος ὁ Ἰησοῦς	ἀνῆλθεν δὲ εἰς τὸ ὄρος Ἰησοῦς

John 6:5

When Jesus then lifted up *his* eyes,	When Jesus then lifted up *his* eyes,
ἐπάρας οὖν ὁ Ἰησοῦς τοὺς ὀφθαλμοὺς	ἐπάρας οὖν τοὺς ὀφθαλμοὺς ὁ Ἰησοῦς

John 6:5

he saith unto Philip	he saith unto Philip
λέγει πρὸς τὸν Φίλιππον	λέγει πρὸς Φίλιππον

John 6:5

Whence shall we buy bread	Whence should we buy bread
Πόθεν ἀγοράσομεν ἄρτους	Πόθεν ἀγοράσωμεν ἄρτους

John 6:7

Philip answered him	Philip answered him
ἀπεκρίθη αὐτῷ Φίλιππος	ἀπεκρίθη αὐτῷ (ὁ) Φίλιππος

John 6:7

that every one of them	that every one
ἵνα ἕκαστος αὐτῶν	ἵνα ἕκαστος

John 6:7

may take a little	may take a little
βραχύ τι λάβῃ	βραχύ (τι) λάβῃ

John 6:9

There is a lad here	There is *a* lad here
Ἔστι παιδάριον ἓν ὧδε	Ἔστιν παιδάριον ὧδε

John 6:9

which hath five	which hath five
ὃ ἔχει πέντε	ὃς ἔχει πέντε

John 6:10

And Jesus said	Jesus said
Εἶπε δὲ ὁ Ἰησοῦς	εἶπεν ὁ Ἰησοῦς

John 6:10

So the men sat down	So the men sat down
ἀνέπεσον οὖν οἱ ἄνδρες	ἀνέπεσαν οὖν οἱ ἄνδρες

John 6:10

about five thousand	about five thousand
ὡσεὶ πεντακισχίλιοι	ὡς πεντακισχίλιοι

John 6:11

And Jesus took the loaves	Jesus took the loaves
ἔλαβε δὲ οὖν τοὺς ἄρτους ὁ Ἰησοῦς	ἔλαβεν οὖν τοὺς ἄρτους ὁ Ἰησοῦς

John 6:11

he distributed to the disciples, and the disciples to them that were set down	he distributed to them that were set down
διέδωκε τοῖς μαθηταῖς, οἱ δὲ μαθηταὶ τοῖς ἀνακειμένοις	διέδωκεν τοῖς ἀνακειμένοις

Textus Receptus-Scrivener	Nestle-Aland 26,27
John 6:13	
which remained over and above unto them that had eaten	which remained over and above unto them that had eaten
ἃ ἐπερίσσευσε τοῖς βεβρωκόσιν	ἃ ἐπερίσσευσαν τοῖς βεβρωκόσιν
John 6:14	
when they had seen the miracle that Jesus did	when they had seen the miracle that *he* did
ἰδόντες ὃ ἐποίησε σημεῖον ὁ Ἰησοῦς	ἰδόντες ὃ ἐποίησεν σημεῖον
John 6:15	
to make him a king	to make *him* a king
ἵνα ποιήσωσιν αὐτὸν βασιλέα	ἵνα ποιήσωσιν βασιλέα
John 6:17	
entered into a ship	entered into a ship
ἐμβάντες εἰς τὸ πλοῖον	ἐμβάντες εἰς πλοῖον
John 6:17	
toward Capernaum	toward Capernaum
εἰς Καπερναούμ	εἰς Καφαρναούμ
John 6:17	
was not come to them	was not yet come to them
οὐκ ἐληλύθει πρὸς αὐτούς	οὔπω ἐληλύθει πρὸς αὐτούς
John 6:18	
arose	arose
διηγείρετο	διεγείρετο
John 6:19	
five and twenty	five and twenty
εἰκοσιπέντε	εἴκοσι πέντε
John 6:21	
and immediately the ship was at the land	and immediately the ship was at the land
καὶ εὐθέως τὸ πλοῖον ἐγένετο ἐπὶ τῆς γῆς	καὶ εὐθέως ἐγένετο τὸ πλοῖον ἐπὶ τῆς γῆς
John 6:22	
saw that	saw that
ἰδὼν ὅτι	εἶδον ὅτι
John 6:22	
save that one whereinto his disciples were entered	save the one, and that his disciples had not entered
εἰ μὴ ἕν ἐκεῖνο εἰς ὃ ἐνέβησαν οἱ μαθηταὶ αὐτοῦ	εἰ μὴ ἕν, καὶ ὅτι οὐ συνεισῆλθεν τοῖς μαθηταῖς αὐτοῦ
John 6:22	
into the boat	into the boat
εἰς τὸ πλοιάριον	εἰς τὸ πλοῖον
John 6:23	
Howbeit	But
ἄλλα δὲ	ἄλλα
John 6:23	
there came other boats	there came other boats
ἦλθε πλοιάρια	ἦλθεν πλοιά(ρια)
John 6:24	
they also took	they took
ἐνέβησαν καὶ αὐτοὶ	ἐνέβησαν αὐτοὶ

Over 8,000 Differences Between the T.R. and the Nestle-Aland Greek N.T.

Textus Receptus-Scrivener	Nestle-Aland 26,27
John 6:24	
shipping	shipping
εἰς τὰ πλοῖα	εἰς τὰ πλοιάρια
John 6:24	
and came to Capernaum	and came to Capernaum
καὶ ἦλθον εἰς Καπερναούμ	καὶ ἦλθον εἰς Καφαρναοὺμ
John 6:29	
Jesus answered	Jesus answered
ἀπεκρίθη ὁ Ἰησοῦς	ἀπεκρίθη (ὁ) Ἰησοῦς
John 6:29	
that ye believe	that ye believe
ἵνα πιστεύσητε	ἵνα πιστεύητε
John 6:32	
Moses gave you not	Moses gave you not
Οὐ Μωσῆς δέδωκεν	οὐ Μωϋσῆς δέδωκεν
John 6:35	
And Jesus said unto them	Jesus said unto them
εἶπε δὲ αὐτοῖς ὁ Ἰησοῦς	εἶπεν αὐτοῖς ὁ Ἰησοῦς
John 6:35	
he that cometh to me	he that cometh to me
ὁ ἐρχόμενος πρός μὲ	ὁ ἐρχόμενος πρός ἐμὲ
John 6:35	
shall never thirst	shall never thirst
οὐ μὴ διψήσῃ πώποτε	οὐ μὴ διψήσει πώποτε
John 6:36	
That ye also have seen me	That ye also have seen [me]
ὅτι καὶ ἑωράκατέ με	ὅτι καὶ ἑωράκατέ (με)
John 6:37	
and him that cometh to me	and him that cometh to me
καὶ τὸν ἐρχόμενον πρὸς με	καὶ τὸν ἐρχόμενον πρὸς ἐμὲ
John 6:38	
I came down from heaven	I came down from heaven
καταβέβηκα ἐκ τοῦ οὐρανοῦ	καταβέβηκα ἀπὸ τοῦ οὐρανοῦ
John 6:39	
the Father's will which hath sent me	the will of him which hath sent me
τὸ θέλημα τοῦ πέμψαντός με πατρός	τὸ θέλημα τοῦ πέμψαντός με
John 6:39	
at the last day	[at] the last day
ἐν τῇ ἐσχάτῃ ἡμέρᾳ	(ἐν) τῇ ἐσχάτῃ ἡμέρᾳ.
John 6:40	
And this is the will	For this is the will
τοῦτο δὲ ἐστι τὸ θέλημα	τοῦτο γάρ ἐστιν τὸ θέλημα
John 6:40	
of him that sent me	of my Father
τοῦ πέμψαντος με	τοῦ πατρός μου
John 6:40	
at the last day	[at] the last day
τῇ ἐσχάτῃ ἡμέρᾳ	(ἐν) τῇ ἐσχάτῃ ἡμέρᾳ

Over 8,000 Differences Between the T.R. and the Nestle-Aland Greek N.T.

Textus Receptus-Scrivener	Nestle-Aland 26,27
John 6:42	
how is it then	how is it now
πῶς οὖν	πῶς νῦν
John 6:42	
he saith	*he* saith
λέγει οὗτος	λέγει
John 6:43	
Jesus therefore answered	Jesus answered
ἀπεκρίθη οὖν ὁ Ἰησοῦς	ἀπεκρίθη Ἰησοῦς
John 6:44	
and I will raise him up	and I will raise him up
καὶ ἐγὼ ἀναστήσω αὐτὸν	κἀγὼ ἀναστήσω αὐτὸν
John 6:44	
at the last day	at the last day
τῇ ἐσχάτῃ ἡμέρᾳ	ἐν τῇ ἐσχάτῃ ἡμέρᾳ
John 6:45	
they shall be all taught of God	they shall be all taught of God
ἔσονται πάντες διδακτοὶ τοῦ Θεοῦ	ἔσονται πάντες διδακτοὶ θεοῦ
John 6:45	
Every man therefore	Every man
πᾶς οὖν	πᾶς
John 6:45	
cometh unto me	cometh unto me
ἔρχεται πρὸς με	ἔρχεται πρὸς ἐμέ
John 6:46	
Not that any man hath seen the Father	Not that any man hath seen the Father
οὐχ ὅτι τὸν πατέρα τις ἑώρακέν	οὐχ ὅτι τὸν πατέρα ἑώρακέν τις
John 6:47	
He that believeth on me hath everlasting life	He that believeth hath everlasting life
ὁ πιστεύων εἰς ἐμὲ, ἔχει ζωὴν αἰώνιον	ὁ πιστεύων ἔχει ζωὴν αἰώνιον
John 6:49	
did eat manna in the wilderness	did eat manna in the wilderness
ἔφαγον τὸ μάννα ἐν τῇ ἐρήμῳ	ἔφαγον ἐν τῇ ἐρήμῳ τὸ μάννα
John 6:51	
he shall live for ever	he shall live for ever
ζήσεται εἰς τὸν αἰῶνα	ζήσει εἰς τὸν αἰῶνα
John 6:51	
is my flesh, which I will give	is my flesh
ἡ σάρξ μού ἐστιν, ἣν ἐγὼ δώσω	ἡ σάρξ μού ἐστιν
John 6:52	
give us *his* flesh to eat	give us [his] flesh to eat
ἡμῖν δοῦναι τὴν σάρκα φαγεῖν	ἡμῖν δοῦναι τὴν σάρκα (αὐτοῦ) φαγεῖν
John 6:54	
and I will raise him up	and I will raise him up
καὶ ἐγὼ ἀναστήσω αὐτὸν	κἀγὼ ἀναστήσω αὐτὸν
John 6:55	
is meat indeed	is meat indeed
ἀληθῶς ἐστι βρῶσις	ἀληθής ἐστιν βρῶσις

Over 8,000 Differences Between the T.R. and the Nestle-Aland Greek N.T.

Textus Receptus-Scrivener	Nestle-Aland 26,27
John 6:55	
is drink indeed	is drink indeed
ἀληθῶς ἐστι πόσις	ἀληθής ἐστιν πόσις
John 6:57	
even he shall live by me	even he shall live by me
κἀκεῖνος ζήσεται δι ἐμέ	κἀκεῖνος ζήσει δι ἐμέ
John 6:58	
from heaven	from heaven
ὁ ἐκ τοῦ οὐρανοῦ	ὁ ἐξ οὐρανοῦ
John 6:58	
not as your fathers did eat manna	not as your fathers did eat
οὐ καθὼς ἔφαγον οἱ πατέρες ὑμῶν τὸ μάννα	οὐ καθὼς ἔφαγον οἱ πατέρες
John 6:58	
shall live for ever	shall live for ever
ζήσεται εἰς τὸν αἰῶνα	ζήσει εἰς τὸν αἰῶνα
John 6:59	
as he taught in Capernaum	as he taught in Capernaum
διδάσκων ἐν Καπερναούμ	διδάσκων ἐν Καφαρναούμ
John 6:60	
his disciples...said	his disciples...said
τῶν μαθητῶν αὐτοῦ εἶπον	τῶν μαθητῶν αὐτοῦ εἶπαν
John 6:60	
This is an hard saying	This is an hard saying
Σκληρός ἐστιν οὗτος ὁ λόγος	Σκληρός ἐστιν ὁ λόγος οὗτος
John 6:63	
the words that I speak unto you	the words that I have spoken unto you
τὰ ῥήματα ἃ ἐγὼ λαλῶ ὑμῖν	τὰ ῥήματα ἃ ἐγὼ λελάληκα ὑμῖν
John 6:65	
were given unto him of my Father	were given unto him of the Father
δεδομένον αὐτῷ ἐκ τοῦ πατρός μου	δεδομένον αὐτῷ ἐκ τοῦ πατρός
John 6:66	
many of	many of
πολλοὶ	πολλοὶ (ἐκ)
John 6:66	
his disciples went back	his disciples went back
ἀπῆλθον τῶν μαθητῶν αὐτοῦ εἰς τὰ ὀπίσω	τῶν μαθητῶν αὐτοῦ ἀπῆλθον εἰς τὰ ὀπίσω
John 6:68	
Then Simon Peter answered him	Simon Peter answered him
ἀπεκρίθη οὖν αὐτῷ Σίμων Πέτρος	ἀπεκρίθη αὐτῷ Σίμων Πέτρος
John 6:69	
thou art that Christ, the Son of the living God	thou art the Holy One of God
σὺ εἶ ὁ Χριστὸς ὁ υἱὸς τοῦ Θεοῦ τοῦ ζῶντος	σὺ εἶ ὁ ἅγιος τοῦ θεοῦ
John 6:71	
Iscariot	Iscariot
Ἰσκαριώτην	Ἰσκαριώτου
John 6:71	
for he it was that should betray him	for he it was that should betray him
οὗτος γὰρ ἤμελλεν αὐτόν παραδιδόναι	οὗτος γὰρ ἔμελλεν παραδιδόναι αὐτόν

Over 8,000 Differences Between the T.R. and the Nestle-Aland Greek N.T.

Textus Receptus-Scrivener	Nestle-Aland 26,27
John 6:71	
being one of the twelve	one of the twelve
εἷς ὢν ἐκ τῶν δώδεκα	εἷς ἐκ τῶν δώδεκα
John 7:1	
After these things Jesus walked in Galilee	After these things Jesus walked in Galilee
Καὶ περιεπάτει ὁ Ἰησοῦς μετὰ ταῦτα ἐν τῇ Γαλιλαίᾳ	Καὶ μετὰ ταῦτα περιεπάτει ὁ Ἰησοῦς ἐν τῇ Γαλιλαίᾳ
John 7:3	
may see the works	may see the works
θεωρήσωσι τὰ ἔργα σου	θεωρήσουσιν σοῦ τὰ ἔργα
John 7:4	
For *there is* no man *that* doeth any thing in secret	For *there is* no man *that* doeth any thing in secret
οὐδεὶς γάρ ἐν κρυπτῷ τι ποιεῖ	οὐδεὶς γάρ τι ἐν κρυπτῷ ποιεῖ
John 7:8	
Go ye up unto this feast	Go ye up unto the feast
ὑμεῖς ἀνάβητε εἰς τὴν ἑορτήν ταύτην	ὑμεῖς ἀνάβητε εἰς τὴν ἑορτήν
John 7:8	
I go not up yet	I go not up
ἐγὼ οὔπω ἀναβαίνω	ἐγὼ οὐκ ἀναβαίνω
John 7:8	
for my time is not yet full come	for my time is not yet full come
ὅτι ὁ καιρὸς ὁ ἐμὸς οὔπω πεπλήρωται	ὅτι ὁ ἐμὸς καιρὸς οὔπω πεπλήρωται
John 7:9	
When he had said these words unto them	When he had said these words
ταῦτα δὲ εἰπὼν αὐτοῖς	ταῦτα δὲ εἰπὼν
John 7:9	
he abode *still*	he abode *still*
ἔμεινεν	αὐτὸς ἔμεινεν
John 7:10	
then went he also up unto the feast	then went he also up
τότε καὶ αὐτὸς ἀνέβη εἰς τὴν ἑορτήν	τότε καὶ αὐτὸς ἀνέβη
John 7:10	
but	but
ἀλλ	ἀλλὰ
John 7:10	
as it were in secret	[as it were] in secret
ὡς ἐν κρυπτῷ	(ὡς) ἐν κρυπτῷ.
John 7:12	
And there was much murmuring	And there was much murmuring
καὶ γογγυσμὸς πολὺς περὶ αὐτοῦ ἦν	καὶ γογγυσμὸς περὶ αὐτοῦ ἦν πολὺς
John 7:12	
others said	others said
ἄλλοι δὲ ἔλεγον	ἄλλοι (δὲ) ἔλεγον
John 7:14	
Jesus went up into the temple	Jesus went up into the temple
ἀνέβη ὁ Ἰησοῦς εἰς τὸ ἱερὸν	ἀνέβη Ἰησοῦς εἰς τὸ ἱερὸν
John 7:15	

Over 8,000 Differences Between the T.R. and the Nestle-Aland Greek N.T.

Textus Receptus-Scrivener	Nestle-Aland 26,27
And the Jews marvelled	Therefore the Jews marvelled
καὶ ἐθαύμαζον οἱ Ἰουδαῖοι	ἐθαύμαζον οὖν οἱ Ἰουδαῖοι
John 7:16	
answered them	therefore answered them
ἀπεκρίθη αὐτοῖς	ἀπεκρίθη οὖν αὐτοῖς
John 7:16	
Jesus	Jesus
ὁ Ἰησοῦς	(ὁ) Ἰησοῦς
John 7:19	
Did not Moses give	Did not Moses give
οὐ Μωσῆς δέδωκεν	οὐ Μωϋσῆς δέδωκεν
John 7:20	
The people answered and said	The people answered
ἀπεκρίθη ὁ ὄχλος καὶ εἶπε	ἀπεκρίθη ὁ ὄχλος
John 7:21	
Jesus answered	Jesus answered
ἀπεκρίθη ὁ Ἰησοῦς	ἀπεκρίθη Ἰησοῦς
John 7:22	
Moses therefore	Moses therefore
διὰ τοῦτο Μωσῆς	διὰ τοῦτο Μωϋσῆς
John 7:23	
the law of Moses	the law of Moses
ὁ νόμος Μωσέως	ὁ νόμος Μωϋσέως
John 7:24	
but judge righteous judgment	but judge righteous judgment
ἀλλὰ τὴν δικαίαν κρίσιν κρίνατε	ἀλλὰ τὴν δικαίαν κρίσιν κρίνετε
John 7:26	
that this is the very Christ	that this is the Christ
ὅτι οὗτός ἐστιν ἀληθῶς ὁ Χριστός	ὅτι οὗτός ἐστιν ὁ Χριστός
John 7:29	
But I know him	I know him
ἐγὼ δὲ οἶδα αὐτόν	ἐγὼ οἶδα αὐτόν
John 7:31	
And many of the people	And many of the people
πολλοὶ δὲ ἐκ τοῦ ὄχλου	Ἐκ τοῦ ὄχλου δὲ πολλοὶ
John 7:31	
and said	and said
καὶ ἔλεγον ὅτι	καὶ ἔλεγον
John 7:31	
more miracles	more miracles
μήτι πλείονα σημεῖα	μὴ πλείονα σημεῖα
John 7:31	
than these	....
τούτων	....
John 7:32	
the Pharisees and the chief priests	the chief priests and the Pharisees
οἱ Φαρισαῖοι καὶ οἱ ἀρχιερεῖς	οἱ ἀρχιερεῖς καὶ οἱ Φαρισαῖοι
John 7:33	

Textus Receptus-Scrivener	Nestle-Aland 26,27
Then said Jesus unto them	Then said Jesus
εἶπεν οὖν αὐτοῖς ὁ Ἰησοῦς	εἶπεν οὖν ὁ Ἰησοῦς
John 7:33	
Yet a little while am I with you	Yet a little while am I with you
Ἔτι μικρὸν χρόνον μεθ ὑμῶν εἰμι	Ἔτι χρόνον μικρὸν μεθ ὑμῶν εἰμι
John 7:34	
and shall not find *me*	and shall not find [me]
καὶ οὐχ εὑρήσετέ	καὶ οὐχ εὑρήσετέ (με)
John 7:36	
What *manner of* saying is this that he said	What *manner of* saying is this that he said
τίς ἐστιν οὗτος ὁ λόγος ὃν εἶπε	τίς ἐστιν ὁ λόγος οὗτος ὃν εἶπεν
John 7:36	
and shall not find *me*	and shall not find [me]
καὶ οὐχ εὑρήσετέ	καὶ οὐχ εὑρήσετέ (με)
John 7:39	
the Spirit, which	the Spirit, which
τοῦ Πνεύματος, οὗ	τοῦ πνεύματος ὃ
John 7:39	
that believe on him	that believed on him
οἱ πιστεύοντες εἰς αὐτόν	οἱ πιστεύσαντες εἰς αὐτόν
John 7:39	
for the Holy Ghost was not yet *given*	for the Spirit was not yet *given*
οὔπω γὰρ ἦν Πνεῦμα Ἅγιον	οὔπω γὰρ ἦν πνεῦμα
John 7:39	
because that Jesus	because that Jesus
ὅτι ὁ Ἰησοῦς	ὅτι Ἰησοῦς
John 7:40	
Many of the people therefore	Of the people therefore
πολλοὶ οὖν ἐκ τοῦ ὄχλου	Ἐκ τοῦ ὄχλου οὖν
John 7:40	
when they heard this saying	when they heard these sayings
ἀκούσαντες τὸν λόγον	ἀκούσαντες τῶν λόγων
John 7:40	
said	These said
ἔλεγον	τούτων ἔλεγον
John 7:41	
But some said	But they said
ἄλλοι δὲ ἔλεγον	οἱ δὲ ἔλεγον
John 7:42	
the seed of David	the seed of David
τοῦ σπέρματος Δαβίδ	τοῦ σπέρματος Δαυίδ
John 7:42	
where David was	where David was
ὅπου ἦν Δαβίδ	ὅπου ἦν Δαυίδ
John 7:42	
That Christ cometh	That Christ cometh
ὁ Χριστὸς ἔρχεται	ἔρχεται ὁ Χριστὸς
John 7:43	

Over 8,000 Differences Between the T.R. and the Nestle-Aland Greek N.T.

Textus Receptus-Scrivener	Nestle-Aland 26,27
So there was a division among the people because of him	So there was a division among the people because of him
Σχίσμα οὖν ἐν τῷ ὄχλῳ ἐγένετο δι αὐτόν	σχίσμα οὖν ἐγένετο ἐν τῷ ὄχλῳ δι αὐτόν
John 7:45	
Why have ye not	Why have ye not
Διατί οὐκ	Διὰ τί οὐκ
John 7:46	
Never man spake	Never man spake
Οὐδέποτε οὕτως ἐλάλησεν ἄνθρωπος	Οὐδέποτε ἐλάλησεν οὕτως ἄνθρωπος
John 7:46	
like this man	
ὡς οὗτος ὁ ἄνθρωπος	....
	....
John 7:49	
But this people	But this people
ἀλλ᾽ ὁ ὄχλος οὗτος	ἀλλὰ ὁ ὄχλος οὗτος
John 7:49	
are cursed	are cursed
ἐπικατάρατοί εἰσι	ἐπάρατοί εἰσιν
John 7:50	
he that came to Jesus by night	he that came to Jesus
ὁ ἐλθὼν νυκτὸς πρὸς αὐτὸν	ὁ ἐλθὼν πρὸς αὐτὸν
John 7:50	
being one of them	before, being one of them
εἷς ὢν ἐξ αὐτῶν	(τὸ) πρότερον, εἷς ὢν ἐξ αὐτῶν
John 7:51	
before it hear him	before it hear him
ἐὰν μὴ ἀκούσῃ παρ αὐτοῦ πρότερον	ἐὰν μὴ ἀκούσῃ πρῶτον παρ αὐτοῦ
John 7:52	
They answered and said unto him	They answered and said unto him
ἀπεκρίθησαν καὶ εἶπον αὐτῷ	ἀπεκρίθησαν καὶ εἶπαν αὐτῷ
John 7:52	
Search, and look	Search, and look
ἐρεύνησον καὶ ἴδε	ἐραύνησον καὶ ἴδε
John 7:52	
for out of Galilee...prophet	for out of Galilee...prophet
ὅτι προφήτης ἐκ τῆς Γαλιλαίας	ὅτι ἐκ τῆς Γαλιλαίας προφήτης
John 7:52	
ariseth no	ariseth no
οὐκ ἐγήγερται	οὐκ ἐγείρεται
John 7:53-8:11	

Textus Receptus-Scrivener

53 And every man went unto his own house.
1 Jesus went unto the mount of Olives.
2 And early in the morning he came again into the temple, and all the people came unto him; and he sat down, and taught them.
3 And the scribes and Pharisees brought unto him a woman taken in adultery; and when they had set her in the midst,
4 They say unto him, Master, this woman was taken in adultery, in the very act.
5 Now Moses in the law commanded us, that such should be stoned: but what sayest thou?
6 This they said, tempting him, that they might have to accuse him. But Jesus stooped down, and with *his* finger wrote on the ground, *as though he heard them not*.
7 So when they continued asking him, he lifted up himself, and said unto them, He that is without sin among you, let him first cast a stone at her.
8 And again he stooped down, and wrote on the ground.
9 And they which heard *it*, being convicted by *their own* conscience, went out one by one, beginning at the eldest, *even* unto the last: and Jesus was left alone, and the woman standing in the midst.
10 When Jesus had lifted up himself, and saw non
11 She said, No man, Lord. And Jesus said unto h

Nestle-Aland 26,27

[[53 And every man went unto his own house.
1 Jesus went unto the mount of Olives.
2 And early in the morning he came again into the temple, and all the people came unto him; and he sat down, and taught them.
3 And the scribes and Pharisees brought a woman taken in adultery; and when they had set her in the midst,
4 They say unto him, Master, this woman was taken in adultery, in the very act.
5 Now Moses in the law commanded us, that such should be stoned: but what sayest thou?
6 This they said, tempting him, that they might have to accuse him. But Jesus stooped down, and with *his* finger wrote on the ground.
7 So when they continued asking him, he lifted up himself, and said unto them, He that is without sin among you, let him first cast a stone at her.
8 And again he stooped down, and wrote on the ground.
9 And they which heard *it*, went out one by one, beginning at the eldest: and he was left alone, and the woman in the midst.
10 When Jesus had lifted up himself, he said unto her, Woman, where are they? Hath no man condemned thee?
11 She said, No man, Lord. And Jesus said unto h
, Neither do I condemn thee: go, [and] sin no more.

231

Over 8,000 Differences Between the T.R. and the Nestle-Aland Greek N.T.

Textus Receptus-Scrivener

53 Καὶ ἐπορεύθη ἕκαστος εἰς τὸν οἶκον αὐτοῦ·
1 Ἰησοῦς δὲ ἐπορεύθη εἰς τὸ ὄρος τῶν ἐλαιῶν.
2 ὄρθρου δὲ πάλιν παρεγένετο εἰς τὸ ἱερόν, καὶ
πᾶς ὁ λαὸς ἤρχετο πρὸς αὐτόν· καὶ καθίσας
ἐδίδασκεν αὐτούς.
3 ἄγουσιν δὲ οἱ γραμματεῖς καὶ οἱ Φαρισαῖοι
πρὸς αὐτὸν γυναῖκα ἐν μοιχείᾳ κατειλημμένην,
καὶ στήσαντες αὐτὴν ἐν μέσῳ,
4 λέγουσιν αὐτῷ, Διδάσκαλε, αὕτη ἡ γυνὴ
κατείληφθη ἐπαυτοφώρῳ μοιχευομένη·
5 ἐν δὲ τῷ νόμῳ ἡμῖν Μωσῆς ἡμῖν ἐνετείλατο
τὰς τοιαύτας λιθοβολεῖσθαι· σὺ οὖν τί
λέγεις;λέγεις;
6 τοῦτο δὲ ἔλεγον πειράζοντες αὐτόν, ἵνα ἔχωσι
κατηγορεῖν αὐτοῦ. ὁ δὲ Ἰησοῦς κάτω κύψας, τῷ
δακτύλῳ ἔγραφεν εἰς τὴν γῆν,μὴ προσποιούμενος.
7 ὡς δὲ ἐπέμενον ἐρωτῶντες αὐτόν, ἀνάκυψας
εἶπε πρὸς αὐτοῖς,Ὁ ἀναμάρτητος ὑμῶν, πρῶτος
τὸν λίθον ἐπ᾽ αὐτὴν βαλέτω.
8 καὶ πάλιν κατα κύψας ἔγραφεν εἰς τὴν γῆν.
9 οἱ δὲ, ἀκούσαντες, καὶ ὑπὸ τῆς συνειδήσεως
ἐλεγχόμενοι, ἐξήρχοντο εἷς καθ᾽ εἷς ἀρξάμενοι
ἀπὸ τῶν πρεσβυτέρων ἕως τῶν ἐσχάτων· καὶ κα
10 ἀνάκυψας δὲ ὁ Ἰησοῦς καὶ μηδένα θεασάμενο
11 ἡ δὲ εἶπεν, Οὐδείς, Κύριε. εἶπε αὐτῇ δὲ ὁ Ἰη

Nestle-Aland 26,27

53 ⟦Καὶ ἐπορεύθησαν ἕκαστος εἰς τὸν οἶκον
αὐτοῦ,
1 Ἰησοῦς δὲ ἐπορεύθη εἰς τὸ Ὄρος τῶν Ἐλαιῶν.
2 Ὄρθρου δὲ πάλιν παρεγένετο εἰς τὸ ἱερόν, καὶ
πᾶς ὁ λαὸς ἤρχετο πρὸς αὐτόν, καὶ καθίσας
ἐδίδασκεν αὐτούς.
3 ἄγουσιν δὲ οἱ γραμματεῖς καὶ οἱ Φαρισαῖοι
γυναῖκα ἐπὶ μοιχείᾳ κατειλημμένην, καὶ
στήσαντες αὐτὴν ἐν μέσῳ
4 λέγουσιν αὐτῷ, Διδάσκαλε, αὕτη ἡ γυνὴ
κατείληπται ἐπ᾽ αὐτοφώρῳ μοιχευομένη·
5 ἐν δὲ τῷ νόμῳ ἡμῖν Μωϋσῆς ἐνετείλατο τὰς
τοιαύτας λιθάζειν· σὺ οὖν τί λέγεις;
6 τοῦτο δὲ ἔλεγον πειράζοντες αὐτόν, ἵνα
ἔχωσιν κατηγορεῖν αὐτοῦ. ὁ δὲ Ἰησοῦς κάτω
κύψας τῷ δακτύλῳ κατέγραφεν εἰς τὴν γῆν.
7 ὡς δὲ ἐπέμενον ἐρωτῶντες αὐτόν, ἀνέκυψεν
καὶ εἶπεν αὐτοῖς,Ὁ ἀναμάρτητος ὑμῶν πρῶτος
ἐπ᾽ αὐτὴν βαλέτω λίθον·
8 καὶ πάλιν κατακύψας ἔγραφεν εἰς τὴν γῆν.
9 οἱ δὲ ἀκούσαντες ἐξήρχοντο εἷς καθ᾽ εἷς
ἀρξάμενοι ἀπὸ τῶν πρεσβυτέρων, καὶ κατελείφθη
μόνος, καὶ ἡ γυνὴ ἐν μέσῳ οὖσα.
10 ἀνάκυψας δὲ ὁ Ἰησοῦς εἶπεν αὐτῇ, Γύναι, ποῦ
11 ἡ δὲ εἶπεν, Οὐδείς, κύριε. εἶπεν δὲ ὁ Ἰησοῦς,

John 8:12
Then spake Jesus again unto them, saying
Πάλιν οὖν ὁ Ἰησοῦς αὐτοῖς ἐλάλησε λέγων
John 8:12
shall not walk in darkness
οὐ μὴ περιπατήσει ἐν τῇ σκοτίᾳ
John 8:14
and whither I go
καὶ ποῦ ὑπάγω
John 8:16
my judgment is true
ἡ κρίσις ἡ ἐμὴ ἀληθής ἐστιν
John 8:19
Jesus answered
ἀπεκρίθη ὁ Ἰησοῦς
John 8:19

Then spake Jesus again unto them, saying
Πάλιν οὖν αὐτοῖς ἐλάλησεν ὁ Ἰησοῦς λέγων

should not walk in darkness
οὐ μὴ περιπατήσῃ ἐν τῇ σκοτίᾳ

or whither I go
ἢ ποῦ ὑπάγω

my judgment is true
ἡ κρίσις ἡ ἐμὴ ἀληθινή ἐστιν

Jesus answered
ἀπεκρίθη Ἰησοῦς

Textus Receptus-Scrivener	Nestle-Aland 26,27
ye should have known my Father also	ye should have known my Father also
καὶ τὸν πατέρα μου ᾔδειτε ἄν	καὶ τὸν πατέρα μου ἄν ᾔδειτε
John 8:20	
These words spake Jesus	These words *he* spake
Ταῦτα τὰ ῥήματα ἐλάλησεν ὁ Ἰησοῦς	Ταῦτα τὰ ῥήματα ἐλάλησεν
John 8:21	
Then said Jesus again unto them	Then said *he* again unto them
Εἶπεν οὖν πάλιν αὐτοῖς ὁ Ἰησοῦς	Εἶπεν οὖν πάλιν αὐτοῖς
John 8:23	
And he said unto them	And he said unto them
καὶ εἶπεν αὐτοῖς	καὶ ἔλεγεν αὐτοῖς
John 8:23	
ye are of this world	ye are of this world
ὑμεῖς ἐκ τοῦ κόσμου τούτου ἐστέ	ὑμεῖς ἐκ τούτου τοῦ κόσμου ἐστέ
John 8:25	
And Jesus saith unto them	Jesus saith unto them
καὶ εἶπεν αὐτοῖς ὁ Ἰησοῦς	εἶπεν αὐτοῖς ὁ Ἰησοῦς
John 8:26	
I speak to the world those things	I speak to the world those things
ταῦτα λέγω εἰς τὸν κόσμον	ταῦτα λαλῶ εἰς τὸν κόσμον
John 8:28	
Then said Jesus unto them	Then said Jesus [unto them]
εἶπεν οὖν αὐτοῖς ὁ Ἰησοῦς	εἶπεν οὖν (αὐτοῖς) ὁ Ἰησοῦς
John 8:28	
my Father hath taught me	the Father hath taught me
ἐδίδαξέ με ὁ πατὴρ μου	ἐδίδαξέν με ὁ πατὴρ
John 8:29	
the Father hath not left me alone	hath not left me alone
οὐκ ἀφῆκέ με μόνον ὁ πατὴρ	οὐκ ἀφῆκέν με μόνον
John 8:33	
They answered him	They answered him
ἀπεκρίθησαν αὐτῷ	ἀπεκρίθησαν πρὸς αὐτόν
John 8:38	
I speak that which I have seen	I speak that which I have seen
ἐγὼ ὃ ἑώρακα	ἃ ἐγὼ ἑώρακα
John 8:38	
with my Father	with the Father
παρὰ τῷ πατρὶ μου	παρὰ τῷ πατρὶ
John 8:38	
which ye have seen	which ye have heard
ὃ ἑωράκατε	ἃ ἠκούσατε
John 8:38	
with your father	with *your* father
παρὰ τῷ πατρὶ ὑμῶν	παρὰ τοῦ πατρὸς
John 8:39	
and said unto him	and said unto him
καὶ εἶπον αὐτῷ	καὶ εἶπαν αὐτῷ
John 8:39	

Over 8,000 Differences Between the T.R. and the Nestle-Aland Greek N.T.

Textus Receptus-Scrivener	Nestle-Aland 26,27
If ye were Abraham's children	If ye were Abraham's children
Εἰ τέκνα τοῦ Ἀβραάμ ἦτε	Εἰ τέκνα τοῦ Ἀβραάμ ἐστε
John 8:39	
ye would do the works of Abraham	ye would do the works of Abraham
τὰ ἔργα τοῦ Ἀβραὰμ ἐποιεῖτε ἄν	τὰ ἔργα τοῦ Ἀβραὰμ ἐποιεῖτε
John 8:41	
said	said
εἶπον	εἶπαν
John 8:41	
Then...they to him	[Then]...they to him
οὖν αὐτῷ	(οὖν) αὐτῷ
John 8:43	
Why	Why
διατί	διὰ τί
John 8:44	
Ye are of *your* father the devil	Ye are of *your* father the devil
ὑμεῖς ἐκ πατρὸς τοῦ διαβόλου ἐστὲ	ὑμεῖς ἐκ τοῦ πατρὸς τοῦ διαβόλου ἐστὲ
John 8:44	
abode not in the truth	abode not in the truth
ἐν τῇ ἀληθείᾳ οὐχ ἔστηκεν	ἐν τῇ ἀληθείᾳ οὐκ ἔστηκεν
John 8:46	
And if I say the truth	If I say the truth
εἰ δὲ ἀλήθειαν λέγω	εἰ ἀλήθειαν λέγω
John 8:46	
why	why
διατί	διὰ τί
John 8:48	
Then answered the Jews	The Jews answered
ἀπεκρίθησαν οὖν οἱ Ἰουδαῖοι	Ἀπεκρίθησαν οἱ Ἰουδαῖοι
John 8:48	
and said unto him	and said unto him
καὶ εἶπον αὐτῷ	καὶ εἶπαν αὐτῷ
John 8:48	
thou art a Samaritan	thou art a Samaritan
Σαμαρείτης εἶ σὺ	Σαμαρίτης εἶ σὺ
John 8:51	
If a man keep my saying	If a man keep my saying
ἐάν τις τὸν λόγον τὸν ἐμὸν τηρήσῃ	ἐάν τις τὸν ἐμὸν λόγον τηρήσῃ
John 8:52	
Then said the Jews unto him	[Then] said the Jews unto him
εἶπον οὖν αὐτῷ οἱ Ἰουδαῖοι	εἶπον (οὖν) αὐτῷ οἱ Ἰουδαῖοι,
John 8:52	
he shall never taste of death	he should never taste of death
οὐ μὴ γεύσεται θανάτου εἰς τὸν αἰῶνα	οὐ μὴ γεύσηται θανάτου εἰς τὸν αἰῶνα
John 8:53	
whom makest thou thyself	whom makest thyself
τίνα σεαυτὸν σὺ ποιεῖς	τίνα σεαυτὸν ποιεῖς
John 8:54	

Over 8,000 Differences Between the T.R. and the Nestle-Aland Greek N.T.

Textus Receptus-Scrivener	Nestle-Aland 26,27
If I honour myself	If I shall honour myself
'Εὰν ἐγὼ δοξάζω ἐμαυτόν	'Εὰν ἐγὼ δοξάσω ἐμαυτόν
John 8:54	
that he is your God	that he is our God
ὅτι Θεὸς ὑμῶν ἐστι	ὅτι θεὸς ἡμῶν ἐστιν
John 8:55	
and if I should say, I know him not	and I should say, I know him not
καὶ ἐὰν εἴπω ὅτι οὐκ οἶδα αὐτόν	κἄν εἴπω ὅτι οὐκ οἶδα αὐτόν
John 8:55	
I shall be a liar like unto you	I shall be a liar like unto you
ἔσομαι ὅμοιος ὑμῶν, ψεύστης	ἔσομαι ὅμοιος ὑμῖν ψεύστης
John 8:58	
Jesus said unto them	Jesus said unto them
εἶπεν αὐτοῖς ὁ 'Ιησοῦς	εἶπεν αὐτοῖς 'Ιησοῦς
John 8:59	
going through the midst of them, and so passed by	....
διελθὼν διὰ μέσου αὐτῶν· καὶ παρῆγεν οὕτως	....
John 9:3	
Jesus answered	Jesus answered
ἀπεκρίθη ὁ 'Ιησοῦς	ἀπεκρίθη 'Ιησοῦς
John 9:4	
I must work the works of him that sent me	We must work the works of him that sent me
ἐμὲ δεῖ ἐργάζεσθαι τὰ ἔργα τοῦ πέμψαντός με	ἡμᾶς δεῖ ἐργάζεσθαι τὰ ἔργα τοῦ πέμψαντός με
John 9:6	
he anointed the eyes...with the clay	he anointed his eyes with the clay
ἐπέχρισε τὸν πηλὸν ἐπὶ τοὺς ὀφθαλμοὺς	καὶἐπέχρισεν αὐτοῦ τὸν πηλὸν ἐπὶ τοὺς
John 9:6	
of the blind man	....
τοῦ τυφλοῦ	....
John 9:8	
they which before had seen him that he was blind	they which before had seen him that he was a beggar
οἱ θεωροῦντες αὐτὸν τὸ πρότερον ὅτι τυφλὸς ἦν	οἱ θεωροῦντες αὐτὸν τὸ πρότερον ὅτι προσαίτης ἦν
John 9:9	
others *said*	others said
ἄλλοι δε	ἄλλοι ἔλεγον
John 9:9	
He is like him	No, but he is like him
ὅτι Ὅμοιος αὐτῷ ἐστιν	Οὐχί, ἀλλὰ ὅμοιος αὐτῷ ἐστιν
John 9:10	
How	How [then]
Πῶς	Πῶς (οὖν)
John 9:10	
were thine eyes opened	were thine eyes opened
ἀνεῴχθησάν σου οἱ ὀφθαλμοί	ἠνεῴχθησάν σου οἱ ὀφθαλμοί

Over 8,000 Differences Between the T.R. and the Nestle-Aland Greek N.T.

Textus Receptus-Scrivener	Nestle-Aland 26,27

John 9:11
He answered and said
Ἀπεκρίθη ἐκεῖνος καὶ εἶπεν

He answered
ἀπεκρίθη ἐκεῖνος

John 9:11
A man that is called Jesus
Ἄνθρωπος λεγόμενος Ἰησοῦς

The man that is called Jesus
Ὁ ἄνθρωπος ὁ λεγόμενος Ἰησοῦς

John 9:11
and said unto me, Go
καὶ εἶπέ μοι, Ὕπαγε

and said unto me, that, Go
καὶ εἶπέν μοι ὅτι Ὕπαγε

John 9:11
to the pool of Siloam
εἰς τὴν κολυμβήθραν τοῦ Σιλωάμ

to Siloam
εἰς τὸν Σιλωάμ

John 9:11
and I went and washed
ἀπελθὼν δὲ καὶ νιψάμενος

therefore I went and washed
ἀπελθὼν οὖν καὶ νιψάμενος

John 9:12
Then said they unto him
εἶπον οὖν αὐτῷ

And said they unto him
καὶ εἶπαν αὐτῷ

John 9:14
And it was the sabbath day
ἦν δὲ σάββατον

And it was the sabbath in which day
ἦν δὲ σάββατον ἐν ᾗ ἡμέρᾳ

John 9:14
when Jesus made the clay
ὅτε τὸν πηλὸν ἐποίησεν ὁ Ἰησοῦς

Jesus made the clay
τὸν πηλὸν ἐποίησεν ὁ Ἰησοῦς

John 9:15
He put clay upon mine eyes
Πηλὸν ἐπέθηκέν ἐπὶ τοὺς ὀφθαλμούς μου

He put clay upon mine eyes
Πηλὸν ἐπέθηκέν μου ἐπὶ τοὺς ὀφθαλμούς

John 9:16
This man is not of God
Οὗτος ὁ ἄνθρωπος οὐκ ἔστι παρὰ τοῦ θεοῦ

This man is not of God
Οὐκ ἔστιν οὗτος παρὰ θεοῦ ὁ ἄνθρωπος

John 9:16
Others said
ἄλλοι ἔλεγον

[But] others said
ἄλλοι (δὲ) ἔλεγον

John 9:17
They say unto the blind man again
λέγουσι τῷ τυφλῷ πάλιν

They said therefore unto the blind man again
λέγουσιν οὖν τῷ τυφλῷ πάλιν

John 9:17
What sayest thou of him
Σὺ τί λέγεις περὶ αὐτοῦ

What sayest thou of him
Τί σὺ λέγεις περὶ αὐτοῦ

John 9:17
that he hath opened thine eyes
ὅτι ἤνοιξέ σου τοὺς ὀφθαλμούς

that he hath opened thine eyes
ὅτι ἠνέῳξέν σου τοὺς ὀφθαλμούς

John 9:18
that he had been blind
ὅτι τυφλὸς ἦν

that he had been blind
ὅτι ἦν τυφλὸς

John 9:19
how then doth he now see
πῶς οὖν ἄρτι βλέπει

how then doth he now see
πῶς οὖν βλέπει ἄρτι

Textus Receptus-Scrivener	Nestle-Aland 26,27
John 9:20	
His parents answered them	His parents therefore answered
ἀπεκρίθησαν αὐτοῖς οἱ γονεῖς αὐτοῦ	ἀπεκρίθησαν οὖν οἱ γονεῖς αὐτοῦ
John 9:20	
and said	and said
καὶ εἶπον	καὶ εἶπαν
John 9:21	
he is of age; ask him	ask him; he is of age
αὐτὸς ἡλικίαν ἔχει· αὐτὸν ἐρωτήσατε	αὐτὸν ἐρωτήσατε, ἡλικίαν ἔχει
John 9:21	
he shall speak for himself	he shall speak for himself
αὐτὸς περὶ αὐτοῦ λαλήσει	αὐτὸς περὶ ἑαυτοῦ λαλήσει
John 9:22	
These *words* spake	These *words* spake
ταῦτα εἶπον	ταῦτα εἶπαν
John 9:23	
said his parents	said his parents
οἱ γονεῖς αὐτοῦ εἶπον	οἱ γονεῖς αὐτοῦ εἶπαν
John 9:23	
ask him	ask him
αὐτὸν ἐρωτήσατε	αὐτὸν ἐπερωτήσατε
John 9:24	
Then again called they the man	Then called they the man again
Ἐφώνησαν οὖν ἐκ δευτέρου τὸν ἄνθρωπον	Ἐφώνησαν οὖν τὸν ἄνθρωπον ἐκ δευτέρου
John 9:24	
and said unto him	and said unto him
καὶ εἶπον αὐτῷ	καὶ εἶπαν αὐτῷ
John 9:24	
we know that this man	we know that this man
ἡμεῖς οἴδαμεν ὅτι ὁ ἄνθρωπος οὗτος	ἡμεῖς οἴδαμεν ὅτι οὗτος ὁ ἄνθρωπος
John 9:25	
He answered and said	He answered
ἀπεκρίθη οὖν ἐκεῖνος καὶ εἶπεν	ἀπεκρίθη οὖν ἐκεῖνος
John 9:26	
Then said they	Then said they
εἶπον δὲ	εἶπον οὖν
John 9:26	
to him again	to him
αὐτῷ πάλιν	αὐτῷ
John 9:28	
Then they reviled him	And they reviled him
ἐλοιδόρησαν οὖν αὐτὸν	καὶ ἐλοιδόρησαν αὐτὸν
John 9:28	
Thou art his disciple	Thou art his disciple
Σὺ εἶ μαθητὴς ἐκείνου	Σὺ μαθητὴς εἶ ἐκείνου
John 9:28	
but we are Moses' disciples	but we are Moses' disciples
ἡμεῖς δὲ τοῦ Μωσέως ἐσμὲν μαθηταί	ἡμεῖς δὲ τοῦ Μωϋσέως ἐσμὲν μαθηταί

Over 8,000 Differences Between the T.R. and the Nestle-Aland Greek N.T.

Textus Receptus-Scrivener	Nestle-Aland 26,27
John 9:29	
spake unto Moses	spake unto Moses
Μωσῇ λελάληκεν	Μωϋσεῖ λελάληκεν
John 9:30	
Why herein is a marvellous thing	Why herein is a marvellous thing
Ἐν γὰρ τούτῳ θαυμαστόν ἐστιν	Ἐν τούτῳ γὰρ τὸ θαυμαστόν ἐστιν
John 9:30	
and *yet* he hath opened	and *yet* he hath opened
καὶ ἀνέῳξέ	καὶ ἤνοιξέν
John 9:31	
Now we know that	We know that
οἴδαμεν δὲ ὅτι	οἴδαμεν ὅτι
John 9:32	
that any man opened	that any man opened
ὅτι ἤνοιξέ τις	ὅτι ἠνέῳξέν τις
John 9:34	
and said unto him	and said unto him
καὶ εἶπον αὐτῷ	καὶ εἶπαν αὐτῷ
John 9:35	
Jesus heard	Jesus heard
Ἤκουσεν ὁ Ἰησοῦς	Ἤκουσεν Ἰησοῦς
John 9:35	
he said unto him	he said
εἶπεν αυτω	εἶπεν
John 9:35	
Dost thou believe on the Son of God	Dost thou believe on the Son of man
Σὺ πιστεύεις εἰς τὸν υἱὸν τοῦ Θεοῦ	Σὺ πιστεύεις εἰς τὸν υἱὸν τοῦ ἀνθρώπου
John 9:36	
Who is he	And who is he
Τίς ἐστι	Καὶ τίς ἐστιν
John 9:37	
And Jesus said unto him	Jesus said unto him
εἶπε δὲ αὐτῷ ὁ Ἰησοῦς	εἶπεν αὐτῷ ὁ Ἰησοῦς
John 9:40	
And...heard	...heard
καὶ ἤκουσαν	Ἤκουσαν
John 9:40	
which were with him	which were with him
οἱ ὄντες μετ αὐτοῦ	οἱ μετ αὐτοῦ ὄντες
John 9:41	
therefore your sin remaineth	your sin remaineth
ἡ οὖν ἁμαρτία ὑμῶν μένει	ἡ ἁμαρτία ὑμῶν μένει
John 10:3	
he calleth his own sheep by name	he calleth his own sheep by name
τὰ ἴδια πρόβατα καλεῖ κατ ὄνομα	τὰ ἴδια πρόβατα φωνεῖ κατ ὄνομα
John 10:4	
And when	When
καὶ ὅταν	ὅταν

Over 8,000 Differences Between the T.R. and the Nestle-Aland Greek N.T.

Textus Receptus-Scrivener	Nestle-Aland 26,27
John 10:4	
he putteth forth his own sheep	he putteth forth his own
τὰ ἴδια πρόβατα ἐκβάλῃ	τὰ ἴδια πάντα ἐκβάλῃ
John 10:5	
will they not follow	will they not follow
οὐ μὴ ἀκολουθήσωσιν	οὐ μὴ ἀκολουθήσουσιν
John 10:7	
Then said Jesus unto them again	Then said Jesus again
Εἶπεν οὖν πάλιν αὐτοῖς ὁ Ἰησοῦς	Εἶπεν οὖν πάλιν ὁ Ἰησοῦς
John 10:8	
All that ever came before me	All that ever came [before me]
πάντες ὅσοι πρὸ ἐμοῦ ἦλθον	πάντες ὅσοι ἦλθον (πρὸ ἐμοῦ)
John 10:12	
But he that is an hireling	He that is an hireling
ὁ μισθωτὸς δὲ	ὁ μισθωτὸς
John 10:12	
whose own the sheep are not	whose own the sheep are not
οὗ οὐκ εἰσι τὰ πρόβατα ἴδια	οὗ οὐκ ἔστιν τὰ πρόβατα ἴδια
John 10:12	
and scattereth the sheep	and scattereth
καὶ σκορπίζει τὰ πρόβατα	καὶ σκορπίζει
John 10:13	
The hireling fleeth	....
ὁ δὲ μισθωτὸς φεύγει	....
John 10:14	
and am known of mine	my own know me
καὶ γινώσκομαι ὑπὸ τῶν ἐμῶν	καὶ γινώσκουσί με τὰ ἐμά
John 10:16	
them also I must bring	them also I must bring
κἀκεῖνα με δεῖ ἀγαγεῖν	κἀκεῖνα δεῖ με ἀγαγεῖν
John 10:16	
and there shall be one fold	and there shall be one fold
καὶ γενήσεται μία ποίμνη	καὶ γενήσονται μία ποίμνη
John 10:17	
Therefore doth my Father love me	Therefore doth my Father love me
διὰ τοῦτό ὁ πατὴρ με ἀγαπᾷ	διὰ τοῦτό με ὁ πατὴρ ἀγαπᾷ
John 10:19	
There was a division therefore again	There was a division again
Σχίσμα οὖν πάλιν ἐγένετο	Σχίσμα πάλιν ἐγένετο
John 10:21	
open the eyes	opened the eyes
ὀφθαλμοὺς ἀνοίγειν	ὀφθαλμοὺς ἀνοῖξαι
John 10:22	
And it was	Then it was
Ἐγένετο δὲ	Ἐγένετο τότε
John 10:22	
and it was winter	It was winter
καὶ χειμὼν ἦν	χειμὼν ἦν

239

Over 8,000 Differences Between the T.R. and the Nestle-Aland Greek N.T.

Textus Receptus-Scrivener	Nestle-Aland 26,27
John 10:23	
in Solomon's porch	in Solomon's porch
ἐν τῇ στοᾷ τοῦ Σολομῶντος	ἐν τῇ στοᾷ τοῦ Σολομῶνος
John 10:26	
But ye	But ye
ἀλλ᾽ ὑμεῖς	ἀλλὰ ὑμεῖς
John 10:26	
because ye are not	because ye are not
οὐ γὰρ ἐστὲ	ὅτι οὐκ ἐστὲ
John 10:26	
as I said unto you	....
καθὼς ἔπον ὑμῖν	....
John 10:27	
My sheep hear my voice	My sheep hear my voice
τὰ πρόβατα τὰ ἐμὰ τῆς φωνῆς μου ἀκούει	τὰ πρόβατα τὰ ἐμὰ τῆς φωνῆς μου ἀκούουσιν
John 10:28	
And I give unto them eternal life	And I give unto them eternal life
κἀγὼ ζωὴν αἰώνιον δίδωμι αὐτοῖς	κἀγὼ δίδωμι αὐτοῖς ζωὴν αἰώνιον
John 10:29	
My Father, which gave them me	My Father, which gave them me
ὁ πατήρ μου ὃς δέδωκέ μοι	ὁ πατήρ μου ὃ δέδωκέν μοι
John 10:29	
is greater than all	is greater than all
μείζών πάντων ἐστι	πάντων μεῖζόν ἐστιν
John 10:29	
out of my Father's hand	out of the Father's hand
ἐκ τῆς χειρὸς τοῦ πατρός μου	ἐκ τῆς χειρὸς τοῦ πατρός
John 10:31	
Then the Jews took up stones again	The Jews took up stones again
ἐβάστασαν οὖν πάλιν λίθους οἱ Ἰουδαῖοι	Ἐβάστασαν πάλιν λίθους οἱ Ἰουδαῖοι
John 10:32	
Many good works	Many good works
Πολλὰ καλὰ ἔργα	Πολλὰ ἔργα καλά
John 10:32	
have I shewed you from my Father	have I shewed you from the Father
ἔδειξα ὑμῖν ἐκ τοῦ πατρός μου	ἔδειξα ὑμῖν ἐκ τοῦ πατρός
John 10:32	
for which of those works do ye stone me	for which of those works do ye stone me
διὰ ποῖον αὐτῶν ἔργον λιθάζετε μὲ	διὰ ποῖον αὐτῶν ἔργον ἐμὲ λιθάζετε
John 10:33	
The Jews answered him, saying	The Jews answered him
ἀπεκρίθησαν αὐτῷ οἱ Ἰουδαῖοι λέγοντες	ἀπεκρίθησαν αὐτῷ οἱ Ἰουδαῖοι
John 10:34	
Jesus answered them	Jesus answered them
ἀπεκρίθη αὐτοῖς ὁ Ἰησοῦς	ἀπεκρίθη αὐτοῖς (ὁ) Ἰησοῦς,
John 10:34	
Is it not written in your law, I said, Ye are gods?	Is it not written in your law, that I said, Ye are gods

Textus Receptus-Scrivener	Nestle-Aland 26,27
Οὐκ ἔστι γεγραμμένον ἐν τῷ νόμῳ ὑμῶν, Ἐγὼ εἶπα, θεοί ἐστε	Οὐκ ἔστιν γεγραμμένον ἐν τῷ νόμῳ ὑμῶν ὅτι Ἐγὼ εἶπα, Θεοί ἐστε
John 10:38	
believe the works	believe the works
τοῖς ἔργοις πιστεύσατε	τοῖς ἔργοις πιστεύετε
John 10:38	
that ye may know, and believe	that ye may know, and know
ἵνα γνῶτε καὶ πιστεύσητε	ἵνα γνῶτε καὶ γινώσκητε
John 10:38	
and I in him	and I in the Father
κἀγὼ ἐν αὐτῷ	κἀγὼ ἐν τῷ πατρί
John 10:39	
Therefore they sought	[Therefore] they sought
ἐζήτουν οὖν	Ἐζήτουν (οὖν)
John 10:39	
again to take him	again to take him
πάλιν αὐτὸν πιάσαι	αὐτὸν πάλιν πιάσαι
John 10:42	
And many believed	And many believed
καὶ ἐπίστευσαν πολλοὶ	καὶ πολλοὶ ἐπίστευσαν
John 10:42	
on him there	on him there
ἐκεῖ εἰς αὐτὸν	εἰς αὐτὸν ἐκεῖ
John 11:2	
It was *that* Mary	It was *that* Mary
ἦν δὲ Μαρία	ἦν δὲ Μαριὰμ
John 11:9	
Jesus answered	Jesus answered
ἀπεκρίθη ὁ Ἰησοῦς	ἀπεκρίθη Ἰησοῦς
John 11:9	
Are there not twelve hours	Are there not twelve hours
Οὐχὶ δώδεκα εἰσιν ὧραί	Οὐχὶ δώδεκα ὧραί εἰσιν
John 11:12	
Then said	Then said
εἶπον οὖν	εἶπαν οὖν
John 11:12	
his disciples	the disciples to him
οἱ μαθηταὶ αὐτοῦ	οἱ μαθηταὶ αὐτῷ
John 11:15	
nevertheless let us go	nevertheless let us go
ἀλλ ἄγωμεν	ἀλλὰ ἄγωμεν
John 11:17	
four days already	four days already
τέσσαρας ἡμέρας ἤδη	τέσσαρας ἤδη ἡμέρας
John 11:19	
And many of the Jews	But many of the Jews
καὶ πολλοὶ ἐκ τῶν Ἰουδαίων	πολλοὶ δὲ ἐκ τῶν Ἰουδαίων
John 11:19	

Over 8,000 Differences Between the T.R. and the Nestle-Aland Greek N.T.

Textus Receptus-Scrivener	Nestle-Aland 26,27
came to Martha	came to Martha
ἐληλύθεισαν πρὸς τὰς περὶ Μάρθαν	ἐληλύθεισαν πρὸς τὴν Μάρθαν
John 11:19	
and Mary	and Mary
καὶ Μαρίαν	καὶ Μαριὰμ
John 11:19	
to comfort them concerning their brother	to comfort them concerning the brother
παραμυθήσωνται αὐτὰς περὶ τοῦ ἀδελφοῦ αὐτῶν	παραμυθήσωνται αὐτὰς περὶ τοῦ ἀδελφοῦ
John 11:20	
heard that Jesus was coming	heard that Jesus was coming
ἤκουσεν ὅτι ὁ Ἰησοῦς ἔρχεται	ἤκουσεν ὅτι Ἰησοῦς ἔρχεται
John 11:20	
but Mary	but Mary
Μαρία δὲ	Μαριὰμ δὲ
John 11:21	
my brother had not died	my brother had not died
ὁ ἀδελφός μου οὐκ ἂν ἐτεθήνκει	οὐκ ἂν ἀπέθανεν ὁ ἀδελφός μου
John 11:22	
But	[But]
ἀλλὰ	(ἀλλὰ)
John 11:24	
Martha saith unto him	Martha saith unto him
λέγει αὐτῷ Μάρθα	λέγει αὐτῷ ἡ Μάρθα
John 11:28	
And when she had so said	And when she had so said
καὶ ταῦτα εἰποῦσα	Καὶ τοῦτο εἰποῦσα
John 11:28	
and called Mary	and called Mary
καὶ ἐφώνησε Μαρίαν	καὶ ἐφώνησεν Μαριὰμ
John 11:29	
As soon as she heard *that*	But as soon as she heard *that*
ἐκείνη ὡς ἤκουσεν	ἐκείνη δὲ ὡς ἤκουσεν
John 11:29	
she arose quickly	she arose quickly
ἐγείρεται ταχὺ	ἠγέρθη ταχὺ
John 11:29	
and came unto him	and came unto him
καὶ ἔρχεται πρὸς αὐτόν	καὶ ἤρχετο πρὸς αὐτόν
John 11:30	
but was in that place	but was yet in that place
ἀλλ ἦν ἐν τῷ τόπῳ	ἀλλ ἦν ἔτι ἐν τῷ τόπῳ
John 11:31	
when they saw Mary	when they saw Mary
ἰδόντες τὴν Μαρίαν	ἰδόντες τὴν Μαριὰμ
John 11:31	
saying, She goeth unto the grave	thinking, She goeth unto the grave
λέγοντες, ὅτι ὑπάγει εἰς τὸ μνημεῖον	δόξαντες ὅτι ὑπάγει εἰς τὸ μνημεῖον
John 11:32	

Textus Receptus-Scrivener	Nestle-Aland 26,27
Then when Mary was come	Then when Mary was come
ἡ οὖν Μαρία, ὡς ἦλθεν	ἡ οὖν Μαριὰμ ὡς ἦλθεν
John 11:32	
where Jesus was	where Jesus was
ὅπου ἦν ὁ Ἰησοῦς	ὅπου ἦν Ἰησοῦς
John 11:32	
she fell down at his feet	she fell down at his feet
ἔπεσεν εἰς τοὺς πόδας αὐτοῦ	ἔπεσεν αὐτοῦ πρὸς τοὺς πόδας
John 11:32	
my brother had not died	my brother had not died
οὐκ ἄν ἀπέθανέ μου ὁ ἀδελφός	οὐκ ἄν μου ἀπέθανεν ὁ ἀδελφός
John 11:37	
And some of them said	And some of them said
τινὲς δὲ ἐξ αὐτῶν εἶπον	τινὲς δὲ ἐξ αὐτῶν εἶπαν
John 11:37	
Could not this man	Could not this man
Οὐκ ἠδύνατο οὗτος	Οὐκ ἐδύνατο οὗτος
John 11:39	
the sister of him that was dead	the sister of him that was dead
ἡ ἀδελφὴ τοῦ τεθνηκότος	ἡ ἀδελφὴ τοῦ τετελευτηκότος
John 11:40	
thou shouldest see the glory of God	thou shouldest see the glory of God
ὄψει τὴν δόξαν τοῦ Θεοῦ	ὄψῃ τὴν δόξαν τοῦ θεοῦ
John 11:41	
where the dead was laid	....
οὗ ἦν ὁ τεθνηκὼς κειμένος	....
John 11:44	
And he that was dead came forth	He that was dead came forth
καὶ ἐξῆλθεν ὁ τεθνηκὼς	ἐξῆλθεν ὁ τεθνηκὼς
John 11:44	
and let him go	and let him go
καὶ ἄφετε ὑπάγειν	καὶ ἄφετε αὐτὸν ὑπάγειν
John 11:45	
which came to Mary	which came to Mary
οἱ ἐλθόντες πρὸς τὴν Μαρίαν	οἱ ἐλθόντες πρὸς τὴν Μαριὰμ
John 11:45	
and had seen the things which Jesus did	and had seen the things which _he_ did
καὶ θεασάμενοι ἃ ἐποίησεν ὁ Ἰησοῦς	καὶ θεασάμενοι ἃ ἐποίησεν
John 11:46	
and told them	and told them
καὶ εἶπον αὐτοῖς	καὶ εἶπαν αὐτοῖς
John 11:46	
what things Jesus had done	what things Jesus had done
ἃ ἐποίησε ὁ Ἰησοῦς	ἃ ἐποίησεν Ἰησοῦς
John 11:47	
doeth many miracles	doeth many miracles
πολλὰ σημεῖα ποιεῖ	πολλὰ ποιεῖ σημεῖα
John 11:48	

Over 8,000 Differences Between the T.R. and the Nestle-Aland Greek N.T.

Textus Receptus-Scrivener	Nestle-Aland 26,27
If we let him thus alone	If we let him thus alone
ἐὰν ἀφῶμεν αὐτὸν οὕτω	ἐὰν ἀφῶμεν αὐτὸν οὕτως
John 11:50	
Nor consider	Nor consider
οὐδὲ διαλογίζεσθε	οὐδὲ λογίζεσθε
John 11:50	
that it is expedient for us	that it is expedient for you
ὅτι συμφέρει ἡμῖν	ὅτι συμφέρει ὑμῖν
John 11:51	
he prophesied that	he prophesied that
προεφήτευσεν ὅτι	ἐπροφήτευσεν ὅτι
John 11:51	
that Jesus should die	that Jesus should die
ἔμελλεν ὁ Ἰησοῦς ἀποθνήσκειν	ἔμελλεν Ἰησοῦς ἀποθνήσκειν
John 11:53	
they took counsel	they took counsel
συνεβουλεύσαντο	ἐβουλεύσαντο
John 11:54	
Jesus therefore	Jesus therefore
Ἰησοῦς οὖν	Ὁ οὖν Ἰησοῦς
John 11:54	
and there continued	and there continued
κἀκεῖ διέτριβε	κἀκεῖ ἔμεινεν
John 11:54	
with the disciples	with the disciples
μετὰ τῶν μαθητῶν αὐτοῦ	μετὰ τῶν μαθητῶν
John 11:57	
Now both the chief priests and the Pharisees had given	Now the chief priests and the Pharisees had given
δεδώκεισαν δὲ καὶ οἱ ἀρχιερεῖς καὶ οἱ Φαρισαῖοι	δεδώκεισαν δὲ οἱ ἀρχιερεῖς καὶ οἱ Φαρισαῖοι
John 11:57	
a commandment	commandments
ἐντολὴν	ἐντολὰς
John 12:1	
where Lazarus was which had been dead	where Lazarus
ὅπου ἦν Λάζαρος ὁ τεθνηκώς	ὅπου ἦν Λάζαρος
John 12:1	
whom he raised from the dead	whom Jesus raised from the dead
ὃν ἤγειρεν ἐκ νεκρῶν	ὃν ἤγειρεν ἐκ νεκρῶν Ἰησοῦς
John 12:2	
but Lazarus was one of	but Lazarus was one of
ὁ δὲ Λάζαρος εἷς ἦν	ὁ δὲ Λάζαρος εἷς ἦν ἐκ
John 12:2	
them that sat at the table with him	them that sat at the table with him
τῶν συνανακειμένων αὐτῷ	τῶν ἀνακειμένων σὺν αὐτῷ
John 12:3	
Then took Mary	Then took Mary

Textus Receptus-Scrivener	Nestle-Aland 26,27
ἡ οὖν Μαρία λαβοῦσα	ἡ οὖν Μαριὰμ λαβοῦσα

John 12:4

Then saith	But saith
λέγει οὖν	λέγει δὲ

John 12:4

| one of his disciples, Judas Iscariot, Simon's son | Judas Iscariot, one of his disciples |
| εἷς ἐκ τῶν μαθητῶν αὐτοῦ, Ἰούδας Σίμωνος Ἰσκαριώτης | Ἰούδας ὁ Ἰσκαριώτης εἷς "ἐκ τῶν μαθητῶν αὐτοῦ |

John 12:5

Why was	Why was
Διατί	Διὰ τί

John 12:6

but because he was a thief	but because he was a thief
ἀλλὰ ὅτι κλέπτης ἦν	ἀλλ ὅτι κλέπτης ἦν

John 12:6

and had the bag	and had the bag
καὶ τὸ γλωσσόκομον εἶχε	καὶ τὸ γλωσσόκομον ἔχων

John 12:6

and bare what was put therein	bare what was put therein
καὶ τὰ βαλλόμενα ἐβάσταζεν	τὰ βαλλόμενα ἐβάσταζεν

John 12:7

against the day	that against the day
εἰς τὴν ἡμέραν	ἵνα εἰς τὴν ἡμέραν

John 12:7

hath she kept this	she may keep this
τετήρηκεν αὐτό	τηρήσῃ αὐτό

John 12:9

Much people of the Jews therefore	Much people of the Jews therefore
οὖν ὄχλος πολὺς ἐκ τῶν Ἰουδαίων	οὖν (ὁ) ὄχλος πολὺς ἐκ τῶν Ἰουδαίων

John 12:12

On the next day much people	On the next day much people
Τῇ ἐπαύριον ὄχλος πολὺς	Τῇ ἐπαύριον ὁ ὄχλος πολὺς

John 12:13

and cried	and cried
καὶ ἔκραζον	καὶ ἐκραύγαζον

John 12:13

| Blessed *is* the King of Israel that cometh in the name of the Lord. | Blessed *is* he that cometh in the name of the Lord, [and] the king of Israel |
| εὐλογημένος ὁ ἐρχόμενος ἐν ὀνόματι Κυρίου, ὁ βασιλεὺς τοῦ Ἰσραήλ | εὐλογημένος ὁ ἐρχόμενος ἐν ὀνόματι Κυρίου, (καὶ) ὁ βασιλεὺς τοῦ Ἰσραήλ |

John 12:15

daughter of Sion	daughter of Sion
θυγάτερ Σιών	θυγάτηρ Σιών

John 12:16

These things	These things
ταῦτα δὲ	ταῦτα

John 12:16

| understood not his disciples | understood not his disciples |

Over 8,000 Differences Between the T.R. and the Nestle-Aland Greek N.T.

Textus Receptus-Scrivener	Nestle-Aland 26,27
οὐκ ἔγνωσαν οἱ μαθηταὶ αὐτοῦ	οὐκ ἔγνωσαν αὐτοῦ οἱ μαθηταὶ
John 12:16	
but when Jesus was glorified	but when Jesus was glorified
ἀλλ ὅτε ἐδοξάσθη ὁ Ἰησοῦς	ἀλλ ὅτε ἐδοξάσθη Ἰησοῦς
John 12:18	
the people also met him	the people [also] met him
καὶ ὑπήντησεν αὐτῷ ὁ ὄχλος	(καὶ) ὑπήντησεν αὐτῷ ὁ ὄχλος
John 12:18	
for that they heard	for that they heard
ὅτι ἤκουσε	ὅτι ἤκουσαν
John 12:19	
The Pharisees therefore said	The Pharisees therefore said
οἱ οὖν Φαρισαῖοι εἶπον	οἱ οὖν Φαρισαῖοι εἶπαν
John 12:20	
And there were certain Greeks	And there were certain Greeks
Ἦσαν δὲ τινες Ἕλληνές	Ἦσαν δὲ Ἕλληνές τινες
John 12:22	
Philip cometh	Philip cometh
ἔρχεται Φίλιππος	ἔρχεται ὁ Φίλιππος
John 12:22	
and again Andrew and Philip tell Jesus	Andrew and Philip come and tell Jesus
καὶ πάλιν Ἀνδρέας καὶ Φίλιππος καὶ λέγουσι τῷ Ἰησοῦ	ἔρχεται Ἀνδρέας καὶ Φίλιππος καὶ λέγουσιν τῷ Ἰησοῦ
John 12:23	
And Jesus answered them, saying	And Jesus answered them, saying
ὁ δὲ Ἰησοῦς ἀπεκρίνατο αὐτοῖς λέγων	ὁ δὲ Ἰησοῦς ἀποκρίνεται αὐτοῖς λέγων
John 12:25	
He that loveth his life shall lose it	He that loveth his life loses it
ὁ φιλῶν τὴν ψυχὴν αὐτοῦ ἀπολέσει αὐτήν	ὁ φιλῶν τὴν ψυχὴν αὐτοῦ ἀπολλύει αὐτήν
John 12:26	
If any man serve me	If any man serve me
ἐὰν ἐμοί διακονῇ τις	ἐὰν ἐμοί τις διακονῇ
John 12:26	
if any man serve me	if any man serve me
καὶ ἐάν τις ἐμοὶ διακονῇ	ἐάν τις ἐμοὶ διακονῇ
John 12:30	
Jesus answered	Jesus answered
ἀπεκρίθη ὁ Ἰησοῦς	ἀπεκρίθη Ἰησοῦς
John 12:30	
This voice came not because of me	This voice came not because of me
Οὐ δι ἐμὲ αὕτη ἡ φωνὴ γέγονεν	Οὐ δι ἐμὲ ἡ φωνὴ αὕτη γέγονεν
John 12:34	
The people answered him	The people therefore answered him
ἀπεκρίθη αὐτῷ ὁ ὄχλος	ἀπεκρίθη οὖν αὐτῷ ὁ ὄχλος
John 12:34	
and how sayest thou	and how sayest thou
καὶ πῶς σὺ λέγεις	καὶ πῶς λέγεις σὺ
John 12:35	

Textus Receptus-Scrivener	Nestle-Aland 26,27
Yet a little while is the light with you	Yet a little while is the light in you
Ἔτι μικρὸν χρόνον τὸ φῶς μεθ᾽ ὑμῖν ἐστι	Ἔτι μικρὸν χρόνον τὸ φῶς ἐν ὑμῖν ἐστιν
John 12:35	
Walk while	Walk while
περιπατεῖτε ἕως	περιπατεῖτε ὡς
John 12:36	
While ye have light	While ye have light
ἕως τὸ φῶς ἔχετε	ὡς τὸ φῶς ἔχετε
John 12:36	
These things spake Jesus	These things spake Jesus
Ταῦτα ἐλάλησεν ὁ Ἰησοῦς	Ταῦτα ἐλάλησεν Ἰησοῦς
John 12:40	
and hardened their heart	and hardened their heart
καὶ πεπώρωκεν αὐτῶν τὴν καρδίαν	καὶ ἐπώρωσεν αὐτῶν τὴν καρδίαν
John 12:40	
and be converted	and be turned
καὶ ἐπιστραφῶσι	καὶ στραφῶσιν
John 12:40	
and I should heal them	and I shall heal them
καὶ ἰάσωμαι αὐτούς	καὶ ἰάσομαι αὐτούς
John 12:41	
when he saw	because he saw
ὅτε εἶδε	ὅτι εἶδεν
John 12:44	
but on him that sent me	but on him that sent me
ἀλλ᾽ εἰς τὸν πέμψαντά με	ἀλλὰ εἰς τὸν πέμψαντά με
John 12:47	
if any man hear my words, and believe not,	if any man hear my words, and keep *them* not
ἐάν τίς μου ἀκούσῃ τῶν ῥημάτων καὶ μὴ πιστεύσῃ	ἐάν τίς μου ἀκούσῃ τῶν ῥημάτων καὶ μὴ φυλάξῃ
John 12:49	
he gave me a commandment	he has given me a commandment
αὐτός μοι ἐντολὴν ἔδωκε	αὐτός μοι ἐντολὴν δέδωκεν
John 12:50	
whatsoever I speak therefore	whatsoever I speak therefore
ἃ οὖν λαλῶ ἐγὼ	ἃ οὖν ἐγὼ λαλῶ
John 12:50	
so I speak	so I speak
οὕτω λαλῶ	οὕτως λαλῶ
John 13:1	
that his hour was come	that his hour was come
ὅτι ἐλήλυθεν αὐτοῦ ἡ ὥρα	ὅτι ἦλθεν αὐτοῦ ἡ ὥρα
John 13:2	
And supper being ended	And supper being ended
καὶ δείπνου γενομένου	καὶ δείπνου γινομένου
John 13:2	
having now put into the heart of Judas Iscariot, Simon's *son*, to betray him	having now put into the heart of Judas Iscariot, Simon's *son*, to betray him

247

Over 8,000 Differences Between the T.R. and the Nestle-Aland Greek N.T.

Textus Receptus-Scrivener	Nestle-Aland 26,27
ἤδη βεβληκότος εἰς τὴν καρδίαν Ἰούδα Σίμωνος	ἤδη βεβληκότος εἰς τὴν καρδίαν ἵνα παραδοῖ
Ἰσκαριώτου ἵνα αὐτὸν παραδῷ	αὐτὸν Ἰούδας Σίμωνος Ἰσκαριώτου
John 13:3	
Jesus knowing	Knowing
εἰδὼς ὁ Ἰησοῦς	εἰδὼς
John 13:3	
that the Father had given all things into his hands	that the Father gave all things into his hands
ὅτι πάντα δέδωκεν αὐτῷ ὁ πατὴρ εἰς τὰς χεῖρας	ὅτι πάντα ἔδωκεν αὐτῷ ὁ πατὴρ εἰς τὰς χεῖρας
John 13:6	
and Peter saith unto him	saith unto him
καὶ λέγει αὐτῷ ἐκεῖνος	λέγει αὐτῷ
John 13:8	
wash my feet	wash my feet
νίψῃς τοὺς πόδας μου	νίψῃς μου τοὺς πόδας
John 13:8	
Jesus answered him	Jesus answered him
ἀπεκρίθη αὐτῷ ὁ Ἰησοῦς	ἀπεκρίθη Ἰησοῦς αὐτῷ,
John 13:10	
He that is washed needeth not	He that is washed needeth not
Ὁ λελουμένος οὐ χρείαν	Ὁ λελουμένος οὐκ ἔχει χρείαν
John 13:10	
save to wash *his* feet	save to wash *his* feet
ἢ τοὺς πόδας νίψασθαι	εἰ μὴ τοὺς πόδας νίψασθαι
John 13:11	
said he	said he that
εἶπεν	εἶπεν ὅτι
John 13:12	
and had taken his garments,	[and] had taken his garments,
καὶ ἔλαβε τὰ ἱμάτια αὐτοῦ	(καὶ) ἔλαβεν τὰ ἱμάτια αὐτοῦ
John 13:12	
and was set down again	and was set down again
ἀνέπεσων πάλιν	καὶ ἀνέπεσεν πάλιν
John 13:18	
I know whom I have chosen	I know whom I have chosen
ἐγὼ οἶδα οὓς ἐξελεξάμην	ἐγὼ οἶδα τίνας ἐξελεξάμην
John 13:18	
He that eateth bread with me	He that eateth bread
Ὁ τρώγων μετ᾽ ἐμοῦ τὸν ἄρτον	Ὁ τρώγων μου τὸν ἄρτον
John 13:19	
that, when it is come to pass, ye may believe	that ye may beleive when it is come to pass
ἵνα, ὅταν γένηται πιστεύσητε	ἵνα πιστεύσητε ὅταν γένηται
John 13:20	
He that receiveth whomsoever I send	He that receiveth whomsoever I send
Ὁ λαμβάνων ἐάν τινα πέμψω	ὁ λαμβάνων ἄν τινα πέμψω
John 13:21	
When Jesus had thus said	When Jesus had thus said
Ταῦτα εἰπὼν ὁ Ἰησοῦς	Ταῦτα εἰπὼν (ὁ) Ἰησοῦς
John 13:22	

Textus Receptus-Scrivener	Nestle-Aland 26,27

Then the disciples looked one on another
ἔβλεπον οὖν εἰς ἀλλήλους οἱ μαθηταί
John 13:23

The disciples looked one on another
ἔβλεπον εἰς ἀλλήλους οἱ μαθηταί

Now there was leaning
ἦν δὲ ἀνακείμενος
John 13:23

There was leaning
ἦν ἀνακείμενος

one of his disciples
εἷς τῶν μαθητῶν αὐτοῦ
John 13:25

one of his disciples
εἷς ἐκ τῶν μαθητῶν αὐτοῦ

He then lying
ἐπιπεσὼν δὲ ἐκεῖνος
John 13:25

He then lying
ἀναπεσὼν οὖν ἐκεῖνος

on Jesus' breast
ἐπὶ τὸ στῆθος τοῦ Ἰησοῦ
John 13:26

thus on Jesus' breast
οὕτως ἐπὶ τὸ στῆθος τοῦ Ἰησοῦ

Jesus answered
ἀποκρίνεται ὁ Ἰησοῦς
John 13:26

Jesus answered
ἀποκρίνεται (ὁ) Ἰησοῦς

He it is, to whom I shall give a sop, when I have dipped it
Ἐκεῖνός ἐστιν ᾧ ἐγὼ βάψας τὸ ψωμίον ἐπιδώσω
John 13:26

He it is, to whom I shall give a sop, when I have dipped it
Ἐκεῖνός ἐστιν ᾧ ἐγὼ βάψω τὸ ψωμίον καὶ δώσω αὐτῷ

And when he had dipped the sop
καὶ ἐμβάψας τὸ ψωμίον
John 13:26

Then when he had dipped the sop
βάψας οὖν τὸ ψωμίον

he gave *it*
δίδωσιν
John 13:26

he [took and] gave *it*
(λαμβάνει καὶ) δίδωσιν

to Judas Iscariot, *the son* of Simon
Ἰούδα Σίμωνος Ἰσκαριώτῃ
John 13:28

to Judas Iscariot, *the son* of Simon
Ἰούδᾳ Σίμωνος Ἰσκαριώτου

Now no man
δὲ οὐδεὶς
John 13:29

[Now] no man
(δὲ) οὐδεὶς

Judas had the bag
γλωσσόκομον εἶχεν ὁ Ἰούδας
John 13:29

Judas had the bag
γλωσσόκομον εἶχεν Ἰούδας

that Jesus had said unto him
ὅτι λέγει αὐτῷ ὁ Ἰησοῦς
John 13:30

that Jesus had said unto him
ὅτι λέγει αὐτῷ (ὁ) Ἰησοῦς

went immediately out
εὐθέως ἐξῆλθεν
John 13:31

went immediately out
ἐξῆλθεν εὐθύς

Jesus said
λέγει ὁ Ἰησοῦς
John 13:32

Jesus said
λέγει Ἰησοῦς

If God be glorified in him

[If God be glorified in him]

Over 8,000 Differences Between the T.R. and the Nestle-Aland Greek N.T.

Textus Receptus-Scrivener	Nestle-Aland 26,27
εἰ ὁ Θεὸς ἐδοξάσθη ἐν αὐτῷ	(εἰ ὁ Θεὸς ἐδοξάσθη ἐν αὐτῷ)
John 13:32	
God shall also glorify him in himself	God shall also glorify him in himself
καὶ ὁ Θεὸς δοξάσει αὐτὸν ἐν ἑαυτῷ	καὶ ὁ Θεὸς δοξάσει αὐτὸν ἐν αὐτῷ
John 13:33	
Whither I go	Whither I go
Ὅπου ὑπάγω ἐγὼ	Ὅπου ἐγὼ ὑπάγω
John 13:36	
answered him	answered [him]
ἀπεκρίθη αὐτῷ	ἀπεκρίθη (αὐτῷ)
John 13:36	
Jesus	Jesus
ὁ Ἰησοῦς	Ἰησοῦς
John 13:36	
but thou shalt follow me afterwards	but thou shalt follow afterwards
ὕστερον δὲ ἀκολουθήσεις μοι	ἀκολουθήσεις δὲ ὕστερον
John 13:37	
why cannot	why cannot
διατί οὐ	διὰ τί οὐ
John 13:38	
Jesus answered him	Jesus answers
ἀποκρίθη αὐτῷ ὁ Ἰησοῦς	ἀποκρίνεται Ἰησοῦς
John 13:38	
The cock shall not crow	The cock shall not crow
οὐ μὴ ἀλέκτωρ φωνήσει	οὐ μὴ ἀλέκτωρ φωνήσῃ
John 13:38	
till thou hast denied me thrice	till thou hast denied me thrice
ἕως οὗ ἀπαρνήσῃ με τρίς	ἕως οὗ ἀρνήσῃ με τρίς
John 14:2	
I go to prepare	I go to prepare
πορεύομαι ἑτοιμάσαι	ὅτι πορεύομαι ἑτοιμάσαι
John 14:3	
and prepare a place for you	and prepare a place for you
καὶ ἑτοιμάσω ὑμῖν τόπον	καὶ ἑτοιμάσω τόπον ὑμῖν
John 14:3	
and receive you	and receive you
καὶ παραλήψομαι ὑμᾶς	καὶ παραλήμψομαι ὑμᾶς
John 14:4	
And whither I go	And whither [I] go
καὶ ὅπου ἐγὼ ὑπάγω	καὶ ὅπου (ἐγὼ) ὑπάγω
John 14:4	
ye know, and the way	ye know the way
οἴδατε, καὶ τὴν ὁδόν	οἴδατε τὴν ὁδόν
John 14:4	
ye know	....
οἴδατε	....
John 14:5	
and how can we	how can we

Over 8,000 Differences Between the T.R. and the Nestle-Aland Greek N.T.

Textus Receptus-Scrivener	Nestle-Aland 26,27
καὶ πῶς δυνάμεθα	πῶς δυνάμεθα
John 14:6	
Jesus saith unto him	Jesus saith unto him
λέγει αὐτῷ ὁ Ἰησοῦς	λέγει αὐτῷ (ὁ) Ἰησοῦς,
John 14:7	
If ye had known me	If ye have known me
εἰ ἐγνώκειτέ με	εἰ ἐγνώκατέ με
John 14:7	
ye should have known my Father also	ye will know my Father also
καὶ τὸν πατέρα μου ἐγνώκειτε ἄν	καὶ τὸν πατέρα μου γνώσεσθε
John 14:9	
Have I been so long time with you	Have I been so long time with you
Τοσοῦτον χρόνον μεθ ὑμῶν εἰμι	Τοσούτῳ χρόνῳ μεθ ὑμῶν εἰμι
John 14:9	
and how sayest thou *then*	how sayest thou *then*
καὶ πῶς σὺ λέγεις	πῶς σὺ λέγεις
John 14:10	
the words that I speak unto you	the words that I speak unto you
τὰ ῥήματα ἃ ἐγὼ λαλῶ ὑμῖν	τὰ ῥήματα ἃ ἐγὼ λέγω ὑμῖν
John 14:10	
but the Father that dwelleth in me	but the Father dwelling in me
ὁ δὲ πατὴρ ὁ ἐν ἐμοὶ μένων	ὁ δὲ πατὴρ ἐν ἐμοὶ μένων
John 14:10	
he doeth the works	does his works
αὐτὸς ποιεῖ τὰ ἔργα	ποιεῖ τὰ ἔργα αὐτοῦ
John 14:11	
or else believe me for the very works' sake	or else believe for the very works' sake
διὰ τὰ ἔργα αὐτὰ πιστεύετε μοι	διὰ τὰ ἔργα αὐτὰ πιστεύετε
John 14:12	
because I go unto my Father	because I go unto the Father
ὅτι ἐγὼ πρὸς τὸν πατέρα μου πορεύομαι	ὅτι ἐγὼ πρὸς τὸν πατέρα πορεύομαι
John 14:14	
If ye shall ask any thing in my name	If ye shall ask me any thing in my name
ἐάν τι αἰτήσητέ ἐν τῷ ὀνόματί μου	ἐάν τι αἰτήσητέ με ἐν τῷ ὀνόματί μου
John 14:15	
keep my commandments	ye will keep my commandments
τὰς ἐντολὰς τὰς ἐμὰς τηρήσατε	τὰς ἐντολὰς τὰς ἐμὰς τηρήσετε
John 14:16	
And I will pray the Father	And I will pray the Father
καὶ ἐγὼ ἐρωτήσω τὸν πατέρα	κἀγὼ ἐρωτήσω τὸν πατέρα
John 14:16	
that he may abide with you	that with you
ινα μένῃ μεθ ὑμῶν	ἵνα μεθ ὑμῶν
John 14:16	
for ever	for ever he may be
εἰς τὸν αἰῶνα	εἰς τὸν αἰῶνα ᾖ
John 14:17	
neither knoweth him	neither knoweth

Over 8,000 Differences Between the T.R. and the Nestle-Aland Greek N.T.

Textus Receptus-Scrivener	Nestle-Aland 26,27
οὐδὲ γινώσκει αὐτὸ	οὐδὲ γινώσκει
John 14:17	
but ye know him	ye know him
ὑμεῖς δὲ γινώσκετε αὐτό	ὑμεῖς γινώσκετε αὐτό
John 14:19	
ye shall live also	ye shall live also
καὶ ὑμεῖς ζήσεσθε	καὶ ὑμεῖς ζήσετε
John 14:21	
and I will love him	and I will love him
καὶ ἐγὼ ἀγαπήσω αὐτὸν	κἀγὼ ἀγαπήσω αὐτὸν
John 14:22	
how is it	[and] how is it
τί γέγονεν ὅτι	(καὶ) τί γέγονεν ὅτι
John 14:23	
Jesus answered	Jesus answered
ἀπεκρίθη ὁ Ἰησοῦς	ἀπεκρίθη Ἰησοῦς
John 14:23	
and make our abode with him	and make our abode with him
καὶ μονὴν παρ αὐτῷ ποιησόμεν	καὶ μονὴν παρ αὐτῷ ποιησόμεθα
John 14:26	
whatsoever I have said unto you	whatsoever I have said unto you
ἃ εἶπον ὑμῖν	ἃ εἶπον ὑμῖν (ἐγώ)
John 14:28	
ye would rejoice, because I said	ye would rejoice, because
ἐχάρητε ἂν ὅτι εἶπον	ἐχάρητε ἄν, ὅτι
John 14:28	
for my Father is greater than I	for the Father is greater than I
ὅτι ὁ πατὴρ μού μείζων μού ἐστι	ὅτι ὁ πατὴρ μείζων μού ἐστιν
John 14:30	
for the prince of this world cometh	for the prince of the world cometh
ἔρχεται γὰρ ὁ τοῦ κόσμου τούτου ἄρχων	ἔρχεται γὰρ ὁ τοῦ κόσμου ἄρχων
John 14:31	
even so I do	even so I do
οὕτω ποιῶ	οὕτως ποιῶ
John 15:2	
that it may bring forth more fruit	that it may bring forth more fruit
ἵνα πλείονα καρπὸν φέρῃ	ἵνα καρπὸν πλείονα φέρῃ
John 15:4	
except it abide	except it abide
ἐὰν μὴ μείνῃ	ἐὰν μὴ μένῃ
John 15:4	
except ye abide in me	except ye abide in me
ἐὰν μὴ ἐν ἐμοὶ μεινητε	ἐὰν μὴ ἐν ἐμοὶ μένητε
John 15:6	
If a man abide not	If a man abide not
ἐὰν μή τις μείνῃ	ἐὰν μή τις μένῃ
John 15:6	
and cast *them* into the fire	and cast *them* into the fire

Over 8,000 Differences Between the T.R. and the Nestle-Aland Greek N.T.

Textus Receptus-Scrivener	Nestle-Aland 26,27
καὶ εἰς πῦρ βάλλουσι	καὶ εἰς τὸ πῦρ βάλλουσιν
John 15:7	
ye shall ask what ye will	ask ye what ye will
ὃ ἐὰν θέλητε αἰτήσεσθε	ὃ ἐὰν θέλητε αἰτήσασθε
John 15:8	
so shall ye be my disciples	so should ye be my disciples
καὶ γενήσεσθε ἐμοὶ μαθηταί	καὶ γένησθε ἐμοὶ μαθηταί
John 15:9	
so have I loved you	so have I loved you
κἀγὼ ἠγάπησα ὑμᾶς	κἀγὼ ὑμᾶς ἠγάπησα
John 15:11	
that my joy might remain in you	that my joy might be in you
ἵνα ἡ χαρὰ ἡ ἐμὴ ἐν ὑμῖν μείνῃ	ἵνα ἡ χαρὰ ἡ ἐμὴ ἐν ὑμῖν ᾖ
John 15:14	
if ye do whatsoever I command you	if ye do what I command you
ἐὰν ποιῆτε ὅσα ἐγὼ ἐντέλλομαι ὑμῖν	ἐὰν ποιῆτε ἃ ἐγὼ ἐντέλλομαι ὑμῖν
John 15:15	
Henceforth I call you not servants	Henceforth I call you not servants
οὐκέτι ὑμᾶς λέγω δούλους	οὐκέτι λέγω ὑμᾶς δούλους
John 15:21	
will they do unto you	will they do unto you
ποιήσουσιν ὑμῖν	ποιήσουσιν εἰς ὑμᾶς
John 15:22	
they had not had sin	they had not had sin
ἁμαρτίαν οὐκ εἶχον	ἁμαρτίαν οὐκ εἴχοσαν
John 15:24	
which none other man did	which none other man did
ἃ οὐδεὶς ἄλλος πεποίηκεν	ἃ οὐδεὶς ἄλλος ἐποίησεν
John 15:24	
they had not had sin	they had not had sin
ἁμαρτίαν οὐκ εἶχον	ἁμαρτίαν οὐκ εἴχοσαν
John 15:25	
that the word might be fulfilled that is written in their law	that the word might be fulfilled that is written in their law
ἵνα πληρωθῇ ὁ λόγος ὁ γεγραμμένος ἐν τῷ νόμῳ αὐτῶν	ἵνα πληρωθῇ ὁ λόγος ὁ ἐν τῷ νόμῳ αὐτῶν γεγραμμένος
John 15:26	
But when the Comforter is come	When the Comforter is come
ὅταν δὲ ἔλθῃ ὁ παράκλητος	Ὅταν ἔλθῃ ὁ παράκλητος
John 16:3	
And these things will they do unto you	And these things will they do
Καὶ ταῦτα ποιήσουσιν ὑμῖν	καὶ ταῦτα ποιήσουσιν
John 16:4	
that when the time shall come	that when their time shall come
ἵνα ὅταν ἔλθῃ ἡ ὥρα	ἵνα ὅταν ἔλθῃ ἡ ὥρα αὐτῶν
John 16:10	
because I go to my Father	because I go to the Father
ὅτι πρὸς τὸν πατέρα μου ὑπάγω	ὅτι πρὸς τὸν πατέρα ὑπάγω

Over 8,000 Differences Between the T.R. and the Nestle-Aland Greek N.T.

Textus Receptus-Scrivener	Nestle-Aland 26,27
John 16:12	
I have yet many things to say unto you	I have yet many things to say unto you
ἔτι πολλὰ ἔχω λέγειν ὑμῖν	Ἔτι πολλὰ ἔχω ὑμῖν λέγειν
John 16:13	
he will guide you into all truth	he will guide you in all truth
ὁδηγήσει ὑμᾶς εἰς πάσαν τὴν ἀλήθειαν	ὁδηγήσει ὑμᾶς ἐν τῇ ἀληθείᾳ πάσῃ
John 16:13	
but whatsoever he shall hear	but whatsoever he shall hear
ἀλλ ὅσα ἂν ἀκούσῃ	ἀλλ ὅσα ἀκούσει
John 16:14	
he shall receive of mine	he shall receive of mine
ἐκ τοῦ ἐμοῦ λήψεται	ἐκ τοῦ ἐμοῦ λήμψεται
John 16:15	
that he shall take of mine	that he takes of mine
ὅτι ἐκ τοῦ ἐμοῦ λήψεται	ὅτι ἐκ τοῦ ἐμοῦ λαμβάνει
John 16:16	
A little while, and ye shall not see me	A little while, and ye shall no longer see me
μικρὸν καὶ οὐ θεωρεῖτέ με	Μικρὸν καὶ οὐκέτι θεωρεῖτέ με
John 16:16	
because I go to the Father	....
ὅτι ἐγὼ ὑπάγω πρὸς τὸν πατέρρα	....
John 16:17	
Then said	Then said
εἶπον οὖν	εἶπαν οὖν
John 16:17	
Because I go to the Father	Because I go to the Father
ὅτι ἐγὼ ὑπάγω πρὸς τὸν πατέρα	Ὅτι ὑπάγω πρὸς τὸν πατέρα
John 16:18	
What is this	What is this
Τοῦτο τί ἐστιν	Τί ἐστιν τοῦτο
John 16:18	
that he saith	[that he saith]
ὃ λέγει	(ὃ λέγει)
John 16:19	
Now	....
οὖν	....
John 16:19	
Jesus	Jesus
ὁ Ἰησοῦς	(ὁ) Ἰησοῦς
John 16:20	
and ye shall be sorrowful	ye shall be sorrowful
ὑμεῖς δὲ λυπηθήσεσθε	ὑμεῖς λυπηθήσεσθε
John 16:22	
And ye now therefore have sorrow	And ye now therefore have sorrow
καὶ ὑμεῖς οὖν λύπην μὲν νῦν ἔχετε	καὶ ὑμεῖς οὖν νῦν μὲν λύπην ἔχετε
John 16:23	
Whatsoever ye shall ask	Whatsoever ye shall ask
ὅτι ὅσα ἄν τι αἰτήσητε	ἄν τι αἰτήσητε

Textus Receptus-Scrivener	Nestle-Aland 26,27
John 16:24	
and ye shall receive	and ye shall receive
καὶ λήψεσθε	καὶ λήμψεσθε
John 16:25	
I shall shew you	I shall shew you
ἀναγγελῶ ὑμῖν	ἀπαγγελῶ ὑμῖν
John 16:27	
that I came out from God	that I came out from God
ὅτι ἐγὼ παρὰ τοῦ Θεοῦ ἐξῆλθον	ὅτι ἐγὼ παρὰ (τοῦ) θεοῦ ἐξῆλθον
John 16:29	
His disciples said unto him	His disciples said
λέγουσιν αὐτῷ οἱ μαθηταὶ αὐτοῦ	Λέγουσιν οἱ μαθηταὶ αὐτοῦ
John 16:29	
now speakest thou plainly	now speakest thou plainly
νῦν παρρησίᾳ λαλεῖς	νῦν ἐν παρρησίᾳ λαλεῖς
John 16:31	
Jesus answered them	Jesus answered them
ἀπεκρίθη αὐτοῖς ὁ Ἰησοῦς	ἀπεκρίθη αὐτοῖς Ἰησοῦς
John 16:32	
yea, is now come	yea, is come
καὶ νῦν ἐλήλυθεν	καὶ ἐλήλυθεν
John 16:32	
and shall leave me alone	and shall leave me alone
καὶ ἐμὲ μόνον ἀφῆτε	κἀμὲ μόνον ἀφῆτε
John 16:33	
ye shall have tribulation	ye have tribulation
θλῖψιν ἕξετε	θλῖψιν ἔχετε
John 17:1	
These words spake Jesus	These words spake Jesus
Ταῦτα ἐλάλησεν ὁ Ἰησοῦς	Ταῦτα ἐλάλησεν Ἰησοῦς
John 17:1	
and lifted up his eyes	and lifted up his eyes
καὶ ἐπῆρε τοὺς ὀφθαλμοὺς αὐτοῦ	καὶ ἐπάρας τοὺς ὀφθαλμοὺς αὐτοῦ
John 17:1	
and said	said
καὶ εἶπε	εἶπεν
John 17:1	
that...Son also	that the Son
ἵνα καὶ ὁ υἱὸς	ἵνα ὁ υἱὸς
John 17:1	
thy	....
σου	....
John 17:4	
I have finished the work	I have finished the work
τὸ ἔργον ἐτελείωσα	τὸ ἔργον τελειώσας
John 17:6	
and thou gavest them me	and thou gavest them me
καὶ ἐμοὶ αὐτοὺς δέδωκας	κἀμοὶ αὐτοὺς ἔδωκας

Over 8,000 Differences Between the T.R. and the Nestle-Aland Greek N.T.

Textus Receptus-Scrivener	Nestle-Aland 26,27

John 17:6
and they have kept thy word
καὶ τὸν λόγον σου τετήρηκασι

and they have kept thy word
καὶ τὸν λόγον σου τετήρηκαν

John 17:7
are of thee
παρὰ σοῦ ἐστιν

are of thee
παρὰ σοῦ εἰσιν

John 17:8
the words which thou gavest me
τὰ ῥήματα ἃ δέδωκάς μοι

the words which thou gavest me
τὰ ῥήματα ἃ ἔδωκάς μοι

John 17:11
but these are in the world
καὶ οὗτοι ἐν τῷ κόσμῳ εἰσί

but they are in the world
καὶ αὐτοὶ ἐν τῷ κόσμῳ εἰσίν

John 17:11
and I come to thee
καὶ ἐγὼ πρὸς σὲ ἔρχομαι

and I come to thee
κἀγὼ πρὸς σὲ ἔρχομαι

John 17:11
whom thou hast given me
οὓς δέδωκάς μοι

which thou hast given me
ᾧ δέδωκάς μοι

John 17:12
While I was with them in the world
ὅτε ἤμην μετ αὐτῶν ἐν τῷ κόσμῳ

While I was with them in the world
ὅτε ἤμην μετ αὐτῶν

John 17:12
those that thou gavest me
οὓς δέδωκάς μοι

which thou gavest me
ᾧ δέδωκάς μοι

John 17:12
I have kept
ἐφύλαξα

and I have kept
καὶ ἐφύλαξα

John 17:13
fulfilled in themselves
πεπληρωμένην ἐν αὐτοῖς

fulfilled in themselves
πεπληρωμένην ἐν ἑαυτοῖς

John 17:16
even as I am not of the world
καθὼς ἐγὼ ἐκ τοῦ κόσμου οὐκ εἰμὶ

even as I am not of the world
καθὼς ἐγὼ οὐκ εἰμὶ ἐκ τοῦ κόσμου

John 17:17
Sanctify them through thy truth
ἁγίασον αὐτοὺς ἐν τῇ ἀληθείᾳ σου

Sanctify them through the truth
ἁγίασον αὐτοὺς ἐν τῇ ἀληθείᾳ

John 17:19
And for their sakes I sanctify myself
καὶ ὑπὲρ αὐτῶν ἐγὼ ἁγιάζω ἐμαυτόν

And for their sakes [I] sanctify myself
καὶ ὑπὲρ αὐτῶν (ἐγὼ) ἁγιάζω ἐμαυτόν

John 17:19
that they also might be sanctified
ἵνα καὶ αὐτοὶ ὦσιν ἡγιασμένοι

that they also might be sanctified
ἵνα ὦσιν καὶ αὐτοὶ ἡγιασμένοι

John 17:20
which shall believe
τῶν πιστευσόντων

which believe
τῶν πιστευόντων

John 17:21
that they also may be one in us
ἵνα καὶ αὐτοὶ ἐν ἡμῖν ἓν ὦσιν

that they also may be in us
ἵνα καὶ αὐτοὶ ἐν ἡμῖν ὦσιν

Textus Receptus-Scrivener	Nestle-Aland 26,27
John 17:21	
that the world may believe	that the world may believe
ἵνα ὁ κόσμος πιστεύσῃ	ἵνα ὁ κόσμος πιστεύῃ
John 17:22	
And the glory which thou gavest me I have given them	And the glory which thou gavest me I have given them
καὶ ἐγὼ τὴν δόξαν ἣν δέδωκάς μοι δέδωκα αὐτοῖς	κἀγὼ τὴν δόξαν ἣν δέδωκάς μοι δέδωκα αὐτοῖς
John 17:22	
even as we are one	even as we *are* one
καθὼς ἡμεῖς ἕν ἐσμεν	καθὼς ἡμεῖς ἕν
John 17:23	
and that the world may know	that the world may know
καὶ ἵνα γινώσκῃ ὁ κόσμος	ἵνα γινώσκῃ ὁ κόσμος
John 17:24	
whom thou hast given me	what thou hast given me
οὓς δέδωκάς μοι	ὃ δέδωκάς μοι
John 17:24	
which thou hast given me	which thou hast given me
ἣν ἔδωκάς μοι	ἣν δέδωκάς μοι
John 18:1	
When Jesus had spoken	When Jesus had spoken
Ταῦτα εἰπὼν ὁ Ἰησοῦς	Ταῦτα εἰπὼν Ἰησοῦς
John 18:1	
over the brook Cedron	over the brook Cedron
πέραν τοῦ χειμάρρου τῶν Κεδρὼν	πέραν τοῦ χειμάρρου τοῦ Κεδρὼν
John 18:2	
for Jesus ofttimes resorted thither	for Jesus ofttimes resorted thither
ὅτι πολλάκις συνήχθη ὁ Ἰησοῦς ἐκεῖ	ὅτι πολλάκις συνήχθη Ἰησοῦς ἐκεῖ
John 18:3	
and officers from the chief priests and Pharisees	and officers from the chief priests and from the Pharisees
καὶ ἐκ τῶν ἀρχιερέων καὶ Φαρισαίων ὑπηρέτας	καὶ ἐκ τῶν ἀρχιερέων καὶ ἐκ τῶν Φαρισαίων ὑπηρέτας
John 18:4	
went forth, and said unto them	went forth, and saith unto them
ἐξελθὼν εἶπεν αὐτοῖς	ἐξῆλθεν καὶ λέγει αὐτοῖς
John 18:5	
Jesus saith unto them	he saith unto them
λέγει αὐτοῖς ὁ Ἰησοῦς	λέγει αὐτοῖς
John 18:6	
I am *he*	I am *he*
ὅτι Ἐγώ εἰμι	Ἐγώ εἰμι
John 18:6	
and fell to the ground	and fell to the ground
καὶ ἔπεσον χαμαί	καὶ ἔπεσαν χαμαί
John 18:7	
Then asked he them again	Then asked he them again

Over 8,000 Differences Between the T.R. and the Nestle-Aland Greek N.T.

Textus Receptus-Scrivener	Nestle-Aland 26,27
πάλιν οὖν αὐτοὺς ἐπηρώτησε	πάλιν οὖν ἐπηρώτησεν αὐτούς
John 18:7	
And they said	And they said
οἱ δὲ εἶπον	οἱ δὲ εἶπαν
John 18:8	
Jesus answered	Jesus answered
ἀπεκρίθη ὁ Ἰησοῦς	ἀπεκρίθη Ἰησοῦς
John 18:10	
and cut off his right ear	and cut off his right ear
καὶ ἀπέκοψεν αὐτοῦ τὸ ὠτίον τὸ δεξιόν	καὶ ἀπέκοψεν αὐτοῦ τὸ ὠτάριον τὸ δεξιόν
John 18:11	
Put up thy sword	Put up the sword
Βάλε τὴν μάχαιραν σου	Βάλε τὴν μάχαιραν
John 18:13	
And led him away to Annas	And led *him* to Annas
καὶ ἀπήγαγον αὐτὸν πρὸς Ἄνναν	καὶ ἤγαγον πρὸς Ἄνναν
John 18:14	
one man should die for the people	one man should die for the people
ἕνα ἄνθρωπον ἀπολέσθαι ὑπὲρ τοῦ λαοῦ	ἕνα ἄνθρωπον ἀποθανεῖν ὑπὲρ τοῦ λαοῦ
John 18:16	
which was known unto the high priest	known of the high priest
ὃς ἦν γνωστὸς τῷ ἀρχιερεῖ	ὁ γνωστὸς τοῦ ἀρχιερέως
John 18:17	
Then saith the damsel that kept the door unto Peter	Then saith the damsel that kept the door unto Peter
λέγει οὖν ἡ παιδίσκη ἡ θυρωρός τῷ Πέτρῳ	λέγει οὖν τῷ Πέτρῳ ἡ παιδίσκη ἡ θυρωρός
John 18:18	
and Peter stood with them	and Peter also stood with them
ἦν δὲ μετ᾽ αὐτῶν ὁ Πέτρος ἑστὼς	ἦν δὲ καὶ ὁ Πέτρος μετ᾽ αὐτῶν ἑστὼς
John 18:20	
Jesus answered him	Jesus answered him
ἀπεκρίθη αὐτῷ ὁ Ἰησοῦς	ἀπεκρίθη αὐτῷ Ἰησοῦς
John 18:20	
I spake openly to the world	I have spoken openly to the world
Ἐγὼ παρρησίᾳ ἐλάλησα τῷ κόσμῳ	Ἐγὼ παρρησίᾳ λελάληκα τῷ κόσμῳ
John 18:20	
I ever taught in the synagogue, and in the temple	I ever taught in *the* synagogue, and in the temple
ἐγὼ πάντοτε ἐδίδαξα ἐν τῇ συναγωγῇ, καὶ ἐν τῷ ἱερῷ	ἐγὼ πάντοτε ἐδίδαξα ἐν συναγωγῇ καὶ ἐν τῷ ἱερῷ
John 18:20	
whither the Jews always resort	whither all the Jews resort
ὅπου πάντοτε οἱ Ἰουδαῖοι συνέρχονται	ὅπου πάντες οἱ Ἰουδαῖοι συνέρχονται
John 18:21	
Why askest thou me	Why askest thou me
τί με ἐπερωτᾷς	τί με ἐρωτᾷς
John 18:21	
ask them which heard me	ask them which heard me
ἐπερώτησον τοὺς ἀκηκοότας	ἐρώτησον τοὺς ἀκηκοότας

Over 8,000 Differences Between the T.R. and the Nestle-Aland Greek N.T.

Textus Receptus-Scrivener	Nestle-Aland 26,27

John 18:22
one of the officers which stood by
εἷς τῶν ὑπηρετῶν παρεστηκὼς

one of the officers which stood by
εἷς παρεστηκὼς τῶν ὑπηρετῶν

John 18:23
Jesus answered him
ἀπεκρίθη αὐτῷ ὁ Ἰησοῦς

Jesus answered him
ἀπεκρίθη αὐτῷ Ἰησοῦς

John 18:27
Peter then denied again
πάλιν οὖν ἠρνήσατο ὁ Πέτρος

Peter then denied again
πάλιν οὖν ἠρνήσατο Πέτρος

John 18:28
and it was early
ἦν δὲ πρωΐα

and it was early
ἦν δὲ πρωΐ

John 18:28
but that they might eat the passover
ἀλλ Ἵνα φάγωσι τὸ πάσχα

but *that* they might eat the passover
ἀλλὰ φάγωσιν τὸ πάσχα

John 18:29
Pilate then went out unto them
ἐξῆλθεν οὖν ὁ Πιλᾶτος πρὸς αὐτοὺς

Then went out Pilate out unto them
ἐξῆλθεν οὖν ὁ Πιλᾶτος ἔξω πρὸς αὐτοὺς

John 18:29
and said
καὶ εἶπε

and saith
καὶ φησίν

John 18:29
What accusation bring ye against this man
Τίνα κατηγορίαν φέρετε κατὰ τοῦ ἀνθρώπου τούτου

What accusation bring ye [against] this man
Τίνα κατηγορίαν φέρετε (κατὰ) τοῦ ἀνθρώπου τούτου

John 18:30
They answered and said unto him
ἀπεκρίθησαν καὶ εἶπον αὐτῷ

They answered and said unto him
ἀπεκρίθησαν καὶ εἶπαν αὐτῷ

John 18:30
If he were not a malefactor
Εἰ μὴ ἦν οὗτος κακοποιός

If he were not an evil doer
Εἰ μὴ ἦν οὗτος κακὸν ποιῶν

John 18:31
The Jews therefore said unto him
εἶπον οὖν αὐτῷ οἱ Ἰουδαῖοι

The Jews said unto him
εἶπον αὐτῷ οἱ Ἰουδαῖοι

John 18:33
Then Pilate entered into the judgment hall again
Εἰσῆλθεν οὖν εἰς τὸ πραιτώριον πάλιν ὁ Πιλᾶτος

Then Pilate entered into the judgment hall again
Εἰσῆλθεν οὖν πάλιν εἰς τὸ πραιτώριον ὁ Πιλᾶτος

John 18:34
Jesus answered him
ἀπεκρίθη αὐτῷ ὁ Ἰησοῦς

Jesus answered
ἀπεκρίθη Ἰησοῦς

John 18:34
Sayest thou this thing of thyself
Ἀφ ἑαυτοῦ σὺ τοῦτο λέγεις

Sayest thou this thing of thyself
Ἀπὸ σεαυτοῦ σὺ τοῦτο λέγεις

John 18:34
or did others tell it thee of me
ἢ εἶπόν ἄλλοι σοι περὶ ἐμοῦ

or did others tell it thee of me
ἢ ἄλλοι εἶπόν σοι περὶ ἐμοῦ

John 18:36

Over 8,000 Differences Between the T.R. and the Nestle-Aland Greek N.T.

Textus Receptus-Scrivener	Nestle-Aland 26,27
Jesus answered	Jesus answered
ἀπεκρίθη ὁ Ἰησοῦς	ἀπεκρίθη Ἰησοῦς
John 18:36	
then would my servants fight	then would my servants fight
οἱ ὑπηρέται ἂν οἱ ἐμοὶ ἠγωνίζοντο	οἱ ὑπηρέται οἱ ἐμοὶ ἠγωνίζοντο (ἂν)
John 18:37	
Thou sayest that I am a king	Thou sayest that I am a king
Σὺ λέγεις, ὅτι βασιλεύς εἰμι ἐγώ	Σὺ λέγεις ὅτι βασιλεύς εἰμι
John 18:38	
I find in him no fault *at all*	I find in him no fault *at all*
Ἐγὼ οὐδεμίαν αἰτίαν εὑρίσκω ἐν αὐτῷ	Ἐγὼ οὐδεμίαν εὑρίσκω ἐν αὐτῷ αἰτίαν
John 18:39	
that I should release unto you one at the passover	that I should release unto you one at the passover
ἵνα ἕνα ὑμῖν ἀπολύσω ἐν τῷ πάσχα	ἵνα ἕνα ἀπολύσω ὑμῖν ἐν τῷ πάσχα
John 18:39	
will ye therefore that I release unto you	will ye therefore that I release unto you
βούλεσθε οὖν ὑμῖν ἀπολύσω	βούλεσθε οὖν ἀπολύσω ὑμῖν
John 18:40	
Then cried they all again	Then cried they again
ἐκραύγασαν οὖν πάλιν πάντες	ἐκραύγασαν οὖν πάλιν
John 19:3	
And said	And came to him, and said
καὶ ἔλεγον	καὶ ἤρχοντο πρὸς αὐτὸν καὶ ἔλεγον
John 19:3	
and they smote him with their hands	and they smote him with their hands
καὶ ἐδίδουν αὐτῷ ῥαπίσματα	καὶ ἐδίδοσαν αὐτῷ ῥαπίσματα
John 19:4	
Pilate therefore went forth again	and Pilate went forth again
ἐξῆλθεν οὖν πάλιν ἔξω ὁ Πιλᾶτος	Καὶ ἐξῆλθεν πάλιν ἔξω ὁ Πιλᾶτος
John 19:4	
that ye may know that I find no fault in him	that ye may know that I find no fault in him
ἵνα γνῶτε ὅτι ἐν αὐτῷ οὐδεμίαν αἰτίαν εὑρίσκω	ἵνα γνῶτε ὅτι οὐδεμίαν αἰτίαν εὑρίσκω ἐν αὐτῷ
John 19:5	
Behold the man	Behold the man
Ἴδε ὁ ἄνθρωπος	Ἰδοὺ ὁ ἄνθρωπος
John 19:7	
and by our law	and by the law
καὶ κατὰ τὸν νόμον ἡμῶν	καὶ κατὰ τὸν νόμον
John 19:7	
because he made himself the Son of God	because he made himself the Son of God
ὅτι ἑαυτὸν υἱὸν τοῦ Θεοῦ ἐποίησεν	ὅτι υἱὸν θεοῦ ἑαυτὸν ἐποίησεν
John 19:10	
knowest thou not that I have power to crucify thee, and have power to release thee	knowest thou not that I have power to release thee, and have power to crucify thee
οὐκ οἶδας ὅτι ἐξουσίαν ἔχω σταυρῶσαί σε, καὶ ἐξουσίαν ἔχω ἀπολῦσαί σε	οὐκ οἶδας ὅτι ἐξουσίαν ἔχω ἀπολῦσαί σε καὶ ἐξουσίαν ἔχω σταυρῶσαί σε
John 19:11	

Over 8,000 Differences Between the T.R. and the Nestle-Aland Greek N.T.

Textus Receptus-Scrivener	Nestle-Aland 26,27
answered	answered [him]
ἀπεκρίθη	ἀπεκρίθη (αὐτῷ)
John 19:11	
Jesus	Jesus
ὁ Ἰησοῦς	Ἰησοῦς
John 19:11	
Thou couldest have no power *at all* against me	Thou couldest have no power *at all* against me
Οὐκ εἶχες ἐξουσίαν οὐδεμίαν κατ ἐμοῦ	Οὐκ εἶχες ἐξουσίαν κατ ἐμοῦ οὐδεμίαν
John 19:11	
except it were given thee from above	except it were given thee from above
εἰ μὴ ἦν σοι δεδομένον ἄνωθεν	εἰ μὴ ἦν δεδομένον σοι ἄνωθεν·
John 19:11	
he that delivered me unto thee	he that delivered me unto thee
ὁ παραδιδούς μέ σοι	ὁ παραδούς μέ σοι
John 19:12	
Pilate sought to release him	Pilate sought to release him
ἐζήτει ὁ Πιλᾶτος ἀπολῦσαι αὐτόν	ὁ Πιλᾶτος ἐζήτει ἀπολῦσαι αὐτόν
John 19:12	
but the Jews cried out, saying	but the Jews cried out, saying
οἱ δὲ Ἰουδαῖοι ἔκραζον λέγοντες	οἱ δὲ Ἰουδαῖοι ἐκραύγασαν λέγοντες
John 19:12	
whosoever maketh himself a king	whosoever maketh himself a king
πᾶς ὁ βασιλέα αὐτὸν ποιῶν	πᾶς ὁ βασιλέα ἑαυτὸν ποιῶν
John 19:13	
When Pilate therefore heard that saying	When Pilate therefore heard these words
ὁ οὖν Πιλᾶτος ἀκούσας τοῦτον τὸν λογὸν	Ὁ οὖν Πιλᾶτος ἀκούσας τῶν λόγων τούτων
John 19:13	
and sat down in the judgment seat	and sat down in *the* judgment seat
καὶ ἐκάθισεν ἐπὶ τοῦ βήματος	καὶ ἐκάθισεν ἐπὶ βήματος
John 19:14	
and about the sixth hour	about the sixth hour
ὥρα δὲ ὡσεὶ ἕκτη	ὥρα ἦν ὡς ἕκτη
John 19:15	
They therefore cried out	They therefore cried out
οἱ δὲ ἐκραύγασαν	ἐκραύγασαν οὖν ἐκεῖνοι
John 19:16	
And they took Jesus	Therefore they took Jesus
Παρέλαβον δὲ τὸν Ἰησοῦν	Παρέλαβον οὖν τὸν Ἰησοῦν
John 19:16	
and led *him* away	....
καὶ ἀπήγαγον	....
John 19:17	
And he bearing his cross	And he bearing his cross
καὶ βαστάζων τὸν σταυρὸν αὐτοῦ	καὶ βαστάζων ἑαυτῷ τὸν σταυρὸν
John 19:17	
which is called	which is called
ὃς λέγεται	ὃ λέγεται
John 19:20	

Over 8,000 Differences Between the T.R. and the Nestle-Aland Greek N.T.

Textus Receptus-Scrivener	Nestle-Aland 26,27
for the place where Jesus was crucified was nigh to the city	for the place where Jesus was crucified was nigh to the city
ὅτι ἐγγὺς ἦν τῆς πόλεως οἱ τόπος ὅπου ἐσταυρώθη ὁ Ἰησοῦς	ὅτι ἐγγὺς ἦν ὁ τόπος τῆς πόλεως ὅπου ἐσταυρώθη ὁ Ἰησοῦς
John 19:20	
written in Hebrew, *and* Greek, *and* Latin	written in Hebrew, *and* Latin, *and* Greek
γεγραμμένον Ἑβραϊστί, Ἑλληνιστί Ῥωμαϊστί	γεγραμμένον Ἑβραϊστί, Ῥωμαϊστί, Ἑλληνιστί
John 19:23	
now the coat was without seam	now the coat was without seam
ἦν δὲ ὁ χιτὼν ἄρραφος	ἦν δὲ ὁ χιτὼν ἄραφος
John 19:24	
They said therefore among themselves	They said therefore among themselves
εἶπον οὖν πρὸς ἀλλήλους	εἶπαν οὖν πρὸς ἀλλήλους
John 19:24	
that the scripture might be fulfilled, which saith	that the scripture might be fulfilled, [which saith]
ἵνα ἡ γραφὴ πληρωθῇ ἡ λέγουσα	ἵνα ἡ γραφὴ πληρωθῇ (ἡ λέγουσα)
John 19:26	
he saith unto his mother	he saith unto the mother
λέγει τῇ μητρί αὐτοῦ	λέγει τῇ μητρί
John 19:26	
Woman, behold thy son	Woman, behold thy son
Γύναι, ἰδοῦ ὁ υἱός σου	Γύναι, ἴδε ὁ υἱός σου
John 19:27	
Behold thy mother	Behold thy mother
Ἰδοὺ ἡ μήτηρ σου	Ἴδε ἡ μήτηρ σου
John 19:27	
that disciple took her unto his own *home*	that disciple took her unto his own *home*
ἔλαβε αὐτὴν ὁ μαθητὴς εἰς τὰ ἴδια	ἔλαβεν ὁ μαθητὴς αὐτὴν εἰς τὰ ἴδια
John 19:28	
that all things were now accomplished	that all things were now accomplished
ὅτι πάντα ἤδη τετέλεσται	ὅτι ἤδη πάντα τετέλεσται
John 19:29	
Now there was set a vessel full of vinegar	A vessel full of vinegar was set
σκεῦος οὖν ἔκειτο ὄξους μεστόν	σκεῦος ἔκειτο ὄξους μεστόν
John 19:29	
and they filled a spunge with vinegar	a sponge therefore full of vinegar
οἱ δὲ, πλήσαντες σπόγγον ὄξους	σπόγγον οὖν μεστὸν τοῦ ὄξους
John 19:29	
and put *it* upon hyssop	put *it* upon hyssop
καὶ ὑσσώπῳ περιθέντες	ὑσσώπῳ περιθέντες
John 19:30	
When Jesus therefore had received the vinegar, he said	When Jesus therefore had received the vinegar, he said
ὅτε οὖν ἔλαβε τὸ ὄξος ὁ Ἰησοῦς εἶπε	ὅτε οὖν ἔλαβεν τὸ ὄξος (ὁ) Ἰησοῦς εἶπεν
John 19:33	
and saw that he was dead already	and saw that he was dead already
ὡς εἶδον αὐτὸν ἤδη τεθνηκότα	ὡς εἶδον ἤδη αὐτὸν τεθνηκότα
John 19:34	

Over 8,000 Differences Between the T.R. and the Nestle-Aland Greek N.T.

Textus Receptus-Scrivener	Nestle-Aland 26,27
and forthwith came there out blood and water	and forthwith came there out blood and water
καὶ εὐθὺς ἐξῆλθεν αἷμα καὶ ὕδωρ	καὶ ἐξῆλθεν εὐθὺς αἷμα καὶ ὕδωρ
John 19:35	
and he knoweth that he saith true	and he knoweth that he saith true
κακεῖνος οἶδεν ὅτι ἀληθῆ λέγει	καὶ ἐκεῖνος οἶδεν ὅτι ἀληθῆ λέγει
John 19:35	
that ye	that ye also
ἵνα ὑμεῖς	ἵνα καὶ ὑμεῖς
John 19:35	
might believe	might believe
πιστεύσητε	πιστεύ(σ)ητε
John 19:38	
Joseph	Joseph
ὁ Ἰωσὴφ	Ἰωσὴφ
John 19:38	
of Arimathaea	of Arimathaea
ὁ ἀπὸ Ἀριμαθαίας	(ὁ) ἀπὸ Ἀριμαθαίας
John 19:38	
and took the body of Jesus	and took his body
καὶ ἦρε τὸ σῶμα τοῦ Ἰησοῦ	καὶ ἦρεν τὸ σῶμα αὐτοῦ
John 19:39	
which at the first came to Jesus by night	which at the first came to Jesus by night
ὁ ἐλθὼν πρὸς τὸν Ἰησοῦν νυκτὸς τὸ πρῶτον	ὁ ἐλθὼν πρὸς αὐτὸν νυκτὸς τὸ πρῶτον
John 19:39	
about an hundred pound *weight*	about an hundred pound *weight*
ὡσεὶ λίτρας ἑκατόν	ὡς λίτρας ἑκατόν
John 19:41	
wherein was never man yet laid	wherein was never man yet laid
ἐν ᾧ οὐδέπω οὐδεὶς ἐτέθη	ἐν ᾧ οὐδέπω οὐδεὶς τεθειμένος
John 20:6	
Then cometh Simon Peter	Then cometh also Simon Peter
ἔρχεται οὖν Σίμων Πέτρος	ἔρχεται οὖν καὶ Σίμων Πέτρος
John 20:10	
again unto their own home	again unto their own home
πάλιν πρὸς ἑαυτούς	πάλιν πρὸς αὐτούς
John 20:11	
But Mary stood...at the sepulchre	But Mary stood...at the sepulchre
Μαρία δὲ εἱστήκει πρὸς τὸ μνημεῖον	Μαρία δὲ εἱστήκει πρὸς τῷ μνημείῳ
John 20:11	
without...weeping	without...weeping
κλαίουσα ἔξω	ἔξω κλαίουσα
John 20:14	
And when she had thus said	When she had thus said
καὶ ταῦτα εἰποῦσα	ταῦτα εἰποῦσα
John 20:14	
and knew not that it was Jesus	and knew not that it was Jesus
καὶ οὐκ ᾔδει ὅτι ὁ Ἰησοῦς ἐστι	καὶ οὐκ ᾔδει ὅτι Ἰησοῦς ἐστιν
John 20:15	

Over 8,000 Differences Between the T.R. and the Nestle-Aland Greek N.T.

Textus Receptus-Scrivener	Nestle-Aland 26,27
Jesus saith unto her	Jesus saith unto her
Λέγει αὐτῇ ὁ Ἰησοῦς	λέγει αὐτῇ Ἰησοῦς
John 20:15	
tell me where thou hast laid him	tell me where thou hast laid him
εἰπέ μοι ποῦ αὐτόν ἔθηκας	εἰπέ μοι ποῦ ἔθηκας αὐτόν
John 20:16	
Jesus saith unto her	Jesus saith unto her
λέγει αὐτῇ ὁ Ἰησοῦς	λέγει αὐτῇ Ἰησοῦς
John 20:16	
Mary	Mary
Μαρία	Μαριάμ
John 20:16	
and saith unto him, Rabboni	and saith unto him in Hebrew, Rabboni
λέγει αὐτῷ, Ραββουνι	λέγει αὐτῷ Ἑβραϊστί, Ραββουνι
John 20:17	
Jesus saith unto her	Jesus saith unto her
λέγει αὐτῇ ὁ Ἰησοῦς	λέγει αὐτῇ Ἰησοῦς
John 20:17	
for I am not yet ascended to my Father	for I am not yet ascended to the Father
οὔπω γὰρ ἀναβέβηκα πρὸς τὸν πατέρα μου	οὔπω γὰρ ἀναβέβηκα πρὸς τὸν πατέρα
John 20:18	
Mary Magdalene came	Mary Magdalene came
ἔρχεται Μαρία ἡ Μαγδαληνὴ	ἔρχεται Μαριὰμ ἡ Μαγδαληνὴ
John 20:18	
and told the disciples	and told the disciples
ἀπαγγέλλουσα τοῖς μαθηταῖς	ἀγγέλλουσα τοῖς μαθηταῖς
John 20:18	
that she had seen the Lord	that, I have seen the Lord
ὅτι ἑώρακε τὸν Κύριον	ὅτι Ἑώρακα τὸν κύριον
John 20:19	
the first *day* of the week	the first *day* of *the* week
τῇ μιᾷ τῶν σαββάτων	τῇ μιᾷ σαββάτων
John 20:19	
where the disciples were assembled	where the disciples were
ὅπου ἦσαν οἱ μαθηταὶ συνηγμένοι	ὅπου ἦσαν οἱ μαθηταὶ
John 20:20	
he shewed unto them *his* hands and his side	he shewed unto them *his* hands and side
ἔδειξεν αὐτοῖς τὰς χεῖρας καὶ τὴν πλευρὰν αὐτοῦ	ἔδειξεν τὰς χεῖρας καὶ τὴν πλευρὰν αὐτοῖς
John 20:21	
Then said Jesus to them	Then said [Jesus] to them
εἶπεν οὖν αὐτοῖς ὁ Ἰησοῦς	εἶπεν οὖν αὐτοῖς (ὁ Ἰησοῦς)
John 20:23	
they are remitted unto them	they have been remitted unto them
ἀφιένται αὐτοῖς	ἀφέωνται αὐτοῖς
John 20:24	
when Jesus came	when Jesus came
ὅτε ἦλθεν ὁ Ἰησοῦς	ὅτε ἦλθεν Ἰησοῦς

Over 8,000 Differences Between the T.R. and the Nestle-Aland Greek N.T.

Textus Receptus-Scrivener	Nestle-Aland 26,27
John 20:25	
and thrust my hand	and thrust my hand
καὶ βάλω τὴν χεῖρά μου	καὶ βάλω μου τὴν χεῖρα
John 20:28	
And	....
καὶ	....
John 20:28	
Thomas answered	Thomas answered
ἀπεκρίθη ὁ Θωμᾶς	ἀπεκρίθη Θωμᾶς
John 20:29	
Thomas, because thou hast seen me	Because thou hast seen me
Ὅτι ἑώρακάς με Θωμᾶ	Ὅτι ἑώρακάς με
John 20:30	
in the presence of his disciples	in the presence of [his] disciples
ἐνώπιον τῶν μαθητῶν αὐτοῦ	ἐνώπιον τῶν μαθητῶν (αὐτοῦ)
John 20:31	
that ye might believe	that ye might believe
ἵνα πιστεύσητε	ἵνα πιστεύ(ς)ητε
John 20:31	
that Jesus is the Christ, the Son of God	that Jesus is the Christ, the Son of God
ὅτι ὁ Ἰησοῦς ἐστιν ὁ Χριστὸς ὁ υἱὸς τοῦ Θεοῦ	ὅτι Ἰησοῦς ἐστιν ὁ Χριστὸς ὁ υἱὸς τοῦ θεοῦ
John 21:3	
and entered into a ship	and entered into a ship
καὶ ἀνέβησαν εἰς τὸ πλοῖον	καὶ ἐνέβησαν εἰς τὸ πλοῖον
John 21:3	
immediately	....
εὐθὺς	....
John 21:4	
Jesus stood	Jesus stood
ἔστη ὁ Ἰησοῦς	ἔστη Ἰησοῦς
John 21:5	
Then Jesus saith unto them	Then Jesus saith unto them
λέγει οὖν αὐτοῖς ὁ Ἰησοῦς	λέγει οὖν αὐτοῖς (ὁ) Ἰησοῦς
John 21:6	
and now they were not able to draw it	and now they were not able to draw it
καὶ οὐκέτι αὐτὸ ἑλκύσαι ἴσχυσαν	καὶ οὐκέτι αὐτὸ ἑλκύσαι ἴσχυον
John 21:8	
but as it were	but as it were
ἀλλ ὡς	ἀλλὰ ὡς
John 21:11	
Simon Peter went up	Simon Peter therefore went up
ἀνέβη Σίμων Πέτρος	ἀνέβη οὖν Σίμων Πέτρος
John 21:11	
and drew the net to land	and drew the net to land
καὶ εἵλκυσε τὸ δίκτυον ἐπὶ τῆς γῆς	καὶ εἵλκυσεν τὸ δίκτυον εἰς τὴν γῆν
John 21:11	
an hundred and fifty and three	an hundred and fifty and three
ἑκατὸν πεντηκοντατριῶν	ἑκατὸν πεντήκοντα τριῶν

Over 8,000 Differences Between the T.R. and the Nestle-Aland Greek N.T.

Textus Receptus-Scrivener	Nestle-Aland 26,27

John 21:13
Jesus then cometh
ἔρχεται οὖν ὁ Ἰησοῦς

Jesus cometh
ἔρχεται Ἰησοῦς

John 21:14
Jesus shewed himself
ἐφανερώθη ὁ Ἰησοῦς

Jesus shewed himself
ἐφανερώθη Ἰησοῦς

John 21:14
to his disciples
τοῖς μαθηταῖς αὐτοῦ

to the disciples
τοῖς μαθηταῖς

John 21:15
Simon, *son* of Jonas
Σίμων Ἰωνᾶ

Simon, *son* of John
Σίμων Ἰωάννου

John 21:15
lovest thou me more than these
ἀγαπᾷς με πλεῖον τούτων

lovest thou me more than these
ἀγαπᾷς με πλέον τούτων

John 21:16
Simon, *son* of Jonas
Σίμων Ἰωνᾶ

Simon, *son* of Jonas
Σίμων Ἰωάννου

John 21:17
Simon, *son* of Jonas
Σίμων Ἰωνᾶ

Simon, *son* of Jonas
Σίμων Ἰωάννου

John 21:17
And he said unto him
καὶ εἶπεν αὐτῷ

And he saith unto him
καὶ λέγει αὐτῷ

John 21:17
Lord, thou knowest all things
Κύριε, σὺ πάντα οἶδας

Lord, thou knowest all things
Κύριε, πάντα σὺ οἶδας

John 21:17
Jesus saith unto him
λέγει αὐτῷ ὁ Ἰησοῦς

[Jesus] saith unto him
λέγει αὐτῷ (ὁ Ἰησοῦς)

John 21:20
Then Peter, turning about
ἐπιστραφεὶς δὲ ὁ Πέτρος

Peter, turning about
Ἐπιστραφεὶς ὁ Πέτρος

John 21:21
Peter seeing him
τοῦτον ἰδὼν ὁ Πέτρος

Peter therefore seeing him
τοῦτον οὖν ἰδὼν ὁ Πέτρος

John 21:22
follow thou me
σύ ἀκολούθει μοι

follow thou me
σύ μοι ἀκολούθει.

John 21:23
Then went this saying abroad
Ἐξῆλθεν οὖν ὁ λόγος οὗτος

Then went this saying abroad
ἐξῆλθεν οὖν οὗτος ὁ λόγος

John 21:23
yet Jesus said not unto him
καὶ οὐκ εἶπεν αὐτῷ ὁ Ἰησοῦς

yet Jesus said not unto him
οὐκ εἶπεν δὲ αὐτῷ ὁ Ἰησοῦς

John 21:23
what *is that* to thee
τί πρὸς σέ

[what *is that* to thee]
(τί πρὸς σέ)

Over 8,000 Differences Between the T.R. and the Nestle-Aland Greek N.T.

Textus Receptus-Scrivener	Nestle-Aland 26,27
John 21:24	
and wrote these things	and who wrote these things
καὶ γράψας ταῦτα	καὶ ὁ γράψας ταῦτα
John 21:24	
we know that his testimony is true	we know that his testimony is true
οἴδαμεν ὅτι ἀληθὴς ἐστίν ἡ μαρτυρία αὐτοῦ	οἴδαμεν ὅτι ἀληθὴς αὐτοῦ ἡ μαρτυρία ἐστίν
John 21:25	
which Jesus did	which Jesus did
ὅσα ἐποίησεν ὁ Ἰησοῦς	ἃ ἐποίησεν ὁ Ἰησοῦς
John 21:25	
I suppose that even the world itself	I suppose that even the world itself
οὐδὲ αὐτὸν οἶμαι τὸν κόσμον	οὐδ αὐτὸν οἶμαι τὸν κόσμον
John 21:25	
Amen	....
ἀμήν	....
Acts 1:2	
he was taken up	he was taken up
ἀνελήφθη	ἀνελήμφθη
Acts 1:3	
forty days	forty days
ἡμερῶν τεσσαράκοντα	ἡμερῶν τεσσεράκοντα
Acts 1:4	
And, being assembled together with *them*	And, being assembled together
καὶ συναλιζόμενος μετ αὐτῶν	καὶ συναλιζόμενος
Acts 1:5	
but ye shall be baptized with the Holy Ghost	but ye shall be baptized with the Holy Ghost
ὑμεῖς δὲ βαπτισθήσεσθε ἐν Πνεύματι Ἁγίῳ	ὑμεῖς δὲ ἐν πνεύματι βαπτισθήσεσθε ἁγίῳ
Acts 1:6	
they asked of him	they asked of him
ἐπηρώτων αὐτὸν	ἠρώτων αὐτὸν
Acts 1:8	
But ye shall receive power	But ye shall receive power
ἀλλὰ λήψεσθε δύναμιν	ἀλλὰ λήμψεσθε δύναμιν
Acts 1:8	
and ye shall be witnesses unto me	and ye shall be my witnesses
καὶ ἔσεσθέ μοι μάρτυρες	καὶ ἔσεσθέ μου μάρτυρες
Acts 1:8	
and in all Judaea	and [in] all Judaea
καὶ ἐν πάσῃ τῇ Ἰουδαίᾳ	καὶ (ἐν) πάσῃ τῇ Ἰουδαίᾳ
Acts 1:10	
stood by them in white apparel	stood by them in white apparel
παρειστήκεισαν αὐτοῖς ἐν ἐσθῆτι λευκῇ	παρειστήκεισαν αὐτοῖς ἐν ἐσθήσεσι λευκαῖς
Acts 1:11	
Which also said	Which also said
οἳ καὶ εἶπον	οἳ καὶ εἶπαν
Acts 1:11	
gazing up into heaven	gazing up into heaven
ἐμβλέποντες εἰς τὸν οὐρανόν	(ἐμ)βλέποντες εἰς τὸν οὐρανόν;

Over 8,000 Differences Between the T.R. and the Nestle-Aland Greek N.T.

Textus Receptus-Scrivener	Nestle-Aland 26,27
Acts 1:11	
which is taken up from you into heaven	which is taken up from you into heaven
ὁ ἀναληφθεὶς ἀφ᾽ ὑμῶν εἰς τὸν οὐρανὸν	ὁ ἀναλημφθεὶς ἀφ᾽ ὑμῶν εἰς τὸν οὐρανὸν
Acts 1:13	
they went up into an upper room	they went up into an upper room
ἀνέβησαν, εἰς τὸ ὑπερῷον	εἰς τὸ ὑπερῷον ἀνέβησαν
Acts 1:13	
James, and John	John, and James
Ἰάκωβος καὶ Ἰωαννης	Ἰωάννης καὶ Ἰάκωβος
Acts 1:13	
Matthew	Matthew
Ματθαῖος	Μαθθαῖος
Acts 1:14	
in prayer and supplication	in prayer
τῇ προσευχῇ καὶ τῇ δεήσει	τῇ προσευχῇ
Acts 1:14	
and Mary the mother of Jesus	and Mary the mother of Jesus
καὶ Μαριᾴ τῇ μητρὶ τοῦ Ἰησοῦ	καὶ Μαριὰμ τῇ μητρὶ τοῦ Ἰησοῦ
Acts 1:14	
and with his brethren	and his brethren
καὶ σὺν τοῖς ἀδελφοῖς αὐτοῦ	καὶ τοῖς ἀδελφοῖς αὐτοῦ
Acts 1:15	
Peter stood up in the midst of the disciples	Peter stood up in the midst of the brethren
ἀναστὰς Πέτρος ἐν μέσῳ τῶν μηθητῶν	ἀναστὰς Πέτρος ἐν μέσῳ τῶν ἀδελφῶν
Acts 1:15	
together were about	together were about
ἐπὶ τὸ αὐτὸ ὡς	ἐπὶ τὸ αὐτὸ ὡσεὶ
Acts 1:15	
an hundred and twenty	an hundred and twenty
ἑκατὸν εἴκοσιν	ἑκατὸν εἴκοσι
Acts 1:16	
this scripture must needs have been fulfilled	the scripture must needs have been fulfilled
ἔδει πληρωθῆναι τὴν γραφὴν ταύτην	ἔδει πληρωθῆναι τὴν γραφὴν
Acts 1:16	
by the mouth of David	by the mouth of David
διὰ στόματος Δαβὶδ	διὰ στόματος Δαυὶδ
Acts 1:16	
to them that took Jesus	to them that took Jesus
τοῖς συλλαβοῦσι τὸν Ἰησοῦν	τοῖς συλλαβοῦσιν Ἰησοῦν
Acts 1:17	
For he was numbered with us	For he was numbered with us
ὅτι κατηριθμημένος ἦν σὺν ἡμῖν	ὅτι κατηριθμημένος ἦν ἐν ἡμῖν
Acts 1:18	
with the reward of iniquity	with a reward of iniquity
ἐκ τοῦ μισθοῦ τῆς ἀδικίας	ἐκ μισθοῦ τῆς ἀδικίας
Acts 1:19	
Aceldama	Aceldamach
Ἀκελδαμά	ἀκελδαμάχ

Over 8,000 Differences Between the T.R. and the Nestle-Aland Greek N.T.

Textus Receptus-Scrivener	Nestle-Aland 26,27

Acts 1:20
and his bishoprick let another take
Τὴν ἐπισκοπὴν αὐτοῦ λάβοι ἕτερος

and his bishoprick let another take
Τὴν ἐπισκοπὴν αὐτοῦ λαβέτω ἕτερος

Acts 1:21
all the time that...went in
παντὶ χρόνῳ ἐν ᾧ εἰσῆλθε

all the time that...went in
παντὶ χρόνῳ ᾧ εἰσῆλθεν

Acts 1:22
he was taken up
τῆς ἡμέρας ἧς ἀνελήφθη

he was taken up
τῆς ἡμέρας ἧς ἀνελήμφθη

Acts 1:22
must one be ordained to be...with us
γενέσθαι σὺν ἡμῖν ενα τουτων

must one be ordained to be...with us
σὺν ἡμῖν γενέσθαι ἕνα τούτων

Acts 1:23
called Barsabas
καλούμενον Βαρσαβᾶν

called Barsabbas
καλούμενον Βαρσαββᾶν

Acts 1:23
and Matthias
καὶ Ματθίαν

and Matthias
καὶ Μαθθίαν

Acts 1:24
And they prayed, and said
καὶ προσευξάμενοι εἶπον

And they prayed, and said
καὶ προσευξάμενοι εἶπαν

Acts 1:24
shew whether of these two thou hast chosen
ἀνάδειξον ἐκ τούτων τῶν δύο ὃν ἕνα, ἐξελέξω

shew whether thou hast chosen of these two
ἀνάδειξον ὃν ἐξελέξω ἐκ τούτων τῶν δύο ἕνα

Acts 1:25
That he may take part of this ministry
λαβεῖν τὸν κλῆρον τῆς διακονίας ταύτης

That he may take place of this ministry
λαβεῖν τὸν τόπον τῆς διακονίας ταύτης

Acts 1:25
from which Judas by transgression fell
ἐξ ἧς παρέβη Ἰούδας

from which Judas by transgression fell
ἀφ᾽ ἧς παρέβη Ἰούδας

Acts 1:26
they gave forth their lots
ἔδωκαν κλήρους αὐτῶν

they gave forth lots on them
ἔδωκαν κλήρους αὐτοῖς

Acts 1:26
upon Matthias
ἐπὶ Ματθίαν

upon Matthias
ἐπὶ Μαθθίαν

Acts 2:1
they were all
ἦσαν ἅπαντες

they were all
ἦσαν πάντες

Acts 2:1
with one accord in one place
ὁμοθυμαδὸν ἐπὶ τὸ αὐτό

togather in one place
ὁμοῦ ἐπὶ τὸ αὐτό

Acts 2:3
and it sat upon each of them
ἐκάθισέ τε ἐφ᾽ ἕνα ἕκαστον αὐτῶν

and it sat upon each of them
καὶ ἐκάθισεν ἐφ᾽ ἕνα ἕκαστον αὐτῶν

Acts 2:4
And they were all filled
καὶ ἐπλήσθησαν ἅπαντες

And they were all filled
καὶ ἐπλήσθησαν πάντες

269

Over 8,000 Differences Between the T.R. and the Nestle-Aland Greek N.T.

Textus Receptus-Scrivener	Nestle-Aland 26,27

Acts 2:4
as the Spirit gave them utterance
καθὼς τὸ Πνεῦμα ἐδίδου αὐτοῖς ἀποφθέγγεσθαι

as the Spirit gave them utterance
καθὼς τὸ πνεῦμα ἐδίδου ἀποφθέγγεσθαι αὐτοῖς

Acts 2:5
And there were dwelling at Jerusalem
Ἦσαν δὲ ἐν Ἰερουσαλὴμ κατοικοῦντες

And there were dwelling at Jerusalem
Ἦσαν δὲ εἰς Ἰερουσαλὴμ κατοικοῦντες

Acts 2:7
And they were all amazed
ἐξίσταντο δὲ πάντες

And they were amazed
ἐξίσταντο δὲ

Acts 2:7
saying one to another
λέγοντες πρὸς ἀλλήλοις

....
....

Acts 2:7
Behold, are not all these
Οὐκ ἰδοὺ πάντες οὗτοί

Behold, are not all these
Οὐχ ἰδοὺ ἅπαντες οὗτοί

Acts 2:12
What meaneth this
Τί ἂν θέλοι τοῦτο εἶναι

What meaneth this
Τί θέλει τοῦτο εἶναι

Acts 2:13
Others mocking said
ἕτεροι δὲ χλευάζοντες ἔλεγον

Others mocking said
ἕτεροι δὲ διαχλευάζοντες ἔλεγον

Acts 2:14
But Peter, standing up
Σταθεὶς δὲ Πέτρος

But Peter, standing up
Σταθεὶς δὲ ὁ Πέτρος

Acts 2:14
all ye that dwell at Jerusalem
οἱ κατοικοῦντες Ἰερουσαλὴμ ἅπαντες

all ye that dwell at Jerusalem
οἱ κατοικοῦντες Ἰερουσαλὴμ πάντες

Acts 2:17
your old men shall dream dreams
οἱ πρεσβύτεροι ὑμῶν ἐνυπνία ἐνυπνιασθήσονται

your old men shall dream dreams
οἱ πρεσβύτεροι ὑμῶν ἐνυπνίοις ἐνυπνιασθήσονται

Acts 2:20
before...come
πρὶν ἢ ἠλθεῖν

before...come
πρὶν ἐλθεῖν

Acts 2:20
day
τὴν ἡμέραν

day
ἡμέραν

Acts 2:22
a man approved of God
ἄνδρα ἀπὸ τοῦ Θεοῦ ἀποδεδειγμένον

a man approved of God
ἄνδρα ἀποδεδειγμένον ἀπὸ τοῦ θεοῦ

Acts 2:22
as ye yourselves also know
καθὼς καὶ αὐτοὶ οἴδατε

as ye yourselves know
καθὼς αὐτοὶ οἴδατε

Acts 2:23
ye have taken
λαβόντες

....
....

Acts 2:23
and by wicked hands

and by wicked hand

Textus Receptus-Scrivener	Nestle-Aland 26,27
διὰ χειρῶν ἀνόμων	διὰ χειρὸς ἀνόμων
Acts 2:23	
have crucified and slain	have crucified and slain
προσπήξαντες ἀνείλετε	προσπήξαντες ἀνείλατε
Acts 2:25	
For David speaketh	For David speaketh
Δαβὶδ γὰρ λέγει	Δαυὶδ γὰρ λέγει
Acts 2:25	
I foresaw the Lord	I foresaw the Lord
Προωρώμην τὸν κύριον	Προορώμην τὸν κύριον
Acts 2:26	
Therefore did my heart rejoice	Therefore did my heart rejoice
Διὰ τοῦτο εὐφράνθη ἡ καρδία μου	διὰ τοῦτο ηὐφράνθη ἡ καρδία μου
Acts 2:27	
my soul in hell	my soul in hell
τὴν ψυχήν μου εἰς ᾅδου	τὴν ψυχήν μου εἰς ᾅδην
Acts 2:29	
the patriarch David	the patriarch David
τοῦ πατριάρχου Δαβὶδ	τοῦ πατριάρχου Δαυὶδ
Acts 2:30	
according to the flesh, he would raise up Christ	....
τὸ κατὰ σάρκα ἀναστήσειν τὸν Χριστὸν	....
Acts 2:30	
to sit on his throne	to sit on his throne
καθίσαι ἐπὶ τοῦ θρόνου αὐτοῦ	καθίσαι ἐπὶ τὸν θρόνον αὐτοῦ
Acts 2:31	
that his soul was not left in hell	that *he* was not left in hell
ὅτι οὐ κατελείφθη ἡ ψυχὴ αὐτοῦ εἰς ᾅδου	ὅτι οὔτε ἐγκατελείφθη εἰς ᾅδην
Acts 2:31	
neither his flesh	neither his flesh
οὔδε ἡ σὰρξ αὐτοῦ	οὔτε ἡ σὰρξ αὐτοῦ
Acts 2:33	
the promise of the Holy Ghost	the promise of the Holy Ghost
τήν τε ἐπαγγελίαν τοῦ Ἁγίου Πνεύματος	τήν τε ἐπαγγελίαν τοῦ πνεύματος τοῦ ἁγίου
Acts 2:33	
which...now	which
ὃ νῦν	ὃ
Acts 2:33	
ye...see and hear	ye [also] see and hear
ὑμεῖς βλέπετε καὶ ἀκούετε	ὑμεῖς (καὶ) βλέπετε καὶ ἀκούετε
Acts 2:34	
For David is not	For David is not
οὐ γὰρ Δαβὶδ	οὐ γὰρ Δαυὶδ
Acts 2:34	
The LORD said unto my Lord	[The] LORD said unto my Lord
Εἶπεν ὁ Κύριος τῷ Κυρίῳ μου	Εἶπεν (ὁ) κύριος τῷ κυρίῳ μου
Acts 2:36	
that...both Lord and Christ	that...both Lord and Christ

Over 8,000 Differences Between the T.R. and the Nestle-Aland Greek N.T.

Textus Receptus-Scrivener	Nestle-Aland 26,27
ὅτι καὶ Κύριον καὶ Χριστὸν αὐτὸν	ὅτι καὶ κύριον αὐτὸν καὶ Χριστὸν
Acts 2:36	
God hath made	God hath made
ὁ Θεός ἐποίησε	ἐποίησεν ὁ θεός
Acts 2:37	
they were pricked in their heart	they were pricked to their heart
κατενύγησαν τῇ καρδίᾳ	κατενύγησαν τὴν καρδίαν
Acts 2:37	
what shall we do	what should we do
Τί ποιήσομεν	Τί ποιήσωμεν
Acts 2:38	
Then Peter said unto them, Repent	Then Peter [saith] unto them, Repent
Πέτρος δὲ ἔφη πρὸς αὐτούς, Μετανοήσατε	Πέτρος δὲ πρὸς αὐτούς, Μετανοήσατε, (φησίν)
Acts 2:38	
for the remission of sins	for the remission of your sins
εἰς ἄφεσιν ἁμαρτιῶν	εἰς ἄφεσιν τῶν ἁμαρτιῶν ὑμῶν
Acts 2:38	
and ye shall receive	and ye shall receive
καὶ λήψεσθε	καὶ λήμψεσθε
Acts 2:40	
did he testify	did he testify
διεμαρτύρετο	διεμαρτύρατο
Acts 2:40	
and exhort, saying	and exhort them, saying
καὶ παρεκάλει, λέγων	καὶ παρεκάλει αὐτοὺς λέγων
Acts 2:41	
Then they that gladly received his word	Then they that received his word
οἱ μὲν οὖν ἀσμένως ἀποδεξάμενοι τὸν λόγον αὐτοῦ	οἱ μὲν οὖν ἀποδεξάμενοι τὸν λόγον αὐτοῦ
Acts 2:41	
and the same day there were added *unto them*	and in the same day there were added *unto them*
καὶ προσετέθησαν τῇ ἡμέρᾳ ἐκείνῃ	καὶ προσετέθησαν ἐν τῇ ἡμέρᾳ ἐκείνῃ
Acts 2:42	
and in breaking of bread, and	in breaking of bread, and
καὶ τῇ κλάσει τοῦ ἄρτου καὶ	τῇ κλάσει τοῦ ἄρτου καὶ
Acts 2:43	
And fear came upon every soul	And fear came upon every soul
Ἐγένετο δὲ πάσῃ ψυχῇ φόβος	Ἐγίνετο δὲ πάσῃ ψυχῇ φόβος
Acts 2:47	
to the church daily	unto the same daily
ἡμέραν τῇ ἐκκλησίᾳ	ἡμέραν ἐπὶ τὸ αὐτό
Acts 3:1	
Now Peter and John went up together	Now Peter and John went up
Ἐπὶ τὸ αὐτό δὲ Πέτρος καὶ Ἰωάννης ἀνέβαινον	Πέτρος δὲ καὶ Ἰωάννης ἀνέβαινον
Acts 3:1	
the ninth *hour*	the ninth *hour*
τὴν ἐννάτην	τὴν ἐνάτην
Acts 3:3	

272

Textus Receptus-Scrivener	Nestle-Aland 26,27
asked an alms	asked to receive alms
ἠρώτα ἐλεημοσύνην	ἠρώτα ἐλεημοσύνην λαβεῖν
Acts 3:6	
rise up and walk	[rise up] and walk
ἔγειραι καὶ περιπάτει	(ἔγειρε καὶ) περιπάτει
Acts 3:7	
and lifted *him* up	and lifted him up
ἤγειρε	ἤγειρεν αὐτόν
Acts 3:7	
his feet	his feet
αὐτοῦ αἱ βάσεις	αἱ βάσεις αὐτοῦ
Acts 3:7	
and ankle bones	and ankle bones
καὶ τὰ σφυρά	καὶ τὰ σφυδρά
Acts 3:9	
And all the people saw him	And all the people saw him
καὶ εἶδεν αὐτὸν πᾶς ὁ λαὸς	καὶ εἶδεν πᾶς ὁ λαὸς αὐτὸν
Acts 3:10	
And they knew	And they knew
ἐπεγίνωσκον τε	ἐπεγίνωσκον δὲ
Acts 3:10	
which sat for alms	which sat for alms
οὗτὸς ἦν ὁ πρὸς τὴν ἐλεημοσύνην καθήμενος	αὐτὸς ἦν ὁ πρὸς τὴν ἐλεημοσύνην καθήμενος
Acts 3:11	
And as the lame man which was healed held Peter	And as he held Peter
Κρατοῦντος δὲ τοῦ ἰαθέντος χωλοῦ τὸν Πέτρον	Κρατοῦντος δὲ αὐτοῦ τὸν Πέτρον
Acts 3:11	
and John	and John
καὶ Ἰωάννην	καὶ τὸν Ἰωάννην
Acts 3:11	
all the people ran together unto them	all the people ran together unto them
συνέδραμε πρὸς αὐτοὺς πᾶς ὁ λαὸς	συνέδραμεν πᾶς ὁ λαὸς πρὸς αὐτοὺς
Acts 3:12	
And when Peter saw *it*	And when Peter saw *it*
ἰδὼν δὲ Πέτρος	ἰδὼν δὲ ὁ Πέτρος
Acts 3:13	
The God of Abraham, and of Isaac, and of Jacob	The God of Abraham, and [the God] of Isaac, and [the God] of Jacob
ὁ Θεὸς Ἀβραὰμ καὶ Ἰσαὰκ καὶ Ἰακώβ	ὁ θεὸς Ἀβραὰμ καὶ (ὁ θεὸς) Ἰσαὰκ καὶ (ὁ θεὸς) Ἰακώβ
Acts 3:13	
whom ye delivered up	whom ye indeed delivered up
ὃν ὑμεῖς παρεδώκατε	ὃν ὑμεῖς μὲν παρεδώκατε
Acts 3:13	
and denied him	and denied
καὶ ἠρνήσασθε αὐτὸν	καὶ ἠρνήσασθε
Acts 3:18	

Textus Receptus-Scrivener	Nestle-Aland 26,27
by the mouth of all his prophets	by the mouth of all the prophets
διὰ στόματος πάντων τῶν προφητῶν αὐτοῦ	διὰ στόματος πάντων τῶν προφητῶν
Acts 3:18	
that Christ should suffer	that his Christ should suffer
παθεῖν τὸν Χριστὸν	παθεῖν τὸν Χριστὸν αὐτοῦ
Acts 3:18	
he hath so fulfilled	he hath so fulfilled
ἐπλήρωσεν οὕτω	ἐπλήρωσεν οὕτως
Acts 3:20	
which before was preached unto you	which was foreordained unto you
τὸν προκεκηρυγμένον ὑμῖν	τὸν προκεχειρισμένον ὑμῖν
Acts 3:20	
Jesus Christ	Christ Jesus
Ἰησοῦν, Χριστόν	Χριστόν, Ἰησοῦν
Acts 3:21	
of all his holy prophets since the world began	of his holy prophets since the world began
πάντων ἁγίων αὐτοῦ προφητῶν ἀπ αἰῶνος	τῶν ἁγίων ἀπ αἰῶνος αὐτοῦ προφητῶν
Acts 3:22	
Moses	Moses
Μωσῆς	Μωϋσῆς
Acts 3:22	
For...truly	truly
μὲν γὰρ	μὲν
Acts 3:22	
said unto the fathers	said
πρὸς τοὺ πατέρας εἶπεν	εἶπεν
Acts 3:23	
which will not hear	which will not hear
ἥτις ἂν μὴ ἀκούσῃ	ἥτις ἐὰν μὴ ἀκούσῃ
Acts 3:23	
shall be destroyed from among the people	shall be destroyed from among the people
ἐξολοθρευθήσεται ἐκ τοῦ λαοῦ	ἐξολεθρευθήσεται ἐκ τοῦ λαοῦ
Acts 3:24	
have likewise foretold of these days	have likewise told of these days
καὶ προκατήγγειλαν τὰς ἡμέρας ταύτας	καὶ κατήγγειλαν τὰς ἡμέρας ταύτας.
Acts 3:25	
Ye are the children of the prophets	Ye are the children of the prophets
ὑμεῖς ἐστε υἱοὶ τῶν προφητῶν	ὑμεῖς ἐστε οἱ υἱοὶ τῶν προφητῶν
Acts 3:25	
with our fathers	with your fathers
πρὸς τοὺς πατέρας ἡμῶν	πρὸς τοὺς πατέρας ὑμῶν
Acts 3:25	
And in thy seed	And in thy seed
Καὶ τῷ σπέρματί σου	Καὶ ἐν τῷ σπέρματί σου
Acts 3:25	
shall...be blessed.	shall...be blessed.
ἐνευλογηθήσονται	(ἐν)ευλογηθήσονται
Acts 3:26	

Textus Receptus-Scrivener	Nestle-Aland 26,27
God, having raised up	God, having raised up
ὁ Θεὸς ἀναστήσας	ἀναστήσας ὁ θεὸς
Acts 3:26	
having raised up his Son Jesus	having raised up his Son
τὸν παῖδα αὐτοῦ Ἰησοῦν	τὸν παῖδα αὐτοῦ
Acts 4:4	
and the number...was	and [the] number...was
καὶ ἐγενήθη ὁ ἀριθμὸς	καὶ ἐγενήθη (ὁ) ἀριθμὸς
Acts 4:4	
about five thousand.	[about] five thousand.
ὡσεὶ εἰχιλιάδες πέντε	(ὡς) χιλιάδες πέντε.
Acts 4:5	
that their rulers, and elders, and scribes	that their rulers, and the elders, and the scribes
αὐτῶν τοὺς ἄρχοντας καὶ πρεσβυτέρους καὶ γραμματεῖς	αὐτῶν τοὺς ἄρχοντας καὶ τοὺς πρεσβυτέρους καὶ τοὺς γραμματεῖς
Acts 4:5,6	
at Jerusalem.	at Jerusalem.
εἰς Ἰερουσαλήμ	ἐν Ἰερουσαλήμ
Acts 4:6	
And Annas the high priest	And Annas the high priest
καὶ Ἄνναν τὸν ἀρχιερέα	καὶ Ἄννας ὁ ἀρχιερεὺς
Acts 4:6	
and Caiaphas	and Caiaphas
καὶ Καϊάφαν	καὶ Καϊάφας
Acts 4:6	
and John	and John
καὶ Ἰωάννην	καὶ Ἰωάννης
Acts 4:6	
and Alexander	and Alexander
καὶ Ἀλέξανδρον	καὶ Ἀλέξανδρος
Acts 4:8	
and elders of Israel	and elders
καὶ πρεσβύτεροι τοῦ Ἰσραὴλ	καὶ πρεσβύτεροι
Acts 4:9	
by what means he is made whole	by what means he is made whole
ἐν τίνι οὗτος σέσωσται	ἐν τίνι οὗτος σέσωται
Acts 4:11	
of you builders	of you builders
ὑμῶν τῶν οἰκοδόμούντων	υμων των οἰκοδόμων
Acts 4:12	
for there is none other name	for there is none other name
οὔτε γὰρ ὄνομά ἐστιν ἕτερον	οὐδὲ γὰρ ὄνομά ἐστιν ἕτερον
Acts 4:14	
And beholding the man	And beholding the man
τὸν δὲ ἄνθρωπον βλέποντες	τόν τε ἄνθρωπον βλέποντες
Acts 4:15	
they conferred among themselves	they conferred among themselves
συνέβαλον πρὸς ἀλλήλους	συνέβαλλον πρὸς ἀλλήλους

Over 8,000 Differences Between the T.R. and the Nestle-Aland Greek N.T.

Textus Receptus-Scrivener	Nestle-Aland 26,27

Acts 4:16
What shall we do to these men?
Τί ποιήσομεν τοῖς ἀνθρώποις τούτοις

Acts 4:16
and we cannot deny *it*
καὶ οὐ δυνάμεθα ἀρνήσασθαι

Acts 4:17
let us straitly threaten them
ἀπειλῇ ἀπειλησώμεθα αὐτοῖς

Acts 4:18
and commanded them
παρήγγειλαν αὐτοῖς

Acts 4:19
answered and said unto them
ἀποκριθέντες πρὸς αὐτούς εἶπον

Acts 4:20
which we have seen
ἃ εἴδομεν

Acts 4:22
For the...was above forty years old
ἐτῶν γὰρ ἦν πλειόνων τεσσαράκοντα

Acts 4:22
on whom this miracle of healing was shewed
ἐφ᾿ ὃν ἐγεγόνει τὸ σημεῖον τοῦτο τῆς ἰάσεως

Acts 4:23
and elders had said
καὶ οἱ πρεσβύτεροι εἶπον

Acts 4:24
and said
καὶ εἶπον

Acts 4:24
Lord, thou *art* God, which hast made heaven
Δέσποτα, σὺ ὁ Θεὸς ὁ ποιήσας τὸν οὐρανὸν

Acts 4:25
Who by the mouth of thy servant David hast said

ὁ διὰ στόματος Δαβὶδ τοῦ παιδός σου εἰπὼν

Acts 4:27
For of a truth
συνήχθησαν γὰρ ἐπ᾿ ἀληθείας

Acts 4:28
thy hand and thy counsel
ἡ χείρ σου καὶ ἡ βουλή σου

Acts 4:30
By stretching forth thine hand
ἐν τῷ τὴν χεῖρά σου ἐκτείνειν σε

What should we do to these men?
Τί ποιήσωμεν τοῖς ἀνθρώποις τούτοις

and we cannot deny *it*
καὶ οὐ δυνάμεθα ἀρνεῖσθαι

let us threaten them
ἀπειλησώμεθα αὐτοῖς

and commanded
παρήγγειλαν

answered and said unto them
ἀποκριθέντες εἶπον πρὸς αὐτούς

which we have seen
ἃ εἴδαμεν

For the...was above forty years old
ἐτῶν γὰρ ἦν πλειόνων τεσσεράκοντα

on whom this miracle of healing was shewed
ἐφ᾿ ὃν γεγόνει τὸ σημεῖον τοῦτο τῆς ἰάσεως

and elders had said
καὶ οἱ πρεσβύτεροι εἶπαν

and said
καὶ εἶπαν

Lord, thou *art he* which hast made heaven
Δέσποτα, σὺ ὁ ποιήσας τὸν οὐρανὸν

Who by *the* Holy Spirit by *the* mouth of thy servant, our father David hast said
ὁ τοῦ πατρὸς ἡμῶν διὰ πνεύματος ἁγίου στόματος Δαυὶδ παιδός σου εἰπών

For of a truth in this city
συνήχθησαν γὰρ ἐπ᾿ ἀληθείας ἐν τῇ πόλει ταύτῃ

thy hand and [thy] counsel
ἡ χείρ σου καὶ ἡ βουλή (σου)

By stretching forth [thine] hand
ἐν τῷ τὴν χεῖρά (σου) ἐκτείνειν σε

Textus Receptus-Scrivener	Nestle-Aland 26,27
Acts 4:31	
they were all filled with the Holy Ghost	they were all filled with the Holy Ghost
ἐπλήσθησαν ἅπαντες Πνεύματος Ἁγιου	ἐπλήσθησαν ἅπαντες τοῦ ἁγίου πνεύματος
Acts 4:32	
were of...heart	were of...heart
ἦν ἡ καρδία	ἦν καρδία
Acts 4:32	
one...and of one soul	one...and of one soul
καὶ ἡ ψυχὴ μία	καὶ ψυχὴ μία
Acts 4:32	
neither	neither
καὶ οὐδ'	καὶ οὐδὲ
Acts 4:33	
And with great power	And with great power
καὶ μεγάλῃ δυνάμει	καὶ δυνάμει μεγάλη
Acts 4:34	
Neither was there any among them that lacked	Neither was there any among them that lacked
οὐδὲ γὰρ ἐνδεής τις ὑπῆρχεν ἐν αὐτοῖς	οὐδὲ γὰρ ἐνδεής τις ἦν ἐν αὐτοῖς
Acts 4:35	
and distribution was made	and distribution was made
διεδίδοτο δὲ	διεδίδετο δὲ
Acts 4:36	
And Joses	And Joseph
Ἰωσῆς δὲ	Ἰωσὴφ δὲ
Acts 4:36	
who by the apostles was surnamed Barnabas	who by the apostles was surnamed Barnabas
ὁ ἐπικληθεὶς Βαρναβᾶς ὑπὸ τῶν ἀποστόλων	ὁ ἐπικληθεὶς Βαρναβᾶς ἀπὸ τῶν ἀποστόλων
Acts 4:37	
and laid *it* at the apostles' feet	and laid *it* at the apostles' feet
καὶ ἔθηκε παρὰ τοὺς πόδας τῶν ἀποστόλων	καὶ ἔθηκεν πρὸς τοὺς πόδας τῶν ἀποστόλων
Acts 5:1	
with Sapphira	with Sapphira
σὺν Σαπφείρῃ	σὺν Σαπφίρῃ
Acts 5:2	
...also being privy *to it*	...also being privy *to it*
συνειδυίας καὶ	συνειδυίης καὶ
Acts 5:2	
his wife	the wife
τῆς γυναικός αὐτοῦ	τῆς γυναικός
Acts 5:3	
But Peter said	But Peter said
εἶπε δὲ Πέτρος	εἶπεν δὲ ὁ Πέτρος
Acts 5:3	
why hath Satan filled	why hath Satan filled
διατί ἐπλήρωσεν ὁ Σατανᾶς	διὰ τί ἐπλήρωσεν ὁ Σατανᾶς
Acts 5:5	
And Ananias hearing	And Ananias hearing
ἀκούων δὲ Ἀνανίας	ἀκούων δὲ ὁ Ἀνανίας

Over 8,000 Differences Between the T.R. and the Nestle-Aland Greek N.T.

Textus Receptus-Scrivener	Nestle-Aland 26,27
Acts 5:5	
all them that heard these things	all them that heard
ἐπὶ πάντας τοὺς ἀκούοντας ταῦτα	ἐπὶ πάντας τοὺς ἀκούοντας
Acts 5:8	
And...answered unto her	And...answered unto her
ἀπεκρίθη δὲ αὐτῇ	ἀπεκρίθη δὲ πρὸς αὐτὴν
Acts 5:8	
Peter	Peter
ὁ Πέτρος	Πέτρος
Acts 5:9	
Then Peter said unto her	Then Peter unto her
ὁ δὲ Πέτρος εἶπε πρὸς αὐτήν	ὁ δὲ Πέτρος πρὸς αὐτήν
Acts 5:10	
at his feet	at his feet
παρὰ τοὺς πόδας αὐτοῦ	πρὸς τοὺς πόδας αὐτοῦ
Acts 5:12	
were many signs and wonders wrought among the people	were many signs and wonders wrought among the people
ἐγίνετο σημεῖα καὶ τέρατα ἐν τῷ λαῷ πολλὰ	ἐγίνετο σημεῖα καὶ τέρατα πολλὰ ἐν τῷ λαῷ
Acts 5:15	
Insomuch that...into the streets	Insomuch that...even into the streets
ὥστε κατὰ τὰς πλατείας	ὥστε καὶ εἰς τὰς πλατείας
Acts 5:15	
and laid *them* on beds	and laid *them* on beds
καὶ τιθέναι ἐπὶ κλινῶν	καὶ τιθέναι ἐπὶ κλιναρίων
Acts 5:15	
and couches	and couches
καὶ κραββάττων	καὶ κραβάττων
Acts 5:16	
unto Jerusalem	Jerusalem
εἰς Ἰερουσαλήμ	Ἰερουσαλήμ
Acts 5:18	
And laid their hands	And laid the hands
καὶ ἐπέβαλον τὰς χεῖρας αὐτῶν	καὶ ἐπέβαλον τὰς χεῖρας
Acts 5:19	
by night	by night
διὰ τῆς νυκτὸς	διὰ νυκτὸς
Acts 5:19	
opened the...doors	having opened the...doors
ἤνοιξε τὰς θύρας	ἀνοίξας τὰς θύρας
Acts 5:22	
But when the officers came	But when the officers came
οἱ δὲ ὑπηρέται παραγενόμενοι	οἱ δὲ παραγενόμενοι ὑπηρέται
Acts 5:23	
Saying, The prison truly found we	Saying, The prison found we
λέγοντες, ὅτι Τὸ μὲν δεσμωτήριον εὕρομεν	λέγοντες ὅτι Τὸ δεσμωτήριον εὕρομεν
Acts 5:23	
and the keepers standing without	and the keepers standing

Over 8,000 Differences Between the T.R. and the Nestle-Aland Greek N.T.

Textus Receptus-Scrivener	Nestle-Aland 26,27
καὶ τοὺς φύλακας ἔξω ἑστῶτας	καὶ τοὺς φύλακας ἑστῶτας
Acts 5:23	
before the doors	at the doors
πρὸ τῶν θυρῶν	ἐπὶ τῶν θυρῶν
Acts 5:24	
when the high priest and the captain of the temple and the chief priests	when the captain of the temple and the chief priests
ὅ τε ἱεπευς καὶ ὁστρατηγὸς τοῦ ἱεροῦ καὶ οἱ ἀρχιερεῖς	ὅ τε στρατηγὸς τοῦ ἱεροῦ καὶ οἱ ἀρχιερεῖς
Acts 5:25	
told them, saying	told them
ἀπήγγειλεν αὐτοῖς λέγων	ἀπήγγειλεν αὐτοῖς
Acts 5:26	
and brought them	and brought them
ἤγαγεν αὐτούς	ἦγεν αὐτούς
Acts 5:26	
lest they should have been stoned	lest they should have been stoned
ἵνα μὴ λιθασθῶσιν	μὴ λιθασθῶσιν
Acts 5:28	
Did not we straitly command you	Did [not] we straitly command you
Οὐ παραγγελίᾳ παρηγγείλαμεν ὑμῖν	(Οὐ) παραγγελίᾳ παρηγγείλαμεν ὑμῖν
Acts 5:29	
Then Peter	Then Peter
δὲ ὁ Πέτρος	δὲ Πέτρος
Acts 5:29	
and said	and said
εἶπον	εἶπαν
Acts 5:31	
for to give repentance	for to give repentance
δοῦναι μετάνοιαν	(τοῦ) δοῦναι μετάνοιαν
Acts 5:32	
And we are his witnesses	And we are witnesses
καὶ ἡμεῖς ἐσμεν αὐτοῦ μάρτυρες	καὶ ἡμεῖς ἐσμεν μάρτυρες
Acts 5:32	
and *so is* also the Holy Ghost	and *so is* the Holy Ghost
καὶ τὸ Πνεῦμα δὲ τὸ Ἅγιον	καὶ τὸ πνεῦμα τὸ ἅγιον ὃ
Acts 5:33	
and took counsel	and resolved
καὶ ἐβουλεύοντο	καὶ ἐβούλοντο
Acts 5:34	
and commanded to put the apostles forth a little space	and commanded to put the men forth a little space
ἐκέλευσεν ἔξω βραχύ τι τοὺς ἀποστολους ποιῆσαι	ἐκέλευσεν ἔξω βραχὺ τοὺς ἀνθρώπους ποιῆσαι
Acts 5:36	
joined themselves	joined themselves
προσεκλήθη	προσεκλίθη
Acts 5:36	

Over 8,000 Differences Between the T.R. and the Nestle-Aland Greek N.T.

Textus Receptus-Scrivener	Nestle-Aland 26,27
a number of men	a number of men
ἀριθμὸς ἀνδρῶν	ἀνδρῶν ἀριθμὸς
Acts 5:36	
about four hundred	about four hundred
ὡσεὶ τετρακοσίων	ὡς τετρακοσίων
Acts 5:37	
drew away much people after him	drew away people after him
ἀπέστησε λαὸν ἱκανὸν ὀπίσω αὐτοῦ	ἀπέστησεν λαὸν ὀπίσω αὐτοῦ
Acts 5:38	
and let them alone	and let them alone
καὶ ἐάσατε αὐτούς	καὶ ἄφετε αὐτούς
Acts 5:39	
ye cannot	ye will not be able
οὐ δύνασθε	οὐ δυνήσεσθε
Acts 5:39	
overthrow it	overthrow them
καταλῦσαι αὐτὸ	καταλῦσαι αὐτούς
Acts 5:40	
and let them go	and let go
καὶ ἀπέλυσαν αὐτούς	καὶ ἀπέλυσαν
Acts 5:41	
that they were counted worthy to suffer shame for his name	that they were counted worthy to suffer shame for the name
ὅτι ὑπὲρ τοῦ ὀνόματος αὐτοῦ κατηξιώθησαν ἀτιμασθῆναι	ὅτι κατηξιώθησαν ὑπὲρ τοῦ ὀνόματος ἀτιμασθῆναι
Acts 5:42	
and preach Jesus Christ	and preach Jesus Christ
καὶ εὐαγγελιζόμενοι Ἰησοῦν τὸν Χριστόν	εὐαγγελιζόμενοι τὸν Χριστόν, Ἰησοῦν
Acts 6:2	
and said	and said
εἶπον	εἶπαν
Acts 6:3	
Wherefore, brethren, look ye out	And, brethren, look ye out
ἐπισκέψασθε οὖν, ἀδελφοί	ἐπισκέψασθε δέ, ἀδελφοί
Acts 6:3	
full of the Holy Ghost	full of the Spirit
πλήρεις Πνεύματος Ἁγίου	πλήρεις πνεύματος
Acts 6:5	
a man full of faith	a man full of faith
ἄνδρα πλήρη πίστεως	ἄνδρα πλήρης πίστεως
Acts 6:8	
And Stephen, full of faith	And Stephen, full of grace
Στέφανος δὲ πλήρης πίστεως	Στέφανος δὲ πλήρης χάριτος
Acts 6:11	
against Moses	against Moses
εἰς Μωσῆν	εἰς Μωϋσῆν
Acts 6:13	
ceaseth not to speak blasphemous words	ceaseth not to speak words

Textus Receptus-Scrivener	Nestle-Aland 26,27
οὐ παύεται ῥήματα βλάσφημα λαλῶν	οὐ παύεται λαλῶν ῥήματα
Acts 6:13	
against this holy place	against [this] holy place
κατὰ τοῦ τόπου τοῦ ἁγίου τούτου	κατὰ τοῦ τόπου τοῦ ἁγίου (τούτου)
Acts 6:15	
And all that sat	And all that sat
ἅπαντες οἱ καθεζόμενοι	πάντες οἱ καθεζόμενοι
Acts 7:1	
Are these things so	Are these things so
Εἰ ἄρα ταῦτα οὕτως ἔχει	Εἰ ταῦτα οὕτως ἔχει
Acts 7:3	
and from thy kindred	and from thy kindred
καὶ ἐκ τῆς συγγενείας σου	καὶ (ἐκ) τῆς συγγενείας σου
Acts 7:3	
and come into the land	and come into the land
καὶ δεῦρο εἰς γῆν	καὶ δεῦρο εἰς τὴν γῆν
Acts 7:5	
he promised that he would give it to him	he promised that he would give it to him
ἐπηγγείλατο αὐτῷ δοῦναι	ἐπηγγείλατο δοῦναι αὐτῷ
Acts 7:7	
to whom they shall be in bondage	to whom they shall be in bondage
ᾧ ἐὰν δουλεύσωσι	ᾧ ἐὰν δουλεύσουσιν
Acts 7:7	
will I judge, said God	will I judge, said God
κρινῶ ἐγώ, εἶπεν ὁ Θεὸς	κρινῶ ἐγώ, ὁ Θεὸς εἶπεν
Acts 7:8	
and Isaac *begat* Jacob	and Isaac *begat* Jacob
καὶ ὁ Ἰσαὰκ τὸν Ἰακώβ	καὶ Ἰσαὰκ τὸν Ἰακώβ
Acts 7:8	
and Jacob *begat* the twelve patriarchs	and Jacob *begat* the twelve patriarchs
καὶ ὁ Ἰακὼβ τοὺς δώδεκα πατριάρχας	καὶ Ἰακὼβ τοὺς δώδεκα πατριάρχας
Acts 7:10	
And delivered him	And delivered him
καὶ ἐξείλετο αὐτὸν	καὶ ἐξείλατο αὐτὸν
Acts 7:10	
and all his house	and [over] all his house
καὶ ὅλον τὸν οἶκον αὐτοῦ	καὶ (ἐφ) ὅλον τὸν οἶκον αὐτοῦ
Acts 7:11	
over all the land	over all
ἐφ ὅλην τὴν γῆν	ἐφ ὅλην τὴν
Acts 7:11	
of Egypt	Egypt
Αἰγύπτου	Αἴγυπτον
Acts 7:11	
found no sustenance	found no sustenance
οὐχ εὕρισκον χορτάσματα	οὐχ ηὕρισκον χορτάσματα
Acts 7:12	
corn in Egypt	corn in Egypt

Over 8,000 Differences Between the T.R. and the Nestle-Aland Greek N.T.

Textus Receptus-Scrivener	Nestle-Aland 26,27
σιτία ἐν Αἰγύπτω	σιτία εἰς Αἴγυπτον
Acts 7:13	
Joseph's kindred	Joseph's kindred
τὸ γένος τοῦ Ἰωσήφ	τὸ γένος (τοῦ) Ἰωσήφ
Acts 7:14	
his father Jacob	his father Jacob
τὸν πατέρα αὐτοῦ Ἰακὼβ	Ἰακὼβ τὸν πατέρα αὐτοῦ
Acts 7:14	
and all his kindred	and all the kindred
καὶ πᾶσαν τὴν συγγένειαν αὐτοῦ	καὶ πᾶσαν τὴν συγγένειαν
Acts 7:15	
So Jacob went down	And Jacob went down
κατέβη δὲ Ἰακὼβ	καὶ κατέβη Ἰακὼβ
Acts 7:16	
into Sychem	into Sychem
εἰς Σιχὲμ	εἰς Συχὲμ
Acts 7:16	
that Abraham bought	that Abraham bought
ὃ ὠνήσατο Ἀβραάμ	ᾧ ὠνήσατο Ἀβραάμ
Acts 7:16	
the sons of Emmor	the sons of Emmor
τῶν υἱῶν Ἐμὸρ	τῶν υἱῶν Ἐμμὼρ
Acts 7:16	
the father of Sychem	*the father* of Sychem
τοῦ Σιχέμ	ἐν Συχέμ
Acts 7:17	
God had sworn to Abraham	God had promised to Abraham
ὤμοσεν ὁ Θεὸς τῷ Ἀβραάμ	ὡμολόγησεν ὁ θεὸς τῷ Ἀβραάμ
Acts 7:18	
Till	Till
ἄχρις	ἄχρι
Acts 7:18	
another king arose	another king arose in Egypt
ἀνέστη βασιλεὺς ἕτερος	ἀνέστη βασιλεὺς ἕτερος (ἐπ Αἴγυπτον)
Acts 7:19	
and evil entreated our fathers	and evil entreated [our] fathers
ἐκάκωσε τοὺς πατέρας ἡμῶν	ἐκάκωσεν τοὺς πατέρας (ἡμῶν)
Acts 7:19	
so that they cast out their young children	so that they cast out their young children
τοῦ ποιεῖν ἔκθετα τὰ βρέφη αὐτῶν	τοῦ ποιεῖν τὰ βρέφη ἔκθετα αὐτῶν
Acts 7:20	
Moses was born	Moses was born
ἐγεννήθη Μωσῆς	ἐγεννήθη Μωϋσῆς
Acts 7:20	
in his father's house	in the father's house
ἐν τῷ οἴκῳ τοῦ πατρός αὐτοῦ	ἐν τῷ οἴκῳ τοῦ πατρός
Acts 7:21	
And when he was cast out	And when he was cast out

Textus Receptus-Scrivener	Nestle-Aland 26,27
ἐκτεθέντος δὲ αὐτόν	ἐκτεθέντος δὲ αὐτοῦ
Acts 7:21	
took him up	took him up
ἀνείλετο αὐτὸν	ἀνείλατο αὐτὸν
Acts 7:22	
And Moses was learned	And Moses was learned
καὶ ἐπαιδεύθη Μωσῆς	καὶ ἐπαιδεύθη Μωϋσῆς
Acts 7:22	
in all the wisdom	in all the wisdom
πάσῃ σοφίᾳ	(ἐν) πάσῃ σοφίᾳ
Acts 7:22	
in words and in deeds	· in words and his deeds
ἐν λόγοις καὶ ἐν ἔργοις	ἐν λόγοις καὶ ἔργοις αὐτοῦ
Acts 7:23	
forty years old	forty years old
τεσσαρακονταετὴς	τεσσερακονταετὴς
Acts 7:25	
his brethren	[his] brethren
τοὺς ἀδελφοὺς αὐτοῦ	τοὺς ἀδελφοὺς (αὐτοῦ)
Acts 7:25	
by his hand would deliver them	by his hand would deliver them
διὰ χειρὸς αὐτοῦ δίδωσιν αὐτοῖς σωτηρίαν	διὰ χειρὸς αὐτοῦ δίδωσιν σωτηρίαν αὐτοῖς
Acts 7:26	
And the next day	And the next day
τῇ δὲ ἐπιούσῃ ἡμέρᾳ	τῇ τε ἐπιούσῃ ἡμέρᾳ
Acts 7:26	
and would have set them at one again	and would have set them at one again
καὶ συνήλασεν αὐτοὺς εἰς εἰρήνην	καὶ συνήλλασσεν αὐτοὺς εἰς εἰρήνην
Acts 7:26	
ye are brethren	ye are brethren
ἀδελφοί ἐστε ὑμεῖς	ἀδελφοί ἐστε
Acts 7:27	
and a judge over us	and a judge over us
καὶ δικαστὴν ἐφ᾿ ἡμᾶς	καὶ δικαστὴν ἐφ᾿ ἡμῶν
Acts 7:28	
the Egyptian yesterday	the Egyptian yesterday
χθὲς τὸν Αἰγύπτιον	ἐχθὲς τὸν Αἰγύπτιον
Acts 7:29	
Then fled Moses	Then fled Moses
ἔφυγεν δὲ Μωσῆς	ἔφυγεν δὲ Μωϋσῆς
Acts 7:30	
forty years	forty years
ἐτῶν τεσσαράκοντα	ἐτῶν τεσσεράκοντα
Acts 7:30	
an angel of the Lord in a flame	an angel in a flame
ἄγγελος Κυρίου ἐν φλογὶ	ἄγγελος ἐν φλογὶ
Acts 7:31	
When Moses saw *it*	When Moses saw *it*

Over 8,000 Differences Between the T.R. and the Nestle-Aland Greek N.T.

Textus Receptus-Scrivener	Nestle-Aland 26,27
ὁ δὲ Μωσῆς ἰδὼν	ὁ δὲ Μωϋσῆς ἰδὼν
Acts 7:31	
he wondered at the sight	he wondered at the sight
ἐθαύμασε τὸ ὅραμα	ἐθαύμαζεν τὸ ὅραμα
Acts 7:31	
the voice of the Lord came unto him	the voice of the Lord came
ἐγένετο φωνὴ Κυρίου πρὸς αὐτὸν	ἐγένετο φωνὴ κυρίου
Acts 7:32	
the God of Abraham, and the God of Isaac	the God of Abraham, and of Isaac
ὁ Θεὸς Ἀβραὰμ καὶ ὁ Θεὸς Ἰσαὰκ	ὁ θεὸς Ἀβραὰμ καὶ Ἰσαὰκ
Acts 7:32	
and the God of Jacob	and of Jacob
καὶ ὁ Θεὸς Ἰακώβ	καὶ Ἰακώβ.
Acts 7:32	
Then Moses trembled	Then Moses trembled
ἔντρομος δὲ γενόμενος Μωσῆς	ἔντρομος δὲ γενόμενος Μωϋσῆς
Acts 7:33	
for the place where thou standest	for the place where thou standest
ὁ γὰρ τόπος ἐν ᾧ ἕστηκας	ὁ γὰρ τόπος ἐφ ᾧ ἕστηκας
Acts 7:34	
I will send thee into Egypt	I will send thee into Egypt
ἀποστέλω σε εἰς Αἴγυπτον	ἀποστείλω σε εἰς Αἴγυπτον
Acts 7:35	
the same did God	the same did God [also]
τοῦτον ὁ Θεὸς	τοῦτον ὁ θεὸς (καὶ)
Acts 7:35	
send *to be* a ruler and a deliverer	has sent *to be* a ruler and a deliverer
ἄρχοντα καὶ λυτρωτὴν ἀπέστειλεν	ἄρχοντα καὶ λυτρωτὴν ἀπέσταλκεν
Acts 7:35	
by the hand of the angel	with the hand of the angel
ἐν χειρὶ ἀγγέλου	σὺν χειρὶ ἀγγέλου
Acts 7:36	
in the land of Egypt	in the land of Egypt
ἐν γῇ Αἰγύπτου	ἐν γῇ Αἰγύπτῳ
Acts 7:36	
forty years	forty years
ἔτη τεσσαράκοντα	ἔτη τεσσεράκοντα
Acts 7:37	
that Moses, which said	that Moses, which said
ὁ Μωϋσῆς ὁ εἰπὼν	ὁ Μωϋσῆς ὁ εἴπας
Acts 7:37	
the Lord your God	God
Κύριος ὁ Θεὸς ὑμῶν	ὁ θεὸς
Acts 7:37	
him shall ye hear	....
αὐτοῦ ἀκούσεσθε	....
Acts 7:39	
but thrust *him* from them	but thrust *him* from them

Over 8,000 Differences Between the T.R. and the Nestle-Aland Greek N.T.

Textus Receptus-Scrivener	Nestle-Aland 26,27
ἀλλ ἀπώσαντο	ἀλλὰ ἀπώσαντο
Acts 7:39	
and in their hearts turned back again	and in their hearts turned back again
καὶ ἐστράφησαν ταῖς καρδίαις αὐτῶν	καὶ ἐστράφησαν ἐν ταῖς καρδίαις αὐτῶν
Acts 7:40	
for *as for* this Moses	for *as for* this Moses
ὁ γὰρ Μωσῆς οὗτος	ὁ γὰρ Μωϋσῆς οὗτος
Acts 7:40	
we wot not what is become of him	we wot not what is become of him
οὐκ οἴδαμεν τί γέγονεν αὐτῷ	οὐκ οἴδαμεν τί ἐγένετο αὐτῷ.
Acts 7:42	
forty years	forty years
ἔτη τεσσαράκοντα	ἔτη τεσσεράκοντα
Acts 7:43	
the star of your god	the star of [your] god
τὸ ἄστρον τοῦ θεοῦ ὑμῶν	τὸ ἄστρον τοῦ θεοῦ (ὑμῶν)
Acts 7:43	
Remphan	Raphan
Ρεμφὰν	ραιφάν
Acts 7:44	
speaking unto Moses	speaking unto Moses
ὁ λαλῶν τῷ Μωσῇ	ὁ λαλῶν τῷ Μωϋσῇ
Acts 7:45	
unto the days of David	unto the days of David
ἕως τῶν ἡμερῶν Δαβίδ	ἕως τῶν ἡμερῶν Δαυίδ
Acts 7:46	
a tabernacle for the God of Jacob	a tabernacle for the house of Jacob
σκήνωμα τῷ Θεῷ Ἰακώβ	σκήνωμα τῷ οἴκῳ Ἰακώβ
Acts 7:47	
But Solomon built him an house	But Solomon built him an house
Σολομῶν δὲ ᾠκοδόμησεν αὐτῷ οἶκον	Σολομῶν δὲ οἰκοδόμησεν αὐτῷ οἶκον
Acts 7:48	
in temples made with hands	in made with hands
ἐν χειροποιήτοις ναοῖς κατοικεῖ	ἐν χειροποιήτοις κατοικεῖ
Acts 7:51	
uncircumcised in heart	uncircumcised hearts
ἀπερίτμητοι τῇ καρδίᾳ	ἀπερίτμητοι καρδίαις
Acts 7:52	
ye have been	ye became
γεγένησθε	ἐγένεσθε
Acts 7:56	
I see the heavens opened	I see the heavens opened
θεωρῶ τοὺς οὐρανοὺς ἀνεῳγμένους	θεωρῶ τοὺς οὐρανοὺς διηνοιγμένους
Acts 7:60	
lay not this sin to their charge	lay not this sin to their charge
μὴ στήσῃς αὐτοῖς τὴν ἁμαρτίαν ταύτην	μὴ στήσῃς αὐτοῖς ταύτην τὴν ἁμαρτίαν
Acts 8:1	
and they were all scattered abroad	and they were all scattered abroad

Over 8,000 Differences Between the T.R. and the Nestle-Aland Greek N.T.

Textus Receptus-Scrivener	Nestle-Aland 26,27
πάντες τε διεσπάρησαν	πάντες δὲ διεσπάρησαν
Acts 8:2	
and made great lamentation	and made great lamentation
καὶ ἐποίησαντὸ κοπετὸν μέγαν	καὶ ἐποίησαν κοπετὸν μέγαν
Acts 8:5	
to the city of Samaria	to the city of Samaria
εἰς πόλιν τῆς Σαμαρείας	εἰς (τὴν) πόλιν τῆς Σαμαρείας
Acts 8:6	
And the people...gave heed	And the people...gave heed
προσεῖχον τὲ οἱ ὄχλοι	προσεῖχον δὲ οἱ ὄχλοι
Acts 8:7	
For...many	For...many
πολλῶν γὰρ	πολλοὶ γὰρ
Acts 8:7	
crying with loud voice	crying with loud voice
βοῶντα μεγάλῃ φωνῇ	βοῶντα φωνῇ μεγάλῃ
Acts 8:7	
came out	came out
ἐξήρχετο	ἐξήρχοντο
Acts 8:8	
And there was great joy	And there was much joy
καὶ ἐγένετο χαρὰ μεγάλη	ἐγένετο δὲ πολλὴ χαρὰ
Acts 8:9	
and bewitched the people	and bewitched the people
καὶ ἐξιστῶν τὸ ἔθνος	καὶ ἐξιστάνων τὸ ἔθνος
Acts 8:10	
This man is the great power of God	This man is called the great power of God
Οὗτός ἐστιν ἡ δύναμις τοῦ Θεοῦ ἡ Μεγάλη	Οὗτός ἐστιν ἡ δύναμις τοῦ θεοῦ ἡ καλουμένη Μεγάλη
Acts 8:12	
preaching the things concerning the kingdom	preaching concerning the kingdom
εὐαγγελιζομένῳ τὰ περὶ τῆς βασιλείας	εὐαγγελιζομένῳ περὶ τῆς βασιλείας
Acts 8:12	
the name of Jesus Christ	the name of Jesus Christ
τοῦ ὀνόματος τοῦ Ἰησοῦ Χριστοῦ	τοῦ ὀνόματος Ἰησοῦ Χριστοῦ
Acts 8:13	
beholding the miracles and signs which were done	beholding the great signs and miracles which were done
θεωρῶν τε δυνάμεις καὶ σημεῖα γινομένας	θεωρῶν τε σημεῖα καὶ δυνάμεις μεγάλας γινομένας
Acts 8:14	
they sent unto them Peter and John	they sent unto them Peter and John
ἀπέστειλαν πρὸς αὐτοὺς τὸν Πέτρον καὶ Ἰωάννην	ἀπέστειλαν πρὸς αὐτοὺς Πέτρον καὶ Ἰωάννην
Acts 8:16	
For as yet	For as yet
οὔπω γὰρ	οὐδέπω γὰρ
Acts 8:17	

Over 8,000 Differences Between the T.R. and the Nestle-Aland Greek N.T.

Textus Receptus-Scrivener	Nestle-Aland 26,27
Then laid they *their* hands	Then laid they *their* hands
τότε ἐπετίθουν τὰς χεῖρας	τότε ἐπετίθεσαν τὰς χεῖρας
Acts 8:18	
And when Simon saw	And when Simon saw
θεασάμενος δὲ ὁ Σίμων	ἰδὼν δὲ ὁ Σίμων
Acts 8:18	
the Holy Ghost was given	the Spirit was given
δίδοται τὸ Πνεῦμα τὸ Ἅγιον	δίδοται τὸ πνεῦμα
Acts 8:21	
is not right in the sight of God	is not right in the sight of God
οὐκ ἔστιν εὐθεῖα ἐνώπιον τοῦ Θεοῦ.	οὐκ ἔστιν εὐθεῖα ἔναντι τοῦ θεοῦ
Acts 8:22	
and pray God	and pray the Lord
καὶ δεήθητι τοῦ Θεοῦ	καὶ δεήθητι τοῦ κυρίου
Acts 8:25	
returned	were returning
ὑπέστρεψαν	ὑπέστρεφον
Acts 8:25	
to Jerusalem	to Jerusalem
εἰς Ἱεροσόλήμ	εἰς Ἱεροσόλυμα
Acts 8:25	
villages of the Samaritans	villages of the Samaritans
κώμας τῶν Σαμαρειτῶν	κώμας τῶν Σαμαριτῶν
Acts 8:25	
and preached the gospel	and were preaching the gospel
εὐηγγελίσαντο	εὐηγγελίζοντο
Acts 8:27	
Candace queen of the Ethiopians	Candace queen of the Ethiopians
Κανδάκης τῆς βασιλίσσης Αἰθιόπων	Κανδάκης βασιλίσσης Αἰθιόπων
Acts 8:28	
read	and read
ἀνεγίνωσκε	καὶ ἀνεγίνωσκεν
Acts 8:30	
read the prophet Esaias	read Esaias the prophet
ἀναγινώσκοντος τὸν προφήτην Ἡσαΐαν	ἀναγινώσκοντος Ἡσαΐαν τὸν προφήτην
Acts 8:31	
except some man should guide me	except some man shall guide me
ἐὰν μή τις ὁδηγήσῃ με	ἐὰν μή τις ὁδηγήσει με
Acts 8:32	
before his shearer	before his shearer
ἐναντίον τοῦ κείραντος	ἐναντίον τοῦ κείροντος
Acts 8:33	
In his humiliation	In [his] humiliation
Ἐν τῇ ταπεινώσει αὐτοῦ	Ἐν τῇ ταπεινώσει (αὐτοῦ)
Acts 8:33	
and who shall declare his generation	who shall declare his generation
τὴν δὲ γενεὰν αὐτοῦ τίς διηγήσεται	τὴν γενεὰν αὐτοῦ τίς διηγήσεται
Acts 8:37	

Over 8,000 Differences Between the T.R. and the Nestle-Aland Greek N.T.

Textus Receptus-Scrivener	Nestle-Aland 26,27
And Philip said, If thou believest with all thine heart, thou mayest. And he answered and said, I believe that Jesus Christ is the Son of God. εἶπε δὲ ὁ Φίλιππος, Εἰ πιστεύεις ἐξ ὅλης τῆς καρδίας, ἔξεστιν. ἀποκριθεὶς δὲ εἶπε, Πιστεύω τὸν υἱὸν τοῦ Θεοῦ ἐιναι τὸν Ἰησοῦν Χριστόν	....

Acts 9:3

and suddenly	and suddenly
καὶ ἐξαίφνης	ἐξαίφνης τε

Acts 9:3

there shined round about him	there shined round about
περιήστραψεν αὐτὸν	περιήστραψεν

Acts 9:3

a light from heaven	a light out of heaven
φῶς ἀπὸ τοῦ οὐρανοῦ	φῶς ἐκ τοῦ οὐρανοῦ

Acts 9:5

And the Lord said, I am Jesus	And he said, I am Jesus
δέ Κύριος εἶπεν, Ἐγώ εἰμι Ἰησοῦς	ὁ δέ, Ἐγώ εἰμι Ἰησοῦς

Acts 9:5,6

it is hard for thee to kick against the pricks. 6 And he trembling and astonished said, Lord, what wilt thou have me to do? And the Lord said unto him σκληρόν σοι πρὸς κέντρα λακτίζειν. Τρέμων τε καὶ θαμβῶν εἶπε, Κύριε, τί με θέλεις ποιῆσαι; καὶ ὁ Κύριος πρὸς αὐτὸν	....

Acts 9:6

Arise, and go into	But arise, and go into
Ἀνάστηθι καὶ εἴσελθε εἰς	ἀλλὰ ἀνάστηθι καὶ εἴσελθε εἰς

Acts 9:6

it shall be told thee what thou must do	it shall be told thee what thou must do
λαληθήσεταί σοι τί σε δεῖ ποιεῖν	λαληθήσεταί σοι ὅ τί σε δεῖ ποιεῖν

Acts 9:7

stood speechless	stood speechless
εἱστήκεισαν ἐννεοί	εἱστήκεισαν ἐνεοί

Acts 9:8

And Saul arose	And Saul arose
ἠγέρθη δὲ ὁ Σαῦλος	ἠγέρθη δὲ Σαῦλος

Acts 9:8

he saw no man	he saw nothing
οὐδένα ἔβλεπε	οὐδὲν ἔβλεπεν

Acts 9:10

and to him said the Lord in a vision	and to him said the Lord in a vision
καὶ εἶπε πρὸς αὐτὸν ὁ Κύριος ἐν ὁράματι	καὶ εἶπεν πρὸς αὐτὸν ἐν ὁράματι ὁ κύριος

Acts 9:12

And hath seen in a vision a man	And hath seen [in a vision] a man
καὶ εἶδεν ἐν ὁράματι ἄνδρα	καὶ εἶδεν ἄνδρα (ἐν ὁράματι)

Acts 9:12

Textus Receptus-Scrivener	Nestle-Aland 26,27
named Ananias	named Ananias
ὀνόματι Ἀνανίαν	Ἀνανίαν ὀνόματι
Acts 9:12	
and putting his... on him	and putting his... on him
καὶ ἐπιθέντα αὐτῷ	καὶ ἐπιθέντα αὐτῷ (τὰς)
Acts 9:12	
hand	hands
χεῖρα	χεῖρας
Acts 9:13	
Then Ananias answered	Then Ananias answered
ἀπεκρίθη δὲ ὁ Ἀνανίας	ἀπεκρίθη δὲ Ἀνανίας
Acts 9:13	
Lord, I have heard	Lord, I heard
Κύριε, ἀκήκοα	Κύριε, ἤκουσα
Acts 9:13	
how much evil he hath done to thy saints	how much evil he hath done to thy saints
ὅσα κακὰ ἐποίησε τοῖς ἁγίοις σου	ὅσα κακὰ τοῖς ἁγίοις σου ἐποίησεν
Acts 9:15	
for he is a chosen vessel unto me	for he is a chosen vessel unto me
ὅτι σκεῦος ἐκλογῆς μοι ἐστίν οὗτος	ὅτι σκεῦος ἐκλογῆς ἐστίν μοι οὗτος
Acts 9:15	
before the Gentiles, and kings	both before the Gentiles, and kings
ἐνώπιον ἐθνῶν καὶ βασιλέων	ἐνώπιον ἐθνῶν τε καὶ βασιλέων
Acts 9:18	
And immediately there fell	And immediately there fell
καὶ εὐθέως ἀπέπεσον	καὶ εὐθέως ἀπέπεσαν
Acts 9:18	
from his eyes	from his eyes
ἀπὸ τῶν ὀφθαλμῶν αὐτοῦ	αὐτοῦ ἀπὸ τῶν ὀφθαλμῶν
Acts 9:18	
as it had been scales	as it had been scales
ὡσεὶ λεπίδες	ὡς λεπίδες
Acts 9:18	
and he received sight forthwith	and he received sight
ἀνέβλεψέ τε παραχρῆμα	ἀνέβλεψέν τε
Acts 9:19	
Then was Saul	Then he was
Ἐγένετο δὲ ὁ Σαῦλος	Ἐγένετο δὲ
Acts 9:20	
he preached Christ	he preached Jesus
ἐκήρυσσε τὸν Χριστὸν	ἐκήρυσσεν τὸν Ἰησοῦν
Acts 9:21	
in Jerusalem	in Jerusalem
ἐν Ἰερουσαλὴμ	εἰς Ἰερουσαλὴμ
Acts 9:22	
and confounded	and confounded
καὶ συνέχυνε	καὶ συνέχυννεν
Acts 9:22	

Over 8,000 Differences Between the T.R. and the Nestle-Aland Greek N.T.

Textus Receptus-Scrivener	Nestle-Aland 26,27
the Jews	[the] Jews
τοὺς Ἰουδαίους	(τοὺς) Ἰουδαίους
Acts 9:24	
And they watched	And they watched
παρετηροῦν τε	παρετηροῦντο δὲ
Acts 9:24	
the gates	also the gates
τὰς πύλας	καὶ τὰς πύλας
Acts 9:25	
Then the disciples took him by night	Then his disciples took by night
λαβόντες δὲ αὐτὸν οἱ μαθηταὶ νυκτὸς	λαβόντες δὲ οἱ μαθηταὶ αὐτοῦ νυκτὸς
Acts 9:25	
and let *him* down by the wall	and let...down by the wall
καθῆκαν διὰ τοῦ τείχους	διὰ τοῦ τείχους καθῆκαν
Acts 9:25	
....	him
....	αὐτὸν
Acts 9:26	
And when Saul	And when *he*
δὲ ὁ Σαῦλος	δὲ
Acts 9:26	
he assayed to join himself	he assayed to join himself
ἐπείρᾶτο κολλᾶσθαι	ἐπείραζεν κολλᾶσθαι
Acts 9:28	
coming in and going out at Jerusalem	coming in and going out at Jerusalem
εἰσπορευόμενος καὶ ἐκπορευόμενος ἐν Ἰερουσαλήμ	εἰσπορευόμενος καὶ ἐκπορευόμενος εἰς Ἰερουσαλήμ
Acts 9:29	
And he spake boldly	He spake boldly
καὶ παρρησιαζόμενος	παρρησιαζόμενος
Acts 9:29	
in the name of the Lord Jesus	in the name of the Lord
ἐν τῷ ὀνόματι τοῦ Κυρίου Ἰησοῦ	ἐν τῷ ὀνόματι τοῦ κυρίου
Acts 9:29	
but they went about to slay him	but they went about to slay him
οἱ δὲ ἐπεχείρουν αὐτὸν ἀνελεῖν	οἱ δὲ ἐπεχείρουν ἀνελεῖν αὐτόν
Acts 9:31	
Then...the	Then...the
Αἱ μὲν οὖν	Ἡ μὲν οὖν
Acts 9:31	
churches	church
ἐκκλησίαι	ἐκκλησία
Acts 9:31	
had...rest	had...rest
εἶχον εἰρήνην	εἶχεν εἰρήνην
Acts 9:31	
and were edified	and was edified
οἰκοδομουμέναι	οἰκοδομουμένη

Over 8,000 Differences Between the T.R. and the Nestle-Aland Greek N.T.

Textus Receptus-Scrivener	Nestle-Aland 26,27
Acts 9:31	
and walking	and walking
καὶ πορευομέναι	καὶ πορευομένη
Acts 9:31	
were multiplied	was multiplied
ἐπληθύνοντο	ἐπληθύνετο
Acts 9:32	
which dwelt at Lydda	which dwelt at Lydda
τοὺς κατοικοῦντας Λύδδαν	τοὺς κατοικοῦντας Λύδδα
Acts 9:33	
a certain man named Aeneas	a certain man named Aeneas
ἄνθρωπόν τινα Αἰνέαν ὀνόματι	ἄνθρωπόν τινα ὀνόματι Αἰνέαν
Acts 9:33	
had kept his bed	had kept his bed
κατακείμενον ἐπὶ κραββάττω	κατακείμενον ἐπὶ κραβάττου
Acts 9:34	
Jesus Christ maketh thee whole	Jesus Christ maketh thee whole
ἰᾶταί σε ᾿Ιησοῦς ὁ Χριστός	ἰᾶταί σε ᾿Ιησοῦς Χριστός
Acts 9:35	
saw him	saw him
εἶδον αὐτὸν	εἶδαν αὐτὸν
Acts 9:35	
that dwelt at Lydda	οἱ κατοικοῦντες Λύδδα
οἱ κατοικοῦντες Λύδδαν	οἱ κατοικοῦντες Λύδδα
Acts 9:36	
this woman was full of good works	this woman was full of good works
αὕτη ἦν πλήρης ἀγαθῶν ἔργων	αὕτη ἦν πλήρης ἔργων ἀγαθῶν
Acts 9:37	
whom when they had washed, they laid *her* in an upper chamber	whom when they had washed, they laid [her] in an upper chamber
λούσαντες δὲ αὐτὴν ἔθηκαν ἐν ὑπερῴῳ	λούσαντες δὲ ἔθηκαν (αὐτὴν) ἐν ὑπερῴῳ
Acts 9:38	
forasmuch as Lydda	forasmuch as Lydda
δὲ οὔσης Λύδδης	δὲ οὔσης Λύδδας
Acts 9:38	
that he would not delay	Delay not
μὴ ὀκνῆσαι	Μὴ ὀκνήσῃς
Acts 9:38	
to come to them	to come to us
διελθεῖν ἕως αὐτῶν	διελθεῖν ἕως ἡμῶν
Acts 9:40	
Peter...and kneeled down	Peter...and kneeled down
ὁ Πέτρος, θεὶς τὰ γόνατα	Πέτρος καὶ θεὶς τὰ γόνατα
Acts 9:42	
and many believed	and many believed
καὶ πολλοὶ ἐπίστευσαν	καὶ ἐπίστευσαν πολλοὶ
Acts 9:43	
he tarried	he tarried

Over 8,000 Differences Between the T.R. and the Nestle-Aland Greek N.T.

Textus Receptus-Scrivener	Nestle-Aland 26,27
μεῖνι αυτον	μεῖναι
Acts 10:1	
There was a certain man	There *was* a certain man
Ἀνὴρ δέ τις ἦν	Ἀνὴρ δέ τις
Acts 10:2	
which gave much alms	which gave much alms
ποιῶν τε ἐλεημοσύνας πολλὰς	ποιῶν ἐλεημοσύνας πολλὰς
Acts 10:3	
evidently about	evidently about
ὡσεὶ	ὡσεὶ περὶ
Acts 10:3	
the ninth hour of the day	the ninth hour of the day
ὥραν ἐννάτην τῆς ἡμέρας	ὥραν ἐνάτην τῆς ἡμέρας
Acts 10:4	
for a memorial before God	for a memorial before God
εἰς μνημόσυνον ἐνώπιον τοῦ Θεοῦ	εἰς μνημόσυνον ἔμπροσθεν τοῦ θεοῦ
Acts 10:5	
And now send men to Joppa	And now send men to Joppa
καὶ νῦν πέμψον εἰς Ἰόππην ἄνδρας	καὶ νῦν πέμψον ἄνδρας εἰς Ἰόππην
Acts 10:5	
Simon, whose surname is Peter	a certain Simon, whose surname is Peter
Σίμωνά ὃς ἐπικαλεῖται Πέτρος	Σίμωνά τινα ὃς ἐπικαλεῖται Πέτρος
Acts 10:6	
he shall tell thee what thou oughtest to do	....
οὗτος λαλήσει σοι τί σε δεῖ ποιεῖν	....
Acts 10:7	
the angel which spake unto Cornelius	the angel which spake unto him
ὁ ἄγγελος ὁ λαλῶν τῷ Κορνηλίῳ	ὁ ἄγγελος ὁ λαλῶν αὐτῷ
Acts 10:7	
he called two of his household	he called two of the household
φωνήσας δύο τῶν οἰκετῶν αὐτοῦ	φωνήσας δύο τῶν οἰκετῶν
Acts 10:8	
And when he had declared all *these* things unto them	And when he had declared all *these* things unto them
καὶ ἐξηγησάμενος αὐτοῖς ἅπαντα	καὶ ἐξηγησάμενος ἅπαντα αὐτοῖς
Acts 10:10	
but while they made ready	but while they made ready
παρασκευαζόντων δὲ ἐκείνων	παρασκευαζόντων δὲ αὐτῶν
Acts 10:10	
he fell into a trance	he came into a trance
ἐπέπεσεν ἐπ αὐτὸν ἔκστασις	ἐγένετο ἐπ αὐτὸν ἔκστασις
Acts 10:11	
and a certain vessel descending unto him	and a certain vessel descending
καὶ καταβαῖνον ἐπ αὐτὸν σκεῦός τι	καὶ καταβαῖνον σκεῦός τι
Acts 10:11	
knit at the four corners	having four corners
τέσσαρσιν ἀρχαῖς δεδεμένον	τέσσαρσιν ἀρχαῖς
Acts 10:11	

Over 8,000 Differences Between the T.R. and the Nestle-Aland Greek N.T.

Textus Receptus-Scrivener	Nestle-Aland 26,27
and let down	and let down
καὶ καθιέμενον	καθιέμενον
Acts 10:12	
all manner of fourfooted beasts of the earth, and wild beasts, and creeping things	all manner of fourfooted beasts, and creeping things of the earth
πάντα τὰ τετράποδα τῆς γῆς καὶ τὰ θηρία καὶ τὰ ἑρπετὰ	πάντα τὰ τετράποδα καὶ ἑρπετὰ τῆς γῆς
Acts 10:12	
and fowls	and fowls
καὶ τὰ πετεινὰ	καὶ πετεινὰ
Acts 10:14	
common or unclean	common and unclean
κοινὸν ἢ ἀκάθαρτον	κοινὸν καὶ ἀκάθαρτον
Acts 10:16	
and the vessel was received up again	and the vessel was received up immediately
καὶ πάλιν ἀνελήφθη τὸ σκεῦος	καὶ εὐθὺς ἀνελήμφθη τὸ σκεῦος
Acts 10:17	
behold, the men	behold, the men
καὶ ἰδοὺ, οἱ ἄνδρες	ἰδοὺ οἱ ἄνδρες
Acts 10:17	
which were sent from	which were sent by
οἱ ἀπεσταλμένοι ἀπὸ	οἱ ἀπεσταλμένοι ὑπὸ
Acts 10:17	
Simon's house	Simon's house
τὴν οἰκίαν Σίμωνος	τὴν οἰκίαν τοῦ Σίμωνος
Acts 10:19	
While Peter thought	While Peter thought
τοῦ δὲ Πέτρου ἐνθυμουμένου	τοῦ δὲ Πέτρου διενθυμουμένου
Acts 10:19	
the Spirit said unto him	the Spirit said [unto him]
εἶπεν αὐτῷ τὸ Πνεῦμα	εἶπεν (αὐτῷ) τὸ πνεῦμα,
Acts 10:19	
three men seek thee	three men seek thee
ἄνδρες τρεῖς ζητοῦσι σε	ἄνδρες τρεῖς ζητοῦντές σε
Acts 10:20	
for I have sent them	for I have sent them
διότι ἐγὼ ἀπέσταλκα αὐτούς	ὅτι ἐγὼ ἀπέσταλκα αὐτούς
Acts 10:21	
which were sent unto him from Cornelius	....
τοὺς ἀπεσταλμενοὺς ἀπὸ τοῦ Κορνηλίου πρὸς αὐτὸν	....
Acts 10:22	
And they said	And they said
οἱ δὲ εἶπον	οἱ δὲ εἶπαν
Acts 10:23	
And on the morrow Peter went away with them	And on the morrow Peter arose and went away with them
Τῇ δὲ ἐπαύριον ὁ Πέτρος, ἐξῆλθε σὺν αὐτοῖς	Τῇ δὲ ἐπαύριον ἀναστὰς ἐξῆλθεν σὺν αὐτοῖς

Over 8,000 Differences Between the T.R. and the Nestle-Aland Greek N.T.

Textus Receptus-Scrivener	Nestle-Aland 26,27
Acts 10:23	
from Joppa	from Joppa
τῶν ἀπὸ τῆς Ἰόππης	τῶν ἀπὸ Ἰόππης
Acts 10:24	
And the morrow	But the morrow
καὶ τῇ ἐπαύριον	τῇ δὲ ἐπαύριον
Acts 10:24	
after they entered	after he entered
εἰσῆλθον	εἰσῆλθεν
Acts 10:25	
And as Peter was coming in	And as Peter was coming in
ὡς δὲ ἐγένετο εἰσελθεῖν τὸν Πέτρον	ὡς δὲ ἐγένετο τοῦ εἰσελθεῖν τὸν Πέτρον
Acts 10:26	
But Peter took him up	But Peter took him up
ὁ δὲ Πέτρος αὐτὸν ἤγειρε	ὁ δὲ Πέτρος ἤγειρεν αὐτὸν
Acts 10:26	
I myself also am a man	I myself also am a man
καγὼ αὐτὸς ἄνθρωπός εἰμι	καὶ ἐγὼ αὐτὸς ἄνθρωπός εἰμι
Acts 10:28	
but God hath shewed me	but God hath shewed me
καὶ ἐμοὶ ὁ Θεὸς ἔδειξε	κάμοὶ ὁ θεὸς ἔδειξεν
Acts 10:30	
I was fasting...and	I was...
ἤμην νηστεύων, καὶ	ἤμην
Acts 10:30	
and at the ninth	at the ninth
τὴν ἐννάτην	τὴν ἐνάτην
Acts 10:30	
hour I prayed	I prayed
ὥραν προσευχόμενος	προσευχόμενος
Acts 10:32	
who, when he cometh, shall speak unto thee	....
ὃς παραγενόμενος λαλήσει σοι	....
Acts 10:33	
commanded thee of God	commanded thee of the Lord
προστεταγμένα σοι ὑπὸ τοῦ Θεοῦ	προστεταγμένα σοι ὑπὸ τοῦ κυρίου
Acts 10:34	
is no respecter of persons	is no respecter of persons
οὐκ ἔστι προσωπολήπτης	οὐκ ἔστιν προσωπολήμπτης
Acts 10:36	
The word which *God* sent	The word [which] *God* sent
τὸν λόγον ὃν ἀπέστειλε	τὸν λόγον (ὃν) ἀπέστειλεν
Acts 10:37	
began from Galilee	began from Galilee
ἀρξάμενον ἀπὸ τῆς Γαλιλαίας	ἀρξάμενος ἀπὸ τῆς Γαλιλαίας
Acts 10:39	
And we are witnesses	And we are witnesses
καὶ ἡμεῖς ἐσμεν μάρτυρες	καὶ ἡμεῖς μάρτυρες

Over 8,000 Differences Between the T.R. and the Nestle-Aland Greek N.T.

Textus Receptus-Scrivener	Nestle-Aland 26,27
Acts 10:39	
and in Jerusalem	and [in] Jerusalem
καὶ ἐν Ἰερουσαλήμ	καὶ (ἐν) Ἰερουσαλήμ·
Acts 10:39	
whom they slew	whom they also slew
ὃν ἀνεῖλον	ὃν καὶ ἀνεῖλαν
Acts 10:40	
raised up the third day	raised up the third day
ἤγειρε τῇ τρίτῃ ἡμέρᾳ	ἤγειρεν (ἐν) τῇ τρίτῃ ἡμέρᾳ
Acts 10:42	
that it is he	that it is this
ὅτι αὐτός ἐστιν	ὅτι οὗτός ἐστιν
Acts 10:45	
as many as came with Peter	as many as came with Peter
ὅσοι συνῆλθον τῷ Πέτρῳ	ὅσοι συνῆλθαν τῷ Πέτρῳ
Acts 10:46	
Then answered Peter	Then answered Peter
τότε ἀπεκρίθη ὁ Πέτρος	τότε ἀπεκρίθη Πέτρος
Acts 10:47	
Can any man forbid water	Can any man forbid water
Μήτι τὸ ὕδωρ κωλῦσαί δύναται τις	Μήτι τὸ ὕδωρ δύναται κωλῦσαί τις
Acts 10:47	
as well as we	as well as we
καθὼς καὶ ἡμεῖς	ὡς καὶ ἡμεῖς
Acts 10:48	
And he commanded them	And he commanded them
προσέταξε τε αὐτοὺς	προσέταξεν δὲ αὐτοὺς
Acts 10:48	
to be baptized in the name of the Lord	to be baptized in the name of the Lord Jesus
βαπτισθῆναι ἐν τῷ ὀνόματι τοῦ Κυρίου	ἐν τῷ ὀνόματι Ἰησοῦ Χριστοῦ βαπτισθῆναι
Acts 11:2	
And when Peter was come up	But when Peter was come up
καὶ ὅτε ἀνέβη Πέτρος	ὅτε δὲ ἀνέβη Πέτρος
Acts 11:2	
to Jerusalem	to Jerusalem
εἰς Ἰερουσαλυμα	εἰς Ἰερουσαλήμ
Acts 11:3	
Thou wentest in to men uncircumcised	Thou wentest in to men uncircumcised
ὅτι πρὸς ἄνδρας ἀκροβυστίαν ἔχοντας εἰσῆλθες	ὅτι Εἰσῆλθες πρὸς ἄνδρας ἀκροβυστίαν ἔχοντας
Acts 11:4	
But Peter	But Peter
δὲ ὁ Πέτρος	δὲ Πέτρος
Acts 11:5	
and it came even to me	and it came even to me
καὶ ἦλθεν ἄχρις ἐμοῦ	καὶ ἦλθεν ἄχρι ἐμοῦ
Acts 11:7	
And I heard a voice	And I also heard a voice
ἤκουσα δὲ φωνῆς	ἤκουσα δὲ καὶ φωνῆς

Over 8,000 Differences Between the T.R. and the Nestle-Aland Greek N.T.

Textus Receptus-Scrivener	Nestle-Aland 26,27
Acts 11:8	
for nothing common	for *nothing* common
ὅτι πᾶν κοινὸν	ὅτι κοινὸν
Acts 11:9	
But the voice answered me	But the voice answered
ἀπεκρίθη δὲ μοι φωνή	ἀπεκρίθη δὲ φωνὴ
Acts 11:10	
and all were drawn up again into heaven	and all were drawn up again into heaven
καὶ πάλιν ἀνεσπάσθη ἅπαντα	καὶ ἀνεσπάσθη πάλιν ἅπαντα
Acts 11:11	
unto the house where I was	unto the house where we were
ἐπὶ τὴν οἰκίαν ἐν ᾗ ἤμην	ἐπὶ τὴν οἰκίαν ἐν ᾗ ἦμεν
Acts 11:12	
And the Spirit bade me go with them	And the Spirit bade me go with them
εἶπε δὲ μοι τὸ Πνεῦμά συνελθεῖν αὐτοῖς	εἶπεν δὲ τὸ πνεῦμά μοι συνελθεῖν αὐτοῖς
Acts 11:12	
nothing doubting	nothing doubting
μηδὲν διακρινόμενον	μηδὲν διακρίναντα
Acts 11:13	
And he shewed us	And he shewed us
ἀπήγγειλε τε ἡμῖν	ἀπήγγειλεν δὲ ἡμῖν
Acts 11:13	
how he had seen an angel	how he had seen an angel
πῶς εἶδε τὸν ἄγγελον	πῶς εἶδεν (τὸν) ἄγγελον
Acts 11:13	
and said unto him	and said unto him
καὶ εἰπόντα αὐτῷ	καὶ εἰπόντα
Acts 11:13	
Send men to Joppa	Send to Joppa
Ἀπόστειλον εἰς Ἰόππην ἄνδρας	Ἀπόστειλον εἰς Ἰόππην
Acts 11:16	
Then remembered I the word of the Lord	Then remembered I the word of the Lord
ἐμνήσθην δὲ ῥήματος Κυρίου	ἐμνήσθην δὲ τοῦ ῥήματος τοῦ κυρίου
Acts 11:17	
what was I	what was I
ἐγὼ δὲ τίς ἤμην	ἐγὼ τίς ἤμην
Acts 11:18	
and glorified God	and glorified God
καὶ ἐδόξαζον τὸν Θεὸν	καὶ ἐδόξασαν τὸν θεὸν
Acts 11:18	
Then	Then
Ἄραγε	Ἄρα
Acts 11:18	
granted repentance unto life	granted repentance unto life
τὴν μετάνοιαν ἔδωκεν εἰς ζωὴν	τὴν μετάνοιαν εἰς ζωὴν ἔδωκεν
Acts 11:20	
when they were come to Antioch,	when they were come to Antioch,
οἵτινες εἰσελθόντες εἰς Ἀντιόχειαν	οἵτινες ἐλθόντες εἰς Ἀντιόχειαν

Over 8,000 Differences Between the T.R. and the Nestle-Aland Greek N.T.

Textus Receptus-Scrivener	Nestle-Aland 26,27
Acts 11:20	
spake unto the Grecians	spake also unto the Grecians
ἐλάλουν πρὸς τοὺς Ἑλληνιστάς	ἐλάλουν καὶ πρὸς τοὺς Ἑλληνιστάς
Acts 11:21	
and a great number believed	and a great number believed
πολύς τε ἀριθμὸς πιστεύσας	πολύς τε ἀριθμὸς ὁ πιστεύσας
Acts 11:22	
of the church which was in Jerusalem	of the church which was in Jerusalem
τῆς ἐκκλησίας τῆς ἐν Ἱεροσ5ολύμοις	τῆς ἐκκλησίας τῆς οὔσης ἐν Ἱερουσαλὴμ
Acts 11:22	
that he should go as far as Antioch	[that he should go] as far as Antioch
διελθεῖν ἕως Ἀντιοχείας	(διελθεῖν) ἕως Ἀντιοχείας
Acts 11:23	
and had seen the grace of God	and had seen the grace of God
καὶ ἰδὼν τὴν χάριν τοῦ Θεοῦ	καὶ ἰδὼν τὴν χάριν (τὴν) τοῦ θεοῦ
Acts 11:25	
Then departed Barnabas to Tarsus	Then he departed to Tarsus
ἐξῆλθε δὲ εἰς Ταρσὸν ὁ Βαρνάβας	ἐξῆλθεν δὲ εἰς Ταρσὸν
Acts 11:26	
And when he had found him	And when he had found
καὶ εὑρὼν αὐτὸν	καὶ εὑρὼν
Acts 11:26	
he brought him unto Antioch	brought unto Antioch
αὐτὸν ἤγαγεν αὐτὸν εἰς Ἀντιόχειαν	ἤγαγεν εἰς Ἀντιόχειαν
Acts 11:26	
that a whole year they assembled themselves	that also a whole year they assembled themselves
αὐτοὺς ἐνιαυτὸν ὅλον συναχθῆναι	αὐτοῖς καὶ ἐνιαυτὸν ὅλον συναχθῆναι
Acts 11:26	
were called...first	were called...first
χρηματίσαι τε πρῶτον	χρηματίσαι τε πρώτως
Acts 11:28	
which came to pass	which came to pass
ὅστις καὶ ἐγένετο	ἥτις ἐγένετο
Acts 11:28	
in the days of Claudius Caesar	in the days of Claudius
ἐπὶ Κλαυδίου Καίσαρος	ἐπὶ Κλαυδίου
Acts 11:29	
according to his ability	according to his ability
καθὼς ηὐπορεῖτό	καθὼς εὐπορεῖτό
Acts 12:2	
with the sword	with the sword
μαχαίρᾳ	μαχαίρῃ
Acts 12:3	
And because he saw	But because he saw
καὶ ἰδὼν ὅτι	ἰδὼν δὲ ὅτι
Acts 12:3	
Then were the days	Then were the days

Over 8,000 Differences Between the T.R. and the Nestle-Aland Greek N.T.

Textus Receptus-Scrivener	Nestle-Aland 26,27
ἦσαν δὲ ἡμέραι	ἦσαν δὲ (αἱ) ἡμέραι
Acts 12:5	
but prayer was made without ceasing	but prayer was made without ceasing
προσευχὴ δὲ ἦν ἐκτενὴς γινομένη	προσευχὴ δὲ ἦν ἐκτενῶς γινομένη
Acts 12:5	
unto God for him	unto God for him
πρὸς τὸν Θεὸν ὑπὲρ αὐτοῦ	πρὸς τὸν θεὸν περὶ αὐτοῦ
Acts 12:6	
And when Herod would have brought him forth	And when Herod would have brought him forth
ὅτε δὲ ἔμελλεν αὐτὸν προάγειν ὁ Ἡρῴδης	Ὅτε δὲ ἤμελλεν προαγαγεῖν αὐτὸν ὁ Ἡρῴδης
Acts 12:7	
his chains fell off	his chains fell off
ἐξέπεσον αὐτοῦ αἱ ἁλύσεις	ἐξέπεσαν αὐτοῦ αἱ ἁλύσεις
Acts 12:8	
And the angel said	And the angel said
εἶπε τε ὁ ἄγγελος	εἶπεν δὲ ὁ ἄγγελος
Acts 12:8	
Gird thyself, and bind	Gird thyself, and bind
Περίζωσαι καὶ ὑπόδησαι	Ζῶσαι καὶ ὑπόδησαι
Acts 12:8	
And so he did	And so he did
ἐποίησε δὲ οὕτω	ἐποίησεν δὲ οὕτως
Acts 12:9	
And he went out, and followed him	And he went out, and followed him
καὶ ἐξελθὼν ἠκολούθει αὐτῷ	καὶ ἐξελθὼν ἠκολούθει
Acts 12:10	
they came unto the...gate	
ἦλθον ἐπὶ τὴν πύλην	ἦλθαν ἐπὶ τὴν πύλην
Acts 12:10	
which opened to them of his own accord	which opened to them of his own accord
ἥτις αὐτομάτη ἠνοίχθη αὐτοῖς	ἥτις αὐτομάτη ἠνοίγη αὐτοῖς
Acts 12:11	
And when Peter was come to himself	And when Peter was come to himself
καὶ ὁ Πέτρος γενόμενος ἐν ἑαυτῷ	καὶ ὁ Πέτρος ἐν ἑαυτῷ γενόμενος
Acts 12:11	
the Lord hath sent	the Lord hath sent
ἐξαπέστειλε Κύριος	ἐξαπέστειλεν (ὁ) κύριος
Acts 12:11	
and hath delivered me	and hath delivered me
καὶ ἐξείλετό με	καὶ ἐξείλατό με
Acts 12:12	
to the house of Mary	to the house of Mary
ἐπὶ τὴν οἰκίαν Μαρίας	ἐπὶ τὴν οἰκίαν τῆς Μαρίας
Acts 12:13	
And as Peter knocked at the door	And as he knocked at the door
κρούσαντος δὲ τοῦ Πέτρου τὴν θύραν	κρούσαντος δὲ αὐτοῦ τὴν θύραν
Acts 12:15	
And they said unto her	And they said unto her

Textus Receptus-Scrivener	Nestle-Aland 26,27
οἱ δὲ πρὸς αὐτὴν εἶπον	οἱ δὲ πρὸς αὐτὴν εἶπαν
Acts 12:15	
It is his angel	It is his angel
Ὁ ἄγγελός αὐτοῦ ἐστιν	Ὁ ἄγγελός ἐστιν αὐτοῦ
Acts 12:16	
and when they had opened *the door*, and saw him	and when they had opened *the door*, and saw him
ἀνοίξαντες δὲ εἶδον αὐτὸν	ἀνοίξαντες δὲ εἶδαν αὐτὸν
Acts 12:17	
declared unto them	declared [unto them]
διηγήσατο αὐτοῖς	διηγήσατο (αὐτοῖς)
Acts 12:17	
And he said	And he said
εἶπέ δὲ	εἶπέν τε
Acts 12:19	
to Caesarea	to Caesarea
εἰς τὴν Καισάρειαν	εἰς Καισάρειαν
Acts 12:20	
And Herod was highly displeased	And *he* was highly displeased
Ἦν δὲ ὁ Ἡρώδης θυμομαχῶν	Ἦν δὲ θυμομαχῶν
Acts 12:21	
sat upon his throne	sat upon his throne
καὶ καθίσας ἐπὶ τοῦ βήματος	(καὶ) καθίσας ἐπὶ τοῦ βήματος
Acts 12:25	
Saul returned from Jerusalem	Saul returned to Jerusalem
Σαῦλος ὑπέστρεψαν ἐξ Ἰερουσαλὴμ	Σαῦλος ὑπέστρεψαν εἰς Ἰερουσαλὴμ
Acts 12:25	
and took with them John	took with them John
συμπαραλαβόντες καὶ Ἰωάννην	συμπαραλαβόντες Ἰωάννην
Acts 13:1	
Now there were	Now there were
Ἦσαν δὲ τινες	Ἦσαν δὲ
Acts 13:1	
Herod the tetrarch	Herod the tetrarch
Ἡρώδου τοῦ τετράρχου	Ἡρώδου τοῦ τετραάρχου
Acts 13:2	
Separate me Barnabas	Separate me Barnabas
Ἀφορίσατε δή μοι τὸν τε Βαρναβᾶν	Ἀφορίσατε δή μοι τὸν Βαρναβᾶν
Acts 13:2	
and Saul	and Saul
καὶ τὸν Σαῦλον	καὶ Σαῦλον
Acts 13:4	
So they	So they
Οὗτοι μὲν οὖν	Αὐτοὶ μὲν οὖν
Acts 13:4	
being sent forth by the Holy Ghost	being sent forth by the Holy Ghost
ἐκπεμφθέντες ὑπὸ τοῦ Πνεύματος τοῦ Ἁγίου	ἐκπεμφθέντες ὑπὸ τοῦ ἁγίου πνεύματος
Acts 13:4	

Over 8,000 Differences Between the T.R. and the Nestle-Aland Greek N.T.

Textus Receptus-Scrivener	Nestle-Aland 26,27
departed unto Seleucia	departed unto Seleucia
κατῆλθον εἰς τὴν Σελεύκειαν	κατῆλθον εἰς Σελεύκειαν
Acts 13:4	
sailed to Cyprus	sailed to Cyprus
ἀπέπλευσαν εἰς τὴν Κύπρον	ἀπέπλευσαν εἰς Κύπρον
Acts 13:6	
And when they had gone through the isle unto Paphos	And when they had gone through all the isle unto Paphos
διελθόντες δὲ τὴν νῆσον ἄχρι Πάφου	διελθόντες δὲ ὅλην τὴν νῆσον ἄχρι Πάφου
Acts 13:6	
they found a certain sorcerer	they found a man, a certain sorcerer
εὗρον τινὰ μάγον	εὗρον ἄνδρα τινὰ μάγον
Acts 13:8	
for so	for so
οὕτω γὰρ	οὕτως γὰρ
Acts 13:9	
set his eyes on him	set his eyes on him
καὶ ἀτενίσας εἰς αὐτὸν	ἀτενίσας εἰς αὐτὸν
Acts 13:10	
the right ways of the Lord	the right ways of the Lord
τὰς ὁδοὺς Κυρίου τὰς εὐθείας	τὰς ὁδοὺς (τοῦ) κυρίου τὰς εὐθείας
Acts 13:11	
the hand of the Lord *is* upon thee	the hand of the Lord *is* upon thee
χεὶρ τοῦ Κυρίου ἐπὶ σέ	χεὶρ κυρίου ἐπὶ σέ
Acts 13:11	
And immediately	And immediately
παραχρῆμά δὲ	παραχρῆμά τε
Acts 13:11	
there fell on him	there fell on him
ἐπέπεσεν ἐπ αὐτὸν	ἔπεσεν ἐπ αὐτὸν
Acts 13:13	
Now when Paul	Now when Paul
οἱ περὶ τὸν Παῦλον	οἱ περὶ Παῦλον
Acts 13:14	
to Antioch in Pisidia	to Antioch in Pisidia
εἰς Ἀντιόχειαν τῆς Πισιδίας	εἰς Ἀντιόχειαν τὴν Πισιδίαν
Acts 13:14	
and went into	and went into
καὶ εἰσελθόντες εἰς	καὶ (εἰς)ελθόντες εἰς
Acts 13:15	
if ye have any word of exhortation	if ye have any word of exhortation
εἴ ἐστι λόγος ἐν ὑμῖν παρακλήσεως	εἴ τίς ἐστιν ἐν ὑμῖν λόγος παρακλήσεως
Acts 13:17	
in the land of Egypt	in the land of Egypt
ἐν γῇ Αἰγύπτῳ	ἐν γῇ Αἰγύπτου
Acts 13:18	
forty years	forty years
τεσσαρακονταετῆ	τεσσερακονταετῆ

300

Textus Receptus-Scrivener	Nestle-Aland 26,27
Acts 13:19	
he divided...by lot	he divided...by lot
κατεκληροδότησεν	κατεκληρονόμησεν
Acts 13:19	
their land to them	their land
αὐτοῖς τὴν γῆν αὐτῶν	τὴν γῆν αὐτῶν
Acts 13:20	
And after that he gave *unto them* judges about the space of four hundred and fifty years, until Samuel	about the space of four hundred and fifty years. And after that he gave *unto them* judges until Samuel
καὶ μετὰ ταῦτα ὡς ἔτεσι τετρακοσίοις καὶ πεντήκοντα. ἔδωκε κριτὰς ἕως Σαμουὴλ	ὡς ἔτεσιν τετρακοσίοις καὶ πεντήκοντα. καὶ μετὰ ταῦτα ἔδωκεν κριτὰς ἕως Σαμουὴλ
Acts 13:20	
the prophet	[the] prophet
τοῦ προφήτου	(τοῦ) προφήτου
Acts 13:21	
forty years	forty years
ἔτη τεσσαράκοντα	ἔτη τεσσεράκοντα
Acts 13:22	
he raised up unto them David	he raised up unto them David
ἤγειρεν αὐτοῖς τὸν Δαβὶδ	ἤγειρεν τὸν Δαυὶδ αὐτοῖς
Acts 13:22	
I have found David	I have found David
Εὗρον Δαβὶδ	Εὗρον Δαυὶδ
Acts 13:23	
raised unto Israel a Saviour	brought unto Israel a Saviour
ἤγειρεν τῷ Ἰσραὴλ σωτῆρα	ἤγαγεν τῷ Ἰσραὴλ σωτῆρα
Acts 13:25	
And as John fulfilled	And as John fulfilled
ὡς δὲ ἐπλήρου ὁ Ἰωάννης	ὡς δὲ ἐπλήρου Ἰωάννης
Acts 13:25	
Whom think ye that I am	Whom think ye that I am
Τίνα με ὑπονοεῖτε εἶναι	Τί ἐμὲ ὑπονοεῖτε εἶναι
Acts 13:26	
to you is the word	to us is the word
υμῖν ὁ λόγος	ἡμῖν ὁ λόγος
Acts 13:26	
of this salvation sent	of this salvation sent forth
τῆς σωτηρίας ταύτης ἀπεστάλη	τῆς σωτηρίας ταύτης ἐξαπεστάλη
Acts 13:29	
fulfilled all	fulfilled all
ἐτέλεσαν ἅπαντα	ἐτέλεσαν πάντα
Acts 13:31	
who are his witnesses	who [now] are his witnesses
οἵτινες εἰσι μάρτυρες αὐτοῦ	οἵτινες (νῦν) εἰσιν μάρτυρες αὐτοῦ
Acts 13:33	
fulfilled...unto us their children	fulfilled...unto us [their] children
ἐκπεπλήρωκε τοῖς τέκνοις αὐτῶν	ἐκπεπλήρωκεν τοῖς τέκνοις (αὐτῶν)

Textus Receptus-Scrivener	Nestle-Aland 26,27
Acts 13:33	
written in the second psalm	written in the second psalm
ἐν τῷ ψαλμῷ τῷ δευτέρῳ γέγραπται	ἐν τῷ ψαλμῷ γέγραπται τῷ δευτέρῳ
Acts 13:34	
the sure mercies of David	the sure mercies of David
τὰ ὅσια Δαβὶδ τὰ πιστά	τὰ ὅσια Δαυὶδ τὰ πιστά
Acts 13:35	
Wherefore he saith also in another *psalm*	Wherefore he saith also in another *psalm*
διό καὶ ἐν ἑτέρῳ λέγει	διότι καὶ ἐν ἑτέρῳ λέγει
Acts 13:36	
For David, after	For David, after
Δαβὶδ μὲν γὰρ	Δαυὶδ μὲν γὰρ
Acts 13:39	
And	[And]
καὶ	(καὶ)
Acts 13:39	
by the law	by *the* law
ἐν τῷ νόμῳ	ἐν νόμῳ
Acts 13:39	
of Moses	of Moses
Μωσέως	Μωϋσέως
Acts 13:40	
lest that come upon you	lest that come
μὴ ἐπέλθῃ ἐφ ὑμᾶς	μὴ ἐπέλθῃ
Acts 13:41	
for I work a work	for I work a work
ὅτι ἔργον ἐγὼ ἐργάζομαι	ὅτι ἔργον ἐργάζομαι ἐγὼ
Acts 13:41	
a work which	a work which
ἔργον ᾧ	ἔργον ὃ
Acts 13:42	
And when the Jews were gone out of the synagogue	And when *they* were gone out
Ἐξιόντων δὲ ἐκ τῆς συναγωγῆς τῶν Ἰουδαίων	Ἐξιόντων δὲ
Acts 13:42	
the Gentiles besought	and they besought
παρεκάλουν τὰ ἔθνη	δὲ αὐτῶν παρεκάλουν
Acts 13:43	
to continue in the grace of God	to continue in the grace of God
ἐπιμένειν τῇ χάριτι τοῦ Θεοῦ	προσμένειν τῇ χάριτι τοῦ Θεοῦ
Acts 13:44	
the word of God	the word of the Lord
τὸν λόγον τοῦ Θεοῦ	τὸν λόγον τοῦ κυρίου
Acts 13:45	
by Paul	by Paul
ὑπὸ τοῦ Παύλου	ὑπὸ Παύλου
Acts 13:45	
spoken	spoken

Over 8,000 Differences Between the T.R. and the Nestle-Aland Greek N.T.

Textus Receptus-Scrivener	Nestle-Aland 26,27
λεγομέοις	λαλουμένοις

Acts 13:45

contradicting and blaspheming	blaspheming
ἀντιλέγοντες καὶ βλασφημοῦντες	βλασφημοῦντες

Acts 13:46

Then Paul	Then Paul
δὲ ὁ Παῦλος	τε ὁ Παῦλος

Acts 13:46

and Barnabas...said	and Barnabas...said
καὶ ὁ Βαρναβᾶς εἶπον	καὶ ὁ Βαρναβᾶς εἶπαν

Acts 13:46

but seeing ye put it from you	seeing ye put it from you
ἐπειδὴ δὲ ἀπωθεῖσθε αὐτὸν	ἐπειδὴ ἀπωθεῖσθε αὐτὸν

Acts 13:47

For so	For so
οὕτω γὰρ	οὕτως γὰρ

Acts 13:50

the devout and honourable women	the devout *and* honourable women
τὰς σεβομένας γυναῖκας καὶ τὰς εὐσχήμονας	τὰς σεβομένας γυναῖκας τὰς εὐσχήμονας

Acts 13:50

against Paul and Barnabas	against Paul and Barnabas
ἐπὶ τὸν Παῦλον καὶ τὸν Βαρναβᾶν	ἐπὶ τὸν Παῦλον καὶ Βαρναβᾶν

Acts 13:51

their feet against them	the feet against them
τῶν ποδῶν αὐτῶν ἐπ αὐτοὺς	τῶν ποδῶν ἐπ αὐτοὺς

Acts 13:52

And the disciples	And the disciples
οἱ δὲ μαθηταὶ	οἵ τε μαθηταὶ

Acts 14:2

But the unbelieving Jews	But the unbelieving Jews
οἱ δὲ ἀπειθοῦντες Ἰουδαῖοι	οἱ δὲ ἀπειθήσαντες Ἰουδαῖοι

Acts 14:3

which gave testimony unto the word of his grace	which gave testimony unto the word of his grace
μαρτυροῦντι τῷ λόγῳ τῆς χάριτος αὐτοῦ	μαρτυροῦντι (ἐπὶ) τῷ λόγῳ τῆς χάριτος αὐτοῦ

Acts 14:3

and granted signs	granted signs
καὶ διδόντι σημεῖα	διδόντι σημεῖα

Acts 14:7

And there they preached the gospel	And there they preached the gospel
κἀκεῖ ἦσαν εὐαγγελιζόμενοι	κἀκεῖ εὐαγγελιζόμενοι ἦσαν

Acts 14:8

And there sat a certain man at Lystra, impotent	And there sat a certain man at Lystra, impotent
Καί τις ἀνὴρ ἐν Λύστροις ἀδύνατος	Καί τις ἀνὴρ ἀδύνατος ἐν Λύστροις

Acts 14:8

being a cripple from his mother's womb	a cripple from his mother's womb
χωλὸς ἐκ κοιλίας μητρὸς αὐτοῦ ὑπάρχων	χωλὸς ἐκ κοιλίας μητρὸς αὐτοῦ

Acts 14:8

who never had walked	who never walked

303

Over 8,000 Differences Between the T.R. and the Nestle-Aland Greek N.T.

Textus Receptus-Scrivener	Nestle-Aland 26,27
ὃς οὐδέποτε περιεπεπατήκει	ὃς οὐδέποτε περιεπάτησεν
Acts 14:9	
The same heard Paul	The same heard Paul
οὗτος ἤκουε τοῦ Παύλου	οὗτος ἤκουσεν τοῦ Παύλου
Acts 14:9	
that he had faith to be healed	that he had faith to be healed
ὅτι πίστιν ἔχει τοῦ σωθῆναι	ὅτι ἔχει πίστιν τοῦ σωθῆναι
Acts 14:10	
Said with a loud voice	Said with a loud voice
εἶπε μεγάλη τῇ φωνῇ	εἶπεν μεγάλη φωνῇ
Acts 14:10	
And he leaped and walked	And he leaped and walked
καὶ ἥλλετο καὶ περιεπάτει	καὶ ἥλατο καὶ περιεπάτει
Acts 14:11	
And when the people saw	And when the people saw
οἱ δὲ ὄχλοι ἰδόντες	οἱ τε ὄχλοι ἰδόντες
Acts 14:11	
what Paul had done	what Paul had done
ὃ ἐποίησεν ὁ Παῦλος	ὃ ἐποίησεν Παῦλος
Acts 14:12	
And they called Barnabas	And they called Barnabas
ἐκάλουν τε τὸν μὲν Βαρναβᾶν	ἐκάλουν τε τὸν Βαρναβᾶν
Acts 14:13	
Then the priest of Jupiter	Then the priest of Jupiter
ὁ δὲ ἱερεὺς τοῦ Διὸς	ὅ τε ἱερεὺς τοῦ Διὸς
Acts 14:13	
before their city	before the city
πρὸ τῆς πόλεως αὐτῶν	πρὸ τῆς πόλεως
Acts 14:14	
and ran in among the people	and ran out among the people
εἰσεπήδησαν εἰς τὸν ὄχλον	ἐξεπήδησαν εἰς τὸν ὄχλον
Acts 14:15	
unto the living God	unto the living God
ἐπὶ τὸν θεὸν τὸν ζῶντα	ἐπὶ θεὸν ζῶντα
Acts 14:17	
Nevertheless	Nevertheless
καίτοιγε	καίτοι
Acts 14:17	
he left not himself without witness	he left not himself without witness
οὐκ ἀμάρτυρον ἑαυτὸν ἀφῆκεν	οὐκ ἀμάρτυρον αὐτὸν ἀφῆκεν
Acts 14:17	
in that he did good	in that he did good
ἀγαθοποιῶν	ἀγαθουργῶν
Acts 14:17	
and gave us rain from heaven	and gave you rain from heaven
οὐρανόθεν ἡμῖν ὑετοὺς διδοὺς	οὐρανόθεν ἡμῖν ὑετοὺς διδοὺς
Acts 14:17	
our hearts	your hearts

Textus Receptus-Scrivener	Nestle-Aland 26,27
τὰς καρδίας ἡμῶν	τὰς καρδίας ὑμῶν
Acts 14:19	
And there came thither	And there came thither
Ἐπῆλθον δὲ	Ἐπῆλθαν δὲ
Acts 14:19	
supposing	supposing
νομίσαντες	νομίζοντες
Acts 14:19	
he had been dead	he had been dead
αὐτὸν τεθνάναι	αὐτὸν τεθνηκέναι
Acts 14:20	
Howbeit, as the disciples stood round about him	Howbeit, as the disciples stood round about him
κυκλωσάντων δὲ αὐτὸν τῶν μαθητῶν	κυκλωσάντων δὲ τῶν μαθητῶν αὐτὸν
Acts 14:21	
to Lystra, and *to* Iconium, and Antioch	to Lystra, and to Iconium, and to Antioch
εἰς τὴν Λύστραν καὶ Ἰκόνιον καὶ Ἀντιόχειαν	εἰς τὴν Λύστραν καὶ εἰς Ἰκόνιον καὶ εἰς Ἀντιόχειαν
Acts 14:23	
And when they had ordained them elders in every church	And when they had ordained them elders in every church
χειροτονήσαντες δὲ αὐτοῖς πρεσβυτέρους κατ ἐκκλησίαν	χειροτονήσαντες δὲ αὐτοῖς κατ ἐκκλησίαν πρεσβυτέρους
Acts 14:24	
they came to Pamphylia	they came to Pamphylia
ἦλθον εἰς Παμφυλίαν	ἦλθον εἰς τὴν Παμφυλίαν
Acts 14:27	
they rehearsed all	they rehearsed all
ἀνήγγειλαν ὅσα	ἀνήγγελλον ὅσα
Acts 14:28	
And there they abode long time	And they abode long time
διέτριβον δὲ ἐκεῖ χρόνον οὐκ ὀλίγον	διέτριβον δὲ χρόνον οὐκ ὀλίγον
Acts 15:1	
Except ye be circumcised	Except ye have been circumcised
Ἐὰν μὴ περιτέμνησθε	Ἐὰν μὴ περιτμηθῆτε
Acts 15:1	
after the manner of Moses	after the manner of Moses
τῷ ἔθει Μωϋσέως	τῷ ἔθει τῷ Μωϋσέως
Acts 15:2	
When therefore	But when
γενομένης οὖν	γενομένης δὲ
Acts 15:2	
and disputation	and disputation
καὶ συζητήσεως	καὶ ζητήσεως
Acts 15:3	
they passed through Phenice and	they passed through both Phenice and
διήρχοντο τὴν Φοινίκην καὶ	διήρχοντο τήν τε Φοινίκην καὶ
Acts 15:4	
they were received of the church	they were received of the church

Over 8,000 Differences Between the T.R. and the Nestle-Aland Greek N.T.

Textus Receptus-Scrivener	Nestle-Aland 26,27
ἀπεδέχθησαν ὑπὸ τῆς ἐκκλησίας	παρεδέχθησαν ἀπὸ τῆς ἐκκλησίας

Acts 15:6

And the apostles...came together

Συνήχθησάν δὲ οἱ ἀπόστολοι

And the apostles...came together

Συνήχθησάν τε οἱ ἀπόστολοι

Acts 15:7

And when there had been much disputing

πολλῆς δὲ συζητήσεως γενομένης

And when there had been much disputing

πολλῆς δὲ ζητήσεως γενομένης

Acts 15:7

God made choice among us

ὁ Θεὸς ἐν ἡμῖν ἐξελέξατο

God made choice among us

ἐν ἡμῖν ἐξελέξατο ὁ θεὸς

Acts 15:8

giving them the Holy Ghost

δοὺς αὐτοῖς τὸ Πνεῦμα τὸ Ἅγιον

giving the Holy Ghost

δοὺς τὸ πνεῦμα τὸ ἅγιον

Acts 15:9

And put no difference

καὶ οὐδὲν διέκρινε

And put no difference

καὶ οὐθὲν διέκρινεν

Acts 15:11

the grace of the

τῆς χάριτος

the grace of the

τῆς χάριτος τοῦ

Acts 15:11

Lord Jesus Christ

Κυρίου Ἰησοῦ Χριστοῦ

Lord Jesus

κυρίου Ἰησοῦ

Acts 15:14

a people for his name

λαὸν ἐπὶ τῷ ὀνόματι αὐτοῦ

a people for his name

λαὸν τῷ ὀνόματι αὐτοῦ

Acts 15:16

the tabernacle of David

τὴν σκηνὴν Δαβὶδ

the tabernacle of David

τὴν σκηνὴν Δαυὶδ

Acts 15:17

who doeth

ὁ ποιῶν

who doeth

ποιῶν

Acts 15:17

all these things

ταῦτα πάντα

these things

ταῦτα

Acts 15:18

Known unto God are all his works from the beginning of the world

γνωστὰ ἀπ αἰῶνος. ἐστι τῷ Θεῷ πάντα τὰ ἔργα αὐτοῦ

Known from the beginning of the world

γνωστὰ ἀπ αἰῶνος

Acts 15:20

that they abstain from pollutions

τοῦ ἀπέχεσθαι ἀπὸ τῶν ἀλισγημάτων

that they abstain from pollutions

τοῦ ἀπέχεσθαι τῶν ἀλισγημάτων

Acts 15:21

For Moses

Μωσῆς γὰρ

For Moses

Μωϋσῆς γὰρ

Acts 15:22

surnamed

ἐπικαλούμενον

called

καλούμενον

Textus Receptus-Scrivener	Nestle-Aland 26,27
Acts 15:22	
Barsabas	Barsabas
Βαρσαβᾶν	Βαρσαββᾶν
Acts 15:23	
after this manner	....
τάδε	....
Acts 15:23	
and elders and brethren	and elder brethren
καὶ οἱ πρεσβύτεροι καὶ οἱ ἀδελφοί	καὶ οἱ πρεσβύτεροι ἀδελφοὶ
Acts 15:24	
certain which went out from us	certain from us
τινὲς ἐξ ἡμῶν ἐξελθόντες	τινὲς ἐξ ἡμῶν (ἐξελθόντες)
Acts 15:24	
saying, Ye *must* be circumcised, and keep the law	....
λέγοντες περιτέμνεσθαι καὶ τηρεῖν τον νόμον	....
Acts 15:25	
to send chosen men	to choose men to send
ἐκλεξαμένους ἄνδρας πέμψαι	ἐκλεξαμένοις ἄνδρας πέμψαι
Acts 15:28	
For it seemed good to the Holy Ghost	For it seemed good to the Holy Ghost
ἔδοξε γὰρ τῷ Ἁγίῳ Πνεύματι	ἔδοξεν γὰρ τῷ πνεύματι τῷ ἁγίῳ
Acts 15:28	
than these necessary things	than these necessary things
πλὴν τῶν ἐπάναγκες τούτων	πλὴν τούτων τῶν ἐπάναγκες
Acts 15:29	
and from things strangled	and from things strangled
καὶ πνικτοῦ	καὶ πνικτῶν
Acts 15:30	
they came to Antioch	they came down to Antioch
ἦλθον εἰς Ἀντιόχειαν	κατῆλθον εἰς Ἀντιόχειαν
Acts 15:32	
And Judas	And Judas
Ἰούδας δὲ	Ἰούδας τε
Acts 15:33	
from the brethren unto the apostles	from the brethren unto those who sent them
ἀπὸ τῶν ἀδελφῶν πρὸς τοὺς ἀποστόλους	ἀπὸ τῶν ἀδελφῶν πρὸς τοὺς ἀποστείλαντας αὐτούς
Acts 15:34	
Notwithstanding it pleased Silas to abide there still	....
ἔδοξε δὲ τῷ Σίλᾳ ἐπιμεῖναι αὐτοῦ	....
Acts 15:36	
Paul said unto Barnabas	Paul said unto Barnabas
εἶπε Παῦλος πρὸς Βαρναβᾶν	εἶπεν πρὸς Βαρναβᾶν Παῦλος
Acts 15:36	
Let us...visit our brethren	Let us...visit our brethren
ἐπισκεψώμεθα τοὺς ἀδελφοὺς ἡμῶν	ἐπισκεψώμεθα τοὺς ἀδελφοὺς

Over 8,000 Differences Between the T.R. and the Nestle-Aland Greek N.T.

Textus Receptus-Scrivener	Nestle-Aland 26,27
Acts 15:36	
in every city	in every city
κατὰ πᾶσαν πόλιν	κατὰ πόλιν πᾶσαν
Acts 15:37	
And Barnabas determined	And Barnabas determined
Βαρναβᾶς δὲ ἐβούλευσατο	Βαρναβᾶς δὲ ἐβούλετο
Acts 15:37	
determined to take with them John	determined also to take with them John
συμπαραλαβεῖν τὸν Ἰωάννην	συμπαραλαβεῖν καὶ τὸν Ἰωάννην
Acts 15:39	
And the contention was so sharp between them	And the contention was so sharp between them
ἐγένετο οὖν παροξυσμὸς	ἐγένετο δὲ παροξυσμὸς
Acts 15:40	
unto the grace of God	unto the grace of the Lord
τῇ χάριτι τοῦ Θεοῦ	τῇ χάριτι τοῦ κυρίου
Acts 15:41	
And he went through Syria and Cilicia	And he went through Syria and Cilicia
διήρχετο δὲ τὴν Συρίαν καὶ Κιλικίαν	διήρχετο δὲ τὴν Συρίαν καὶ (τὴν) Κιλικίαν
Acts 16:1	
Then came he to Derbe	Then came he [also] to Derbe
Κατήντησε δὲ εἰς Δέρβην	Κατήντησεν δὲ (καὶ) εἰς Δέρβην
Acts 16:1	
and Lystra	and to Lystra
καὶ Λύστραν	καὶ εἰς Λύστραν
Acts 16:1	
the son of a certain woman	the son of a woman
υἱὸς γυναικὸς τινος	υἱὸς γυναικὸς
Acts 16:3	
that his father was a Greek	that his father was a Greek
τὸν πατέρα αὐτοῦ ὅτι Ἕλλην ὑπῆρχεν	ὅτι Ἕλλην ὁ πατὴρ αὐτοῦ ὑπῆρχεν
Acts 16:4	
they delivered them	they delivered them
παρεδίδουν αὐτοῖς	παρεδίδοσαν αὐτοῖς
Acts 16:4	
of the apostles and elders	of the apostles and elders
ὑπὸ τῶν ἀποστόλων καὶ τῶν πρεσβυτέρων	ὑπὸ τῶν ἀποστόλων καὶ πρεσβυτέρων
Acts 16:4	
which were at Jerusalem	which were at Jerusalem
τῶν ἐν Ἱερουσαλήμ	τῶν ἐν Ἱεροσολύμοις
Acts 16:6	
Now when they had gone throughout Phrygia	Now when they had gone throughout Phrygia
Διῆλθοντες δὲ τὴν Φρυγίαν	Διῆλθον δὲ τὴν Φρυγίαν
Acts 16:6	
and the region of Galatia	and region of Galatia
καὶ τὴν Γαλατικὴν χώραν	καὶ Γαλατικὴν χώραν
Acts 16:7	
After they were come to Mysia	And after they were come to Mysia
ἐλθόντες κατὰ τὴν Μυσίαν	ἐλθόντες δὲ κατὰ τὴν Μυσίαν

Over 8,000 Differences Between the T.R. and the Nestle-Aland Greek N.T.

Textus Receptus-Scrivener	Nestle-Aland 26,27
Acts 16:7	
they assayed	they assayed
ἐπείραζον κατὰ	ἐπείραζον εἰς
Acts 16:7	
to go into Bithynia	to go into Bithynia
τὴν Βιθυνίαν πορεύεσθαι	τὴν Βιθυνίαν πορευθῆναι
Acts 16:7	
but the Spirit suffered them not	but the Spirit of Jesus suffered them not
καὶ οὐκ εἴασεν αὐτοὺς τὸ Πνεῦμα	καὶ οὐκ εἴασεν αὐτοὺς τὸ πνεῦμα Ἰησοῦ
Acts 16:9	
in the night	in [the] night
διὰ τῆς νυκτὸς	διὰ (τῆς) νυκτὸς
Acts 16:9	
appeared to Paul	appeared to Paul
ὤφθη τῷ Παύλῳ	τῷ Παύλῳ ὤφθη
Acts 16:9	
There stood a rnan of Macedonia	There stood a man of Macedonia
ἀνὴρ τις ἦν Μακεδών ἑστὼς	ἀνὴρ Μακεδών τις ἦν ἑστὼς
Acts 16:9	
and prayed him	and prayed him
παρακαλῶν αὐτὸν	καὶ παρακαλῶν αὐτὸν
Acts 16:10	
to go into Macedonia	to go into Macedonia
ἐξελθεῖν εἰς τὴν Μακεδονίαν	ἐξελθεῖν εἰς Μακεδονίαν
Acts 16:10	
that the Lord had called us	that God had called us
ὅτι προσκέκληται ἡμᾶς ὁ Κύριος	ὅτι προσκέκληται ἡμᾶς ὁ θεὸς
Acts 16:11	
Therefore loosing	And loosing
Ἀναχθέντες οὖν	Ἀναχθέντες δὲ
Acts 16:11	
from Troas	from Troas
ἀπὸ τῆς Τρωάδος	ἀπὸ Τρῳάδος
Acts 16:11	
and the next *day*	and the next *day*
τῇ τε ἐπιούσῃ	τῇ δὲ ἐπιούσῃ
Acts 16:11	
to Neapolis	to New Polis
εἰς Νεάπολιν	εἰς Νέαν Πόλιν
Acts 16:12	
And from thence to	And from thence to
ἐκειθέν τε εἰς	κάκεῖθεν εἰς
Acts 16:12	
which is the chief	which is the chief
ἥτις ἐστὶ πρώτη	ἥτις ἐστὶν πρώτη(ς)
Acts 16:12	
that part of Macedonia	*that* part of Macedonia
τῆς μερίδος τῆς Μακεδονίας	μερίδος τῆς Μακεδονίας

Over 8,000 Differences Between the T.R. and the Nestle-Aland Greek N.T.

Textus Receptus-Scrivener	Nestle-Aland 26,27
Acts 16:13	
we went out of the city	we went out of the gate
ἐξήλθομεν ἔξω τῆς πόλεως	ἐξήλθομεν ἔξω τῆς πύλης
Acts 16:13	
where prayer was wont to be made	where prayer was supposed to be made
οὗ ἐνομίζετο προσευχὴ εἶναι	οὗ ἐνομίζομεν προσευχὴν εἶναι
Acts 16:15	
and abide *there*	and abide *there*
μείνατε	μένετε
Acts 16:16	
as we went to prayer	as we went to the *place of* prayer
πορευομένων ἡμῶν εἰς προσευχὴν	πορευομένων ἡμῶν εἰς τὴν προσευχὴν
Acts 16:16	
a spirit of divination	a spirit of divination
πνεῦμα Πύθωνος	πνεῦμα πύθωνα
Acts 16:16	
met us	met us
ἀπαντῆσαι ἡμῖν	ὑπαντῆσαι ἡμῖν
Acts 16:17	
The same followed Paul	The same following Paul
αὕτη κατακολουθήσασα τῷ Παύλῳ	αὕτη κατακολουθοῦσα τῷ Παύλῳ
Acts 16:17	
which shew unto us	which shew unto you
οἵτινες καταγγέλλουσιν ἡμῖν	οἵτινες καταγγέλλουσιν ὑμῖν
Acts 16:18	
But Paul	But Paul
δὲ ὁ Παῦλος	δὲ Παῦλος
Acts 16:18	
in the name of Jesus Christ	in *the* name of Jesus Christ
ἐν τῷ ὀνόματι Ἰησοῦ Χριστοῦ	ἐν ὀνόματι Ἰησοῦ Χριστοῦ
Acts 16:20	
to the magistrates, saying	to the magistrates, saying
τοῖς στρατηγοῖς, εἶπον	τοῖς στρατηγοῖς εἶπαν
Acts 16:22	
rent off their clothes	rent off their clothes
περιρρήξαντες αὐτῶν τὰ ἱμάτια	περιρήξαντες αὐτῶν τὰ ἱμάτια
Acts 16:24	
Who, having received such a charge	Who, having received such a charge
ὃς, παραγγελίαν τοιαύτην εἰληφὼς	ὃς παραγγελίαν τοιαύτην λαβὼν
Acts 16:24	
and made their feet fast in the stocks	and made their feet fast in the stocks
καὶ τοὺς πόδας αὐτῶν ἠσφαλίσατο εἰς τὸ ξύλον	καὶ τοὺς πόδας ἠσφαλίσατο αὐτῶν εἰς τὸ ξύλον
Acts 16:26	
...immediately	...immediately
ἀνεῴχθησαν	ἠνεῴχθησαν
Acts 16:26	
and	but
τε	δὲ

Over 8,000 Differences Between the T.R. and the Nestle-Aland Greek N.T.

Textus Receptus-Scrivener	Nestle-Aland 26,27
Acts 16:27	
he drew out his sword	he drew out his sword
σπασάμενος μάχαιραν	σπασάμενος (τὴν) μάχαιραν
Acts 16:27	
and would have killed himself	and would have killed himself
ἔμελλεν ἑαυτὸν ἀναιρεῖν	ἤμελλεν ἑαυτὸν ἀναιρεῖν
Acts 16:28	
But...cried with a loud voice	But...cried with a loud voice
ἐφώνησε δὲ φωνῇ μεγάλῃ	ἐφώνησεν δὲ μεγάλῃ φωνῇ
Acts 16:28	
Paul	Paul
ὁ Παῦλος	(ὁ) Παῦλος
Acts 16:29	
fell down before Paul and Silas	fell down before Paul and Silas
προσέπεσε τῷ Παύλῳ καὶ τῷ Σιλᾷ	προσέπεσεν τῷ Παύλῳ καὶ (τῷ) Σιλᾷ
Acts 16:31	
And they said	And they said
οἱ δὲ εἶπον	οἱ δὲ εἶπαν
Acts 16:31	
Believe on the Lord Jesus Christ	Believe on the Lord Jesus
Πίστευσον ἐπὶ τὸν Κύριον Ἰησοῦν Χριστὸν	Πίστευσον ἐπὶ τὸν κύριον Ἰησοῦν
Acts 16:32	
and to all	with all
και πᾶσι	σὺν πᾶσιν
Acts 16:34	
into his house	into the house
εἰς τὸν οἶκον αὐτοῦ	εἰς τὸν οἶκον
Acts 16:36	
this saying	[this] saying
τοὺς λόγους τούτους	τοὺς λόγους (τούτους)
Acts 16:36	
The magistrates have sent	The magistrates have sent
ὅτι Ἀπεστάλκασιν οἱ στρατηγοὶ	ὅτι Ἀπέσταλκαν οἱ στρατηγοὶ
Acts 16:37	
and have cast *us* into prison	and have cast *us* into prison
ἔβαλον εἰς φυλακήν	ἔβαλαν εἰς φυλακήν
Acts 16:38	
And the...told...unto the magistrates	And the...told...unto the magistrates
ἀνήγγειλαν δὲ τοῖς στρατηγοῖς	ἀπήγγειλαν δὲ τοῖς στρατηγοῖς
Acts 16:38	
and they feared	but they feared
καὶ ἐφοβήθησαν	ἐφοβήθησαν δὲ
Acts 16:39	
and desired *them* to depart out of the city	and desired *them* to depart from the city
ἠρώτων ἐξελθεῖν τῆς πόλεως	ἠρώτων ἀπελθεῖν ἀπὸ τῆς πόλεως
Acts 16:40	
And they went out of the prison	And they went from the prison
ἐξελθόντες δὲ ἐκ τῆς φυλακῆς	ἐξελθόντες δὲ ἀπὸ τῆς φυλακῆς

311

Over 8,000 Differences Between the T.R. and the Nestle-Aland Greek N.T.

Textus Receptus-Scrivener	Nestle-Aland 26,27

Acts 16:40
and entered into *the house of* Lydia
εἰσῆλθον εἰς τὴν Λυδίαν

and entered into *the house of* Lydia
εἰσῆλθον πρὸς τὴν Λυδίαν

Acts 16:40
and when they had seen the brethren, they comforted them
καὶ ἰδόντες τοὺς ἀδελφοὺς, παρεκάλεσαν αὐτούς

and when they had seen, they comforted the brethren
καὶ ἰδόντες παρεκάλεσαν τοὺς ἀδελφοὺς

Acts 16:40
and departed
καὶ ἐξῆλθον

and departed
καὶ ἐξῆλθαν

Acts 17:1
and Apollonia
καὶ Ἀπολλωνίαν

and Apollonia
καὶ τὴν Ἀπολλωνίαν

Acts 17:1
where was a synagogue
ὅπου ἦν ἡ συναγωγὴ

where was a synagogue
ὅπου ἦν συναγωγή

Acts 17:2
reasoned with them
διελέγετο αὐτοῖς

reasoned with them
διελέξατο αὐτοῖς

Acts 17:3
that this Jesus, whom I preach unto you, is Christ
οὗτός ἐστιν ὁ Χριστός Ἰησοῦς, ὃν ἐγὼ καταγγέλλω ὑμῖν

that this Jesus, whom I preach unto you, is Christ
ὅτι οὗτός ἐστιν ὁ Χριστός, (ὁ) Ἰησοῦς, ὃν ἐγὼ καταγγέλλω ὑμῖν

Acts 17:4
Greeks a great multitude
Ἑλλήνων πολὺ πλῆθος

Greeks a great multitude
Ἑλλήνων πλῆθος πολὺ

Acts 17:5
But the Jews which believed not, moved with envy
ζηλώσαντες δὲ οἱ ἀπειθοῦντες Ἰουδαῖοι

But the Jews moved with envy
Ζηλώσαντες δὲ οἱ Ἰουδαῖοι

Acts 17:5
certain lewd fellows
τινὰς ἄνδρας πονηροὺς

certain lewd fellows
ἄνδρας τινὰς πονηροὺς

Acts 17:5
and assaulted the house of Jason
ἐπιστάντες τε τῇ οἰκίᾳ Ἰάσονος

and assaulted the house of Jason
καὶ ἐπιστάντες τῇ οἰκίᾳ Ἰάσονος

Acts 17:5
and sought to bring them out
ἐζήτουν αὐτοὺς ἀγαγεῖν

and sought to bring them out
ἐζήτουν αὐτοὺς προαγαγεῖν

Acts 17:6
they drew Jason
ἔσυρον τὸν Ἰάσονα

they drew Jason
ἔσυρον Ἰάσονα

Acts 17:7
do contrary to the decrees of Caesar
ἀπέναντι τῶν δογμάτων Καίσαρος πράττουσι

do contrary to the decrees of Caesar
ἀπέναντι τῶν δογμάτων Καίσαρος πράσσουσι

Acts 17:7
saying that there is another king, *one* Jesus
βασιλέα λέγοντες ἕτερον εἶναι, Ἰησοῦν

saying that there is another king, *one* Jesus
βασιλέα ἕτερον λέγοντες εἶναι Ἰησοῦν

312

Over 8,000 Differences Between the T.R. and the Nestle-Aland Greek N.T.

Textus Receptus-Scrivener	Nestle-Aland 26,27
Acts 17:10	
by night	by night
διὰ τῆς νυκτὸς	διὰ νυκτὸς
Acts 17:11	
and searched the scriptures daily	and searched the scriptures daily
τὸ καθ᾽ ἡμέραν ἀνακρίνοντες τὰς γραφὰς	καθ᾽ ἡμέραν ἀνακρίνοντες τὰς γραφὰς
Acts 17:13	
stirred up the people	stirred up and troubled the people
σαλεύοντες τοὺς ὄχλους	σαλεύοντες καὶ ταράσσοντες τοὺς ὄχλους
Acts 17:14	
to go as it were to the sea	to go as far as to the sea
πορεύεσθαι ὡς ἐπὶ τὴν θάλασσαν	πορεύεσθαι ἕως ἐπὶ τὴν θάλασσαν
Acts 17:14	
but Silas...abode there still	but Silas...abode there still
ὑπέμενον δὲ ὅ τε Σιλᾶς	ὑπέμεινάν τε ὅ τε Σιλᾶς
Acts 17:15	
brought him unto Athens	brought unto Athens
ἤγαγον αὐτὸν ἕως Ἀθηνῶν	ἤγαγον ἕως Ἀθηνῶν
Acts 17:15	
And they that conducted Paul	And they that conducted Paul
οἱ δὲ καθιστῶντες τὸν Παῦλον	οἱ δὲ καθιστάνοντες τὸν Παῦλον
Acts 17:15	
brought him unto Athens	brought *him* unto Athens
ἤγαγον αὐτὸν ἕως Ἀθηνῶν	ἤγαγον ἕως Ἀθηνῶν
Acts 17:15	
unto Silas and Timotheus	unto Silas and Timotheus
πρὸς τὸν Σιλᾶν καὶ Τιμόθεον	πρὸς τὸν Σιλᾶν καὶ τὸν Τιμόθεον
Acts 17:16	
when he saw the city wholly given to idolatry	when he saw the city wholly given to idolatry
θεωροῦντι κατείδωλον οὖσαν τὴν πόλιν	θεωροῦντος κατείδωλον οὖσαν τὴν πόλιν
Acts 17:18	
Then certain	Then also certain
Τινὲς δὲ τῶν	τινὲς δὲ καὶ τῶν
Acts 17:18	
and of the Stoicks	and Stoicks
καὶ τῶν Στωϊκῶν	καὶ Στοϊκῶν
Acts 17:18	
he preached unto them	he preached
αὐτοῖς εὐηγγελίζετο	εὐηγγελίζετο
Acts 17:20	
what these things mean	what these things mean
τί ἂν θέλοι ταῦτα εἶναι	τίνα θέλει ταῦτα εἶναι
Acts 17:21	
spent their time in nothing else	spent their time in nothing else
εἰς οὐδὲν ἕτερον εὐκαίρουν	εἰς οὐδὲν ἕτερον ηὐκαίρουν
Acts 17:21	
or to hear some new thing	or to hear some new thing
τι καὶ ἀκούειν καινότερον	ἢ ἀκούειν τι καινότερον

Over 8,000 Differences Between the T.R. and the Nestle-Aland Greek N.T.

Textus Receptus-Scrivener	Nestle-Aland 26,27
Acts 17:22	
Then Paul stood	Then Paul stood
σταθεὶς δὲ ὁ Παῦλος	Σταθεὶς δὲ (ὁ) Παῦλος
Acts 17:23	
Whom therefore ye ignorantly worship	What therefore ye ignorantly worship
ὃν οὖν ἀγνοοῦντες εὐσεβεῖτε	ὃ οὖν ἀγνοοῦντες εὐσεβεῖτε
Acts 17:23	
him declare I unto you	this declare I unto you
τοῦτον ἐγὼ καταγγέλλω ὑμῖν	τοῦτο ἐγὼ καταγγέλλω ὑμῖν
Acts 17:24	
seeing that he is Lord	seeing that he is Lord
κύριος ὑπάρχων	ὑπάρχων κύριος
Acts 17:25	
with men's hands	with human hands
ὑπὸ χειρῶν ἀνθρώπων	ὑπὸ χειρῶν ἀνθρωπίνων
Acts 17:26	
And hath made of one blood all nations	And hath made of one all nations
ἐποίησέ τε ἐξ ἑνὸς ἅματος πᾶν ἔθνος	ἐποίησέν τε ἐξ ἑνὸς πᾶν ἔθνος
Acts 17:26	
for to dwell on all the face	for to dwell on all *the* face
κατοικεῖν ἐπὶ πᾶν τὸ προσώπον	κατοικεῖν ἐπὶ παντὸς προσώπου
Acts 17:26	
hath determined the times before appointed	hath determined the times appointed
ὁρίσας προτεταγμένους καιροὺς	ὁρίσας προστεταγμένους καιροὺς
Acts 17:27	
That they should seek the Lord	That they should seek God
ζητεῖν τὸν Κύριον	ζητεῖν τὸν θεὸν
Acts 17:27	
if haply	if haply
εἰ ἄραγε	εἰ ἄρα γε
Acts 17:27	
though	though
καίτοιγε	καί γε
Acts 17:30	
all men	all men
τοῖς ἀνθρώποις πᾶσι	τοῖς ἀνθρώποις πάντας
Acts 17:31	
Because he hath appointed a day	Because he hath appointed a day
διότι ἔστησεν ἡμέραν	καθότι ἔστησεν ἡμέραν
Acts 17:32	
and others said	and others said
οἱ δὲ εἶπον	οἱ δὲ εἶπαν
Acts 17:32	
We will hear thee again of this *matter*	We will hear thee again of this *matter*
Ἀκουσόμεθά σου πάλιν περὶ τούτου	Ἀκουσόμεθά σου περὶ τούτου καὶ πάλιν
Acts 17:33	
So Paul	So Paul
καὶ οὕτως ὁ Παῦλος	οὕτως ὁ Παῦλος

Textus Receptus-Scrivener	Nestle-Aland 26,27
Acts 18:1	
After these things	After these things
Μετὰ δὲ ταῦτα	Μετὰ ταῦτα
Acts 18:1	
Paul departed	*he* departed
χωρισθεὶς ὁ Παῦλος	χωρισθεὶς
Acts 18:2	
from Rome	from Rome
ἐκ τῆς ʾΡώμης	ἀπὸ τῆς ʾΡώμης
Acts 18:3	
and wrought	and wrought
καὶ εἰργάζετο	καὶ ἠργάζετο
Acts 18:3	
for by their occupation they were tentmakers	for by their occupation they were tentmakers
ἦσαν γὰρ σκηνοποιοὶ τὴν τέχνην	ἦσαν γὰρ σκηνοποιοὶ τῇ τέχνῃ
Acts 18:5	
Paul was pressed in the spirit	Paul was pressed in the word
συνείχετο τῷ πνεύματι ὁ Παῦλος	συνείχετο τῷ λόγῳ ὁ Παῦλος
Acts 18:5	
and testified to the Jews *that* Jesus *was* Christ	and testified to the Jews *that* Jesus was Christ
διαμαρτυρόμενος τοῖς ʾΙουδαίοις τὸν Χριστόν, ʾΙησοῦν	διαμαρτυρόμενος τοῖς ʾΙουδαίοις εἶναι τὸν Χριστόν, ʾΙησοῦν
Acts 18:7	
and entered into a certain *man's* house	and entered into a certain *man's* house
ἦλθεν εἰς οἰκίαν τινὸς	εἰσῆλθεν εἰς οἰκίαν τινὸς
Acts 18:7	
named Justus	named Titus Justus
ὀνόματι ʾΙούστου	ὀνόματι Τιτίου ʾΙούστου
Acts 18:9	
Then spake the Lord to Paul in the night by a vision	Then spake the Lord to Paul in the night by a vision
εἶπε δὲ ὁ Κύριος δι ὁράματος ἐν νυκτὶ τῷ Παύλῳ	εἶπεν δὲ ὁ κύριος ἐν νυκτὶ δι ὁράματος τῷ Παύλῳ
Acts 18:11	
And he continued *there*	And he continued *there*
ἐκάθισε τε	ʾΕκάθισεν δὲ
Acts 18:12	
And when Gallio was the deputy	And when Gallio was the deputy
Γαλλίωνος δὲ ἀνθυπατεύοντος	Γαλλίωνος δὲ ἀνθυπάτου ὄντος
Acts 18:13	
This *fellow* persuadeth	This *fellow* persuadeth
οὗτος ἀναπείθει	ἀναπείθει οὗτος
Acts 18:14	
If it were	If it were
Εἰ μὲν οὖν ἦν	Εἰ μὲν ἦν
Acts 18:14	
I should bear with you	I should bear with you
ἂν ἠνεσχόμην ὑμῶν	ἂν ἀνεσχόμην ὑμῶν

Over 8,000 Differences Between the T.R. and the Nestle-Aland Greek N.T.

Textus Receptus-Scrivener	Nestle-Aland 26,27
Acts 18:15	
But if it be a question	But if it be questions
εἰ δὲ ζήτημά ἐστι	εἰ δὲ ζητήματά
Acts 18:15	
for I...judge	for I...judge
κριτὴς γὰρ ἐγὼ	κριτὴς ἐγὼ
Acts 18:17	
Then all the Greeks took Sosthenes	Then all took Sosthenes
ἐπιλαβόμενοι δὲ πάντες οἱ Ἕλληνες Σωσθένην	ἐπιλαβόμενοι δὲ πάντες Σωσθένην
Acts 18:18	
having shorn *his* head in Cenchrea	having shorn *his* head in Cenchrea
κειράμενος τὴν κεφαλήν ἐν Κεγχρεαῖς	κειράμενος ἐν Κεγχρεαῖς τὴν κεφαλήν
Acts 18:19	
And he came to Ephesus	And they came to Ephesus
κατήντησε δὲ εἰς Ἔφεσον	κατήντησαν δὲ εἰς Ἔφεσον
Acts 18:19	
and reasoned with the Jews	and reasoned with the Jews
διελέχθη τοῖς Ἰουδαίοις	διελέξατο τοῖς Ἰουδαίοις
Acts 18:20	
to tarry longer time with them	to tarry longer time
ἐπὶ πλείονα χρόνον μεῖναι παρ αὐτοῖς	ἐπὶ πλείονα χρόνον μεῖναι
Acts 18:21	
But bade them farewell, saying	But bade farewell and saying
ἀλλ ἀπετάξατο αὐτοῖς, εἰπών	ἀλλὰ ἀποταξάμενος καὶ εἰπών
Acts 18:21	
I must by all means keep this feast that cometh in Jerusalem	....
Δεῖ με πάντως τὴν ἑορτὴν τὴν ἐρχομενην ποιῆσαι εἰς Ἱεροσόλυμα	....
Acts 18:21	
but I will return again	I will return again
πάλιν δὲ ἀνακάμψω	Πάλιν ἀνακάμψω
Acts 18:21	
And he sailed from	He sailed from
καὶ ἀνήχθη ἀπὸ	ἀνήχθη ἀπὸ
Acts 18:25	
and taught diligently the things of the Lord	and taught diligently the things of Jesus
καὶ ἐδίδασκεν ἀκριβῶς τὰ περὶ τοῦ Κύριου	καὶ ἐδίδασκεν ἀκριβῶς τὰ περὶ τοῦ Ἰησοῦ
Acts 18:26	
Aquila and Priscilla	Priscilla and Aquila
Ἀκύλας καὶ Πρίσκιλλα	Πρίσκιλλα καὶ Ἀκύλας
Acts 18:26	
the way of God	the way [of God]
τὴν τοῦ Θεοῦ ὁδὸν	τὴν ὁδὸν (τοῦ θεοῦ)
Acts 19:1	
came to Ephesus	came to Ephesus
ἐλθεῖν εἰς Ἔφεσον	(κατ)ελθεῖν εἰς Ἔφεσον
Acts 19:1	

316

Over 8,000 Differences Between the T.R. and the Nestle-Aland Greek N.T.

Textus Receptus-Scrivener	Nestle-Aland 26,27
and finding certain disciples	and finding certain disciples
καὶ εὑρών τινας μαθητάς	καὶ εὑρεῖν τινας μαθητάς
Acts 19:2	
He said unto them	And he said unto them
εἶπέ πρὸς αὐτούς	εἶπέν τε πρὸς αὐτούς
Acts 19:2	
And they said unto him	And they unto him
Οἱ δὲ εἶπον πρὸς αὐτόν	οἱ δὲ πρὸς αὐτόν
Acts 19:2	
We have not so much	We have not so much
Ἀλλ οὐδὲ	Ἀλλ οὐδ
Acts 19:3	
And he said unto them	And he said
εἶπέ τε πρὸς αὐτούς	εἶπέν τε
Acts 19:3	
And they said	And they said
οἱ δὲ εἶπον	οἱ δὲ εἶπαν
Acts 19:4	
John verily baptized	John baptized
Ἰωάννης μὲν ἐβάπτισε	Ἰωάννης ἐβάπτισεν
Acts 19:4	
that is, on Christ Jesus	that is, on Jesus
τοῦτ ἐστιν, εἰς τὸν ὁ Χριστὸν Ἰησοῦν	τοῦτ ἔστιν εἰς τὸν Ἰησοῦν
Acts 19:6	
And when Paul had laid his hands upon them	And when Paul had laid [his] hands upon them
καὶ ἐπιθέντος αὐτοῖς τοῦ Παύλου τὰς χεῖρας	καὶ ἐπιθέντος αὐτοῖς τοῦ Παύλου ⟨τὰς⟩ χεῖρας
Acts 19:6	
and prophesied	and prophesied
καὶ προεφήτευον	καὶ ἐπροφήτευον
Acts 19:7	
about twelve	about twelve
ὡσεὶ δεκαδύο	ὡσεὶ δώδεκα
Acts 19:8	
persuading the things concerning the kingdom	persuading [the] things concerning the kingdom
πείθων τὰ περὶ τῆς βασιλείας	πείθων ⟨τὰ⟩ περὶ τῆς βασιλείας
Acts 19:9	
in the school of one Tyrannus	in the school of Tyrannus
ἐν τῇ σχολῇ τυράννου τινός	ἐν τῇ σχολῇ Τυράννου
Acts 19:10	
the word of the Lord Jesus	the word of the Lord
τὸν λόγον τοῦ Κυρίου Ἰησοῦ	τὸν λόγον τοῦ κυρίου
Acts 19:11	
God wrought	God wrought
ἐποίει ὁ Θεὸς	ὁ θεὸς ἐποίει
Acts 19:12	
from his body were brought	from his body were brought
ἐπιφέρεσθαι ἀπὸ τοῦ χρωτὸς αὐτοῦ	ἀποφέρεσθαι ἀπὸ τοῦ χρωτὸς αὐτοῦ
Acts 19:12	

Over 8,000 Differences Between the T.R. and the Nestle-Aland Greek N.T.

Textus Receptus-Scrivener	Nestle-Aland 26,27
evil spirits went out of them	evil spirits went out
πνεύματα τὰ πονηρὰ ἐξέρχεσθαι ἀπ αὐτῶν	πνεύματα τὰ πονηρὰ ἐκπορεύεσθαι
Acts 19:13	
certain of the vagabond Jews	certain also of the vagabond Jews
τινες ἀπὸ τῶν περιερχομένων Ἰουδαίων	τινες καὶ τῶν περιερχομένων Ἰουδαίων
Acts 19:13	
We adjure you by Jesus	I adjure you by Jesus
Ὁρκίζομεν ὑμᾶς τὸν Ἰησοῦν	Ὁρκίζω ὑμᾶς τὸν Ἰησοῦν
Acts 19:13	
whom Paul preacheth	whom Paul preacheth
ὃν ὁ Παῦλος κηρύσσει	ὃν Παῦλος κηρύσσει
Acts 19:14	
And there were	And there were
ἦσαν δέ τινες	ἦσαν δέ τινος
Acts 19:14	
seven sons of *one* Sceva, a Jew, *and* chief of the priests	seven sons of *one* Sceva, a Jew, *and* chief of the priests
υἱοὶ Σκευᾶ Ἰουδαίου ἀρχιερέως ἑπτὰ	Σκευᾶ Ἰουδαίου ἀρχιερέως ἑπτὰ υἱοὶ
Acts 19:14	
which did so	which did so
οἱ τοῦτο ποιοῦντες	τοῦτο ποιοῦντες
Acts 19:15	
and said	and said to them
εἶπε	εἶπεν αὐτοῖς
Acts 19:15	
Jesus I know	Jesus I [indeed] know
Τὸν Ἰησοῦν γινώσκω	Τὸν (μὲν) Ἰησοῦν γινώσκω
Acts 19:16	
leaped	leaped
ἐφαλλόμενος	ἐφαλόμενος
Acts 19:16	
the man...on them	the man...on them
ἐπ αὐτοὺς ὁ ἄνθρωπος	ὁ ἄνθρωπος ἐπ αὐτοὺς
Acts 19:16	
and overcame	overcame
καὶ κατακυριεύσας	κατακυριεύσας
Acts 19:16	
them	both
αὐτῶν	ἀμφοτέρων
Acts 19:20	
So mightily	So mightily
οὕτω κατὰ κράτος	Οὕτως κατὰ κράτος
Acts 19:20	
grew the word of God	grew the word of God
ὁ λόγος τοῦ Κυρίου ηὔξανε	τοῦ κυρίου ὁ λόγος ηὔξανεν
Acts 19:21	
to go to Jerusalem	to go to Jerusalem
πορεύεσθαι εἰς Ἰερουσάλημ	πορεύεσθαι εἰς Ἱεροσόλυμα

Over 8,000 Differences Between the T.R. and the Nestle-Aland Greek N.T.

Textus Receptus-Scrivener	Nestle-Aland 26,27
Acts 19:24	
no small gain	no small gain
ἐργασίαν οὐκ ὀλίγην	οὐκ ὀλίγην ἐργασίαν
Acts 19:25	
we have our wealth	we have our wealth
ἡ εὐπορία ἡμῶν ἐστι	ἡ εὐπορία ἡμῖν ἐστιν
Acts 19:27	
should be despised	should be despised
εἰς οὐδὲν λογισθῆναι	εἰς οὐθὲν λογισθῆναι
Acts 19:27	
her magnificence should be destroyed	her magnificence should be destroyed
καθαιρεῖσθαι τὴν μεγαλειότητα αὐτῆς	καθαιρεῖσθαι τῆς μεγαλειότητος αὐτῆς
Acts 19:29	
the whole city was filled	the city was filled
ἐπλήσθη ἡ πόλις ὅλη	ἐπλήσθη ἡ πόλις
Acts 19:29	
Paul's companions	Paul's companions
συνεκδήμους τοῦ Παύλου	συνεκδήμους Παύλου
Acts 19:30	
And when Paul	And when Paul
τοῦ δὲ Παύλου	Παύλου δὲ
Acts 19:32	
wherefore they were come together	wherefore they were come together
τίνος ἕνεκεν συνεληλύθεισαν	τίνος ἕνεκα συνεληλύθεισαν
Acts 19:33	
And they drew Alexander out of the multitude	And they instructed Alexander out of the multitude
ἐκ δὲ τοῦ ὄχλου προεβίβασαν ᾿Αλέξανδρον	ἐκ δὲ τοῦ ὄχλου συνεβίβασαν ᾿Αλέξανδρον
Acts 19:33	
the Jews putting him forward	the Jews putting him forward
προβαλλόντων αὐτὸν τῶν ᾿Ιουδαίων	προβαλόντων αὐτὸν τῶν ᾿Ιουδαίων
Acts 19:34	
But when they knew that	But when they knew that
ἐπιγνόντων δὲ ὅτι	ἐπιγνόντες δὲ ὅτι
Acts 19:35	
what man is there	for who of men
τίς γάρ ἐστιν ἄνθρωπος	τίς γάρ ἐστιν ἀνθρώπων
Acts 19:35	
the great goddess Diana	the great Diana
τῆς μεγάλης θεᾶς ᾿Αρτέμιδος	τῆς μεγάλης ᾿Αρτέμιδος
Acts 19:36	
and to do nothing rashly	and to do nothing rashly
καὶ μηδὲν προπετὲς πράττειν	καὶ μηδὲν προπετὲς πράσσειν
Acts 19:37	
blasphemers of your goddess	blasphemers of our goddess
βλασφημοῦντας τὴν θεὰν ὑμῶν	βλασφημοῦντας τὴν θεὸν ἡμῶν
Acts 19:38	
have a matter against any man	have a matter against any man

Over 8,000 Differences Between the T.R. and the Nestle-Aland Greek N.T.

Textus Receptus-Scrivener	Nestle-Aland 26,27
πρός τινα λόγον ἔχουσι	ἔχουσι πρός τινα λόγον
Acts 19:39	
concerning other matters	concerning other matters
περὶ ἑτέρων	περαιτέρω
Acts 19:40	
there being no cause whereby we may give an account	there being no cause whereby we may give [no] account
μηδενὸς αἰτίου ὑπάρχοντος, περὶ οὗ δυνησόμεθα ἀποδοῦναι λόγον	μηδενὸς αἰτίου ὑπάρχοντος, περὶ οὗ (οὐ) δυνησόμεθα ἀποδοῦναι λόγον
Acts 19:40	
of this concourse	of this concourse
τῆς συστροφῆς ταύτης	περὶ τῆς συστροφῆς ταύτης
Acts 20:1	
Paul called unto *him* the disciples	Paul sent for the disciples
προσκαλεσάμενος ὁ Παῦλος τοὺς μαθητὰς	μεταπεμψάμενος ὁ Παῦλος τοὺς μαθητὰς
Acts 20:1	
and embraced *them*	and having exhorted, embraced *them*
καὶ ἀσπασάμενος	καὶ παρακαλέσας, ἀσπασάμενος
Acts 20:1	
and departed for to go	and departed for to go
ἐξῆλθε πορεύθῆαι	ἐξῆλθεν πορεύεσθαι
Acts 20:1	
into Macedonia	into Macedonia
εἰς τὴν Μακεδονίαν	εἰς Μακεδονίαν
Acts 20:3	
And when the Jews laid wait for him	And when the Jews laid wait for him
γενομένης αὐτῷ ἐπιβουλῆς ὑπὸ τῶν Ἰουδαίων	γενομένης ἐπιβουλῆς αὐτῷ ὑπὸ τῶν Ἰουδαίων
Acts 20:3	
he purposed	he purposed
ἐγένετο γνώμη	ἐγένετο γνώμης
Acts 20:4	
And there accompanied him into Asia	And there accompanied him
συνείπετο δὲ αὐτῷ ἄχρι τῆς Ἀσίας	συνείπετο δὲ αὐτῷ
Acts 20:4	
Sopater of Berea	Sopater Pyrrhus of Berea
Σώπατρος Βεροιαῖος	Σώπατρος Πύρρου Βεροιαῖος
Acts 20:5	
These going before	And these going before
οὗτοι προελθόντες	οὗτοι δὲ προελθόντες
Acts 20:6	
in five days	in five days
ἄχρις ἡμερῶν πέντε	ἄχρι ἡμερῶν πέντε
Acts 20:6	
where we abode seven days	where we abode seven days
οὗ διετρίψαμεν ἡμέρας ἑπτά	ὅπου διετρίψαμεν ἡμέρας ἑπτά
Acts 20:7	
when the disciples came together to break bread	when we came together to break bread
συνηγμένων, τῶν μαθητῶν τοῦ κλάσαι ἄρτον	συνηγμένων ἡμῶν κλάσαι ἄρτον

Over 8,000 Differences Between the T.R. and the Nestle-Aland Greek N.T.

Textus Receptus-Scrivener	Nestle-Aland 26,27
Acts 20:8	
where they were gathered together	where we were gathered together
οὗ ἦσαν συνηγμένοι	οὗ ἦμεν συνηγμένοι
Acts 20:9	
And there sat	And there sat
καθήμενος δέ	καθεζόμενος δέ
Acts 20:11	
and had broken bread	and had broken bread
καὶ κλάσας ἄρτον	καὶ κλάσας τὸν ἄρτον
Acts 20:11	
till break of day	till break of day
ἄχρις αὐγῆς	ἄχρι αὐγῆς
Acts 20:13	
and sailed unto Assos	and sailed unto Assos
ἀνήχθημεν εἰς τὴν Ἄσσον	ἀνήχθημεν ἐπὶ τὴν Ἄσσον
Acts 20:13	
for so	for so
οὕτω γὰρ	οὕτως γὰρ
Acts 20:13	
had he appointed	had he appointed
ἦν διατεταγμένος	διατεταγμένος ἦν
Acts 20:14	
And when he met with us	And when he met with us
ὡς δὲ συνέβαλεν ἡμῖν	ὡς δὲ συνέβαλλεν ἡμῖν
Acts 20:15	
over against Chios	over against Chios
ἀντικρὺ Χίου	ἄντικρυς Χίου
Acts 20:15	
and tarried at Trogyllium	....
καὶ μείναντες ἐν Τρωγυλλίῳ	....
Acts 20:15	
and the next *day*	and the next *day*
τῇ ἐχομένῃ	τῇ δὲ ἐχομένῃ
Acts 20:16	
For Paul had determined	For Paul had determined
ἔκρινε γὰρ ὁ Παῦλος	κεκρίκει γὰρ ὁ Παῦλος
Acts 20:16	
if it were possible for him	if it might be possible for him
εἰ δυνατὸν ἦν αὐτῷ	εἰ δυνατὸν εἴη αὐτῷ
Acts 20:19	
and with many tears, and temptations	and with tears, and temptations
καὶ δακρύων καὶ πολλῶν πειρασμῶν	καὶ δακρύων καὶ πειρασμῶν
Acts 20:21	
repentance toward God	repentance toward God
τὴν εἰς τὸν Θεὸν μετάνοιαν	τὴν εἰς θεὸν μετάνοιαν
Acts 20:21	
and faith toward	and faith toward
καὶ τὴν πίστιν τὴν εἰς	καὶ πίστιν εἰς τὸν

Over 8,000 Differences Between the T.R. and the Nestle-Aland Greek N.T.

Textus Receptus-Scrivener	Nestle-Aland 26,27
Acts 20:21	
our Lord Jesus Christ	our Lord Jesus
τὸν Κύριον ἡμῶν Ἰησοῦν Χριστόν	τὸν κύριον ἡμῶν Ἰησοῦν
Acts 20:22	
I go bound in the spirit	I go bound in the spirit
ἐγὼ δεδεμένος τῷ πνεύματι πορεύομαι	δεδεμένος ἐγὼ τῷ πνεύματι πορεύομαι
Acts 20:23	
witnesseth	witnesseth to me
διαμαρτύρεταί	διαμαρτύρεταί μοι
Acts 20:23	
bonds and afflictions abide me	bonds and afflictions abide me
δεσμὰ με καὶ θλίψεις μένουσιν	δεσμὰ καὶ θλίψεις με μένουσιν
Acts 20:24	
But none of these things move me	But none of these things move me
ἀλλ οὐδενὸς λόγον ποιοῦμαι	ἀλλ οὐδενὸς λόγου ποιοῦμαι
Acts 20:24	
neither count I	I make
οὐδὲ ἔχω	ποιοῦμαι
Acts 20:24	
my life dear unto myself	the life dear unto myself
τὴν ψυχὴν μου τιμίαν ἐμαυτῷ	τὴν ψυχὴν τιμίαν ἐμαυτῷ
Acts 20:24	
so that I might finish my course with joy	so that I might finish my course
ὡς τελειῶσαι τὸν δρόμον μου μετὰ χαρᾶς	ὡς τελειῶσαι τὸν δρόμον μου
Acts 20:25	
preaching the kingdom of God	preaching the kingdom
κηρύσσων τὴν βασιλείαν τοῦ Θεοῦ	κηρύσσων τὴν βασιλείαν
Acts 20:26	
Wherefore I take you to record	Wherefore I take you to record
διὸ μαρτύρομαι ὑμῖν	διότι μαρτύρομαι ὑμῖν
Acts 20:26	
that I *am* pure	that I am pure
ὅτι καθαρός ἐγὼ	ὅτι καθαρός εἰμι
Acts 20:27	
to declare all the counsel of God unto you	to declare all the counsel of God unto you
ἀναγγεῖλαι ὑμῖν πᾶσαν τὴν βουλὴν τοῦ Θεοῦ	ἀναγγεῖλαι πᾶσαν τὴν βουλὴν τοῦ θεοῦ ὑμῖν
Acts 20:28	
Take heed therefore unto yourselves	Take heed unto yourselves
προσέχετε οὖν ἑαυτοῖς	προσέχετε ἑαυτοῖς
Acts 20:28	
which he hath purchased with his own blood	which he hath purchased with his own blood
ἣν περιεποιήσατο διὰ τοῦ ἰδίου αἵματος	ἣν περιεποιήσατο διὰ τοῦ αἵματος τοῦ ἰδίου
Acts 20:29	
For I	I
ἐγὼ γὰρ	ἐγὼ
Acts 20:29	
know this	know
οἶδα τοῦτο	οἶδα

322

Over 8,000 Differences Between the T.R. and the Nestle-Aland Greek N.T.

Textus Receptus-Scrivener	Nestle-Aland 26,27
Acts 20:32	
brethren, I commend you	brethren, I commend you
παρατίθεμαι ὑμᾶς, ἀδελφοὶ	παρατίθεμαι ὑμᾶς
Acts 20:32	
which is able to build you up	which is able to build you up
τῷ δυναμένῳ ἐποικοδομῆσαι	τῷ δυναμένῳ οἰκοδομῆσαι
Acts 20:32	
and to give you	and to give
καὶ δοῦναι ὑμῖν	καὶ δοῦναι
Acts 20:32	
an inheritance	the inheritance
κληρονομίαν	τὴν κληρονομίαν
Acts 20:34	
Yea, ye yourselves know	Ye yourselves know
αὐτοὶ δὲ γινώσκετε	αὐτοὶ γινώσκετε
Acts 20:35	
that so labouring	that so labouring
ὅτι οὕτω κοπιῶντας	ὅτι οὕτως κοπιῶντας
Acts 20:35	
It is more blessed to give than to receive	It is more blessed to give than to receive
Μακάριόν ἐστι διδόναι μᾶλλον ἢ λαμβάνειν	Μακάριόν ἐστιν μᾶλλον διδόναι ἢ λαμβάνειν
Acts 20:37	
And they all wept sore	And they all wept sore
ἱκανὸς δὲ ἐγένετο κλαυθμὸς πάντων	ἱκανὸς δὲ κλαυθμὸς ἐγένετο πάντων
Acts 21:1	
unto Coos	unto Coos
εἰς τὴν Κῶν	εἰς τὴν Κῶ
Acts 21:3	
and landed at Tyre	and landed at Tyre
καὶ κατήχθημεν εἰς Τύρον	καὶ κατήλθομεν εἰς Τύρον
Acts 21:3	
for there the ship was to unlade	for there the ship was to unlade
ἐκεῖσε γὰρ τὸ ἦν πλοῖον ἀποφορτιζόμενον	ἐκεῖσε γὰρ τὸ πλοῖον ἦν ἀποφορτιζόμενον
Acts 21:4	
And finding disciples	But finding the disciples
καὶ ἀνευρόντες μαθητὰς	ἀνευρόντες δὲ τοὺς μαθητὰς
Acts 21:4	
that he should not go up	that he should not go
μὴ ἀναβαίνειν	μὴ ἐπιβαίνειν
Acts 21:4	
to Jerusalem	to Jerusalem
εἰς Ἱεροσάλήμ	εἰς Ἱεροσόλυμα
Acts 21:5	
and prayed	and prayed
προσηυξάμεθα	προσευξάμενοι
Acts 21:6	
And when we had taken our leave	When we had taken our leave
Καὶ ασπασαμενοι	ἀπησπασάμεθα

Over 8,000 Differences Between the T.R. and the Nestle-Aland Greek N.T.

Textus Receptus-Scrivener	Nestle-Aland 26,27
Acts 21:6	
we took	and we took
ἐπέβημεν εἰς	καὶ ἀνέβημεν εἰς
Acts 21:8	
we that were of Paul's company departed	departed
ἐξελθόντες οἱ περὶ τὸν Παῦλον	ἐξελθόντες
Acts 21:8	
which was *one* of the seven	which was *one* of the seven
τοῦ ὄντος ἐκ τῶν ἑπτὰ	ὄντος ἐκ τῶν ἑπτὰ
Acts 21:9	
four daughters, virgins	four daughters, virgins
θυγατέρες παρθένοι τέσσαρες	θυγατέρες τέσσαρες παρθένοι
Acts 21:10	
And as we tarried	And tarrying
ἐπιμενόντων δὲ ἡμῶν	ἐπιμενόντων δὲ
Acts 21:10	
and bound his own hands and feet	bound his own feet and hands
δήσας τε αὐτοῦ τὰς χεῖρας καὶ τοὺς πόδας	δήσας ἑαυτοῦ τοὺς πόδας καὶ τὰς χεῖρας
Acts 21:11	
and bound his own	bound his own
δήσας τε αὐτοῦ	δήσας ἑαυτοῦ
Acts 21:11	
hands and feet	feet and hands
τὰς χεῖρας καὶ τοὺς πόδας	τοὺς πόδας καὶ τὰς χεῖρας
Acts 21:11	
So shall...bind	So shall...bind
οὕτω δήσουσιν	οὕτως δήσουσιν
Acts 21:13	
Then Paul answered	Then Paul answered
ἀπεκρίθη δὲ ὁ Παῦλος	τότε ἀπεκρίθη ὁ Παῦλος
Acts 21:14	
The will of the Lord	The will of the Lord
Τὸ θέλημα τοῦ Κυρίου	Τοῦ κυρίου τὸ θέλημα
Acts 21:14	
be done	be done
γενέσθω	γινέσθω
Acts 21:15	
we took up our carriages	we took our carriages
ἀποσκευασάμενοι	ἐπισκευασάμενοι
Acts 21:15	
went up to Jerusalem	went up to Jerusalem
ἀνεβαίνομεν εἰς Ἱερουσάλημ	ἀνεβαίνομεν εἰς Ἱεροσόλυμα
Acts 21:17	
the brethren received us gladly	the brethren received us gladly
ἀσμένως ἐδέξαντο ἡμᾶς οἱ ἀδελφοί	ἀσμένως ἀπεδέξαντο ἡμᾶς οἱ ἀδελφοί
Acts 21:20	
they glorified the Lord	they glorified God
ἐδόξαζον τὸν Κύριον	ἐδόξαζον τὸν θεόν

324

Textus Receptus-Scrivener	Nestle-Aland 26,27
Acts 21:20	
how many thousands of Jews	how many thousands among the Jews
πόσαι μυριάδες εἰσὶν Ἰουδαίων	πόσαι μυριάδες εἰσὶν ἐν τοῖς Ἰουδαίοις
Acts 21:21	
that thou teachest...to forsake Moses	that thou teachest...to forsake Moses
ὅτι ἀποστασίαν διδάσκεις ἀπὸ Μωσέως	ὅτι ἀποστασίαν διδάσκεις ἀπὸ Μωϋσέως
Acts 21:22	
the multitude must needs come together	all
πάντως δεῖ πλῆθος συνελθεῖν	πάντως
Acts 21:22	
for they will hear that thou art come	will hear that thou art come
ἀκούσονται γὰρ ὅτι ἐλήλυθας	ἀκούσονται ὅτι ἐλήλυθας
Acts 21:24	
that they may shave their heads	that they shall shave their heads
ἵνα ξυρήσωνται τὴν κεφαλήν	ἵνα ξυρήσονται τὴν κεφαλήν
Acts 21:24	
and all may know	and all will know
καὶ γνῶι πάντες	καὶ γνώσονται πάντες
Acts 21:24	
but *that* thou thyself also walkest orderly, and keepest the law	but *that* thou thyself also walkest orderly, and keepest the law
ἀλλὰ στοιχεῖς καὶ αὐτὸς τὸν νόμον φυλάσσων	ἀλλὰ στοιχεῖς καὶ αὐτὸς φυλάσσων τὸν νόμον
Acts 21:25	
and concluded that they observe no such thing, save only that they keep themselves from *things* offered to idols	*and* concluded that they keep themselves from *things* offered to idols
κρίναντες μηδὲν τοιοῦτον τηρεῖν αὐτούς, εἰ μὴ φυλάσσεσθαι αὐτοὺς τό, τε εἰδωλόθυτον	κρίναντες φυλάσσεσθαι αὐτοὺς τό τε εἰδωλόθυτον
Acts 21:25	
and from blood	and from blood
καὶ τὸ αἷμα	καὶ αἷμα
Acts 21:27	
and laid hands on him	and laid hands on him
καὶ ἐπέβαλον τὰς χεῖρας ἐπ αὐτὸν	καὶ ἐπέβαλον ἐπ αὐτὸν τὰς χεῖρας
Acts 21:28	
that teacheth all *men* every where	that teacheth all *men* every where
πάντας πανταχοῦ διδάσκων	πάντας πανταχῇ διδάσκων
Acts 21:31	
And as they went about to kill him	And as they went about to kill him
ζητούντων δὲ αὐτὸν ἀποκτεῖναι	ζητούντων τε αὐτὸν ἀποκτεῖναι
Acts 21:31	
that all Jerusalem was in an uproar	that all Jerusalem was in an uproar
ὅτι ὅλη συγκέχυται Ἰερουσαλήμ	ὅτι ὅλη συγχύννεται Ἰερουσαλήμ
Acts 21:32	
and centurions	and centurions
καὶ ἑκατοντάρχους	καὶ ἑκατοντάρχας
Acts 21:33	
and demanded who he was	and demanded who he was

Over 8,000 Differences Between the T.R. and the Nestle-Aland Greek N.T.

Textus Receptus-Scrivener	Nestle-Aland 26,27
καὶ ἐπυνθάνετο τίς ἂν εἴη	καὶ ἐπυνθάνετο τίς εἴη
Acts 21:34	
And some cried one thing, some another	And some cried one thing, some another
ἄλλοι δὲ ἄλλο τι ἐβόων	ἄλλοι δὲ ἄλλο τι ἐπεφώνουν
Acts 21:34	
and when he could not know	and when he could not know
μὴ δυναμένος δὲ γνῶναι	μὴ δυναμένου δὲ αὐτοῦ γνῶναι
Acts 21:36	
the people...crying	the people...crying
τοῦ λαοῦ κρᾶζον	τοῦ λαοῦ κράζοντες
Acts 22:1	
hear ye my defence *which I make* now unto you	hear ye my defence *which I make* now unto you
ἀκούσατέ μου τῆς πρὸς ὑμᾶς νῦν ἀπολογίας	ἀκούσατέ μου τῆς πρὸς ὑμᾶς νυνὶ ἀπολογίας
Acts 22:3	
I am verily a man	I am a man
Ἐγώ μέν εἰμι ἀνὴρ	Ἐγώ εἰμι ἀνὴρ
Acts 22:7	
And I fell unto the ground	And I fell unto the ground
ἔπεσον τε εἰς τὸ ἔδαφος	ἔπεσά τε εἰς τὸ ἔδαφος
Acts 22:9	
and were afraid	....
καὶ ἔμφοβοι ἐγένοντο	....
Acts 22:12	
a devout man	a devout man
ἀνὴρ εὐσεβὴς	ἀνὴρ εὐλαβὴς
Acts 22:16	
calling on the name of the Lord	calling on his name
ἐπικαλεσάμενος τὸ ὄνομα τοῦ Κυρίου	ἐπικαλεσάμενος τὸ ὄνομα αὐτοῦ
Acts 22:18	
thy testimony concerning me	thy testimony concerning me
σου τὴν μαρτυρίαν περὶ ἐμοῦ	σου μαρτυρίαν περὶ ἐμοῦ.
Acts 22:20	
And when the blood...was shed	And when the blood...was shed
καὶ ὅτε ἐξεχεῖτο τὸ αἷμα	καὶ ὅτε ἐξεχύννετο τὸ αἷμα
Acts 22:20	
consenting unto his death	consenting
συνευδοκῶν τῇ ἀναιρέσει αὐτοῦ	συνευδοκῶν
Acts 22:22	
for it is not fit	for it is not fit
οὐ γὰρ καθῆκον	οὐ γὰρ καθῆκεν
Acts 22:23	
And as they cried out	And as they cried out
κραυγαζόντων δὲ αὐτῶν	κραυγαζόντων τε αὐτῶν
Acts 22:24	
The chief captain commanded him	The chief captain commanded
ἐκέλευσεν αὐτὸν ὁ χιλίαρχος	ἐκέλευσεν ὁ χιλίαρχος
Acts 22:24	
to be brought into the castle	to bring him into the castle

Textus Receptus-Scrivener	Nestle-Aland 26,27
ἄγεσθαι εἰς τὴν παρεμβολήν	εἰσάγεσθαι αὐτὸν εἰς τὴν παρεμβολήν
Acts 22:24	
and bade that he should be examined by scourging	and bade that he should be examined by scourging
εἰπὼν μάστιξιν ἀνετάζεσθαι αὐτὸν	εἴπας μάστιξιν ἀνετάζεσθαι αὐτὸν
Acts 22:26	
When the centurion heard *that*	When the centurion heard *that*
ἀκούσας δὲ ὁ ἑκατόνταρχος	ἀκούσας δὲ ὁ ἑκατοντάρχης
Acts 22:26	
he went and told the chief captain	he went and told the chief captain
προσελθὼν ἀπήγγειλε τῷ χιλιάρχῳ	προσελθὼν τῷ χιλιάρχῳ ἀπήγγειλεν
Acts 22:26	
Take heed what thou doest	What doest thou?
Ὅρα τί μέλλεις ποιεῖν	Τί μέλλεις ποιεῖν;
Acts 22:27	
art thou a Roman	art thou a Roman
εἰ σὺ Ῥωμαῖος εἶ	σὺ Ῥωμαῖος εἶ
Acts 22:28	
And the chief captain answered	And the chief captain answered
ἀπεκρίθη τε ὁ χιλίαρχος	ἀπεκρίθη δὲ ὁ χιλίαρχος
Acts 22:29	
and because he had bound him	and because he had bound him
καὶ ὅτι ἦν αὐτὸν δεδεκώς	καὶ ὅτι αὐτὸν ἦν δεδεκώς
Acts 22:30	
he was accused of the Jews	he was accused of the Jews
κατηγορεῖται παρὰ τῶν Ἰουδαίων	κατηγορεῖται ὑπὸ τῶν Ἰουδαίων
Acts 22:30	
he loosed him from *his* bands	he loosed him
ἔλυσεν αὐτόν ἀπὸ τῶν δεσμῶν	ἔλυσεν αὐτόν
Acts 22:30	
and commanded the chief priests...to appear	and commanded the chief priests...to appear
καὶ ἐκέλευσεν ἐλθεῖν τοὺς ἀρχιερεῖς	καὶ ἐκέλευσεν συνελθεῖν τοὺς ἀρχιερεῖς
Acts 22:30	
and all	and all
καὶ ὅλον	καὶ πᾶν
Acts 22:30	
their council	their council
τὸ συνέδριον αὐτῶν	τὸ συνέδριον
Acts 23:4	
And they that stood by said	And they that stood by said
οἱ δὲ παρεστῶτες εἶπον	οἱ δὲ παρεστῶτες εἶπαν
Acts 23:5	
for it is written	for it is written that
γέγραπται γὰρ	γέγραπται γὰρ ὅτι
Acts 23:6	
he cried out in the council	he cried out in the council
ἔκραξεν ἐν τῷ συνεδρίῳ	ἔκραζεν ἐν τῷ συνεδρίῳ
Acts 23:6	

Over 8,000 Differences Between the T.R. and the Nestle-Aland Greek N.T.

Textus Receptus-Scrivener	Nestle-Aland 26,27
the son of a Pharisee	the son of Pharisees
υἱὸς Φαρισαίου	υἱὸς Φαρισαίων
Acts 23:6	
I am called in question	[I] am called in question
ἐγὼ κρίνομαι	(ἐγὼ) κρίνομαι
Acts 23:7	
And when he had so said	And when he had so said
τοῦτο δὲ αὐτοῦ λαλήσαντος	τοῦτο δὲ αὐτοῦ εἰπόντος
Acts 23:7	
and the Sadducees	and Sadducees
καὶ τῶν Σαδδουκαίων	καὶ Σαδδουκαίων
Acts 23:8	
neither angel, nor spirit	neither angel, nor spirit
μηδὲ ἄγγελον, μηδὲ πνεῦμα	μήτε ἄγγελον μήτε πνεῦμα
Acts 23:9	
and the scribes *that were* of the Pharisees' part arose	and certain of the scribes *that were* of the Pharisees' part arose
καὶ ἀναστάντες οἱ γραμματεῖς τοῦ μέρους τῶν Φαρισαίων	καὶ ἀναστάντες τινὲς τῶν γραμματέων τοῦ μέρους τῶν Φαρισαίων
Acts 23:9	
let us not fight against God	....
μὴ θεομαχωμεν	....
Acts 23:10	
And when there arose	And when there arose
πολλῆς δὲ γενομένης	Πολλῆς δὲ γινομένης
Acts 23:10	
the chief captain, fearing	the chief captain, fearing
εὐλαβηθεὶς ὁ χιλίαρχος	φοβηθεὶς ὁ χιλίαρχος
Acts 23:11	
Be of good cheer, Paul	Be of good cheer
Θάρσει Παῦλε	Θάρσει
Acts 23:12	
certain of the Jews banded together	the Jews banded together
ποιήσαντες τινες τῶν Ἰουδαίων συστροφὴν	ποιήσαντες συστροφὴν οἱ Ἰουδαῖοι
Acts 23:13	
more than forty	more than forty
πλείους τεσσαράκοντα	πλείους τεσσεράκοντα
Acts 23:13	
which had made this conspiracy	which had made this conspiracy
οἱ ταύτην τὴν συνωμοσίαν πεποιηκότες	οἱ ταύτην τὴν συνωμοσίαν ποιησάμενοι
Acts 23:14	
and said	and said
εἶπον	εἶπαν
Acts 23:15	
that...to morrow	that
ὅπως αὔριον	ὅπως
Acts 23:15	
he bring him down	he bring him down

Over 8,000 Differences Between the T.R. and the Nestle-Aland Greek N.T.

Textus Receptus-Scrivener	Nestle-Aland 26,27
αὐτὸν καταγάγῃ	καταγάγῃ αὐτὸν
Acts 23:15	
unto you	unto you
πρὸς ὑμᾶς	εἰς ὑμᾶς
Acts 23:17	
for he hath a certain thing to tell him	for he hath a certain thing to tell him
ἔχει γὰρ τι ἀπαγγεῖλαί αὐτῷ	ἔχει γὰρ ἀπαγγεῖλαί τι αὐτῷ
Acts 23:18	
to bring this young man unto thee	to bring this young man unto thee
τοῦτον τὸν νεανίαν ἀγαγεῖν πρὸς σέ	τοῦτον τὸν νεανίσκον ἀγαγεῖν πρὸς σέ
Acts 23:20	
that thou wouldest bring down Paul to morrow into the council	that thou wouldest bring down Paul to morrow into the council
ὅπως αὔριον εἰς τὸ συνέδριον καταγάγῃς τὸν Παῦλον	ὅπως αὔριον τὸν Παῦλον καταγάγῃς εἰς τὸ συνέδριον
Acts 23:20	
as though	as though
ὡς μέλλοντές	ὡς μέλλον
Acts 23:21	
more than forty	more than forty
πλείους τεσσεράκοντα	πλείους τεσσεράκοντα
Acts 23:21	
and now are they ready	and now are they ready
καὶ νῦν ἕτοιμοι εἰσι	καὶ νῦν εἰσιν ἕτοιμοι
Acts 23:22	
let the young man depart	let the young man depart
ἀπέλυσε τὸν νεανίαν	ἀπέλυσε τὸν νεανίσκον
Acts 23:23	
two centurions	two centurions
δύο τινὰς τῶν ἑκατονταρχῶν	δύο (τινὰς) τῶν ἑκατονταρχῶν
Acts 23:25	
And he wrote a letter after this manner	And he wrote a letter after this manner
γράψας ἐπιστολὴν περιέχουσαν τὸν τύπον τοῦτον	γράψας ἐπιστολὴν ἔχουσαν τὸν τύπον τοῦτον
Acts 23:27	
This man was taken	This man was taken
τὸν ἄνδρα τοῦτον συλληφθέντα	Τὸν ἄνδρα τοῦτον συλλημφθέντα
Acts 23:27	
and rescued him	and rescued
ἐξειλόμην αὐτὸν	ἐξειλάμην
Acts 23:28	
And when I would have known	And when I would have known
βουλόμενός δὲ γνῶναι	βουλόμενός τε ἐπιγνῶναι
Acts 23:28	
I brought him forth	I brought forth
κατήγαγον αὐτὸν	κατήγαγον
Acts 23:29	
laid to his charge	laid to his charge

Over 8,000 Differences Between the T.R. and the Nestle-Aland Greek N.T.

Textus Receptus-Scrivener	Nestle-Aland 26,27
ἔγκλημα ἔχοντα	ἔχοντα ἔγκλημα
Acts 23:30	
how that..laid wait for the man	how *that*...laid wait for the man
ἐπιβουλῆς εἰς τὸν ἄνδρα μελλείν	ἐπιβουλῆς εἰς τὸν ἄνδρα
Acts 23:30	
the Jews	*they*
ἔσεσθαι ὑπὸ τῶν Ἰουδαίων	ἔσεσθαι
Acts 23:30	
what *they had* against him	[what] *they had* against him
τὰ πρὸς αὐτὸν ἐπὶ σοῦ	(τὰ) πρὸς αὐτὸν ἐπὶ σοῦ
Acts 23:30	
Farewell	....
Ἔρρωσο	....
Acts 23:31	
and brought *him* by night	and brought *him* by night
ἤγαγον διὰ τῆς νυκτὸς	ἤγαγον διὰ νυκτὸς
Acts 23:32	
the horsemen to go with him	the horsemen to go away with him
τοὺς ἱππεῖς πορεύεσθαι σὺν αὐτῷ	τοὺς ἱππεῖς ἀπέρχεσθαι σὺν αὐτῷ
Acts 23:34	
And when the governor had read *the letter*	And having read *the letter*
ἀναγνοὺς δὲ ὁ ἡγεμὼν	ἀναγνοὺς δὲ
Acts 23:35	
And he commanded him	He commanded
ἐκέλευσέν τε αὐτὸν	κελεύσας
Acts 23:35	
to be kept in Herod's judgment hall	to keep him in Herod's judgment hall
ἐν τῷ πραιτωρίῳ τοῦ Ἡρῴδου φυλάσσεσθαι	ἐν τῷ πραιτωρίῳ τοῦ Ἡρῴδου φυλάσσεσθαι αὐτόν
Acts 24:1	
with the elders	with certain elders
μετὰ τῶν πρεσβυτέρων	μετὰ πρεσβυτέρων τινῶν
Acts 24:2	
and that very worthy deeds	and that reforms
καὶ κατορθωμάτων	καὶ διορθωμάτων
Acts 24:5	
and a mover of sedition	and a mover of seditions
καὶ κινοῦντα στάσιν	καὶ κινοῦντα στάσεις
Acts 24:6,7,8	
and would have judged according to our law. 7 But the chief captain Lysias came *upon us*, and with great violence took *him* away out of our hands, 8 Commanding his accusers to come with thee	....

330

Textus Receptus-Scrivener	Nestle-Aland 26,27
καὶ κατὰ τὸν ἡμέτερον νόμον ἠθελήσαμεν κρίνειν. 7 παρελθὼν δὲ Λυσίας ὁ χιλίαρχος μετὰ πολλῆς βίας ἐκ τῶν χειρῶν ἡμῶν ἀπήγαγε. 8 κελεύσας τοὺς κατηγόρους αὐτοῦ ἔρχεσθαι ἐπὶ σε	....

Acts 24:9

And the Jews also assented	And the Jews also joined in attack
συνέθεντο δὲ καὶ οἱ Ἰουδαῖοι	συνεπέθεντο δὲ καὶ οἱ Ἰουδαῖοι

Acts 24:10

Then Paul...answered	And Paul...answered
Ἀπεκρίθη δὲ ὁ Παῦλος	Ἀπεκρίθη τε ὁ Παῦλος

Acts 24:10

I do the more cheerfully	I do the more cheerfully
εὐθύμοτερον	εὐθύμως

Acts 24:11

Because that thou mayest understand	Because that thou mayest understand
δυναμένου σου γνῶναι	δυναμένου σου ἐπιγνῶναι

Acts 24:11

twelve days	twelve days
ἡμέραι ἢ δεκαδύο	ἡμέραι δώδεκα

Acts 24:11

to Jerusalem for to worship	to Jerusalem for to worship
προσκυνήσων ἐν Ἰερουσαλήμ	προσκυνήσων εἰς Ἰερουσαλήμ

Acts 24:12

neither raising up the people	neither raising up the people
ἢ ἐπίσυστασιν ποιοῦντα ὄχλου	ἢ ἐπίστασιν ποιοῦντα ὄχλου

Acts 24:13

Neither	Neither
οὔτε	οὐδὲ

Acts 24:13

can they prove	can they prove to thee
παραστῆσαι δύνανταί	παραστῆσαι δύνανταί σοι

Acts 24:13

the things whereof they now accuse me	the things whereof they now accuse me
περὶ ὧν νῦν κατηγοροῦσί μου	περὶ ὧν νυνὶ κατηγοροῦσίν μου

Acts 24:14

so worship I	so worship I
οὕτω λατρεύω	οὕτως λατρεύω

Acts 24:14

and in the prophets	and the things in the prophets
καὶ τοῖς προφήταις	καὶ τοῖς ἐν τοῖς προφήταις

Acts 24:15

that there shall be a resurrection of the dead	that there shall be a resurrection
ἀνάστασιν μέλλειν ἔσεσθαι νεκρῶν	ἀνάστασιν μέλλειν ἔσεσθαι

Acts 24:16

And herein	And herein
ἐν τούτῳ δὲ	ἐν τούτῳ καὶ

Acts 24:17

Over 8,000 Differences Between the T.R. and the Nestle-Aland Greek N.T.

Textus Receptus-Scrivener	Nestle-Aland 26,27
I came to bring alms	I brought alms
παρεγενόμεν ἐλεημοσύνας ποιήσων	ἐλεημοσύνας ποιήσων
Acts 24:17	
to my nation, and offerings	to my nation, and to present offerings
εἰς τὸ ἔθνος μου καὶ προσφοράς	εἰς τὸ ἔθνος μου παρεγενόμην καὶ προσφοράς
Acts 24:18	
Whereupon	Whereupon
ἐν οἷς	ἐν αἷς
Acts 24:18	
certain Jews from Asia	but certain Jews from Asia
τινὲς ἀπὸ τῆς Ἀσίας Ἰουδαῖοι	τινὲς δὲ ἀπὸ τῆς Ἀσίας Ἰουδαῖοι
Acts 24:19	
if they had ought against me	if they had ought against me
εἴ τι ἔχοιεν πρὸς μέ	εἴ τι ἔχοιεν πρὸς ἐμέ
Acts 24:20	
if they have found	what...they found
εἴ τί εὗρον	τί εὗρον
Acts 24:20	
any evil doing in me	evil doing
ἐν ἐμοὶ ἀδίκημα	ἀδίκημα
Acts 24:21	
that I cried	that I cried
ἧς ἔκραξα	ἧς ἐκέκραξα
Acts 24:21	
standing among them	standing among them
ἐστὼς ἐν αὐτοῖς	ἐν αὐτοῖς ἐστὼς
Acts 24:21	
by you	by you
ὑφ ὑμῶν	ἐφ ὑμῶν
Acts 24:22	
And when Felix heard these things...he deferred them	Felix...deferred them
Ἀκούσας δὲ ταῦτα ὁ Φῆλιξ ἀνεβάλετο αὐτοὺς	Ἀνεβάλετο δὲ αὐτοὺς ὁ Φῆλιξ
Acts 24:22	
and said, When	and said, When
εἴπων, Ὅταν	εἴπας, Ὅταν
Acts 24:23	
And he commanded	He commanded
διαταξάμενος τε	διαταξάμενος
Acts 24:23	
to keep Paul	to keep him
τηρεῖσθαι τὸν Παῦλον	τηρεῖσθαι αὐτὸν
Acts 24:23	
to minister or come unto him	to minister unto him
ὑπηρετεῖν ἢ προσέρχεσθαι αὐτῷ	ὑπηρετεῖν αὐτῷ
Acts 24:24	
with his wife Drusilla	with his own wife Drusilla
σὺν Δρουσίλλῃ τῇ γυναικὶ αυτου	σὺν Δρουσίλλῃ τῇ ἰδίᾳ γυναικὶ

Textus Receptus-Scrivener	Nestle-Aland 26,27
Acts 24:24	
concerning the faith in Christ	concerning the faith in Christ Jesus
περὶ τῆς εἰς Χριστὸν πίστεως	περὶ τῆς εἰς Χριστὸν Ἰησοῦν πίστεως
Acts 24:25	
and judgment to come	and judgment about to
καὶ τοῦ κρίματος τοῦ μέλλοντος ἔσεσθαι	καὶ τοῦ κρίματος τοῦ μέλλοντος
Acts 24:26	
He hoped also	He hoped also
ἅμα δὲ καὶ ἐλπίζων	ἅμα καὶ ἐλπίζων
Acts 24:26	
that he might loose him	....
ὅπως λύσῃ αὐτὸν	....
Acts 24:27	
willing to shew the Jews a pleasure	willing to shew the Jews a pleasure
θέλων τε χάριτας καταθέσθαι τοῖς Ἰουδαίοις	θέλων τε χάριτα καταθέσθαι τοῖς Ἰουδαίοις
Acts 25:1	
the province	the province
τῇ ἐπαρχίᾳ	τῇ ἐπαρχείᾳ
Acts 25:2	
Then...informed him	Then...informed him
ἐνεφάνισάν δὲ αὐτῷ	ἐνεφάνισάν τε αὐτῷ
Acts 25:2	
the high priest	the high priests
ὁ ἀρχιερεὺς	οἱ ἀρχιερεῖς
Acts 25:4	
that Paul should be kept at Caesarea	that Paul should be kept at Caesarea
τηρεῖσθαι τὸν Παῦλον ἐν Καισάρειαν	τηρεῖσθαι τὸν Παῦλον εἰς Καισάρειαν
Acts 25:5	
Let them therefore, said he, which among you are able	Let them therefore, said he, which among you are able
οἱ οὖν δυνατοὶ ἐν ὑμῖν, φησί	Οἱ οὖν ἐν ὑμῖν, φησίν, δυνατοὶ
Acts 25:5	
...man...any wickedness in him	the man...any wickedness
ἄτοπον ἐν τῷ ἀνδρὶ	ἐν τῷ ἀνδρὶ ἄτοπον
Acts 25:5	
this	....
τούτῳ	....
Acts 25:6	
more than ten days	not more than eight or ten days
ἡμέρας πλείους ἢ δέκα	ἡμέρας οὐ πλείους ὀκτὼ ἢ δέκα
Acts 25:7	
stood round about	stood round about him
περιέστησαν	περιέστησαν αὐτὸν
Acts 25:7	
and laid many and grievous complaints	and laid many and grievous complaints
πολλὰ καὶ βαρέα αἰτιάματα φέροντες	πολλὰ καὶ βαρέα αἰτιώματα καταφέροντες
Acts 25:7	
against Paul	....

Over 8,000 Differences Between the T.R. and the Nestle-Aland Greek N.T.

Textus Receptus-Scrivener	Nestle-Aland 26,27
κατὰ τοῦ Παύλου	....
Acts 25:8	
While he answered for himself	While Paul answered for himself
ἀπολογουμένου αὐτοῦ	τοῦ Παύλου ἀπολογουμένου
Acts 25:9	
willing to do the Jews a pleasure	willing to do the Jews a pleasure
τοῖς Ἰουδαίοις θέλων χάριν καταθέσθαι	θέλων τοῖς Ἰουδαίοις χάριν καταθέσθαι
Acts 25:9	
and there be judged of these things before me	and there be judged of these things before me
ἐκεῖ περὶ τούτων κρίνεσθαι ἐπ ἐμοῦ	ἐκεῖ περὶ τούτων κριθῆναι ἐπ ἐμοῦ;
Acts 25:11	
For if I be an offender	Therefore if I be an offender
εἰ μὲν γὰρ ἀδικῶ	εἰ μὲν οὖν ἀδικῶ
Acts 25:13	
to salute Festus	to salute Festus
ἀσπασόμενοι τὸν Φῆστον	ἀσπασάμενοι τὸν Φῆστον
Acts 25:15	
desiring *to have* judgment against him	desiring *to have* judgment against him
αἰτούμενοι κατ αὐτοῦ δίκην	αἰτούμενοι κατ αὐτοῦ καταδίκην
Acts 25:16	
to deliver any man to die	to deliver any man
χαρίζεσθαί τινα ἄνθρωπον εἰς ἀπώλειαν	χαρίζεσθαί τινα ἄνθρωπον
Acts 25:17	
Therefore, when they were come	Therefore, when [they] were come
Συνελθόντων οὖν αὐτῶν	συνελθόντων οὖν (αὐτῶν)
Acts 25:18	
they brought none accusation	they brought none accusation
οὐδεμίαν αἰτίαν ἐπέφερον	οὐδεμίαν αἰτίαν ἔφερον
Acts 25:18	
of such things as I supposed	of such evil things as I supposed
ὧν ὑπενόουν ἐγὼ	ὧν ἐγὼ ὑπενόουν πονηρῶν
Acts 25:20	
of such manner	of such manner
εἰς τὴν περὶ	τὴν περὶ
Acts 25:20	
of questions	of questions
τούτου ζήτησιν	τούτων ζήτησιν
Acts 25:20	
would go to Jerusalem	would go to Jerusalem
πορεύεσθαι εἰς Ἱερουσαλήμ	πορεύεσθαι εἰς Ἱεροσόλυμα
Acts 25:21	
till I might send him to Caesar	till I might send him up to Caesar
ἕως οὗ πέμψω αὐτὸν πρὸς Καίσαρα	ἕως οὗ ἀναπέμψω αὐτὸν πρὸς Καίσαρα
Acts 25:22	
Then Agrippa said unto Festus	Then Agrippa unto Festus
Ἀγρίππας δὲ πρὸς τὸν Φῆστον ἔφη	Ἀγρίππας δὲ πρὸς τὸν Φῆστον
Acts 25:22	
And on the morrow	*The* morrow

Over 8,000 Differences Between the T.R. and the Nestle-Aland Greek N.T.

Textus Receptus-Scrivener	Nestle-Aland 26,27
ὁ δὲ Αὔριον	Αὔριον
Acts 25:23	
with the chief captains	with *the* chief captains
σύν τε τοῖς χιλιάρχοις	σύν τε χιλιάρχοις
Acts 25:23	
of the city	of the city
οὖσι τῆς πόλεως	τῆς πόλεως
Acts 25:24	
all the multitude	all the multitude
πᾶν τὸ πλῆθος	ἅπαν τὸ πλῆθος
Acts 25:24	
crying	crying
ἐπιβοῶντες	βοῶντες
Acts 25:24	
that he ought not to live any longer	that he ought not to live any longer
μὴ δεῖν ζῆν αὐτὸν μηκέτι	μὴ δεῖν αὐτὸν ζῆν μηκέτι
Acts 25:25	
But when I found	But when I found
ἐγὼ δὲ καταλαβόμενος	ἐγὼ δὲ κατελαβόμην
Acts 25:25	
he had committed nothing worthy of death	he had committed nothing worthy of death
μηδὲν ἄξιον θανάτου αὐτὸν πεπραχέναι	μηδὲν ἄξιον αὐτὸν θανάτου πεπραχέναι
Acts 25:25	
and that he himself	that he himself
καὶ αὐτοῦ δὲ τούτου	αὐτοῦ δὲ τούτου
Acts 25:25	
I have determined to send him	I have determined to send
ἔκρινα πέμπειν αὐτὸν	ἔκρινα πέμπειν
Acts 25:26	
I might have somewhat to write	I might have somewhat that I shall write
σχῶ τί γράψαι	σχῶ τί γράψω
Acts 26:1	
Thou art permitted to speak for thyself	Thou art permitted to speak for thyself
Ἐπιτρέπεταί σοι ὑπὲρ σεαυτοῦ λέγειν	Ἐπιτρέπεταί σοι περὶ σεαυτοῦ λέγειν
Acts 26:1	
Then Paul stretched forth the hand, and answered for himself	Then Paul stretched forth the hand, and answered for himself
τότε ὁ Παῦλος ἀπελογεῖτο ἐκτείνας τὴν χεῖρα	τότε ὁ Παῦλος ἐκτείνας τὴν χεῖρα ἀπελογεῖτο
Acts 26:2	
because I shall answer for myself this day	because I shall answer for myself this day
μέλλων ἀπολογεῖσθαι ἐπὶ σοῦ σήμερον	ἐπὶ σοῦ μέλλων σήμερον ἀπολογεῖσθαι
Acts 26:3	
Especially *because I know* thee to be expert in all	Especially *because I know* thee to be expert in all
μάλιστα γνώστην ὄντα σε εἰδώς πάντων	μάλιστα γνώστην ὄντα σε πάντων
Acts 26:3	
wherefore I beseech thee	wherefore I beseech
διὸ δέομαί σου	διὸ δέομαι

Textus Receptus-Scrivener	Nestle-Aland 26,27
Acts 26:4	
from my youth	from my youth
τὴν ἐκ νεότητος	(τὴν) ἐκ νεότητος
Acts 26:4	
at Jerusalem	and at Jerusalem
εν ᾽Ιεροσολύμοις	ἔν τε ᾽Ιεροσολύμοις
Acts 26:4	
know all the Jews	know all the Jews
ἴσασι πάντες οἱ ᾽Ιουδαῖοι	ἴσασι πάντες (οἱ) ᾽Ιουδαῖοι
Acts 26:6	
unto	unto
πρὸς	εἰς
Acts 26:6	
our fathers	our fathers
τοὺς πατέρας	τοὺς πατέρας ἡμῶν
Acts 26:7	
king Agrippa, I am accused of the Jews	O king, I am accused of the Jews
ἐγκαλοῦμαι βασιλεῦ ᾽Αγρίππα ὑπὸ τῶν ᾽Ιουδαίων	ἐγκαλοῦμαι ὑπὸ ᾽Ιουδαίων, βασιλεῦ
Acts 26:10	
and many of the saints	and many also of the saints
καὶ πολλούς τῶν ἁγίων	καὶ πολλούς τε τῶν ἁγίων
Acts 26:10	
did I shut up in prison	did I shut up in prison
ἐγὼ φυλακαῖς κατέκλεισα	ἐγὼ ἐν φυλακαῖς κατέκλεισα
Acts 26:12	
Whereupon as I went	Whereupon as I went
ἐν οἷς καὶ πορευόμενος	᾽Εν οἷς πορευόμενος
Acts 26:12	
from the chief priests	of the chief priests
τῆς παρὰ τῶν ἀρχιερέων	τῆς τῶν ἀρχιερέων
Acts 26:14	
And...all	And...all
πάντων δὲ	πάντων τε
Acts 26:14	
speaking unto me	speaking unto me
λαλοῦσαν πρός με	λέγουσαν πρός με
Acts 26:14	
and saying	....
καὶ λέγουσαν	....
Acts 26:15	
And I said	And I said
ἐγὼ δὲ εἶπον	ἐγὼ δὲ εἶπα
Acts 26:15	
And he said	And the Lord said
᾽Ο δὲ εἶπεν	ὁ δὲ κύριος εἶπεν
Acts 26:16	
these things which thou hast seen	these things which thou hast seen [me]
ὧν τε εἶδές	ὧν τε εἶδές (με)

Textus Receptus-Scrivener	Nestle-Aland 26,27
Acts 26:17	
and *from* the Gentiles	and from the Gentiles
καὶ τῶν ἐθνῶν	καὶ ἐκ τῶν ἐθνῶν
Acts 26:17	
unto whom now I send thee	unto whom I send thee
εἰς οὓς νῦν σε ἀποστέλλω	εἰς οὓς ἐγὼ ἀποστέλλω σε
Acts 26:18	
and to turn *them*	that they turn
καὶ ἐπιστρέψαι	τοῦ ἐπιστρέψαι
Acts 26:20	
and at Jerusalem	and also at Jerusalem
καὶ Ἱεροσολύμοις	τε καὶ Ἱεροσολύμοις
Acts 26:20	
and throughout all the coasts	and all the coasts
εἰς πᾶσάν τε τὴν χώραν	πᾶσάν τε τὴν χώραν
Acts 26:21	
the Jews caught me	*the* Jews caught me
με οἱ Ἰουδαῖοι συλλαβόμενοι	με Ἰουδαῖοι συλλαβόμενοι
Acts 26:21	
in the temple	[being] in the temple
ἐν τῷ ἱερῷ	(ὄντα) ἐν τῷ ἱερῷ
Acts 26:22	
of God	of God
παρὰ τοῦ Θεοῦ	ἀπὸ τοῦ θεοῦ
Acts 26:22	
witnessing both to small	witnessing both to small
μαρτυρούμενος μικρῷ τε	μαρτυρόμενος μικρῷ τε
Acts 26:22	
and Moses	and Moses
καὶ Μωσῆς	καὶ Μωϋσῆς
Acts 26:23	
unto the people, and to the Gentiles	both unto the people, and to the Gentiles
τῷ λαῷ καὶ τοῖς ἔθνεσι	τῷ τε λαῷ καὶ τοῖς ἔθνεσιν
Acts 26:24	
said with a loud voice	saying with a loud voice
μεγάλῃ τῇ φωνῇ· ἔφη	μεγάλῃ τῇ φωνῇ φησιν
Acts 26:25	
But he said, I am not mad	But Paul said, I am not mad
ὁ δὲ Οὐ μαίνομαι, φησί	ὁ δὲ Παῦλος, Οὐ μαίνομαι, φησίν
Acts 26:25	
but...of truth	but...of truth
ἀλλ ἀληθείας	ἀλλὰ ἀληθείας
Acts 26:26	
...of these things	...of these things
τι τούτων	(τι) τούτων
Acts 26:26	
for I am persuaded that none	for I am persuaded that none
οὐ πείθομαι οὐδέν	οὐ πείθομαι οὐθέν

Over 8,000 Differences Between the T.R. and the Nestle-Aland Greek N.T.

Textus Receptus-Scrivener	Nestle-Aland 26,27
Acts 26:28	
Then Agrippa said unto Paul	Then Agrippa unto Paul
ὁ δὲ Ἀγρίππας πρὸς τὸν Παῦλον ἔφη	ὁ δὲ Ἀγρίππας πρὸς τὸν Παῦλον
Acts 26:28	
to be a Christian	to make a Christian
Χριστιανὸν γενέσθαι	Χριστιανὸν ποιῆσαι
Acts 26:29	
And Paul said	And Paul
ὁ δὲ Παῦλος εἶπεν	ὁ δὲ Παῦλος
Acts 26:29	
that not only thou	that not only thou
καὶ ἐν ὀλίγῳ καὶ ἐν πολλῷ οὐ μόνον σὲ	καὶ ἐν ὀλίγῳ καὶ ἐν μεγάλῳ οὐ μόνον σὲ
Acts 26:29	
such as I am	such as I am
τοιούτους ὁποῖος κἀγώ εἰμι	τοιούτους ὁποῖος καὶ ἐγώ εἰμι
Acts 26:30	
And when he had thus spoken	....
Καὶ ταῦτα εἰπόντος αὐτοῦ	....
Acts 26:30	
the king rose up and	both the king rose up and
ἀνέστη ὁ βασιλεὺς καὶ	Ἀνέστη τε ὁ βασιλεὺς καὶ
Acts 26:31	
worthy of death or of bonds	worthy of death or of bonds
θανάτου ἄξιον ἢ δεσμῶν	θανάτου ἢ δεσμῶν ἄξιον
Acts 26:31	
doeth	doeth
πράσσει	(τι) πράσσει
Acts 27:2	
we launched	we launched
μέλλοντες πλεῖν	μέλλοντι πλεῖν
Acts 27:2	
meaning to sail by the coasts of Asia	meaning to sail to the coasts of Asia
τοὺς κατὰ τὴν Ἀσίαν τόπους	εἰς τοὺς κατὰ τὴν Ἀσίαν
Acts 27:3	
to go unto his friends	to go unto his friends
πρὸς τοὺς φίλους πορευθέντα	πρὸς τοὺς φίλους πορευθέντι
Acts 27:6	
the centurion found	the centurion found
εὑρὼν ὁ ἑκατοντάρχος	εὑρὼν ὁ ἑκατοντάρχης
Acts 27:8	
nigh whereunto was the city of Lasea	nigh whereunto was the city of Lasea
ᾧ ἐγγὺς ἦν πόλις Λασαία	ᾧ ἐγγὺς πόλις ἦν Λασαία
Acts 27:10	
not only of the lading	not only of the lading
οὐ μόνον τοῦ φόρτου	οὐ μόνον τοῦ φορτίου
Acts 27:11	
Nevertheless the centurion	Nevertheless the centurion
ὁ δὲ ἑκατοντάρχος	ὁ δὲ ἑκατοντάρχης

Textus Receptus-Scrivener	Nestle-Aland 26,27
Acts 27:11	
believed...more	believed...more
ἐπείθετο μᾶλλον	μᾶλλον ἐπείθετο
Acts 27:11	
than those things which were spoken by Paul	than those things which were spoken by Paul
ἢ τοῖς ὑπὸ τοῦ Παύλου λεγομένοις	ἢ τοῖς ὑπὸ Παύλου λεγομένοις
Acts 27:12	
the more part advised	the more part advised
οἱ πλείους ἔθεντο βουλὴν	οἱ πλείονες ἔθεντο βουλὴν
Acts 27:12	
to depart thence also	to depart thence
ἀναχθῆναι κἀκεῖθεν	ἀναχθῆναι ἐκεῖθεν
Acts 27:12	
if by any means they might	if by any means they might
εἴπως δύναιντο	εἴ πως δύναιντο
Acts 27:14	
called Euroclydon	called Euroclydon
ὁ καλούμενος Εὐροκλύδων	ὁ καλούμενος Εὐρακύλων
Acts 27:16	
called Clauda	called Cauda
καλούμενον Κλαύδην	καλούμενον Καῦδα
Acts 27:16	
we had much work	we had much work
μόλις ἰσχύσαμεν	ἰσχύσαμεν μόλις
Acts 27:17	
lest they should fall into the quicksands	lest they should fall into Surtin
μὴ εἰς τὴν σύρτιν ἐκπέσωσι	μὴ εἰς τὴν Σύρτιν ἐκπέσωσιν
Acts 27:19	
we cast out	they cast out
ἔρριψαμεν	ἔρριψαν
Acts 27:20	
all hope	all hope
πᾶσα ἐλπὶς	ἐλπὶς πᾶσα
Acts 27:21	
But after long abstinence	But after long abstinence
πολλῆς δὲ ἀσιτίας ὑπαρχούσης	Πολλῆς τε ἀσιτίας ὑπαρχούσης
Acts 27:23	
For there stood by me this night	For there stood by me this night
παρέστη γάρ μοι τῇ νυκτὶ ταύτῃ	παρέστη γάρ μοι ταύτῃ τῇ νυκτὶ
Acts 27:23	
the angel of God	of God
ἄγγελος τοῦ Θεοῦ	τοῦ θεοῦ
Acts 27:23	
whose I am	whose I am
οὗ εἰμι	οὗ εἰμι (ἐγώ)
Acts 27:23	
and whom I serve	and whom I serve, the angel
ᾧ καὶ λατρεύω	ᾧ καὶ λατρεύω, ἄγγελος

Over 8,000 Differences Between the T.R. and the Nestle-Aland Greek N.T.

Textus Receptus-Scrivener	Nestle-Aland 26,27
Acts 27:29	
lest	lest
τε μήπως	τε μή που
Acts 27:29	
upon rocks	upon rocks
εἰς τραχεῖς τόπους	κατὰ τραχεῖς τόπους
Acts 27:30	
out of the foreship	out of the foreship
ἐκ πρώρας	ἐκ πρώρης
Acts 27:30	
they would have cast anchors	they would have cast anchors
μελλόντων ἀγκύρας ἐκτείνειν	ἀγκύρας μελλόντων ἐκτείνειν
Acts 27:32	
Then the soldiers cut off	Then the soldiers cut off
τότε οἱ στρατιῶται ἀπέκοψαν	τότε ἀπέκοψαν οἱ στρατιῶται
Acts 27:33	
And while the day was coming on	And while the day was coming on
ἄχρι δὲ οὗ ἔμελλεν ἡμέρα γίνεσθαι	Ἄχρι δὲ οὗ ἡμέρα ἤμελλεν γίνεσθαι
Acts 27:33	
having taken nothing	having taken nothing
μηδὲν προσλαβόμενοι	μηθὲν προσλαβόμενοι
Acts 27:34	
I pray you to take *some* meat	I pray you to partake of *some* meat
παρακαλῶ ὑμᾶς προσλαβεῖν τροφῆς	παρακαλῶ ὑμᾶς μεταλαβεῖν τροφῆς
Acts 27:34	
an hair...from the head	an hair...from the head
θρὶξ ἐκ τῆς κεφαλῆς	θρὶξ ἀπὸ τῆς κεφαλῆς
Acts 27:34	
shall...fall	shall...perish
πεσεῖται	ἀπολεῖται
Acts 27:35	
And when he had thus spoken	And when he had thus spoken
εἴπων δὲ ταῦτα	εἴπας δὲ ταῦτα
Acts 27:37	
And we were in all in the ship...souls	And we were in all in the ship...souls
ἤμεν δὲ ἐν τῷ πλοίῳ αἱ πᾶσαι ψυχαὶ	ἤμεθα δὲ αἱ πᾶσαι ψυχαὶ ἐν τῷ πλοίῳ
Acts 27:37	
threescore and sixteen	threescore and sixteen
διακόσιαι ἑβδομήκονταέξ	διακόσιαι ἑβδομήκοντα ἕξ
Acts 27:39	
into the which they were minded	into the which they were minded
εἰς ὃν ἐβουλεύσαντο	εἰς ὃν ἐβουλεύοντο
Acts 27:40	
and hoisted up the mainsail to the wind	and hoised up the mainsail to the wind
καὶ ἐπάραντες τὸν ἀρτέμονα	καὶ ἐπάραντες τὸν ἀρτέμωνα
Acts 27:41	
they ran the ship aground	they ran the ship aground
ἐπώκειλαν τὴν ναῦν	ἐπέκειλαν τὴν ναῦν

Textus Receptus-Scrivener	Nestle-Aland 26,27
Acts 27:41	
the violence of the waves	the violence [of the waves]
τῆς βίας τῶν κυμάτων	τῆς βίας (τῶν κυμάτων)
Acts 27:42	
lest any of them should swim out	lest any of them should swim out
μήτις ἐκκολυμβήσας	μή τις ἐκκολυμβήσας
Acts 27:42	
and escape	and escape
διαφύγοι	διαφύγῃ
Acts 27:43	
But the centurion	But the centurion
ὁ δὲ ἑκατόνταρχος	ὁ δὲ ἑκατοντάρχης
Acts 27:43	
should cast *themselves*	should cast *themselves*
ἀπορρίψαντας	ἀπορίψαντας
Acts 28:1	
then they knew	then we knew
τότε ἐπέγνωσαν	τότε ἐπέγνωμεν
Acts 28:2	
And the barbarous people	And the barbarous people
οἱ δὲ βάρβαροι	οἱ τε βάρβαροι
Acts 28:2	
for they kindled a fire	for they kindled a fire
ἀνάψαντες γὰρ πυρὰν	ἅψαντες γὰρ πυρὰν
Acts 28:3	
a bundle of sticks	a certain quantity of sticks
φρυγάνων πλῆθος	φρυγάνων τι πλῆθος
Acts 28:3	
there came a viper out of the heat	there came a viper from the heat
ἔχιδνα ἐκ τῆς θέρμης ἐξελθοῦσα	ἔχιδνα ἀπὸ τῆς θέρμης ἐξελθοῦσα
Acts 28:4	
they said among themselves	they said among themselves
ἔλεγον πρὸς ἀλλήλους	πρὸς ἀλλήλους ἔλεγον
Acts 28:6	
they changed their minds	they changed their minds
μεταβαλλόμενοι	μεταβαλόμενοι
Acts 28:6	
and said that he was a god	and said that he was a god
ἔλεγον θεόν αὐτὸν εἶναι	ἔλεγον αὐτὸν εἶναι θεόν
Acts 28:8	
and of a bloody flux	and of a bloody flux
καὶ δυσεντερίᾳ	καὶ δυσεντερίῳ
Acts 28:9	
So when this was done	And when this was done
τούτου οὖν γενομένου	τούτου δὲ γενομένου
Acts 28:9	
which had diseases in the island	which had diseases in the island
οἱ ἔχοντες ἀσθενείας ἐν τῇ νήσῳ	οἱ ἐν τῇ νήσῳ ἔχοντες ἀσθενείας

Over 8,000 Differences Between the T.R. and the Nestle-Aland Greek N.T.

Textus Receptus-Scrivener	Nestle-Aland 26,27

Acts 28:10
with such things as were necessary
τὰ πρὸς τὴν χρείαν

with such things as were necessary
τὰ πρὸς τὰς χρείας

Acts 28:13
And from thence we fetched a compass
ὅθεν περιελθόντες

And from thence we fetched a compass
ὅθεν περιελόντες

Acts 28:14
to tarry with them
ἐπ αὐτοῖς ἐπιμεῖναι

to tarry with them
παρ αὐτοῖς ἐπιμεῖναι

Acts 28:14
we went toward Rome
εἰς τὴν Ῥώμην ἤλθομεν

we came toward Rome
εἰς τὴν Ῥώμην ἤλθαμεν

Acts 28:15
they came to meet us
ἐξῆλθον εἰς ἀπάντησιν ἡμῖν

they came to meet us
ἦλθαν εἰς ἀπάντησιν ἡμῖν

Acts 28:15
as far as Appii forum
ἄχρις Ἀππίου Φόρου

as far as Appii forum
ἄχρι Ἀππίου Φόρου

Acts 28:16
And when we came to Rome
Ὅτε δὲ ἤλθομεν εἰς Ῥώμην

And when we came in to Rome
Ὅτε δὲ εἰσήλθομεν εἰς Ῥώμην

Acts 28:16
the centurion delivered the prisoners to the captain
of the guard
ὁ ἑκατόνταρχος παρέδωκε τοὺς δεσμίους τῷ
στρατοπεδάρχῃ

....

....

Acts 28:16
but Paul was suffered to dwell by himself
τῷ δὲ Παύλῳ ἐπετράπη μένειν καθ ἑαυτὸν

but Paul was suffered to dwell by himself
ἐπετράπη τῷ Παύλῳ μένειν καθ ἑαυτὸν

Acts 28:17
Paul called...together
συγκαλέσασθαι τὸν Παῦλον

he called...together
συγκαλέσασθαι αὐτὸν

Acts 28:17
Men *and* brethren, though I have committed
nothing
ἄνδρες ἀδελφοί, ἐγώ οὐδὲν ἐναντίον ποιήσας

Men *and* brethren, though I have committed
nothing
Ἐγώ, ἄνδρες ἀδελφοί, οὐδὲν ἐναντίον ποιήσας

Acts 28:19
not that I had ought to accuse my nation of
οὐχ ὡς τοῦ ἔθνους μου ἔχων τι κατηγορῆσαι

not that I had ought to accuse my nation of
οὐχ ὡς τοῦ ἔθνους μου ἔχων τι κατηγορεῖν

Acts 28:21
And they said unto him
οἱ δὲ πρὸς αὐτὸν εἶπον

And they said unto him
οἱ δὲ πρὸς αὐτὸν εἶπαν

Acts 28:22
we know
γνωστὸν ἐστιν ἡμῖν

we know
γνωστὸν ἡμῖν ἐστιν

Acts 28:23
there came...to him
ἦκον πρὸς αὐτὸν

there came...to him
ἦλθον πρὸς αὐτὸν

Textus Receptus-Scrivener	Nestle-Aland 26,27
Acts 28:23	
concerning Jesus	concerning Jesus
τὰ περὶ τοῦ Ἰησοῦ	περὶ τοῦ Ἰησοῦ
Acts 28:23	
the law of Moses	the law of Moses
τοῦ νόμου Μωσέως	τοῦ νόμου Μωϋσέως
Acts 28:25	
unto our fathers	unto your fathers
πρὸς τοὺς πατέρας ἡμῶν	πρὸς τοὺς πατέρας ὑμῶν
Acts 28:26	
Saying	Saying
λέγον	λέγων
Acts 28:26	
and say	and say
καὶ εἰπέ	καὶ εἰπόν
Acts 28:27	
and I should heal them	and I shall heal them
καὶ ἰάσωμαι αὐτούς	καὶ ἰάσομαι αὐτούς
Acts 28:28	
the salvation of God is sent	this salvation of God is sent
ἀπεστάλη τὸ σωτήριον τοῦ Θεοῦ	ἀπεστάλη τοῦτο τὸ σωτήριον τοῦ θεοῦ
Acts 28:29	
And when he had said these words, the Jews departed, and had great reasoning among themselves	....
καὶ ταῦτα αὐτοῦ εἰπόντος, ἀπῆλθον οἱ Ἰουδαῖοι, πολλὴν ἔχοντες ἐν ἑαυτοῖς συζήτησιν	....
Acts 28:30	
And...dwelt	And dwelt
Ἔμεινε δὲ	Ἐνέμεινεν δὲ
Acts 28:30	
Paul	....
ὁ Παῦλος	....
Romans 1:1	
a servant of Jesus Christ	a servant of Christ Jesus
δοῦλος Ἰησοῦ Χριστοῦ	δοῦλος Χριστοῦ Ἰησοῦ
Romans 1:3	
of the seed of David	of the seed of David
ἐκ σπέρματος Δαβὶδ	ἐκ σπέρματος Δαυὶδ
Romans 1:8	
for you all	for you all
ὑπὲρ πάντων ὑμῶν	περὶ πάντων ὑμῶν
Romans 1:10	
Making request, if by any means	Making request, if by any means
δεόμενος εἴπως	δεόμενος εἴ πως
Romans 1:13	
that I might have some fruit	that I might have some fruit
ἵνα καρπὸν τινα σχῶ	ἵνα τινὰ καρπὸν σχῶ

Over 8,000 Differences Between the T.R. and the Nestle-Aland Greek N.T.

Textus Receptus-Scrivener	Nestle-Aland 26,27
Romans 1:15	
So	So
οὕτω	οὕτως
Romans 1:16	
For I am not ashamed of the gospel of Christ	For I am not ashamed of the gospel
οὐ γὰρ ἐπαισχύνομαι τὸ εὐαγγέλιον τοῦ Χριστοῦ	Οὐ γὰρ ἐπαισχύνομαι τὸ εὐαγγέλιον
Romans 1:19	
for God hath shewed *it* unto them	for God hath shewed *it* unto them
ὁ γὰρ Θεὸς αὐτοῖς ἐφανέρωσε	ὁ θεὸς γὰρ αὐτοῖς ἐφανέρωσεν
Romans 1:21	
neither were thankful	neither were thankful
ἢ εὐχαρίστησαν	ἢ ηὐχαρίστησαν
Romans 1:24	
Wherefore...also	Wherefore
Διὸ καὶ	Διὸ
Romans 1:24	
between themselves	between themselves
ἐν ἑαυτοῖς	ἐν αὐτοῖς
Romans 1:29	
all unrighteousness, fornication, wickedness	all unrighteousness, wickedness
πάσῃ ἀδικίᾳ πορνείᾳ, πονηρίᾳ	πάσῃ ἀδικίᾳ πονηρίᾳ
Romans 1:31	
implacable, unmerciful	unmerciful
ἀσπόνδους, ἀνελεήμονας	ἀνελεήμονας
Romans 2:8	
and do not obey the truth	and do not obey the truth
καὶ ἀπειθοῦσι μὲν τῇ ἀληθείᾳ	καὶ ἀπειθοῦσι τῇ ἀληθείᾳ
Romans 2:8	
indignation and wrath	wrath and indignation
θυμός καὶ ὀργὴ	ὀργὴ καὶ θυμός
Romans 2:11	
For there is no respect of persons	For there is no respect of persons
οὐ γάρ ἐστι προσωποληψία	οὐ γάρ ἐστιν προσωπολημψία
Romans 2:13	
the hearers of the law	the hearers of *the* law
οἱ ἀκροαταὶ τοῦ νόμου	οἱ ἀκροαταὶ νόμου
Romans 2:13	
are just before God	*are* just before God
δίκαιοι παρὰ τῷ Θεῷ	δίκαιοι παρὰ (τῷ) θεῷ
Romans 2:13	
but the doers of the law	but the doers of *the* law
ἀλλ οἱ ποιηταὶ τοῦ νόμου	ἀλλ οἱ ποιηταὶ νόμου
Romans 2:14	
do by nature the things contained in the law	do by nature the things contained in the law
φύσει τὰ τοῦ νόμου ποιῇ	φύσει τὰ τοῦ νόμου ποιῶσιν
Romans 2:16	
by Jesus Christ	by Christ Jesus

Textus Receptus-Scrivener	Nestle-Aland 26,27
διὰ Ἰησοῦ Χριστοῦ	διὰ Χριστοῦ Ἰησοῦ
Romans 2:17	
Behold, thou art called a Jew	But if, thou art called a Jew
Ἴδε σὺ Ἰουδαῖος ἐπονομάζῃ	Εἰ δὲ σὺ Ἰουδαῖος ἐπονομάζῃ
Romans 2:17	
and restest in the law	and restest *in the* law
καὶ ἐπαναπαύῃ τῷ νόμῳ	καὶ ἐπαναπαύῃ νόμῳ
Romans 2:26	
not his uncircumcision	not his uncircumcision
οὐχὶ ἡ ἀκροβυστία αὐτοῦ	οὐχ ἡ ἀκροβυστία αὐτοῦ
Romans 3:2	
chiefly, because that	chiefly, [because] that
πρῶτον μὲν γὰρ ὅτι	πρῶτον μὲν (γὰρ) ὅτι
Romans 3:4	
and mightest overcome	and shalt overcome
καὶ νικήσῃς	καὶ νικήσεις
Romans 3:7	
For if the truth	But if the truth
εἰ γὰρ ἡ ἀλήθεια	εἰ δὲ ἡ ἀλήθεια
Romans 3:12	
they are together become unprofitable	they are together become unprofitable
ἅμα ἠχρειώθησαν	ἅμα ἠχρεώθησαν
Romans 3:12	
there is none that doeth good	[there is none] that doeth good
οὐκ ἔστι ποιῶν χρηστότητα	(οὐκ ἔστιν) ὁ ποιῶν χρηστότητα
Romans 3:22	
unto all and upon all	unto all
εἰς πάντας καὶ ἐπὶ πάντας	εἰς πάντας
Romans 3:25	
through faith	through faith
διὰ τῆς πίστεως	διὰ (τῆς) πίστεως
Romans 3:26	
To declare, *I say*	To declare, *I say*
πρὸς ἔνδειξιν	πρὸς τὴν ἔνδειξιν
Romans 3:28	
Therefore we conclude	For we conclude
λογιζόμεθα οὖν	λογιζόμεθα γὰρ
Romans 3:28	
that a man is justified by faith	that a man is justified by faith
πίστει δικαιοῦσθαι ἄνθρωπον	δικαιοῦσθαι πίστει ἄνθρωπον
Romans 3:29	
is he not also of the Gentiles	*is he* not also of the Gentiles
οὐχὶ δὲ καὶ ἐθνῶν	οὐχὶ καὶ ἐθνῶν
Romans 3:30	
Seeing *it is* one God	Seeing *it is* one God
ἐπείπερ εἷς ὁ Θεός	εἴπερ εἷς ὁ θεός
Romans 3:31	
yea, we establish the law	yea, we establish the law

Over 8,000 Differences Between the T.R. and the Nestle-Aland Greek N.T.

Textus Receptus-Scrivener	Nestle-Aland 26,27
ἀλλὰ νόμον ἱστῶμεν	ἀλλὰ νόμον ἱστάνομεν

Romans 4:1

that Abraham our father, as pertaining to the flesh, hath found

that Abraham our forefather, as pertaining to the flesh, hath found

Ἀβραὰμ τὸν πατέρα ἡμῶν εὑρηκέναι κατὰ σάρκα

εὑρηκέναι Ἀβραὰμ τὸν προπάτορα ἡμῶν κατὰ σάρκα

Romans 4:2

but not before God

but not before God

ἀλλ οὐ πρὸς τὸν θεόν

ἀλλ οὐ πρὸς θεόν

Romans 4:4

but of debt

but of debt

ἀλλὰ κατὰ τὸ ὀφείλημα

ἀλλὰ κατὰ ὀφείλημα

Romans 4:6

Even as David also

Even as David also

καθάπερ καὶ Δαβὶδ

καθάπερ καὶ Δαυὶδ

Romans 4:8

Blessed is the man to whom the Lord will not impute sin

Blessed is the man whose sin the Lord will not impute

μακάριος ἀνὴρ ᾧ οὐ μὴ λογίσηται Κύριος ἁμαρτίαν

μακάριος ἀνὴρ οὗ οὐ μὴ λογίσηται κύριος αμαρτιαν

Romans 4:9

for we say that

for we say

λέγομεν γάρ ὅτι

λέγομεν γάρ

Romans 4:11

might be imputed unto them also

might be imputed unto them [also]

εἰς τὸ λογισθῆναι καὶ αὐτοῖς

εἰς τὸ λογισθῆναι (καὶ) αὐτοῖς

Romans 4:11

righteousness

righteousness

τὴν δικαιοσύνην

(τὴν) δικαιοσύνην

Romans 4:12

being *yet* uncircumcised

being *yet* uncircumcised

τῆς ἐν τῇ ἀκροβυστίᾳ

τῆς ἐν ἀκροβυστίᾳ

Romans 4:13

that he should be the heir of the world

that he should be the heir of *the* world

τὸ κληρονόμον αὐτὸν εἶναι τοῦ κόσμου

τὸ κληρονόμον αὐτὸν εἶναι κόσμου

Romans 4:15

for where no law is

but where no law is

οὐ γὰρ οὐκ ἔστι νόμος

οὐ δὲ οὐκ ἔστιν νόμος

Romans 4:19

And being not weak in faith, he considered not

And being not weak in faith, he considered

καὶ μὴ ἀσθενήσας τῇ πίστει, οὐ κατενόησε

καὶ μὴ ἀσθενήσας τῇ πίστει κατενόησεν

Romans 4:19

now dead

[now] dead

ἤδη νενεκρωμένον

(ἤδη) νενεκρωμένον

Romans 4:22

And therefore it was imputed to him

[And] therefore it was imputed to him

διὸ καὶ ἐλογίσθη αὐτῷ

διὸ (καὶ) ἐλογίσθη αὐτῷ

Romans 5:2

Over 8,000 Differences Between the T.R. and the Nestle-Aland Greek N.T.

Textus Receptus-Scrivener	Nestle-Aland 26,27
we have access by faith	we have access [by faith]
προσαγωγὴν ἐσχήκαμεν τῇ πίστει	προσαγωγὴν ἐσχήκαμεν (τῇ πίστει)
Romans 5:6	
in due time	yet, in due time
κατὰ καιρὸν	ἔτι κατὰ καιρὸν
Romans 5:14	
from Adam to Moses	from Adam to Moses
ἀπὸ Ἀδὰμ μέχρι Μωσέως	ἀπὸ Ἀδὰμ μέχρι Μωϋσέως
Romans 5:15	
so also *is* the free gift	so also *is* the free gift
οὕτω καὶ τὸ χάρισμα	οὕτως καὶ τὸ χάρισμα
Romans 5:18	
even so by	even so by
οὕτω καὶ δι	οὕτως καὶ δι
Romans 5:19	
so by	so by
οὕτω καὶ διὰ	οὕτως καὶ διὰ
Romans 5:21	
even so	even so
οὕτω καὶ	οὕτως καὶ
Romans 6:1	
Shall we continue in sin	Should we continue in sin
ἐπιμενοῦμεν τῇ ἁμαρτίᾳ	ἐπιμένωμεν τῇ ἁμαρτίᾳ,
Romans 6:4	
even so we also	even so we also
οὕτω καὶ ἡμεῖς	οὕτως καὶ ἡμεῖς
Romans 6:11	
Likewise reckon ye also	Likewise reckon ye also
οὕτω καὶ ὑμεῖς λογίζεσθε	οὕτως καὶ ὑμεῖς λογίζεσθε
Romans 6:11	
to be dead indeed unto sin	[to be] dead indeed unto sin
νεκροὺς μὲν εἶναι τῇ ἁμαρτίᾳ	(εἶναι) νεκροὺς μὲν τῇ ἁμαρτίᾳ
Romans 6:11	
through Jesus Christ our Lord	through Jesus Christ
ἐν Χριστῷ Ἰησοῦ τῷ Κυρίῳ ἡμῶν	ἐν Χριστῷ Ἰησοῦ
Romans 6:12	
that ye should obey it in the lusts thereof	that ye should obey the lusts thereof
εἰς τὸ ὑπακούειν αὐτῇ ἐν ταῖς ἐπιθυμίαις αὐτοῦ	εἰς τὸ ὑπακούειν ταῖς ἐπιθυμίαις αὐτοῦ
Romans 6:13	
as those that are alive from the dead	as if those that are alive from the dead
ὡς ἐκ νεκρῶν ζῶντας	ὡσεὶ ἐκ νεκρῶν ζῶντας
Romans 6:14	
but under grace	but under grace
ἀλλ᾽ ὑπὸ χάριν	ἀλλὰ ὑπὸ χάριν
Romans 6:15	
What then? shall we sin	What then? should we sin
Τί οὖν; ἁμαρτήσομεν	Τί οὖν; ἁμαρτήσωμεν

Over 8,000 Differences Between the T.R. and the Nestle-Aland Greek N.T.

Textus Receptus-Scrivener	Nestle-Aland 26,27
Romans 6:15	
but under grace	but under grace
ἀλλ᾽ ὑπὸ χάριν	ἀλλὰ ὑπὸ χάριν
Romans 6:19	
even so now	even so now
οὕτω νῦν	οὕτως νῦν
Romans 7:6	
that being dead	that being dead
ἀποθανόντος	ἀποθανόντες
Romans 7:13	
made death	made death
γέγονε θάνατος	ἐγένετο θάνατος
Romans 7:14	
but I am carnal	but I am fleshy
ἐγὼ δὲ σάρκικός εἰμι	ἐγὼ δὲ σάρκινός εἰμι
Romans 7:17	
but sin that dwelleth in me	but sin that dwelleth in me
ἀλλ᾽ ἡ οἰκοῦσα ἐν ἐμοὶ ἁμαρτία	ἀλλὰ ἡ οἰκοῦσα ἐν ἐμοὶ ἁμαρτία
Romans 7:18	
but *how* to perform that which is good I find not	but *how* to perform that which is good is not
τὸ δὲ κατεργάζεσθαι τὸ καλὸν οὐχ εὑρίσκω	τὸ δὲ κατεργάζεσθαι τὸ καλὸν οὔ
Romans 7:19	
but the evil which I would not	but the evil which I would not
ἀλλ᾽ ὃ οὐ θέλω κακὸν	ἀλλὰ ὃ οὐ θέλω κακὸν
Romans 7:20	
Now if I do that I would not	Now if I do that [I] would not
εἰ δὲ ὃ οὐ θέλω ἐγὼ	εἰ δὲ ὃ οὐ θέλω (ἐγὼ)
Romans 7:20	
but sin that dwelleth in me	but sin that dwelleth in me
ἀλλ᾽ ἡ οἰκοῦσα ἐν ἐμοὶ ἁμαρτία	ἀλλὰ ἡ οἰκοῦσα ἐν ἐμοὶ ἁμαρτία
Romans 7:23	
bringing me into captivity to the law	bringing me into captivity to the law
αἰχμαλωτίζοντά με τῷ νόμῳ	αἰχμαλωτίζοντά με ἐν τῷ νόμῳ
Romans 7:25	
I thank God	But thanks to God
εὐχάριστῶ τῷ Θεῷ	χάρις δὲ τῷ θεῷ
Romans 8:1	
who walk not after the flesh, but after the Spirit	....
μὴ κατὰ σάρχα περιπατοῦσιν, ἀλλὰ κατὰ πνεῦμα	....
Romans 8:2	
hath made me free	hath made thee free
ἠλευθέρωσέ με	ἠλευθέρωσέν σε
Romans 8:9	
but in the Spirit	but in the Spirit
ἀλλ᾽ ἐν πνεύματι	ἀλλὰ ἐν πνεύματι
Romans 8:10	
because of sin	because of sin
δι᾽ ἁμαρτίαν	διὰ ἁμαρτίαν

Textus Receptus-Scrivener	Nestle-Aland 26,27
Romans 8:11	
that raised up Jesus	that raised up Jesus
τοῦ ἐγείραντος Ἰησοῦν	τοῦ ἐγείραντος τὸν Ἰησοῦν
Romans 8:11	
he that raised up Christ	he that raised up Christ
ὁ ἐγείρας τὸν Χριστὸν	ὁ ἐγείρας Χριστὸν
Romans 8:14	
they are the sons of God	they are the sons of God
οὗτοι εἰσιν υἱοὶ Θεοῦ	οὗτοι υἱοὶ Θεοῦ εἰσιν
Romans 8:15	
but ye have received	but ye have received
ἀλλ ἐλάβετε	ἀλλὰ ἐλάβετε
Romans 8:20	
in hope	in hope
ἐπ᾿ ἐλπίδι	ἐφ ἐλπίδι
Romans 8:23	
even we ourselves groan within ourselves	even we ourselves groan within ourselves
καὶ ἡμεῖς αὐτοὶ ἐν ἑαυτοῖς στενάζομεν	ἡμεῖς καὶ αὐτοὶ ἐν ἑαυτοῖς στενάζομεν
Romans 8:24	
why doth he yet hope for	why doth he hope for
τί καὶ ἐλπίζει	τίς ἐλπίζει
Romans 8:26	
our infirmities	our infirmity
ταῖς ἀσθενείαις ἡμῶν	τῇ ἀσθενείᾳ ἡμῶν
Romans 8:26	
but the Spirit itself	but the Spirit itself
ἀλλ αὐτὸ τὸ πνεῦμα	ἀλλὰ αὐτὸ τὸ πνεῦμα
Romans 8:26	
maketh intercession for us	maketh intercession
ὑπερεντυγχάνει ὑπὲρ ἡμῶν	ὑπερεντυγχάνει
Romans 8:27	
And he that searcheth	And he that searcheth
ὁ δὲ ἐρευνῶν	ὁ δὲ ἐραυνῶν
Romans 8:32	
but...for us all	but...for us all
ἀλλ ὑπὲρ ἡμῶν πάντων	ἀλλὰ ὑπὲρ ἡμῶν πάντων
Romans 8:34	
It is Christ that died	*It is* Christ [Jesus] that died
Χριστὸς ὁ ἀποθανών	Χριστὸς (Ἰησοῦς) ὁ ἀποθανών
Romans 8:34	
yea rather, that is risen again	yea, that is risen again
μᾶλλον δὲ καὶ ἐγερθείς	μᾶλλον δὲ ἐγερθείς
Romans 8:36	
For thy sake we are killed	For thy sake we are killed
ὅτι Ἔνεκά σοῦ θανατούμεθα	ὅτι Ἔνεκεν σοῦ θανατούμεθα
Romans 8:38	
nor powers, nor things present, nor things to come	nor things present, nor things to come, nor powers

Over 8,000 Differences Between the T.R. and the Nestle-Aland Greek N.T.

Textus Receptus-Scrivener	Nestle-Aland 26,27
οὔτε δυνάμεις οὔτε ἐνεστῶτα οὔτε μέλλοντα	οὔτε ἐνεστῶτα οὔτε μέλλοντα οὔτε δυνάμεις
Romans 9:3	
For I could wish that myself were accursed	For I could wish that myself were accursed
ηὐχόμην γὰρ αὐτὸς ἐγὼ ἀνάθεμα εἶναι	ηὐχόμην γὰρ ἀνάθεμα εἶναι αὐτὸς ἐγὼ
Romans 9:11	
any good or evil	any good or evil
τι ἀγαθὸν ἢ κακόν	τι ἀγαθὸν ἢ φαῦλον
Romans 9:11	
the purpose of God	the purpose of God
τοῦ Θεοῦ πρόθεσις	πρόθεσις τοῦ θεοῦ
Romans 9:12	
It was said unto her	It was said unto her
ἐρρήθη αὐτῇ	ἐρρέθη αὐτῇ
Romans 9:15	
For...to	To
τῷ γὰρ	τῷ
Romans 9:15	
Moses	Moses
Μωσῇ	Μωϋσεῖ
Romans 9:15	
I will have compassion on whom I will have compassion	I will have compassion on whom I will have compassion
οἰκτειρήσω ὃν ἂν οἰκτείρω	οἰκτιρήσω ὃν ἂν οἰκτίρω
Romans 9:16	
but of God that sheweth mercy	but of God that sheweth mercy
ἀλλὰ τοῦ ἐλεοῦντος Θεοῦ	ἀλλὰ τοῦ ἐλεῶντος θεοῦ
Romans 9:19	
Thou wilt say then unto me	Thou wilt say then unto me
Ἐρεῖς οὖν μοι	Ἐρεῖς μοι οὖν
Romans 9:19	
Why doth he yet find fault	Why [therefore] doth he yet find fault
Τί ἔτι μέμφεται	Τί (οὖν) ἔτι μέμφεται
Romans 9:20	
Nay but, O man	Nay but, O man
μεμοῦνγε, ὦ ἄνθρωπε	ὦ ἄνθρωπε, μενοῦνγε
Romans 9:26	
where it was said unto them	where it was said unto them
οὗ ἐρρήθη αὐτοῖς	οὗ ἐρρέθη αὐτοῖς
Romans 9:27	
a remnant shall be saved	a remnant shall be saved
τὸ κατάλειμμα σωθήσεται	τὸ ὑπόλειμμα σωθήσεται
Romans 9:28	
and cut it short in righteousness	and cut it short
καὶ συντέμνων ἐν δικαιοσύνῃ	καὶ συντέμνων
Romans 9:28	
because a short work	....
ὅτι λόγον συντετμημένον	....
Romans 9:31	

Textus Receptus-Scrivener	Nestle-Aland 26,27
hath not attained to the law of righteousness.	hath not attained to the law
εἰς νόμον δικαιοσύνης οὐκ ἔφθασε	εἰς νόμον οὐκ ἔφθασεν
Romans 9:32	
Wherefore	Wherefore
διατί	διὰ τί
Romans 9:32	
but as it were by the works of the law	but as it were by the works
ἀλλ ὡς ἐξ ἔργων νόμου	ἀλλ ὡς ἐξ ἔργων
Romans 9:32	
For they stumbled	They stumbled
προσέκοψαν γὰρ	προσέκοψαν
Romans 9:33	
and whosoever believeth on him	and he that believeth on him
καὶ πᾶς ὁ πιστεύων ἐπ αὐτῷ	καὶ ὁ πιστεύων ἐπ αὐτῷ
Romans 10:1	
and prayer to God	and prayer to God
καὶ ἡ δέησις ἡ πρὸς τὸν Θεὸν	καὶ ἡ δέησις πρὸς τὸν θεὸν
Romans 10:1	
for Israel is, that they might be saved	for them is salvation
ὑπὲρ τοῦ Ἰσραήλ ἐστιν εἰς σωτηρίαν	ὑπὲρ αὐτῶν εἰς σωτηρίαν
Romans 10:3	
and going about to establish their own righteousness	and going about to establish their own [righteousness]
καὶ τὴν ἰδίαν δικαιοσύνην ζητοῦντες στῆσαι	καὶ τὴν ἰδίαν (δικαιοσύνην) ζητοῦντες στῆσαι
Romans 10:5	
the righteousness which is of the law	the righteousness which is of [the] law
τὴν δικαιοσύνην τὴν ἐκ τοῦ νόμου	τὴν δικαιοσύνην τὴν ἐκ (τοῦ) νόμου
Romans 10:6	
speaketh on this wise	speaketh on this wise
οὕτω λέγει	οὕτως λέγει
Romans 10:14	
How then shall they call	How then should they call
πῶς οὖν ἐπικαλέσονται	Πῶς οὖν ἐπικαλέσωνται
Romans 10:14	
and how shall they believe	and how should they believe
πῶς δὲ πιστεύσουσιν	πῶς δὲ πιστεύσωσιν
Romans 10:14	
and how shall they hear	and how should they hear
πῶς δὲ ἀκούσουσι	πῶς δὲ ἀκούσωσιν
Romans 10:15	
And how shall they preach	And how should they preach
πῶς δὲ κηρύξουσιν	πῶς δὲ κηρύξωσιν
Romans 10:15	
How beautiful are the feet of them that preach the gospel of peace	How beautiful are the feet
Ὡς ὡραῖοι οἱ πόδες τῶν εὐαγγελιζομένων εἰρήνην	Ὡς ὡραῖοι οἱ πόδες
Romans 10:15	

351

Over 8,000 Differences Between the T.R. and the Nestle-Aland Greek N.T.

Textus Receptus-Scrivener	Nestle-Aland 26,27
and bring glad tidings of good things	and bring glad tidings of good things
τῶν εὐαγγελιζομένων τὰ ἀγαθά	τῶν εὐαγγελιζομένων (τὰ) ἀγαθά
Romans 10:17	
and hearing by the word of God	and hearing by the word of Christ
ἡ δὲ ἀκοὴ διὰ ῥήματος Θεοῦ	ἡ δὲ ἀκοὴ διὰ ῥήματος Χριστοῦ
Romans 10:19	
Did not Israel know	Did not Israel know
Μὴ οὐκ ἔγνω Ἰσραὴλ	μὴ Ἰσραὴλ οὐκ ἔγνω
Romans 10:19	
First Moses saith	First Moses saith
πρῶτος Μωσῆς λέγει	πρῶτος Μωϋσῆς λέγει
Romans 10:20	
I was found of them	I was found by them
Εὑρέθην τοῖς ἐμὲ	Εὑρέθην (ἐν) τοῖς ἐμὲ
Romans 11:2	
against Israel, saying	against Israel
κατὰ τοῦ Ἰσραήλ, λέγων	κατὰ τοῦ Ἰσραήλ
Romans 11:3	
and...thine altars	thine altars
καὶ τὰ θυσιαστήριά σου	τὰ θυσιαστήριά σου
Romans 11:6	
But if *it be* of works, then is it no more grace:	....
otherwise work is no more work	
εἰ δὲ ἐξ ἔργων, οὐκέτι ἐστὶ χάρις· ἐπεὶ τὸ ἔγον	....
οὐκέτι ἐστὶν ἔργον	
Romans 11:7	
hath not obtained that	hath not obtained that
τούτου οὐκ ἐπέτυχεν	τοῦτο οὐκ ἐπέτυχεν
Romans 11:9	
And David saith	And David saith
καὶ Δαβὶδ λέγει	καὶ Δαυὶδ λέγει
Romans 11:13	
For I speak to you	For I speak to you
Ὑμῖν γὰρ λέγω	Ὑμῖν δὲ λέγω
Romans 11:13	
inasmuch as I am	inasmuch as I therefore am
ἐφ ὅσον μὲν εἰμι ἐγὼ	ἐφ ὅσον μὲν οὖν εἰμι ἐγὼ
Romans 11:15	
what *shall* the receiving	what *shall* the receiving
τίς ἡ πρόσληψις	τίς ἡ πρόσλημψις
Romans 11:17	
partakest of the root and fatness	partakest of the root of fatness
συγκοινωνὸς τῆς ῥίζης καὶ τῆς πιότητος	συγκοινωνὸς τῆς ῥίζης τῆς πιότητος
Romans 11:18	
but the root thee	but the root thee
ἀλλ ἡ ῥίζα σέ	ἀλλὰ ἡ ῥίζα σέ
Romans 11:19	
The branches were broken off	Branches were broken off

Textus Receptus-Scrivener	Nestle-Aland 26,27
Ἐξεκλάσθησαν οἱ κλάδοι	Ἐξεκλάσθησαν κλάδοι
Romans 11:20	
Be not highminded	Be not highminded
μὴ ὑψηλοφρόνει	μὴ ὑψηλὰ φρόνει
Romans 11:21	
lest	[lest]
μήπως	(μή πως)
Romans 11:21	
he also spare not thee	he also spare not thee
οὐδὲ σοῦ φείσηται	οὐδὲ σοῦ φείσεται
Romans 11:22	
on them which fell, severity	on them which fell, severity
ἐπὶ μὲν τοὺς πεσόντας, ἀποτομίαν	ἐπὶ μὲν τοὺς πεσόντας ἀποτομία
Romans 11:22	
but toward thee, goodness	but toward thee, goodness of God
ἐπὶ δὲ σὲ, χρηστότητα	ἐπὶ δὲ σὲ χρηστότης θεοῦ
Romans 11:22	
ἐὰν ἐπιμείνῃς	ἐὰν ἐπιμένῃς
Romans 11:23	
And they also	And they also
καὶ ἐκεῖνοι δέ	κἀκεῖνοι δέ
Romans 11:23	
if they abide not still	if they abide not still
ἐὰν μὴ ἐπιμείνωσι	ἐὰν μὴ ἐπιμένωσιν
Romans 11:25	
lest ye should be wise in your own conceits	lest ye should be wise [in] your own conceits
ἵνα μὴ ἦτε παρ᾽ ἑαυτοῖς φρόνιμοι	ἵνα μὴ ἦτε (παρ᾽) ἑαυτοῖς φρόνιμοι
Romans 11:26	
And so	And so
καὶ οὕτω	καὶ οὕτως
Romans 11:26	
and shall turn away ungodliness	shall turn away ungodliness
καὶ ἀποστρέψει ἀσεβείας	ἀποστρέψει ἀσεβείας
Romans 11:30	
For as ye	For as ye
ὥσπερ γὰρ καὶ ὑμεῖς	ὥσπερ γὰρ ὑμεῖς
Romans 11:31	
Even so	Even so
οὕτω καὶ	οὕτως καὶ
Romans 11:31	
they also may obtain mercy	they may [now] also obtain mercy
καὶ αὐτοὶ ἐλεηθῶσι	καὶ αὐτοὶ (νῦν) ἐλεηθῶσιν
Romans 11:33	
how unsearchable	how unsearchable
ὡς ἀνεξερεύνητα	ὡς ἀνεξεραύνητα
Romans 12:2	
by the renewing of your mind	by the renewing of the mind

Textus Receptus-Scrivener	Nestle-Aland 26,27
τῇ ἀνακαινώσει τοῦ νοός ὑμῶν	τῇ ἀνακαινώσει τοῦ νοός
Romans 12:4	
we have many members	we have many members
μέλη πολλὰ ἔχομεν	πολλὰ μέλη ἔχομεν
Romans 12:5	
and every one	and every one
ὁ δὲ καθ εἷς	τὸ δὲ καθ εἷς
Romans 12:14	
Bless them which persecute you	Bless them which persecute [you]
εὐλογεῖτε τοὺς διώκοντας ὑμᾶς	εὐλογεῖτε τοὺς διώκοντας (ὑμᾶς)
Romans 12:15	
and weep with	and weep with
καὶ κλαίειν μετὰ	κλαίειν μετὰ
Romans 12:20	
Therefore if	But if
ἐὰν οὖν	ἀλλὰ ἐὰν
Romans 13:1	
For there is no power but of God	For there is no power but of God
οὐ γὰρ ἔστιν ἐξουσία εἰ μὴ ἀπὸ Θεοῦ	οὐ γὰρ ἔστιν ἐξουσία εἰ μὴ ὑπὸ θεοῦ
Romans 13:1	
the powers that be	the that be
αἱ δὲ οὖσαι ἐξουσίαι	αἱ δὲ οὖσαι
Romans 13:1	
are ordained of God	are ordained of God
ὑπὸ τοῦ Θεοῦ τεταγμέναι εἰσίν	ὑπὸ θεοῦ τεταγμέναι εἰσίν
Romans 13:2	
shall receive to themselves damnation	shall receive to themselves damnation
ἑαυτοῖς κρίμα λήψονται	ἑαυτοῖς κρίμα λήμψονται
Romans 13:3	
a terror to good works	a terror to good work
φόβος τῶν ἀγαθῶν ἔργων	φόβος τῷ ἀγαθῷ ἔργῳ
Romans 13:3	
but to the evil	but to the evil
ἀλλὰ τῶν κακῶν	ἀλλὰ τῷ κακῷ
Romans 13:7	
Render therefore to all their dues	Render to all their dues
ἀπόδοτε ουν πᾶσι τὰς ὀφειλάς	ἀπόδοτε πᾶσιν τὰς ὀφειλάς
Romans 13:8	
but to love one another	but to love one another
εἰ μὴ τὸ ἀγαπᾶν ἀλλήλους	εἰ μὴ τὸ ἀλλήλους ἀγαπᾶν
Romans 13:9	
Thou shalt not bear false witness	....
οὐ ψευδομαρτυρήσεις	....
Romans 13:9	
it is briefly comprehended in this saying	it is briefly comprehended in this saying
ἐν τούτῳ τῷ λόγῳ ἀνακεφαλαιοῦται	ἐν τῷ λόγῳ τούτῳ ἀνακεφαλαιοῦται
Romans 13:9	
it is briefly comprehended in this	it is briefly comprehended in [this]

Over 8,000 Differences Between the T.R. and the Nestle-Aland Greek N.T.

Textus Receptus-Scrivener	Nestle-Aland 26,27
ἀνακεφαλαιοῦται, ἐν τῷ	ἀνακεφαλαιοῦται, (ἐν τῷ)
Romans 13:9	
Thou shalt love thy neighbour as thyself	Thou shalt love thy neighbour as thyself
Ἀγαπήσεις τὸν πλησίον σου ὡς ἐαυτόν	Ἀγαπήσεις τὸν πλησίον σου ὡς σεαυτόν
Romans 13:11	
that now *it is* high time	that now *it is* high time
ὅτι ὥρα ἡμᾶς ἤδη	ὅτι ὥρα ἤδη ἡμᾶς
Romans 13:12	
and let us put on the armour	[but] let us put on the armour
καὶ ἐνδυσώμεθα τὰ ὅπλα	ἐνδυσώμεθα (δὲ) τὰ ὅπλα
Romans 13:14	
But put ye on	But put ye on
ἀλλ ἐνδύσασθε	ἀλλὰ ἐνδύσασθε
Romans 14:3	
and let not him which eateth not	but let not him which eateth not
καὶ ὁ μὴ ἐσθίων	ὁ δὲ μὴ ἐσθίων
Romans 14:4	
for...is able	for...able is
δυνατὸς γὰρ ἐστιν	δυνατεῖ γὰρ
Romans 14:4	
God	the Lord
ὁ Θεὸς	ὁ κύριος
Romans 14:5	
One man esteemeth	[For] one man esteemeth
ὃς μὲν κρίνει	ὃς μὲν (γὰρ) κρίνει
Romans 14:6	
and he that regardeth not the day, to the Lord he doth not regard *it*	....
καὶ ὁ μὴ φρονῶν τὴν ἡμέραν, Κυρίῳ οὐ φρονεῖ	....
Romans 14:6	
He that eateth	And he that eateth
ὁ ἐσθίων	καὶ ὁ ἐσθίων
Romans 14:9	
Christ both died, and	Christ died, and
Χριστὸς καὶ ἀπέθανε καὶ	Χριστὸς ἀπέθανεν καὶ
Romans 14:9	
rose, and revived	lived
ἀνέστη καὶ ἀνέζησεν	ἔζησεν
Romans 14:10	
the judgment seat of Christ	the judgment seat of God
τῷ βήματι τοῦ Χριστοῦ	τῷ βήματι τοῦ θεοῦ
Romans 14:12	
So then every one of us	So [then] every one of us
ἄρα οὖν ἕκαστος ἡμῶν	ἄρα (οὖν) ἕκαστος ἡμῶν
Romans 14:12	
shall give account of himself to God	shall give account of himself [to God]
περὶ ἑαυτοῦ λόγον δώσει τῷ Θεῷ	περὶ ἑαυτοῦ λόγον δώσει (τῷ θεῷ)
Romans 14:15	

Over 8,000 Differences Between the T.R. and the Nestle-Aland Greek N.T.

Textus Receptus-Scrivener	Nestle-Aland 26,27
But if	For if
εἰ δὲ	εἰ γὰρ
Romans 14:18	
For he that in these things	For he that in this thing
ὁ γὰρ ἐν τούτοις	ὁ γὰρ ἐν τούτῳ
Romans 14:21	
or is offended, or is made weak	....
ἢ σκανδαλίζεται ἢ ἀσθενεῖ	....
Romans 14:22	
Hast thou faith?	Faith [which] thou hast
σὺ πίστιν ἔχεις;	σὺ πίστιν (ἣν) ἔχεις
Romans 15:2	
Let every one of us	Let every one of us
ἕκαστος γὰρ ἡμῶν	ἕκαστος ἡμῶν
Romans 15:3	
fell on me	fell on me
ἐπέπεσον ἐπ ἐμέ	ἐπέπεσαν ἐπ ἐμέ
Romans 15:4	
were written for our learning	were written for our learning
εἰς τὴν ἡμετέραν διδασκαλίαν προεγράφη	εἰς τὴν ἡμετέραν διδασκαλίαν ἐγράφη
Romans 15:4	
that we through patience and comfort	that we through patience and through comfort
ἵνα διὰ τῆς ὑπομονῆς καὶ τῆς παρακλήσεως	ἵνα διὰ τῆς ὑπομονῆς καὶ διὰ τῆς παρακλήσεως
Romans 15:7	
received us	received you
προσελάβετο ἡμᾶς	προσελάβετο ὑμᾶς
Romans 15:7	
to the glory of God	to the glory of God
εἰς δόξαν θεοῦ	εἰς δόξαν τοῦ θεοῦ
Romans 15:8	
Now I say	For I say
λέγω δὲ	λέγω γὰρ
Romans 15:8	
Jesus Christ was a minister	Christ was a minister
Ἰησοῦν Χριστὸν διάκονον	Χριστὸν διάκονον
Romans 15:11	
Praise the Lord, all ye Gentiles	Praise the Lord, all ye Gentiles
Αἰνεῖτε τὸν Κύριον πάντα τὰ ἔθνη	Αἰνεῖτε, πάντα τὰ ἔθνη, τὸν κύριον
Romans 15:11	
and laud him	and laud him
καὶ ἐπαινέσατε αὐτὸν	καὶ ἐπαινεσάτωσαν αὐτὸν
Romans 15:14	
filled with all knowledge	filled with all [the] knowledge
πεπληρωμένοι πάσης γνώσεως	πεπληρωμένοι πάσης (τῆς) γνώσεως
Romans 15:15	
Nevertheless, brethren, I have written...unto you	Nevertheless, I have written...unto you
δὲ ἔγραψα ὑμῖν, ἀδελφοί	δὲ ἔγραψα ὑμῖν
Romans 15:16	

Textus Receptus-Scrivener	Nestle-Aland 26,27
minister of Jesus Christ	minister of Christ Jesus
λειτουργὸν Ἰησοῦ Κριστοῦ	λειτουργὸν Χριστοῦ Ἰησοῦ
Romans 15:17	
I have therefore whereof I may glory	I have therefore whereof I may glory
ἔχω οὖν καύχησιν	ἔχω οὖν (τὴν) καύχησιν
Romans 15:17	
to God	to God
πρὸς Θεόν	πρὸς τὸν θεόν
Romans 15:18	
to speak of any of those things	to speak of any of those things
λαλεῖν τι	τι λαλεῖν
Romans 15:19	
by the power of the Spirit of God	by the power of the Spirit of [God]
ἐν δυνάμει Πνεύματος Θεοῦ	ἐν δυνάμει πνεύματος (θεοῦ)
Romans 15:24	
Whensoever	Whensoever
ὡς ἐὰν	ὡς ἂν
Romans 15:24	
I will come to you	....
ἐλεύσομαι πρὸς ὑμας	....
Romans 15:27	
and their debtors they are	and their debtors they are
καὶ ὀφειλέται αὐτῶν εἰσὶν	καὶ ὀφειλέται εἰσὶν αὐτῶν
Romans 15:28	
into Spain	into Spain
εἰς τὴν Σπανίαν	εἰς Σπανίαν
Romans 15:29	
the blessing of the gospel of Christ	the blessing of Christ
εὐλογίας τοῦ εὐαγγελίου τοῦ Χριστοῦ	εὐλογίας Χριστοῦ
Romans 15:30	
Now I beseech you, brethren	Now I beseech you, [brethren]
Παρακαλῶ δὲ ὑμᾶς, ἀδελφοί	Παρακαλῶ δὲ ὑμᾶς, (ἀδελφοί)
Romans 15:31	
and that my service	and my service
καὶ Ἵνα ἡ διακονία μου	καὶ ἡ διακονία μου
Romans 15:31	
may be accepted of the saints	may be accepted of the saints
εὐπρόσδεκτος γένηται τοῖς ἁγίοις	εὐπρόσδεκτος τοῖς ἁγίοις γένηται
Romans 15:32	
That I may come...with joy	That having come...with joy
ἵνα ἐν χαρᾷ ἔλθω	ἵνα ἐν χαρᾷ ἐλθὼν
Romans 15:32	
and may with you be refreshed	may with you be refreshed
καὶ συναναπαύσωμαι ὑμῖν	συναναπαύσωμαι ὑμῖν
Romans 16:1	
which is a servant of the church	which [also] is a servant of the church
οὖσαν διάκονον τῆς ἐκκλησίας	οὖσαν (καὶ) διάκονον τῆς ἐκκλησίας
Romans 16:2	

Over 8,000 Differences Between the T.R. and the Nestle-Aland Greek N.T.

Textus Receptus-Scrivener	Nestle-Aland 26,27
for she hath been a succourer	for she hath been a succourer
γὰρ αὕτη προστάτις	γὰρ αὐτὴ προστάτις
Romans 16:2	
and of myself also	and of myself also
καὶ αὐτοῦ ἐμοῦ	καὶ ἐμοῦ αὐτοῦ
Romans 16:3	
Greet Priscilla	Greet Prisca
Ἀσπάσασθε Πρίσκιλλαν	Ἀσπάσασθε Πρίσκαν
Romans 16:5	
the firstfruits of Achaia	the firstfruits of Asia
ἀπαρχὴ τῆς Ἀχαίας	ἀπαρχὴ τῆς Ἀσίας
Romans 16:6	
Greet Mary	Greet Mary
ἀσπάσασθε Μαρίαμ	ἀσπάσασθε Μαρίαν
Romans 16:6	
bestowed much labour on us	bestowed much labour on you
πολλὰ ἐκοπίασεν εἰς ἡμᾶς	πολλὰ ἐκοπίασεν εἰς ὑμᾶς
Romans 16:7	
who also were in Christ before me	who also were in Christ before me
οἳ καὶ πρὸ ἐμοῦ γέγονασιν ἐν Χριστῷ	οἳ καὶ πρὸ ἐμοῦ γέγοναν ἐν Χριστῷ
Romans 16:8	
Greet Amplias	Greet Ampliatus
ἀσπάσασθε Ἀμπλιαν	ἀσπάσασθε Ἀμπλιᾶτον
Romans 16:11	
Σαλυτε Ἡεροδιον	Σαλυτε Ἡεροδιον
ἀσπάσασθε Ἡροδίωνα	ἀσπάσασθε Ἡρῳδίωνα
Romans 16:14	
Hermas, Patrobas, Hermes	Hermes, Patrobas, Hermas
ερμᾶν, Πατροβᾶν, Ἑρμῆν	Ἑρμῆν, Πατροβᾶν, Ἑρμᾶν
Romans 16:16	
The churches of Christ salute you	All the churches of Christ salute you
ἀσπάζονται ὑμᾶς αἱ ἐκκλησίαι τοῦ Χριστοῦ	Ἀσπάζονται ὑμᾶς αἱ ἐκκλησίαι πᾶσαι τοῦ Χριστοῦ
Romans 16:17	
and avoid them	and avoid them
καὶ ἐκκλίνατε ἀπ αὐτῶν	καὶ ἐκκλίνετε ἀπ αὐτῶν
Romans 16:18	
our Lord Jesus Christ	our Lord Christ
τῷ Κυρίῳ ἡμῶν Ἰησοῦ Χριστῷ	τῷ κυρίῳ ἡμῶν Χριστῷ
Romans 16:19	
I am glad therefore on your behalf	I am glad therefore on your behalf
χαίρω οὖν τὸ ἐφ ὑμῖν	ἐφ ὑμῖν οὖν χαίρω
Romans 16:19	
but yet I would have you wise	but yet I would have you wise
θέλω δὲ ὑμᾶς σοφοὺς μὲν εἶναι	θέλω δὲ ὑμᾶς σοφοὺς εἶναι
Romans 16:20	
our Lord Jesus Christ	our Lord Jesus
τοῦ Κυρίου ἡμῶν Ἰησοῦ Χριστοῦ	τοῦ κυρίου ἡμῶν Ἰησοῦ

Textus Receptus-Scrivener	Nestle-Aland 26,27
Romans 16:20	
Amen	....
ἀμην	....
Romans 16:21	
salute you	salutes you
Ἀσπάζονται ὑμᾶς	Ἀσπάζεται ὑμᾶς
Romans 16:23	
the whole church	the whole church
τῆς ἐκκλησίας ὅλης	ὅλης τῆς ἐκκλησίας
Romans 16:24	
The grace of our Lord Jesus Christ be with you all.	....
Amen	
Ἡ χάρις τοῦ Κυρίου ἡμῶν Ἰησοῦ Χριστοῦ μετὰ	....
πάντων ὑμῶν. ἀμήν	

Romans 16:25,26,27

25 Now to him that is of power to stablish you according to my gospel, and the preaching of Jesus Christ, according to the revelation of the mystery, which was kept secret since the world began, 26 But now is made manifest, and by the scriptures of the prophets, according to the commandment of the everlasting God, made known to all nations for the obedience of faith: 27 To God only wise, *be* glory through Jesus Christ for ever. Amen.	[25 Now to him that is of power to stablish you according to my gospel, and the preaching of Jesus Christ, according to the revelation of the mystery, which was kept secret since the world began, 26 But now is made manifest, and by the scriptures of the prophets, according to the commandment of the everlasting God, made known to all nations for the obedience of faith: 27 To God only wise, be glory through Jesus Christ for ever. Amen.]
25 Τῷ δὲ δυναμένῳ ὑμᾶς στηρίξαι κατὰ τὸ εὐαγγέλιόν μου καὶ τὸ κήρυγμα Ἰησοῦ Χριστοῦ, κατὰ ἀποκάλυψιν μυστηρίου χρόνοις αἰωνίοις σεσιγημένου 26 φανερωθέντος δὲ νῦν διά τε γραφῶν προφητικῶν, κατ ἐπιταγὴν τοῦ αἰωνίου Θεοῦ, εἰς ὑπακοὴν πίστεως εἰς πάντα τὰ ἔθνη γνωρισθέντος, 27 μόνῳ σοφῷ Θεῷ, διὰ Ἰησοῦ Χριστοῦ, ἡ δόξα εἰς τοὺς αἰῶνας. ἀμήν.	(25 Τῷ δὲ δυναμένῳ ὑμᾶς στηρίξαι κατὰ τὸ εὐαγγέλιόν μου καὶ τὸ κήρυγμα Ἰησοῦ Χριστοῦ, κατὰ ἀποκάλυψιν μυστηρίου χρόνοις αἰωνίοις σεσιγημένου 26 φανερωθέντος δὲ νῦν διά τε γραφῶν προφητικῶν, κατ ἐπιταγὴν τοῦ αἰωνίου Θεοῦ, εἰς ὑπακοὴν πίστεως εἰς πάντα τὰ ἔθνη γνωρισθέντος, 27 μόνῳ σοφῷ Θεῷ, διὰ Ἰησοῦ Χριστοῦ, ᾧ ἡ δόξα εἰς τοὺς αἰῶνας. ἀμήν.)

I Corinthians 1:1	
an apostle of Jesus Christ	an apostle of Christ Jesus
ἀπόστολος Ἰησοῦ Χριστοῦ	ἀπόστολος Χριστοῦ Ἰησοῦ
I Corinthians 1:2	
both theirs and ours	theirs and ours
αὐτῶν τε καὶ ἡμῶν	αὐτῶν καὶ ἡμῶν
I Corinthians 1:8	
the day of our Lord Jesus Christ	the day of our Lord Jesus [Christ]
τῇ ἡμέρᾳ τοῦ Κυρίου ἡμῶν Ἰησοῦ Χριστοῦ	τῇ ἡμέρᾳ τοῦ κυρίου ἡμῶν Ἰησοῦ (Χριστοῦ)
I Corinthians 1:14	
I thank God	I thank [God]
εὐχαριστῶ τῷ Θεῷ	εὐχαριστῶ (τῷ θεῷ)

Over 8,000 Differences Between the T.R. and the Nestle-Aland Greek N.T.

Textus Receptus-Scrivener	Nestle-Aland 26,27

I Corinthians 1:15
I had baptized in mine own name
εἰς τὸ ἐμὸν ὄνομα ἐβάπτισα

ye were baptized in mine own name
εἰς τὸ ἐμὸν ὄνομα ἐβαπτίσθητε

I Corinthians 1:17
but to preach
ἀλλ εὐαγγελίζεσθαι

but to preach
ἀλλὰ εὐαγγελίζεσθαι

I Corinthians 1:20
the wisdom of this world
τὴν σοφίαν τοῦ κόσμου τούτου

the wisdom of the world
τὴν σοφίαν τοῦ κόσμου

I Corinthians 1:22
the Jews require a sign
Ἰουδαῖοι σημεῖον αἰτοῦσι

the Jews require a sign
Ἰουδαῖοι σημεῖα αἰτοῦσιν

I Corinthians 1:23
unto the Greeks foolishness
Ἕλλησι δὲ μωρίαν

unto the Gentiles foolishness
ἔθνεσιν δὲ μωρίαν

I Corinthians 1:25
is stronger than men
ἰσχυρότερον τῶν ἀνθρώπων ἐστί

stronger than men
ἰσχυρότερον τῶν ἀνθρώπων

I Corinthians 1:27
to confound the wise
ἵνα τοὺς σοφούς, καταισχύνῃ

to confound the wise
ἵνα καταισχύνῃ τοὺς σοφούς

I Corinthians 1:28
and things which are not
καὶ τὰ μὴ ὄντα

things which are not
τὰ μὴ ὄντα

I Corinthians 1:29
That no flesh should glory in his presence
ὅπως μὴ καυχήσηται πᾶσα σὰρξ ἐνώπιον αὐτοῦ

That no flesh should glory in the presence of God
ὅπως μὴ καυχήσηται πᾶσα σὰρξ ἐνώπιον τοῦ θεοῦ

I Corinthians 1:30
is made unto us wisdom
ἐγενήθη ἡμῖν σοφία

is made unto us wisdom
ἐγενήθη σοφία ἡμῖν

I Corinthians 2:1
the testimony of God
τὸ μαρτύριον τοῦ θεοῦ

the mystery of God
τὸ μυστήριον τοῦ θεοῦ

I Corinthians 2:2
For I determined not
οὐ γὰρ ἔκρινά τοῦ

For I determined not
οὐ γὰρ ἔκρινά

I Corinthians 2:2
to know any thing
εἰδέναι τι

to know any thing
τι εἰδέναι

I Corinthians 2:3
And I was with you in weakness
καὶ ἐγὼ ἐν ἀσθενείᾳ

And I was with you in weakness
κἀγὼ ἐν ἀσθενείᾳ

I Corinthians 2:4
not with enticing
οὐκ ἐν πειθοῖς

not with enticing
οὐκ ἐν πειθοῖ(ς)

I Corinthians 2:4
of man's wisdom

of wisdom

360

Over 8,000 Differences Between the T.R. and the Nestle-Aland Greek N.T.

Textus Receptus-Scrivener	Nestle-Aland 26,27
ἀνθρωπίνης σοφίας	σοφίας
I Corinthians 2:4	
words	[words]
λόγοις	(λόγοις)
I Corinthians 2:7	
we speak the wisdom of God	we speak the wisdom of God
λαλοῦμεν σοφίαν Θεοῦ	λαλοῦμεν θεοῦ σοφίαν
I Corinthians 2:10	
But God hath revealed *them*	But God hath revealed *them*
ἡμῖν δὲ ὁ Θεὸς ἀπεκάλυψε	ἡμῖν δὲ ἀπεκάλυψεν ὁ θεὸς
I Corinthians 2:10	
by his Spirit	by the Spirit
διὰ τοῦ πνεύματος αὑτοῦ	διὰ τοῦ πνεύματος
I Corinthians 2:10	
for the Spirit searcheth all things	for the Spirit searcheth all things
τὸ γὰρ πνεῦμα πάντα ἐρευνᾷ	τὸ γὰρ πνεῦμα πάντα ἐραυνᾷ
I Corinthians 2:11	
even so	even so
οὕτω καὶ	οὕτως καὶ
I Corinthians 2:11	
knoweth no man	has known no man
οὐδεὶς οἶδεν	οὐδεὶς ἔγνωκεν
I Corinthians 2:13	
which the Holy Ghost teacheth	which the Spirit teacheth
ἐν διδακτοῖς Πνεύματος Ἁγίου	ἐν διδακτοῖς πνεύματος
I Corinthians 2:15	
judgeth all things	judgeth all things
ἀνακρίνει μὲν πάντα	ἀνακρίνει (τὰ) πάντα
I Corinthians 3:1	
And I, brethren	And I, brethren
Καὶ ἐγώ, ἀδελφοί	Κἀγώ, ἀδελφοί
I Corinthians 3:1	
but as unto carnal	but as unto fleshy
ἀλλ ὡς σαρκικοῖς	ἀλλ ὡς σαρκίνοις
I Corinthians 3:2	
and not with meat	not with meat
καὶ οὐ βρῶμα	οὐ βρῶμα
I Corinthians 3:2	
for hitherto ye were not able	for hitherto ye were not able
οὔπω γὰρ ἠδύνασθε	οὔπω γὰρ ἐδύνασθε
I Corinthians 3:2	
neither yet now	neither yet now
ἀλλ οὔτε ἔτι	ἀλλ οὐδὲ ἔτι
I Corinthians 3:3	
strife, and divisions	strife
ἔρις καὶ διχοστασίαι	ἔρις
I Corinthians 3:4	
are ye not carnal	are ye not men

Textus Receptus-Scrivener	Nestle-Aland 26,27
οὐχὶ σαρκικοί ἐστε	οὐκ ἄνθρωποί ἐστε
I Corinthians 3:5	
Who then is Paul	What then is Apollos
τίς οὖν ἐστι ᾿Παυλὸς	τί οὖν ἐστιν ᾿Απολλῶς
I Corinthians 3:5	
and who *is* Apollos	and what *is* Paul
τίς δέ Ἀπολλώς	τί δέ ἐστιν Παῦλος
I Corinthians 3:5	
but ministers	ministers
ἀλλ ἢ διάκονοι	διάκονοι
I Corinthians 3:6	
but God gave the increase	but God gave the increase
ἀλλ ὁ Θεὸς ηὔξανεν	ἀλλὰ ὁ θεὸς ηὔξανεν
I Corinthians 3:8	
shall receive his own reward	shall receive his own reward
τὸν ἴδιον μισθὸν λήψεται	τὸν ἴδιον μισθὸν λήμψεται
I Corinthians 3:10	
I have laid the foundation	I laid the foundation
θεμέλιον τέθεικα	θεμέλιον ἔθηκα
I Corinthians 3:11	
which is Jesus Christ	which is Jesus Christ
ὅς ἐστιν ᾿Ιησοῦς ὁ Χριστός	ὅς ἐστιν ᾿Ιησοῦς Χριστός
I Corinthians 3:12	
upon this foundation	upon the foundation
ἐπὶ τὸν θεμέλιον τοῦτον	ἐπὶ τὸν θεμέλιον
I Corinthians 3:13	
the fire shall try	the fire [itself] shall try
τὸ πῦρ δοκιμάσει	τὸ πῦρ (αὐτὸ) δοκιμάσει
I Corinthians 3:14	
If any man's work abide	If any man's work shall abide
εἴ τινος τὸ ἔργον μένει	εἴ τινος τὸ ἔργον μενεῖ
I Corinthians 3:14	
which he hath built	which he hath built
ὃ ἐπωκοδόμησε	ὃ ἐποικοδόμησεν
I Corinthians 3:14	
he shall receive a reward	he shall receive a reward
μισθὸν λήψεται	μισθὸν λήμψεται
I Corinthians 3:22	
all are yours	all yours
πάντα ὑμῶν ἐστιν	πάντα ὑμῶν
I Corinthians 4:2	
Moreover	Moreover
ὃ δὲ λοιπὸν	ὧδε λοιπὸν
I Corinthians 4:6	
and *to* Apollos	and *to* Apollos
καὶ ᾿Απολλὼ	καὶ ᾿Απολλῶν
I Corinthians 4:6	
above that which is written	above that which is written

Textus Receptus-Scrivener	Nestle-Aland 26,27
ὑπὲρ ὃ γέγραπται	ὑπὲρ ἃ γέγραπται
I Corinthians 4:6	
to think	....
φρονεῖν	....
I Corinthians 4:9	
For I think that God	For I think God
δοκῶ γάρ, ὅτι ὁ Θεὸς	δοκῶ γάρ, ὁ θεὸς
I Corinthians 4:11	
and are naked	and are naked
καὶ γυμνητεύομεν	καὶ γυμνιτεύομεν
I Corinthians 4:13	
Being defamed, we intreat	Being defamed, we intreat
βλασφημούμενοι παρακαλοῦμεν	δυσφημούμενοι παρακαλοῦμεν
I Corinthians 4:14	
but as my beloved sons I warn you	but as my beloved sons I warn you
ἀλλ ὡς τέκνα μου ἀγαπητὰ νουθετῶ	ἀλλ ὡς τέκνα μου ἀγαπητὰ νουθετῶ(ν)
I Corinthians 4:17	
my beloved son	my beloved son
μου τέκνον μου ἀγαπητὸν	μου τέκνον ἀγαπητὸν
I Corinthians 4:17	
in Christ	in Christ [Jesus]
ἐν Χριστῷ	ἐν Χριστῷ ('Ιησοῦ)
I Corinthians 4:21	
and in the spirit of meekness	and in the spirit of meekness
πνεύματί τε πρᾳότητος	πνεύματί τε πραΰτητος
I Corinthians 5:1	
as named among the Gentiles	as among the Gentiles
ἐν τοῖς ἔθνεσιν, ὀνομάζεται	ἐν τοῖς ἔθνεσιν
I Corinthians 5:2	
that...might be taken away from among you	that...might be taken away from among you
ἵνα ἐξαρθῇ ἐκ μέσου ὑμῶν	ἵνα ἀρθῇ ἐκ μέσου ὑμῶν
I Corinthians 5:2	
he that hath done this deed	he that hath done this deed
ὁ τὸ ἔργον τοῦτο ποιήσας	ὁ τὸ ἔργον τοῦτο πράξας
I Corinthians 5:3	
For I verily, as absent	For I verily, absent
ἐγὼ μὲν γάρ ὡς ἀπὼν	ἐγὼ μὲν γάρ, ἀπὼν
I Corinthians 5:4	
our Lord	[our] Lord
τοῦ Κυρίου ἡμῶν	τοῦ κυρίου (ἡμῶν)
I Corinthians 5:4	
Jesus Christ	Jesus
'Ιησοῦ Χριστοῦ	'Ιησοῦ
I Corinthians 5:4	
our Lord Jesus Christ	our Lord Jesus
τοῦ Κυρίου ἡμῶν 'Ιησοῦ Χριστοῦ	τοῦ κυρίου ἡμῶν 'Ιησοῦ
I Corinthians 5:5	
in the day of the Lord Jesus	in the day of the Lord Jesus

Textus Receptus-Scrivener	Nestle-Aland 26,27
ἐν τῇ ἡμέρᾳ τοῦ Κυρίου Ἰησοῦ	ἐν τῇ ἡμέρᾳ τοῦ κυρίου
I Corinthians 5:7	
Purge out therefore	Purge out
ἐκκαθάρατε οὖν	ἐκκαθάρατε
I Corinthians 5:7	
...our passover...for us	...our passover...
τὸ πάσχα ἡμῶν ὑπὲρ ἡμῶν	τὸ πάσχα ἡμῶν
I Corinthians 5:7	
Christ...is sacrificed	Christ...is sacrificed
ἐθύθη Χριστός	ἐτύθη Χριστός
I Corinthians 5:10	
Yet not altogether	Not altogether
καὶ οὐ πάντως	οὐ πάντως
I Corinthians 5:10	
or with the covetous, or extortioners	or with the covetous and extortioners
ἢ τοῖς πλεονέκταις, ἢ ἅρπαξιν	ἢ τοῖς πλεονέκταις καὶ ἅρπαξιν
I Corinthians 5:10	
for then must ye needs	for then must ye needs
ἐπεὶ ὀφείλετε ἄρα	ἐπεὶ ὠφείλετε ἄρα
I Corinthians 5:11	
But now I have written	But now I have written
νυνὶ δὲ ἔγραψα	νῦν δὲ ἔγραψα
I Corinthians 5:12	
to judge them also that are without	to judge them that are without
καὶ τοὺς ἔξω κρίνειν	τοὺς ἔξω κρίνειν
I Corinthians 5:13	
Therefore put away	Put away
καὶ ἐξαρεῖτε	ἐξάρατε
I Corinthians 6:2	
Do ye not know	Or do ye not know
οὐκ οἴδατε	ἢ οὐκ οἴδατε
I Corinthians 6:5	
that there is not	not
οὐκ ἔστιν	οὐκ
I Corinthians 6:5	
a wise man among you	a wise man among you
ἐν ὑμῖν σοφὸς οὐδὲ εἷς	ἔνι ἐν ὑμῖν οὐδεὶς σοφὸς
I Corinthians 6:7	
Now therefore	Now [therefore]
ἤδη μὲν οὖν	ἤδη μὲν (οὖν)
I Corinthians 6:7	
there is utterly a fault among you	there is utterly a fault with you
ὅλως ἥττημα ἐν ὑμῖν ἐστιν	ὅλως ἥττημα ὑμῖν ἐστιν
I Corinthians 6:7	
Why do ye not rather	Why do ye not rather
διατί οὐχὶ μᾶλλον	διὰ τί οὐχὶ μᾶλλον
I Corinthians 6:7	
why do ye not rather	why do ye not rather

Over 8,000 Differences Between the T.R. and the Nestle-Aland Greek N.T.

Textus Receptus-Scrivener	Nestle-Aland 26,27
διατί οὐχὶ μᾶλλον	διὰ τί οὐχὶ μᾶλλον
I Corinthians 6:8	
and that *your* brethren	and that *your* brethren
καὶ ταῦτα ἀδελφούς	καὶ τοῦτο ἀδελφούς
I Corinthians 6:9	
shall not inherit the kingdom of God	shall not inherit the kingdom of God
βασιλείαν Θεοῦ οὐ κληρονομήσουσι	θεοῦ βασιλείαν οὐ κληρονομήσουσιν
I Corinthians 6:10	
nor drunkards	nor drunkards
οὔτε μέθυσοι	οὐ μέθυσοι
I Corinthians 6:10	
shall inherit the kingdom of God	shall inherit the kingdom of God
βασιλείαν Θεοῦ οὐ κληρονομήσουσι	βασιλείαν θεοῦ κληρονομήσουσιν
I Corinthians 6:11	
but ye are justified	but ye are justified
ἀλλ' ἐδικαιώθητε	ἀλλὰ ἐδικαιώθητε
I Corinthians 6:11	
in the name of the Lord Jesus	in the name of the Lord Jesus Christ
ἐν τῷ ὀνόματι τοῦ Κυρίου Ἰησοῦ	ἐν τῷ ὀνόματι τοῦ κυρίου Ἰησοῦ Χριστοῦ
I Corinthians 6:16	
What? know ye not	[What?] know ye not
ἢ οὐκ οἴδατε	(ἢ) οὐκ οἴδατε
I Corinthians 6:20	
and in your spirit, which are God's	....
καὶ ἐν τῷ πνεύματι ὑμῶν, ἅτινά ἐστι τοῦ Θεοῦ	....
I Corinthians 7:1	
whereof ye wrote unto me	whereof ye wrote
ὧν ἐγράψατε μοι	ὧν ἐγράψατε
I Corinthians 7:3	
render...due benevolence	render...*her* due
τὴν ὀφειλομένην εὔνοιαν ἀποδιδότω	τὴν ὀφειλὴν ἀποδιδότω
I Corinthians 7:4	
but the husband	but the husband
ἀλλ ὁ ἀνήρ	ἀλλὰ ὁ ἀνήρ
I Corinthians 7:4	
but the wife	but the wife
ἀλλ ἡ γυνή	ἀλλὰ ἡ γυνή
I Corinthians 7:5	
except *it be* with consent	except *it be* with consent
εἰ μή τι ἂν ἐκ συμφώνου	εἰ μήτι ἂν ἐκ συμφώνου
I Corinthians 7:5	
that ye may give yourselves	that ye may give yourselves
ἵνα σχολάζητε	ἵνα σχολάσητε
I Corinthians 7:5	
to fasting and prayer	to prayer
τῇ νηστείᾳ καὶ τῇ προσευχῇ	τῇ προσευχῇ
I Corinthians 7:5	
and come together again	and together may be

Over 8,000 Differences Between the T.R. and the Nestle-Aland Greek N.T.

Textus Receptus-Scrivener	Nestle-Aland 26,27
καὶ πάλιν ἐπὶ τὸ αὐτὸ συνέρχησθε	καὶ πάλιν ἐπὶ τὸ αὐτὸ ἦτε
I Corinthians 7:7	
For I would	For I would
θέλω γὰρ	θέλω δὲ
I Corinthians 7:7	
But	But
ἀλλ´	ἀλλὰ
I Corinthians 7:7	
every man hath his proper gift	every man hath his proper gift
ἕκαστος ἴδιον χάρισμα ἔχει	ἕκαστος ἴδιον ἔχει χάρισμα
I Corinthians 7:7	
one after this manner	one after this manner
ὃς μὲν οὕτως	ὁ μὲν οὕτως
I Corinthians 7:7	
and another after that	and another after that
ος δὲ οὕτως	ὁ δὲ οὕτως
I Corinthians 7:8	
It is good for them	Good for them
καλὸν αὐτοῖς ἐστιν	καλὸν αὐτοῖς
I Corinthians 7:9	
for it is better	for it is better
κρεῖσσον γάρ ἐστι	κρεῖττον γάρ ἐστιν
I Corinthians 7:10	
but the Lord	but the Lord
ἀλλ ὁ Κύριος	ἀλλὰ ὁ κύριος
I Corinthians 7:12	
But to the rest speak I	But to the rest speak I
τοῖς δὲ λοιποῖς ἐγώ λέγω	Τοῖς δὲ λοιποῖς λέγω ἐγώ
I Corinthians 7:13	
And the woman which hath an husband	And the woman, if any have an husband
καὶ γυνὴ ἥτις ἔχει ἄνδρα	καὶ γυνὴ εἴ τις ἔχει ἄνδρα
I Corinthians 7:13	
and if he be pleased	and if he be pleased
καὶ αὐτὸς συνευδοκεῖ	καὶ οὗτος συνευδοκεῖ
I Corinthians 7:13	
let her not leave him	let her not leave the husband
μὴ ἀφιέτω αὐτόν	μὴ ἀφιέτω τὸν ἄνδρα
I Corinthians 7:14	
the unbelieving wife is sanctified by the husband	the unbelieving wife is sanctified by the brother
ἡγίασται ἡ γυνὴ ἡ ἄπιστος ἐν τῷ ἀνδρί	ἡγίασται ἡ γυνὴ ἡ ἄπιστος ἐν τῷ ἀδελφῷ
I Corinthians 7:15	
God hath called us to peace	God hath called you to peace
εἰρήνῃ κέκληκεν ἡμᾶς ὁ Θεός	εἰρήνῃ κέκληκεν ὑμᾶς ὁ θεός
I Corinthians 7:17	
God hath distributed to every man	The Lord hath distributed to every man
ἑκάστῳ ὡς ἐμέρισεν ὁ Θεός	ἑκάστῳ ὡς ἐμέρισεν ὁ κύριος
I Corinthians 7:17	
as the Lord hath called	as God hath called

Textus Receptus-Scrivener	Nestle-Aland 26,27
ὡς κέκληκεν ὁ Κύριος	ὡς κέκληκεν ὁ θεός

I Corinthians 7:17
| so let him walk | so let him walk |
| οὕτω περιπατείτω | οὕτως περιπατείτω |

I Corinthians 7:18
| Is any called in uncircumcision | Is any called in uncircumcision |
| ἐν ἀκροβυστίᾳ τις ἐκλήθη | ἐν ἀκροβυστίᾳ κέκληταί τις |

I Corinthians 7:22
| likewise also he that is called, *being* free | likewise he that is called, *being* free |
| ὁμοίως καὶ ὁ ἐλεύθερος κληθεὶς | ὁμοίως ὁ ἐλεύθερος κληθεὶς |

I Corinthians 7:24
| abide with God | abide with God |
| μενέτω παρὰ τῷ θεῷ | μενέτω παρὰ θεῷ |

I Corinthians 7:28
| But and if thou marry | But and if thou marry |
| ἐὰν δὲ καὶ γήμῃς | ἐὰν δὲ καὶ γαμήσῃς |

I Corinthians 7:29
| the time | the time |
| οτι ὁ καιρὸς | ὁ καιρὸς |

I Corinthians 7:29
| *is* short | is short |
| συνεσταλμένος | συνεσταλμένος ἐστίν |

I Corinthians 7:29
| it remaineth | remaineth |
| τὸ λοιπὸν ἐστί | τὸ λοιπὸν |

I Corinthians 7:31
| And they that use this world | And they that use the world |
| καὶ οἱ χρώμενοι τῷ κόσμῳ τούτῳ | καὶ οἱ χρώμενοι τὸν κόσμον |

I Corinthians 7:32
| how he may please the Lord | how he should please the Lord |
| πῶς ἀρέσει τῷ Κυρίῳ | πῶς ἀρέσῃ τῷ κυρίῳ |

I Corinthians 7:33
| how he may please *his* wife | how he should please *his* wife |
| πῶς ἀρέσει τῇ γυναικί | πῶς ἀρέσῃ τῇ γυναικί |

I Corinthians 7:34
| There is difference *also* between | And there is difference also between |
| μεμέρισται | καὶ μεμέρισται. καὶ |

I Corinthians 7:34
| a wife and a virgin | a wife |
| ἡ γυνὴ καὶ ἡ παρθένος | ἡ γυνὴ |

I Corinthians 7:34
| The unmarried woman careth for the things of the Lord | The unmarried woman and the virgin careth for the things of the Lord |
| ἡ ἄγαμος μεριμνᾷ τὰ τοῦ Κυρίου | ἡ ἄγαμος καὶ ἡ παρθένος μεριμνᾷ τὰ τοῦ κυρίου |

I Corinthians 7:34
| both in body and in spirit | both in body and in spirit |
| καὶ σώματι καὶ πνεύματι | καὶ τῷ σώματι καὶ τῷ πνεύματι |

Over 8,000 Differences Between the T.R. and the Nestle-Aland Greek N.T.

Textus Receptus-Scrivener	Nestle-Aland 26,27
I Corinthians 7:34	
how she may please *her* husband	how she should please *her* husband
πῶς ἀρέσει τῷ ἀνδρί	πῶς ἀρέσῃ τῷ ἀνδρί
I Corinthians 7:35	
your own profit	your own profit
τὸ ὑμῶν αὐτῶν σύμφέρον	τὸ ὑμῶν αὐτῶν σύμφορον
I Corinthians 7:35	
and that ye may attend upon the Lord	and that ye may attend upon the Lord
καὶ εὐπρόσεδρον τῷ Κυρίῳ	καὶ εὐπάρεδρον τῷ κυρίῳ
I Corinthians 7:37	
stedfast in his heart	stedfast in his heart
ἑδραῖος ἐν τῇ καρδίᾳ	ἐν τῇ καρδίᾳ αὐτοῦ ἑδραῖος
I Corinthians 7:37	
decreed in his heart	decreed in his heart
κέκρικεν ἐν τῇ καρδίᾳ αὐτοῦ	κέκρικεν ἐν τῇ ἰδίᾳ καρδίᾳ
I Corinthians 7:37	
that he will keep	to keep
τοῦ τηρεῖν	τηρεῖν
I Corinthians 7:37	
doeth well	shall do well
καλῶς ποιεῖ	καλῶς ποιήσει
I Corinthians 7:38	
he that giveth *her* in marriage doeth well	he that marries his own virgin doeth well
ὁ ἐκγαμίζων καλῶς ποιεῖ	ὁ γαμίζων τὴν ἑαυτοῦ παρθένον καλῶς ποιεῖ
I Corinthians 7:38	
but he that	and he that
ὁ δὲ	καὶ ὁ
I Corinthians 7:38	
giveth *her* not in marriage	marries *her* not
μὴ ἐκγαμίζων	μὴ γαμίζων
I Corinthians 7:38	
doeth better	shall do better
κρεῖσσον ποιεῖ	κρεῖσσον ποιήσει
I Corinthians 7:39	
The wife is bound by the law	The wife is bound
Γυνὴ δέδεται νόμῳ ἐφ	Γυνὴ δέδεται ἐφ
I Corinthians 7:39	
but if her husband be dead	but if the husband be dead
ἐὰν δὲ κοιμηθῇ ὁ ἀνήρ αὐτῆς	ἐὰν δὲ κοιμηθῇ ὁ ἀνήρ
I Corinthians 7:40	
if she so abide	if she so abide
ἐὰν οὕτω μείνῃ	ἐὰν οὕτως μείνῃ
I Corinthians 8:2	
And if	If
εἴ δὲ	εἴ
I Corinthians 8:2	
any man think that he knoweth any thing	any man think that he knoweth any thing
τις δοκεῖ εἰδέναι τι	τις δοκεῖ ἐγνωκέναι τι

Over 8,000 Differences Between the T.R. and the Nestle-Aland Greek N.T.

Textus Receptus-Scrivener	Nestle-Aland 26,27
I Corinthians 8:2	
he knoweth nothing	he has not yet known
οὐδέπω οὐδὲν ἔγνωκε	οὔπω ἔγνω
I Corinthians 8:4	
that *there is* none other God	that *there is* no God
ὅτι οὐδεὶς Θεὸς ἕτερος	ὅτι οὐδεὶς θεὸς
I Corinthians 8:5	
or in earth	or in earth
εἴτε ἐπὶ τῆς γῆς	εἴτε ἐπὶ γῆς
I Corinthians 8:7	
for some with conscience	for some from custom
τινὲς δὲ τῇ συνειδήσει	τινὲς δὲ τῇ συνηθείᾳ
I Corinthians 8:7	
of the idol unto this hour	of the idol unto this hour
τοῦ εἰδώλου ἕως ἄρτι	ἕως ἄρτι τοῦ εἰδώλου
I Corinthians 8:8	
commendeth us not to God	shall not commend us to God
οὐ παρίστησι τῷ θεῷ	οὐ παραστήσει τῷ θεῷ
I Corinthians 8:8	
for neither	neither
οὔτε γὰρ	οὔτε
I Corinthians 8:8	
if we eat, are we the better; neither, if we eat not, are we the worse	if we eat not, are we the worse, neither, if we eat are we the better
ἐὰν φάγωμεν, περισσεύομεν· οὔτε ἐὰν μὴ φάγωμεν, ὑστερούμεθα	ἐὰν μὴ φάγωμεν ὑστερούμεθα, οὔτε ἐὰν φάγωμεν περισσεύομεν
I Corinthians 8:9	
to them that are weak	to the weak
τοῖς ἀσθενοῦσιν	τοῖς ἀσθενέσιν
I Corinthians 8:11	
shall...perish	for...perishes
καὶ ἀπολεῖται	ἀπόλλυται γὰρ
I Corinthians 8:11	
And through thy knowledge...the weak brother	And through thy knowledge...the weak brother
ὁ ἀσθενῶν ἀδελφὸς ἐπὶ τῇ σῇ γνώσει	ὁ ἀσθενῶν ἐν τῇ σῇ γνώσει, ὁ ἀδελφὸς
I Corinthians 8:12	
But when ye sin so	But when ye sin so
οὕτω δὲ ἁμαρτάνοντες	οὕτως δὲ ἁμαρτάνοντες
I Corinthians 9:1	
Am I not an apostle? am I not free	Am I not free? Am I not an apostle
Οὐκ εἰμὶ ἀπόστολος; οὐκ εἰμὶ ἐλεύθερος	Οὐκ εἰμὶ ἐλεύθερος; οὐκ εἰμὶ ἀπόστολος
I Corinthians 9:1	
not...Jesus Christ our Lord	not...Jesus our Lord
οὐχὶ Ἰησοῦν Χριστὸν τὸν Κύριον ἡμῶν	οὐχὶ Ἰησοῦν τὸν κύριον ἡμῶν
I Corinthians 9:1	
have I...seen	have I...seen
ἑώρακα	ἑόρακα
I Corinthians 9:2	

Over 8,000 Differences Between the T.R. and the Nestle-Aland Greek N.T.

Textus Receptus-Scrivener	Nestle-Aland 26,27
for the seal of mine apostleship	for the seal of mine apostleship
ἡ γὰρ σφραγίς τῆς ἐμῆς ἀποστολῆς	ἡ γὰρ σφραγίς μου τῆς ἀποστολῆς
I Corinthians 9:3	
that do examine me is this	that do examine me is this
ἀνακρίνουσί αὕτη ἐστι	ἀνακρίνουσίν ἐστιν αὕτη
I Corinthians 9:4	
and to drink	and to drink
καὶ πιεῖν	καὶ πεῖν
I Corinthians 9:6	
power to forbear working	power to forbear working
ἐξουσίαν του μὴ ἐργάζεσθαι	ἐξουσίαν μὴ ἐργάζεσθαι
I Corinthians 9:7	
and eateth not of the fruit thereof	and eateth not the fruit thereof
καὶ ἐκ τοῦ καρποῦ αὐτοῦ οὐκ ἐσθίει	καὶ τὸν καρπὸν αὐτοῦ οὐκ ἐσθίει
I Corinthians 9:8	
or saith not the law the same also	or saith not the law the same also
ἢ οὐχὶ καὶ ὁ νόμος ταῦτα λέγει	ἢ καὶ ὁ νόμος ταῦτα οὐ λέγει
I Corinthians 9:9	
the law of Moses	the law of Moses
τῷ Μωσέως νόμῳ	τῷ Μωϋσέως νόμῳ
I Corinthians 9:9	
Thou shalt not muzzle the mouth of the ox	Thou shalt not muzzle the mouth of the ox
Οὐ φιμώσεις βοῦν	Οὐ κημώσεις βοῦν
I Corinthians 9:10	
should plow in hope	should plow in hope
ἐπ ἐλπίδι ὀφείλει	ὀφείλει ἐπ ἐλπίδι
I Corinthians 9:10	
and that he that thresheth in hope should be partaker of his hope	and that he that thresheth in hope should be partaker
καὶ ὁ ἀλοῶν τῆς ἐλπίδος αὐτοῦ μετέχειν ἐπ ἐλπίδι	καὶ ὁ ἀλοῶν ἐπ ἐλπίδι τοῦ μετέχειν
I Corinthians 9:12	
If others be partakers of *this* power over you	If others be partakers of *this* power over you
εἰ ἄλλοι τῆς ἐξουσίας ὑμῶν μετέχουσιν	εἰ ἄλλοι τῆς ὑμῶν ἐξουσίας μετέχουσιν
I Corinthians 9:12	
lest we should hinder	lest we should hinder
ἵνα μή ἐγκοπὴν τινα δῶμεν	ἵνα μή τινα ἐγκοπὴν δῶμεν
I Corinthians 9:13	
which minister about holy things...of the temple	which minister about holy things...of the temple
τὰ ἱερὰ ἐργαζόμενοι ἐκ τοῦ ἱεροῦ	τὰ ἱερὰ ἐργαζόμενοι (τὰ) ἐκ τοῦ ἱεροῦ
I Corinthians 9:13	
and they which wait at the altar	and they which wait at the altar
οἱ τῷ θυσιαστηρίῳ προσεδρεύοντες	οἱ τῷ θυσιαστηρίῳ παρεδρεύοντες
I Corinthians 9:14	
Even so	Even so
οὕτω καὶ	οὕτως καὶ
I Corinthians 9:15	
But I have used none of these things	But I have not used any of these things

Over 8,000 Differences Between the T.R. and the Nestle-Aland Greek N.T.

Textus Receptus-Scrivener	Nestle-Aland 26,27
ἐγὼ δὲ οὐδενὶ ἐχρησάμην τούτων	ἐγὼ δὲ οὐ κέχρημαι οὐδενὶ τούτων
I Corinthians 9:15	
that it should be so done unto me	that it should be so done unto me
ἵνα οὕτω γένηται ἐν ἐμοί	ἵνα οὕτως γένηται ἐν ἐμοί
I Corinthians 9:15	
that any man should make my glorying void	that no man shall make my glorying void
τὸ καύχημά μου ἵνα τις κενώσῃ	τὸ καύχημά μου οὐδεὶς κενώσει
I Corinthians 9:16	
woe is unto me	for woe is unto me
οὐαὶ δέ μοί ἐστιν	οὐαὶ γάρ μοί ἐστιν
I Corinthians 9:16	
if I preach not the gospel	if I preach not the gospel
ἐὰν μὴ εὐαγγελίζωμαι	ἐὰν μὴ εὐαγγελίσωμαι
I Corinthians 9:18	
What is my reward then	What is my reward then
τίς οὖν μοί ἐστιν ὁ μισθός	τίς οὖν μού ἐστιν ὁ μισθός
I Corinthians 9:18	
the gospel of Christ	the gospel
τὸ εὐαγγέλιον τοῦ Χριστοῦ	τὸ εὐαγγέλιον
I Corinthians 9:20	
as under the law	as under the law, not being myself under law
ὡς ὑπὸ νόμον	ὡς ὑπὸ νόμον, μὴ ὢν αὐτὸς ὑπὸ νόμον
I Corinthians 9:21	
being not without law to God	being not without law of God
μὴ ὢν ἄνομος Θεῷ	μὴ ὢν ἄνομος θεοῦ
I Corinthians 9:21	
but under the law to Christ	but under the law of Christ
ἀλλ ἔννομος Χριστῷ	ἀλλ ἔννομος Χριστοῦ
I Corinthians 9:21	
that I might gain them that are without law	that I might gain them that are without law
ἵνα κερδήσω ἀνόμους	ἵνα κερδάνω τοὺς ἀνόμους
I Corinthians 9:22	
To the weak became I as weak	To the weak became I weak
ἐγενόμην τοῖς ἀσθενέσιν ὡς ἀσθενής	ἐγενόμην τοῖς ἀσθενέσιν ἀσθενής
I Corinthians 9:22	
I am made all things to all *men*	I am made all things to all *men*
τοῖς πᾶσι γέγονα τὰ πάντα	τοῖς πᾶσιν γέγονα πάντα
I Corinthians 9:23	
And this I do for the gospel's sake	And all things I do for the gospel's sake
τοῦτο δὲ ποιῶ διὰ τὸ εὐαγγέλιον	πάντα δὲ ποιῶ διὰ τὸ εὐαγγέλιον
I Corinthians 9:24	
So run	So run
οὕτω τρέχετε	οὕτως τρέχετε
I Corinthians 9:26	
so run	so run
οὕτω τρέχω	οὕτως τρέχω
I Corinthians 9:26	
so fight I	so fight I

Textus Receptus-Scrivener	Nestle-Aland 26,27
οὕτω πυκτεύω	οὕτως πυκτεύω
I Corinthians 9:27	
But	But
ἀλλ᾽	ἀλλὰ
I Corinthians 9:27	
lest that by any means	lest that by any means
μήπως	μή πως
I Corinthians 10:1	
Moreover...I would	Moreover...I would
Οὐ θέλω δὲ	Οὐ θέλω γὰρ
I Corinthians 10:2	
unto Moses	unto Moses
εἰς τὸν Μωσῆν	εἰς τὸν Μωϋσῆν
I Corinthians 10:2	
were...baptized	were...baptized
ἐβαπτίσαντο	ἐβαπτίσθησαν
I Corinthians 10:3	
the same spiritual meat	the same spiritual meat
τὸ αὐτὸ βρῶμα πνευματικὸν	τὸ αὐτὸ πνευματικὸν βρῶμα
I Corinthians 10:4	
the same spiritual drink	the same spiritual drink
τὸ αὐτὸ πόμα πνευματικὸν ἔπιον	τὸ αὐτὸ πνευματικὸν ἔπιον πόμα
I Corinthians 10:4	
and that Rock	and that Rock
ἡ δὲ πέτρα	ἡ πέτρα δὲ
I Corinthians 10:7	
as it is written	as it is written
ὣς γέγραπται	ὥσπερ γέγραπται
I Corinthians 10:7	
and drink	and drink
καὶ πιεῖν	καὶ πεῖν
I Corinthians 10:8	
and fell	and fell
καὶ ἔπεσον	καὶ ἔπεσαν
I Corinthians 10:8	
in one day	in one day
ἐν μιᾷ ἡμέρᾳ	μιᾷ ἡμέρᾳ
I Corinthians 10:8	
three and twenty thousand	three and twenty thousand
εἴκοσιτρεῖς χιλιάδες	εἴκοσι τρεῖς χιλιάδες
I Corinthians 10:9	
as some of them also	as some of them
καθὼς καί τινες αὐτῶν	καθὼς τινες αὐτῶν
I Corinthians 10:9	
destroyed of serpents	destroyed of serpents
ὑπὸ τῶν ὄφεων ἀπώλοντο	ὑπὸ τῶν ὄφεων ἀπώλλυντο
I Corinthians 10:10	
as	as

Textus Receptus-Scrivener	Nestle-Aland 26,27
καθὼς	καθάπερ

I Corinthians 10:10

| some of them also | some of them |
| καὶ τινὲς αὐτῶν | τινὲς αὐτῶν |

I Corinthians 10:11

| Now all these things | Now these things |
| ταῦτα δὲ πάντα | ταῦτα δὲ |

I Corinthians 10:11

| ...ensamples | ...ensamples |
| τύποι | τυπικῶς |

I Corinthians 10:11

| happened unto them | happened unto them |
| συνέβαινον ἐκείνοις | συνέβαινεν ἐκείνοις |

I Corinthians 10:11

| the ends of the world are come | the ends of the world have come |
| τὰ τέλη τῶν αἰώνων κατήντησεν | τὰ τέλη τῶν αἰώνων κατήντηκεν |

I Corinthians 10:13

| that ye may be able to bear *it* | that may be able to bear *it* |
| τοῦ δύνασθαι ὑμᾶς ὑπενεγκεῖν | τοῦ δύνασθαι ὑπενεγκεῖν |

I Corinthians 10:14

| flee from idolatry | flee from idolatry |
| φεύγετε ἀπὸ τῆς εἰδωλολατρείας | φεύγετε ἀπὸ τῆς εἰδωλολατρίας |

I Corinthians 10:16

| is it not the communion of the blood of Christ | is it not the communion of the blood of Christ |
| οὐχὶ κοινωνία τοῦ αἵματος τοῦ Χριστοῦ ἐστι | οὐχὶ κοινωνία ἐστιν τοῦ αἵματος τοῦ Χριστοῦ |

I Corinthians 10:18

| not they which eat | not they which eat |
| οὐχὶ οἱ ἐσθίοντες | οὐχ οἱ ἐσθίοντες |

I Corinthians 10:19

| that the idol is any thing, or that which is offered in sacrifice to idols is any thing | that that which is offered in sacrifice to idols is any thing, or that the idol is anything |
| ὅτι εἰδωλόν τί ἐστιν; ἢ ὅτι εἰδωλόθυτόν τί ἐστιν | ὅτι εἰδωλόθυτόν τί ἐστιν; ἢ ὅτι εἰδωλόν τί ἐστιν |

I Corinthians 10:20

| that the things which the Gentiles sacrifice | that the things which they sacrifice |
| ὅτι ἃ θύει τὰ ἔθνη | ὅτι ἃ θύουσιν |

I Corinthians 10:20

| they sacrifice to devils | to devils |
| δαιμονίοις θύει | δαιμονίοις |

I Corinthians 10:20

| and not to God | and not to God [they sacrifice] |
| καὶ οὐ Θεῷ | καὶ οὐ θεῷ (θύουσιν) |

I Corinthians 10:23

| All things are lawful for me | All things are lawful |
| Πάντα μοι ἔξεστιν | Πάντα ἔξεστιν |

I Corinthians 10:23

| all things are lawful for me | all things are lawful |
| πάντα μοι ἔξεστιν | πάντα ἔξεστιν |

Over 8,000 Differences Between the T.R. and the Nestle-Aland Greek N.T.

Textus Receptus-Scrivener	Nestle-Aland 26,27

I Corinthians 10:24
but every man another's *wealth*
ἀλλὰ τὸ τοῦ ἑτέρου ἕκαστος

but another's *wealth*
ἀλλὰ τὸ τοῦ ἑτέρου

I Corinthians 10:26
For the earth *is* the Lord's
τοῦ γὰρ Κυρίου ἡ γῆ

For the earth *is* the Lord's
τοῦ κυρίου γὰρ ἡ γῆ

I Corinthians 10:27
If any
εἴ δὲ τις

If any
εἴ τις

I Corinthians 10:28
This is offered in sacrifice unto idols
Τοῦτο εἰδωλόθυτόν ἐστι

This is offered in sacrifice
Τοῦτο ἱερόθυτόν ἐστιν

I Corinthians 10:28
for the earth *is* the Lord's, and the fulness thereof
τοῦ γὰρ Κυρίου ἡ γῆ καὶ τὸ πλήρωμα αὐτῆς

....

....

I Corinthians 10:30
For if I
εἰ δὲ ἐγὼ

If I
εἰ ἐγὼ

I Corinthians 10:32
Give none offence, neither to the Jews
ἀπρόσκοποι γίνεσθε καὶ Ἰουδαίοις

Give none offence, neither to the Jews
ἀπρόσκοποι καὶ Ἰουδαίοις γίνεσθε

I Corinthians 10:33
not seeking mine own profit
μὴ ζητῶν τὸ ἐμαυτοῦ σύμφερον

not seeking mine own profit
μὴ ζητῶν τὸ ἐμαυτοῦ σύμφορον

I Corinthians 11:2
Now I praise you, brethren
Ἐπαινῶ δὲ ὑμᾶς, ἀδελφοί

Now I praise you
Ἐπαινῶ δὲ ὑμᾶς

I Corinthians 11:3
and the head of Christ
κεφαλὴ δὲ Χριστοῦ

and the head of Christ
κεφαλὴ δὲ τοῦ Χριστοῦ

I Corinthians 11:5
dishonoureth her head
καταισχύνει τὴν κεφαλὴν ἑαυτῆς

dishonoureth her head
καταισχύνει τὴν κεφαλὴν αὐτῆς

I Corinthians 11:7
but the woman
γυνὴ δὲ

but the woman
ἡ γυνὴ δὲ

I Corinthians 11:11
Nevertheless neither is the man without the woman, neither the woman without the man
πλὴν οὔτε ἀνὴρ χωρὶς γυναικός, οὔτε γυνὴ χωρὶς ἀνδρός

Nevertheless neither is the woman without the man, neither the man without the woman
πλὴν οὔτε γυνὴ χωρὶς ἀνδρὸς οὔτε ἀνὴρ χωρὶς γυναικὸς

I Corinthians 11:12
even so *is* the man
οὕτω καὶ ὁ ἀνὴρ

even so *is* the man
οὕτως καὶ ὁ ἀνὴρ

I Corinthians 11:14
not even
ἤ οὐδὲ

not even
οὐδὲ

I Corinthians 11:14

Textus Receptus-Scrivener	Nestle-Aland 26,27
nature itself	nature itself
αὐτὴ ἡ φύσις	ἡ φύσις αὐτὴ
I Corinthians 11:15	
is given her	is given [her]
δέδοται αὐτῇ	δέδοται (αὐτῇ)
I Corinthians 11:17	
that ye come together not for the better	that ye come together not for the better
ὅτι οὐκ εἰς τὸ κρεῖττον	ὅτι οὐκ εἰς τὸ κρεῖσσον
I Corinthians 11:17	
but	but
ἀλλ	ἀλλὰ
I Corinthians 11:17	
for the worse	for the worse
εἰς τὸ ἧττον	εἰς τὸ ἧσσον
I Corinthians 11:18	
in the church	in *the* church
ἐν τη ἐκκλησίᾳ	ἐν ἐκκλησίᾳ
I Corinthians 11:19	
that they which are approved	that they [also] which are approved
ἵνα οἱ δόκιμοι	ἵνα (καὶ) οἱ δόκιμοι
I Corinthians 11:22	
What shall I say to you	What shall I say to you
τί ὑμῖν εἴπω	τί εἴπω ὑμῖν
I Corinthians 11:23	
in which he was betrayed	in which he was betrayed
ᾗ παρεδίδοτο	ᾗ παρεδίδετο
I Corinthians 11:24	
Take, eat	....
Λάβετε, φαγετε	....
I Corinthians 11:24	
this is my body, which is broken for you	this is my body, which is for you
τοῦτό μού ἐστι τὸ σῶμα τὸ ὑπὲρ ὑμῶν κλώμενον	Τοῦτό μού ἐστιν τὸ σῶμα τὸ ὑπὲρ ὑμῶν
I Corinthians 11:26	
For as often as ye eat	For as often as ye eat
ὁσάκις γὰρ ἂν ἐσθίητε	ὁσάκις γὰρ ἐὰν ἐσθίητε
I Corinthians 11:26	
and drink this cup	and drink the cup
καὶ τὸ ποτήριον τοῦτο πίνητε	καὶ τὸ ποτήριον πίνητε
I Corinthians 11:26	
till	till
ἄχρις	ἄχρι
I Corinthians 11:26	
he come	he come
οὗ ἂν ἔλθῃ	οὗ ἔλθῃ
I Corinthians 11:27	
this bread	the bread
τὸν ἄρτον τοῦτον	τὸν ἄρτον
I Corinthians 11:27	

Over 8,000 Differences Between the T.R. and the Nestle-Aland Greek N.T.

Textus Receptus-Scrivener	Nestle-Aland 26,27
the body and blood	the body and the blood
τοῦ σώματος καὶ αἵματος	τοῦ σώματος καὶ τοῦ αἵματος
I Corinthians 11:29	
For he that eateth and drinketh unworthily	For he that eateth and drinketh
ὁ γὰρ ἐσθίων καὶ πίνων ἀναξίως	ὁ γὰρ ἐσθίων καὶ πίνων
I Corinthians 11:29	
not discerning the Lord's body	not discerning the body
μὴ διακρίνων τὸ σῶμα τοῦ Κυρίου	μὴ διακρίνων τὸ σῶμα
I Corinthians 11:31	
For if	But if
εἰ γὰρ	εἰ δὲ
I Corinthians 11:32	
we are chastened of the Lord	we are chastened of the Lord
ὑπὸ Κυρίου παιδευόμεθα	ὑπὸ (τοῦ) κυρίου παιδευόμεθα,
I Corinthians 11:34	
And if any man hunger	If any man hunger
εἰ δέ τις πεινᾷ	εἴ τις πεινᾷ
I Corinthians 12:2	
Ye know that ye were Gentiles	Ye know that when ye were Gentiles
οἴδατε ὅτι ἔθνη ἦτε	Οἴδατε ὅτι ὅτε ἔθνη ἦτε
I Corinthians 12:3	
calleth Jesus accursed	calleth Jesus accursed
λέγει, ἀνάθεμα Ἰησοῦν	λέγει, Ἀνάθεμα Ἰησοῦς
I Corinthians 12:3	
can say that Jesus is the Lord	can say that Jesus is the Lord
δύναται εἰπεῖν, Κύριον Ἰησοῦν	δύναται εἰπεῖν, Κύριος Ἰησοῦς
I Corinthians 12:6	
but it is the same God	but the same God
ὁ δὲ αὐτὸς ἐστι Θεός	ὁ δὲ αὐτὸς Θεός
I Corinthians 12:9	
To another faith	To another faith
ἑτέρῳ δὲ πίστις	ἑτέρῳ πίστις
I Corinthians 12:9	
by the same Spirit	by one Spirit
ἐν τῷ αὐτῷ πνεύματι	ἐν τῷ ἑνὶ πνεύματι
I Corinthians 12:10	
to another prophecy	to another prophecy
ἄλλῳ δὲ προφητεία	ἄλλῳ (δὲ) προφητεία
I Corinthians 12:10	
to another discerning of spirits	to another discerning of spirits
ἄλλῳ δὲ διακρίσεις πνευμάτων	ἄλλῳ (δὲ) διακρίσεις πνευμάτων
I Corinthians 12:10	
to another *divers* kinds of tongues	to another *divers* kinds of tongues
ἑτέρῳ δὲ γένη γλωσσῶν	ἑτέρῳ γένη γλωσσῶν
I Corinthians 12:12	
and hath many members	and hath many members
καὶ μέλη ἔχει πολλὰ	καὶ μέλη πολλὰ ἔχει
I Corinthians 12:12	

Textus Receptus-Scrivener	Nestle-Aland 26,27
and all the members of that one body	and all the members of that body
πάντα δὲ τὰ μέλη τοῦ σώματος τοῦ ἑνός	πάντα δὲ τὰ μέλη τοῦ σώματος
I Corinthians 12:12	
so also *is* Christ	so also *is* Christ
οὕτω καὶ ὁ Χριστός	οὕτως καὶ ὁ Χριστός
I Corinthians 12:13	
and have been all made to drink into one Spirit	and have been all made to drink one Spirit
καὶ πάντες εἰς ἓν Πνεῦμα ἐποτίσθημεν	καὶ πάντες ἓν πνεῦμα ἐποτίσθημεν
I Corinthians 12:21	
And the eye cannot say	And the eye cannot say
οὐ δύναται δὲ ὀφθαλμὸς εἰπεῖν	οὐ δύναται δὲ ὁ ὀφθαλμὸς εἰπεῖν
I Corinthians 12:24	
but God	but God
ἀλλ ὁ Θεὸς	ἀλλὰ ὁ θεὸς
I Corinthians 12:24	
to that part which lacked	to that part which lacked
τῷ ὑστεροῦντι	τῷ ὑστερουμένῳ
I Corinthians 12:26	
or one member be honoured	or [one] member be honoured
εἴτε δοξάζεται ἓν μέλος	εἴτε δοξάζεται (ἓν) μέλος
I Corinthians 12:28	
then gifts of healings	then gifts of healings
εἶτα χαρίσματα ἰαμάτων	ἔπειτα χαρίσματα ἰαμάτων
I Corinthians 12:28	
helps	helps
ἀντιλήψεις	ἀντιλήμψεις
I Corinthians 12:31	
But covet earnestly the best gifts	But covet earnestly the greater gifts
ζηλοῦτε δὲ τὰ χαρίσματα τὰ κρείττονα	ζηλοῦτε δὲ τὰ χαρίσματα τὰ μείζονα
I Corinthians 13:2	
so that I could remove mountains	so that I could remove mountains
ὥστε ὄρη μεθιστάνειν	ὥστε ὄρη μεθιστάναι
I Corinthians 13:2	
I am nothing	I am nothing
οὐδέν εἰμι	οὐθέν εἰμι
I Corinthians 13:3	
And though I bestow	And I bestow
καὶ ἐὰν ψωμίσω	κὰν ψωμίσω
I Corinthians 13:3	
my body to be burned	my body to be burned
τὸ σῶμά μου ἵνα καυθήσωμαι	τὸ σῶμά μου ἵνα καυχήσωμαι
I Corinthians 13:4	
charity vaunteth not itself	[charity] vaunteth not itself
ἡ ἀγάπη οὐ περπερεύεται	(ἡ ἀγάπη) οὐ περπερεύεται
I Corinthians 13:8	
Charity never faileth	Charity never faileth
ἡ ἀγάπη οὐδέποτε ἐκπίπτει	Ἡ ἀγάπη οὐδέποτε πίπτει
I Corinthians 13:10	

Over 8,000 Differences Between the T.R. and the Nestle-Aland Greek N.T.

Textus Receptus-Scrivener	Nestle-Aland 26,27
then that which is in part	that which is in part
τότε τὸ ἐκ μέρους	τὸ ἐκ μέρους
I Corinthians 13:11	
I spake as a child	I spake as a child
ὡς νήπιος ἐλάλουν	ἐλάλουν ὡς νήπιος
I Corinthians 13:11	
I understood as a child	I understood as a child
ὡς νήπιος ἐφρόνουν	ἐφρόνουν ὡς νήπιος
I Corinthians 13:11	
I thought as a child	I thought as a child
ὡς νήπιος ἐλογιζόμην	ἐλογιζόμην ὡς νήπιος
I Corinthians 13:11	
but when I became a man	when I became a man
ὅτε δὲ γέγονα ἀνήρ	ὅτε γέγονα ἀνήρ
I Corinthians 14:2	
but unto God	but unto God
ἀλλὰ τῶ Θεῶ	ἀλλὰ θεῶ
I Corinthians 14:5	
for greater	but greater
μείζων γάρ	μείζων δὲ
I Corinthians 14:6	
Now, brethren	Now, brethren
νυνὶ δέ, ἀδελφοί	Νῦν δέ, ἀδελφοί
I Corinthians 14:6	
or by doctrine	or [by] doctrine
ἢ ἐν διδαχῇ	ἢ (ἐν) διδαχῇ
I Corinthians 14:8	
if the trumpet give an uncertain sound	if the trumpet give an uncertain sound
ἐὰν ἄδηλον φωνὴν σάλπιγξ δῷ	ἐὰν ἄδηλον σάλπιγξ φωνὴν δῷ
I Corinthians 14:9	
So likewise ye	So likewise ye
οὕτω καὶ ὑμεῖς	οὕτως καὶ ὑμεῖς
I Corinthians 14:10	
There are	There are
ἐστιν	εἰσιν
I Corinthians 14:12	
Even so ye	Even so ye
οὕτω καὶ ὑμεῖς	οὕτως καὶ ὑμεῖς
I Corinthians 14:12	
Wherefore let him that speaketh	Wherefore let him that speaketh
διόπερ ὁ λαλῶν	διὸ ὁ λαλῶν
I Corinthians 14:14	
For if	[For] if
ἐὰν γὰρ	ἐὰν (γὰρ)
I Corinthians 14:16	
Else when thou shalt bless	Else when thou shalt bless
ἐπεὶ ἐὰν εὐλογσης	ἐπεὶ ἐὰν εὐλογῇς
I Corinthians 14:16	

Textus Receptus-Scrivener	Nestle-Aland 26,27
with the spirit	[in] spirit
τῷ πνεύματι	(ἐν) πνεύματι
I Corinthians 14:18	
I thank my God	I thank God
εὐχαριστῶ τῷ Θεῷ μου	εὐχαριστῶ τῷ θεῷ
I Corinthians 14:18	
I speak with tongues more than ye all	I speak with tongues more than ye all
πάντων ὑμῶν μᾶλλον γλώσσαις λαλῶν	πάντων ὑμῶν μᾶλλον γλώσσαις λαλῶ
I Corinthians 14:19	
Yet in the church	Yet in the church
ἀλλ ἐν ἐκκλησίᾳ	ἀλλὰ ἐν ἐκκλησίᾳ
I Corinthians 14:19	
five words with my understanding	five words with my understanding
πέντε λόγους διὰ τοῦ νοός μου	πέντε λόγους τῷ νοΐ μου
I Corinthians 14:21	
and other lips	and lips, others
καὶ ἐν χείλεσιν ἑτέροις	καὶ ἐν χείλεσιν ἑτέρων
I Corinthians 14:23	
and all speak with tongues	and all speak with tongues
καὶ πάντες γλώσσαις λαλῶσιν	καὶ πάντες λαλῶσιν γλώσσαις
I Corinthians 14:25	
And thus	....
καὶ οὕτω	....
I Corinthians 14:25	
and so falling down	and so falling down
καὶ οὕτω πεσὼν	καὶ οὕτως πεσὼν
I Corinthians 14:25	
that God is in you of a truth	that God is in you of a truth
ὅτι ὁ Θεὸς ὄντως ἐν ὑμῖν ἐστι	ὅτι Ὄντως ὁ θεὸς ἐν ὑμῖν ἐστιν
I Corinthians 14:26	
every one of you hath a psalm	every one hath a psalm
ἕκαστος ὑμῶν ψαλμὸν ἔχει	ἕκαστος ψαλμὸν ἔχει
I Corinthians 14:26	
hath a tongue, hath a revelation	hath a revelation, hath a tongue
γλῶσσαν ἔχει, ἀποκάλυψιν ἔχει	ἀποκάλυψιν ἔχει, γλῶσσαν ἔχει
I Corinthians 14:26	
Let all things be done unto edifying	Let all things be done unto edifying
πάντα πρὸς οἰκοδομὴν γενέσθω	πάντα πρὸς οἰκοδομὴν γινέσθω
I Corinthians 14:33	
but of peace	but of peace
ἀλλ εἰρήνης	ἀλλὰ εἰρήνης
I Corinthians 14:34	
your women	the women
Αἱ γυναῖκες ὑμῶν	αἱ γυναῖκες
I Corinthians 14:34	
for it is not permitted unto them to speak	for it is not permitted unto them to speak
οὐ γὰρ ἐπιτέτραπται αὐταῖς λαλεῖν	οὐ γὰρ ἐπιτρέπεται αὐταῖς λαλεῖν
I Corinthians 14:34	

Over 8,000 Differences Between the T.R. and the Nestle-Aland Greek N.T.

Textus Receptus-Scrivener	Nestle-Aland 26,27
but	but
ἀλλ	ἀλλὰ
I Corinthians 14:34	
to be under obedience	let him be under obedience
ὑποτάσσεσθαι	ὑποτασσέσθωσαν
I Corinthians 14:35	
for it is a shame for women to speak in the church	for it is a shame for women to speak in the church
αἰσχρὸν γάρ ἐστι γυναιξὶν ἐν ἐκκλησίᾳ λαλεῖν	αἰσχρὸν γάρ ἐστιν γυναικὶ λαλεῖν ἐν ἐκκλησίᾳ
I Corinthians 14:37	
...of the Lord	...of *the* Lord
τοῦ Κυρίου	κυρίου
I Corinthians 14:37	
are the commandments	are the commandments
εἰσὶν ἐντολαί	ἐστιν ἐντολή
I Corinthians 14:38	
let him be ignorant	he is ignored
ἀγνοείτω	ἀγνοεῖται
I Corinthians 14:39	
Wherefore, brethren	Wherefore, [my] brethren
Ὥστε, ἀδελφοί	ὥστε, ἀδελφοί (μου)
I Corinthians 14:39	
and forbid not to speak with tongues	and forbid not to speak with tongues
καὶ τὸ λαλεῖν γλώσσαις μὴ κωλύετε	καὶ τὸ λαλεῖν μὴ κωλύετε γλώσσαις
I Corinthians 14:40	
all things	but...all things
πάντα	πάντα δὲ
I Corinthians 15:4	
the third day	the third day
τῇ τρίτῃ ἡμέρᾳ	τῇ ἡμέρᾳ τῇ τρίτῃ
I Corinthians 15:6	
the greater part	the greater part
οἱ πλείους μένουσιν	οἱ πλείονες μένουσιν
I Corinthians 15:6	
but some are fallen asleep	but some are fallen asleep
τινὲς δὲ καὶ ἐκοιμήθησαν	τινὲς δὲ ἐκοιμήθησαν
I Corinthians 15:10	
which was with me	[which] was with me
ἡ σὺν ἐμοί	(ἡ) σὺν ἐμοί
I Corinthians 15:11	
so we preach	so we preach
οὕτω κηρύσσομεν	οὕτως κηρύσσομεν
I Corinthians 15:12	
how say some among you	how say some among you
πῶς λέγουσι τινες ἐν ὑμῖν	πῶς λέγουσιν ἐν ὑμῖν τινες
I Corinthians 15:14	
then is our preaching vain	then is our preaching [also] vain
κενὸν ἄρα τὸ κήρυγμα ἡμῶν	κενὸν ἄρα (καὶ) τὸ κήρυγμα ἡμῶν,

Over 8,000 Differences Between the T.R. and the Nestle-Aland Greek N.T.

Textus Receptus-Scrivener	Nestle-Aland 26,27
I Corinthians 15:14	
and your faith *is* also vain	and your faith *is* also vain
κενὴ δὲ καὶ ἡ πίστις ὑμῶν	κενὴ καὶ ἡ πίστις ὑμῶν
I Corinthians 15:19	
If in this life only we have hope in Christ	If in this life only we have hope in Christ
εἰ ἐν τῇ ζωῇ ταύτῃ ἠλπικότες ἐσμὲν ἐν Χριστῷ μόνον	εἰ ἐν τῇ ζωῇ ταύτῃ ἐν Χριστῷ ἠλπικότες ἐσμὲν μόνον
I Corinthians 15:20	
and become the firstfruits of them that slept	*and* the firstfruits of them that slept
ἀπαρχὴ τῶν κεκοιμημένων ἐγένετο	ἀπαρχὴ τῶν κεκοιμημένων
I Corinthians 15:21	
For since by man came death	For since by man came death
ἐπειδὴ γὰρ δι ἀνθρώπου ὁ θάνατος	ἐπειδὴ γὰρ δι ἀνθρώπου θάνατος
I Corinthians 15:22	
even so in	even so in
οὕτω καὶ ἐν	οὕτως καὶ ἐν
I Corinthians 15:23	
afterward they that are Christ's	afterward they that are the Christ's
ἔπειτα οἱ Χριστοῦ	ἔπειτα οἱ τοῦ Χριστοῦ
I Corinthians 15:24	
when he shall have delivered up the kingdom	when he may deliver up the kingdom
ὅταν παραδῷ τὴν βασιλείαν	ὅταν παραδιδῷ τὴν βασιλείαν
I Corinthians 15:25	
till	till
ἄχρις	ἄχρι
I Corinthians 15:25	
he hath put all	he hath put all
οὗ ἂν θῇ πάντας	οὗ θῇ πάντας
I Corinthians 15:28	
then...the Son also himself	then...the Son [also] himself
τότε καὶ αὐτὸς ὁ υἱὸς	τότε (καὶ) αὐτὸς ὁ υἱὸς
I Corinthians 15:28	
all in all	all in all
τὰ πάντα ἐν πᾶσιν	(τὰ) πάντα ἐν πᾶσιν
I Corinthians 15:29	
baptized for the dead	baptized for them
βαπτίζονται ὑπὲρ τῶν νεκρῶν	βαπτίζονται ὑπὲρ αὐτῶν
I Corinthians 15:31	
your rejoicing	your rejoicing, brethren
ὑμετέραν καύχησιν	ὑμετέραν καύχησιν, (ἀδελφοί)
I Corinthians 15:33	
evil communications corrupt good manners	evil communications corrupt good manners
Φθείρουσιν ἤθη χρησθ ὁμιλίαι κακαί	Φθείρουσιν ἤθη χρηστὰ ὁμιλίαι κακαί
I Corinthians 15:34	
I speak *this* to your shame	I speak *this* to your shame
πρὸς ἐντροπὴν ὑμῖν λέγω	πρὸς ἐντροπὴν ὑμῖν λαλῶ
I Corinthians 15:35	
But some *man* will say	But some *man* will say

381

Over 8,000 Differences Between the T.R. and the Nestle-Aland Greek N.T.

Textus Receptus-Scrivener	Nestle-Aland 26,27
'Αλλ' ἐρεῖ τις	'Αλλὰ ἐρεῖ τις
I Corinthians 15:36	
Thou fool	*Thou* fool
ἄφρον	ἄφρων
I Corinthians 15:38	
But God giveth it	But God giveth it
ὁ δὲ Θεὸς αὐτῷ δίδωσι	ὁ δὲ θεὸς δίδωσιν αὐτῷ
I Corinthians 15:38	
his own body	*his* own body
τὸ ἴδιον σῶμα	ἴδιον σῶμα
I Corinthians 15:39	
but *there is* one *kind of* flesh of men	but *there is* one *kind* of men
ἀλλὰ ἄλλη μὲν σὰρξ ἀνθρώπων	ἀλλὰ ἄλλη μὲν ἀνθρώπων
I Corinthians 15:39	
another of fishes, *and* another of birds	another flesh of birds, *and* another of fishes
ἄλλη δὲ ἰχθύων, ἄλλη δὲ πτηνῶν	ἄλλη δὲ σὰρξ πτηνῶν, ἄλλη δὲ ἰχθύων
I Corinthians 15:42	
So also *is*	So also *is*
οὕτω καὶ	Οὕτως καὶ
I Corinthians 15:44	
There is a natural body	If there is a natural body
ἔστι σῶμα ψυχικόν	εἰ ἔστιν σῶμα ψυχικόν
I Corinthians 15:44	
and there is	there is also
καὶ ἔστι	ἔστιν καὶ
I Corinthians 15:44	
a spiritual body	a spiritual
σῶμα πνευματικόν	πνευματικόν
I Corinthians 15:45	
And so	And so
οὕτω καὶ	οὕτως καὶ
I Corinthians 15:47	
the second man *is* the Lord from heaven	the second man *is* from heaven
ὁ δεύτερος ἄνθρωπος ὁ Κύριος ἐξ οὐρανοῦ	ὁ δεύτερος ἄνθρωπος ἐξ οὐρανοῦ
I Corinthians 15:50	
cannot inherit	cannot inherit
κληρονομῆσαι οὐ δύνανται	κληρονομῆσαι οὐ δύναται
I Corinthians 15:51	
We shall not all sleep	We shall not all sleep
Πάντες μὲν οὐ κοιμηθησόμεθα	πάντες οὐ κοιμηθησόμεθα
I Corinthians 15:55	
O death, where is thy sting	O death, where is thy victory
Ποῦ σου, θάνατε, τὸ κέντρον	ποῦ σου, θάνατε, τὸ νῖκος
I Corinthians 15:55	
O grave, where is thy victory	O death, where is thy sting
ποῦ σου, ᾅδη, τὸ νῖκος	ποῦ σου, θάνατε, τὸ κέντρον
I Corinthians 16:1	
Now concerning the collection	Now concerning the collection

Textus Receptus-Scrivener	Nestle-Aland 26,27
Περὶ δὲ τῆς λογίας	Περὶ δὲ τῆς λογείας
I Corinthians 16:1	
even so	even so
οὕτω καὶ	οὕτως καὶ
I Corinthians 16:2	
Upon the first *day* of the week	Upon the first *day* of the week
κατὰ μίαν σαββάτων	κατὰ μίαν σαββάτου
I Corinthians 16:2	
as *God* hath prospered	as *God* hath prospered
ὅ τι ἂν εὐοδῶται	ὅ τι ἐὰν εὐοδῶται
I Corinthians 16:2	
be...gatherings	be...gatherings
λογίαι γίνωνται	λογεῖαι γίνωνται
I Corinthians 16:4	
And if it be meet	And if it be meet
ἐὰν δὲ ᾖ ἄξιον	ἐὰν δὲ ἄξιον ᾖ
I Corinthians 16:7	
but I trust	for I trust
ἐλπίζω δὲ	ἐλπίζω γὰρ
I Corinthians 16:7	
if the Lord permit	if the Lord permit
ἐὰν ὁ Κύριος ἐπιτρέπῃ	ἐὰν ὁ κύριος ἐπιτρέψῃ
I Corinthians 16:10	
as I also do	as I also do
ὡς καὶ ἐγώ	ὡς κἀγώ
I Corinthians 16:17	
and Fortunatus	and Fortunatus
καὶ Φουρτουνάτου	καὶ Φορτουνάτου
I Corinthians 16:17	
for that which was lacking on your part	for that which was lacking on your part
ὅτι τὸ ὑμῶν ὑστέρημα	ὅτι τὸ ὑμέτερον ὑστέρημα
I Corinthians 16:19	
salute you much in the Lord	salute you much in the Lord
ἀσπάζονται ὑμᾶς ἐν Κυρίῳ πολλὰ	ἀσπάζεται ὑμᾶς ἐν κυρίῳ πολλὰ
I Corinthians 16:19	
and Priscilla	and Prisca
καὶ Πρίσκιλλα	καὶ Πρίσκα
I Corinthians 16:22	
the Lord Jesus Christ	the Lord
τὸν Κύριον Ἰησοῦν Χριστόν	τὸν κύριον
I Corinthians 16:22	
Maranatha	Marana tha
Μαρὰν ἀθα	Μαρανα θα
I Corinthians 16:23	
The grace of our Lord Jesus Christ	The grace of our Lord Jesus
ἡ χάρις τοῦ Κυρίου Ἰησοῦ Χριστοῦ	ἡ χάρις τοῦ κυρίου Ἰησοῦ
I Corinthians 16:24	
Amen	....

Textus Receptus-Scrivener	Nestle-Aland 26,27
ἀμήν	....
II Corinthians 1:1	
Jesus Christ	Christ Jesus
Ἰησοῦ Χριστοῦ	Χριστοῦ Ἰησοῦ
II Corinthians 1:5	
so	so
οὕτω	οὕτως
II Corinthians 1:5	
aboundeth by Christ	aboundeth by Christ
διὰ Χριστοῦ περισσεύει	διὰ τοῦ Χριστοῦ περισσεύει
II Corinthians 1:6	
which is effectual in the enduring of the same	whether we be comforted, *it is* for your consolation
sufferings which we also suffer: or whether we be	which is effectual in the enduring of the same
comforted, *it is* for your consolation and salvation	sufferings which we also suffer
τῆς ἐνεργουμένης ἐν ὑπομονῇ τῶν αὐτῶν	εἴτε παρακαλούμεθα, ὑπὲρ τῆς ὑμῶν παρακλήσεως
παθημάτων ὧν καὶ ἡμεῖς πάσχομεν· εἴτε	τῆς ἐνεργουμένης ἐν ὑπομονῇ τῶν αὐτῶν
παρακαλούμεθα, ὑπὲρ τῆς ὑμῶν παρακλήσεως καὶ	παθημάτων ὧν καὶ ἡμεῖς πάσχομεν
σωτηρίας	
II Corinthians 1:7	
that as ye are partakers	that as ye are partakers
ὅτι ὥσπερ κοινωνοί ἐστε	ὅτι ὡς κοινωνοί ἐστε
II Corinthians 1:7	
so *shall ye be* also	so *shall ye be* also
οὕτω καὶ	οὕτως καὶ
II Corinthians 1:8	
our trouble which came to us	our trouble which came
τῆς θλίψεως ἡμῶν τῆς γενομένης ἡμῖν	τῆς θλίψεως ἡμῶν τῆς γενομένης
II Corinthians 1:8	
we were pressed out of measure, above strength	we were pressed out of measure, above strength
ὑπερβολὴν ἐβαρήθημεν ὑπὲρ δύναμιν	ὑπερβολὴν ὑπὲρ δύναμιν ἐβαρήθημεν
II Corinthians 1:10	
and doth deliver	and will deliver
καὶ ῥύεται	καὶ ῥύσεται
II Corinthians 1:10	
that he will yet deliver *us*	[that] he will yet deliver *us*
ὅτι καὶ ἔτι ῥύσεται	(ὅτι) καὶ ἔτι ῥύσεται
II Corinthians 1:12	
and godly sincerity	and godly sincerity
καὶ εἰλικρινείᾳ Θεοῦ	καὶ εἰλικρινείᾳ τοῦ θεοῦ
II Corinthians 1:12	
not with	[and] not with
οὐκ ἐν	(καὶ) οὐκ ἐν
II Corinthians 1:13	
even to the end	to the end
καὶ ἕως τέλους	ἕως τέλους
II Corinthians 1:14	
in the day of the Lord Jesus	in the day of the Lord Jesus
ἐν τῇ ἡμέρᾳ τοῦ Κυρίου ἡμῶν Ἰησοῦ	ἐν τῇ ἡμέρᾳ τοῦ κυρίου (ἡμῶν) Ἰησοῦ

384

Over 8,000 Differences Between the T.R. and the Nestle-Aland Greek N.T.

Textus Receptus-Scrivener	Nestle-Aland 26,27
II Corinthians 1:15	
I was minded to come unto you before	I was minded to come unto you before
ἐβουλόμην πρὸς ὑμᾶς ἐλθεῖν πρότερον	ἐβουλόμην πρότερον πρὸς ὑμᾶς ἐλθεῖν
II Corinthians 1:15	
that ye might have a second benefit	that ye might have a second benefit
ἵνα δευτέραν χάριν ἔχητε	ἵνα δευτέραν χάριν σχῆτε
II Corinthians 1:17	
When I therefore was thus minded	When I therefore was thus minded
τοῦτο οὖν βουλευόμενος	τοῦτο οὖν βουλόμενος
II Corinthians 1:17	
did I use lightness	did I use lightness
μή τι ἄρα τῇ ἐλαφρίᾳ	μήτι ἄρα τῇ ἐλαφρίᾳ
II Corinthians 1:18	
was not yea	is not yea
οὐκ ἐγένετο ναί	οὐκ ἔστιν Ναὶ
II Corinthians 1:19	
For the Son of God, Jesus Christ	For the Son of God, Jesus Christ
ὁ γὰρ τοῦ θεοῦ υἱὸς Ἰησοῦς Χριστὸς	ὁ τοῦ θεοῦ γὰρ υἱὸς Ἰησοῦς Χριστὸς
II Corinthians 1:20	
and in him Amen	wherefore also through him Amen
καὶ ἐν αὐτῷ τὸ ἀμὴν	διὸ καὶ δι αὐτοῦ τὸ Ἀμὴν
II Corinthians 2:1	
But I determined	For I determined
ἔκρινα δὲ	ἔκρινα γὰρ
II Corinthians 2:1	
that I would not come again to you in heaviness	that I would not come again to you in heaviness
τὸ μὴ πάλιν ἐλθεῖν ἐν λύπῃ πρὸς ὑμᾶς	τὸ μὴ πάλιν ἐν λύπῃ πρὸς ὑμᾶς ἐλθεῖν
II Corinthians 2:2	
who is he then that maketh me glad	who then maketh me glad
καὶ τίς ἐστιν ὁ εὐφραίνων με	καὶ τίς ὁ εὐφραίνων με
II Corinthians 2:3	
And I wrote this same unto you	And I wrote this same
καὶ ἔγραψα ὑμῖν τοῦτο αὐτὸ	καὶ ἔγραψα τοῦτο αὐτὸ
II Corinthians 2:3	
I should have sorrow	I should have sorrow
λύπην ἔχω	λύπην σχῶ
II Corinthians 2:5	
but in part	but in part
ἀλλ ἀπὸ μέρους	ἀλλὰ ἀπὸ μέρους
II Corinthians 2:10	
I *forgive* also	I *forgive* also
καὶ ἐγώ	κἀγώ
II Corinthians 2:10	
for if I forgave any thing, to whom I forgave it	for to whom I forgave it, if I forgave any thing
καὶ γὰρ ἐγὼ εἴ τι κεχάρισμαι, ᾧ κεχάρισμαι	καὶ γὰρ ἐγὼ ὃ κεχάρισμαι, εἴ τι κεχάρισμαι
II Corinthians 2:16	
To the one *we are* the savour of death	To the one *we are* the savour of death
οἷς μὲν ὀσμὴ θανάτου	οἷς μὲν ὀσμὴ ἐκ θανάτου

Over 8,000 Differences Between the T.R. and the Nestle-Aland Greek N.T.

Textus Receptus-Scrivener	Nestle-Aland 26,27
II Corinthians 2:16	
and to the other the savour of life	and to the other the savour of life
οἷς δὲ ὀσμὴ ζωῆς	οἷς δὲ ὀσμὴ ἐκ ζωῆς
II Corinthians 2:17	
in the sight of God	in the sight of God
κατενώπιον τοῦ Θεοῦ	κατέναντι θεοῦ
II Corinthians 3:1	
or *letters* of commendation from you	or *letters* from you
ἢ ἐξ ὑμῶν συστατικῶν	ἢ ἐξ ὑμῶν
II Corinthians 3:3	
but in fleshy tables of the heart	but in fleshy tables of the hearts
ἀλλ ἐν πλαξὶν καρδίας σαρκίναις	ἀλλ ἐν πλαξὶν καρδίαις σαρκίναις
II Corinthians 3:5	
Not that we are sufficient of ourselves	Not that we are sufficient of ourselves
οὐχ ὅτι ἱκανοί ἐσμεν ἀφ ἑαυτῶν	οὐχ ὅτι ἀφ ἑαυτῶν ἱκανοί ἐσμεν
II Corinthians 3:6	
for the letter killeth	for the letter killeth
τὸ γὰρ γράμμα ἀποκτείνει	τὸ γὰρ γράμμα ἀποκτέννει
II Corinthians 3:7	
engraven in stones	engraven in stones
ἐντετυπωμένη ἐν λίθοις	ἐντετυπωμένη λίθοις
II Corinthians 3:7	
the face of Moses	the face of Moses
τὸ πρόσωπον Μωσέως	τὸ πρόσωπον Μωϋσέως
II Corinthians 3:9	
For if the ministration	For if the ministration
εἰ γὰρ ἡ διακονία	εἰ γὰρ τῇ διακονίᾳ
II Corinthians 3:9	
doth the ministration of righteousness exceed in glory	doth the ministration of righteousness exceed in glory
περισσεύει ἡ διακονία τῆς δικαιοσύνης ἐν δόξῃ	περισσεύει ἡ διακονία τῆς δικαιοσύνης δόξῃ
II Corinthians 3:10	
had no glory	had no glory
οὐδὲ δεδόξασται	οὐ δεδόξασται
II Corinthians 3:10	
by reason of the	by reason of the
ἕνεκεν τῆς	εἵνεκεν τῆς
II Corinthians 3:13	
And not as Moses	And not as Moses
καὶ οὐ καθάπερ Μωσῆς	καὶ οὐ καθάπερ Μωϋσῆς
II Corinthians 3:13	
over his face	over his face
ἐπὶ τὸ πρόσωπον ἑαυτοῦ	ἐπὶ τὸ πρόσωπον αὐτοῦ
II Corinthians 3:14	
But	But
ἀλλ	ἀλλὰ
II Corinthians 3:14	
for until this day	for until this present day

Over 8,000 Differences Between the T.R. and the Nestle-Aland Greek N.T.

Textus Receptus-Scrivener	Nestle-Aland 26,27
ἄχρι γὰρ τῆς σήμερον	ἄχρι γὰρ τῆς σήμερον ἡμέρας
II Corinthians 3:14	
which *vail* is done away in Christ	that *vail* is done away in Christ
ὅ τι ἐν Χριστῷ καταργεῖται	ὅτι ἐν Χριστῷ καταργεῖται
II Corinthians 3:15	
when...is read	when...may be read
ἡνίκα ἀναγινώσκεται	ἡνίκα ἂν ἀναγινώσκηται
II Corinthians 3:15	
Moses	Moses
Μωσῆς	Μωϋσῆς
II Corinthians 3:16	
Nevertheless when it shall turn	Nevertheless when it shall turn
ἡνίκα δ ἂν ἐπιστρέψῃ	ἡνίκα δὲ ἐὰν ἐπιστρέψῃ
II Corinthians 3:17	
there *is* liberty	liberty
ἐκεῖ ἐλευθερία	ἐλευθερία
II Corinthians 4:1	
we faint not	we faint not
οὐκ ἐκκακοῦμεν	οὐκ ἐγκακοῦμεν
II Corinthians 4:2	
But have renounced	But have renounced
ἀλλ ἀπειπάμεθα	ἀλλὰ ἀπειπάμεθα
II Corinthians 4:2	
commending ourselves	commending ourselves
συνιστῶντες ἑαυτοὺς	συνιστάνοντες ἑαυτοὺς
II Corinthians 4:4	
should shine unto them	should shine
αὐγάσαι αὐτοῖς	αὐγάσαι
II Corinthians 4:5	
but Christ Jesus the Lord	but Jesus Christ the Lord
ἀλλὰ Χριστὸν Ἰησοῦν Κύριον	ἀλλὰ Ἰησοῦν Χριστὸν κύριον
II Corinthians 4:6	
the light to shine out of darkness	the light to shine out of darkness
ἐκ σκότους φῶς λάμψαι	Ἐκ σκότους φῶς λάμψει
II Corinthians 4:6	
in the face of Jesus Christ	in the face of [Jesus] Christ
ἐν προσώπῳ Ἰησοῦ Χριστοῦ	ἐν προσώπῳ (Ἰησοῦ) Χριστοῦ
II Corinthians 4:10	
the dying of the Lord Jesus	the dying of Jesus
τὴν νέκρωσιν τοῦ Κυρίου Ἰησοῦ	τὴν νέκρωσιν τοῦ Ἰησοῦ
II Corinthians 4:12	
So then death	So death
ὥστε ὁ μὲν θάνατος	ὥστε ὁ θάνατος
II Corinthians 4:14	
shall raise up us also by Jesus	shall raise up us also with Jesus
καὶ ἡμᾶς διὰ Ἰησοῦ ἐγερεῖ	καὶ ἡμᾶς σὺν Ἰησοῦ ἐγερεῖ
II Corinthians 4:16	
For which cause we faint not	For which cause we faint not

Over 8,000 Differences Between the T.R. and the Nestle-Aland Greek N.T.

Textus Receptus-Scrivener	Nestle-Aland 26,27
Διὸ οὐκ ἐκκακοῦμεν	Διὸ οὐκ ἐγκακοῦμεν
II Corinthians 4:16	
yet the inward *man* is renewed	yet our inward *man* is renewed
ἀλλ ὁ ἔσωθεν ἀνακαινοῦται	ἀλλ ὁ ἔσω ἡμῶν ἀνακαινοῦται
II Corinthians 5:5	
who also hath given unto us	who hath given unto us
ὁ καὶ δοὺς ἡμῖν	ὁ δοὺς ἡμῖν
II Corinthians 5:10	
whether *it be* good or bad	whether *it be* good or bad
εἴτε ἀγαθὸν εἴτε κακόν	εἴτε ἀγαθὸν εἴτε φαῦλον
II Corinthians 5:12	
For we commend not ourselves again	We commend not ourselves again
οὐ γὰρ πάλιν ἑαυτοὺς συνιστάνομεν	οὐ πάλιν ἑαυτοὺς συνιστάνομεν
II Corinthians 5:12	
and not in heart	and not in heart
καὶ οὐ καρδίᾳ	καὶ μὴ ἐν καρδίᾳ
II Corinthians 5:14	
that if one died for all	that one died for all
ὅτι εἰ εἷς ὑπὲρ πάντων ἀπέθανεν	ὅτι εἷς ὑπὲρ πάντων ἀπέθανεν
II Corinthians 5:16	
yet now henceforth	yet now
εἰ δὲ καὶ	εἰ καὶ
II Corinthians 5:17	
behold, all things are become new	behold, things are become new
ἰδοὺ γέγονε καινὰ τὰ πάντα	ἰδοὺ γέγονεν καινά
II Corinthians 5:18	
by Jesus Christ	by Jesus Christ
διὰ Ἰησοῦ Χριστοῦ	διὰ Χριστοῦ
II Corinthians 5:21	
For he	He
τὸν γὰρ	τὸν
II Corinthians 5:21	
that we might be made the righteousness	that we might be made the righteousness
ἵνα ἡμεῖς γινώμεθα δικαιοσύνη	ἵνα ἡμεῖς γενώμεθα δικαιοσύνη
II Corinthians 6:4	
approving ourselves	approving ourselves
συνίστῶντες ἑαυτοὺς	συνίσταντες ἑαυτοὺς
II Corinthians 6:14	
for what fellowship	or what fellowship
τίς δὲ κοινωνία	ἢ τίς κοινωνία
II Corinthians 6:15	
And what concord hath Christ	And what concord of Christ
τίς δὲ συμφώνησις Χριστῷ	τίς δὲ συμφώνησις Χριστοῦ
II Corinthians 6:15	
with Belial	with Beliar
πρὸς Βελιάλ	πρὸς Βελιάρ
II Corinthians 6:16	
for ye	for we

Over 8,000 Differences Between the T.R. and the Nestle-Aland Greek N.T.

Textus Receptus-Scrivener	Nestle-Aland 26,27
ὑμεῖς γὰρ	ἡμεῖς γὰρ
II Corinthians 6:16	
are the temple of the living God	are the temple of the living God
ναὸς Θεοῦ ἐστε ζῶντος	ναὸς θεοῦ ἐσμεν ζῶντος
II Corinthians 6:16	
they shall be my people	they shall be my people
αὐτοὶ ἔσονταί μοι λαός	αὐτοὶ ἔσονταί μου λαός
II Corinthians 6:17	
Wherefore come out	
διὸ Ἐξέλθετε	διὸ ἐξέλθατε
II Corinthians 7:3	
I speak not *this* to condemn *you*	I speak not *this* to condemn *you*
οὐ πρὸς κατάκρισιν λέγω	πρὸς κατάκρισιν οὐ λέγω
II Corinthians 7:8	
for I perceive	[for] I perceive
βλέπω γὰρ	βλέπω (γὰρ)
II Corinthians 7:10	
worketh	worketh
κατὲργάζεται	ἐργάζεται
II Corinthians 7:11	
that ye sorrowed after a godly sort	that according to a godly sorrow
τὸ κατὰ Θεὸν λυπηθῆναι ὑμᾶς	τὸ κατὰ θεὸν λυπηθῆναι
II Corinthians 7:11	
yea, *what* revenge	yea, *what* revenge
ἀλλ᾽ ἐκδίκησιν	ἀλλὰ ἐκδίκησιν
II Corinthians 7:11	
to be clear in this matter	to be clear in this matter
ἁγνοὺς εἶναι ἐν τῷ πράγματι	ἁγνοὺς εἶναι τῷ πράγματι
II Corinthians 7:12	
not for his cause	not for his cause
οὐχ εἵνεκεν τοῦ	οὐχ ἕνεκεν τοῦ
II Corinthians 7:12	
nor for his cause that suffered wrong	nor for his cause that suffered wrong
οὐδὲ εἵνεκεν τοῦ ἀδικηθέντος	οὐδὲ ἕνεκεν τοῦ ἀδικηθέντος
II Corinthians 7:12	
but that our	but that our
ἀλλ εἵνεκεν τοῦ	ἀλλ ἕνεκεν τοῦ
II Corinthians 7:12	
our care for you	your care for us
σπουδὴν ἡμῶν τὴν ὑπὲρ ὑμῶν	τὴν σπουδὴν ὑμῶν τὴν ὑπὲρ ἡμῶν
II Corinthians 7:13	
we were comforted in your comfort	we were comforted. And in our comfort
παρακεκλήμεθα. ἐπὶ τῇ παρακλήσει ὑμῶν	παρακεκλημεθα. Ἐπὶ δὲ τῇ παρακλήσει ἡμῶν
II Corinthians 7:13	
yea, and exceedingly the more joyed we	yea, exceedingly the more joyed we
περισσοτέρως δὲ μᾶλλον ἐχάρημεν	περισσοτέρως μᾶλλον ἐχάρημεν
II Corinthians 7:14	
even so	even so

Textus Receptus-Scrivener	Nestle-Aland 26,27
οὔτω καὶ	οὔτως καὶ

II Corinthians 7:16

I rejoice therefore that	I rejoice that
χαίρω οὖν ὅτι	χαίρω ὅτι

II Corinthians 8:2

unto the riches	unto the riches
εἰς τὸν πλοῦτον	εἰς τὸ πλοῦτος

II Corinthians 8:3

and beyond *their* power	and beside *their* power
καὶ ὑπὲρ δύναμιν	καὶ παρὰ δύναμιν

II Corinthians 8:4

we would receive	....
δέξασθαι ἡμᾶς	....

II Corinthians 8:5

but first gave their own selves	but first gave their own selves
ἀλλ ἑαυτοὺς ἔδωκαν πρῶτον	ἀλλὰ ἑαυτοὺς ἔδωκαν πρῶτον

II Corinthians 8:6

so he would also finish	so he would also finish
οὔτω καὶ ἐπιτελέσῃ	οὔτως καὶ ἐπιτελέσῃ

II Corinthians 8:7

and *in* your love to us	and *in* our love to you
καὶ τῇ ἐξ ὑμῶν ἐν ἡμῖν ἀγάπῃ	καὶ τῇ ἐξ ἡμῶν ἐν ὑμῖν ἀγάπῃ

II Corinthians 8:11

so *there may be* a performance	so *there may be* a performance
οὔτω καὶ τὸ ἐπιτελέσαι	οὔτως καὶ τὸ ἐπιτελέσαι

II Corinthians 8:12

it is accepted according to that a man hath	*it is* accepted according to that he hath
καθὸ ἐὰν ἔχῃ τις, εὐπρόσδεκτος	καθὸ ἐὰν ἔχῃ εὐπρόσδεκτος

II Corinthians 8:13

and ye burdened	ye burdened
ὑμῖν δὲ θλῖψις	ὑμῖν θλῖψις

II Corinthians 8:16

which put	which put
τῷ διδόντι	τῷ δόντι

II Corinthians 8:19

the glory of the same Lord	the glory of the [same] Lord
τὴν αὐτοῦ τοῦ Κυρίου δόξαν	τὴν (αὐτοῦ) τοῦ κυρίου δόξαν

II Corinthians 8:19

your ready mind	our ready mind
προθυμίαν ὑμῶν	προθυμίαν ἡμῶν

II Corinthians 8:21

Providing for honest things	For we provide for honest things
προνοούμενοι καλὰ	προνοοῦμεν γὰρ καλὰ

II Corinthians 8:24

shew ye to them	shew ye to them
εἰς αὐτοὺς ἐνδείξασθε	εἰς αὐτοὺς ἐνδεικνύμενοι

II Corinthians 8:24

and before the churches	before the churches

Over 8,000 Differences Between the T.R. and the Nestle-Aland Greek N.T.

Textus Receptus-Scrivener	Nestle-Aland 26,27
καὶ εἰς πρόσωπον τῶν ἐκκλησιῶν	εἰς πρόσωπον τῶν ἐκκλησιῶν

II Corinthians 9:2

and your zeal	and your zeal
καὶ ὁ ἐξ ὑμῶν ζῆλος	καὶ τὸ ὑμῶν ζῆλος

II Corinthians 9:4

that we say not, ye	that we say not, ye
ἵνα μὴ λέγωμεν ὑμεῖς	ἵνα μὴ λέγω ὑμεῖς

II Corinthians 9:4

in this same confident boasting	in this same confidence
ἐν τῇ ὑποστάσει ταύτῃ τῆς καυχήσεως	ἐν τῇ ὑποστάσει ταύτῃ

II Corinthians 9:5

your bounty, whereof ye had notice before	your bounty, whereof ye had notice before
τὴν προκατηγγελμένην εὐλογίαν ὑμῶν	τὴν προεπηγγελμένην εὐλογίαν ὑμῶν

II Corinthians 9:5

and not as *of* covetousness	and not as *of* covetousness
καὶ μὴ ὥσπερ πλεονεξίαν	καὶ μὴ ὡς πλεονεξίαν

II Corinthians 9:7

according as he purposeth in his heart	according as he has purposed in his heart
καθὼς προαιρεῖται τῇ καρδίᾳ	καθὼς προῄρηται τῇ καρδίᾳ

II Corinthians 9:8

And God *is* able	And God is able
δυνατὸς δὲ ὁ Θεὸς	δυνατεῖ δὲ ὁ θεὸς

II Corinthians 9:10

ministereth seed to the sower	ministereth seed to the sower
ἐπιχορηγῶν σπέρμα τῷ σπείροντι	ἐπιχορηγῶν σπόρον τῷ σπείροντι

II Corinthians 9:10

minister	minister
χορηγήσαι	χορηγήσει

II Corinthians 9:10

and multiply your seed sown	and will multiply your seed sown
καὶ πληθυναῖ τὸν σπόρον ὑμῶν	καὶ πληθυνεῖ τὸν σπόρον ὑμῶν

II Corinthians 9:10

and increase the fruits	and increase the fruits
καὶ αὐξήσαι τὰ γεννήματα	καὶ αὐξήσει τὰ γενήματα

II Corinthians 9:15

Thanks *be* unto God	Thanks *be* unto God
χάρις δὲ τῷ Θεῷ	χάρις τῷ θεῷ

II Corinthians 10:1

by the meekness	by the meekness
διὰ τῆς πρᾳότητος	διὰ τῆς πραΰτητος

II Corinthians 10:7

of himself	of himself
ἀφ ἑαυτοῦ	ἐφ ἑαυτοῦ

II Corinthians 10:7

even so	even so
οὕτω καὶ	οὕτως καὶ

II Corinthians 10:7

are we Christ's	*are* we

Textus Receptus-Scrivener	Nestle-Aland 26,27
ἡμεῖς Χριστοῦ	ἡμεῖς
II Corinthians 10:8	
For though	For though
ἐάν τε γὰρ	ἐάν (τε) γὰρ
II Corinthians 10:8	
I should boast somewhat more	I should boast somewhat more
καὶ περισσότερόν τι καυχήσωμαι	περισσότερόν τι καυχήσωμαι
II Corinthians 10:8	
which the Lord hath given us	which the Lord hath
ἧς ἔδωκεν ὁ Κύριος ἡμῖν	ἧς ἔδωκεν ὁ κύριος
II Corinthians 10:10	
For *his* letters	For *his* letters
ὅτι Αἱ μὲν ἐπιστολαὶ	ὅτι, Αἱ ἐπιστολαὶ μέν
II Corinthians 10:12	
are not wise	are not wise
οὐ συνιοῦσιν	οὐ συνιᾶσιν
II Corinthians 10:13	
But we...not	But we...not
ἡμεῖς δὲ οὐχι	ἡμεῖς δὲ οὐκ
II Corinthians 10:18	
For not he that commendeth himself	For not he that commendeth himself
οὐ γὰρ ὁ ἑαυτὸν συνιστῶν	οὐ γὰρ ὁ ἑαυτὸν συνιστάνων
II Corinthians 10:18	
but whom	but whom
ἀλλ᾽ ὃν	ἀλλὰ ὃν
II Corinthians 11:1	
ye could bear with me a little	ye could bear with me some little
ἀνείχεσθέ μου μικρόν	ἀνείχεσθέ μου μικρόν τι
II Corinthians 11:1	
in *my* folly	*in* some folly
τῇ ἀφροσύνῃ	τι ἀφροσύνης
II Corinthians 11:3	
as the serpent beguiled Eve	as the serpent beguiled Eve
ὡς ὁ ὄφις Εὔαν ἐξηπάτησεν	ὡς ὁ ὄφις ἐξηπάτησεν Εὔαν
II Corinthians 11:3	
so your minds should be corrupted	your minds should be corrupted
οὕτω φθαρῇ τὰ νοήματα ὑμῶν	φθαρῇ τὰ νοήματα ὑμῶν
II Corinthians 11:3	
from the simplicity	from the simplicity [and the purity]
ἀπὸ τῆς ἁπλότητος	ἀπὸ τῆς ἁπλότητος (καὶ τῆς ἁγνότητος)
II Corinthians 11:4	
ye might well bear with *him*	ye might well bear with *him*
καλῶς ἠνείχεσθε	καλῶς ἀνέχεσθε
II Corinthians 11:5	
the very chiefest apostles	the very chiefest apostles
τῶν ὑπερ λίαν ἀποστόλων	τῶν ὑπερλίαν ἀποστόλων
II Corinthians 11:6	
but we have been throughly made manifest	but we have been throughly made manifest

Textus Receptus-Scrivener	Nestle-Aland 26,27
ἀλλ ἐν παντὶ φανερωθέντες	ἀλλ ἐν παντὶ φανερώσαντες

II Corinthians 11:9

I was chargeable to no man	I was chargeable to no man
οὐ κατενάρκησα οὐδενός	οὐ κατενάρκησα οὐθενός

II Corinthians 11:9

I have kept myself from being burdensome unto you	I have kept myself from being burdensome unto you
ἀβαρῆ ὑμῖν ἐμαυτὸν ἐτήρησα	ἀβαρῆ ἐμαυτὸν ὑμῖν ἐτήρησα

II Corinthians 11:11

Wherefore	Wherefore
διατί	διὰ τί

II Corinthians 11:14

And no marvel	And no marvel
καὶ οὐ θαυμαστόν	καὶ οὐ θαῦμα

II Corinthians 11:16

that I may boast myself a little	that I may boast myself a little
ἵνα μικρόν τι κἀγὼ καυχήσωμαι	ἵνα κἀγὼ μικρόν τι καυχήσωμαι

II Corinthians 11:17

I speak *it* not after the Lord	I speak *it* not after the Lord
οὐ λαλῶ κατὰ Κύριον	οὐ κατὰ κύριον λαλῶ

II Corinthians 11:18

many glory after the flesh	many glory after *the* flesh
πολλοὶ καυχῶνται κατὰ τὴν σάρκα	πολλοὶ καυχῶνται κατὰ σάρκα

II Corinthians 11:20

if a man smite you on the face	if a man smite you on the face
εἴ τις ὑμᾶς εἰς πρόσωπον δέρει	εἴ τις εἰς πρόσωπον ὑμᾶς δέρει

II Corinthians 11:21

as though we had been weak	as though we have been weak
ὡς ὅτι ἡμεῖς ἠσθενήσαμεν	ὡς ὅτι ἡμεῖς ἠσθενήκαμεν

II Corinthians 11:23

in stripes above measure, in prisons more frequent	in prisons more frequent, in stripes above measure
ἐν πληγαῖς ὑπερβαλλόντως, ἐν φυλακαῖς περισσοτέρως	ἐν φυλακαῖς περισσοτέρως, ἐν πληγαῖς ὑπερβαλλόντως

II Corinthians 11:24

forty *stripes*	forty *stripes*
τεσσαράκοντα	τεσσεράκοντα

II Corinthians 11:25

Thrice was I beaten with rods	Thrice was I beaten with rods
τρὶς ἐρραβδίσθην	τρὶς ἐραβδίσθην

II Corinthians 11:27

In weariness and painfulness, in	weariness and painfulness, in
ἐν κόπῳ καὶ μόχθῳ, ἐν	κόπῳ καὶ μόχθῳ, ἐν

II Corinthians 11:28

that which cometh upon me	that which cometh upon me
ἡ ἐπισύτασίς μου	ἡ ἐπίστασίς μοι

II Corinthians 11:31

our Lord	the Lord

Over 8,000 Differences Between the T.R. and the Nestle-Aland Greek N.T.

Textus Receptus-Scrivener	Nestle-Aland 26,27
τοῦ Κυρίου ἡμῶν	τοῦ κυρίου
II Corinthians 11:31	
Jesus Christ	Jesus
Ἰησοῦ Χριστοῦ	Ἰησοῦ
II Corinthians 11:32	
the city of the Damascenes	the city of the Damascenes
τὴν Δαμασκηνῶν πόλιν	τὴν πόλιν Δαμασκηνῶν
II Corinthians 11:32	
desirous to apprehend me	to apprehend me
πιάσαι με θέλων	πιάσαι με
II Corinthians 12:1	
It is not expedient for me doubtless to glory	It is not expedient doubtless to glory
Καυχᾶσθαι δὴ οὐ συμφέρει μοι	Καυχᾶσθαι δεῖ· οὐ συμφέρον μέν
II Corinthians 12:1	
I will come to visions	I will come to visions
ἐλεύσομαι γὰρ εἰς ὀπτασίας	ἐλεύσομαι δὲ εἰς ὀπτασίας
II Corinthians 12:3	
or out of the body	or apart from the body
εἴτε ἐκτὸς τοῦ σώματος	εἴτε χωρὶς τοῦ σώματος
II Corinthians 12:5	
in mine infirmities	in infirmities
ἐν ταῖς ἀσθενείαις μου	ἐν ταῖς ἀσθενείαις
II Corinthians 12:6	
or *that* he heareth of me	or *that* he heareth of me
ἢ ἀκούει τι ἐξ ἐμοῦ	ἢ ἀκούει (τι) ἐξ ἐμοῦ
II Corinthians 12:7	
lest I should be exalted above measure	lest therefore I should be exalted above measure
ἵνα μὴ ὑπεραίρωμαι	διό, ἵνα μὴ ὑπεραίρωμαι
II Corinthians 12:9	
for my strength	for strength
ἡ γὰρ δύναμίς μου	ἡ γὰρ δύναμις
II Corinthians 12:9	
is made perfect in weakness	is made perfect in weakness
ἐν ἀσθενείᾳ τελειοῦται	ἐν ἀσθενείᾳ τελεῖται
II Corinthians 12:10	
in persecutions, in distresses	in persecutions and distresses
ἐν διωγμοῖς, ἐν στενοχωρίαις	ἐν διωγμοῖς καὶ στενοχωρίαις
II Corinthians 12:11	
I am become a fool in glorying	I am become a fool
Γέγονα ἄφρων· καυχώμενος	Γέγονα ἄφρων
II Corinthians 12:11	
the very chiefest apostles	the very chiefest apostles
τῶν ὑπερ λίαν ἀποστόλων	τῶν ὑπερλίαν ἀποστόλων
II Corinthians 12:12	
in signs, and wonders	signs, and also wonders
ἐν σημείοις καὶ τέρασι	σημείοις τε καὶ τέρασιν
II Corinthians 12:13	
For what is it wherein ye were inferior	For what is it wherein ye were inferior

Textus Receptus-Scrivener	Nestle-Aland 26,27
τί γάρ ἐστιν ὃ ἡττήθητε	τί γάρ ἐστιν ὃ ἡσσώθητε
II Corinthians 12:14	
Behold, the third time	Behold, this third time
Ἰδοὺ, τρίτον	Ἰδοὺ τρίτον τοῦτο
II Corinthians 12:14	
and I will not be burdensome to you	and I will not be burdensome
καὶ οὐ καταναρκήσω· ὑμῶν	καὶ οὐ καταναρκήσω
II Corinthians 12:14	
but you	but you
ἀλλ᾽ ὑμᾶς	ἀλλὰ ὑμᾶς
II Corinthians 12:14	
but the parents for the children	but the parents for the children
ἀλλ οἱ γονεῖς τοῖς τέκνοις	ἀλλὰ οἱ γονεῖς τοῖς τέκνοις
II Corinthians 12:15	
though	if
εἰ καὶ	εἰ
II Corinthians 12:15	
though the more abundantly I love you	though the more abundantly I love you
περισσοτέρως ὑμᾶς ἀγαπῶν	περισσοτέρως ὑμᾶς ἀγαπῶ(ν)
II Corinthians 12:15	
the less I be loved	the less I be loved
ἧττον ἀγαπῶμαι	ἧσσον ἀγαπῶμαι
II Corinthians 12:16	
nevertheless, being crafty	nevertheless, being crafty
ἀλλ ὑπάρχων πανοῦργος	ἀλλὰ ὑπάρχων πανοῦργος
II Corinthians 12:18	
Did Titus make a gain of you	Did Titus make a gain of you
μή τι ἐπλεονέκτησεν ὑμᾶς Τίτος	μήτι ἐπλεονέκτησεν ὑμᾶς Τίτος
II Corinthians 12:19	
Again, think ye	For a long time, think ye
Πάλιν δοκεῖτε	Πάλαι δοκεῖτε
II Corinthians 12:19	
before	before
κατένωπιον	κατέναντι
II Corinthians 12:19	
God in Christ	God in Christ
τοῦ Θεοῦ ἐν Χριστῷ	θεοῦ ἐν Χριστῷ
II Corinthians 12:20	
lest *there be* debates	lest *there be* debate
μή πως ἔριες	μή πως ἔρις
II Corinthians 12:20	
envyings	envying
ζῆλοι	ζῆλος
II Corinthians 12:21	
And lest, when I come again	And lest, when I come again
μὴ πάλιν ἐλθόντα	μὴ πάλιν ἐλθόντος μου
II Corinthians 12:21	
will humble me	will humble me

Over 8,000 Differences Between the T.R. and the Nestle-Aland Greek N.T.

Textus Receptus-Scrivener	Nestle-Aland 26,27
με ταπεινώσῃ	ταπεινώσῃ με
II Corinthians 13:2	
being absent now I write	being absent now
ἀπὼν νῦν γράφω	ἀπὼν νῦν
II Corinthians 13:4	
For though he was crucified	For though he was crucified
καὶ γὰρ εἰ ἐσταυρώθη	καὶ γὰρ ἐσταυρώθη
II Corinthians 13:4	
For we also	For we also
καὶ γὰρ καὶ ἡμεῖς	καὶ γὰρ ἡμεῖς
II Corinthians 13:4	
we shall live with him	we shall live with him
ζήσομεθα σὺν αὐτῷ	ζήσομεν σὺν αὐτῷ
II Corinthians 13:5	
how that Jesus Christ is in you	how that Jesus Christ in you
ὅτι Ἰησοῦς Χριστὸς ἐν ὑμῖν ἐστίν	ὅτι Ἰησοῦς Χριστὸς ἐν ὑμῖν
II Corinthians 13:5	
except ye be reprobates	except ye be reprobates
εἰ μή τι ἀδόκιμοί ἐστε	εἰ μήτι ἀδόκιμοί ἐστε
II Corinthians 13:7	
Now I pray to God	Now we pray to God
εὐχόμαι δὲ πρὸς τὸν θεὸν	εὐχόμεθα δὲ πρὸς τὸν θεὸν
II Corinthians 13:8	
but for the truth	but for the truth
ἀλλ ὑπὲρ τῆς ἀληθείας	ἀλλὰ ὑπὲρ τῆς ἀληθείας
II Corinthians 13:9	
and this also we wish	this also we wish
τοῦτο δὲ καὶ εὐχόμεθα	τοῦτο καὶ εὐχόμεθα
II Corinthians 13:10	
which the Lord hath given me	which the Lord hath given me
ἣν ἔδωκέ μοι ὁ Κύριος	ἣν ὁ κύριος ἔδωκέν μοι
II Corinthians 13:14	
with you all. Amen	with you all
μετὰ πάντων ὑμῶν. ἀμήν	μετὰ πάντων ὑμῶν
Galatians 1:3	
peace from God the Father	peace from God our Father
εἰρήνη ἀπὸ Θεοῦ πατρὸς	εἰρήνη ἀπὸ θεοῦ πατρὸς ἡμῶν
Galatians 1:3	
and *from* our Lord	and *from the* Lord
καὶ Κυρίου ἡμῶν	καὶ κυρίου
Galatians 1:4	
from this present evil world	from this present evil world
ἐκ τοῦ ἐνεστῶτος αἰῶνος πονηροῦ	ἐκ τοῦ αἰῶνος τοῦ ἐνεστῶτος πονηροῦ
Galatians 1:6	
I marvel that ye are so soon	I marvel that ye are so soon
Θαυμάζω ὅτι οὕτω ταχέως	Θαυμάζω ὅτι οὕτως ταχέως
Galatians 1:6	
him that called you into the grace of Christ	him that called you into the grace of [Christ]

Textus Receptus-Scrivener	Nestle-Aland 26,27
τοῦ καλέσαντος ὑμᾶς ἐν χάριτι Χριστοῦ	τοῦ καλέσαντος ὑμᾶς ἐν χάριτι (Χριστοῦ)

Galatians 1:8

preach any other gospel unto you
εὐαγγελίζηται ὑμῖν παρ

preach any other gospel [unto you]
εὐαγγελίζηται (ὑμῖν) παρ

Galatians 1:10

for if
εἰ γὰρ

if
εἰ

Galatians 1:11

But I certify you
Γνωρίζω δὲ ὑμῖν

For I certify you
Γνωρίζω γὰρ ὑμῖν

Galatians 1:15

But when it pleased God, who separated me
ὅτε δὲ εὐδόκησεν ὁ Θεὸς ὁ ἀφορίσας με

But when it pleased [God], who separated me
ὅτε δὲ εὐδόκησεν (ὁ θεὸς) ὁ ἀφορίσας με

Galatians 1:17

but I went
ἀλλ ἀπῆλθον

but I went
ἀλλὰ ἀπῆλθον

Galatians 1:18

to see Peter
ἱστορῆσαι Πέτρον

to see Cephas
ἱστορῆσαι Κηφᾶν

Galatians 2:4

that they might bring us into bondage
ἵνα ἡμᾶς καταδουλώσωνται

that they shall bring us into bondage
ἵνα ἡμᾶς καταδουλώσουσιν

Galatians 2:6

God accepteth no man's person
πρόσωπον Θεὸς ἀνθρώπου οὐ λαμβάνει

God accepteth no man's person
πρόσωπον (ὁ) θεὸς ἀνθρώπου οὐ λαμβάνει

Galatians 2:11

But when Peter was come
Ὅτε δὲ ἦλθε Πέτρος

But when Cephas was come
Ὅτε δὲ ἦλθεν Κηφᾶς

Galatians 2:13

And the other Jews
καὶ οἱ λοιποὶ Ἰουδαῖοι

[And] the other Jews
(καὶ) οἱ λοιποὶ Ἰουδαῖοι

Galatians 2:14

I said unto Peter
εἶπον, τῷ Πέτρῳ

I said unto Cephas
εἶπον τῷ Κηφᾷ

Galatians 2:14

livest after the manner of Gentiles, and not as do the Jews
ἐθνικῶς ζῆς καὶ οὐκ Ἰουδαϊκῶς

livest after the manner of Gentiles, and not as do the Jews
ἐθνικῶς καὶ οὐχὶ Ἰουδαϊκῶς ζῆς

Galatians 2:14

why compellest thou the Gentiles
τί τὰ ἔθνη ἀναγκάζεις

how compellest thou the Gentiles
πῶς τὰ ἔθνη ἀναγκάζεις

Galatians 2:16

Knowing that
εἰδότες ὅτι

[But] knowing that
εἰδότες (δὲ) ὅτι

Galatians 2:16

for by the works of the law shall no flesh be justified

that by the works of the law shall no flesh be justified

Over 8,000 Differences Between the T.R. and the Nestle-Aland Greek N.T.

Textus Receptus-Scrivener	Nestle-Aland 26,27
διότι οὐ δικαιωθήσεται ἐξ ἔργων νόμου πᾶσα σάρξ	ὅτι ἐξ ἔργων νόμου οὐ δικαιωθήσεται πᾶσα σάρξ

Galatians 2:18

I make myself a transgressor	I make myself a transgressor
παραβάτην ἐμαυτὸν συνίστημι	παραβάτην ἐμαυτὸν συνιστάνω

Galatians 3:1

that ye should not obey the truth	....
τῇ ἀληθείᾳ μὴ πείθεσθαι	....

Galatians 3:1

set forth, crucified among you	set forth, crucified
προεγράφη ἐν ὑμῖν ἐσταυρωμένος	προεγράφη ἐσταυρωμένος

Galatians 3:7

the same are the children of Abraham	the same are the children of Abraham
οὗτοι εἰσιν υἱοί Ἀβραάμ	οὗτοι υἱοί εἰσιν Ἀβραάμ

Galatians 3:8

In thee shall all nations be blessed	In thee shall all nations be blessed
Ἐυλογηθήσονται ἐν σοὶ πάντα τὰ ἔθνη	Ἐνευλογηθήσονται ἐν σοὶ πάντα τὰ ἔθνη

Galatians 3:10

for it is written	for it is written, that
γέγραπται γὰρ	γέγραπται γὰρ ὅτι

Galatians 3:10

that continueth not in all things	that continueth not *in* all things
ὃς οὐκ ἐμμένει ἐν πᾶσι τοῖς	ὃς οὐκ ἐμμένει πᾶσιν τοῖς

Galatians 3:12

The man that doeth them	He that doeth them
Ὁ ποιήσας αὐτὰ ἄνθρωπος	Ὁ ποιήσας αὐτὰ

Galatians 3:13

for it is written	because it is written
γέγραπται γὰρ	ὅτι γέγραπται

Galatians 3:16

were the promises made	were the promises made
ἐρρήθησαν αἱ ἐπαγγελίαι	ἐρρέθησαν αἱ ἐπαγγελίαι

Galatians 3:17

the covenant, that was confirmed before of God in Christ	the covenant, that was confirmed before of God
διαθήκην προκεκυρωμένην ὑπὸ τοῦ Θεοῦ εἰς Χριστὸν	διαθήκην προκεκυρωμένην ὑπὸ τοῦ θεοῦ

Galatians 3:17

the law, which was four hundred and thirty years after	the law, which was four hundred and thirty years after
μετὰ ἔτη τετρακόσια καὶ τριάκοντα γεγονὼς νόμος	ὁ μετὰ τετρακόσια καὶ τριάκοντα ἔτη γεγονὼς νόμος

Galatians 3:21

against the promises of God	against the promises [of God]
κατὰ τῶν ἐπαγγελιῶν τοῦ Θεοῦ	κατὰ τῶν ἐπαγγελιῶν (τοῦ θεοῦ)

Galatians 3:21

verily righteousness should have been by the law	verily righteousness should have been by the law
ὄντως ἂν ἐκ νόμου ἦν ἡ δικαιοσύνη	ὄντως ἐκ νόμου ἂν ἦν ἡ δικαιοσύνη

Textus Receptus-Scrivener	Nestle-Aland 26,27
Galatians 3:23	
shut up unto	shut up unto
συγκεκλεισμένοι εἰς	συγκλειόμενοι εἰς
Galatians 3:29	
and heirs according to the promise	heirs according to the promise
καὶ κατ ἐπαγγελίαν κληρονόμοι	κατ ἐπαγγελίαν κληρονόμοι
Galatians 4:3	
Even so we	Even so we
οὕτω καὶ ἡμεῖς	οὕτως καὶ ἡμεῖς
Galatians 4:3	
were in bondage	were in bondage
ἦμεν δεδουλωμένοι	ἤμεθα δεδουλωμένοι
Galatians 4:6	
into your hearts	into our hearts
εἰς τὰς καρδίας ὑμῶν	εἰς τὰς καρδίας ἡμῶν
Galatians 4:7	
an heir of God through Christ	an heir through God
κληρονόμος Θεοῦ διὰ Χριστοῦ	κληρονόμος διὰ θεοῦ
Galatians 4:8	
which by nature are no gods	which by nature are no gods
τοῖς μὴ φύσει οὖσι θεοῖς	τοῖς φύσει μὴ οὖσιν θεοῖς
Galatians 4:14	
And my temptation	And your temptation
καὶ τὸν πειρασμὸν μοῦ	καὶ τὸν πειρασμὸν ὑμῶν
Galatians 4:14	
which was in my flesh	in my flesh
τὸν ἐν τῇ σαρκί μου	ἐν τῇ σαρκί μου
Galatians 4:14	
but...as an angel	but...as an angel
ἀλλ ὡς ἄγγελον	ἀλλὰ ὡς ἄγγελον
Galatians 4:15	
Where is then	Where therefore
τίς οὖν ἦν	ποῦ οὖν
Galatians 4:15	
and have given them to me	and have given them to me
ἂν ἐδώκατέ μοι	ἐδώκατέ μοι
Galatians 4:18	
But *it is* good to be zealously affected	But *it is* good to be zealously affected
καλὸν δὲ τὸ ζηλοῦσθαι	καλὸν δὲ ζηλοῦσθαι
Galatians 4:19	
My little children	My children
τεκνία μου	τέκνα μου
Galatians 4:19	
until Christ be formed in you	until Christ be formed in you
ἄχρις οὗ μορφωθῇ Χριστὸς ἐν ὑμῖν	μέχρις οὗ μορφωθῇ Χριστὸς ἐν ὑμῖν
Galatians 4:23	
by promise	by promise
διὰ τῆς ἐπαγγελίας	δι ἐπαγγελίας

Over 8,000 Differences Between the T.R. and the Nestle-Aland Greek N.T.

Textus Receptus-Scrivener	Nestle-Aland 26,27
Galatians 4:24	
for these are the two covenants	for these are two covenants
αὗται γάρ εἰσιν αἱ δύο διαθῆκαι	αὗται γάρ εἰσιν δύο διαθῆκαι
Galatians 4:25	
For this Agar	But this Agar
τὸ γὰρ Ἀγὰρ	τὸ δὲ Ἀγὰρ
Galatians 4:25	
and is in bondage	for is in bondage
δουλεύει δὲ	δουλεύει γὰρ
Galatians 4:26	
the mother of us all	the mother of us
μήτηρ πάντων ἡμῶν	μήτηρ ἡμῶν
Galatians 4:28	
Now we, brethren	Now ye, brethren
ἡμεῖς δέ, ἀδελφοί	ὑμεῖς δέ, ἀδελφοί
Galatians 4:28	
are the children of promise	are the children of promise
ἐπαγγελίας τέκνα ἐσμέν	ἐπαγγελίας τέκνα ἐστέ
Galatians 4:29	
even so *it is* now	even so *it is* now
οὕτω καὶ νῦν	οὕτως καὶ νῦν
Galatians 4:30	
shall not be heir	shall not be heir
μὴ κληρονομήσῃ	μὴ κληρονομήσει
Galatians 4:31	
So then, brethren	Wherefore, brethren
ἄρα, ἀδελφοί	διό, ἀδελφοί
Galatians 5:1	
Stand fast therefore in the liberty wherewith Christ hath made us free	It is for liberty that Christ hath made us free. Therefore stand fast
τῇ ἐλευθερίᾳ οὖν ᾗ Χριστὸς ἡμᾶς ἠλευθέρωσε, στήκετε	τῇ ἐλευθερίᾳ ἡμᾶς Χριστὸς ἠλευθέρωσεν· στήκετε οὖν
Galatians 5:4	
Christ is become of no effect unto you,	Christ is become of no effect unto you
κατηργήθητε ἀπὸ τοῦ Χριστοῦ	κατηργήθητε ἀπὸ Χριστοῦ
Galatians 5:7	
who did hinder you	who did hinder you
τίς ὑμᾶς ἀνέκοψε	τίς ὑμᾶς ἐνέκοψεν
Galatians 5:7	
ye should not obey the truth	ye should not obey [the] truth
τῇ ἀληθείᾳ μὴ πείθεσθαι	(τῇ) ἀληθείᾳ μὴ πείθεσθαι
Galatians 5:10	
whosoever he be	whosoever he be
ὅστις ἂν ᾖ	ὅστις ἐὰν ᾖ
Galatians 5:14	
fulfilled in one word	has been fulfilled in one word
ἐν ἑνὶ λόγῳ πληροῦται	ἐν ἑνὶ λόγῳ πεπλήρωται
Galatians 5:14	

Textus Receptus-Scrivener	Nestle-Aland 26,27
as thyself	as thyself
ὡς ἑαυτόν	ὡς σεαυτόν
Galatians 5:17	
and these	for these
ταῦτα δὲ	ταῦτα γὰρ
Galatians 5:17	
are contrary the one to the other	are contrary the one to the other
ἀντίκειται ἀλλήλοις	ἀλλήλοις ἀντίκειται
Galatians 5:17	
so that ye cannot do the things that ye would	so that ye cannot do the things that ye would
ἵνα μὴ ἃ ἂν θέλητε	ἵνα μὴ ἃ ἐὰν θέλητε
Galatians 5:19	
Adultery, fornication	fornication
μοιχεία, πορνεία	πορνεία
Galatians 5:20	
Idolatry	Idolatry
εἰδωλολατρεία	εἰδωλολατρία
Galatians 5:20	
variance	variance
ἔρεις	ἔρις
Galatians 5:20	
emulations, wrath	emulation, wrath
ζῆλοι, θυμοί	ζῆλος, θυμοί
Galatians 5:21	
Envyings, murders	Envyings
φθόνοι, φόνοι	φθόνοι
Galatians 5:21	
as I have also told *you* in time past	as I have told *you* in time past
καθὼς καὶ προεῖπον	καθὼς προεῖπον
Galatians 5:23	
Meekness	Meekness
πραότης	πραΰτης
Galatians 5:24	
And they that are Christ's	And they that are Christ [Jesus']
οἱ δὲ τοῦ Χριστοῦ	οἱ δὲ τοῦ Χριστοῦ (᾿Ιησοῦ)
Galatians 6:1	
if a man be overtaken	if a man be overtaken
ἐὰν καὶ προληφθῇ ἄνθρωπος	ἐὰν καὶ προλημφθῇ ἄνθρωπος
Galatians 6:1	
in the spirit of meekness	in the spirit of meekness
ἐν πνεύματι πραότητος	ἐν πνεύματι πραΰτητος
Galatians 6:2	
and so fulfil	and so ye shall fulfil
καὶ οὕτως ἀναπληρώσατε	καὶ οὕτως ἀναπληρώσετε
Galatians 6:3	
he deceiveth himself	he deceiveth himself
ἑαυτὸν φρεναπατᾷ	φρεναπατᾷ ἑαυτόν
Galatians 6:9	

Over 8,000 Differences Between the T.R. and the Nestle-Aland Greek N.T.

Textus Receptus-Scrivener	Nestle-Aland 26,27
not be weary	not be weary
μὴ ἐκκακῶμεν	μὴ ἐγκακῶμεν

Galatians 6:12

lest they should suffer persecution for the cross of Christ	lest they should suffer persecution for the cross of Christ
ἵνα μὴ τῷ σταυρῷ τοῦ Χριστοῦ διώκωνται	ἵνα τῷ σταυρῷ τοῦ Χριστοῦ μὴ διώκωνται

Galatians 6:14

and I unto the world	and I unto *the* world
κἀγὼ τῷ κόσμῳ	κἀγὼ κόσμῳ

Galatians 6:15

For in Christ Jesus	....
ἐν γὰρ Χριστῷ Ἰησου	....

Galatians 6:15

neither circumcision	for neither circumcision
οὔτε περιτομή	οὔτε γὰρ περιτομή

Galatians 6:15

availeth any thing	is any thing
τί ἰσχύει	τί ἐστιν

Galatians 6:17

the marks of the Lord Jesus	the marks of the Jesus
τὰ στίγματα τοῦ Κυριοῦ Ἰησοῦ	τὰ στίγματα τοῦ Ἰησοῦ

Ephesians 1:1

an apostle of Jesus Christ	an apostle of Christ Jesus
ἀπόστολος Ἰησοῦ Χριστοῦ	ἀπόστολος Χριστοῦ Ἰησοῦ

Ephesians 1:1

to the saints which are at Ephesus	to the saints which are at [Ephesus]
τοῖς ἁγίοις τοῖς οὖσιν ἐν Ἐφέσῳ	τοῖς ἁγίοις τοῖς οὖσιν (ἐν Ἐφέσῳ)

Ephesians 1:6

wherein he hath made us accepted	which hath made us accepted
ἐν ᾗ ἐχαρίτωσεν ἡμᾶς	ἧς ἐχαρίτωσεν ἡμᾶς

Ephesians 1:7

according to the riches	according to the riches
κατὰ τὸν πλοῦτον	κατὰ τὸ πλοῦτος

Ephesians 1:10

both which	both
τὰ τε	τὰ

Ephesians 1:10

in heaven	upon heaven
ἐν τοῖς οὐρανοῖς	ἐπὶ τοῖς οὐρανοῖς

Ephesians 1:12

to the praise of his glory	to the praise of his glory
εἰς ἔπαινον τῆς δόξης αὐτοῦ	εἰς ἔπαινον δόξης αὐτοῦ

Ephesians 1:14

Which is the earnest	Which is the earnest
ὅς ἐστιν ἀρραβὼν	ὅ ἐστιν ἀρραβὼν

Ephesians 1:16

making mention of you	making mention of you
μνείαν ὑμῶν ποιούμενος	ὑμῶν μνείαν ποιούμενος

Over 8,000 Differences Between the T.R. and the Nestle-Aland Greek N.T.

Textus Receptus-Scrivener	Nestle-Aland 26,27
Ephesians 1:18	
The eyes of...understanding	The eyes of...heart
τοὺς ὀφθαλμοὺς τῆς διανοίας	τοὺς ὀφθαλμοὺς τῆς καρδίας
Ephesians 1:18	
your	[your]
ὑμῶν	(ὑμῶν)
Ephesians 1:18	
and what the riches	what the riches
καὶ τίς ὁ πλοῦτος	τίς ὁ πλοῦτος
Ephesians 1:20	
and set *him*	and having set *him*
καὶ ἐκάθισεν	καὶ καθίσας
Ephesians 1:23	
that filleth all in all	that filleth all in all
τοῦ πάντα ἐν πᾶσι πληρουμένου	τοῦ τὰ πάντα ἐν πᾶσιν πληρουμένου
Ephesians 2:1	
dead in trespasses and sins	dead in trespasses and your sins
νεκροὺς τοῖς παραπτώμασι, καὶ ταῖς ἁμαρτίαις	νεκροὺς τοῖς παραπτώμασιν καὶ ταῖς ἁμαρτίαις ὑμῶν
Ephesians 2:3	
and were by nature the children of wrath	and were by nature the children of wrath
καὶ ἦμεν τέκνα φύσει ὀργῆς	καὶ ἤμεθα τέκνα φύσει ὀργῆς
Ephesians 2:7	
the exceeding riches of his grace	the exceeding riches of his grace
τὸν ὑπερβάλλοντα πλοῦτον τῆς χάριτος αὐτοῦ	τὸ ὑπερβάλλον πλοῦτος τῆς χάριτος αὐτοῦ
Ephesians 2:8	
are ye saved through faith	are ye saved through faith
ἐστε σεσωσμένοι διὰ τῆς πίστεως	ἐστε σεσωσμένοι διὰ πίστεως
Ephesians 2:11	
that ye *being* in time past Gentiles	that ye *being* in time past Gentiles
ὅτι ὑμεῖς ποτὲ τὰ ἔθνη	ὅτι ποτὲ ὑμεῖς τὰ ἔθνη
Ephesians 2:12	
That at that time ye were	That *at* that time ye were
ὅτι ἦτε ἐν τῷ καιρῷ ἐκείνῳ	ὅτι ἦτε τῷ καιρῷ ἐκείνῳ
Ephesians 2:13	
are made nigh	are made nigh
ἐγγὺς ἐγενήθητε	ἐγενήθητε ἐγγὺς
Ephesians 2:15	
for to make in himself	for to make in himself
κτίσῃ ἐν ἑαυτῷ	κτίσῃ ἐν αὐτῷ
Ephesians 2:17	
preached peace to you which were afar off, and to them that were nigh	preached peace to you which were afar off, and peace to them that were nigh
εὐηγγελίσατο εἰρήνην ὑμῖν τοῖς μακρὰν, καὶ τοῖς ἐγγύς·	εὐηγγελίσατο εἰρήνην ὑμῖν τοῖς μακρὰν καὶ εἰρήνην τοῖς ἐγγύς
Ephesians 2:19	
but fellowcitizens with the saints	but are fellowcitizens with the saints
ἀλλὰ συμπολῖται τῶν ἁγίων	ἀλλὰ ἐστὲ συμπολῖται τῶν ἁγίων

Over 8,000 Differences Between the T.R. and the Nestle-Aland Greek N.T.

Textus Receptus-Scrivener	Nestle-Aland 26,27
Ephesians 2:20	
Jesus Christ himself being the chief corner *stone*	Christ Jesus himself being the chief corner *stone*
ὄντος ἀκρογωνιαίου αὐτοῦ Ἰησοῦ Χριστοῦ	ὄντος ἀκρογωνιαίου αὐτοῦ Χριστοῦ Ἰησοῦ
Ephesians 2:21	
In whom all the building	In whom all *the* building
ἐν ᾧ πᾶσα η οἰκοδομὴ	ἐν ᾧ πᾶσα οἰκοδομὴ
Ephesians 3:1	
the prisoner of Jesus Christ	the prisoner of [Jesus] Christ
ὁ δέσμιος τοῦ Χριστοῦ Ἰησοῦ	ὁ δέσμιος τοῦ Χριστοῦ (Ἰησοῦ)
Ephesians 3:2	
If ye have heard	If ye have heard
εἴγε ἠκούσατε	εἴ γε ἠκούσατε
Ephesians 3:3	
How that by revelation	[How that] by revelation
ὅτι κατὰ ἀποκάλυψιν	(ὅτι) κατὰ ἀποκάλυψιν
Ephesians 3:3	
he made known unto me the mystery	was made known unto me the mystery
ἐγνώρισέ μοι τὸ μυστήριον	ἐγνωρίσθη μοι τὸ μυστήριον
Ephesians 3:5	
Which in other ages	Which *in* other ages
ὃ ἐν ἑτέραις γενεαῖς	ὃ ἑτέραις γενεαῖς
Ephesians 3:6	
partakers of his promise	partakers of the promise
συμμέτοχα τῆς ἐπαγγελίας αὐτοῦ	συμμέτοχα τῆς ἐπαγγελίας
Ephesians 3:6	
in	in
ἐν τῷ	ἐν
Ephesians 3:6	
Christ	Christ Jesus
Χριστῷ	Χριστῷ Ἰησοῦ
Ephesians 3:7	
Whereof I was made a minister	Whereof I was made a minister
οὗ ἐγενόμην διάκονος	οὗ ἐγενήθην διάκονος
Ephesians 3:7	
given unto me	given unto me
την δοθεῖσάν μοι	τῆς δοθείσης μοι
Ephesians 3:8	
least of all saints	least of all saints
ἐλαχιστοτέρῳ πάντων τῶν ἁγίων	ἐλαχιστοτέρῳ πάντων ἁγίων
Ephesians 3:8	
I should preach among the Gentiles	I should preach to the Gentiles
ἐν τοῖς ἔθνεσιν εὐαγγελίσασθαι	τοῖς ἔθνεσιν εὐαγγελίσασθαι
Ephesians 3:8	
the unsearchable	the unsearchable
τὸν ἀνεξιχνίαστον	τὸ ἀνεξιχνίαστον
Ephesians 3:8	
riches	riches
πλοῦτον	πλοῦτος

Over 8,000 Differences Between the T.R. and the Nestle-Aland Greek N.T.

Textus Receptus-Scrivener	Nestle-Aland 26,27

Ephesians 3:9
And to make all *men* see
καὶ φωτίσαι πάντας

And to make [all] *men* see
καὶ φωτίσαι (πάντας)

Ephesians 3:9
the fellowship of the mystery
ἡ κοινωνία τοῦ μυστηρίου

the administration of the mystery
ἡ οἰκονομία τοῦ μυστηρίου

Ephesians 3:9
who created all things by Jesus Christ
τῷ τὰ πάντα κτίσαντι διὰ Ἰησοῦ Χριστοῦ

who created all things
τῷ τὰ πάντα κτίσαντι

Ephesians 3:11
he purposed in Christ Jesus
ἐποίησεν ἐν Χριστῷ Ἰησοῦ

he purposed in Christ Jesus
ἐποίησεν ἐν τῷ Χριστῷ Ἰησοῦ

Ephesians 3:12
and access
καὶ τὴν προσαγωγὴν

and access
καὶ προσαγωγὴν

Ephesians 3:13
that ye faint not
μὴ ἐκκακεῖν

that ye faint not
μὴ ἐγκακεῖν

Ephesians 3:14
unto the Father of our Lord Jesus Christ
πρὸς τὸν πατέρα τοῦ Κυρίου ἡμῶν Ἰησοῦ Χριστοῦ

unto the Father
πρὸς τὸν πατέρα

Ephesians 3:16
That he would grant you
ἵνα δῴη ὑμῖν

That he would grant you
ἵνα δῷ ὑμῖν

Ephesians 3:16
according to the riches
κατὰ τὸν πλοῦτον

according to the riches
κατὰ τὸ πλοῦτος

Ephesians 3:18
and depth, and height
καὶ βάθος καὶ ὕψος

and height, and depth
καὶ ὕψος καὶ βάθος

Ephesians 3:20
to do exceeding abundantly above all
ποιῆσαι ὑπὲρ ἐκ περισσοῦ ὧν αἰτούμεθα

to do exceeding abundantly above all
ποιῆσαι ὑπερεκπερισσοῦ ὧν αἰτούμεθα

Ephesians 3:21
be glory in the church by Christ Jesus
ἡ δόξα ἐν τῇ ἐκκλησίᾳ ἐν Χριστῷ Ἰησοῦ

be glory in the church and in Christ Jesus
ἡ δόξα ἐν τῇ ἐκκλησίᾳ καὶ ἐν Χριστῷ Ἰησοῦ

Ephesians 4:2
and meekness
καὶ πρᾳότητος

and meekness
καὶ πραΰτητος

Ephesians 4:6
and in you all
καὶ ἐν πᾶσιν ὑμῖν

and in all
καὶ ἐν πᾶσιν

Ephesians 4:8
and gave gifts
καὶ ἔδωκε δόματα

gave gifts
ἔδωκεν δόματα

Ephesians 4:9
he also descended first

he also descended

Over 8,000 Differences Between the T.R. and the Nestle-Aland Greek N.T.

Textus Receptus-Scrivener	Nestle-Aland 26,27
καὶ κατέβη πρῶτον	καὶ κατέβη

Ephesians 4:9

into the lower parts of the earth	into the lower [parts] of the earth
εἰς τὰ κατώτερα μέρη τῆς γῆς	εἰς τὰ κατώτερα (μέρη) τῆς γῆς

Ephesians 4:15

which is the head, *even* Christ	which is the head, *even* Christ
ὅς ἐστιν ἡ κεφαλή, ὁ Χριστός	ὅς ἐστιν ἡ κεφαλή, Χριστός

Ephesians 4:17

as other Gentiles walk	as Gentiles walk
καθὼς καὶ τὰ λοιπὰ ἔθνη περιπατεῖ	καθὼς καὶ τὰ ἔθνη περιπατεῖ

Ephesians 4:18

Having the understanding darkened	Having the understanding darkened
ἐσκοτισμένοι τῇ διανοίᾳ ὄντες	ἐσκοτωμένοι τῇ διανοίᾳ ὄντες

Ephesians 4:21

If so be	If so be
εἴγε	εἴ γε

Ephesians 4:26

upon your wrath	upon your wrath
ἐπὶ τῷ παροργισμῷ ὑμῶν	ἐπὶ (τῷ) παροργισμῷ ὑμῶν

Ephesians 4:27

Neither give place	Neither give place
μήτε δίδοτε τόπον	μηδὲ δίδοτε τόπον

Ephesians 4:28

working with *his* hands the thing which is good	working with *his* [own] hands the thing which is good
ἐργαζόμενος τὸ ἀγαθόν ταῖς χερσὶν	ἐργαζόμενος ταῖς (ἰδίαις) χερσὶν τὸ ἀγαθόν

Ephesians 4:29

but that which is good	but that which is good
ἀλλ εἴ τις ἀγαθὸς	ἀλλὰ εἴ τις ἀγαθὸς

Ephesians 4:32

And be ye	[And] be ye
γίνεσθε δὲ	γίνεσθε (δὲ)

Ephesians 5:3

But fornication, and all uncleanness	But fornication, and uncleanness
πορνεία δὲ καὶ πᾶσα ἀκαθαρσία	πορνεία δὲ καὶ ἀκαθαρσία

Ephesians 5:4

which are not convenient	which are not convenient
τὰ οὐκ ἀνήκοντα	ἃ οὐκ ἀνῆκεν

Ephesians 5:5

For this ye know	For this ye are aware of, knowing
τοῦτο γὰρ ἔστε γινώσκοντες	τοῦτο γὰρ ἴστε γινώσκοντες

Ephesians 5:5

who is an idolater	that is an idolater
ὅς ἐστιν εἰδωλολάτρης	ὅ ἐστιν εἰδωλολάτρης

Ephesians 5:9

For the fruit of the Spirit	For the fruit of the light
ὁ γὰρ καρπὸς τοῦ Πνεύματος	ὁ γὰρ καρπὸς τοῦ φωτὸς

Ephesians 5:14

Textus Receptus-Scrivener	Nestle-Aland 26,27
Awake thou that sleepest	Awake thou that sleepest
Έγειραι, ὁ καθεύδων	Έγειρε, ὁ καθεύδων
Ephesians 5:15	
See then that ye walk circumspectly	
Βλέπετε οὖν πῶς ἀκριβῶς περιπατεῖτε	Βλέπετε οὖν ἀκριβῶς πῶς περιπατεῖτε
Ephesians 5:17	
but understanding	but understand
ἀλλὰ συνιέντες	ἀλλὰ συνίετε
Ephesians 5:19	
Speaking to yourselves in psalms	Speaking to yourselves [in] psalms
λαλοῦντες ἑαυτοῖς ψαλμοῖς	λαλοῦντες ἑαυτοῖς (ἐν) ψαλμοῖς
Ephesians 5:19	
and making melody in your heart	and making melody with your heart
καὶ ψάλλοντες ἐν τῇ καρδίᾳ ὑμῶν	καὶ ψάλλοντες τῇ καρδίᾳ ὑμῶν
Ephesians 5:21	
in the fear of God	in the fear of Christ
ἐν φόβῳ Θεοῦ	ἐν φόβῳ Χριστοῦ
Ephesians 5:22	
Wives, submit yourselves unto your own husbands	Wives, unto your own husbands
Αἱ γυναῖκες, τοῖς ἰδίοις ἀνδράσιν ὑποτάσσεσθε	Αἱ γυναῖκες τοῖς ἰδίοις ἀνδράσιν
Ephesians 5:23	
For the husband is the head	For the husband is the head
ὅτι ὁ ἀνήρ ἐστι κεφαλὴ	ὅτι ἀνήρ ἐστιν κεφαλὴ
Ephesians 5:23	
and he	he
καὶ αὐτὸς	αὐτὸς
Ephesians 5:23	
is the saviour	*is* the saviour
ἐστι σωτὴρ	σωτὴρ
Ephesians 5:24	
Therefore	Therefore
ἀλλ᾽	ἀλλὰ
Ephesians 5:24	
as the church	as the church
ὥσπερ ἡ ἐκκλησία	ὡς ἡ ἐκκλησία
Ephesians 5:24	
so *let*	so *let*
οὕτω καὶ	οὕτως καὶ
Ephesians 5:24	
to their own husbands	to the husbands
τοῖς ἰδίος ἀνδράσιν	τοῖς ἀνδράσιν
Ephesians 5:25	
love your wives	love the wives
ἀγαπᾶτε τὰς γυναῖκας ἑαυτῶν	ἀγαπᾶτε τὰς γυναῖκας
Ephesians 5:27	
That he might present it to himself	That he might present himself to himself
ἵνα παραστήσῃ αὐτὴν ἑαυτῷ	ἵνα παραστήσῃ αὐτὸς ἑαυτῷ

Over 8,000 Differences Between the T.R. and the Nestle-Aland Greek N.T.

Textus Receptus-Scrivener	Nestle-Aland 26,27
Ephesians 5:28	
So ought men to love	So ought men [also] to love
οὕτως ὀφείλουσιν οἱ ἄνδρες ἀγαπᾶν	οὕτως ὀφείλουσιν (καὶ) οἱ ἄνδρες ἀγαπᾶν
Ephesians 5:29	
but nourisheth	but nourisheth
ἀλλ ἐκτρέφει	ἀλλὰ ἐκτρέφει
Ephesians 5:29	
even as the Lord the church	even as Christ the church
καθὼς καὶ ὁ Κύριος τὴν ἐκκλησίαν	καθὼς καὶ ὁ Χριστὸς τὴν ἐκκλησίαν
Ephesians 5:30	
of his flesh, and of his bones	....
ἐκ τῆς σαρκὸς αὐτοῦ καὶ ἐκ τῶν ὀστέων αὐτοῦ	....
Ephesians 5:31	
shall a man leave...father	shall a man leave...father
καταλείψει ἄνθρωπος τὸν πατέρα	καταλείψει ἄνθρωπος (τὸν) πατέρα
Ephesians 5:31	
his	....
αὐτοῦ	....
Ephesians 5:31	
and mother	and mother
καὶ τὴν μητέρα	καὶ (τὴν) μητέρα
Ephesians 6:1	
obey your parents in the Lord	obey your parents [in the Lord]
ὑπακούετε τοῖς γονεῦσιν ὑμῶν ἐν Κυρίῳ	ὑπακούετε τοῖς γονεῦσιν ὑμῶν (ἐν κυρίῳ)
Ephesians 6:4	
but bring them up	but bring them up
ἀλλ ἐκτρέφετε αὐτὰ	ἀλλὰ ἐκτρέφετε αὐτὰ
Ephesians 6:5	
your masters according to the flesh	*your* masters according to the flesh
τοῖς κυρίοις κατὰ σάρκα	τοῖς κατὰ σάρκα κυρίοις
Ephesians 6:6	
Not with eyeservice	Not with eyeservice
μὴ κατ ὀφθαλμοδουλείαν	μὴ κατ ὀφθαλμοδουλίαν
Ephesians 6:6	
as the servants of Christ	as the servants of Christ
ὡς δοῦλοι τοῦ Χριστοῦ	ὡς δοῦλοι Χριστοῦ
Ephesians 6:8	
Knowing that whatsoever good thing any man doeth	Knowing that if any good thing any man doeth
εἰδότες ὅτι ὁ ἐάν τι ἕκαστος ποιήσῃ ἀγαθόν	εἰδότες ὅτι ἕκαστος, ἐάν τι ποιήσῃ ἀγαθόν
Ephesians 6:8	
the same shall he receive	the same shall he receive
τοῦτο κομιεῖται	τοῦτο κομίσεται
Ephesians 6:8	
of the Lord	of *the* Lord
παρὰ τοῦ Κυρίου	παρὰ κυρίου
Ephesians 6:9	
that your Master also	that your Master of them and of you

Textus Receptus-Scrivener	Nestle-Aland 26,27
ὅτι καὶ ὑμῶν αὐτῶν ὁ Κύριός	ὅτι καὶ αὐτῶν καὶ ὑμῶν ὁ κύριός
Ephesians 6:9	
neither is there respect of persons	neither is there respect of persons
καὶ προσωποληψία οὐκ ἔστι	καὶ προσωπολημψία οὐκ ἔστιν
Ephesians 6:10	
Finally	Finally
Τὸ λοιπὸν	Τοῦ λοιποῦ
Ephesians 6:10	
my brethren	
ἀδελφοί μου	....
	....
Ephesians 6:12	
the rulers of the darkness of this world	the rulers of this darkness
τοὺς κοσμοκράτορας τοῦ σκότους τοῦ αἰῶνος τούτου	τοὺς κοσμοκράτορας τοῦ σκότους τούτου
Ephesians 6:16	
Above all	In all
ἐπὶ πᾶσιν	ἐν πᾶσιν
Ephesians 6:16	
the fiery darts of the wicked	[the] fiery darts of the wicked
τὰ βέλη τοῦ πονηροῦ τὰ πεπυρωμένα	τὰ βέλη τοῦ πονηροῦ (τὰ) πεπυρωμένα
Ephesians 6:18	
and watching thereunto	and watching thereunto
καὶ εἰς αὐτὸ τοῦτο ἀγρυπνοῦντες	καὶ εἰς αὐτὸ ἀγρυπνοῦντες
Ephesians 6:19	
that utterance may be given unto me	that utterance may be given unto me
ἵνα μοι δοθείη λόγος	ἵνα μοι δοθῇ λόγος
Ephesians 6:21	
shall make known to you all things	shall make known to you all things
πάντα ὑμῖν γνωρίσει	πάντα γνωρίσει ὑμῖν
Philippians 1:1	
the servants of Jesus Christ	the servants of Christ Jesus
δοῦλοι Ἰησοῦ Χριστοῦ	δοῦλοι Χριστοῦ Ἰησοῦ
Philippians 1:5	
from the first day	from the first day
ἀπὸ πρώτης ἡμέρας	ἀπὸ τῆς πρώτης ἡμέρας
Philippians 1:6	
until the day	until the day
ἄχρις ἡμέρας	ἄχρι ἡμέρας
Philippians 1:6	
of Jesus Christ	of Christ Jesus
Ἰησοῦ· Χριστοῦ	Χριστοῦ Ἰησοῦ
Philippians 1:7	
and in the defence	and in the defence
καὶ τῇ ἀπολογίᾳ	καὶ ἐν τῇ ἀπολογίᾳ
Philippians 1:8	
For God is my record	For God my record
μάρτυς γάρ μου ἐστιν ὁ Θεός	μάρτυς γάρ μου ὁ θεός
Philippians 1:8	

Over 8,000 Differences Between the T.R. and the Nestle-Aland Greek N.T.

Textus Receptus-Scrivener	Nestle-Aland 26,27
in the bowels of Jesus Christ	in the bowels of Christ Jesus
ἐν σπλάγχνοις Ἰησοῦ Χριστοῦ	ἐν σπλάγχνοις Χριστοῦ Ἰησοῦ
Philippians 1:11	
Being filled with the fruits of righteousness	Being filled with the fruit of righteousness
πεπληρωμένοι καρπῶν δικαιοσύνης	πεπληρωμένοι καρπὸν δικαιοσύνης
Philippians 1:11	
which are by Jesus Christ	which is by Jesus Christ
τῶν διὰ Ἰησοῦ Χριστοῦ	τὸν διὰ Ἰησοῦ Χριστοῦ
Philippians 1:16,17	
16 The one preach Christ of contention, not sincerely, supposing to add affliction to my bonds: 17 But the other of love, knowing that I am set for the defence of the gospel	17 But the other of love, knowing that I am set for the defence of the gospel. 16 The one preach Christ of contention, not sincerely, supposing to add affliction to my bonds
▢	▢
16 οἱ μὲν ἐξ ἐριθείας τὸν Χριστὸν καταγγέλλουσιν, οὐχ ἁγνῶς, οἰόμενοι θλῖψιν ἐπιφέρειν τοῖς δεσμοῖς μου· 17 οἱ δὲ ἐξ ἀγάπης, εἰδότες ὅτι εἰς ἀπολογίαν τοῦ εὐαγγελίου κεῖμαι	17 οἱ μὲν ἐξ ἀγάπης, εἰδότες ὅτι εἰς ἀπολογίαν τοῦ εὐαγγελίου κεῖμαι, 16 οἱ δὲ ἐξ ἐριθείας τὸν Χριστὸν καταγγέλλουσιν, οὐχ ἁγνῶς, οἰόμενοι θλῖψιν ἐγείρειν τοῖς δεσμοῖς μου
Philippians 1:18	
notwithstanding, every way	notwithstanding, that every way
πλὴν παντὶ τρόπῳ	πλὴν ὅτι παντὶ τρόπῳ
Philippians 1:23	
For I am in a strait	But I am in a strait
συνέχομαι γὰρ	συνέχομαι δὲ
Philippians 1:23	
which is far better	which is far better
πολλῷ μᾶλλον κρεῖσσον	πολλῷ (γὰρ) μᾶλλον κρεῖσσον
Philippians 1:24	
to abide in the flesh	to abide in the flesh
ἐπιμένειν ἐν τῇ σαρκὶ	ἐπιμένειν (ἐν) τῇ σαρκὶ
Philippians 1:25	
and continue with you all	and continue with you all
καὶ συμπαραμενῶ πᾶσιν ὑμῖν	καὶ παραμενῶ πᾶσιν ὑμῖν
Philippians 1:27	
I may hear of your affairs	I may hear of your affairs
ἀκούσω τὰ περὶ ὑμῶν	ἀκούω τὰ περὶ ὑμῶν
Philippians 1:28	
which is to them an evident token of perdition	which is to them a token of perdition
ἥτις αὐτοῖς μέν ἐστιν ἔνδειξις ἀπωλείας	ἥτις ἐστὶν αὐτοῖς ἔνδειξις ἀπωλείας
Philippians 1:28	
but to you of salvation	but of your salvation
ὑμῖν δὲ σωτηρίας	ὑμῶν δὲ σωτηρίας
Philippians 2:1	
if any bowels	if any bowels
εἴ τινα σπλάγχνα	εἴ τις σπλάγχνα
Philippians 2:3	
Let nothing *be done* through strife	*Let* nothing *be done* through strife

Textus Receptus-Scrivener	Nestle-Aland 26,27
μηδὲν κατὰ ἐριθείαν	μηδὲν κατ ἐριθείαν
Philippians 2:3	
or vainglory	neither through vainglory
ἢ κενοδοξίαν	μηδὲ κατὰ κενοδοξίαν
Philippians 2:4	
Look not every man on his own things	Looking not every man on his own things
μὴ τὰ ἑαυτῶν ἕκαστος σκοπεῖτε	μὴ τὰ ἑαυτῶν ἕκαστος σκοποῦντες
Philippians 2:4	
but...also	but...[also]
ἀλλὰ καὶ	ἀλλὰ (καὶ)
Philippians 2:4	
every man...on the things of others	every man...on the things of others
τὰ ἑτέρων ἕκαστος	τὰ ἑτέρων ἕκαστοι
Philippians 2:5	
Let this mind be in you	Let this mind be in you
τοῦτο γὰρ φρονείσθω ἐν ὑμῖν	τοῦτο φρονεῖτε ἐν ὑμῖν
Philippians 2:7	
But made himself of no reputation	But made himself of no reputation
ἀλλ ἑαυτὸν ἐκένωσε	ἀλλὰ ἑαυτὸν ἐκένωσεν
Philippians 2:9	
and given him a name	and given him the name
καὶ ἐχαρίσατο αὐτῷ ὄνομα	καὶ ἐχαρίσατο αὐτῷ τὸ ὄνομα
Philippians 2:9	
which is above every name	the name which is above every name
τὸ ὑπὲρ πᾶν ὄνομα	τὸ ὄνομα τὸ ὑπὲρ πᾶν ὄνομα
Philippians 2:13	
For it is God	For it is God
ὁ Θεὸς γάρ ἐστιν	θεὸς γάρ ἐστιν
Philippians 2:15	
the sons of God, without rebuke	the sons of God, without rebuke
τέκνα Θεοῦ ἀμώμητα	τέκνα θεοῦ ἄμωμα
Philippians 2:15	
in the midst of a crooked...nation	*in* the midst of a crooked...nation
ἐν μέσῳ γενεᾶς σκολιᾶς	μέσον γενεᾶς σκολιᾶς
Philippians 2:17	
Yea, and if I be offered	Yea, and if I be offered
ἀλλ εἰ καὶ σπένδομαι	ἀλλὰ εἰ καὶ σπένδομαι
Philippians 2:18	
For the same cause	For the same cause
τὸ δ αὐτὸ	τὸ δὲ αὐτὸ
Philippians 2:21	
not the things which are	not the things which
οὐ τὰ τοῦ	οὐ τὰ
Philippians 2:21	
Jesus Christ's	Jesus Christ's
Χριστοῦ Ἰησοῦ	Ἰησοῦ Χριστοῦ
Philippians 2:23	
so soon as I shall	so soon as I shall

Over 8,000 Differences Between the T.R. and the Nestle-Aland Greek N.T.

Textus Receptus-Scrivener	Nestle-Aland 26,27
ὡς ἂν ἀπίδω	ὡς ἂν ἀφίδω
Philippians 2:27	
but God	but God
ἀλλ ὁ Θεὸς	ἀλλὰ ὁ θεὸς
Philippians 2:27	
had mercy on him	had mercy on him
αὐτόν ἠλέησεν	ἠλέησεν αὐτόν
Philippians 2:27	
I should have sorrow upon sorrow	I should have sorrow upon sorrow
λύπην ἐπὶ λύπῃ σχῶ	λύπην ἐπὶ λύπην σχῶ
Philippians 2:30	
Because for the work of Christ	Because for the work of Christ
ὅτι διὰ τὸ ἔργον τοῦ Χριστοῦ	ὅτι διὰ τὸ ἔργον Χριστοῦ
Philippians 2:30	
not regarding his life	having hazarded his life
παραβουλευσάμενος τῇ ψυχῇ	παραβολευσάμενος τῇ ψυχῇ
Philippians 3:3	
which worship God in the spirit	which worship in the spirit of God
οἱ πνεύματι Θεῷ λατρεύοντες	οἱ πνεύματι θεοῦ λατρεύοντες
Philippians 3:5	
Circumcised the eighth day	Circumcised the eighth day
περιτομῇ ὀκταήμερος	περιτομῇ ὀκταήμερος
Philippians 3:6	
Concerning zeal	Concerning zeal
κατὰ ζῆλον	κατὰ ζῆλος
Philippians 3:7	
But what things	[But] what things
ἀλλ ἅτινα	(ἀλλὰ) ἅτινα
Philippians 3:8	
and do count them *but* dung	and do count them *but* dung
καὶ ἡγοῦμαι σκύβαλα εἶναι	καὶ ἡγοῦμαι σκύβαλα
Philippians 3:10	
and the fellowship	and [the] fellowship
καὶ τὴν κοινωνίαν	καὶ (τὴν) κοινωνίαν
Philippians 3:10	
of his sufferings	of his sufferings
τῶν παθημάτων αὐτοῦ	(τῶν) παθημάτων αὐτοῦ
Philippians 3:10	
being made conformable unto his death	being made conformable unto his death
συμμορφούμενος τῷ θανάτῳ αὐτοῦ	συμμορφιζόμενος τῷ θανάτῳ αὐτοῦ
Philippians 3:11	
unto the resurrection of the dead	unto the resurrection from among the dead
εἰς τὴν ἐξανάστασιν τῶν νεκρῶν	εἰς τὴν ἐξανάστασιν τὴν ἐκ νεκρῶν
Philippians 3:12	
that for which also I am apprehended	that for which also I am apprehended
ἐφ ᾧ καὶ κατελήφθην	ἐφ ᾧ καὶ κατελήμφθην
Philippians 3:12	
of	of

Textus Receptus-Scrivener	Nestle-Aland 26,27
ὑπὸ τοῦ	ὑπὸ

Philippians 3:12

Christ Jesus	Christ [Jesus]
Χριστοῦ Ἰησοῦ	Χριστοῦ (Ἰησοῦ)

Philippians 3:14

for the prize	unto the prize
ἐπὶ τὸ βραβεῖον	εἰς τὸ βραβεῖον

Philippians 3:16

let us walk by the same rule	let us walk by the same
τῷ αὐτῷ στοιχεῖν κανόνι	τῷ αὐτῷ στοιχεῖν

Philippians 3:16

let us mind the same thing	....
τὸ αὐτο θρονεῖν	....

Philippians 3:21

that it may be fashioned	fashioned
εἰς τὸ γενέσθαι αὐτὸ σύμμορφον	σύμμορφον

Philippians 3:21

even to subdue all things unto himself	even to subdue all things unto himself
καὶ ὑποτάξαι ἑαυτῷ τὰ πάντα	καὶ ὑποτάξαι αὐτῷ τὰ πάντα

Philippians 4:1

so stand fast	so stand fast
οὕτω στήκετε	οὕτως στήκετε

Philippians 4:3

And I intreat thee also	Yea I intreat thee also
καὶ ἐρωτῶ καὶ σέ	ναὶ ἐρωτῶ καὶ σέ

Philippians 4:3

true yokefellow	true yokefellow
σύζυγε γνήσιε	γνήσιε σύζυγε

Philippians 4:13

I can do all things through Christ which strengtheneth me	I can do all things through him which strengtheneth me
πάντα ἰσχύω ἐν τῷ ἐνδυναμοῦντί με Χριστῷ	πάντα ἰσχύω ἐν τῷ ἐνδυναμοῦντί με

Philippians 4:15

giving and receiving	giving and receiving
δόσεως καὶ λήψεως	δόσεως καὶ λήμψεως

Philippians 4:17

but I desire	but I desire
ἀλλ᾽ ἐπιζητῶ	ἀλλὰ ἐπιζητῶ

Philippians 4:19

according to his riches	according to his riches
κατὰ τὸν πλοῦτον αὐτοῦ	κατὰ τὸ πλοῦτος αὐτοῦ

Philippians 4:23

our Lord Jesus Christ	the Lord Jesus Christ
τοῦ Κυρίου ἡμῶν Ἰησοῦ Χριστοῦ	τοῦ κυρίου Ἰησοῦ Χριστοῦ

Philippians 4:23

be with you all	be with your spirit
μετὰ πάντων υμῶν	μετὰ τοῦ πνεύματος ὑμῶν

Philippians 4:23

Over 8,000 Differences Between the T.R. and the Nestle-Aland Greek N.T.

Textus Receptus-Scrivener	Nestle-Aland 26,27
Amen	....
ἀμήν	....

Colossians 1:1

Paul, an apostle of Jesus Christ	Paul, an apostle of Christ Jesus
Παῦλος ἀπόστολος Ἰησοῦ Χριστοῦ	Παῦλος ἀπόστολος Χριστοῦ Ἰησοῦ

Colossians 1:2

from God our Father and the Lord Jesus Christ	from God our Father
ἀπὸ Θεοῦ πατρὸς ἡμῶν καὶ Κυρίου Ἰησοῦ Χριστοῦ	ἀπὸ θεοῦ πατρὸς ἡμῶν

Colossians 1:3

to God and the Father of our Lord	to God *the* Father of our Lord
τῷ Θεῷ καὶ πατρὶ τοῦ Κυρίου ἡμῶν	τῷ θεῷ πατρὶ τοῦ κυρίου ἡμῶν

Colossians 1:4

the love *which ye have* to all the saints	the love *which ye have* to all the saints
τὴν ἀγάπην τὴν εἰς πάντας τοὺς ἁγίους	τὴν ἀγάπην ἣν ἔχετε εἰς πάντας τοὺς ἁγίους

Colossians 1:6

and bringeth forth fruit	bringeth forth fruit
καὶ ἐστὶ καρποφορούμενον	ἐστὶν καρποφορούμενον

Colossians 1:6

....	and growing
....	καὶ αὐξανόμενον

Colossians 1:7

As ye also learned	As ye learned
καθὼς καὶ ἐμάθετε	καθὼς ἐμάθετε

Colossians 1:10

That ye might walk worthy	To walk worthy
περιπατῆσαι ὑμᾶς ἀξίως	περιπατῆσαι ἀξίως

Colossians 1:10

in the knowledge of God	by the knowledge of God
εἰς τὴν ἐπιγνώσιν τοῦ Θεοῦ	τῇ ἐπιγνώσει τοῦ θεοῦ

Colossians 1:12

which hath made us meet	which hath made you meet
τῷ ἱκανώσαντι ἡμᾶς	τῷ ἱκανώσαντι ὑμᾶς

Colossians 1:14

we have redemption through his blood	we have redemption
ἔχομεν τὴν ἀπολύτρωσιν διὰ τοῦ αἵματος αὐτοῦ	ἔχομεν τὴν ἀπολύτρωσιν

Colossians 1:16

that are in heaven	in heaven
τὰ ἐν τοῖς οὐρανοῖς	ἐν τοῖς οὐρανοῖς

Colossians 1:16

and that are in earth	and in earth
καὶ τὰ ἐπὶ τῆς γῆς	καὶ ἐπὶ τῆς γῆς

Colossians 1:20

by him, *I say*, whether *they be* things	[by him], *I say*, whether *they be* things
δι αὐτοῦ, εἴτε τὰ	(δι αὐτοῦ) εἴτε τὰ

Colossians 1:23

If ye continue	If ye continue
εἴγε ἐπιμένετε	εἴ γε ἐπιμένετε

Textus Receptus-Scrivener	Nestle-Aland 26,27
Colossians 1:23	
which was preached to every creature	which was preached to every creature
τοῦ κηρυχθέντος ἐν πάσῃ τῇ κτίσει	τοῦ κηρυχθέντος ἐν πάσῃ κτίσει
Colossians 1:24	
Who now rejoice	Now rejoice
Ὅς νῦν χαίρω	Νῦν χαίρω
Colossians 1:24	
in my sufferings	in sufferings
ἐν τοῖς παθήμασι μου	ἐν τοῖς παθήμασιν
Colossians 1:26	
but now is made manifest	but now is made manifest
νυνὶ δὲ ἐφανερώθη	νῦν δὲ ἐφανερώθη
Colossians 1:27	
what *is* the riches	what *is* the riches
τίς ὁ πλοῦτος	τί τὸ πλοῦτος
Colossians 1:27	
which is Christ in you	which is Christ in you
ὅς ἐστι Χριστὸς ἐν ὑμῖν	ὅ ἐστιν Χριστὸς ἐν ὑμῖν
Colossians 1:28	
perfect in Christ Jesus	perfect in Christ Jesus
τέλειον ἐν Χριστῷ Ἰησοῦ	τέλειον ἐν Χριστῷ
Colossians 2:1	
I have for you	I have for you
ἔχω περὶ ὑμῶν	ἔχω ὑπὲρ ὑμῶν
Colossians 2:1	
as many as have not seen	as many as have not seen
ὅσοι οὐχ ἑώρακασι	ὅσοι οὐχ ἑόρακαν
Colossians 2:2	
being knit together in love	being knit together in love
συμβιβασθέντων ἐν ἀγάπῃ	συμβιβασθέντες ἐν ἀγάπῃ
Colossians 2:2	
and unto all riches	and unto all riches
καὶ εἰς πάντα πλοῦτον	καὶ εἰς πᾶν πλοῦτος
Colossians 2:2	
of the mystery of God, and of the Father, and of Christ	of the mystery of God, *and of* Christ
τοῦ μυστηρίου τοῦ Θεοῦ καὶ πατρὸς καὶ τοῦ Χριστοῦ	τοῦ μυστηρίου τοῦ θεοῦ, Χριστοῦ
Colossians 2:3	
and knowledge	and knowledge
καὶ τῆς γνώσεως	καὶ γνώσεως
Colossians 2:4	
And this I say	This I say
τοῦτο δὲ λέγω	Τοῦτο λέγω
Colossians 2:4	
lest any man	lest any man
ἵνα μη τις	ἵνα μηδεὶς
Colossians 2:7	

Textus Receptus-Scrivener	Nestle-Aland 26,27
in the faith	*in* the faith
ἐν τῇ πίστει	τῇ πίστει
Colossians 2:7	
abounding therein	abounding
περισσεύοντες ἐν αὐτῇ	περισσεύοντες
Colossians 2:11	
the body of the sins of the flesh	the body of the flesh
τοῦ σώματος τῶν ἁμαρτιῶν τῆς σαρκός	τοῦ σώματος τῆς σαρκός
Colossians 2:12	
Buried with him in baptism	Buried with him in baptism
συνταφέντες αὐτῷ ἐν τῷ βαπτίσματι	συνταφέντες αὐτῷ ἐν τῷ βαπτισμῷ
Colossians 2:12	
raised him from the dead	raised him from *the* dead
ἐγείραντος αὐτὸν ἐκ τῶν νεκρῶν	ἐγείραντος αὐτὸν ἐκ νεκρῶν
Colossians 2:13	
in your sins	[in] your sins
ἐν τοῖς παραπτώμασι	(ἐν) τοῖς παραπτώμασιν
Colossians 2:13	
hath he quickened together with him	hath he quickened you together with him
συνεζωοποίησε σὺν αὐτῷ	συνεζωοποίησεν ἡμᾶς σὺν αὐτῷ
Colossians 2:13	
having forgiven you	having forgiven us
χαρισάμενος ὑμῖν	χαρισάμενος ἡμῖν
Colossians 2:16	
in meat, or in drink	in meat, and in drink
ἐν βρώσει ἢ ἐν πόσει	ἐν βρώσει καὶ ἐν πόσει
Colossians 2:16	
or of the new moon	or of the new moon
ἢ νουμηνίας	ἢ νεομηνίας
Colossians 2:18	
intruding into those things which he hath not seen	intruding into those things which he hath seen
ἃ μὴ ἑώρακεν ἐμβατεύων	ἃ ἑόρακεν ἐμβατεύων
Colossians 2:20	
Wherefore if ye be dead	If ye be dead
Εἰ οὖν ἀπεθάνετε	Εἰ ἀπεθάνετε
Colossians 2:20	
with Christ	with Christ
σὺν τῷ Χριστῷ	σὺν Χριστῷ
Colossians 2:23	
in will worship	in will worship
ἐν ἐθελοθρησκείᾳ	ἐν ἐθελοθρησκίᾳ
Colossians 2:23	
and neglecting of the body	[and] neglecting of the body
καὶ ἀφειδίᾳ σώματος	(καὶ) ἀφειδίᾳ σώματος
Colossians 3:4	
who is our life	*who is* your life
ἡ ζωὴ ἡμῶν	ἡ ζωὴ ὑμῶν
Colossians 3:5	

Over 8,000 Differences Between the T.R. and the Nestle-Aland Greek N.T.

Textus Receptus-Scrivener	Nestle-Aland 26,27
Mortify therefore your members	Mortify therefore the members
Νεκρώσατε οὖν τὰ μέλη ὑμῶν	Νεκρώσατε οὖν τὰ μέλη
Colossians 3:5	
which is idolatry	which is idolatry
ἥτις ἐστὶν εἰδωλολατρεία	ἥτις ἐστὶν εἰδωλολατρία
Colossians 3:6	
on the children of disobedience	[on the children of disobedience]
ἐπὶ τοὺς υἱοὺς τῆς ἀπειθείας	(ἐπὶ τοὺς υἱοὺς τῆς ἀπειθείας)
Colossians 3:7	
when ye lived in them	when ye lived in them
ὅτε ἐζῆτε ἐν αὐτοῖς	ὅτε ἐζῆτε ἐν τούτοις
Colossians 3:11	
but...*is* all	but...*is* all
ἀλλὰ τὰ πάντα	ἀλλὰ (τὰ) πάντα
Colossians 3:12	
bowels of mercies	bowels of mercy
σπλάγχνα οἰκτιρμῶν	σπλάγχνα οἰκτιρμοῦ
Colossians 3:12	
meekness	meekness
πρᾳότητα	πραΰτητα
Colossians 3:13	
even as Christ forgave you	even as the Lord forgave you
καθὼς καὶ ὁ Χριστὸς ἐχαρίσατο ὑμῖν	καθὼς καὶ ὁ κύριος ἐχαρίσατο ὑμῖν
Colossians 3:13	
so also *do* ye	so also *do* ye
οὕτω καὶ ὑμεῖς	οὕτως καὶ ὑμεῖς
Colossians 3:14	
which is	which is
ἥτις ἐστι	ὅ ἐστιν
Colossians 3:15	
And...the peace of God	And...the peace of Christ
καὶ ἡ εἰρήνη τοῦ Θεοῦ	καὶ ἡ εἰρήνη τοῦ Χριστοῦ
Colossians 3:16	
psalms and hymns	psalms, hymns
ψαλμοῖς, καὶ ὕμνοις	ψαλμοῖς, ὕμνοις
Colossians 3:16	
and spiritual songs	spiritual songs
καὶ ᾠδαῖς πνευματικαῖς	ᾠδαῖς πνευματικαῖς
Colossians 3:16	
singing with grace	singing with grace
ἐν χάριτι ᾄδοντες	ἐν (τῇ) χάριτι ᾄδοντες
Colossians 3:16	
in your hearts	in your hearts
ἐν τῇ καρδίᾳ ὑμῶν	ἐν ταῖς καρδίαις ὑμῶν
Colossians 3:16	
to the Lord	to God
τῷ Κυρίῳ	τῷ θεῷ
Colossians 3:17	

Over 8,000 Differences Between the T.R. and the Nestle-Aland Greek N.T.

Textus Receptus-Scrivener	Nestle-Aland 26,27
And whatsoever ye do	And whatsoever ye do
καὶ πᾶν ὅ τι ἂν ποιῆτε	καὶ πᾶν ὅ τι ἐὰν ποιῆτε
Colossians 3:17	
giving thanks to God and the Father by him	giving thanks to God the Father by him
εὐχαριστοῦντες τῷ Θεῷ καὶ πατρὶ δι αὐτοῦ	εὐχαριστοῦντες τῷ θεῷ πατρὶ δι αὐτοῦ
Colossians 3:18	
submit yourselves unto your own husbands	submit yourselves unto the husbands
ὑποτάσσεσθε τοῖς ἰδίοις ἀνδράσιν	ὑποτάσσεσθε τοῖς ἀνδράσιν
Colossians 3:20	
for this is well pleasing	for this is well pleasing
τοῦτο γὰρ ἐστιν εὐάρεστόν	τοῦτο γὰρ εὐάρεστόν ἐστιν
Colossians 3:20	
unto the Lord	in *the* Lord
τῷ Κυρίῳ	ἐν κυρίῳ.
Colossians 3:22	
not with eyeservice	not with eyeservice
μὴ ἐν ὀφθαλμοδουλείαις	μὴ ἐν ὀφθαλμοδουλίᾳ
Colossians 3:22	
fearing God	fearing the Lord
φοβούμενοι τὸν Θεόν	φοβούμενοι τὸν κύριον
Colossians 3:23	
And whatsoever ye do	What ye do
καὶ πᾶν ὅ τι ἐὰν ποιῆτε	ὅ ἐὰν ποιῆτε
Colossians 3:24	
ye shall receive	ye shall receive
ἀπολήψεσθε	ἀπολήμψεσθε
Colossians 3:24	
for ye serve the Lord Christ	ye serve the Lord Christ
τῷ γὰρ Κυρίῳ Χριστῷ δουλεύετε	τῷ κυρίῳ Χριστῷ δουλεύετε
Colossians 3:25	
But he that doeth wrong	For he that doeth wrong
ὁ δὲ ἀδικῶν	ὁ γὰρ ἀδικῶν
Colossians 3:25	
shall receive for the wrong which he hath done	shall receive for the wrong which he hath done
κομιεῖται ὃ ἠδίκησε	κομίσεται ὃ ἠδίκησεν
Colossians 4:1	
a Master in heaven	a Master in heaven
Κύριον ἐν οὐρανοῖς	κύριον ἐν οὐρανῷ
Colossians 4:8	
that he might know	that ye might know
ἵνα γνῷ	ἵνα γνῶτε
Colossians 4:8	
your estate	our estate
τὰ περὶ ὑμῶν	τὰ περὶ ἡμῶν
Colossians 4:9	
They shall make known unto you all things	They shall make known unto you all things
πάντα ὑμῖν γνωριοῦσι	πάντα ὑμῖν γνωρίσουσιν
Colossians 4:10	

418

Textus Receptus-Scrivener	Nestle-Aland 26,27
sister's son to Barnabas	sister's son of Barnabas
ὁ ἀνεψιὸς Βαρνάβα	ὁ ἀνεψιὸς Βαρναβᾶ
Colossians 4:12	
a servant of Christ	a servant of Christ [Jesus]
δοῦλος Χριστοῦ	δοῦλος Χριστοῦ ('Ιησοῦ)
Colossians 4:12	
that ye may stand perfect	that ye may stand perfect
ἵνα στῆτε τέλειοι	ἵνα σταθῆτε τέλειοι
Colossians 4:12	
and complete	and complete
καὶ πεπληρωμένοι	καὶ πεπληροφορημένοι
Colossians 4:13	
he hath a great zeal	he hath a great labour
ἔχει ζῆλον πολὺν	ἔχει πολὺν πόνον
Colossians 4:15	
Nymphas	Nympha
Νυμφᾶν	Νύμφαν
Colossians 4:15	
and the church which is in his house	and the church which is in her house
καὶ τὴν κατ οἶκον αὐτοῦ ἐκκλησίαν	καὶ τὴν κατ οἶκον αὐτῆς ἐκκλησίαν
Colossians 4:18	
Grace be with you. Amen	Grace be with you
ἡ χάρις μεθ ὑμῶν. ἀμήν	ἡ χάρις μεθ ὑμῶν
I Thessalonians 1:1	
peace, from God our Father, and the Lord Jesus Christ.	peace
εἰρήνη ἀπὸ Θεοῦ πατρὸς ἡμῶν, καὶ Κυρίου 'Ιησοῦ Χριστῷ	εἰρήνη
I Thessalonians 1:2	
making mention of you	making mention
μνείαν ὑμῶν ποιούμενοι	μνείαν ποιούμενοι
I Thessalonians 1:4	
your election of God	your election of God
ὑπὸ Θεοῦ, τὴν ἐκλογὴν ὑμῶν	ὑπὸ (τοῦ) θεοῦ, τὴν ἐκλογὴν ὑμῶν
I Thessalonians 1:5	
and in much assurance	and [in] much assurance
καὶ ἐν πληροφορίᾳ πολλῇ	καὶ (ἐν) πληροφορίᾳ πολλῇ
I Thessalonians 1:5	
we were among you	we were [among] you
ἐγενήθημεν ἐν ὑμῖν	ἐγενήθημεν (ἐν) ὑμῖν
I Thessalonians 1:7	
ye were ensamples	ye were an ensample
γενέσθαι ὑμᾶς τύπους	γενέσθαι ὑμᾶς τύπον
I Thessalonians 1:7	
in Macedonia and Achaia	in Macedonia and in Achaia
ἐν τῇ Μακεδονίᾳ καὶ τῇ 'Αχαΐᾳ	ἐν τῇ Μακεδονίᾳ καὶ ἐν τῇ 'Αχαΐᾳ
I Thessalonians 1:8	
in Macedonia and Achaia	in Macedonia and [in] Achaia

Over 8,000 Differences Between the T.R. and the Nestle-Aland Greek N.T.

Textus Receptus-Scrivener	Nestle-Aland 26,27
ἐν τῇ Μακεδονίᾳ καὶ Ἀχαΐᾳ	ἐν τῇ Μακεδονίᾳ καὶ ⟨ἐν τῇ⟩ Ἀχαΐᾳ
I Thessalonians 1:8	
but	but
ἀλλὰ	ἀλλ
I Thessalonians 1:8	
also in every place	in every place
καὶ ἐν παντὶ τόπῳ	ἐν παντὶ τόπῳ
I Thessalonians 1:8	
we need not to speak any thing	we need not to speak any thing
μὴ χρείαν ἡμᾶς ἔχειν λαλεῖν τι	μὴ χρείαν ἔχειν ἡμᾶς λαλεῖν τι
I Thessalonians 1:10	
whom he raised from the dead	whom he raised from the dead
ὃν ἤγειρεν ἐκ νεκρῶν	ὃν ἤγειρεν ἐκ ⟨τῶν⟩ νεκρῶν
I Thessalonians 1:10	
which delivered us from the wrath	which delivered us out of the wrath
τὸν ῥυόμενον ἡμᾶς ἀπὸ τῆς ὀργῆς	τὸν ῥυόμενον ἡμᾶς ἐκ τῆς ὀργῆς
I Thessalonians 2:2	
But even	But
ἀλλὰ καὶ	ἀλλὰ
I Thessalonians 2:3	
nor in guile	nor in guile
οὔτε ἐν δόλῳ	οὐδὲ ἐν δόλῳ
I Thessalonians 2:4	
even so we speak	even so we speak
οὕτω λαλοῦμεν	οὕτως λαλοῦμεν
I Thessalonians 2:4	
but God	but God
ἀλλὰ τῷ θεῷ	ἀλλὰ θεῷ
I Thessalonians 2:7	
But	But
ἀλλ᾽	ἀλλὰ
I Thessalonians 2:7	
we were gentle among you	we were simple among you
ἐγενήθημεν ἤπιοι ἐν μέσῳ ὑμῶν	ἐγενήθημεν νήπιοι ἐν μέσῳ ὑμῶν
I Thessalonians 2:7	
even as a nurse	even as a nurse
ὡς ἂν τροφὸς	ὡς ἐὰν τροφὸς
I Thessalonians 2:8	
So being affectionately desirous of you	So being affectionately desirous of you
οὕτως ἱμειρόμενοι ὑμῶν	οὕτως ὁμειρόμενοι ὑμῶν
I Thessalonians 2:8	
because ye were dear unto us	because ye were dear unto us
διότι ἀγαπητοὶ ἡμῖν γεγένησθε	διότι ἀγαπητοὶ ἡμῖν ἐγενήθητε
I Thessalonians 2:9	
for...night and day	...night and day
νυκτὸς γὰρ καὶ ἡμέρας	νυκτὸς καὶ ἡμέρας
I Thessalonians 2:12	
and charged	and charged

Textus Receptus-Scrivener	Nestle-Aland 26,27
καὶ μαρτυρούμενοι	καὶ μαρτυρόμενοι
I Thessalonians 2:12	
That ye would walk worthy	That ye would walk worthy
εἰς τὸ περιπατῆσαι ὑμᾶς ἀξίως	εἰς τὸ περιπατεῖν ὑμᾶς ἀξίως
I Thessalonians 2:13	
For this cause also	And for this cause also
Διὰ τοῦτο καὶ	Καὶ διὰ τοῦτο καὶ
I Thessalonians 2:14	
for ye also have suffered like things	for ye also have suffered like things
ὅτι ταὐτὰ ἐπάθετε	ὅτι τὰ αὐτὰ ἐπάθετε
I Thessalonians 2:15	
and their own prophets	and the prophets
καὶ τοὺς ἰδίους προφήτας	καὶ τοὺς προφήτας
I Thessalonians 2:18	
Wherefore we would have come	Because we would have come
διὸ ἠθελήσαμεν ἐλθεῖν	διότι ἠθελήσαμεν ἐλθεῖν
I Thessalonians 2:19	
our Lord Jesus Christ	our Lord Jesus
τοῦ Κυρίου ἡμῶν Ἰησοῦ Χριστοῦ	τοῦ κυρίου ἡμῶν Ἰησοῦ
I Thessalonians 3:2	
our brother, and minister of God	our brother
τὸν ἀδελφὸν ἡμῶν καὶ διάκονον τοῦ Θεοῦ	τὸν ἀδελφὸν ἡμῶν
I Thessalonians 3:2	
and our fellowlabourer	and fellowlabourer of God
καὶ συνεργὸν ἡμῶν	καὶ συνεργὸν τοῦ θεοῦ
I Thessalonians 3:2	
and to comfort you	and to comfort
καὶ παρακαλέσαι ὑμᾶς	καὶ παρακαλέσαι
I Thessalonians 3:2	
concerning your faith	concerning your faith
περὶ τῆς πίστεως ὑμῶν	ὑπὲρ τῆς πίστεως ὑμῶν
I Thessalonians 3:3	
That no man should be moved	That no man should be moved
τῷ μηδένα σαίνεσθαι	τὸ μηδένα σαίνεσθαι
I Thessalonians 3:7	
over you in all our affliction and distress	over you in all our distress and affliction
ἐπὶ πάσῃ τῇ θλίψει καὶ ἀνάγκῃ ἡμῶν	ἐπὶ πάσῃ τῇ ἀνάγκῃ καὶ θλίψει ἡμῶν
I Thessalonians 3:8	
stand fast in the Lord	stand fast in the Lord
στήκητε ἐν Κυρίῳ	στήκετε ἐν κυρίῳ
I Thessalonians 3:10	
praying exceedingly	praying exceedingly
ὑπὲρ ἐκ περισσοῦ δεόμενοι	ὑπερεκπερισσοῦ δεόμενοι
I Thessalonians 3:11	
and our Lord Jesus Christ	and our Lord Jesus
καὶ ὁ Κύριος ἡμῶν Ἰησοῦς Χριστός	καὶ ὁ κύριος ἡμῶν Ἰησοῦς
I Thessalonians 3:13	
at the coming of our Lord Jesus Christ	at the coming of our Lord Jesus

Over 8,000 Differences Between the T.R. and the Nestle-Aland Greek N.T.

Textus Receptus-Scrivener	Nestle-Aland 26,27
ἐν τῇ παρουσίᾳ τοῦ Κυρίου ἡμῶν Ἰησοῦ Χριστοῦ	ἐν τῇ παρουσίᾳ τοῦ κυρίου ἡμῶν Ἰησοῦ
I Thessalonians 3:13	
with all his saints	with all his saints. [Amen]
μετὰ πάντων τῶν ἁγίων αὐτοῦ	μετὰ πάντων τῶν ἁγίων αὐτοῦ. (ἀμήν)
I Thessalonians 4:1	
Furthermore then	Furthermore then
Τὸ λοιπὸν οὖν	Λοιπὸν οὖν
I Thessalonians 4:1	
that as ye have received	that as ye have received
καθὼς παρελάβετε	ἵνα καθὼς παρελάβετε
I Thessalonians 4:1	
....	even as also ye walk
....	καθὼς καὶ περιπατεῖτε
I Thessalonians 4:6	
because that the Lord *is* the avenger	because that *the* Lord *is* the avenger
διότι ἔκδικος ὁ Κύριος	διότι ἔκδικος κύριος
I Thessalonians 4:8	
but God, who hath also given	but God, who hath [also] given
ἀλλὰ τὸν Θεὸν τὸν καὶ	ἀλλὰ τὸν θεὸν τὸν (καὶ)
I Thessalonians 4:8	
given...his holy Spirit	gives...his holy Spirit
δόντα τὸ Πνεῦμα αὐτοῦ τὸ Ἅγιον	διδόντα τὸ πνεῦμα αὐτοῦ τὸ ἅγιον
I Thessalonians 4:8	
unto us	unto you
εἰς ἡμᾶς	εἰς ὑμᾶς
I Thessalonians 4:10	
the brethren which are in	the brethren [which] are in
τοὺς ἀδελφοὺς τοὺς ἐν	τοὺς ἀδελφοὺς (τοὺς) ἐν
I Thessalonians 4:11	
to work with your own hands	to work with your [own] hands
ἐργάζεσθαι ταῖς ἰδίαις χερσὶν ὑμῶν	ἐργάζεσθαι ταῖς (ἰδίαις) χερσὶν ὑμῶν
I Thessalonians 4:13	
But I would not	But we would not
Οὐ θέλω δὲ	Οὐ θέλομεν δὲ
I Thessalonians 4:13	
concerning them which are asleep	concerning them which are asleep
περὶ τῶν κεκοιμημένων	περὶ τῶν κοιμωμένων
I Thessalonians 4:14	
even so	even so
οὕτω	οὕτως
I Thessalonians 4:17	
and so	and so
καὶ οὕτω	καὶ οὕτως
I Thessalonians 5:2	
know...that the day of the Lord	know...that *the* day of the Lord
οἴδατε ὅτι ἡ ἡμέρα Κυρίου	οἴδατε ὅτι ἡμέρα κυρίου
I Thessalonians 5:3	
For when they shall say	When they shall say

Over 8,000 Differences Between the T.R. and the Nestle-Aland Greek N.T.

Textus Receptus-Scrivener	Nestle-Aland 26,27
ὅταν γὰρ λέγωσιν	ὅταν λέγωσιν
I Thessalonians 5:5	
Ye are all	For ye are all
πάντες ὑμεῖς	πάντες γὰρ ὑμεῖς
I Thessalonians 5:6	
as do others	as do others
ὡς καὶ οἱ λοιποί	ὡς οἱ λοιποί
I Thessalonians 5:9	
but to obtain salvation	but to obtain salvation
ἀλλ εἰς περιποίησιν	ἀλλὰ εἰς περιποίησιν
I Thessalonians 5:13	
very highly in love	very highly in love
ὑπερ ἐκ περισσοῦ ἐν ἀγάπῃ	ὑπερεκπερισσοῦ ἐν ἀγάπῃ
I Thessalonians 5:15	
both among yourselves	[both] among yourselves
καὶ εἰς ἀλλήλους	(καὶ) εἰς ἀλλήλους
I Thessalonians 5:21	
Prove all things	But prove all things
πάντα δοκιμάζετε	πάντα δὲ δοκιμάζετε
I Thessalonians 5:25	
pray for us	pray [also] for us
προσεύχεσθε περὶ ἡμῶν	προσεύχεσθε (καὶ) περὶ ἡμῶν
I Thessalonians 5:27	
I charge you by the Lord	I charge you by the Lord
ὁρκίζω ὑμᾶς τὸν Κύριον	Ἐνορκίζω ὑμᾶς τὸν κύριον
I Thessalonians 5:27	
unto all the holy brethren	unto all the brethren
πᾶσι τοῖς ἁγίοις ἀδελφοῖς	πᾶσιν τοῖς ἀδελφοῖς
I Thessalonians 5:27	
Amen	....
ἀμήν	....
II Thessalonians 1:2	
from God our Father	from God [our] Father
ἀπὸ Θεοῦ πατρὸς ἡμῶν	ἀπὸ θεοῦ πατρὸς (ἡμῶν)
II Thessalonians 1:4	
So that we ourselves	So that we ourselves
ὥστε ἡμᾶς αὐτοὺς	ὥστε αὐτοὺς ἡμᾶς
II Thessalonians 1:4	
glory in you	glory in you
ἐν ὑμῖν καυχᾶσθαι	ἐν ὑμῖν ἐγκαυχᾶσθαι
II Thessalonians 1:8	
the gospel of our Lord Jesus Christ	the gospel of our Lord Jesus
τῷ εὐαγγελίῳ τοῦ Κυρίου ἡμῶν Ἰησοῦ Χριστοῦ	τῷ εὐαγγελίῳ τοῦ κυρίου ἡμῶν Ἰησοῦ
II Thessalonians 1:10	
in all them that believe	in all them that believed
ἐν πᾶσι τοῖς πιστεύουσιν	ἐν πᾶσιν τοῖς πιστεύσασιν
II Thessalonians 1:12	
of our Lord Jesus Christ	of our Lord Jesus

Over 8,000 Differences Between the T.R. and the Nestle-Aland Greek N.T.

Textus Receptus-Scrivener	Nestle-Aland 26,27
τοῦ Κυρίου ἡμῶν Ἰησοῦ Χριστοῦ	τοῦ κυρίου ἡμῶν Ἰησοῦ
II Thessalonians 2:2	
or be troubled	or be troubled
μητὲ θροεῖσθαι	μηδὲ θροεῖσθαι
II Thessalonians 2:2	
as that the day of Christ is at hand	as that the day of the Lord is at hand
ὡς ὅτι ἐνέστηκεν ἡ ἡμέρα τοῦ Χριστοῦ	ὡς ὅτι ἐνέστηκεν ἡ ἡμέρα τοῦ κυρίου
II Thessalonians 2:3	
that man of sin	that man of lawlessness
ὁ ἄνθρωπος τῆς ἁμαρτίας	ὁ ἄνθρωπος τῆς ἀνομίας
II Thessalonians 2:4	
above all that is called God	above all that is called God
ἐπὶ πᾶν λεγόμενον τὸ Θεὸν	ἐπὶ πάντα λεγόμενον θεὸν
II Thessalonians 2:4	
as God sitteth	sitteth
ὡς Θεὸν καθίσαι	καθίσαι
II Thessalonians 2:8	
whom the Lord	whom the Lord [Jesus]
ὃν ὁ Κύριος	ὃν ὁ κύριος (Ἰησοῦς)
II Thessalonians 2:8	
shall consume	shall slay
ἀναλώσει	ἀνελεῖ
II Thessalonians 2:10	
with all deceivableness of unrighteousness	with all deceivable unrighteousness
ἐν πάσῃ ἀπάτῃ τῆς ἀδικίας	ἐν πάσῃ ἀπάτῃ ἀδικίας
II Thessalonians 2:10	
in them that perish	to them that perish
ἐν τοῖς ἀπολλυμένοις	τοῖς ἀπολλυμένοις
II Thessalonians 2:11	
God shall send them	God sends them
πέμψει αὐτοῖς ὁ Θεὸς	πέμπει αὐτοῖς ὁ θεὸς
II Thessalonians 2:12	
but had pleasure	but had pleasure
ἀλλ εὐδοκήσαντες	ἀλλὰ εὐδοκήσαντες
II Thessalonians 2:12	
in unrighteousness	*in* unrighteousness
ἐν τῇ ἀδικίᾳ	τῇ ἀδικίᾳ
II Thessalonians 2:13	
God hath...chosen you	God hath...chosen you
εἵλετο ὑμᾶς ὁ Θεὸς	εἵλατο ὑμᾶς ὁ θεὸς
II Thessalonians 2:13	
from the beginning	from the beginning
ἀπ ἀρχῆς	ἀπαρχὴν
II Thessalonians 2:14	
Whereunto he called you	Whereunto he [also] called you
εἰς ὃ ἐκάλεσεν ὑμᾶς	εἰς ὃ (καὶ) ἐκάλεσεν ὑμᾶς
II Thessalonians 2:16	
and God	and God

Over 8,000 Differences Between the T.R. and the Nestle-Aland Greek N.T.

Textus Receptus-Scrivener	Nestle-Aland 26,27
καὶ ὁ Θεὸς	καὶ (ὁ) θεὸς
II Thessalonians 2:16	
even our Father	our Father
καὶ πατὴρ ἡμῶν	ὁ πατὴρ ἡμῶν
II Thessalonians 2:17	
and stablish you	and stablish
καὶ στηρίξαι ὑμᾶς	καὶ στηρίξαι
II Thessalonians 2:17	
in every good word and work	in every good work and word
ἐν παντὶ λόγῳ καὶ ἔργῳ ἀγαθῷ	ἐν παντὶ ἔργῳ καὶ λόγῳ ἀγαθῷ
II Thessalonians 3:4	
we command you	we command
παραγγέλλομεν ὑμῖν	παραγγέλλομεν
II Thessalonians 3:4	
that ye both do and will do	that ye [both] do and will do
καὶ ποιεῖτε καὶ ποιήσετε	(καὶ) ποιεῖτε καὶ ποιήσετε
II Thessalonians 3:6	
our Lord Jesus Christ	[our] Lord Jesus Christ
τοῦ Κυρίου ἡμῶν Ἰησοῦ Χριστοῦ	τοῦ κυρίου (ἡμῶν) Ἰησοῦ Χριστοῦ
II Thessalonians 3:6	
which he received of us	which they received of us
ἣν παρέλαβε παρ ἡμῶν	ἣν παρελάβοσαν παρ ἡμῶν
II Thessalonians 3:8	
night and day	night and day
νύκτα καὶ ἡμέραν	νυκτὸς καὶ ἡμέρας
II Thessalonians 3:12	
by our Lord Jesus Christ	in *the* Lord Jesus Christ
διὰ τοῦ Κυρίου ἡμῶν Ἰησοῦ Χριστοῦ	ἐν κυρίῳ Ἰησοῦ Χριστῷ
II Thessalonians 3:13	
be not weary in well doing	be not weary in well doing
μὴ ἐκκακήσητε καλοποιοῦντες	μὴ ἐγκακήσητε καλοποιοῦντες
II Thessalonians 3:14	
and...no	...no
καὶ μὴ	μὴ
II Thessalonians 3:14	
have...company with him	have...company with him
συναναμίγνυσθε αὐτῷ	συναναμίγνυσθαι αὐτῷ
II Thessalonians 3:17	
so I write	so I write
οὕτω γράφω	οὕτως γράφω
II Thessalonians 3:18	
Amen	....
ἀμήν	....
I Timothy 1:1	
of Jesus Christ	of Christ Jesus
Ἰησοῦ Χριστοῦ	Χριστοῦ Ἰησοῦ
I Timothy 1:1	
Lord	....

Over 8,000 Differences Between the T.R. and the Nestle-Aland Greek N.T.

Textus Receptus-Scrivener	Nestle-Aland 26,27
Κυριόυ	....
I Timothy 1:1	
Jesus Christ	Christ Jesus
Ἰησοῦ Χριστοῦ	Χριστοῦ Ἰησοῦ
I Timothy 1:2	
from God our Father	from God *the* Father
ἀπὸ Θεοῦ πατρὸς ἡμῶν	ἀπὸ θεοῦ πατρὸς
I Timothy 1:2	
and Jesus Christ	and Christ Jesus
καὶ Ἰησοῦ Χριστοῦ	καὶ Χριστοῦ Ἰησοῦ
I Timothy 1:4	
which minister questions	which minister questions
αἵτινες ζητήσεις παρέχουσι	αἵτινες ἐκζητήσεις παρέχουσιν
I Timothy 1:4	
rather than godly edifying	rather than godly edifying
μᾶλλον ἢ οἰκοδομίαν Θεοῦ	μᾶλλον ἢ οἰκονομίαν θεοῦ
I Timothy 1:9	
murderers of fathers	murderers of fathers
πατραλῴαις	πατρολῴαις
I Timothy 1:9	
and murderers of mothers	and murderers of mothers
καὶ μητραλῴαις	καὶ μητρολῴαις
I Timothy 1:12	
And I thank	I thank
Καὶ χάριν ἔχω	Χάριν ἔχω
I Timothy 1:13	
Who was before	Who was before
τὸν πρότερον ὄντα	τὸ πρότερον ὄντα
I Timothy 1:13	
but I obtained mercy	but I obtained mercy
ἀλλ ἠλεήθην	ἀλλὰ ἠλεήθην
I Timothy 1:16	
Jesus Christ might shew	Christ Jesus might shew
ἐνδείξηται Ἰησοῦς Χριστὸς	ἐνδείξηται Χριστὸς Ἰησοῦς
I Timothy 1:16	
all longsuffering	all longsuffering
τὴν πᾶσαν μακροθυμίαν	τὴν ἅπασαν μακροθυμίαν
I Timothy 1:17	
the only wise God	the only God
μόνῳ σοφῷ Θεῷ	μόνῳ θεῷ
I Timothy 2:3	
For this *is* good	This *is* good
τοῦτο γὰρ καλὸν	τοῦτο καλὸν
I Timothy 2:7	
I speak the truth in Christ	I speak the truth
ἀλήθειαν λέγω ἐν Χριστῷ	ἀλήθειαν λέγω
I Timothy 2:9	
In like manner also	In like manner [also]

Textus Receptus-Scrivener	Nestle-Aland 26,27
ὡσαύτως καὶ	ὡσαύτως (καὶ)
I Timothy 2:9	
that women	women
τὰς γυναῖκας	γυναῖκας
I Timothy 2:9	
with broided hair, or	with broided hair and
ἐν πλέγμασιν, ἢ	ἐν πλέγμασιν καὶ
I Timothy 2:9	
gold	gold
χρυσῷ	χρυσίῳ
I Timothy 2:12	
But I suffer not a woman to teach	But I suffer not a woman to teach
γυναικὶ δὲ διδάσκειν οὐκ ἐπιτρέπω	διδάσκειν δὲ γυναικὶ οὐκ ἐπιτρέπω
I Timothy 2:14	
but the woman being deceived	but the woman being deceived
ἡ δὲ γυνὴ ἀπατηθεῖσα	ἡ δὲ γυνὴ ἐξαπατηθεῖσα
I Timothy 3:2	
blameless	blameless
ἀνεπίληπτον	ἀνεπίλημπτον
I Timothy 3:3	
not greedy of filthy lucre	....
μὴ αἰσχροκερδῆ	....
I Timothy 3:3	
but patient	but patient
ἀλλ ἐπιεικῆ	ἀλλὰ ἐπιεικῆ
I Timothy 3:7	
Moreover he must have a good report	It is necessary to have a good report
δεῖ δὲ αὐτὸν καὶ μαρτυρίαν καλὴν ἔχειν	δεῖ δὲ καὶ μαρτυρίαν καλὴν ἔχειν
I Timothy 3:14	
to come unto thee shortly	to come unto thee shortly
ἐλθεῖν πρὸς σὲ ἐν τάχιον	ἐλθεῖν πρὸς σὲ ἐν τάχει
I Timothy 3:16	
God was manifest in the flesh	He was manifest in the flesh
Θεὸς ἐφανερώθη ἐν σαρκί	Ὃς ἐφανερώθη ἐν σαρκί
I Timothy 3:16	
received up into glory	received up into glory
ἀνελήφθη ἐν δόξῃ	ἀνελήμφθη ἐν δόξῃ
I Timothy 4:2	
seared	seared
κεκαυτηριασμένων	κεκαυστηριασμένων
I Timothy 4:3	
created to be received	created to be received
ἔκτισεν εἰς μετάληψιν	ἔκτισεν εἰς μετάλημψιν
I Timothy 4:6	
shalt be a good minister of Jesus Christ	shalt be a good minister of Christ Jesus
καλὸς ἔσῃ διάκονος Ἰησοῦ Χριστοῦ	καλὸς ἔσῃ διάκονος Χριστοῦ Ἰησοῦ
I Timothy 4:10	
For therefore we both labour	For therefore we labour

Over 8,000 Differences Between the T.R. and the Nestle-Aland Greek N.T.

Textus Receptus-Scrivener	Nestle-Aland 26,27
εἰς τοῦτο γὰρ καὶ κοπιῶμεν	εἰς τοῦτο γὰρ κοπιῶμεν
I Timothy 4:10	
we both labour and suffer reproach	we both labour and strive
κοπιῶμεν καὶ ὀνειδιζόμεθα	κοπιῶμεν καὶ ἀγωνιζόμεθα
I Timothy 4:12	
in charity, in spirit	in charity
ἐν ἀγάπῃ, ἐν πνεύματι	ἐν ἀγάπῃ
I Timothy 4:15	
may appear to all	may appear to all
φανερὰ ᾖ ἐν πᾶσιν	φανερὰ ᾖ πᾶσιν
I Timothy 5:4	
for that is good and acceptable	for that is acceptable
τοῦτο γάρ ἐστι καλὸν καὶ ἀπόδεκτον	τοῦτο γάρ ἐστιν ἀπόδεκτον
I Timothy 5:5	
trusteth in God	trusteth in God
ἤλπικεν ἐπὶ τὸν Θεὸν	ἤλπικεν ἐπὶ θεὸν
I Timothy 5:7	
that they may be blameless	that they may be blameless
ἵνα ἀνεπίληπτοι ὦσιν	ἵνα ἀνεπίλημπτοι ὦσιν
I Timothy 5:8	
and specially for those of his own house	and specially for his own house
καὶ μάλιστα τῶν οἰκείων	καὶ μάλιστα οἰκείων
I Timothy 5:16	
If any man or woman that believeth have widows	If any woman that believeth have widows
εἴ τις πιστὸς ἢ πιστὴ ἔχει χήρας	εἴ τις πιστὴ ἔχει χήρας
I Timothy 5:21	
before God, and the Lord Jesus Christ	before God, and Christ Jesus
ἐνώπιον τοῦ Θεοῦ καὶ Κυρίου ἸησοῦΧριστοῦ	ἐνώπιον τοῦ θεοῦ καὶ Χριστοῦ Ἰησοῦ
I Timothy 5:23	
but use a little wine	but use a little wine
ἀλλ οἴνῳ ὀλίγῳ χρῶ	ἀλλὰ οἴνῳ ὀλίγῳ χρῶ
I Timothy 5:23	
for thy stomach's sake	for the stomach's sake
διὰ τὸν στόμαχον σοῦ	διὰ τὸν στόμαχον
I Timothy 5:25	
Likewise also the good works	Likewise also the good works
ὡσαύτως καὶ τὰ καλὰ ἔργα	ὡσαύτως καὶ τὰ ἔργα τὰ καλὰ
I Timothy 5:25	
are manifest beforehand	manifest beforehand
πρόδηλα ἐστι	πρόδηλα
I Timothy 5:25	
cannot be hid	cannot be hid
κρυβῆναι οὐ δύναται	κρυβῆναι οὐ δύνανται
I Timothy 6:5	
Perverse disputings	Constant disputings
παραδιατριβαί	διαπαρατριβαί
I Timothy 6:5	
from such withdraw thyself	....

Textus Receptus-Scrivener	Nestle-Aland 26,27
ἀφίστασο ἀπὸ τῶν τοιούτων	....
I Timothy 6:7	
and it is certain we can carry nothing out	we can carry nothing out
δῆλον ὅτι οὐδὲ ἐξενεγκεῖν τι δυνάμεθα	ὅτι οὐδὲ ἐξενεγκεῖν τι δυνάμεθα
I Timothy 6:11	
O man of God	O man of God
ὦ ἄνθρωπε τοῦ Θεοῦ	ὦ ἄνθρωπε θεοῦ
I Timothy 6:11	
patience, meekness	patience, meekness
ὑπομονήν, πρᾳότητα	ὑπομονήν, πραϋπαθίαν
I Timothy 6:12	
whereunto thou art also called	whereunto thou art called
εἰς ἣν καὶ ἐκλήθης	εἰς ἣν ἐκλήθης
I Timothy 6:13	
I give thee charge	I give [thee] charge
παραγγέλλω σοι	παραγγέλλω (σοι)
I Timothy 6:13	
who quickeneth all things	who perserves alive all things
τοῦ ζωοποιοῦντος τὰ πάντα	τοῦ ζῳογονοῦντος τὰ πάντα
I Timothy 6:14	
unrebukeable, until	unrebukeable, until
ἀνεπίληπτον, μέχρι	ἀνεπίλημπτον μέχρι
I Timothy 6:17	
but in	but upon
ἀλλ ἐν	ἀλλ ἐπὶ
I Timothy 6:17	
...God	God
τῷ Θεῷ	Θεῷ
I Timothy 6:17	
the living	....
τῷ ζῶντι	....
I Timothy 6:17	
who giveth us richly all things	who giveth us richly all things
τῷ παρέχοντι ἡμῖν πλουσίως πάντα	τῷ παρέχοντι ἡμῖν πάντα πλουσίως
I Timothy 6:19	
that they may lay hold on eternal life	that they may lay hold on life
ἵνα ἐπιλάβωνται τῆς αἰωνίου ζωῆς	ἵνα ἐπιλάβωνται τῆς ὄντως ζωῆς
I Timothy 6:20	
keep that which is committed to thy trust	keep that which is committed to thy trust
τὴν παρακαταθήκην φύλαξον	τὴν παραθήκην φύλαξον
I Timothy 6:21	
Grace be with thee	Grace be with you
Ἡ χάρις μετὰ σοῦ	Ἡ χάρις μεθ ὑμῶν
I Timothy 6:21	
Amen	....
ἀμών	....
II Timothy 1:1	
an apostle of Jesus Christ	an apostle of Christ Jesus

Over 8,000 Differences Between the T.R. and the Nestle-Aland Greek N.T.

Textus Receptus-Scrivener	Nestle-Aland 26,27
ἀπόστολος Ἰησοῦ Χριστοῦ	ἀπόστολος Χριστοῦ Ἰησοῦ

II Timothy 1:5

When I call to remembrance
ὑπόμνησιν λαμβάνων

When I call to remembrance
ὑπόμνησιν λαβὼν

II Timothy 1:9

according to his own purpose
κατ ἰδίαν πρόθεσιν

according to his own purpose
κατὰ ἰδίαν πρόθεσιν

II Timothy 1:10

our Saviour Jesus Christ
τοῦ σωτῆρος ἡμῶν Ἰησοῦ Χριστοῦ

our Saviour Christ Jesus
τοῦ σωτῆρος ἡμῶν Χριστοῦ Ἰησοῦ

II Timothy 1:11

and a teacher of the Gentiles
καὶ διδάσκαλος ἐθνῶν

and a teacher
καὶ διδάσκαλος

II Timothy 1:14

That good thing which was committed unto thee
τὴν καλὴν παρακαταθήκην

That good thing which was committed unto thee
τὴν καλὴν παραθήκην

II Timothy 1:15

Phygellus and Hermogenes
Φύγελλος καὶ Ἑρμογένης.

Phygelus and Hermogenes
Φύγελος καὶ Ἑρμογένης

II Timothy 1:16

was not ashamed of my chain
τὴν ἅλυσίν μου οὐκ ἐπῇσχύνθη

was not ashamed of my chain
τὴν ἅλυσίν μου οὐκ ἐπαισχύνθη

II Timothy 1:17

he sought me out very diligently
σπουδαιότερον ἐζήτησέ με

he sought me out diligently
σπουδαίως ἐζήτησέν με

II Timothy 2:3

Thou therefore endure hardness
σὺ οὖν κακοπάθησον

Endure hardness with *me*
συγκακοπάθησον

II Timothy 2:3

a good soldier of Jesus Christ
καλὸς στρατιώτης Ἰησοῦ Χριστοῦ

a good soldier of Christ Jesus
καλὸς στρατιώτης Χριστοῦ Ἰησοῦ

II Timothy 2:7

Consider what I say
νόει ἃ λέγω

Consider what I say
νόει ὃ λέγω

II Timothy 2:7

the Lord give thee
δῴη γάρ σοι ὁ Κύριος

the Lord shall give thee
δώσει γάρ σοι ὁ κύριος

II Timothy 2:8

of the seed of David
ἐκ σπέρματος Δαβίδ

of the seed of David
ἐκ σπέρματος Δαυίδ

II Timothy 2:9

but the word of God
ἀλλ ὁ λόγος τοῦ Θεοῦ

but the word of God
ἀλλὰ ὁ λόγος τοῦ θεοῦ

II Timothy 2:12

if we deny *him*
εἰ ἀρνούμεθα

if we shall deny *him*
εἰ ἀρνησόμεθα

II Timothy 2:13

he cannot deny himself

for he cannot deny himself

Over 8,000 Differences Between the T.R. and the Nestle-Aland Greek N.T.

Textus Receptus-Scrivener	Nestle-Aland 26,27
ἀρνήσασθαι ἑαυτὸν οὐ δύναται	ἀρνήσασθαι γὰρ ἑαυτὸν οὐ δύναται
II Timothy 2:14	
before the Lord	before God
ἐνώπιον τοῦ Κυρίου	ἐνώπιον τοῦ θεοῦ
II Timothy 2:14	
to no profit	to no profit
εἰς οὐδὲν χρήσιμον	ἐπ οὐδὲν χρήσιμον
II Timothy 2:18	
saying that the resurrection is past already	saying that [the] resurrection is past already
λέγοντες τὴν ἀνάστασιν ἤδη γεγονέναι	λέγοντες (τὴν) ἀνάστασιν ἤδη γεγονέναι
II Timothy 2:19	
every one that nameth the name of Christ	every one that nameth the name of of the Lord
πᾶς ὁ ὀνομάζων τὸ ὄνομα Χριστοῦ	πᾶς ὁ ὀνομάζων τὸ ὄνομα κυρίου
II Timothy 2:21	
and meet	meet
καὶ εὔχρηστον	εὔχρηστον
II Timothy 2:24	
but be gentle	but be gentle
ἀλλ ἤπιον εἶναι	ἀλλὰ ἤπιον εἶναι
II Timothy 2:25	
In meekness instructing	In meekness instructing
ἐν πρᾶότητι παιδεύοντα	ἐν πραύτητι παιδεύοντα
II Timothy 2:25	
if God peradventure will give them	if God peradventure will give them
μήποτε δῷ αὐτοῖς ὁ Θεὸς	μήποτε δώῃ αὐτοῖς ὁ θεὸς
II Timothy 3:6	
and lead captive	and lead captive
καὶ αἰχμαλωτεύοντες	καὶ αἰχμαλωτίζοντες
II Timothy 3:6	
silly women	silly women
τὰ γυναικάρια	γυναικάρια
II Timothy 3:10	
But thou hast fully known	But thou hast fully known
σὺ δὲ παρηκολούθηκάς	Σὺ δὲ παρηκολούθησάς
II Timothy 3:14	
knowing of whom thou hast learned *them*	knowing of what thou hast learned *them*
εἰδὼς παρὰ τίνος ἔμαθες	εἰδὼς παρὰ τίνων ἔμαθες
II Timothy 3:15	
thou hast known the holy scriptures	thou hast known [the] holy scriptures
τὰ ἱερὰ γράμματα οἶδας	(τὰ) ἱερὰ γράμματα οἶδας
II Timothy 3:16	
for reproof	for reproof
πρὸς ἔλεγχον	πρὸς ἐλεγμόν
II Timothy 4:1	
I charge *thee* therefore	I charge *thee*
Διαμαρτύρομαι οὖν ἐγὼ	Διαμαρτύρομαι
II Timothy 4:1	
before God, and the Lord Jesus Christ	before God, and Christ Jesus

Over 8,000 Differences Between the T.R. and the Nestle-Aland Greek N.T.

Textus Receptus-Scrivener	Nestle-Aland 26,27
ἐνώπιον τοῦ Θεοῦ, καὶ τοῦ Κυρίου Ἰησοῦ Χριστοῦ	ἐνώπιον τοῦ θεοῦ καὶ Χριστοῦ Ἰησοῦ

II Timothy 4:1

at his appearing	and his appearing
κατὰ τὴν ἐπιφάνειαν αὐτοῦ	καὶ τὴν ἐπιφάνειαν αὐτοῦ

II Timothy 4:3

but after their own lusts	but after their own lusts
ἀλλὰ κατὰ τὰς ἐπιθυμίας τὰς ἰδίας	ἀλλὰ κατὰ τὰς ἰδίας ἐπιθυμίας

II Timothy 4:6

and the time of my departure is at hand	and the time of my departure is at hand
καὶ ὁ καιρὸς τῆς ἐμῆς ἀναλύσεώς ἐφέστηκε	καὶ ὁ καιρὸς τῆς ἀναλύσεώς μου ἐφέστηκεν

II Timothy 4:7

I have fought a good fight	I have fought a good fight
τὸν ἀγῶνα τὸν καλὸν ἠγώνισμαι	τὸν καλὸν ἀγῶνα ἠγώνισμαι

II Timothy 4:13

The cloke that	The cloke that
τὸν φελόνην ὃν	τὸν φαιλόνην ὃν

II Timothy 4:14

the Lord reward him	the Lord shall reward him
ἀποδῴη αὐτῷ ὁ Κύριος	ἀποδώσει αὐτῷ ὁ κύριος

II Timothy 4:15

for he hath greatly withstood	for he hath greatly withstood
λίαν γὰρ ἀνθέστηκε	λίαν γὰρ ἀντέστη

II Timothy 4:16

no man stood with me	no man stood by me
οὐδείς μοι συμπαρεγένετο	οὐδείς μοι παρεγένετο

II Timothy 4:17

and *that* all the Gentiles might hear	and *that* all the Gentiles might hear
καὶ ἀκούσῃ πάντα τὰ ἔθνη	καὶ ἀκούσωσιν πάντα τὰ ἔθνη

II Timothy 4:18

And the Lord shall deliver me	The Lord shall deliver me
καὶ ῥύσεταί με ὁ Κύριος	ῥύσεταί με ὁ κύριος

II Timothy 4:22

The Lord Jesus Christ *be* with	The Lord *be* with
Ὁ Κύριος Ἰησοῦς Χριστὸς μετὰ	Ὁ κύριος μετὰ

II Timothy 4:22

Amen	....
ἀμήν	....

Titus 1:4

Grace, mercy, *and* peace	Grace and peace
χάρις, ἔλεος, καὶ εἰρήνη	χάρις καὶ εἰρήνη

Titus 1:4

from God the Father and the Lord Jesus Christ	from God the Father and Christ Jesus
ἀπὸ Θεοῦ πατρὸς, καὶ Κυρίου Ἰησοῦ Χριστοῦ	ἀπὸ θεοῦ πατρὸς καὶ Χριστοῦ Ἰησοῦ

Titus 1:5

left I thee in Crete	left I thee in Crete
κατέλιπόν σε ἐν Κρήτῃ	ἀπέλιπόν σε ἐν Κρήτῃ

Titus 1:10

Textus Receptus-Scrivener	Nestle-Aland 26,27
For there are many unruly	For there are many unruly
Εἰσὶ γὰρ πολλοὶ καὶ ἀνυπότακτοι	Εἰσὶν γὰρ πολλοὶ (καὶ) ἀνυπότακτοι
Titus 1:10	
specially they of the circumcision	specially they of the circumcision
μάλιστα οἱ ἐκ περιτομῆς	μάλιστα οἱ ἐκ τῆς περιτομῆς
Titus 1:15	
all things *are* pure	all things *are* pure
πάντα μὲν καθαρὰ	πάντα καθαρὰ
Titus 1:15	
but unto them that are defiled	but unto them that are defiled
τοῖς δὲ μεμιασμένοις	τοῖς δὲ μεμιαμμένοις
Titus 2:3	
not...to much wine	nor...to much wine
μὴ οἴνῳ πολλῷ	μηδὲ οἴνῳ πολλῷ
Titus 2:5	
keepers at home	workers at home
οἰκουρούς	οἰκουργούς
Titus 2:7	
in doctrine *shewing* uncorruptness	in doctrine *shewing* uncorruptness
ἐν τῇ διδασκαλίᾳ ἀδιαφθορίαν	ἐν τῇ διδασκαλίᾳ ἀφθορίαν
Titus 2:7	
gravity, sincerity	sincerity, gravity
σεμνότητα, ἀφθαρσιαν	ἀφθορίαν, σεμνότητα
Titus 2:8	
having no evil thing to say of you	having no evil thing to say of us
μηδὲν ἔχων περὶ ὑμῶν λεγειν φαῦλον	μηδὲν ἔχων λέγειν περὶ ἡμῶν φαῦλον
Titus 2:10	
but shewing all good fidelity	but shewing all good fidelity
ἀλλὰ πίστιν πᾶσαν ἐνδεικνυμένους ἀγαθήν	ἀλλὰ πᾶσαν πίστιν ἐνδεικνυμένους ἀγαθήν
Titus 2:10	
the doctrine of	the doctrine which *is* of
τὴν διδασκαλίαν τοῦ	τὴν διδασκαλίαν τὴν τοῦ
Titus 2:11	
the grace of God that bringeth salvation	kataV toVn novmon taV dw'ra,
ἡ χάρις τοῦ Θεοῦ ἡ σωτήριος	ἡ χάρις τοῦ θεοῦ σωτήριος
Titus 3:1	
principalities and powers	principalities, powers
ἀρχαῖς καὶ ἐξουσίαις	ἀρχαῖς ἐξουσίαις
Titus 3:2	
shewing all meekness	shewing all meekness
πᾶσαν ἐνδεικνυμένους πραότητα	πᾶσαν ἐνδεικνυμένους πραΰτητα
Titus 3:5	
which we have done	which we have done
ὧν ἐποιήσαμεν	ἃ ἐποιήσαμεν
Titus 3:5	
but according to his mercy	but according to his mercy
ἀλλὰ κατὰ τὸν αὐτοῦ ἔλεον	ἀλλὰ κατὰ τὸ αὐτοῦ ἔλεος
Titus 3:7	

Over 8,000 Differences Between the T.R. and the Nestle-Aland Greek N.T.

Textus Receptus-Scrivener	Nestle-Aland 26,27
should be made heirs	should be made heirs
κληρονόμοι γενώμεθα	κληρονόμοι γενηθῶμεν
Titus 3:8	
they which have believed in God	they which have believed in God
οἱ πεπιστευκότες τῷ Θεῷ	οἱ πεπιστευκότες θεῷ.
Titus 3:8	
These things are good	These things are good
ταῦτά ἐστι τὰ καλά	ταῦτά ἐστιν καλά
Titus 3:13	
and Apollos	and Apollos
καὶ Ἀπολλῶ	καὶ Ἀπολλῶν
Titus 3:15	
Amen	....
ἀμήν	....
Philemon 2	
our beloved Apphia	*our* sister Apphia
Ἀπφίᾳ τῇ ἀγαπητῇ	Ἀπφίᾳ τῇ ἀδελφῇ
Philemon 6	
every good thing which is in you	every good thing which is in us
παντὸς ἀγαθοῦ τοῦ ἐν ὑμῖν	παντὸς ἀγαθοῦ τοῦ ἐν ἡμῖν
Philemon 6	
in Christ Jesus	in Christ
εἰς Χριστόν Ἰησοῦν	εἰς Χριστόν
Philemon 7	
For we have great joy	For I had great joy
χαρὰν γὰρ ἔχομεν πολλὴν	χαρὰν γὰρ πολλὴν ἔσχον
Philemon 9	
a prisoner of Jesus Christ	a prisoner of Christ Jesus
δέσμιος Ἰησοῦ Χριστοῦ	δέσμιος Χριστοῦ Ἰησοῦ
Philemon 10	
in my bonds	in my bonds
ἐν τοῖς δεσμοῖς μου	ἐν τοῖς δεσμοῖς
Philemon 11	
but now profitable to thee and to me	but now [also] profitable to thee and to me
νυνὶ δὲ σοὶ καὶ ἐμοὶ εὔχρηστον	νυνὶ δὲ (καὶ) σοὶ καὶ ἐμοὶ εὔχρηστον
Philemon 12	
Whom I have sent again	Whom I have sent again to thee
ὃν ἀνέπεμψά	ὃν ἀνέπεμψά σοι
Philemon 12	
thou therefore...him	him
συ δὲ αὐτόν	αὐτόν
Philemon 12	
receive	....
πρὸσλαβοῦ	....
Philemon 13	
he might have ministered unto me	he might have ministered
διακονῇ μοι	διακονῇ
Philemon 16	

Textus Receptus-Scrivener	Nestle-Aland 26,27
but above a servant	but above a servant
ἀλλ᾽ ὑπὲρ δοῦλον	ἀλλὰ ὑπὲρ δοῦλον
Philemon 17	
If thou count me therefore	If thou count me therefore
εἰ οὖν ἐμὲ ἔχεις	Εἰ οὖν με ἔχεις
Philemon 18	
put that on mine account	put that on mine account
τοῦτο ἐμοὶ ἐλλόγει	τοῦτο ἐμοὶ ἐλλόγα
Philemon 20	
my bowels in the Lord	my bowels in Christ
μου τὰ σπλάγχνα ἐν Κυρίῳ	μου τὰ σπλάγχνα ἐν Χριστῷ
Philemon 21	
more than I say	more than I say
ὑπὲρ ὃ λέγω	ὑπὲρ ἃ λέγω
Philemon 23	
There salute thee Epaphras	Epaphras...salutes thee
Ἀσπάζονταί σε Ἐπαφρᾶς	Ἀσπάζεταί σε Ἐπαφρᾶς
Philemon 25	
our Lord Jesus Christ	the Lord Jesus Christ
τοῦ Κυρίου ἡμῶν Ἰησοῦ Χριστοῦ	τοῦ κυρίου Ἰησοῦ Χριστοῦ
Philemon 25	
Amen	....
ἀμήν	....
Hebrews 1:2	
Hath in these last days	Hath at the end of these days
ἐπ ἐσχάτων τῶν ἡμερῶν τούτων	ἐπ ἐσχάτου τῶν ἡμερῶν τούτων
Hebrews 1:2	
by whom also he made the worlds	by whom also he made the worlds
δι οὗ καὶ τοὺς αἰῶνας ἐποίησεν	δι οὗ καὶ ἐποίησεν τοὺς αἰῶνας
Hebrews 1:3	
when...by himself	....
δι εαυτοῦ	....
Hebrews 1:3	
he had...purged our sins	he had...purged sins
καθαρισμὸν ποιησάμενος τῶν ἁμαρτιῶν ἡμῶν	καθαρισμὸν τῶν ἁμαρτιῶν ποιησάμενος
Hebrews 1:8	
a sceptre	and the sceptre
ῥάβδος	καὶ ἡ ῥάβδος
Hebrews 1:8	
a sceptre of righteousness	the sceptre of righteousness
εὐθύτητος ἡ ῥάβδος	τῆς εὐθύτητος ῥάβδος
Hebrews 1:12	
And as a vesture shalt thou fold them up	And as a vesture shalt thou fold them up as a garment
καὶ ὡσεὶ περιβόλαιον ἑλίξεις αὐτούς	καὶ ὡσεὶ περιβόλαιον ἑλίξεις αὐτούς, ὡς ἱμάτιον
Hebrews 2:1	
we ought to give the more earnest heed	we ought to give the more earnest heed

Over 8,000 Differences Between the T.R. and the Nestle-Aland Greek N.T.

Textus Receptus-Scrivener	Nestle-Aland 26,27
δεῖ περισσοτέρως ἡμᾶς προσέχειν	δεῖ περισσοτέρως προσέχειν ἡμᾶς
Hebrews 2:1	
lest at any time we should let *them* slip	lest at any time we should let *them* slip
μή ποτε παραρρυῶμεν	μήποτε παραρυῶμεν
Hebrews 2:7	
and didst set him over the works of thy hands	....
καὶ κατέστησας αυτὸν ἐπὶ τὰ ἔργα τῶν χειρῶν σου	....
Hebrews 2:8	
For in that he put...in subjection under	For in that he put...in subjection under
ἐν γὰρ τῷ ὑποτάξαι	ἐν τῷ γὰρ ὑποτάξαι
Hebrews 2:8	
him	him
αὐτῷ	(αὐτῷ)
Hebrews 2:14	
partakers of flesh and blood	partakers of blood and flesh
κεκοινώνηκε σαρκός καὶ αἵματος	κεκοινώνηκεν αἵματος καὶ σαρκός
Hebrews 3:2	
and High Priest of our profession, Christ Jesus	and High Priest of our profession, Jesus
καὶ ἀρχιερέα τῆς ὁμολογίας ἡμῶν Χπιστὸν Ἰησοῦν	καὶ ἀρχιερέα τῆς ὁμολογίας ἡμῶν Ἰησοῦν
Hebrews 3:2	
also Moses	also Moses
καὶ Μωσῆς	καὶ Μωϋσῆς
Hebrews 3:2	
in all his house	in [all] his house
ἐν ὅλῳ τῷ οἴκῳ αὐτοῦ	ἐν (ὅλῳ) τῷ οἴκῳ αὐτοῦ
Hebrews 3:3	
For this *man* was counted worthy of more glory	For this *man* was counted worthy of more glory
πλείονος γὰρ δόξης οὗτος	πλείονος γὰρ οὗτος δόξης
Hebrews 3:3	
than Moses	than Moses
παρὰ Μωσῆν	παρὰ Μωϋσῆν
Hebrews 3:4	
built all things	built all
τὰ πάντα κατασκευάσας	πάντα κατασκευάσας
Hebrews 3:5	
And Moses	And Moses
καὶ Μωσῆς	καὶ Μωϋσῆς
Hebrews 3:6	
if...the confidence	if...the confidence
ἐάνπερ τὴν παρρησίαν	ἐαν(περ) τὴν παρρησίαν
Hebrews 3:6	
firm unto the end	....
μέχρι τέλους βεβαίαν	....
Hebrews 3:9	
When your fathers tempted me	When your fathers tempted
οὗ ἐπείρασαν με οἱ πατέρες ὑμῶν	οὗ ἐπείρασαν οἱ πατέρες ὑμῶν

Textus Receptus-Scrivener	Nestle-Aland 26,27
Hebrews 3:9	
proved me	by proving
ἐδοκιμασάν με	ἐν δοκιμασίᾳ
Hebrews 3:9	
forty years	forty years
τεσσαράκοντα ἔτη	τεσσεράκοντα ἔτη
Hebrews 3:10	
I was grieved with that generation	I was grieved with this generation
προσώχθισα τῇ γενεᾷ ἐκείνῃ	προσώχθισα τῇ γενεᾷ ταύτῃ
Hebrews 3:14	
For we are made partakers of Christ	For we are made partakers of Christ
μέτοχοι γὰρ γεγόναμεν τοῦ Χριστοῦ	μέτοχοι γὰρ τοῦ Χριστοῦ γεγόναμεν
Hebrews 3:16	
out of Egypt by Moses	out of Egypt by Moses
ἐξ Αἰγύπτου διὰ Μωσέως	ἐξ Αἰγύπτου διὰ Μωσέως
Hebrews 3:17	
forty years	forty years
τεσσαράκοντα ἔτη	τεσσεράκοντα ἔτη
Hebrews 4:1	
Let us therefore fear	Let us therefore fear
Φοβηθῶμεν οὖν μή ποτε	Φοβηθῶμεν οὖν μήποτε
Hebrews 4:2	
not being mixed with faith	not being united by faith
μὴ συγκεκραμένος τῇ πίστει	μὴ συγκεκερασμένους τῇ πίστει
Hebrews 4:3	
For we...do enter into rest	For we...do enter into rest
εἰσερχόμεθα γὰρ εἰς τὴν κατάπαυσιν	εἰσερχόμεθα γὰρ εἰς (τὴν) κατάπαυσιν
Hebrews 4:4	
on this wise	on this wise
οὕτω	οὕτως
Hebrews 4:7	
saying in David	saying in David
ἐν Δαβὶδ λέγων	ἐν Δαυὶδ λέγων
Hebrews 4:7	
as it is said	as it was said before
καθὼς εἴρηται	καθὼς προείρηται
Hebrews 4:12	
of soul and spirit	of soul and spirit
ψυχῆς τὲ καὶ πνεύματος	ψυχῆς καὶ πνεύματος
Hebrews 4:16	
that we may obtain mercy	that we may obtain mercy
ἵνα λάβωμεν ἔλεον	ἵνα λάβωμεν ἔλεος
Hebrews 5:3	
And by reason hereof	And by reason hereof
καὶ διὰ ταύτην ὀφείλει	καὶ δι αὐτὴν ὀφείλει
Hebrews 5:3	
so also	so also
οὕτω καὶ	οὕτως καὶ

Over 8,000 Differences Between the T.R. and the Nestle-Aland Greek N.T.

Textus Receptus-Scrivener	Nestle-Aland 26,27
Hebrews 5:3	
for himself	for himself
περὶ ἑαυτοῦ	ὑπὲρ αὐτοῦ
Hebrews 5:3	
to offer for sins	to offer for sins
προσφέρειν ὑπὲρ ἁμαρτιῶν	προσφέρειν περὶ ἁμαρτιῶν
Hebrews 5:4	
but he that is called	but *the* called
ἀλλὰ ὁ καλούμενος	ἀλλὰ καλούμενος
Hebrews 5:4	
as was	as was
καθάπερ καὶ	καθώσπερ καὶ
Hebrews 5:4	
Λαρον	Λαρον
ὁ ᾿Ααρών	᾿Ααρών
Hebrews 5:5	
So also	So also
οὕτω καὶ	Οὕτως καὶ
Hebrews 5:9	
unto all them that obey him	unto all them that obey him
τοῖς ὑπακούουσιν αὐτῷ πᾶσιν	πᾶσιν τοῖς ὑπακούουσιν αὐτῷ
Hebrews 5:12	
and not of strong meat	[and] not of strong meat
καὶ οὐ στερεᾶς τροφῆς	(καὶ) οὐ στερεᾶς τροφῆς
Hebrews 6:7	
the rain that cometh oft upon it	the rain that cometh oft upon it
τὸν ἐπ᾿ αὐτῆς πολλάκις ἐρχόμενον ὑετόν	τὸν ἐπ᾿ αὐτῆς ἐρχόμενον πολλάκις ὑετόν
Hebrews 6:9	
better things	better things
τὰ κρείττονα	τὰ κρείσσονα
Hebrews 6:9	
though we thus speak	though we thus speak
εἰ καὶ οὕτω λαλοῦμεν	εἰ καὶ οὕτως λαλοῦμεν
Hebrews 6:10	
and labour of love	and love
καὶ τοῦ κόπου τῆς ἀγάπης	καὶ τῆς ἀγάπης
Hebrews 6:10	
which ye have shewed toward	which ye have shewed toward
ἧς ἐνδείξασθε εἰς	ἧς ἐνεδείξασθε εἰς
Hebrews 6:14	
Surely blessing I will bless thee	Surely blessing I will bless thee
᾿Η μὴν εὐλογῶν εὐλογήσω σε	Εἰ μὴν εὐλογῶν εὐλογήσω σε
Hebrews 6:15	
And so	And so
καὶ οὕτω	καὶ οὕτως
Hebrews 6:16	
For men verily	For men
ἄνθρωποι μὲν γὰρ	ἄνθρωποι γὰρ

Textus Receptus-Scrivener	Nestle-Aland 26,27
Hebrews 6:18	
impossible for God to lie	impossible for God to lie
ἀδύνατον ψεύσασθαι Θεόν	ἀδύνατον ψεύσασθαι (τὸν) θεόν
Hebrews 7:4	
unto whom even	unto whom [even]
ᾧ καὶ	ᾧ (καὶ)
Hebrews 7:6	
received tithes of Abraham	received tithes of Abraham
δεδεκάτωκε τὸν Ἀβραάμ	δεδεκάτωκεν Ἀβραάμ
Hebrews 7:9	
Levi also...payed tithes in Abraham	Levi also...payed tithes in Abraham
διὰ Ἀβραὰμ καὶ Λευὶ ὁ δεκάτας	δι Ἀβραὰμ καὶ Λευὶ ὁ δεκάτας
Hebrews 7:10	
when Melchisedec met him	when Melchisedec met him
ὅτε συνήντησεν αὐτῷ ὁ Μελχισέδεκ	ὅτε συνήντησεν αὐτῷ Μελχισέδεκ
Hebrews 7:11	
under it	on the basis of it
ἐπ αὐτῇ	ἐπ αὐτῆς
Hebrews 7:11	
received the law	received the law
νενομοθέτητο	νενομοθέτηται
Hebrews 7:14	
nothing concerning priesthood	nothing concerning priests
οὐδὲν περὶ ἱερωσυνῆς	περὶ ἱερέων οὐδὲν
Hebrews 7:14	
Moses spake	Moses spake
Μωσῆς ἐλάλησε	Μωϋσῆς ἐλάλησεν
Hebrews 7:16	
the law of a carnal commandment	the law of a fleshy commandment
νόμον ἐντολῆς σαρκικῆς	νόμον ἐντολῆς σαρκίνης
Hebrews 7:17	
For he testifieth	For he is testified
μαρτυρεῖ γὰρ	μαρτυρεῖται γὰρ
Hebrews 7:21	
after the order of Melchisedec	....
κατὰ τὴν τάξιν Μελχισεδέκ	....
Hebrews 7:22	
By so much	By so much
κατὰ τοσοῦτον	κατὰ τοσοῦτο
Hebrews 7:22	
a better testament	[also]...a better testament
κρείττονος διαθήκης	(καὶ) κρείττονος διαθήκης
Hebrews 7:26	
For such an high priest became us	For such an high priest also became us
Τοιοῦτος γὰρ ἡμῖν ἔπρεπεν ἀρχιερεύς	Τοιοῦτος γὰρ ἡμῖν καὶ ἔπρεπεν ἀρχιερεύς
Hebrews 8:2	
and not man	not man
καὶ οὐκ ἄνθρωπος	οὐκ ἄνθρωπος

Textus Receptus-Scrivener	Nestle-Aland 26,27
Hebrews 8:4	
For if he were	Therefore if he were
εἰ μὲν γὰρ ἦν	εἰ μὲν οὖν ἦν
Hebrews 8:4	
seeing that there are priests that offer	seeing that there are that offer
ὄντων τῶν ἱερέων τῶν προσφερόντων	ὄντων τῶν προσφερόντων
Hebrews 8:4	
gifts according to the law	gifts according to *the* law
κατὰ τὸν νόμον τὰ δῶρα	κατὰ νόμον τὰ δῶρα
Hebrews 8:5	
as Moses was admonished of God	as Moses was admonished of God
καθὼς κεχρημάτισται Μωσῆς	καθὼς κεχρημάτισται Μωϋσῆς
Hebrews 8:5	
that thou make all things	*that* thou shalt make all things
ποιήσῃς πάντα	ποιήσεις πάντα
Hebrews 8:6	
But now	But now
νυνὶ δὲ	νυν[ὶ] δὲ
Hebrews 8:6	
hath he obtained a...ministry	hath he obtained a...ministry
τέτευχε λειτουργίας	τέτυχεν λειτουργίας
Hebrews 8:8	
For finding fault with them	For finding fault with them
μεμφόμενος γὰρ αὐτοῖς	μεμφόμενος γὰρ αὐτοὺς
Hebrews 8:11	
they shall not teach every man his neighbour	they shall not teach every man his citizen
οὐ μὴ διδάξωσιν ἕκαστος τὸν πλησίον αὐτοῦ	οὐ μὴ διδάξωσιν ἕκαστος τὸν πολίτην αυτου
Hebrews 8:11	
from the least	from the least
ἀπὸ μικροῦ αὐτῶν	ἀπὸ μικροῦ
Hebrews 8:12	
and their iniquities	....
καὶ τῶν ἀνομιῶν αὐτῶν	....
Hebrews 9:1	
the first *covenant* had also ordinances	the first *covenant* had [also] ordinances
καὶ ἡ πρώτη δικαιώματα λατρείας	(καὶ) ἡ πρώτη δικαιώματα λατρείας
Hebrews 9:5	
the cherubims of glory	the cherubim of glory
Χερουβὶμ δόξης	Χερουβὶν δόξης
Hebrews 9:6	
Now when these things were thus	Now when these things were thus
τούτων δὲ οὕτω	Τούτων δὲ οὕτως
Hebrews 9:9	
in which	in which
καθ ὃν	καθ ἣν
Hebrews 9:10	
washings, and	washings
βαπτισμοῖς καὶ	βαπτισμοῖς

Over 8,000 Differences Between the T.R. and the Nestle-Aland Greek N.T.

Textus Receptus-Scrivener	Nestle-Aland 26,27
Hebrews 9:10	
carnal ordinances	carnal ordinances
δικαιώμασι σαρκὸς	δικαιώματα σαρκὸς
Hebrews 9:11	
of good things to come	of good things to come
τῶν μελλόντων ἀγαθῶν	τῶν γενομένων ἀγαθῶν
Hebrews 9:13	
the blood of bulls and of goats	the blood of goats and bulls
τὸ αἷμα ταύρων καὶ τράγων	τὸ αἷμα τράγων καὶ ταύρων
Hebrews 9:14	
purge your conscience	purge our conscience
καθαριεῖ τὴν συνείδησιν ὑμῶν	καθαριεῖ τὴν συνείδησιν ἡμῶν
Hebrews 9:17	
otherwise it is of no strength at all	otherwise it is of no strength at all
ἐπεὶ μή ποτε ἰσχύει	ἐπεὶ μήποτε ἰσχύει
Hebrews 9:18	
Whereupon neither	Whereupon neither
ὅθεν οὐδ	ὅθεν οὐδὲ
Hebrews 9:19	
according to the law	according to the law
κατὰ νόμον	κατὰ τὸν νόμον
Hebrews 9:19	
the blood of calves and of goats	the blood of calves [and of goats]
τὸ αἷμα τῶν μόσχων καὶ τράγων	τὸ αἷμα τῶν μόσχων (καὶ τῶν τράγων)
Hebrews 9:19	
and sprinkled...all the people	and sprinkled...all the people
καὶ πάντα τὸν λαὸν ἐρράντισε	καὶ πάντα τὸν λαὸν ἐράντισεν
Hebrews 9:21	
he sprinkled	he sprinkled
ἐρράντισε	ἐράντισεν
Hebrews 9:24	
into the holy places	into the holy places
ἅγια εἰσῆλθεν	εἰσῆλθεν ἅγια
Hebrews 9:24	
Christ	Christ
ὁ Χριστός	Χριστός
Hebrews 9:26	
but now once	but now once
νῦν δὲ ἅπαξ	νυνὶ δὲ ἅπαξ
Hebrews 9:26	
to put away sin	to put away [the] sin
ἀθέτησιν ἁμαρτίας	ἀθέτησιν (τῆς) ἁμαρτίας
Hebrews 9:28	
So Christ was once offered	So also Christ was once offered
οὕτως ὁ Χριστός ἅπαξ προσενεχθεὶς	οὕτως καὶ ὁ Χριστός, ἅπαξ προσενεχθεὶς
Hebrews 10:2	
once purged	once purged
ἅπαξ κεκαθαρμένους	ἅπαξ κεκαθαρισμένους

Over 8,000 Differences Between the T.R. and the Nestle-Aland Greek N.T.

Textus Receptus-Scrivener	Nestle-Aland 26,27

Hebrews 10:8
Sacrifice
ὅτι θυσίαν

Sacrifices
ὅτι θυσίας

Hebrews 10:8
and offering
καὶ προσφορὰν

and offerings
καὶ προσφορὰς

Hebrews 10:8
which are offered by the law
αἵτινες κατὰ τὸν νόμον προσφέρονται

which are offered by law
αἵτινες κατὰ νόμον προσφέρονται

Hebrews 10:9
to do thy will, O God
ποιῆσαι, ὁ Θεός, τὸ θέλημά σου

to do thy will
ποιῆσαι τὸ θέλημά σου

Hebrews 10:10
the body of Jesus Christ
τοῦ σώματος τοῦ Ἰησοῦ Χριστοῦ

the body of Jesus Christ
τοῦ σώματος Ἰησοῦ Χριστοῦ

Hebrews 10:12
But this man
αὖτος δὲ

But this one
οὗτος δὲ

Hebrews 10:15
for after that he had said before
μετὰ γὰρ τὸ προειρηκέναι

for after that he had said
μετὰ γὰρ τὸ εἰρηκέναι

Hebrews 10:16
and in their minds
καὶ ἐπὶ τῶν διανοιῶν αὐτῶν

and in their minds
καὶ ἐπὶ τὴν διάνοιαν αὐτῶν

Hebrews 10:17
will I remember no more
οὐ μὴ μνησθῶ ἔτι

will I remember no more
οὐ μὴ μνησθήσομαι ἔτι

Hebrews 10:22
having our hearts sprinkled
ἐρραντισμένοι τὰς καρδίας

having our hearts sprinkled
ῥεραντισμένοι τὰς καρδίας

Hebrews 10:22
our bodies washed with pure water
λελουμένοι τὸ σῶμα ὕδατι καθαρῷ

our bodies washed with pure water
λελουσμένοι τὸ σῶμα ὕδατι καθαρῷ

Hebrews 10:28
Moses' law
νόμον Μωσέως

Moses' law
νόμον Μωϋσέως

Hebrews 10:30
I will recompense, saith the Lord.
ἐγὼ ἀνταποδώσω, λέγει Κύριος

I will recompense
ἐγὼ ἀνταποδώσω

Hebrews 10:30
The Lord shall judge his people
Κύριος κρινεῖ τὸν λαὸν αὐτοῦ

The Lord shall judge his people
Κρινεῖ κύριος τὸν λαὸν αὐτοῦ

Hebrews 10:34
For ye had compassion of me in my bonds
καὶ γὰρ τοῖς δεσμίοις μου συνεπαθήσατε

For ye had compassion with prisoners
καὶ γὰρ τοῖς δεσμίοις συνεπαθήσατε

Hebrews 10:34
knowing in yourselves that ye have
γινώσκοντες ἔχειν ἐν ἑαυτῖος

knowing yourselves that ye have
γινώσκοντες ἔχειν ἑαυτοὺς

Over 8,000 Differences Between the T.R. and the Nestle-Aland Greek N.T.

Textus Receptus-Scrivener	Nestle-Aland 26,27
Hebrews 10:34	
in heaven	....
ἐν οὐρανοῖς	....
Hebrews 10:35	
which hath great recompence of reward	which hath great recompence of reward
ἥτις ἔχει μισθαποδοσίαν μεγάλην	ἥτις ἔχει μεγάλην μισθαποδοσίαν
Hebrews 10:37	
and will not tarry	and will not tarry
καὶ οὐ χρονιεῖ	καὶ οὐ χρονίσει
Hebrews 10:38	
Now the just shall live by faith	Now my just shall live by faith
ὁ δὲ δίκαιός ἐκ πίστεως ζήσεται	ὁ δὲ δίκαιός μου ἐκ πίστεως ζήσεται
Hebrews 11:3	
things which are seen	what is seen
τὰ βλεπόμενα	τὸ βλεπόμενον
Hebrews 11:5	
and was not found	and was not found
καὶ οὐχ εὑρίσκετο	καὶ οὐχ ηὑρίσκετο
Hebrews 11:5	
for before his translation	for before the translation
πρὸ γὰρ τῆς μεταθέσεως αὐτοῦ	πρὸ γὰρ τῆς μεταθέσεως
Hebrews 11:5	
he pleased God	he pleased God
εὐηρεστηκέναι τῷ Θεῷ	εὐαρεστηκέναι τῷ θεῷ
Hebrews 11:8	
called to go out into a place	called to go out into a place
ἐξελθεῖν εἰς τὸν τόπον	ἐξελθεῖν εἰς τόπον
Hebrews 11:9	
in the land of promise	in a land of promise
εἰς τὴν γῆν τῆς ἐπαγγελίας	εἰς γῆν τῆς ἐπαγγελίας
Hebrews 11:11	
Sara herself	Sara herself being barren
αὐτὴ Σάρρα	αὐτὴ Σάρρα στεῖρα
Hebrews 11:11	
was delivered of a child when she was past age	when she was past age
παρὰ καιρὸν ἡλικίας ἔτεκεν	παρὰ καιρὸν ἡλικίας
Hebrews 11:12	
and as the sand	and as the sand
καὶ ὡσεὶ ἄμμος	καὶ ὡς ἡ ἄμμος
Hebrews 11:13	
and were persuaded of *them*	....
καὶ πεισθέντες	....
Hebrews 11:15	
from whence they came out	from whence they went out
ἀφ ἧς ἐξῆθον	ἀφ ἧς ἐξέβησαν
Hebrews 11:16	
But now	But now
νυνὶ δὲ	νῦν δὲ

Over 8,000 Differences Between the T.R. and the Nestle-Aland Greek N.T.

Textus Receptus-Scrivener	Nestle-Aland 26,27
Hebrews 11:20	
By faith...concerning things to come	By faith also...concerning things to come
πίστει περὶ μελλόντων	Πίστει καὶ περὶ μελλόντων
Hebrews 11:23	
By faith Moses	By faith Moses
πίστει Μωσῆς	Πίστει Μωϋσῆς
Hebrews 11:24	
By faith Moses	By faith Moses
πίστει Μωσῆς	Πίστει Μωϋσῆς
Hebrews 11:26	
the treasures in Egypt	the treasures of Egypt
τῶν ἐν Αἰγύπτῳ θησαυρῶν	τῶν Αἰγύπτου θησαυρῶν
Hebrews 11:29	
they passed through the Red sea as by dry *land*	they passed through the Red sea as by dry land
διέβησαν τὴν Ἐρυθρὰν θάλασσαν ὡς διὰ ξηρᾶς	διέβησαν τὴν Ἐρυθρὰν Θάλασσαν ὡς διὰ ξηρᾶς γῆς
Hebrews 11:30	
the walls of Jericho fell down	the walls of Jericho fell down
τὰ τείχη Ἰεριχὼ ἔπεσε	τὰ τείχη Ἰεριχὼ ἔπεσαν
Hebrews 11:32	
for the time would fail me	for the time would fail me
ἐπιλείψει γὰρ με διηγούμενον ὁ χρόνος	ἐπιλείψει με γὰρ διηγούμενον ὁ χρόνος
Hebrews 11:32	
Barak, and *of* Samson	Barak, Samson
Βαράκ τε καὶ Σαμψών	Βαράκ, Σαμψών
Hebrews 11:32	
and *of* Jephthae	Jephthae
καὶ Ἰεφθάε	Ἰεφθάε
Hebrews 11:32	
of David also	*of* David also
Δαβὶδ τε	Δαυὶδ τε
Hebrews 11:34	
escaped the edge of the sword	escaped the edge of the sword
ἔφυγον στόματα μαχαίρας	ἔφυγον στόματα μαχαίρης
Hebrews 11:34	
out of weakness were made strong	out of weakness were strengthened
ἐνεδυναμώθησαν ἀπὸ ἀσθενείας	ἐδυναμώθησαν ἀπὸ ἀσθενείας
Hebrews 11:37	
they were sawn asunder, were tempted	they were sawn asunder
ἐπρίσθησαν, ἐπειράσθησαν	ἐπρίσθησαν
Hebrews 11:37	
were slain with the sword	were slain with the sword
ἐν φόνῳ μαχαίρας ἀπέθανον	ἐν φόνῳ μαχαίρης ἀπέθανον
Hebrews 11:38	
they wandered in deserts	they wandered over deserts
ἐν ἐρημίαις πλανώμενοι	ἐπὶ ἐρημίαις πλανώμενοι
Hebrews 12:2	
is set down	is set down

Textus Receptus-Scrivener	Nestle-Aland 26,27
εκάθισεν	κεκάθικεν

Hebrews 12:3

such contradiction of sinners against himself	such contradiction of sinners against himself
τῶν ἁμαρτωλῶν εἰς αὐτὸν ἀντιλογίαν	τῶν ἁμαρτωλῶν εἰς ἑαυτὸν ἀντιλογίαν

Hebrews 12:7

If ye endure chastening	Ye endure for discipline
εἰ παιδείαν ὑπομένετε	εἰς παιδείαν ὑπομένετε

Hebrews 12:7

for what son is he whom	for what son whom
τίς γὰρ ἐστιν υἱὸς ὃν	τίς γὰρ υἱὸς ὃν

Hebrews 12:8

then are ye bastards, and not sons	then are ye bastards, and not sons
ἄρα νόθοι ἐστὲ καὶ οὐχ υἱοί	ἄρα νόθοι καὶ οὐχ υἱοί ἐστε

Hebrews 12:9

not much	not much
οὐ πολλῷ	οὐ πολὺ

Hebrews 12:9

rather	[but]...rather
μᾶλλον	(δὲ) μᾶλλον

Hebrews 12:13

make straight paths	make straight paths
τροχιὰς ὀρθὰς ποιήσατε	τροχιὰς ὀρθὰς ποιεῖτε

Hebrews 12:15

and thereby	and thereby
καὶ διὰ ταύτης	καὶ δι αὐτῆς

Hebrews 12:16

sold...birthright	sold...birthright
ἀπέδοτο τὰ πρωτοτόκια	ἀπέδετο τὰ πρωτοτόκια

Hebrews 12:16

his	his own
αὐτοῦ	ἑαυτοῦ

Hebrews 12:18

For ye are not come unto the mount that might be touched	For ye are not come unto the that *which* might be touched
Οὐ γὰρ προσεληλύθατε ψηλαφωμένῳ ὄρει	Οὐ γὰρ προσεληλύθατε ψηλαφωμένῳ

Hebrews 12:18

and darkness, and tempest	and darkness, and tempest
καὶ σκότῳ, καὶ θυέλλῃ	καὶ ζόφῳ καὶ θυέλλῃ

Hebrews 12:20

or thrust through with a dart	
ἢ βολίδι κατατοξευθήσεται	....
	....

Hebrews 12:21

Moses said	Moses said
Μωσῆς εἶπεν	Μωϋσῆς εἶπεν

Hebrews 12:23

which are written in heaven	which are written in heaven
ἐν οὐρανοις ἀπογεγραμμένων	ἀπογεγραμμένων ἐν οὐρανοῖς

Hebrews 12:24

Over 8,000 Differences Between the T.R. and the Nestle-Aland Greek N.T.

Textus Receptus-Scrivener	Nestle-Aland 26,27
that speaketh better things	that speaketh a better thing
κρείττονα λαλοῦντι	κρεῖττον λαλοῦντι
Hebrews 12:24	
than *that of* Abel	than *that of* Abel
παρὰ τὸ Ἀβελ	παρὰ τὸν Ἀβελ
Hebrews 12:25	
For if they escaped not	For if they escaped not
εἰ γὰρ ἐκεῖνοι οὐκ ἔφυγον	εἰ γὰρ ἐκεῖνοι οὐκ ἐξέφυγον
Hebrews 12:25	
who refused him...on earth	who refused him...on earth
τὸν ἐπὶ τῆς γῆς παραιτησάμενοι	ἐπὶ γῆς παραιτησάμενοι
Hebrews 12:25	
that spake	that spake
χρηματίζοντα	τὸν χρηματίζοντα
Hebrews 12:25	
much more *shall not* we	much more *shall not* we
πολλῷ μᾶλλον ἡμεῖς	πολὺ μᾶλλον ἡμεῖς
Hebrews 12:26	
I shake not...only	I shake not...only
ἐγὼ σείω οὐ μόνον	ἐγὼ σείσω οὐ μόνον
Hebrews 12:27	
signifieth...of those things that are shaken	signifieth...of those things that are shaken
δηλοῖ τῶν σαλευομένων	δηλοῖ (τὴν) τῶν σαλευομένων
Hebrews 12:27	
the removing	removing
τὴν μετάθεσιν	μετάθεσιν
Hebrews 12:28	
with reverence and godly fear	with godly fear and awe
μετὰ αἰδοῦς καὶ εὐλαβείας	μετὰ εὐλαβείας καὶ δέους
Hebrews 13:4	
but whoremongers	for whoremongers
πόρνους δὲ	πόρνους γὰρ
Hebrews 13:6	
and I will not fear	[and] I will not fear
καὶ οὐ φοβηθήσομαι	(καὶ) οὐ φοβηθήσομαι
Hebrews 13:8	
Jesus Christ...yesterday	Jesus Christ...yesterday
Ἰησοῦς Χριστὸς χθὲς	Ἰησοῦς Χριστὸς ἐχθὲς
Hebrews 13:9	
Be not carried about	Be not carried away
μὴ περιφέρεσθε	μὴ παραφέρεσθε
Hebrews 13:9	
them that have been occupied therein	them that have been occupied therein
οἱ περιπατήσαντες	οἱ περιπατοῦντες
Hebrews 13:15	
By him therefore	By him [therefore]
δι αὐτοῦ οὖν	δι αὐτοῦ (οὖν)
Hebrews 13:18	

Over 8,000 Differences Between the T.R. and the Nestle-Aland Greek N.T.

Textus Receptus-Scrivener	Nestle-Aland 26,27
for we trust	for we persuade
πεποίθαμεν γὰρ	πειθόμεθα γὰρ
Hebrews 13:21	
in every good work	in every good
ἐν παντὶ ἔργῳ ἀγαθῷ	ἐν παντὶ ἀγαθῷ
Hebrews 13:21	
working in you	working in us
ποιῶν ἐν ὑμῖν	ποιῶν ἐν ἡμῖν
Hebrews 13:21	
for ever and ever	for ever [and ever]
εἰς τοὺς αἰῶνας τῶν αἰώνων	εἰς τοὺς αἰῶνας (τῶν αἰώνων)
Hebrews 13:23	
our brother Timothy	our brother Timothy
τὸν ἀδελφὸν Τιμόθεον	τὸν ἀδελφὸν ἡμῶν Τιμόθεον
Hebrews 13:25	
Amen	....
ἀμήν	....
James 1:7	
that he shall receive any thing	that he shall receive any thing
ὅτι λήψεταί τι	ὅτι λήμψεταί τι
James 1:11	
so also	so also
οὕτω καὶ	οὕτως καὶ
James 1:12	
he shall receive the crown	he shall receive the crown
λήψεται τὸν στέφανον	λήμψεται τὸν στέφανον
James 1:12	
which the Lord hath promised	which was promised
ὃν ἐπηγγείλατο ὁ Κύριος	ὃν ἐπηγγείλατο
James 1:13	
I am tempted of God	I am tempted of God
Ἀπὸ τοῦ Θεοῦ πειράζομαι	Ἀπὸ θεοῦ πειράζομαι
James 1:19	
Wherefore	*This* you know
Ὥστε	Ἴστε
James 1:19	
let every man	but let every man
ἔστω πᾶς ἄνθρωπος	ἔστω δὲ πᾶς ἄνθρωπος
James 1:20	
worketh not the righteousness of God	worketh not the righteousness of God
δικαιοσύνην Θεοῦ οὐ κατεργάζεται	δικαιοσύνην θεοῦ οὐκ ἐργάζεται
James 1:25	
he being not a forgetful hearer	not a forgetful hearer
οὗτος οὐκ ἀκροατὴς ἐπιλησμονῆς	οὐκ ἀκροατὴς ἐπιλησμονῆς
James 1:26	
among you	....
ἐν ὑμῖν	....
James 1:26	

Over 8,000 Differences Between the T.R. and the Nestle-Aland Greek N.T.

Textus Receptus-Scrivener	Nestle-Aland 26,27
but deceiveth	but deceiveth
ἀλλ ἀπατῶν	ἀλλὰ ἀπατῶν
James 2:1	
with respect of persons	with respect of persons
ἐν προσωποληψίαις	ἐν προσωπολημψίαις
James 2:2	
come unto your assembly	come unto your assembly
εἰσέλθῃ εἰς τὴν συναγωγὴν ὑμῶν	εἰσέλθῃ εἰς συναγωγὴν ὑμῶν
James 2:3	
And ye have respect to	But ye have respect to
καὶ ἐπιβλέψητε ἐπὶ	ἐπιβλέψητε δὲ ἐπὶ
James 2:3	
and say unto him	and say
καὶ εἴπητε αὐτῷ	καὶ εἴπητε
James 2:3	
or sit here	or sit here
ἢ κάθου ὧδε	ἢ κάθου
James 2:4	
Are ye not then partial	Are ye not partial
καὶ οὐ διεκρίθητε	οὐ διεκρίθητε
James 2:5	
the poor of this world	the poor to the world
τοὺς πτωχοὺς τοῦ κόσμου τούτου	τοὺς πτωχοὺς τῷ κόσμῳ
James 2:9	
But if ye have respect to persons	But if ye have respect to persons
εἰ δὲ προσωποληπτεῖτε	εἰ δὲ προσωπολημπτεῖτε
James 2:10	
shall keep...and yet offend	shall keep...and yet offend
τηρήσει, πταίσει	τηρήσῃ, πταίσῃ
James 2:11	
Now if thou commit no adultery, yet if thou kill	Now if thou commit no adultery, yet if thou kill
εἰ δὲ οὐ μοιχεύσεις, φονεύσεις δέ	εἰ δὲ οὐ μοιχεύεις, φονεύεις δέ
James 2:12	
So speak ye	So speak ye
οὕτω λαλεῖτε	οὕτως λαλεῖτε
James 2:12	
and so do	and so do
καὶ οὕτω ποιεῖτε	καὶ οὕτως ποιεῖτε
James 2:13	
For he shall have judgment without mercy	For he shall have judgment without mercy
ἡ γὰρ κρίσις ἀνίλεως	ἡ γὰρ κρίσις ἀνέλεος
James 2:13	
and mercy rejoiceth against	mercy rejoiceth against
καὶ κατακαυχᾶται ἔλεος	κατακαυχᾶται ἔλεος
James 2:15	
If a brother	If a brother
ἐὰν δὲ ἀδελφὸς	ἐὰν ἀδελφὸς
James 2:15	

Textus Receptus-Scrivener	Nestle-Aland 26,27
of daily food	of daily food
ὦσι τῆς ἐφημέρου τροφῆς	τῆς ἐφημέρου τροφῆς
James 2:17	
Even so faith	Even so faith
οὕτω καὶ ἡ πίστις	οὕτως καὶ ἡ πίστις
James 2:17	
if it hath not works	if it hath not works
ἐὰν μὴ ἔργα ἔχῃ	ἐὰν μὴ ἔχῃ ἔργα
James 2:18	
without thy works	without works
χωρὶς τῶν ἔργων σου	χωρὶς τῶν ἔργων
James 2:18	
and I will shew thee	and I will shew thee
κἀγὼ δείξω σοι	κἀγώ σοι δείξω
James 2:18	
my faith by my works	faith by my works
ἐκ τῶν ἔργων μου τὴν πίστιν μου	ἐκ τῶν ἔργων μου τὴν πίστιν
James 2:19	
that there is one God	that there is one God
ὅτι ὁ Θεὸς εἷς ἐστι	ὅτι εἷς ἐστιν ὁ θεός
James 2:20	
faith without works is dead	faith without works is idle
ἡ πίστις χωρὶς τῶν ἔργων νεκρά ἐστιν	ἡ πίστις χωρὶς τῶν ἔργων ἀργή ἐστιν
James 2:24	
Ye see then how that	Ye see that
ὁρᾶτε τοίνυν ὅτι	ὁρᾶτε ὅτι
James 2:26	
so faith	so faith
οὕτω καὶ ἡ πίστις	οὕτως καὶ ἡ πίστις
James 2:26	
without works	without works
χωρὶς τῶν ἔργων	χωρὶς ἔργων
James 3:1	
we shall receive	we shall receive
ληψόμεθα	λημψόμεθα
James 3:3	
Behold	But if
ἰδού	εἰ δὲ
James 3:3	
that they may obey us	that they may obey us
πρὸς τὸ πείθεσθαι αὐτοὺς ἡμῖν	εἰς τὸ πείθεσθαι αὐτοὺς ἡμῖν
James 3:4	
and are driven of fierce winds	and are driven of fierce winds
καὶ ὑπὸ σκληρῶν ἀνέμων ἐλαυνόμενα	καὶ ὑπὸ ἀνέμων σκληρῶν ἐλαυνόμενα
James 3:4	
whithersoever	whithersoever
ὅπου ἂν ἡ ὁρμὴ	ὅπου ἡ ὁρμὴ
James 3:4	

Over 8,000 Differences Between the T.R. and the Nestle-Aland Greek N.T.

Textus Receptus-Scrivener	Nestle-Aland 26,27
the governor listeth	the governor listeth
τοῦ εὐθύνοντος βούληται	τοῦ εὐθύνοντος βούλεται
James 3:5	
Even so the tongue	Even so the tongue
οὕτω καὶ ἡ γλῶσσα	οὕτως καὶ ἡ γλῶσσα
James 3:5	
and boasteth great things	and boasteth great things
καὶ μεγάλαυχεῖ	καὶ μεγάλα αὐχεῖ
James 3:5	
Behold, how great a matter a little fire kindleth	Behold, how great a matter a great fire kindleth
ἰδού, ὀλίγον πῦρ ἡλίκην ὕλην ἀνάπτει	Ἰδοὺ ἡλίκον πῦρ ἡλίκην ὕλην ἀνάπτει
James 3:6	
so...the tongue	the tongue
οὕτως ἡ γλῶσσα	ἡ γλῶσσα
James 3:8	
can no man tame	can no man tame
οὐδεὶς δίναται ἀνθρώπων δαμάσαι	οὐδεὶς δαμάσαι δίναται ἀνθρώπων
James 3:8	
it is an unruly evil	*it is* an unsettled evil
ἀκατάσχετον κακόν	ἀκατάστατον κακόν
James 3:9	
bless we God	bless we the Lord
εὐλογοῦμεν τὸν Θεὸν	εὐλογοῦμεν τὸν κύριον
James 3:10	
these things...so to be	these things...so to be
ταῦτα οὕτω γίνεσθαι	ταῦτα οὕτως γίνεσθαι
James 3:12	
so *can* no fountain both yield salt water and fresh	neither *can* salt water produce fresh
οὕτως οὐδεμια πηγὴ ἁλυκὸν καὶ γλυκὺ ποιῆσαι ὕδωρ	οὔτε ἁλυκὸν γλυκὺ ποιῆσαι ὕδωρ
James 3:15	
but *is* earthly	but *is* earthly
ἀλλ ἐπίγειος	ἀλλὰ ἐπίγειος
James 3:17	
without partiality, and without hypocrisy	without partiality, without hypocrisy
ἀδιάκριτος καὶ ἀνυπόκριτος	ἀδιάκριτος, ἀνυπόκριτος
James 3:18	
And the fruit of righteousness	And the fruit of righteousness
καρπὸς δὲ τῆς δικαιοσύνης	καρπὸς δὲ δικαιοσύνης
James 4:1	
From whence *come* wars and fightings	From whence *come* wars and whence fightings
Πόθεν πόλεμοι καὶ μάχαι	Πόθεν πόλεμοι καὶ πόθεν μάχαι
James 4:2	
yet ye have not	ye have not
οὐκ ἔχετε δὲ	οὐκ ἔχετε
James 4:4	
Ye adulterers and adulteresses	Ye adulteresses
μοιχοὶ καὶ μοιχαλίδες	μοιχαλίδες

Textus Receptus-Scrivener	Nestle-Aland 26,27
James 4:4	
whosoever therefore will	whosoever therefore will
ὃς ἂν οὖν βουληθῇ	ὃς ἐὰν οὖν βουληθῇ
James 4:5	
The spirit that dwelleth in us lusteth to envy	The spirit that he made to dwell in us lusteth to envy
Πρὸς φθόνον ἐπιποθεῖ τὸ πνεῦμα ὃ κατῴκησεν ἐν ἡμῖν	Πρὸς φθόνον ἐπιποθεῖ τὸ πνεῦμα ὃ κατῴκισεν ἐν ἡμῖν
James 4:7	
Resist the devil	But resist the devil
ἀντίστητε τῷ διαβόλῳ	ἀντίστητε δὲ τῷ διαβόλῳ
James 4:9	
be turned to mourning	be turned to mourning
εἰς πένθος μεταστραφήτω	εἰς πένθος μετατραπήτω
James 4:10	
Humble yourselves in the sight of the Lord	Humble yourselves in the sight of the Lord
ταπεινώθητε ἐνώπιον τοῦ Κυρίου	ταπεινώθητε ἐνώπιον κυρίου
James 4:11	
and judgeth his brother	or judgeth his brother
καὶ κρίνων τὸν ἀδελφὸν αὐτοῦ	ἢ κρίνων τὸν ἀδελφὸν αὐτοῦ
James 4:12	
There is one lawgiver	There is one lawgiver
εἷς ἐστιν ὁ νομοθέτης	εἷς ἐστιν (ὁ) νομοθέτης
James 4:12	
who is able to save	and judge, who is able to save
ὁ δυνάμενος σῶσαι	καὶ κριτής, ὁ δυνάμενος σῶσαι
James 4:12	
who art thou	but who art thou
σὺ τίς εἶ	σὺ δὲ τίς εἶ
James 4:12	
that judgest	that judgest
ὃς κρίνεις	ὁ κρίνων
James 4:12	
another	the neighbour
τὸν ἕτερον	τὸν πλησίον
James 4:13	
and continue there a year	and continue there a year
καὶ ποιήσομεν ἐκεῖ ἐνιαυτὸν ἕνα	καὶ ποιήσομεν ἐκεῖ ἐνιαυτὸν
James 4:14	
For what *is* your life	What *is* your life
ποία γὰρ ἡ ζωὴ ὑμῶν	ποία ἡ ζωὴ ὑμῶν
James 4:14	
It is even a vapour	Ye are even a vapour
ἀτμὶς γάρ ἐστιν	ἀτμὶς γάρ ἐστε
James 4:14	
and then vanisheth away	and then vanisheth away
ἔπειτα δὲ ἀφανιζομένη	ἔπειτα καὶ ἀφανιζομένη
James 5:5	

Over 8,000 Differences Between the T.R. and the Nestle-Aland Greek N.T.

Textus Receptus-Scrivener	Nestle-Aland 26,27
as in a day of slaughter	in a day of slaughter
ὡς ἐν ἡμέρᾳ σφαγῆς	ἐν ἡμέρᾳ σφαγῆς
James 5:7	
until he receive	until he receive
ἕως ἂν λάβῃ	ἕως λάβῃ
James 5:7	
the early and latter rain	the early and latter *rain*
ὑετὸν πρόϊμον καὶ ὄψιμον	πρόϊμον καὶ ὄψιμον
James 5:9	
Grudge not one against another, brethren	Grudge not one against another, brethren
μὴ στενάζετε κατ ἀλλήλων, ἀδελφοί	μὴ στενάζετε, ἀδελφοί, κατ ἀλλήλων
James 5:9	
lest ye be condemned	lest ye be judged
ἵνα μὴ κατακριθῆτε	ἵνα μὴ κριθῆτε
James 5:10	
Take, my brethren...of suffering affliction	Take, my brethren...of suffering affliction
λάβετε τῆς κακοπαθείας, ἀδελφοί μου	λάβετε, ἀδελφοί, τῆς κακοπαθείας
James 5:10	
in the name of the Lord	in the name of the Lord
τῷ ὀνόματι Κυρίου	ἐν τῷ ὀνόματι κυρίου.
James 5:11	
we count them happy which endure	we count them happy which endured
μακαρίζομεν τοὺς ὑπομένοντας	μακαρίζομεν τοὺς ὑπομείναντας
James 5:14	
anointing him with oil	anointing [him] with oil
ἀλείψαντες αὐτὸν ἐλαίῳ	ἀλείψαντες (αὐτὸν) ἐλαίῳ
James 5:16	
Confess	Confess, therefore
ἐξομολογεῖσθε	ἐξομολογεῖσθε οὖν
James 5:16	
your faults one to another	*your* sins one to another
ἀλλήλοις τὰ παραπτώματα	ἀλλήλοις τὰς ἁμαρτίας
James 5:19	
Brethren, if any	My brethren, if any
Ἀδελφοί, ἐάν τις	Ἀδελφοί μου, ἐάν τις
James 5:20	
shall save a soul from death	shall save his soul from death
σώσει ψυχὴν ἐκ θανάτου	σώσει ψυχὴν αὐτοῦ ἐκ θανάτου
I Peter 1:6	
if need be	if need [be]
εἰ δέον ἐστὶ	εἰ δέον (ἐστὶν)
I Peter 1:7	
much more precious than of gold	much more precious than of gold
πολυ τιμιώτερον χρυσίου	πολυτιμότερον χρυσίου
I Peter 1:7	
unto praise and honour and glory	unto praise and glory and honour
εἰς ἔπαινον καὶ τιμὴν καὶ δόξαν	εἰς ἔπαινον καὶ δόξαν καὶ τιμὴν
I Peter 1:9	

Textus Receptus-Scrivener	Nestle-Aland 26,27
end of your faith	end of [your] faith
τὸ τέλος τῆς πίστεως ὑμῶν	τὸ τέλος τῆς πίστεως (ὑμῶν)
I Peter 1:10	
have enquired and searched diligently	have enquired and searched diligently
ἐξεζήτησαν καὶ ἐξηρεύνησαν	ἐξεζήτησαν καὶ ἐξηραύνησαν
I Peter 1:11	
Searching what	Searching what
ἐρευνῶντες εἰς τίνα	ἐραυνῶντες εἰς τίνα
I Peter 1:12	
but unto us	but unto you
ἡμῖν δὲ	ὑμῖν δὲ
I Peter 1:12	
with the Holy Ghost	[with] the Holy Ghost
ἐν Πνεύματι Ἁγίῳ	(ἐν) πνεύματι ἁγίῳ
I Peter 1:16	
Because it is written	Because it is written [that]
διότι γέγραπται	διότι γέγραπται (ὅτι)
I Peter 1:16	
Be ye holy	Ye shall be holy
Ἅγιοι γένεσθε	Ἅγιοι ἔσεσθε
I Peter 1:16	
for I am holy	for I [am] holy
ὅτι ἐγὼ ἅγιος εἰμι	ὅτι ἐγὼ ἅγιος (εἰμι)
I Peter 1:17	
without respect of persons	without respect of persons
ἀπροσωπολήπτως	ἀπροσωπολήμπτως
I Peter 1:20	
but was manifest in these last times for you	but was manifest at the end of time for you
φανερωθέντος δὲ ἐπ ἐσχάτων τῶν χρόνων δι ὑμᾶς	φανερωθέντος δὲ ἐπ ἐσχάτου τῶν χρόνων δι ὑμᾶς
I Peter 1:21	
Who by him do believe in God	Who by him *are* believers in God
τοὺς δι αὐτοῦ πιστεύοντας εἰς Θεὸν	τοὺς δι αὐτοῦ πιστοὺς εἰς θεὸν
I Peter 1:22	
obeying the truth through the Spirit	obeying the truth
ὑπακοῇ τῆς ἀληθείας διὰ Πνεύματος	ὑπακοῇ τῆς ἀληθείας
I Peter 1:22	
with a pure heart	with a [pure] heart
ἐκ καθαρᾶς καρδίας	ἐκ (καθαρᾶς) καρδίας
I Peter 1:23	
by the word of God, which liveth and abideth for ever	by the word of God, which liveth and abideth
διὰ λόγου ζῶντος Θεοῦ καὶ μένοντος εἰς τὸν αἰῶνα	διὰ λόγου ζῶντος θεοῦ καὶ μένοντος
I Peter 1:24	
and all the glory of man	and all its glory
καὶ πᾶσα δόξα ἀνθρώπου	καὶ πᾶσα δόξα αὐτῆς
I Peter 1:24	

Over 8,000 Differences Between the T.R. and the Nestle-Aland Greek N.T.

Textus Receptus-Scrivener	Nestle-Aland 26,27
and the flower thereof falleth away	and the flower falleth away
καὶ τὸ ἄνθος αὐτοῦ ἐξέπεσε	καὶ τὸ ἄνθος ἐξέπεσεν
I Peter 2:2	
that ye may grow thereby	that ye may grow thereby unto salvation
ἵνα ἐν αὐτῷ αὐξηθῆτε	ἵνα ἐν αὐτῷ αὐξηθῆτε εἰς σωτηρίαν
I Peter 2:3	
If so be ye have tasted	If ye have tasted
εἴπερ ἐγεύσασθε	εἰ ἐγεύσασθε
I Peter 2:5	
an holy priesthood	for a holy priesthood
ἱεράτευμα ἅγιον	εἰς ἱεράτευμα ἅγιον
I Peter 2:5	
acceptable to God	acceptable to God
εὐπροσδέκτους τῷ Θεῷ	εὐπροσδέκτους (τῷ) θεῷ
I Peter 2:6	
Wherefore also it is contained	Because it is contained
διὸ καὶ περιέχει	διότι περιέχει
I Peter 2:6	
in the scripture	in scripture
ἐν τῇ γραφῇ	ἐν γραφῇ
I Peter 2:7	
but unto them which be disobedient	but unto them which are unbelieving
ἀπειθοῦσι δὲ	ἀπιστοῦσιν δὲ
I Peter 2:7	
the stone which the builders disallowed	the stone which the builders disallowed
Λίθον ὃν ἀπεδοκίμασαν οἱ οἰκοδομοῦντες	λίθος ὃν ἀπεδοκίμασαν οἱ οἰκοδομοῦντες
I Peter 2:12	
they may by your good works, which they shall behold	they may by your good works, which they are beholding
ἐκ τῶν καλῶν ἔργων ἐποπτεύσαντες	ἐκ τῶν καλῶν ἔργων ἐποπτεύοντες
I Peter 2:13	
Submit yourselves to every	Submit yourselves to every
Ὑποτάγητε οὖν πάσῃ	Ὑποτάγητε πάσῃ
I Peter 2:14	
for the punishment of evildoers	for the punishment of evildoers
εἰς ἐκδίκησιν μὲν κακοποιῶν	εἰς ἐκδίκησιν κακοποιῶν
I Peter 2:16	
but as the servants of God	but as the servants of God
ἀλλ ὡς δοῦλοι Θεοῦ	ἀλλ ὡς θεοῦ δοῦλοι
I Peter 2:21	
Christ also suffered for us	Christ also suffered for you
καὶ Χριστὸς ἔπαθεν ὑπὲρ ἡμῶν	καὶ Χριστὸς ἔπαθεν ὑπὲρ ὑμῶν
I Peter 2:21	
leaving us an example	leaving you an example
ἡμῖν ὑπολιμπάνων ὑπογραμμὸν	ὑμῖν ὑπολιμπάνων ὑπογραμμὸν
I Peter 2:24	
by whose stripes ye were healed	by stripes ye were healed
οὗ τῷ μώλωπι αὐτοῦ ἰάθητε	οὗ τῷ μώλωπι ἰάθητε

Textus Receptus-Scrivener	Nestle-Aland 26,27
I Peter 2:25	
as sheep going astray	as sheep, ye were going astray
ὡς πρόβατα πλανώμενα	ὡς πρόβατα πλανώμενοι
I Peter 2:25	
but are now returned	but are now returned
ἀλλ ἐπεστράφητε νῦν	ἀλλὰ ἐπεστράφητε νῦν
I Peter 3:1	
Likewise, ye wives	Likewise, [ye] wives
Ὁμοίως, αἱ γυναῖκες	Ὁμοίως (αἱ) γυναῖκες
I Peter 3:1	
without the word be won	without the word be won
ἄνευ λόγου κερδηθήσωνται	ἄνευ λόγου κερδηθήσονται
I Peter 3:4	
of a meek and quiet spirit	of a meek and quiet spirit
τοῦ πρᾳέος καὶ ἡσυχίου πνεύματος	τοῦ πραέως καὶ ἡσυχίου πνεύματος
I Peter 3:5	
For after this manner	For after this manner
οὕτω γάρ ποτε	οὕτως γάρ ποτε
I Peter 3:5	
who trusted in God	who trusted in God
αἱ ἐλπίζουσαι ἐπὶ τὸν Θεὸν	αἱ ἐλπίζουσαι εἰς θεὸν
I Peter 3:7	
be not hindered	be not hindered
τὸ μὴ ἐκκόπτεσθαι	τὸ μὴ ἐγκόπτεσθαι
I Peter 3:8	
love as brethren, be pitiful, be courteous	love as brethren, be pitiful, be humble minded
φιλάδελφοι, εὔσπλαγχνοι, φιλόφρονες	φιλάδελφοι, εὔσπλαγχνοι, ταπεινόφρονες
I Peter 3:9	
knowing that ye are thereunto called	that ye are thereunto called
εἰδότες ὅτι εἰς τοῦτο ἐκλήθητε	ὅτι εἰς τοῦτο ἐκλήθητε
I Peter 3:10	
let him refrain his tongue from evil	let him refrain the tongue from evil
παυσάτω τὴν γλῶσσαν αὐτοῦ ἀπὸ κακοῦ	παυσάτω τὴν γλῶσσαν ἀπὸ κακοῦ
I Peter 3:10	
and his lips	and lips
καὶ χείλη αὐτοῦ	καὶ χείλη
I Peter 3:11	
Let him eschew evil	But let him eschew evil
ἐκκλινάτω ἀπὸ κακοῦ	ἐκκλινάτω δὲ ἀπὸ κακοῦ
I Peter 3:12	
For the eyes of the Lord	For the eyes of the Lord
ὅτι οἱ ὀφθαλμοὶ Κυρίου	ὅτι ὀφθαλμοὶ κυρίου
I Peter 3:13	
if ye be followers of that which is good	if ye be zealous of that which is good
ἐὰν τοῦ ἀγαθοῦ μιμηταὶ γένεσθε	ἐὰν τοῦ ἀγαθοῦ ζηλωταὶ γένησθε
I Peter 3:15	
But sanctify the Lord God	But sanctify the Lord Christ
Κύριον δὲ τὸν Θεὸν ἁγιάσατε	κύριον δὲ τὸν Χριστὸν ἁγιάσατε

Over 8,000 Differences Between the T.R. and the Nestle-Aland Greek N.T.

Textus Receptus-Scrivener	Nestle-Aland 26,27
I Peter 3:15	
and *be* ready always	*be* ready always
ἕτοιμοι δὲ ἀεὶ	ἕτοιμοι ἀεὶ
I Peter 3:15	
with meekness and fear	but with meekness and fear
μετὰ πραΰτητος καὶ φόβου	ἀλλὰ μετὰ πραΰτητος καὶ φόβου
I Peter 3:16	
whereas they speak evil of you	whereas *ye* are evil spoken against
ἵνα ἐν ᾧ καταλαλῶσιν ὑμῶν	ἵνα ἐν ᾧ καταλαλεῖσθε
I Peter 3:16	
as of evildoers	....
ὡς κακοποιων	....
I Peter 3:17	
if the will of God be so	if may the will of God be so
εἰ θέλει τὸ θέλημα τοῦ Θεοῦ	εἰ θέλοι τὸ θέλημα τοῦ θεοῦ
I Peter 3:18	
that he might bring us to God	that he might bring you to God
ἵνα ἡμᾶς προσαγάγῃ τῷ Θεῷ	ἵνα ὑμᾶς προσαγάγῃ τῷ θεῷ
I Peter 3:18	
but quickened by the Spirit	but quickened *in the* Spirit
ζωοποιηθεὶς δὲ τῷ πνεύματι	ζωοποιηθεὶς δὲ πνεύματι
I Peter 3:20	
when once...waited	when...waited
ὅτε ἅπαξ ἐξεδέχετο	ὅτε ἀπεξεδέχετο
I Peter 3:20	
wherein few	wherein few
εἰς ἣν ὀλίγαι	εἰς ἣν ὀλίγοι
I Peter 3:21	
The like	The like
ᾧ καὶ	ὃ καὶ
I Peter 3:21	
figure...us	figure...you
ἡμᾶς ἀντίτυπον	ὑμᾶς ἀντίτυπον
I Peter 3:22	
on the right hand of God	on the right hand of God
ἐν δεξιᾷ τοῦ Θεοῦ	ἐν δεξιᾷ (τοῦ) θεοῦ
I Peter 4:1	
Forasmuch then as Christ hath suffered for us in the flesh	Forasmuch then as Christ hath suffered in the flesh
Χριστοῦ οὖν παθόντος ὑπὲρ ἡμῶν σαρκὶ	Χριστοῦ οὖν παθόντος σαρκὶ
I Peter 4:1	
for he that hath suffered in the flesh	for he that hath suffered *in* the flesh
ὅτι ὁ παθὼν ἐν σαρκὶ	ὅτι ὁ παθὼν σαρκὶ
I Peter 4:3	
For...suffice us	For...suffice
ἀρκετὸς γὰρ ἡμῖν	ἀρκετὸς γὰρ
I Peter 4:3	
the time past of *our* life	the time past

456

Textus Receptus-Scrivener	Nestle-Aland 26,27
ὁ παρεληλυθὼς χρόνος του βίου	ὁ παρεληλυθὼς χρόνος
I Peter 4:3	
the will of the Gentiles	the will of the Gentiles
τὸ θέλημα τῶν ἐθνῶν	τὸ βούλημα τῶν ἐθνῶν
I Peter 4:3	
to have wrought	to have wrought
κατεργάσασθαι	κατειργάσθαι
I Peter 4:3	
abominable idolatries	abominable idolatries
ἀθεμίτοις εἰδωλολατρείαις	ἀθεμίτοις εἰδωλολατρίαις
I Peter 4:7	
watch unto prayer	watch unto prayer
νήψατε εἰς τὰς προσευχάς	νήψατε εἰς προσευχάς
I Peter 4:8	
And above all things	Above all things
πρὸ πάντων δὲ	πρὸ πάντων
I Peter 4:8	
for charity	for charity
ὅτι ἡ ἀγάπη	ὅτι ἀγάπη
I Peter 4:8	
shall cover the multitude of sins	covers the multitude of sins
καλύψει πλῆθος ἁμαρτιῶν	καλύπτει πλῆθος ἁμαρτιῶν
I Peter 4:9	
without grudging	without grudging
ἄνευ γογγυσμῶν	ἄνευ γογγυσμοῦ
I Peter 4:14	
on their part he is evil spoken of, but on your part he is glorified	....
κατὰ μὲν αὐτοὺς βλασφημεῖται, κατὰ δὲ ὑμᾶς δοξάζεται	....
I Peter 4:15	
or *as* a busybody in other men's matters	or *as* a busybody in other men's matters
ἢ ὡς ἀλλοτριοεπίσκοπος	ἢ ὡς ἀλλοτριεπίσκοπος
I Peter 4:16	
but let him glorify God on this behalf	but let him glorify God in this name
δοξαζέτω δὲ τὸν Θεὸν ἐν τῷ μέρει τούτῳ	δοξαζέτω δὲ τὸν θεὸν ἐν τῷ ὀνόματι τούτῳ
I Peter 4:17	
For the time *is come*	For [the] time *is come*
ὅτι ὁ καιρὸς	ὅτι (ὁ) καιρὸς
I Peter 4:19	
as unto a faithful Creator	unto a faithful Creator
ὡς πιστῷ κτίστῃ	πιστῷ κτίστῃ
I Peter 4:19	
commit the keeping of their souls	commit the keeping of their souls
παρατιθέσθωσαν τὰς ψυχὰς ἑαυτῶν	παρατιθέσθωσαν τὰς ψυχὰς αὐτῶν
I Peter 5:1	
The elders which are among you	The elders therefore among you
Πρεσβυτέρους τοὺς ἐν ὑμῖν	Πρεσβυτέρους οὖν ἐν ὑμῖν

Over 8,000 Differences Between the T.R. and the Nestle-Aland Greek N.T.

Textus Receptus-Scrivener	Nestle-Aland 26,27
I Peter 5:2	
taking the oversight *thereof*	taking the oversight *thereof*
ἐπισκοποῦντες	ἐπισκοποῦντεϛ̌
I Peter 5:2	
but of a ready mind	but of a ready mind
ἀλλ ἑκουσίως	ἀλλὰ ἑκουσίως
I Peter 5:2	
....	according to God
....	κατὰ θεόν
I Peter 5:5	
all *of you* be subject one to another	all *of you* one to another
πάντες δὲ ἀλλήλοις ὑποτασσόμενοι	πάντες δὲ ἀλλήλοις
I Peter 5:5	
for God	for God
ὅτι ὁ Θεὸς	ὅτι (ὁ) Θεὸς
I Peter 5:7	
Casting...upon him	Casting...upon him
ἐπιρρίψαντες ἐπ αὐτόν	ἐπιρίψαντες ἐπ αὐτόν
I Peter 5:8	
because your adversary	your adversary
ὅτι ὁ ἀντίδικος ὑμῶν	ὁ ἀντίδικος ὑμῶν
I Peter 5:8	
seeking whom	seeking [whom]
ζητῶν τινα	ζητῶν (τινα)
I Peter 5:8	
he may devour	he may devour
καταπίῃ	καταπιεῖν
I Peter 5:9	
in the world	in the world
ἐν κόσμῳ	ἐν (τῷ) κόσμῳ
I Peter 5:10	
who hath called us	who hath called you
ὁ καλέσας ἡμᾶς	ὁ καλέσας ὑμᾶς
I Peter 5:10	
his eternal glory by Christ Jesus	his eternal glory by Christ [Jesus]
αἰώνιον αὐτοῦ δόξαν ἐν Χριστῷ Ἰησοῦ	αἰώνιον αὐτοῦ δόξαν ἐν Χριστῷ (Ἰησοῦ)
I Peter 5:10	
make you perfect	make perfect
καταρτίσαι ὑμᾶς	καταρτίσει
I Peter 5:10	
stablish, strengthen, settle *you*	will stablish, will strengthen, will settle *you*
στηρίξαι, σθενώσαι, θεμελιώσαι	στηρίξει, σθενώσει, θεμελιώσει
I Peter 5:11	
To him be glory and dominion	To him be dominion
αὐτῷ ἡ δόξα καὶ τὸ κράτος	αὐτῷ τὸ κράτος
I Peter 5:11	
for ever and ever	for ever
εἰς τοὺς αἰῶνας τῶν αἰώνων	εἰς τοὺς αἰῶνας

Over 8,000 Differences Between the T.R. and the Nestle-Aland Greek N.T.

Textus Receptus-Scrivener	Nestle-Aland 26,27
I Peter 5:12	
wherein ye stand	stand ye in it
εἰς ἣν ἑστήκατε	εἰς ἣν στῆτε
I Peter 5:14	
all that are in Christ Jesus	all that are in Christ
πᾶσι τοῖς ἐν Χριστῷ Ἰησοῦ	πᾶσιν τοῖς ἐν Χριστῷ
I Peter 5:14	
Amen	....
ἀμήν	....
II Peter 1:1	
Simon Peter	Simeon Peter
Σίμων Πέτρος	Συμεὼν Πέτρος
II Peter 1:1	
and our Saviour	and Saviour
καὶ σωτῆρος ἡμῶν	καὶ σωτῆρος
II Peter 1:3	
called us to glory	called us by *his* own glory
καλέσαντος ἡμᾶς διὰ δόξῃ	καλέσαντος ἡμᾶς ἰδίᾳ δόξῃ
II Peter 1:3	
and virtue	and virtue
καὶ ἀρετῆς	καὶ ἀρετῇ
II Peter 1:4	
unto us exceeding great and precious promises	unto us precious and exceeding great promises
τὰ μέγιστα ἡμῖν καὶ τίμια ἐπαγγέλματα	τὰ τίμια καὶ μέγιστα ἡμῖν ἐπαγγέλματα
II Peter 1:4	
that is in the world	that is in the world
τῆς ἐν κόσμῳ	τῆς ἐν τῷ κόσμῳ
II Peter 1:11	
For so	For so
οὕτω γὰρ	οὕτως γὰρ
II Peter 1:12	
Wherefore I will not be negligent	Wherefore I will take care
Διὸ οὐκ ἀμελήσω	Διὸ μελλήσω
II Peter 1:12	
to put you always in remembrance	to put you always in remembrance
ὑμᾶς ἀει ὑπομιμνήσκειν	ἀει ὑμᾶς ὑπομιμνήσκειν
II Peter 1:17	
This is my beloved Son	This is my Son, my beloved
Οὗτος ἐστιν ὁ υἱός μου ὁ ἀγαπητός	Ὁ υἱός μου ὁ ἀγαπητός μου οὗτός ἐστιν
II Peter 1:18	
in the holy mount	in the holy mount
ἐν τῷ ὄρει τῷ ἁγίῳ	ἐν τῷ ἁγίῳ ὄρει
II Peter 1:21	
the prophecy came not in old time	the prophecy came not in old time
ἠνέχθη ποτέ προφητεία	ἠνέχθη προφητεία ποτέ
II Peter 1:21	
but...by the Holy Ghost	but...by the Holy Ghost
ἀλλ᾽ ὑπὸ Πνεύματος Ἁγίου	ἀλλὰ ὑπὸ πνεύματος ἁγίου

Over 8,000 Differences Between the T.R. and the Nestle-Aland Greek N.T.

Textus Receptus-Scrivener	Nestle-Aland 26,27
II Peter 1:21	
holy men of God spake	men of God spake
ἐλάλησαν ἄγιοι Θεοῦ ἄνθρωποι	ἐλάλησαν ἀπὸ θεοῦ ἄνθρωποι
II Peter 2:2	
their pernicious ways	their sensual ways
αὐτῶν ταῖς ἀπωλείαις	αὐτῶν ταῖς ἀσελγείαις
II Peter 2:4	
to be reserved unto judgment	to be reserved unto judgment
εἰς κρίσιν τετηρημένους	εἰς κρίσιν τηρουμένους
II Peter 2:5	
but...the eighth	but...the eighth
ἀλλ᾿ ὄγδοον	ἀλλὰ ὄγδοον
II Peter 2:6	
condemned *them* with an overthrow	condemned *them* [with an overthrow]
καταστροφῇ κατέκρινεν	(καταστροφῇ) κατέκρινεν
II Peter 2:6	
should live ungodly	should live ungodly
ἀσεβέσιν	ἀσεβέ(ς)ιν
II Peter 2:9	
out of temptations	out of temptation
ἐκ πειρασμῶν	ἐκ πειρασμοῦ
II Peter 2:11	
before the Lord	before the Lord
παρὰ Κυρίῳ	παρὰ κυρίου
II Peter 2:12	
natural...beasts	natural...beasts
ζῶα φυσικὰ γεγενημένα	ζῷα γεγεννημένα φυσικὰ
II Peter 2:12	
and shall utterly perish	and shall perish
καταφθαρήσονται	καὶ φθαρήσονται
II Peter 2:13	
And shall receive the reward of unrighteousness	And shall receive the reward of unrighteousness
κομιούμενοι μισθὸν ἀδικίας	ἀδικούμενοι μισθὸν ἀδικίας
II Peter 2:14	
with covetous practices	with covetous practices
πλεονεξίαις	πλεονεξίας
II Peter 2:15	
Which have forsaken	Which forsaking
καταλίποντες	καταλείποντες
II Peter 2:15	
the right way	a right way
τὴν εὐθεῖαν ὁδὸν	εὐθεῖαν ὁδὸν
II Peter 2:17	
clouds that are carried with a tempest	and mists that are carried with a tempest
νεφέλαι ὑπὸ λαίλαπος ἐλαυνόμεναι	καὶ ὁμίχλαι ὑπὸ λαίλαπος ἐλαυνόμεναι
II Peter 2:17	
is reserved for ever	is reserved
εἰς αἰῶνα τετήρηται	τετήρηται

Textus Receptus-Scrivener	Nestle-Aland 26,27
II Peter 2:18	
through much wantonness	wantonness
ἐν ἀσελγείαις	ἀσελγείαις
II Peter 2:18	
those that were clean escaped from	those that barely escaped from
τοὺς ὄντως ἀποφύγοντας	τοὺς ὀλίγως ἀποφεύγοντας
II Peter 2:19	
of the same is he brought in bondage	of the same is he brought in bondage
τούτῳ καὶ δεδούλωται	τούτῳ δεδούλωται
II Peter 2:20	
of the Lord and Saviour	of [our] Lord and Saviour
τοῦ Κυρίου καὶ σωτῆρος	τοῦ κυρίου (ἡμῶν) καὶ σωτῆρος
II Peter 2:21	
to turn from	to turn back from
ἐπιστρέψαι ἐκ	ὑποστρέψαι ἐκ
II Peter 2:22	
But it is happened unto them	It is happened unto them
συμβέβηκε δὲ αὐτοῖς	συμβέβηκεν αὐτοῖς
II Peter 2:22	
to her wallowing in the mire	to her wallowing in the mire
εἰς κυλισμα βορβόρου	εἰς κυλισμὸν βορβόρου
II Peter 3:2	
the commandment of us	the commandment of you
ἡμῶν ἐντολῆς	ὑμῶν ἐντολῆς
II Peter 3:3	
in the last days	in the last days
ἐπ ἐσχάτου τῶν ἡμερῶν	ἐπ ἐσχάτων τῶν ἡμερῶν
II Peter 3:3	
....	....
....	(ἐν)
II Peter 3:3	
scoffers	scoffers scoffing
ἐμπαῖκται	ἐμπαιγμονῇ ἐμπαῖκται
II Peter 3:3	
after their own lusts	after their own lusts
κατὰ τὰς ἰδίας αὐτῶν ἐπιθυμίας	κατὰ τὰς ἰδίας ἐπιθυμίας αὐτῶν
II Peter 3:4	
all things continue as	all things continue as
πάντα οὕτω διαμένει	πάντα οὕτως διαμένει
II Peter 3:9	
The Lord is not slack	*The* Lord is not slack
οὐ βραδύνει ὁ Κύριος	οὐ βραδύνει κύριος
II Peter 3:9	
but is longsuffering to us-ward	but is longsuffering to you-ward
ἀλλὰ μακροθυμεῖ εἰς ἡμᾶς	ἀλλὰ μακροθυμεῖ εἰς ὑμᾶς
II Peter 3:10	
But the day of the Lord will come	But *the* day of the Lord will come
ἥξει δὲ ἡ ἡμέρα Κυρίου	Ἥξει δὲ ἡμέρα κυρίου

Over 8,000 Differences Between the T.R. and the Nestle-Aland Greek N.T.

Textus Receptus-Scrivener	Nestle-Aland 26,27
II Peter 3:10	
as a thief in the night	as a thief
ὡς κλέπτης ἐν νυκτί	ὡς κλέπτης
II Peter 3:10	
shall melt with fervent heat	shall melt with fervent heat
καυσούμενα λυθήσονται	καυσούμενα λυθήσεται
II Peter 3:10	
and the works that are therein shall be burned up	and the works that are therein shall be detected
καὶ τὰ ἐν αὐτῇ ἔργα κατακαήσεται	καὶ τὰ ἐν αὐτῇ ἔργα εὑρεθήσεται
II Peter 3:11	
Seeing then *that* all these things	*Seeing* thus *that* all these things
τούτων οὖν πάντων	τούτων οὕτως πάντων
II Peter 3:11	
ought ye to be	ought [ye] to be
δεῖ ὑπάρχειν ὑμᾶς	δεῖ ὑπάρχειν (ὑμᾶς)
II Peter 3:15	
according to the wisdom given unto him	according to the wisdom given unto him
κατὰ τὴν αὐτῷ δοθεῖσαν σοφίαν	κατὰ τὴν δοθεῖσαν αὐτῷ σοφίαν
II Peter 3:16	
in all *his* epistles	in all *his* epistles
ἐν πάσαις ταῖς ἐπιστολαῖς	ἐν πάσαις ἐπιστολαῖς
II Peter 3:16	
in which are	in which are
ἐν οἷς ἐστι	ἐν αἷς ἐστιν
II Peter 3:16	
Amen	....
ἀμήν	....
I John 1:3	
declare we unto you	declare we also unto you
ἀπαγγέλλομεν ὑμῖν	ἀπαγγέλλομεν καὶ ὑμῖν
I John 1:4	
these things write we unto you	these things write we
ταῦτα γράφομεν ὑμῖν	ταῦτα γράφομεν ἡμεῖς
I John 1:4	
that your joy	that our joy
ἵνα ἡ χαρὰ ὑμῶν	ἵνα ἡ χαρὰ ἡμῶν
I John 1:5	
This then is the message	This then is the message
Καὶ αὕτη ἐστὶν ἡ ἀγγελία	Καὶ ἔστιν αὕτη ἡ ἀγγελία
I John 1:7	
and the blood of Jesus Christ	and the blood of Jesus
καὶ τὸ αἷμα Ἰησοῦ Χριστοῦ	καὶ τὸ αἷμα Ἰησοῦ
I John 2:4	
He that saith	He that saith that
ὁ λέγων	ὁ λέγων ὅτι
I John 2:6	
so to walk	[so] to walk
οὕτω περιπατεῖν	(οὕτως) περιπατεῖν

Textus Receptus-Scrivener	Nestle-Aland 26,27
I John 2:7	
Brethren	Beloved
Ἀδελφοί	Ἀγαπητοί
I John 2:7	
the word which ye have heard from the beginning	the word which ye have heard
ὁ λόγος ὃν ἠκούσατε ἀπ᾽ ἀρχῆς	ὁ λόγος ὃν ἠκούσατε
I John 2:13	
I write unto you, little children	I wrote unto you, little children
γράφω ὑμῖν, παιδία	ἔγραψα ὑμῖν, παιδία
I John 2:18	
that antichrist shall come	that antichrist shall come
ὅτι ὁ ἀντίχριστος ἔρχεται	ὅτι ἀντίχριστος ἔρχεται
I John 2:19	
They went out from us	They went out from us
ἐξ ἡμῶν ἐξῆλθον	ἐξ ἡμῶν ἐξῆλθαν
I John 2:19	
for if they had been of us	for if they had been of us
εἰ γὰρ ἦσαν ἐξ ἡμῶν	εἰ γὰρ ἐξ ἡμῶν ἦσαν
I John 2:20	
and ye know all things	and ye all know
καὶ οἴδατε πάντα	καὶ οἴδατε πάντες
I John 2:24	
Let that therefore...which ye have heard	Let that...which ye have heard
ὑμεῖς οὖν ὃ ἠκούσατε	ὑμεῖς ὃ ἠκούσατε
I John 2:27	
abideth in you	abideth in you
ἐν ὑμῖν μένει	μένει ἐν ὑμῖν
I John 2:27	
as the same anointing	as his anointing
ὡς τὸ αὐτὸ χρῖσμα	ὡς τὸ αὐτοῦ χρῖσμα
I John 2:27	
ye shall abide in him	ye abide in him
μενεῖτε ἐν αὐτῷ	μένετε ἐν αὐτῷ
I John 2:28	
that, when he shall appear	that, if he shall appear
ἵνα ὅταν φανερωθῇ	ἵνα ἐὰν φανερωθῇ
I John 2:28	
we may have confidence	we may have confidence
ἔχωμεν παρρησίαν	σχῶμεν παρρησίαν
I John 2:29	
ye know that every one	ye know that also every one
γινώσκετε ὅτι πᾶς	γινώσκετε ὅτι καὶ πᾶς
I John 3:1	
that we should be called the sons of God:	that we should be called the sons of God: And we are *such*
ἵνα τέκνα Θεοῦ κληθῶμεν	ἵνα τέκνα θεοῦ κληθῶμεν· καὶ ἐσμέν
I John 3:2	
but we know that	we know that

Over 8,000 Differences Between the T.R. and the Nestle-Aland Greek N.T.

Textus Receptus-Scrivener	Nestle-Aland 26,27
οἴδαμεν δὲ ὅτι	οἴδαμεν ὅτι
I John 3:5	
to take away our sins	to take away sins
ἵνα τὰς ἁμαρτίας ἡμῶν ἄρῃ	ἵνα τὰς ἁμαρτίας ἄρῃ
I John 3:13	
Marvel not	[And] marvel not
Μὴ θαυμάζετε	(καὶ) μὴ θαυμάζετε
I John 3:13	
my brethren	brethren
ἀδελφοί μου	ἀδελφοί
I John 3:14	
He that loveth not *his* brother	He that loveth not
ὁ μὴ ἀγαπῶν τὸν ἀδελφόν	ὁ μὴ ἀγαπῶν
I John 3:16	
Hereby perceive we the love *of God*	Hereby perceive we the love
ἐν τούτῳ ἐγνώκαμεν τὴν ἀγάπην τοῦ Θεοῦ	ἐν τούτῳ ἐγνώκαμεν τὴν ἀγάπην
I John 3:16	
to lay down *our* lives	to lay down *our* lives
τὰς ψυχὰς τιθέναι	τὰς ψυχὰς θεῖναι
I John 3:18	
My little children	Little children
τεκνία μου	Τεκνία
I John 3:18	
neither in tongue	neither in tongue
μηδὲ γλώσσῃ	μηδὲ τῇ γλώσσῃ
I John 3:18	
but in deed	but in deed
ἀλλ ἔργῳ	ἀλλὰ ἐν ἔργῳ
I John 3:19	
And hereby	[And] hereby
καὶ ἐν τούτῳ	(Καὶ) ἐν τούτῳ
I John 3:19	
we know that	we shall know that
γινώσκομεν ὅτι	γνωσόμεθα ὅτι
I John 3:19	
shall assure our hearts	shall assure our heart
πείσομεν τὰς καρδίας ἡμῶν	πείσομεν τὴν καρδίαν ἡμῶν
I John 3:21	
if our heart	if [our] heart
ἐὰν ἡ καρδία ἡμῶν	ἐὰν ἡ καρδία (ἡμῶν)
I John 3:21	
condemn us not	condemn not
μὴ καταγινώσκῃ ἡμῶν	μὴ καταγινώσκῃ
I John 3:22	
we receive of him	we receive of him
λαμβάνομεν παρ αὐτοῦ	λαμβάνομεν ἀπ αὐτοῦ
I John 4:3	

Over 8,000 Differences Between the T.R. and the Nestle-Aland Greek N.T.

Textus Receptus-Scrivener	Nestle-Aland 26,27
And every spirit that confesseth not that Jesus Christ is come in the flesh	And every spirit that confesseth not Jesus
καὶ πᾶν πνεῦμα ὃ μὴ ὁμολογεῖ τὸν Ἰησοῦν Χριστὸν ἐν σαρκὶ ἐληλ4υθότα	καὶ πᾶν πνεῦμα ὃ μὴ ὁμολογεῖ τὸν Ἰησοῦν
I John 4:10	
not that we loved God	not that we had loved God
οὐχ ὅτι ἡμεῖς ἠγαπήσαμεν τὸν Θεόν	οὐχ ὅτι ἡμεῖς ἠγαπήκαμεν τὸν θεόν
I John 4:12	
is perfected in us	is perfected in us
τετελειωμένη ἐστιν ἐν ἡμῖν	ἐν ἡμῖν τετελειωμένη ἐστιν
I John 4:15	
Whosoever shall confess	Whosoever shall confess
ὃς ἂν ὁμολογήσῃ	ὃς ἐὰν ὁμολογήσῃ
I John 4:16	
dwelleth in God, and God in him	dwelleth in God, and God in him dwelleth
τῷ Θεῷ μένει καὶ ὁ Θεὸς ἐν αὐτῷ	τῷ θεῷ μένει καὶ ὁ θεὸς ἐν αὐτῷ μένει
I John 4:19	
We love him	We love
ἡμεῖς ἀγαπῶμεν αὐτὸν	ἡμεῖς ἀγαπῶμεν
I John 4:20	
how can he love	he can not love
πῶς δύναται ἀγαπᾶν	οὐ δύναται ἀγαπᾶν
I John 5:1	
also that is begotten	[also] that is begotten
καὶ τὸν γεγεννημένον	(καὶ) τὸν γεγεννημένον
I John 5:2	
and keep his commandments	and do his commandments
καὶ τὰς ἐντολὰς αὐτοῦ τηρῶμεν	καὶ τὰς ἐντολὰς αὐτοῦ ποιῶμεν
I John 5:5	
Who is he that overcometh	[But] who is he that overcometh
τίς ἐστιν ὁ νικῶν	τίς (δέ) ἐστιν ὁ νικῶν
I John 5:6	
even Jesus Christ	*even* Jesus Christ
Ἰησοῦς ὁ Χριστός	Ἰησοῦς Χριστός
I John 5:6	
but by water and blood	but by water and by blood
ἀλλ ἐν τῷ ὕδατι καὶ τῷ αἵματι	ἀλλ ἐν τῷ ὕδατι καὶ ἐν τῷ αἵματι
I John 5:7,8	
7 For there are three that bear record in heaven, the Father, the Word, and the Holy Ghost: and these three are one. 8 And there are three that bear witness in earth	7 For there are three that bear record
7 ὅτι τρεῖς εἰσιν οἱ μαρτυροῦντες εν τῷ οὐρανῷ, ὁ πατήρ, ὁ λόγος, καὶ τὸ Ἅγιον Πνεῦμα· καὶ οὗτοι οἱ τρεῖς ἕν εἰσι. 8 καὶ τρεῖς εἰσιν οἱ μαρτυροῦντες ἐν τῇ γῇ	7 ὅτι τρεῖς εἰσιν οἱ μαρτυροῦντες
I John 5:9	
which he hath testified	that he hath testified

Over 8,000 Differences Between the T.R. and the Nestle-Aland Greek N.T.

Textus Receptus-Scrivener	Nestle-Aland 26,27
ἣν μεμαρτύρηκε	ὅτι μεμαρτύρηκεν
I John 5:13	
that believe on the name of the Son of God	....
τοῖς πιστεύουσιν εἰς τὸ ὄνομα τοῦ ἱιοῦ τοῦ θεοῦ	....
I John 5:13	
and that ye may believe on the name of the Son of God	to *you* believe on the name of the Son of God
καὶ ἵνα πιστεύητε εἰς τὸ ὄνομα τοῦ υἱοῦ τοῦ θεοῦ	τοῖς πιστεύουσιν εἰς τὸ ὄνομα τοῦ υἱοῦ τοῦ θεοῦ
I John 5:15	
whatsoever we ask	whatsoever we ask
ὃ ἂν αἰτώμεθα	ὃ ἐὰν αἰτώμεθα
I John 5:15	
that we desired of him	that we desired of him
ἃ ᾐτήκαμεν παρ αὐτοῦ	ἃ ᾐτήκαμεν ἀπ αὐτοῦ
I John 5:18	
keepeth himself	keepeth him
τηρεῖ ἑαυτὸν	τηρεῖ αὐτόν
I John 5:20	
and eternal life	and eternal life
καὶ ἡ ζωὴ αἰώνιος	καὶ ζωὴ αἰώνιος
I John 5:21	
keep yourselves	keep yourselves
φυλάξατε ἑαυτοὺς	φυλάξατε ἑαυτὰ
I John 5:21	
Amen	....
ἀμήν	....
II John 3	
Grace be with you	Grace be with you
ἔσται μεθ ἱμῶν χάρις	ἔσται μεθ ἡμῶν χάρις
II John 3	
from the Lord Jesus Christ	from Jesus Christ
παρὰ Κυρίου Ἰησοῦ Χριστοῦ	παρὰ Ἰησοῦ Χριστοῦ
II John 5	
I wrote a new commandment unto thee	I wrote a new commandment unto thee
ἐντολὴν γράφων σοι καινήν	ἐντολὴν καινὴν γράφων σοι
II John 6	
This is the commandment	This is the commandment
αὕτη ἐστὶν ἡ ἐντολή	αὕτη ἡ ἐντολή ἐστιν
II John 7	
are entered into the world	are gone out into the world
ἐισῆλθον εἰς τὸν κόσμον	ἐξῆλθον εἰς τὸν κόσμον
II John 8	
we lose not	ye lose not
μὴ ἀπολέσωμεν	μὴ ἀπολέσητε
II John 8	
but that we receive a full reward	but that ye receive a full reward

Over 8,000 Differences Between the T.R. and the Nestle-Aland Greek N.T.

Textus Receptus-Scrivener	Nestle-Aland 26,27
ἀλλὰ μισθὸν πλήρη ἀπολάβωμεν	ἀλλὰ μισθὸν πλήρη ἀπολάβητε
II John 9	
Whosoever transgresseth	Whosoever goes forward
πᾶς ὁ παραβαίνων	πᾶς ὁ προάγων
II John 9	
He that abideth in the doctrine of Christ	He that abideth in the doctrine
ὁ μένων ἐν τῇ διδαχῇ τοῦ Χριστοῦ	ὁ μένων ἐν τῇ διδαχῇ
II John 11	
For he that biddeth	For he that biddeth
ὁ γὰρ λέγων	ὁ λέγων γὰρ
II John 12	
I would not *write*	I would not *write*
οὐκ ἠβουλήθην	οὐκ ἐβουλήθην
II John 12	
I trust to come unto you	I trust to come unto you
ἐλπίζω ἐλθεῖν πρὸς ὑμᾶς	ἐλπίζω γενέσθαι πρὸς ὑμᾶς
II John 12	
may be full	may be full
ᾖ πεπληρωμένη	πεπληρωμένη ᾖ
II John 12	
Amen	....
ἀμήν	....
III John 4	
walk in truth	walk in truth
ἐν ἀληθείᾳ περιπατοῦντα	ἐν τῇ ἀληθείᾳ περιπατοῦντα
III John 5	
and to strangers	and that strangers
καὶ εἰς τοὺς ξένους	καὶ τοῦτο ξένους
III John 7	
Because that for his name's sake	Because that for the name's sake
ὑπὲρ γὰρ τοῦ ὀνόματος αὐτοῦ	ὑπὲρ γὰρ τοῦ ὀνόματος
III John 7	
of the Gentiles	of those of the Gentiles
ἀπὸ τῶν ἐθνῶν	ἀπὸ τῶν ἐθνικῶν
III John 8	
to receive such	to sustain such
ἀπολαμβάνειν τοὺς τοιούτους	ὑπολαμβάνειν τοὺς τοιούτους
III John 9	
I wrote unto the church	I wrote somewhat unto the church
Ἔγραψά τῇ ἐκκλησίᾳ	Ἔγραψά τι τῇ ἐκκλησίᾳ
III John 11	
but he that doeth evil	he that doeth evil
ὁ δὲ κακοποιῶν	ὁ κακοποιῶν
III John 12	
and of the truth itself	and of the truth itself
καὶ ὑπ᾿ αὐτῆς τῆς ἀληθείας	καὶ ὑπὸ αὐτῆς τῆς ἀληθείας
III John 12	
and ye know that	and thou knowest that

Over 8,000 Differences Between the T.R. and the Nestle-Aland Greek N.T.

Textus Receptus-Scrivener	Nestle-Aland 26,27
καὶ οἴδατε ὅτι	καὶ οἶδας ὅτι
III John 13	
I had many things to write	I had many things to write to thee
Πολλὰ εἶχον γράφειν	Πολλὰ εἶχον γράψαι σοι
III John 13	
write unto thee	write unto thee
σοι γράψαι	σοι γράφειν
III John 14	
I shall shortly see thee	I shall shortly see thee
εὐθέως ἰδεῖν σε	εὐθέως σε ἰδεῖν
Jude 1	
to them that are sanctified by God the Father	to them that are beloved by God the Father
τοῖς ἐν θεῷ πατρὶ ἡγιασμένοις	τοῖς ἐν θεῷ πατρὶ ἠγαπημένοις
Jude 3	
of the common salvation	of our common salvation
περὶ τῆς κοινῆς σωτηρίας	περὶ τῆς κοινῆς ἡμῶν σωτηρίας
Jude 4	
turning the grace of our God	turning the grace of our God
τὴν τοῦ Θεοῦ ἡμῶν χάριν μετατιθέντες	τὴν τοῦ θεοῦ ἡμῶν χάριτα μετατιθέντες
Jude 4	
the only Lord God	the only Lord
τὸν μόνον δεσπότην Θεόν	τὸν μόνον δεσπότην
Jude 5	
ye...knew...	[ye]...knew
εἰδότας ὑμᾶς	εἰδότας (ὑμᾶς)
Jude 5	
once...this	all
ἅπαξ τοῦτο	πάντα
Jude 5	
how that *the* Lord	how that *the* Lord
ὅτι ὁ Κύριος	ὅτι (ὁ) κύριος
Jude 5	
having saved the people out of the land of Egypt	having once saved the people out of the land of Egypt
λαὸν ἐκ γῆς Αἰγύπτου σώσας	ἅπαξ λαὸν ἐκ γῆς Αἰγύπτου σώσας
Jude 7	
in like manner	in like manner
τὸν ὅμοιον τούτοις τρόπον	τὸν ὅμοιον τρόπον τούτοις
Jude 9	
the body of Moses	the body of Moses
τοῦ Μωσέως σώματος	τοῦ Μωϋσέως σώματος
Jude 9	
but said	but said
ἀλλ εἶπεν	ἀλλὰ εἶπεν
Jude 12	
These are spots in your feasts of charity	These are the spots in your feasts of charity
οὗτοί εἰσιν ἐν ταῖς ἀγάπαις ὑμῶν σπιλάδες	οὗτοί εἰσιν οἱ ἐν ταῖς ἀγάπαις ὑμῶν σπιλάδες
Jude 12	

Textus Receptus-Scrivener	Nestle-Aland 26,27
when they feast with you	when they feast
συνευωχούμενοι ὑμῖν	συνευωχούμενοι
Jude 12	
carried about of winds	carried along of winds
ὑπὸ ἀνέμων περιφερόμεναι	ὑπὸ ἀνέμων παραφερόμεναι
Jude 13	
for ever	for ever
εἰς τὸν αἰῶνα	εἰς αἰῶνα
Jude 14	
the Lord cometh with ten thousands of his saints	the Lord cometh with ten thousands of his saints
ἦλθε Κύριος ἐν μυριάσιν ἁγίαις αὐτοῦ	ἦλθεν κύριος ἐν ἁγίαις μυριάσιν αὐτοῦ
Jude 15	
and to convince	and to convince
καὶ ἐξελέγξαι	καὶ ἐλέγξαι
Jude 15	
all	every soul
πάντας	πᾶσαν ψυχὴν
Jude 15	
that are ungodly among them	....
τοὺς ἀσεβεῖς αὐτῶν	....
Jude 16	
after their own lusts	after their own lusts
κατὰ τὰς ἐπιθυμίας αὐτῶν	κατὰ τὰς ἐπιθυμίας ἑαυτῶν
Jude 18	
How that they told you there	How that they told you [that] there
ὅτι ἔλεγον ὑμῖν, ὅτι	ὅτι ἔλεγον ὑμῖν (ὅτι)
Jude 18	
in the last	at the last
ἐν ἐσχάτῳ	Ἐπ ἐσχάτου
Jude 18	
time	time
χρόνῳ	(τοῦ) χρόνου
Jude 19	
they who separate themselves	they who separate
οἱ ἀποδιορίζοντες ἑαυτούς	οἱ ἀποδιορίζοντες
Jude 20	
building up yourselves on your most holy faith	building up yourselves on your most holy faith
τῇ ἁγιωτάτῃ ὑμῶν πίστει ἐποικοδομοῦντες ἑαυτοὺς	ἐποικοδομοῦντες ἑαυτοὺς τῇ ἁγιωτάτῃ ὑμῶν πίστει
Jude 22	
And of some have compassion, making a difference	And of some convict when disputing
καὶ οὓς μὲν ἐλεεῖτε διακρινομένοι	καὶ οὓς μὲν ἐλεᾶτε διακρινομένους
Jude 23	
And others save with fear	And others save
οὓς δὲ ἐν φόβῳ σώζετε	οὓς δὲ σώζετε
Jude 23	
pulling *them* out of the fire	pulling *them* out of the fire

469

Over 8,000 Differences Between the T.R. and the Nestle-Aland Greek N.T.

Textus Receptus-Scrivener	Nestle-Aland 26,27
ἐκ τοῦ πυρὸς ἀρπάζοντες	ἐκ πυρὸς ἀρπάζοντες
Jude 25	
To the only wise God our Saviour	To the only wise God our Saviour
μόνῳ σοφῷ Θεῷ σωτῆρι ἡμῶν	μόνῳ θεῷ σωτῆρι ἡμῶν
Jude 25	
....	through Jesus Christ our Lord
....	διὰ Ἰησοῦ Χριστοῦ τοῦ κυρίου ἡμῶν
Jude 25	
be glory and majesty	*be* glory, majesty
δόξα καὶ μεγαλωσύνη	δόξα μεγαλωσύνη
Jude 25	
....	to all the saints
....	πρὸ παντὸς τοῦ αἰῶνος
Revelation 1:2	
and of all things that he saw	and of all things that he saw
ὅσα τε εἶδε	ὅσα εἶδεν
Revelation 1:4	
from him which is	from *him* which is
ἀπὸ τοῦ ὁ ὢν	ἀπὸ ὁ ὢν
Revelation 1:4	
the seven Spirits which are before	the seven Spirits before
τῶν ἑπτὰ πνευμάτων, ἃ ἐστιν ἐνώπιον	τῶν ἑπτὰ πνευμάτων ἃ ἐνώπιον
Revelation 1:5	
the first begotten of the dead	the first begotten *of* the dead
ὁ πρωτότοκος ἐκ τῶν νεκρῶν	ὁ πρωτότοκος τῶν νεκρῶν
Revelation 1:5	
Unto him that loved us	Unto him that loves us
τῷ ἀγαπήσαντι ἡμᾶς	Τῷ ἀγαπῶντι ἡμᾶς
Revelation 1:5	
and washed us	and loosed us
καὶ λούσαντι ἡμᾶς	καὶ λύσαντι ἡμᾶς
Revelation 1:5	
from our sins	out of our sins
ἀπὸ τῶν ἁμαρτιῶν ἡμῶν	ἐκ τῶν ἁμαρτιῶν ἡμῶν
Revelation 1:6	
And hath made us kings	And hath made us a kingdom
καὶ ἐποίησεν ἡμᾶς βασιλεῖς	καὶ ἐποίησεν ἡμᾶς βασιλείαν
Revelation 1:6	
and priests unto God	priests unto God
καὶ ἱερεῖς τῷ Θεῷ	ἱερεῖς τῷ θεῷ
Revelation 1:6	
for ever and ever	for ever [and ever]
εἰς τοὺς αἰῶνας τῶν αἰώνων	εἰς τοὺς αἰῶνας (τῶν αἰώνων)
Revelation 1:8	
I am Alpha and Omega	I am Alpha and Omega
Ἐγώ εἰμι τὸ Α καὶ τὸ Ω	Ἐγώ εἰμι τὸ Ἀλφα καὶ τὸ Ω
Revelation 1:8	
the beginning and the ending	....

Over 8,000 Differences Between the T.R. and the Nestle-Aland Greek N.T.

Textus Receptus-Scrivener	Nestle-Aland 26,27
ἀρχὴ καὶ τέλος	....
Revelation 1:8	
saith the Lord	saith *the* Lord
λέγει οἱ Κύριος	λέγει κύριος
Revelation 1:8	
....	God
....	ὁ θεός
Revelation 1:9	
I John, who also am your brother	I John, who is your brother
Ἐγὼ Ἰωάννης, ὁ καὶ ἀδελφὸς ὑμῶν	Ἐγὼ Ἰωάννης, ὁ ἀδελφὸς ὑμῶν
Revelation 1:9	
in tribulation, and in the kingdom	in tribulation, and in the kingdom
ἐν τῇ θλίψει καὶ ἐν τῇ βασιλείᾳ	ἐν τῇ θλίψει καὶ βασιλείᾳ
Revelation 1:9	
and patience of	and patience in
καὶ ὑπομονῇ	καὶ ὑπομονῇ ἐν
Revelation 1:9	
Jesus Christ	Jesus
Ἰησοῦ Χριστοῦ	Ἰησοῦ
Revelation 1:9	
and for the testimony	and the testimony
καὶ διὰ τὴν μαρτυρίαν	καὶ τὴν μαρτυρίαν
Revelation 1:9	
of Jesus Christ	of Jesus
Ἰησοῦ Χριστοῦ	Ἰησοῦ
Revelation 1:11	
I am Alpha and Omega, the first and the last: and, What thou seest, write in a book, and	....
Ἐγὼ εἰμι τὸ Α καὶ τὸ Ω, ὁ πρῶτος καὶ ὁ ἔσχατος· καὶ	....
Revelation 1:11	
unto the seven churches which are in Asia	unto the seven churches
ταῖς ἑπτὰ ἐκκλησίαις ταῖς ἐν Ἀσίᾳ	ταῖς ἑπτὰ ἐκκλησίαις
Revelation 1:12	
the voice that spake	the voice that was speaking
τὴν φωνὴν ἥτις ἐλάλησε	τὴν φωνὴν ἥτις ἐλάλει
Revelation 1:13	
in the midst of the seven candlesticks	in the midst of the candlesticks
ἐν μέσῳ τῶν ἑπτὰ λυχνιῶν	ἐν μέσῳ τῶν λυχνιῶν
Revelation 1:13	
one like unto the Son of man	*one* like unto the Son of man
ὅμοιον υἱῷ ἀνθρώπου	ὅμοιον υἱὸν ἀνθρώπου
Revelation 1:13	
a golden girdle	a golden girdle
ζώνην χρυσῆν	ζώνην χρυσᾶν
Revelation 1:14	
white as snow	white as snow
λευκαὶ ὡσεὶ ἔριον	λευκαὶ ὡς ἔριον

Over 8,000 Differences Between the T.R. and the Nestle-Aland Greek N.T.

Textus Receptus-Scrivener	Nestle-Aland 26,27
Revelation 1:15	
as if they burned in a furnace	as if they burned in a furnace
ὡς ἐν καμίνῳ πεπυρωμένοι	ὡς ἐν καμίνῳ πεπυρωμένης
Revelation 1:16	
in his right hand	in his right hand
ἐν τῇ δεξιᾷ αὐτοῦ χειρὶ	ἐν τῇ δεξιᾷ χειρὶ αὐτοῦ
Revelation 1:17	
And he laid	And he laid
καὶ ἐπέθηκε	καὶ ἔθηκεν
Revelation 1:17	
his right hand	his right *hand*
τὴν δεξιὰν αὐτοῦ χεῖρα	τὴν δεξιὰν αὐτοῦ
Revelation 1:17	
saying unto me	saying
λέγων μοι	λέγων
Revelation 1:18	
for evermore, Amen	for evermore
εἰς τοὺς αἰῶνας τῶν αἰώνων, ἀμήν	εἰς τοὺς αἰῶνας τῶν αἰώνων
Revelation 1:18	
the keys of hell and of death	the keys of death and hell
τὰς κλεῖς τοῦ ᾅδου καὶ τοῦ θανάτου	τὰς κλεῖς τοῦ θανάτου καὶ τοῦ ᾅδου
Revelation 1:19	
Write the things which thou hast seen	Write therefore the things which thou hast seen
γράψον ἃ εἶδες	γράψον οὖν ἃ εἶδες
Revelation 1:19	
the things which shall be	the things which shall be
ἃ μέλλει γινέσθαι	ἃ μέλλει γενέσθαι
Revelation 1:20	
which thou sawest	which thou sawest
ὧν εἶδες	οὓς εἶδες
Revelation 1:20	
the seven candlesticks	the seven candlesticks
αἱ ἑπτὰ λυχνίαι	αἱ λυχνίαι αἱ ἑπτὰ
Revelation 1:20	
which thou sawest	....
ἃς ἔδες	....
Revelation 2:1	
Unto the angel of the church of Ephesus	Unto the angel of the church in Ephesus
Τῷ ἀγγέλῳ τῆς Ἐφεσίνης ἐκκλησίας	Τῷ ἀγγέλῳ τῆς ἐν Ἐφέσῳ ἐκκλησίας
Revelation 2:2	
and thy labour	and the labour
καὶ τὸν κόπον σου	καὶ τὸν κόπον
Revelation 2:2	
and thou hast tried	and thou hast tried
καὶ ἐπειράσω	καὶ ἐπείρασας
Revelation 2:2	
which say they are apostles	which call themselves apostles
τοὺς φάσκοντας εἶναι ἀποστόλους	τοὺς λέγοντας ἑαυτοὺς ἀποστόλους

Over 8,000 Differences Between the T.R. and the Nestle-Aland Greek N.T.

Textus Receptus-Scrivener	Nestle-Aland 26,27
Revelation 2:3	
And hast borne, and hast patience	And hast patience and borne
καὶ ἐβάστασας καὶ ὑπομονὴν ἔχεις	καὶ ὑπομονὴν ἔχεις, καὶ ἐβάστασας
Revelation 2:3	
and for my name's sake	for my name's sake
καὶ διὰ τὸ ὄνομά μου	διὰ τὸ ὄνομά μου
Revelation 2:3	
hast laboured, and hast not fainted	and hast not laboured
κεκοπίακας καὶ οὐ κέκμηκας	καὶ οὐ κεκοπίακες
Revelation 2:4	
Nevertheless I have	Nevertheless I have
ἀλλ ἔχω	ἀλλὰ ἔχω
Revelation 2:4	
thou hast left thy first love	thou hast left thy first love
τὴν ἀγάπην σου τὴν πρώτην ἀφῆκας	τὴν ἀγάπην σου τὴν πρώτην ἀφῆκες
Revelation 2:5	
from whence thou art fallen	from whence thou art fallen
πόθεν ἐκπέπτωκας	πόθεν πέπτωκας
Revelation 2:5	
I will come unto thee quickly	I will come unto thee
ἔρχομαί σοι ταχύ	ἔρχομαί σοι
Revelation 2:7	
in the midst of the paradise of God	in the paradise of God
ἐν μέσῳ τοῦ παραδείσου τοῦ Θεοῦ	ἐν τῷ παραδείσῳ τοῦ θεοῦ
Revelation 2:8	
of the church in Smyrna	of the church in Smyrna
τῆς ἐκκλησίας Σμυρναίων	τῆς ἐν Σμύρνῃ ἐκκλησίας
Revelation 2:9	
I know thy works, and tribulation	I know thy tribulation
Οἶδά σου τὰ ἔργα καὶ τὴν θλῖψιν	Οἶδά σου τὴν θλῖψιν
Revelation 2:9	
but thou art rich	but thou art rich
πλούσιος δὲ εἶ	ἀλλὰ πλούσιος εἶ
Revelation 2:9	
the blasphemy of them which say	the blasphemy out of them which say
τὴν βλασφημίαν τῶν λεγόντων	τὴν βλασφημίαν ἐκ τῶν λεγόντων
Revelation 2:10	
behold...shall cast	behold...shall cast
ἰδοὺ μέλλει βάλειν	ἰδοὺ μέλλει βάλλειν
Revelation 2:10	
the devil...*some* of you	the devil...*some* of you
ἐξ ὑμῶν ὁ διάβολος	ὁ διάβολος ἐξ ὑμῶν
Revelation 2:13	
I know thy works, and where thou dwellest	I know where thou dwellest
Οἶδα τὰ ἔργα σου, καὶ ποῦ κατοικεῖς	Οἶδα ποῦ κατοικεῖς
Revelation 2:13	
in those days wherein Antipas	in those days Antipas
ἐν ταῖς ἡμέραις ἐν αἷς Ἀντιπᾶς	ἐν ταῖς ἡμέραις Ἀντιπᾶς

Over 8,000 Differences Between the T.R. and the Nestle-Aland Greek N.T.

Textus Receptus-Scrivener	Nestle-Aland 26,27
Revelation 2:13	
my faithful martyr	my martyr, my faithful
ὁ μάρτυς μου, ὁ πιστός	ὁ μάρτυς μου ὁ πιστός μου
Revelation 2:13	
where Satan dwelleth	where Satan dwelleth
ὅπου κατοικεῖ ὁ Σατανᾶ	ὅπου ὁ Σατανᾶς κατοικεῖ
Revelation 2:14	
who taught Balac	who taught Balac
ὃς ἐδίδασκε τὸν Βαλὰκ	ὃς ἐδίδασκεν τῷ Βαλὰκ
Revelation 2:15	
the doctrine of the Nicolaitans	the doctrine of [the] Nicolaitans
τὴν διδαχὴν τῶν Νικολαϊτῶν	τὴν διδαχὴν (τῶν) Νικολαϊτῶν
Revelation 2:15	
which thing I hate	likewise
ὃ μισῶ	ὁμοίως
Revelation 2:16	
Repent	Repent therefore
μετανόησον	μετανόησον οὖν
Revelation 2:17	
him...will I give to eat of	him...will I give the
δώσω αὐτῷ φαγεῖν ἀπὸ	δώσω αὐτῷ τοῦ
Revelation 2:17	
which no man knoweth	which no man knoweth
ὃ οὐδεὶς ἔγνω	ὃ οὐδεὶς οἶδεν
Revelation 2:19	
and service, and faith	and faith, and service
καὶ τὴν διακονίαν καὶ τὴν πίστιν	καὶ τὴν πίστιν καὶ τὴν διακονίαν
Revelation 2:19	
and the last *to be*	the last *to be*
καὶ τὰ ἔσχατα	τὰ ἔσχατα
Revelation 2:20	
Notwithstanding	Notwithstanding
ἀλλ	ἀλλὰ
Revelation 2:20	
I have a few things against thee	I have against thee
ἔχω κατὰ σοῦ ὀλίγα	ἔχω κατὰ σοῦ
Revelation 2:20	
because thou sufferest	because thou lettest alone
ὅτι ἐᾷς	ὅτι ἀφεῖς
Revelation 2:20	
that woman Jezebel	that woman Jezebel
τὴν γυναῖκα Ἰεζάβηλ	τὴν γυναῖκα Ἰεζάβελ
Revelation 2:20	
which calleth herself	which calleth herself
τὴν λέγουσαν ἑαυτὴν	ἡ λέγουσα ἑαυτὴν
Revelation 2:20	
to teach	and teaches
διδάσκειν	καὶ διδάσκει

Textus Receptus-Scrivener	Nestle-Aland 26,27
Revelation 2:20	
and to seduce	and seduces
καὶ πλανᾶσθαι	καὶ πλανᾷ
Revelation 2:20	
my servants	my servants
ἐμοὺς δούλους	τοὺς ἐμοὺς δούλους
Revelation 2:20	
and to eat things sacrificed unto idols	and to eat things sacrificed unto idols
καὶ εἰδωλόθυτα φαγεῖν	καὶ φαγεῖν εἰδωλόθυτα
Revelation 2:21	
to repent of her fornication; and she repented not	to repent, and she would not repent of her fornication
ἵνα μετανοήσῃ, ἐκ τῆς πορνείας αὐτῆς, καὶ οὐ μετανόησεν	ἵνα μετανοήσῃ, καὶ οὐ θέλει μετανοῆσαι ἐκ τῆς πορνείας αὐτῆς
Revelation 2:22	
Behold, I will cast	Behold, I will cast
ἰδοὺ ἐγὼ βάλλω	ἰδοὺ βάλλω
Revelation 2:22	
except they repent of their deeds	except they repent of her deeds
ἐὰν μὴ μετανοήσωσιν ἐκ τῶν ἔργων αὐτῶν	ἐὰν μὴ μετανοήσωσιν ἐκ τῶν ἔργων αὐτῆς
Revelation 2:23	
I am he which searcheth the reins	I am he which searcheth the reins
ἐγώ εἰμι ὁ ἐρευνῶν νεφροὺς	ἐγώ εἰμι ὁ ἐραυνῶν νεφροὺς
Revelation 2:24	
But unto you I say, and unto the rest	But unto you I say, *and* unto the rest
ὑμῖν δὲ λέγω καὶ λοιποῖς τοῖς	ὑμῖν δὲ λέγω τοῖς λοιποῖς
Revelation 2:24	
and which have not known	which have not known
καὶ οἵτινες οὐκ ἔγνωσαν	οἵτινες οὐκ ἔγνωσαν
Revelation 2:24	
the depths of Satan	the depths of Satan
τὰ βάθη τοῦ Σατανᾶ	τὰ βαθέα τοῦ Σατανᾶ
Revelation 2:24	
I will put upon you none	I will put upon you none
Οὐ βαλῶ ἐφ ὑμᾶς	οὐ βάλλω ἐφ ὑμᾶς
Revelation 2:25	
till I come	till I come
ἄχρις οὗ ἂν ἥξω	ἄχρι(ς) οὗ ἂν ἥξω
Revelation 3:1	
that thou hast a name	that thou hast a name
ὅτι τὸ ὄνομα ἔχεις	ὅτι ὄνομα ἔχεις
Revelation 3:2	
and strengthen	and strengthen
καὶ στήριξον	καὶ στήρισον
Revelation 3:2	
that are ready to die	that were ready to die
ἃ μέλλει ἀποθανεῖν	ἃ ἔμελλον ἀποθανεῖν
Revelation 3:2	

475

Textus Receptus-Scrivener	Nestle-Aland 26,27
for I have not found thy works perfect before God	for I have not found thy works perfect before my God
οὐ γὰρ εὕρηκά σου τὰ ἔργα πεπληρωμένα ἐνώπιον τοῦ Θεοῦ	οὐ γὰρ εὕρηκά σου τὰ ἔργα πεπληρωμένα ἐνώπιον τοῦ θεοῦ μου

Revelation 3:3

I will come on thee as a thief	I will come as a thief
ἥξω ἐπί σε ὡς κλέπτης	ἥξω ὡς κλέπτης

Revelation 3:4

Thou hast a few names	But thou hast a few names
ἔχεις ὀλίγα ὀνόματα	ἀλλὰ ἔχεις ὀλίγα ὀνόματα

Revelation 3:4

even in Sardis	in Sardis
καὶ ἐν Σάρδεσιν	ἐν Σάρδεσιν

Revelation 3:5

He that overcometh, the same shall be clothed	He that overcometh, shall be thus clothed
ὁ νικῶν, οὗτος περιβαλεῖται	ὁ νικῶν οὕτως περιβαλεῖται

Revelation 3:5

but I will confess his name	but I will confess his name
καὶ ἐξομολογήσομαι τὸ ὄνομα αὐτοῦ	καὶ ὁμολογήσω τὸ ὄνομα αὐτοῦ

Revelation 3:7

he that hath the key	he that hath the key
ὁ ἔχων τὴν κλεῖδα	ἔχων τὴν κλεῖν

Revelation 3:7

of David	of David
τοῦ Δαβίδ	Δαυίδ

Revelation 3:7

and no man shutteth	and no man shall shut
καὶ οὐδεὶς κλείει	καὶ οὐδεὶς κλείσει

Revelation 3:7

and shutteth	and shutteth
καὶ κλείει	καὶ κλείων

Revelation 3:8

an open door	an open door
θύραν ἀνεῳγμένην	θύραν ἠνεῳγμένην

Revelation 3:8

and no man can	which no man can
καὶ οὐδεὶς δύναται	ἣν οὐδεὶς δύναται

Revelation 3:9

I will make them of the synagogue	I will make them of the synagogue
διδωμι ἐκ τῆς συναγωγῆς	διδῶ ἐκ τῆς συναγωγῆς

Revelation 3:9

I will make them to come	I will make them to come
ποιήσω αὐτοὺς, ἵνα ἥξωσι	ποιήσω αὐτοὺς ἵνα ἥξουσιν

Revelation 3:9

and worship before	and worship before
καὶ προσκυνήσωσιν ἐνώπιον	καὶ προσκυνήσουσιν ἐνώπιον

Revelation 3:11

Behold, I come quickly	I come quickly

Textus Receptus-Scrivener	Nestle-Aland 26,27
ἰδού, ἔρχομαι ταχύ	ἔρχομαι ταχύ

Revelation 3:12

which cometh down out of heaven	which cometh down out of heaven
η καταβαίνει ἐκ τοῦ οὐρανοῦ	ἡ καταβαίνουσα ἐκ τοῦ οὐρανοῦ

Revelation 3:14

of the church of the Laodiceans	of the church in Laodicea
τῆς ἐκκλησίας Λαοδικέων	τῆς ἐν Λαοδικείᾳ ἐκκλησίας

Revelation 3:15

I would thou wert cold or hot	I would thou wert cold or hot
ὄφελον ψυχρὸς εἴης ἢ ζεστός	ὄφελον ψυχρὸς ἦς ἢ ζεστός

Revelation 3:16

that thou art neither cold nor hot	that thou art neither hot nor cold
καὶ οὔτε ψυχρὸς οὔτε ζεστός	καὶ οὔτε ζεστὸς οὔτε ψυχρός

Revelation 3:17

and have need of nothing	and have need of nothing
καὶ οὐδενὸς χρείαν ἔχω	καὶ οὐδὲν χρείαν ἔχω

Revelation 3:18

and...with eyesalve	and...with eyesalve
καὶ κολλούριον	καὶ κολλ(ο)ύριον

Revelation 3:18

anoint thine eyes	anoint thine eyes
ἐγχρῖσον τοὺς ὀφθαλμούς σου	ἐγχρῖσαι τοὺς ὀφθαλμούς σου

Revelation 3:19

be zealous therefore	be zealous therefore
ζήλωσον οὖν	ζήλευε οὖν

Revelation 3:20

I will come in to him	[and] I will come in to him
εἰσελεύσομαι πρὸς αὐτὸν	(καὶ) εἰσελεύσομαι πρὸς αὐτὸν

Revelation 4:1

talking with me; which said	talking with me; which said
λαλούσης μετ᾽ ἐμοῦ, λέγουσα	λαλούσης μετ᾽ ἐμοῦ λέγων

Revelation 4:2

And immediately	Immediately
καὶ εὐθέως	εὐθέως

Revelation 4:2

and *one* sat on the throne	and *one* sat on the throne
καὶ ἐπὶ τοῦ θρόνου καθήμενος	καὶ ἐπὶ τὸν θρόνον καθήμενος

Revelation 4:3

And he that sat was to look upon like	And he that sat looked like
καὶ ὁ καθήμενος ἦν ὅμοιος ὁράσει	καὶ ὁ καθήμενος ὅμοιος ὁράσει

Revelation 4:3

and a sardine stone	and a sardine stone
καὶ σαρδίνῳ	καὶ σαρδίῳ

Revelation 4:3

in sight like unto an emerald	in sight like unto an emerald
ὁμοία ὁράσει σμαραγδίνῳ	ὅμοιος ὁράσει σμαραγδίνῳ

Revelation 4:4

And round about the throne *were*... seats	And round about the throne *were*... seats

Over 8,000 Differences Between the T.R. and the Nestle-Aland Greek N.T.

Textus Receptus-Scrivener	Nestle-Aland 26,27
καὶ κυκλόθεν τοῦ θρόνου θρόνοι	καὶ κυκλόθεν τοῦ θρόνου θρόνους
Revelation 4:4	
four and twenty	four *and* twenty
εἴκοσι καὶ τέσσαρες	εἴκοσι τέσσαρας
Revelation 4:4	
upon the seats I saw	upon the seats
ἐπὶ τοὺς θρόνους εἶδον τοὺς	ἐπὶ τοὺς θρόνους
Revelation 4:4	
four and twenty	four *and* twenty
εἴκοσι καὶ τέσσαρας	εἴκοσι τέσσαρας
Revelation 4:4	
they had on their heads	on their heads
ἔσχον ἐπὶ τὰς κεφαλὰς αὐτῶν	ἐπὶ τὰς κεφαλὰς αὐτῶν
Revelation 4:5	
lightnings and thunderings and voices	lightnings and voices and thunderings
ἀστραπαὶ καὶ βρονταί καὶ φωναί	ἀστραπαὶ καὶ φωναὶ καὶ βρονταί
Revelation 4:5	
which are the seven Spirits	which are the seven Spirits
αἵ εἰσι τὰ ἑπτὰ πνεύματα	ἅ εἰσιν τὰ ἑπτὰ πνεύματα
Revelation 4:6	
a sea of glass	as a sea of glass
θάλασσα ὑαλίνη	ὡς θάλασσα ὑαλίνη
Revelation 4:7	
had a face	having a face
ἔχον τὸ πρόσωπον	ἔχων τὸ πρόσωπον
Revelation 4:7	
as a man	as of a man
ὡς ἄνθρωπος	ὡς ἀνθρώπου
Revelation 4:7	
a flying eagle	a flying eagle
ἀετῷ πετωμένῳ	ἀετῷ πετομένῳ
Revelation 4:8	
And the four beasts	And the four beasts
καὶ τέσσαρα ζῶα	καὶ τὰ τέσσαρα ζῷα
Revelation 4:8	
each of them	each of them
ἓν καθ᾽ ἑαυτὸ	ἓν καθ ἓν αὐτῶν
Revelation 4:8	
had	having
εἶχον	ἔχων
Revelation 4:8	
and *they were* full of eyes within	and they are full of eyes within
καὶ ἔσωθεν γέμοντα ὀφθαλμῶν	καὶ ἔσωθεν γέμουσιν ὀφθαλμῶν
Revelation 4:8	
saying, Holy, holy, holy	saying, Holy, holy, holy
λέγοντα, Ἅγιος, ἅγιος, ἅγιος	λέγοντες, Ἅγιος, ἅγιος, ἅγιος
Revelation 4:9	
on the throne	on the throne

Over 8,000 Differences Between the T.R. and the Nestle-Aland Greek N.T.

Textus Receptus-Scrivener	Nestle-Aland 26,27
ἐπὶ τοῦ θρόνου	ἐπὶ τῷ θρόνῳ
Revelation 4:10	
The four and twenty elders	The four *and* twenty elders
οἱ εἴκοσι καὶ τέσσαρες πρεσβύτεροι	οἱ εἴκοσι τέσσαρες πρεσβύτεροι
Revelation 4:10	
and worship him that liveth	and shall worship him that liveth
καὶ προσκυνοῦσι τῷ ζῶντι	καὶ προσκυνήσουσιν τῷ ζῶντι
Revelation 4:10	
and cast their crowns	and shall cast their crowns
καὶ βαλλοῦσι τοὺς στεφάνους αὐτῶν	καὶ βαλοῦσιν τοὺς στεφάνους αὐτῶν
Revelation 4:11	
Thou art worthy, O Lord	Worthy art thou, our Lord and our God
Ἄξιος εἶ, Κύριε	Ἄξιος εἶ, ὁ κύριος καὶ ὁ θεὸς ἡμῶν
Revelation 4:11	
they are and were created	they were and were created
εἰσὶ καὶ ἐκτίσθησαν	ἦσαν καὶ ἐκτίσθησαν
Revelation 5:2	
proclaiming with a loud voice	proclaiming in a loud voice
κηρύσσοντα φωνῇ μεγάλῃ	κηρύσσοντα ἐν φωνῇ μεγάλῃ
Revelation 5:2	
Who is worthy	Who *is* worthy
Τίς ἐστιν ἄξιος	Τίς ἄξιος
Revelation 5:3	
And no man...was able	And no man...was able
καὶ οὐδεὶς ἠδύνατο	καὶ οὐδεὶς ἐδύνατο
Revelation 5:3	
neither to look thereon	neither to look thereon
οὐδὲ βλέπειν αὐτό	οὔτε βλέπειν αὐτό
Revelation 5:4	
And I	And
καὶ ἐγὼ	καὶ
Revelation 5:4	
wept much	wept much
ἔκλαιον πολλὰ	ἔκλαιον πολὺ
Revelation 5:4	
to open and to read the book	to open the book
ἀνοῖξαι καὶ ἀναγνῶναι τὸ βιβλίον	ἀνοῖξαι τὸ βιβλίον
Revelation 5:5	
the Lion of the tribe of Juda	the Lion of the tribe of Juda
ὁ λέων ὁ ὢν ἐκ τῆς φυλῆς Ἰούδα	ὁ λέων ὁ ἐκ τῆς φυλῆς Ἰούδα
Revelation 5:5	
the Root of David	the Root of David
ἡ ῥίζα Δαβίδ	ἡ ῥίζα Δαυίδ
Revelation 5:5	
and to loose the seven seals	and the seven seals
καὶ λῦσαι τὰς ἑπτὰ σφραγῖδας	καὶ τὰς ἑπτὰ σφραγῖδας
Revelation 5:6	
And I beheld, and, lo	And I beheld

Over 8,000 Differences Between the T.R. and the Nestle-Aland Greek N.T.

Textus Receptus-Scrivener	Nestle-Aland 26,27
καὶ εἶδον, καὶ ἰδού	Καὶ εἶδον
Revelation 5:6	
having seven horns	having seven horns
ἔχον κέρατα ἑπτά	ἔχων κέρατα ἑπτά
Revelation 5:6	
which are the seven	which are the [seven]
οἵ εἰσι τὰ ἑπτὰ	οἵ εἰσιν τὰ (ἑπτὰ)
Revelation 5:6	
Spirits of God	Spirits of God
τοῦ Θεοῦ πνεύματα	πνεύματα τοῦ θεοῦ
Revelation 5:6	
sent forth	sent forth
τὰ ἀπεσταλμένα	ἀπεσταλμένοι
Revelation 5:7	
and took the book	and took
καὶ εἴληφε τὸ βιβλίον	καὶ εἴληφεν
Revelation 5:8	
four *and* twenty elders	four *and* twenty elders
οἱ εἴκοσιτέσσαρες πρεσβύτεροι	οἱ εἴκοσι τέσσαρες πρεσβύτεροι
Revelation 5:8	
fell down before the Lamb	fell down before the Lamb
ἔπεσον ἐνώπιον τοῦ ἀρνίου	ἔπεσαν ἐνώπιον τοῦ ἀρνίου
Revelation 5:8	
having every one of them harps	having every one of them a harp
ἔχοντες ἕκαστος κιθάρας	ἔχοντες ἕκαστος κιθάραν
Revelation 5:9	
and hast redeemed us to God	and hast redeemed to God
καὶ ἠγόρασας τῷ Θεῷ ἡμᾶς	καὶ ἠγόρασας τῷ θεῷ
Revelation 5:10	
And hast made us unto our God	And hast made them unto our God
καὶ ἐποίησας ἡμᾶς τῷ Θεῷ ἡμῶν	καὶ ἐποίησας αὐτοὺς τῷ θεῷ ἡμῶν
Revelation 5:10	
kings and priests	a kingdom and priests
βασιλεῖς καὶ ἱερεῖς	βασιλείαν καὶ ἱερεῖς
Revelation 5:10	
and we shall reign on the earth	and they shall reign on the earth
καὶ βασιλεύσομεν ἐπὶ τῆς γῆς	καὶ βασιλεύσουσιν ἐπὶ τῆς γῆς
Revelation 5:11	
round about the throne	round about the throne
κύκλοθεν τοῦ θρόνου	κύκλῳ τοῦ θρόνου
Revelation 5:13	
every creature which is in heaven	every creature which *is* in heaven
πᾶν κτίσμα ὃ ἐστιν ἐν τῷ οὐρανῷ	πᾶν κτίσμα ὃ ἐν τῷ οὐρανῷ
Revelation 5:13	
and on the earth	and on the earth
καὶ ἐν τῇ γῇ	καὶ ἐπὶ τῆς γῆς
Revelation 5:13	
and such as are in the sea	and in the sea

Textus Receptus-Scrivener	Nestle-Aland 26,27
καὶ ἐπὶ τῆς θαλάσσης ἅ ἐστι	καὶ ἐπὶ τῆς θαλάσσης
Revelation 5:13	
unto him that sitteth upon the throne	unto him that sitteth upon the throne
Τῷ καθημένῳ ἐπὶ τοῦ θρόνοῦ	Τῷ καθημένῳ ἐπὶ τῷ θρόνῳ
Revelation 5:14	
the four and twenty elders	the elders
οἱ εἰκοσιτέσσαρες πρεσβύτεροι	οἱ πρεσβύτεροι
Revelation 5:14	
him that liveth for ever and ever	....
ζῶντι εἰς τοὺς αἰωνας τῶν αἰώνων	....
Revelation 6:1	
one of the seals	one of the seven seals
μίαν ἐκ τῶν σφραγίδων	μίαν ἐκ τῶν ἑπτὰ σφραγίδων
Revelation 6:1	
as it were the noise of thunder	as it were the noise of thunder
ὡς φωνῆς βροντῆς	ὡς φωνὴ βροντῆς
Revelation 6:1	
Come and see	Come
Ἔρχου καὶ βλέπε	Ἔρχου
Revelation 6:2	
he that sat on him	he that sat on him
ὁ καθήμενος ἐπ αὐτῷ	ὁ καθήμενος ἐπ αὐτὸν
Revelation 6:3	
the second seal	the second seal
τὴν δευτέραν σφραγῖδα	τὴν σφραγῖδα τὴν δευτέραν
Revelation 6:3	
Come and see	Come
Ἔρχου καὶ βλέπε	Ἔρχου
Revelation 6:4	
to him that sat thereon	to him that sat thereon
τῷ καθημένῳ ἐπ αὐτω	τῷ καθημένῳ ἐπ αὐτὸν
Revelation 6:4	
to take peace from the earth	to take peace out of the earth
λαβεῖν τὴν εἰρήνην ἀπὸ τῆς γῆς	λαβεῖν τὴν εἰρήνην ἐκ τῆς γῆς
Revelation 6:4	
that they should kill one another	that they shall kill one another
ἵνα ἀλλήλους σφάξωσι	ἵνα ἀλλήλους σφάξουσιν
Revelation 6:5	
the third seal	the third seal
τὴν τρίτην σφραγῖδα	τὴν σφραγῖδα τὴν τρίτην
Revelation 6:5	
Come and see	Come
Ἔρχου καὶ βλέπε	Ἔρχου
Revelation 6:5	
and he that sat on him	and he that sat on him
καὶ ὁ καθήμενος ἐπ αὐτῷ	καὶ ὁ καθήμενος ἐπ αὐτὸν
Revelation 6:6	
I heard a voice in the midst	I heard as a voice in the midst

Over 8,000 Differences Between the T.R. and the Nestle-Aland Greek N.T.

Textus Receptus-Scrivener	Nestle-Aland 26,27
ἤκουσα φωνὴν ἐν μέσῳ	ἤκουσα ὡς φωνὴν ἐν μέσῳ
Revelation 6:6	
three measures of barley	three measures of barley
τρεῖς χοίνικες κριθῆς	τρεῖς χοίνικες κριθῶν
Revelation 6:7	
the voice of the fourth beast say	the voice of the fourth beast say
φωνὴν τοῦ τετάρτου ζώου λέγουσαν	φωνὴν τοῦ τετάρτου ζώου λέγοντος
Revelation 6:7	
Come and see	Come
Ἔρχου καὶ βλέπε	Ἔρχου
Revelation 6:8	
Death, and Hell	Death, and Hell
ὁ Θάνατος, καὶ ὁ ᾅδης	(ὁ) Θάνατος, καὶ ὁ ᾅδης
Revelation 6:8	
followed with him	followed with him
ἀκολούθει μετ αὐτοῦ	ἠκολούθει μετ αὐτοῦ
Revelation 6:8	
power was given unto them over the fourth part of the earth, to kill	power was given unto them over the fourth part of the earth, to kill
ἐδόθη αὐτοῖς ἐξουσία ἀποκτεῖναι ἐπὶ τὸ τέταρτον τῆς γῆς	ἐδόθη αὐτοῖς ἐξουσία ἐπὶ τὸ τέταρτον τῆς γῆς, ἀποκτεῖναι
Revelation 6:10	
And they cried with a loud voice	And they cried with a loud voice
καὶ ἔκραξον φωνῇ μεγάλῃ	καὶ ἔκραξαν φωνῇ μεγάλῃ
Revelation 6:10	
holy and true	holy and true
ὁ ἅγιος καὶ ὁ ἀληθινός	ὁ ἅγιος καὶ ἀληθινός
Revelation 6:10	
avenge our blood on them that dwell	avenge our blood from them that dwell
ἐκδικεῖς τὸ αἷμα ἡμῶν, ἀπὸ τῶν κατοικούντων	ἐκδικεῖς τὸ αἷμα ἡμῶν ἐκ τῶν κατοικούντων
Revelation 6:11	
And...were given	And...was given
καὶ ἐδόθησαν	καὶ ἐδόθη
Revelation 6:11	
unto every one of them	unto every one of them
ἑκάστοις	αὐτοῖς ἑκάστῳ
Revelation 6:11	
white robes	a white robe
στολαὶ λευκαὶ	στολὴ λευκή
Revelation 6:11	
that they should rest	that they shall rest
ἵνα ἀναπαύσωνται	ἵνα ἀναπαύσονται
Revelation 6:11	
should be fulfilled	should be fulfilled
ἕως οὗ πληρωσονται	ἕως πληρωθῶσιν
Revelation 6:11	
that should be killed	that should be killed
οἱ μέλλοντες ἀποκτείνεσθαι	οἱ μέλλοντες ἀποκτέννεσθαι

482

Over 8,000 Differences Between the T.R. and the Nestle-Aland Greek N.T.

Textus Receptus-Scrivener	Nestle-Aland 26,27
Revelation 6:12	
and, lo...a great earthquake	and...a great earthquake
καὶ ἰδού, σεισμὸς μέγας	καὶ σεισμὸς μέγας
Revelation 6:12	
and the moon became as blood	and the whole moon became as blood
καὶ ἡ σελήνη ἐγένετο ὡς αἷμα	καὶ ἡ σελήνη ὅλη ἐγένετο ὡς αἷμα
Revelation 6:13	
when she is shaken of a mighty wind	when she is shaken of a mighty wind
ὑπὸ μεγάλου ἀνέμου σειομένη	ὑπὸ ἀνέμου μεγάλου σειομένη
Revelation 6:14	
And the heaven departed	And the heaven departed
καὶ οὐρανὸς ἀπεχωρίσθη	καὶ ὁ οὐρανὸς ἀπεχωρίσθη
Revelation 6:14	
as a scroll when it is rolled together	as a scroll when it is rolled together
ὡς βιβλίον εἰλισσόμενον	ὡς βιβλίον ἑλισσόμενον
Revelation 6:15	
and the rich men, and the chief captains	and the chief captains, and the chief captains
καὶ οἱ πλούσιοι, καὶ οἱ χιλίαρχοι	καὶ οἱ χιλίαρχοι καὶ οἱ πλούσιοι
Revelation 6:15	
and the mighty men	and the strong men
καὶ οἱ δυνατοὶ	καὶ οἱ ἰσχυροὶ
Revelation 6:15	
and every free man	and free men
καὶ πᾶς ἐλεύθερος	καὶ ἐλεύθερος
Revelation 6:17	
the great day of his wrath is come	the great day of their wrath is come
ἦλθεν ἡ ἡμέρα ἡ μεγάλη τῆς ὀργῆς αὐτοῦ	ἦλθεν ἡ ἡμέρα ἡ μεγάλη τῆς ὀργῆς αὐτῶν
Revelation 7:1	
And	....
Καὶ	....
Revelation 7:1	
after these things	After this
μετὰ ταῦτα	Μετὰ τοῦτο
Revelation 7:3	
till we have sealed	till we have sealed
ἄχρις οὖ σφραγίσωμεν	ἄχρι σφραγίσωμεν
Revelation 7:4	
an hundred *and* forty *and* four thousand	an hundred *and* forty *and* four thousand
ρμδ χιλιάδες	ἑκατὸν τεσσεράκοντα τέσσαρες χιλιάδες
Revelation 7:5	
Juda...twelve thousand	Juda...twelve thousand
Ἰούδα, ιβ χιλιάδες	Ἰούδα δώδεκα χιλιάδες
Revelation 7:5	
Reuben...twelve thousand	Reuben, twelve thousand
Ῥουβήν, ιβ χιλιάδες	Ῥουβὴν δώδεκα χιλιάδες
Revelation 7:5	
were sealed	....
εσφραγισμένοι	....

Textus Receptus-Scrivener	Nestle-Aland 26,27
Revelation 7:5	
Gad...twelve thousand	Gad, twelve thousand
Γάδ, ιβ χιλιάδες	Γὰδ δώδεκα χιλιάδες
Revelation 7:5	
were sealed	....
εσφραγισμένοι	....
Revelation 7:6	
Aser...twelve thousand	Aser, twelve thousand
'Ασὴρ, ιβ χιλιάδες	'Ασὴρ δώδεκα χιλιάδες
Revelation 7:6	
were sealed	....
εσφραγισμένοι	....
Revelation 7:6	
Nepthalim...twelve thousand	Nepthalim, twelve thousand
Νεφθαλείμ, ιβ χιλιάδες	Νεφθαλὶμ δώδεκα χιλιάδες
Revelation 7:6	
were sealed	....
εσφραγισμένοι	....
Revelation 7:6	
Manasses...twelve thousand	Manasses, twelve thousand
Μανασσῆ, ιβ χιλιάδες	Μανασσῆ δώδεκα χιλιάδες
Revelation 7:6	
were sealed	....
εσφραγισμένοι	....
Revelation 7:7	
Simeon...twelve thousand	Simeon, twelve thousand
Συμεών, ιβ χιλιάδες	Συμεὼν δώδεκα χιλιάδες
Revelation 7:7	
were sealed	....
εσφραγισμένοι	....
Revelation 7:7	
Levi...twelve thousand	Levi, twelve thousand
Λευί, ιβ χιλιάδες	Λευὶ δώδεκα χιλιάδες
Revelation 7:7	
were sealed	....
εσφραγισμένοι	....
Revelation 7:7	
Issachar...twelve thousand	Issachar, twelve thousand
'Ισαχάρ, ιβ χιλιάδες	'Ισσαχὰρ δώδεκα χιλιάδες
Revelation 7:7	
were sealed	....
εσφραγισμένοι	....
Revelation 7:8	
Zabulon...twelve thousand	Zabulon, twelve thousand
Ζαβουλών, ιβ χιλιάδες	Ζαβουλὼν δώδεκα χιλιάδες
Revelation 7:8	
were sealed	....
εσφραγισμένοι	....

484

Over 8,000 Differences Between the T.R. and the Nestle-Aland Greek N.T.

Textus Receptus-Scrivener	Nestle-Aland 26,27
Revelation 7:8	
Joseph...twelve thousand	Joseph, twelve thousand
Ἰωσήφ, ιβ χιλιάδες	Ἰωσὴφ δώδεκα χιλιάδες
Revelation 7:8	
were sealed	....
εσφραγισμένοι	....
Revelation 7:8	
Benjamin...twelve thousand	Benjamin, twelve thousand
Βενιαμίν, ιβ χιλιάδες	Βενιαμὶν δώδεκα χιλιάδες
Revelation 7:8	
were sealed	....
εσφραγισμένοι	....
Revelation 7:9	
which no man could number	which no man could number
ὃν ἀριθμῆσαι αὐτὸν οὐδεὶς ἠδύνατο	ὃν ἀριθμῆσαι αὐτὸν οὐδεὶς ἐδύνατο
Revelation 7:9	
clothed with white robes	clothed with white robes
περιβεβλημένοι στολὰς λευκάς	περιβεβλημένους στολὰς λευκάς
Revelation 7:10	
And cried with a loud voice	And cried with a loud voice
καὶ κράζοντες φωνῇ μεγάλῃ	καὶ κράζουσιν φωνῇ μεγάλῃ
Revelation 7:10	
upon the throne	upon the throne
ἐπὶ τοῦ θρόνου	ἐπὶ τῷ θρόνῳ
Revelation 7:11	
the angels stood	the angels stood
οἱ ἄγγελοι ἑστήκεσαν	οἱ ἄγγελοι εἱστήκεισαν
Revelation 7:11	
and fell before the throne	and fell before the throne
καὶ ἔπεσον ἐνώπιον τοῦ θρόνου	καὶ ἔπεσαν ἐνώπιον τοῦ θρόνου
Revelation 7:11	
on their faces	on their faces
ἐπὶ πρόσωπον αὐτῶν	ἐπὶ τὰ πρόσωπα αὐτῶν
Revelation 7:14	
Sir, thou knowest	My lord, thou knowest
Κύριέ, σὺ οἶδας	Κύριέ μου, σὺ οἶδας
Revelation 7:17	
unto living fountains of waters	unto fountains of waters of life
ἐπὶ ζώσας πηγὰς ὑδάτων	ἐπὶ ζωῆς πηγὰς ὑδάτων
Revelation 7:17	
God shall wipe away all tears from their eyes	God shall wipe away all tears out of their eyes
ἐξαλείψει ὁ Θεὸς πᾶν δάκρυον ἀπὸ τῶν ὀφθαλμῶν αὐτῶν	καὶ ἐξαλείψει ὁ θεὸς πᾶν δάκρυον ἐκ τῶν ὀφθαλμῶν αὐτῶν
Revelation 8:1	
And when	And when
Καὶ ὅτε	Καὶ ὅταν
Revelation 8:3	
stood at the altar	stood at the altar

Over 8,000 Differences Between the T.R. and the Nestle-Aland Greek N.T.

Textus Receptus-Scrivener	Nestle-Aland 26,27
ἐστάθη ἐπὶ τὸ θυσιαστήριον	ἐστάθη ἐπὶ τοῦ θυσιαστηρίου
Revelation 8:3	
that he should offer	that he shall offer
ἵνα δώσῃ	ἵνα δώσει
Revelation 8:5	
And the angel took the censer	And the angel took the censer
καὶ εἴληφεν ὁ ἄγγελος τὸ λιβανωτόν	καὶ εἴληφεν ὁ ἄγγελος τὸν λιβανωτόν
Revelation 8:5	
and filled it	and filled it
καὶ ἐγέμισεν αὐτὸ	καὶ ἐγέμισεν αὐτὸν
Revelation 8:5	
voices, and thunderings, and lightnings	thunderings, and voices, and lightnings
φωναὶ καὶ βρονταὶ καὶ ἀστραπαὶ	βρονταὶ καὶ φωναὶ καὶ ἀστραπαὶ
Revelation 8:6	
prepared themselves to sound	prepared themselves to sound
ἡτοίμασαν ἑαυτοὺς ἵνα σαλπίσωσι	ἡτοίμασαν αὐτοὺς ἵνα σαλπίσωσιν
Revelation 8:7	
The first angel sounded	The first sounded
ὁ πρῶτος ἄγγελος ἐσάλπισε	ὁ πρῶτος ἐσάλπισεν
Revelation 8:7	
fire mingled with blood	fire mingled in blood
πῦρ μεμιγμένα αἵματι	πῦρ μεμιγμένα ἐν αἵματι
Revelation 8:7	
....	and the third part of the earth was burnt up
....	καὶ τὸ τρίτον τῆς γῆς κατεκάη
Revelation 8:9	
of the ships were destroyed	of the ships were destroyed
τῶν πλοίων διεφθάρη	τῶν πλοίων διεφθάρησαν
Revelation 8:10	
upon the fountains of waters	upon the fountains of waters
ἐπὶ τὰς πηγὰς ὑδάτων	ἐπὶ τὰς πηγὰς τῶν ὑδάτων
Revelation 8:11	
is called Wormwood	is called Wormwood
λέγεται Ἄψινθος	λέγεται ὁ Ἄψινθος
Revelation 8:11	
and...became	and...became
καὶ γίνεται	καὶ ἐγένετο
Revelation 8:11	
many men died	many of the men died
πολλοὶ ἀνθρώπων ἀπέθανον	πολλοὶ τῶν ἀνθρώπων ἀπέθανον
Revelation 8:12	
the day shone not	the day shone not
ἡ ἡμέρα μὴ φαίνῃ	ἡ ἡμέρα μὴ φάνῃ
Revelation 8:13	
an angel flying	an eagle flying
ἑνὸς ἀγγέλου πετωμένου	ἑνὸς ἀετοῦ πετομένου
Revelation 8:13	
to the inhabiters of the earth	to the inhabiters of the earth

Textus Receptus-Scrivener	Nestle-Aland 26,27
τοῖς κατοικοῦσιν ἐπὶ τῆς γῆς	τοὺς κατοικοῦντας ἐπὶ τῆς γῆς
Revelation 9:2	
and the sun...were darkened	and the sun...were darkened
καὶ ἐσκοτίσθη ὁ ἥλιος	καὶ ἐσκοτώθη ὁ ἥλιος
Revelation 9:4	
that they should not hurt	that they shall not hurt
ἵνα μὴ ἀδικήσωσι	ἵνα μὴ ἀδικήσουσιν
Revelation 9:4	
but only those men	but those men
εἰ μὴ τοὺς ἀνθρώπους μόνους	εἰ μὴ τοὺς ἀνθρώπους
Revelation 9:4	
in their foreheads	in the foreheads
ἐπὶ τῶν μετώπων αὐτῶν	ἐπὶ τῶν μετώπων
Revelation 9:5	
And to them it was given	And to them it was given
καὶ ἐδόθη αὐταῖς	καὶ ἐδόθη αὐτοῖς
Revelation 9:5	
that they should be tormented	that they shall be tormented
ἵνα βασανισθῶσι	ἵνα βασανισθήσονται
Revelation 9:6	
and shall not find it	and shall in no wise find it
καὶ οὐχ εὑρήσουσιν αὐτόν	καὶ οὐ μὴ εὑρήσουσιν αὐτόν
Revelation 9:6	
and death shall flee	and death flees
καὶ φεύξεται ὁ θάνατος	καὶ φεύγει ὁ θάνατος
Revelation 9:10	
and there were stings in their tails	and stings, and in their tails
καὶ κέντρα ἦν ἐν ταῖς οὐραῖς αὐτῶν	καὶ κέντρα, καὶ ἐν ταῖς οὐραῖς αὐτῶν
Revelation 9:10	
and their power *was* to hurt	their power *was* to hurt
καὶ ἡ ἐξουσία αὐτῶν ἀδικῆσαι	ἡ ἐξουσία αὐτῶν ἀδικῆσαι
Revelation 9:11	
And they had	They had
καὶ ἔχουσιν	ἔχουσιν
Revelation 9:12	
behold, there come	behold, there come
ἰδοὺ ἔρχονται	ἰδοὺ ἔρχεται
Revelation 9:13	
from the four horns	from the [four] horns
ἐκ τῶν τεσσάρων κεράτων	ἐκ τῶν (τεσσάρων) κεράτων
Revelation 9:14	
Saying to the sixth angel	Saying to the sixth angel
λέγουσαν τῷ ἕκτῳ ἀγγέλῳ	λέγοντα τῷ ἕκτῳ ἀγγέλῳ
Revelation 9:14	
which had the trumpet	which had the trumpet
ὃς εἶχε τὴν σάλπιγγα	ὁ ἔχων τὴν σάλπιγγα
Revelation 9:16	
the number of the army	the number of the army

Over 8,000 Differences Between the T.R. and the Nestle-Aland Greek N.T.

Textus Receptus-Scrivener	Nestle-Aland 26,27
ὁ ἀριθμὸς στρατευμάτων	ὁ ἀριθμὸς τῶν στρατευμάτων
Revelation 9:16	
two hundred thousand thousand	two hundred thousand thousand
δύο μυριάδες μυριάδων	δισμυριάδες μυριάδων
Revelation 9:16	
and I heard	I heard
καὶ ἤκουσα	ἤκουσα
Revelation 9:18	
By	From
ὑπὸ	ἀπὸ
Revelation 9:18	
these three	these three plagues
τῶν τριῶν τούτων	τῶν τριῶν πληγῶν τούτων
Revelation 9:18	
by the fire, and by the smoke	by the fire, and the smoke
ἐκ τοῦ πυρὸς καὶ ἐκ τοῦ καπνοῦ	ἐκ τοῦ πυρὸς καὶ τοῦ καπνοῦ
Revelation 9:18	
and by the brimstone	and the brimstone
καὶ ἐκ τοῦ θείου	καὶ τοῦ θείου
Revelation 9:19	
For their power	For the power
ἡ γὰρ ἐξουσία αὐτῶν	ἡ γὰρ ἐξουσία
Revelation 9:20	
yet repented not	yet neither repented
οὐ μετενόησαν	οὐδὲ μετενόησαν
Revelation 9:20	
that they should not worship devils	that they shall not worship devils
ἵνα μὴ προσκυνήσωσι τὰ δαιμόνια	ἵνα μὴ προσκυνήσουσιν τὰ δαιμόνια
Revelation 9:20	
and idols	and the idols
καὶ εἴδωλα	καὶ τὰ εἴδωλα
Revelation 9:20	
which neither can see	which neither can see
ἃ οὔτε βλέπειν δύναται	ἃ οὔτε βλέπειν δύνανται
Revelation 9:21	
nor of their sorceries	nor of their sorceries
οὔτε ἐκ τῶν φαρμακειῶν αὐτῶν	οὔτε ἐκ τῶν φαρμάκων αὐτῶν
Revelation 10:1	
and a rainbow	and the rainbow
καὶ ἴρις	καὶ ἡ ἴρις
Revelation 10:1	
upon his head	upon his head
ἐπὶ τῆς κεφαλῆς	ἐπὶ τῆς κεφαλῆς αὐτοῦ
Revelation 10:2	
And he had	And having
καὶ εἴχεν	καὶ ἔχων
Revelation 10:2	
a little book open	a little book open

Over 8,000 Differences Between the T.R. and the Nestle-Aland Greek N.T.

Textus Receptus-Scrivener	Nestle-Aland 26,27
βιβλαρίδιον ἀνεῳγμένον	βιβλαρίδιον ἠνεῳγμένον
Revelation 10:2	
upon the sea	upon the sea
ἐπὶ τὴν θάλασσαν	ἐπὶ τῆς θαλάσσης
Revelation 10:2	
on the earth	on the earth
ἐπὶ τὴν γῆν	ἐπὶ τῆς γῆς
Revelation 10:4	
had uttered their voices	....
τὰς φωνὰς ἑαυτῶν	....
Revelation 10:4	
I was about to write	I was about to write
ἔμελλον γράφειν	ἤμελλον γράφειν
Revelation 10:4	
saying unto me	saying
λέγουσαν μοι	λέγουσαν
Revelation 10:4	
and write them not	and write them not
καὶ μὴ ταῦτά γράψῃς	καὶ μὴ αὐτά γράψῃς
Revelation 10:5	
lifted up his hand	lifted up his right hand
ἦρε τὴν χεῖρα αὐτοῦ	ἦρεν τὴν χεῖρα αὐτοῦ τὴν δεξιὰν
Revelation 10:6	
that there should be time no longer	that there should be time no longer
ὅτι χρόνος οὐκ ἔσται ἔτι	ὅτι χρόνος οὐκέτι ἔσται
Revelation 10:7	
But in the days	But in the days
ἀλλὰ ἐν ταῖς ἡμέραις	ἀλλ ἐν ταῖς ἡμέραις
Revelation 10:7	
the mystery...should be finished	the mystery...is finished
καὶ τελεσθῇ τὸ μυστήριον	καὶ ἐτελέσθη τὸ μυστήριον
Revelation 10:7	
to his servants the prophets	to his servants the prophets
τοῖς ἑαυτοῦ δούλοις τοῖς προφήταις	τοὺς ἑαυτοῦ δούλους τοὺς προφήτας
Revelation 10:8	
spake unto me again	spake unto me again
πάλιν λαλοῦσα μετ ἐμοῦ	πάλιν λαλοῦσαν μετ ἐμοῦ
Revelation 10:8	
and said	and said
καὶ λέγουσα	καὶ λέγουσαν
Revelation 10:8	
take the little book	take the book
λάβε τὸ βιβλαρίδιον	λάβε τὸ βιβλίον
Revelation 10:8	
in the hand of the angel	in the hand of the angel
ἐν τῇ χειρὶ ἀγγέλου	ἐν τῇ χειρὶ τοῦ ἀγγέλου
Revelation 10:9	
and said unto him, Give me the little book	and said unto him, to give me the little book

Over 8,000 Differences Between the T.R. and the Nestle-Aland Greek N.T.

Textus Receptus-Scrivener	Nestle-Aland 26,27
λέγων αὐτῷ, Δός μοι τὸ βιβλαρίδιον	λέγων αὐτῷ δοῦναί μοι τὸ βιβλαρίδιον
Revelation 10:11	
And he said unto me	And they said unto me
καὶ λέγει μοι	καὶ λέγουσίν μοι
Revelation 11:1	
and the angel stood	
καὶ ὁ ἄγγελος εἰστήκει	....
Revelation 11:1	....
Rise, and measure	Rise, and measure
Ἔγειραι, καὶ μέτρησον	Ἔγειρε καὶ μέτρησον
Revelation 11:2	
the court which is without the temple leave out	the court which is without the temple leave outside
τὴν αὐλὴν τὴν ἔξωθεν τοῦ ναοῦ ἔκβαλε ἔξω	τὴν αὐλὴν τὴν ἔξωθεν τοῦ ναοῦ ἔκβαλε ἔξωθεν
Revelation 11:2	
forty...months	forty...months
μῆνας τεσσεράκοντα	μῆνας τεσσεράκοντα
Revelation 11:2	
and two	[and] two
δύο	(καὶ) δύο
Revelation 11:4	
before the God of the earth	before the Lord of the earth
αἱ ἐνώπιον τοῦ Θεοῦ τῆς γῆς	αἱ ἐνώπιον τοῦ κυρίου τῆς γῆς
Revelation 11:4	
standing	standing
ἐστῶσαι	ἐστῶτες
Revelation 11:5	
if any man will hurt them	if any man will hurt them
εἴ τις αὐτοὺς θέλῃ ἀδικῆσαι	εἴ τις αὐτοὺς θέλει ἀδικῆσαι
Revelation 11:5	
if any man will hurt them	if any man should will to hurt them
εἴ τις αὐτοὺς θέλῃ ἀδικῆσαι	εἴ τις θελήσῃ αὐτοὺς ἀδικῆσαι
Revelation 11:5	
he must in this manner	he must in this manner
οὕτω δεῖ αὐτὸν	οὕτως δεῖ αὐτὸν
Revelation 11:6	
These have power	These have the power
οὗτοι ἔχουσιν ἐξουσίαν	οὗτοι ἔχουσιν τὴν ἐξουσίαν
Revelation 11:6	
that it rain not	that it rain not
ἵνα μὴ βρέχῃ ὑετὸς	ἵνα μὴ ὑετὸς βρέχῃ
Revelation 11:6	
in the days of their prophecy	in the days of their prophecy
ἐν ἡμέραις αὐτῶν τῆς προφητείας	τὰς ἡμέρας τῆς προφητείας αὐτῶν
Revelation 11:6	
to smite the earth with all plagues	to smite the earth with all plagues
πατάξαι τὴν γῆν πάσῃ πληγῇ	πατάξαι τὴν γῆν ἐν πάσῃ πληγῇ
Revelation 11:7	

Over 8,000 Differences Between the T.R. and the Nestle-Aland Greek N.T.

Textus Receptus-Scrivener	Nestle-Aland 26,27
shall make war against them	shall make war against them
ποιήσει πόλεμον μετ αὐτῶν	ποιήσει μετ αὐτῶν πόλεμον
Revelation 11:8	
And their dead bodies	And their dead body
καὶ τὰ πτώματα αὐτῶν	καὶ τὸ πτῶμα αὐτῶν
Revelation 11:8	
in the street of the great city	in the street of the great city
ἐπὶ τῆς πλατείας πόλεως τῆς μεγάλης	ἐπὶ τῆς πλατείας τῆς πόλεως τῆς μεγάλης
Revelation 11:8	
where also our Lord	where also their Lord
ὅπου καὶ ὁ Κύριος ἡμῶν	ὅπου καὶ ὁ κύριος αὐτῶν
Revelation 11:9	
And they...shall see	And they...see
καὶ βλέψουσιν	καὶ βλέπουσιν
Revelation 11:9	
their dead bodies	their dead body
τὰ πτώματα αὐτῶν	τὸ πτῶμα αὐτῶν
Revelation 11:9	
shall not suffer	not suffer
οὐκ ἀφήσουσι	οὐκ ἀφίουσιν
Revelation 11:9	
to be put in graves	to be put into a grave
τεθῆναι εἰς μνήματα	τεθῆναι εἰς μνῆμα
Revelation 11:10	
shall rejoice over them	rejoice over them
χάρουσιν ἐπ αὐτοῖς	χαίρουσιν ἐπ αὐτοῖς
Revelation 11:10	
and make merry	and make merry
καὶ εὐφρανθήσονται	καὶ εὐφραίνονται
Revelation 11:11	
entered into them	entered into them
εἰσῆλθεν ἐπ αὐτούς	εἰσῆλθεν ἐν αὐτοῖς
Revelation 11:11	
great fear fell	great fear fell
φόβος μέγας ἔπεσεν	φόβος μέγας ἐπέπεσεν
Revelation 11:12	
they heard a great voice	they heard a great voice
ἤκουσαν φωνὴν μεγάλην	ἤκουσαν φωνῆς μεγάλης
Revelation 11:12	
saying unto them	saying unto them
λέγουσαν αὐτοῖς	λεγούσης αὐτοῖς
Revelation 11:12	
Come up hither	Come up hither
Ἀνάβητε ὧδε	Ἀνάβατε ὧδε
Revelation 11:14	
and, behold	and, behold
καὶ ἰδοὺ	ἰδοὺ
Revelation 11:15	

Over 8,000 Differences Between the T.R. and the Nestle-Aland Greek N.T.

Textus Receptus-Scrivener	Nestle-Aland 26,27
in heaven, saying	in heaven, saying
ἐν τῷ οὐρανῷ, λέγουσαι	ἐν τῷ οὐρανῷ λέγοντες
Revelation 11:15	
The kingdoms of this world are become	The kingdom of this world is become
Ἐγένοντο αἱ βασιλεῖαι τοῦ κόσμου	Ἐγένετο ἡ βασιλεία τοῦ κόσμου
Revelation 11:16	
the four and twenty elders	the four *and* twenty elders
οἱ εἴκοσι καὶ τέσσαρες πρεσβύτεροι	οἱ εἴκοσι τέσσαρες πρεσβύτεροι
Revelation 11:16	
which...before	[which]...before
οἱ ἐνώπιον	(οἱ) ἐνώπιον
Revelation 11:17	
which art, and wast, and art to come	which art, and wast
ὁ ὢν καὶ ὁ ἦν καὶ ὁ ἐρχόμενος	ὁ ὢν καὶ ὁ ἦν
Revelation 11:18	
small and great	small and great
τοῖς μικροῖς καὶ τοῖς μεγάλοις	τοὺς μικροὺς καὶ τοὺς μεγάλους
Revelation 11:19	
the temple of God was opened in heaven	the temple of God which is in heaven was opened
ἠνοίγη ὁ ναὸς τοῦ Θεοῦ ἐν τῷ οὐρανῷ	ἠνοίγη ὁ ναὸς τοῦ θεοῦ ὁ ἐν τῷ οὐρανῷ
Revelation 12:2	
cried	and cried
κράζει	καὶ κράζει
Revelation 12:3	
seven crowns	seven crowns
διαδήματα ἑπτά	ἑπτὰ διαδήματα
Revelation 12:5	
And she brought forth a man child	And she brought forth a man child
καὶ ἔτεκεν υἱόν, ἄρρενα	καὶ ἔτεκεν υἱόν, ἄρσεν
Revelation 12:5	
unto God, and *to* his throne	unto God, and to his throne
πρὸς τὸν Θεὸν καὶ τὸν θρόνον αὐτοῦ	πρὸς τὸν θεὸν καὶ πρὸς τὸν θρόνον αὐτοῦ
Revelation 12:6	
where she hath a place	where she hath there a place
ὅπου ἔχει τόπον	ὅπου ἔχει ἐκεῖ τόπον
Revelation 12:7	
fought against the dragon	fought with the dragon
ἐπολέμησαν κατὰ τοῦ δράκοντος	τοῦ πολεμῆσαι μετὰ τοῦ δράκοντος
Revelation 12:8	
And prevailed not	And he prevailed not
καὶ οὐκ ἴσχυσαν	καὶ οὐκ ἴσχυσεν
Revelation 12:8	
neither was their place found	neither was their place found
οὔτε τόπος εὑρέθη αὐτῶν	οὐδὲ τόπος εὑρέθη αὐτῶν
Revelation 12:10	
saying in heaven	in heaven, saying
λέγουσαν, ἐν τῷ οὐρανῷ,	ἐν τῷ οὐρανῷ λέγουσαν
Revelation 12:10	

Textus Receptus-Scrivener	Nestle-Aland 26,27
for...is cast down	for...is cast *out*
ὅτι κατεβλήθη	ὅτι ἐβλήθη
Revelation 12:10	
the accuser of our brethren	the accuser of our brethren
ὁ κατήγορος τῶν ἀδελφῶν ἡμῶν	ὁ κατήγωρ τῶν ἀδελφῶν ἡμῶν
Revelation 12:10	
which accused them	which accused them
ὁ κατηγορῶν αυτῶν	ὁ κατηγορῶν αὐτοὺς
Revelation 12:12	
rejoice, *ye* heavens	rejoice, *ye* heavens
εὐφραίνεσθε, οἱ οὐρανοὶ	εὐφραίνεσθε, (οἱ) οὐρανοὶ
Revelation 12:12	
Woe to the inhabiters of the earth	Woe to the earth
οὐαὶ τοῖς κατοικοῦσι τὴν γῆν	οὐαὶ τὴν γῆν
Revelation 12:13	
which brought forth the man *child*	which brought forth the man *child*
ἥτις ἔτεκε τὸν ἄρρενα	ἥτις ἔτεκεν τὸν ἄρσενα
Revelation 12:14	
two wings	the two wings
δύο πτέρυγες	αἱ δύο πτέρυγες
Revelation 12:15	
the serpent cast out of his mouth water...after the woman	the serpent cast out of his mouth water...after the woman
ἔβαλεν ὁ ὄφις ὀπίσω τῆς γυναικὸς ἐκ τοῦ στόματος αὐτοῦ ὕδωρ	ἔβαλεν ὁ ὄφις ἐκ τοῦ στόματος αὐτοῦ ὀπίσω τῆς γυναικὸς ὕδωρ
Revelation 12:15	
that he might cause her to be carried away of the flood	that he might cause her to be carried away of the flood
ἵνα ταύτην ποταμοφόρητον ποιήσῃ	ἵνα αὐτὴν ποταμοφόρητον ποιήσῃ
Revelation 12:17	
the testimony	the testimony
τὴν μαρτυρίαν τοῦ	τὴν μαρτυρίαν
Revelation 12:17	
Jesus Christ	Jesus
Ἰησοῦ Χριστοῦ	Ἰησοῦ
Revelation 12:17	
And I stood upon the sand	And it stood upon the sand
καὶ ἐστάθην ἐπὶ τὴν ἄμμον	καὶ ἐστάθη ἐπὶ τὴν ἄμμον
Revelation 13:1	
having ten horns and seven heads	
ἔχον κεφαλὰς ἑπτὰ καὶ κέρατα δέκα	ἔχον κέρατα δέκα καὶ κεφαλὰς ἑπτά
Revelation 13:1	
the name of blasphemy	the name[s] of blasphemy
ὀνόμα βλασφημίας	ὀνόμα(τα) βλασφημίας
Revelation 13:2	
of a bear	of a bear
ὡς ἄρκτου	ὡς ἄρκου
Revelation 13:3	

Over 8,000 Differences Between the T.R. and the Nestle-Aland Greek N.T.

Textus Receptus-Scrivener	Nestle-Aland 26,27
And I saw	And
καὶ εἶδον	καὶ
Revelation 13:3	
one of his heads	one of his heads
μίαν τῶν κεφαλῶν αὐτοῦ	μίαν ἐκ τῶν κεφαλῶν αὐτοῦ
Revelation 13:3	
and all the world wondered	and there was wonder in all the world
καὶ ἐθαυμάσεν ὅλη ἡ γῆ	καὶ ἐθαυμάσθη ὅλη ἡ γῆ
Revelation 13:4	
and they worshipped the beast	and they worshipped the beast
καὶ προσεκύνησαν τὸν δράκοντα	καὶ προσεκύνησαν τῷ δράκοντι
Revelation 13:4	
which gave	because he gave
ὃς ἔδωκεν	ὅτι ἔδωκεν
Revelation 13:4	
power unto the beast	the power unto the beast
ἐξουσίαν τῷ θηρίῳ	τὴν ἐξουσίαν τῷ θηρίῳ
Revelation 13:4	
and they worshipped the beast	and they worshipped the beast
καὶ προσεκύνησαν τὸ θηρίον	καὶ προσεκύνησαν τῷ θηρίῳ
Revelation 13:4	
who is able	and who is able
Τίς δύναται	καὶ τίς δύναται
Revelation 13:5	
forty...months	forty...months
μῆνας τεσσαράκοντα	μῆνας τεσσεράκοντα
Revelation 13:5	
and two	[and] two
δύο	(καὶ) δύο
Revelation 13:6	
in blasphemy	in blasphemies
εἰς βλασφημίαν	εἰς βλασφημίας
Revelation 13:6	
his tabernacle, and them...in heaven	his tabernacle, them...in heaven
τὴν σκηνὴν αὐτοῦ, καὶ τοὺς ἐν τῷ οὐρανῷ	τὴν σκηνὴν αὐτοῦ, τοὺς ἐν τῷ οὐρανῷ
Revelation 13:7	
to make war	to make war
πόλεμον ποιῆσαι	ποιῆσαι πόλεμον
Revelation 13:7	
over all kindreds	over all kindreds and people
ἐπὶ πᾶσαν φυλὴν	ἐπὶ πᾶσαν φυλὴν καὶ λαὸν
Revelation 13:8	
shall worship him	shall worship him
προσκυνήσουσιν αὐτῷ	προσκυνήσουσιν αὐτὸν
Revelation 13:8	
whose	*every one* whose
ὧν	οὗ
Revelation 13:8	

Textus Receptus-Scrivener	Nestle-Aland 26,27
names are not written	name is not written
οὐ γέγραπται τὰ ὀνόματα	οὐ γέγραπται τὸ ὄνομα αὐτοῦ
Revelation 13:8	
in the book of life	in the book of life
ἐν τῇ βίβλῳ τῆς ζωῆς	ἐν τῷ βιβλίῳ τῆς ζωῆς
Revelation 13:8	
slain from the foundation	which was slain from the foundation
ἐσφαγμένου ἀπὸ καταβολῆς	τοῦ ἐσφαγμένου ἀπὸ καταβολῆς
Revelation 13:10	
He that leadeth into captivity	He that into captivity
εἴ τις αἰχμαλωσίαν συνάγει	εἴ τις εἰς αἰχμαλωσίαν
Revelation 13:10	
he that killeth with the sword	he that is to be killed with the sword
εἴ τις ἐν μαχαίρᾳ ἀποκτενεῖ	εἴ τις ἐν μαχαίρῃ ἀποκτανθῆναι
Revelation 13:10	
must be killed with the sword	with the sword will he be killed
δεῖ αὐτὸν ἐν μαχαίρᾳ ἀποκτανθῆναι	αὐτὸν ἐν μαχαίρῃ ἀποκτανθῆναι
Revelation 13:12	
and them which dwell therein	and them which dwell therein
καὶ τοὺς κατοικοῦντας ἐν αὐτῇ	καὶ τοὺς ἐν αὐτῇ κατοικοῦντας
Revelation 13:12	
to worship	to worship
ἵνα προσκυνήσωσι	ἵνα προσκυνήσουσιν
Revelation 13:13	
he maketh fire come down from heaven	he maketh fire come down from heaven
πῦρ ποιῇ καταβαίνειν ἐκ τοῦ οὐρανοῦ	πῦρ ποιῇ ἐκ τοῦ οὐρανοῦ καταβαίνειν
Revelation 13:14	
which had the wound	who had the wound
ὃ ἔχει τὴν πληγὴν	ὃς ἔχει τὴν πληγὴν
Revelation 13:14	
by a sword	by a sword
τῆς μαχαίρας	τῆς μαχαίρης
Revelation 13:15	
and cause that as many	and cause that as many
καὶ ποιήσῃ, ὅσοι	καὶ ποιήσῃ (ἵνα) ὅσοι
Revelation 13:15	
as would not worship	as would not worship
ἂν μὴ προσκυνήσωσι	ἐὰν μὴ προσκυνήσωσιν
Revelation 13:15	
the image	the image
τὴν εἰκόνα	τῇ εἰκόνι
Revelation 13:15	
should be killed	be killed
ἵνα ἀποκτανθῶσιν	ἀποκτανθῶσιν
Revelation 13:16	
to receive a mark	to receive a mark
ἵνα δώσῃ αὐτοῖς χάραγμα	ἵνα δῶσιν αὐτοῖς χάραγμα
Revelation 13:16	

Over 8,000 Differences Between the T.R. and the Nestle-Aland Greek N.T.

Textus Receptus-Scrivener	Nestle-Aland 26,27
or in their foreheads	or in their forehead
ἢ ἐπὶ τῶν μετώπων αὐτῶν	ἢ ἐπὶ τὸ μέτωπον αὐτῶν
Revelation 13:17	
the mark, or the name	the mark, the name
τὸ χάραγμα, ἢ τὸ ὄνομα	τὸ χάραγμα, τὸ ὄνομα
Revelation 13:18	
him that hath understanding	him that hath understanding
ὁ ἔχων τὸν νοῦν	ὁ ἔχων νοῦν
Revelation 13:18	
Six hundred threescore *and* six	Six hundred threescore *and* six
χξϛ́	ἑξακόσιοι ἑξήκοντα ἕξ
Revelation 14:1	
and, lo, a Lamb	and, lo, the Lamb
καὶ ἰδού, ἀρνίον	καὶ ἰδοὺ τὸ ἀρνίον
Revelation 14:1	
stood on the mount	stood on the mount
ἑστηκὸς ἐπὶ τὸ ὄρος	ἑστὸς ἐπὶ τὸ ὄρος
Revelation 14:1	
an hundred forty *and* four thousand	an hundred forty *and* four thousand
τεσσαράκοντατέσσαρες χιλιάδες	τεσσεράκοντα τέσσαρες χιλιάδες
Revelation 14:1	
having his Father's name written in their foreheads	having his name and the Father's name written in their foreheads
ἔχουσαι τὸ ὄνομα τοῦ πατρὸς αὐτοῦ γεγραμμένον ἐπὶ τῶν μετώπων αὐτῶν	ἔχουσαι τὸ ὄνομα αὐτοῦ καὶ τὸ ὄνομα τοῦ πατρὸς αὐτοῦ γεγραμμένον ἐπὶ τῶν μετώπων αὐτῶν
Revelation 14:2	
and I heard the voice	and the voice which I heard
καὶ φωνὴ ἤκουσα	καὶ ἡ φωνὴ ἣν ἤκουσα
Revelation 14:2	
of harpers	as harpers
κιθαρῳδῶν	ὡς κιθαρῳδῶν
Revelation 14:3	
And they sung as it were a new song	And they sung [as it were] a new song
καὶ ᾄδουσιν ὡς ᾠδὴν καινὴν	καὶ ᾄδουσιν (ὡς) ᾠδὴν καινὴν
Revelation 14:3	
and no man could learn	and no man could learn
καὶ οὐδεὶς ἠδύνατο μαθεῖν	καὶ οὐδεὶς ἐδύνατο μαθεῖν
Revelation 14:3	
the hundred *and* forty *and* four thousand	the hundred *and* forty *and* four thousand
αἱ ἑκατὸν τεσσαρακοντατέσσαρες χιλιάδες	αἱ ἑκατὸν τεσσεράκοντα τέσσαρες χιλιάδες
Revelation 14:4	
These are they which follow	These which follow
οὗτοι εισιν οἱ ἀκολουθοῦντες	οὗτοι οἱ ἀκολουθοῦντες
Revelation 14:5	
found no guile	found no falsehood
οὐχ εὑρέθη δόλος	οὐχ εὑρέθη ψεῦδος
Revelation 14:5	

Textus Receptus-Scrivener	Nestle-Aland 26,27
for they are without fault	they are without fault
ἄμωμοί γάρ εἰσιν	ἄμωμοί εἰσιν
Revelation 14:5	
before the throne of God	....
ἐνώπιον τοῦ θρόνου τοῦ Θεοῦ	....
Revelation 14:6	
another angel fly	another angel fly
ἄλλον ἄγγελον πετώμενον	ἄλλον ἄγγελον πετόμενον
Revelation 14:6	
to preach unto them	to preach unto them
εὐαγγελίσαι τοὺς	εὐαγγελίσαι ἐπὶ τοὺς
Revelation 14:6	
that dwell on the earth	that sit on the earth
κατοικοῦντας ἐπὶ τῆς γῆς	καθημένους ἐπὶ τῆς γῆς
Revelation 14:6	
and to every nation	and to every nation
καὶ πᾶν ἔθνος	καὶ ἐπὶ πᾶν ἔθνος
Revelation 14:7	
Saying with a loud voice	Saying with a loud voice
λέγοντα ἐν φωνῇ μεγάλῃ	λέγων ἐν φωνῇ μεγάλῃ
Revelation 14:7	
earth, and the sea	earth, and *the* sea
τὴν γῆν καὶ τὴν θάλασσαν	τὴν γῆν καὶ θάλασσαν
Revelation 14:8	
And there followed another angel	And there followed another second angel
Καὶ ἄλλος ἄγγελος ἠκολούθησε	Καὶ ἄλλος ἄγγελος δεύτερος ἠκολούθησεν
Revelation 14:8	
Babylon...that great city	Babylon...the great
Βαβυλὼν ἡ πόλις ἡ μεγάλη	Βαβυλὼν ἡ μεγάλη
Revelation 14:8	
because...of the wine	which...of the wine
ὅτι ἐκ τοῦ οἴνου	ἣ ἐκ τοῦ οἴνου
Revelation 14:8	
all nations	all the nations
πάντα ἔθνη	πάντα τὰ ἔθνη
Revelation 14:9	
And	And another
Καὶ	Καὶ ἄλλος
Revelation 14:9	
third angel	third angel
τρίτος ἄγγελος	ἄγγελος τρίτος
Revelation 14:9	
If any man worship the beast	If any man worship the beast
Εἴ τις τὸ θηρίον προσκυνεῖ	Εἴ τις προσκυνεῖ τὸ θηρίον
Revelation 14:10	
in the presence of the	in the presence of
ἐνώπιον τῶν	ἐνώπιον
Revelation 14:10	

Over 8,000 Differences Between the T.R. and the Nestle-Aland Greek N.T.

Textus Receptus-Scrivener	Nestle-Aland 26,27
holy angels	holy angels
ἁγίων ἀγγέλων	ἀγγέλων ἁγίων
Revelation 14:11	
ascendeth up for ever and ever	ascendeth up for ever and ever
ἀναβαίνει εἰς αἰῶνας αἰώνων	εἰς αἰῶνας αἰώνων ἀναβαίνει
Revelation 14:12	
Here is the patience	Here is the patience
ὧδε ὑπομονὴ	ʳὯδε ἡ ὑπομονὴ
Revelation 14:12	
here *are* they that keep	they that keep
ὧδε οἱ τηροῦντες	οἱ τηροῦντες
Revelation 14:13	
saying unto me	saying
λεγούσης μοι	λεγούσης
Revelation 14:13	
that they may rest	that they shall rest
ἵνα ἀναπαύσωνται	ἵνα ἀναπαήσονται
Revelation 14:13	
and their works	for their works
τὰ δὲ ἔργα αὐτῶν	τὰ γὰρ ἔργα αὐτῶν
Revelation 14:14	
sat like unto	sat like unto
καθήμενος ὅμοιος	καθήμενον ὅμοιον
Revelation 14:14	
the Son of man	the Son of man
υἱῷ ἀνθρώπου	υἱὸν ἀνθρώπου
Revelation 14:15	
crying with a loud voice	crying with a loud voice
κράζων ἐν μεγάλῃ φωνῇ	κράζων ἐν φωνῇ μεγάλῃ
Revelation 14:15	
for the time is come for thee	for the time is come
ὅτι ἦλθε σοι ἡ ὥρα	ὅτι ἦλθεν ἡ ὥρα
Revelation 14:15	
to reap	to reap
τοῦ θερίσαι	θερίσαι
Revelation 14:16	
he that sat on the cloud	he that sat on the cloud
ὁ καθήμενος ἐπὶ τὴν νεφέλην	ὁ καθήμενος ἐπὶ τῆς νεφέλης
Revelation 14:18	
came out from the altar	[came out] from the altar
ἐξῆλθεν ἐκ τοῦ θυσιαστηρίου	(ἐξῆλθεν) ἐκ τοῦ θυσιαστηρίου
Revelation 14:18	
which had power	which had power
ἔχων ἐξουσίαν	(ὁ) ἔχων ἐξουσίαν
Revelation 14:18	
and cried with a loud cry	and cried with a loud voice
καὶ ἐφώνησε κραυγῇ μεγάλῃ	καὶ ἐφώνησεν φωνῇ μεγάλῃ
Revelation 14:19	

Textus Receptus-Scrivener	Nestle-Aland 26,27
into the great...of God	into the great...of God
τοῦ Θεοῦ τὴν μέγαλην	τοῦ θεοῦ τὸν μέγαν
Revelation 14:20	
without the city	
ἔξω τῆς πόλεως	ἔξωθεν τῆς πόλεως
Revelation 15:2	
and over his mark	
καὶ ἐκ τοῦ χαράγματος αὐτοῦ	....
Revelation 15:2	....
and over the number	and over the number
ἐκ τοῦ ἀριθμοῦ	καὶ ἐκ τοῦ ἀριθμοῦ
Revelation 15:3	
the song of Moses	the song of Moses
τὴν ᾠδὴν Μωσέως	τὴν ᾠδὴν Μωϋσέως
Revelation 15:3	
thou King of saints	thou King of nations
ὁ βασιλεὺς τῶν ἁγίων	ὁ βασιλεὺς τῶν ἐθνῶν
Revelation 15:4	
Who shall not fear thee	Who shall not fear
τίς οὐ μὴ φοβηθῇ σε	τίς οὐ μὴ φοβηθῇ
Revelation 15:4	
and glorify thy name	and shall glorify thy name
καὶ δοξάσῃ τὸ ὄνομά σου	καὶ δοξάσει τὸ ὄνομά σου
Revelation 15:5	
I looked, and, behold	I looked, and
εἶδον, καὶ ἰδού	εἶδον, καὶ
Revelation 15:6	
having the seven plagues	[those] having the seven plagues
ἔχοντες τὰς ἑπτὰ πληγὰς	(οἱ) ἔχοντες τὰς ἑπτὰ πληγὰς
Revelation 15:6	
clothed in pure and white linen	clothed in pure white linen
ἐνδεδυμένοι λίνον καθαρὸν καὶ λαμπρὸν	ἐνδεδυμένοι λίνον καθαρὸν λαμπρὸν
Revelation 15:8	
and no man was able	and no man was able
καὶ οὐδεὶς ἠδύνατο	καὶ οὐδεὶς ἐδύνατο
Revelation 16:1	
And I heard a great voice	And I heard a great voice
Καὶ ἤκουσα φωνῆς μεγάλης	Καὶ ἤκουσα μεγάλης φωνῆς
Revelation 16:1	
Go your ways, and pour out	Go your ways, and pour out
Ὑπάγετε, καὶ ἐκχέατε	Ὑπάγετε καὶ ἐκχέετε
Revelation 16:1	
the vials	the seven vials
τὰς φιάλας	τὰς ἑπτὰ φιάλας
Revelation 16:2	
upon the earth	on to the earth
ἐπὶ τὴν γῆν	εἰς τὴν γῆν
Revelation 16:2	

Over 8,000 Differences Between the T.R. and the Nestle-Aland Greek N.T.

Textus Receptus-Scrivener	Nestle-Aland 26,27
upon the men	upon the men
εἰς τοὺς ἀνθρώπους	ἐπὶ τοὺς ἀνθρώπους
Revelation 16:2	
and *upon* them which worshipped his image	and *upon* them which worshipped his image
καὶ τοὺς τῇ εἰκόνι αὐτοῦ προσκυνοῦντας	καὶ τοὺς προσκυνοῦντας τῇ εἰκόνι αὐτοῦ
Revelation 16:3	
And the second angel	And the second
Καὶ ὁ δεύτερος ἄγγελος	Καὶ ὁ δεύτερος
Revelation 16:3	
every living soul	every soul of life
πᾶσα ψυχὴ ζῶσα	πᾶσα ψυχὴ ζωῆς
Revelation 16:3	
died in the sea	died, the things in the sea
ἀπέθανεν ἐν τῇ θαλάσσῃ	ἀπέθανεν, τὰ ἐν τῇ θαλάσσῃ
Revelation 16:4	
And the third angel	And the third
Καὶ ὁ τρίτος ἄγγελος	Καὶ ὁ τρίτος
Revelation 16:4	
upon the rivers and fountains of waters	upon the rivers and fountains of waters
εἰς τοὺς ποταμοὺς καὶ εἰς τὰς πηγὰς	εἰς τοὺς ποταμοὺς καὶ τὰς πηγὰς
Revelation 16:5	
Thou art righteous, O Lord	Thou art righteous
Δίκαιος, Κύριε, εἶ	Δίκαιος εἶ
Revelation 16:5	
which art, and wast, and shalt be	which art, and wast, the Holy One
ὁ ὢν καὶ ὁ ἦν, καὶ ὁ εσομενος	ὁ ὢν καὶ ὁ ἦν ὅσιος
Revelation 16:6	
thou hast given them blood to drink	thou hast given them blood to drink
αἷμα αὐτοῖς ἔδωκας πιεῖν	αἷμα αὐτοῖς (δ)έδωκας πιεῖν
Revelation 16:6	
for they are worthy	they are worthy
ἄξιοί γάρ εἰσι	ἄξιοί εἰσιν
Revelation 16:7	
I heard another out of the altar say	I heard of the altar say
ἤκουσα ἄλλου ἐκ τοῦ θυσιαστηρίου λέγοντος	ἤκουσα τοῦ θυσιαστηρίου λέγοντος
Revelation 16:8	
And the fourth angel	And the fourth
Καὶ ὁ τέταρτος ἄγγελος	Καὶ ὁ τέταρτος
Revelation 16:9	
which hath power	which hath power
τοῦ ἔχοντος ἐξουσίαν	τοῦ ἔχοντος τὴν ἐξουσίαν
Revelation 16:10	
And the fifth angel	And the fifth
Καὶ ὁ πέμπτος ἄγγελος	Καὶ ὁ πέμπτος
Revelation 16:10	
they gnawed their tongues	they gnawed their tongues
ἐμασσῶντο τὰς γλώσσας αὐτῶν	ἐμασῶντο τὰς γλώσσας αὐτῶν
Revelation 16:12	

Textus Receptus-Scrivener	Nestle-Aland 26,27
And the sixth angel	And the sixth
Καὶ ὁ ἕκτος ἄγγελος	Καὶ ὁ ἕκτος

Revelation 16:12

of the kings of the east	of the kings of the east
τῶν βασιλέων τῶν ἀπὸ ἀνατολῶν ἡλίου	τῶν βασιλέων τῶν ἀπὸ ἀνατολῆς ἡλίου

Revelation 16:13

like frogs	like frogs
ὅμοια βατράχοις	ὡς βάτραχοι

Revelation 16:14

For they are the spirits of devils	For they are the spirits of devils
εἰσὶ γὰρ πνεύματα δαιμόνων	εἰσὶν γὰρ πνεύματα δαιμονίων

Revelation 16:14

the kings of the earth and of the whole world	the kings of the whole world
τοὺς βασιλεῖς τῆς γῆς καὶ τῆς οἰκουμένης ὅλης	τοὺς βασιλεῖς τῆς οἰκουμένης ὅλης

Revelation 16:14

of that great day	of the great day
τῆς ἡμέρας ἐκείνης τῆς μεγάλης	τῆς ἡμέρας τῆς μεγάλης

Revelation 16:16

Armageddon	Armagedon
Ἀρμαγεδδών	Ἀρμαγεδών

Revelation 16:17

And the seventh angel	And the seventh
Καὶ ὁ ἕβδομος ἄγγελος	Καὶ ὁ ἕβδομος

Revelation 16:17

into the air	upon the air
εἰς τὸν ἀέρα	ἐπὶ τὸν ἀέρα

Revelation 16:17

there came a great voice out of the temple	there came a great voice out of the temple
ἐξῆλθε φωνὴ μεγάλη ἀπὸ τοῦ ναοῦ	ἐξῆλθεν φωνὴ μεγάλη ἐκ τοῦ ναοῦ

Revelation 16:17

of heaven	....
τοῦ οὐρανοῦ	....

Revelation 16:18

voices, and thunders, and lightnings	lightnings, and voices, and thunders
φωναὶ καὶ βρονταί καὶ ἀστραπαί	ἀστραπαὶ καὶ φωναὶ καὶ βρονταί

Revelation 16:18

since man was upon	since man was upon
ἀφ᾽ οὗ οἱ ἄνθρωποι ἐγένοντο ἐπὶ	ἀφ᾽ οὗ ἄνθρωπος ἐγένετο ἐπὶ

Revelation 16:19

the cities of the nations fell	the cities of the nations fell
αἱ πόλεις τῶν ἐθνῶν ἔπεσον	αἱ πόλεις τῶν ἐθνῶν ἔπεσαν

Revelation 17:1

saying unto me	saying
λέγων μοι	λέγων

Revelation 17:1

that sitteth upon...waters	that sitteth upon...waters
τῆς καθημένης ἐπὶ τῶν ὑδάτων	τῆς καθημένης ἐπὶ ὑδάτων

Over 8,000 Differences Between the T.R. and the Nestle-Aland Greek N.T.

Textus Receptus-Scrivener	Nestle-Aland 26,27
Revelation 17:1	
many	many
τῶν πολλῶν	πολλῶν
Revelation 17:2	
and the inhabitants of the earth have been made drunk with the wine of her fornication	and the inhabitants of the earth have been made drunk with the wine of her fornication
καὶ ἐμεθύσθησαν ἐκ τοῦ οἴνου τῆς πορνείας αὐτῆς οἱ κατοικοῦντες τὴν γῆν	καὶ ἐμεθύσθησαν οἱ κατοικοῦντες τὴν γῆν ἐκ τοῦ οἴνου τῆς πορνείας αὐτῆς
Revelation 17:3	
full of names	full of names
γέμον ὀνομάτων	γέμον(τα) ὀνόματα
Revelation 17:3	
having seven heads	having seven heads
ἔχον κεφαλὰς ἑπτὰ	ἔχων κεφαλὰς ἑπτὰ
Revelation 17:4	
arrayed in purple and scarlet colour	arrayed in purple and scarlet colour
περιβεβλημένη πορφύρᾳ καὶ κοκκίνῳ	περιβεβλημένη πορφυροῦν καὶ κόκκινον
Revelation 17:4	
and decked with gold	and decked with gold
καὶ κεχρυσωμένη χρυσῷ	καὶ κεχρυσωμένη χρυσίῳ
Revelation 17:4	
having a golden cup	having a golden cup
ἔχουσα χρυσοῦν ποτήριον	ἔχουσα ποτήριον χρυσοῦν
Revelation 17:4	
and filthiness	the filthy things
καὶ ἀκάθαρτητος	τὰ ἀκάθαρτα τῆς
Revelation 17:7	
Wherefore didst thou marvel	Wherefore didst thou marvel
Διατί ἐθαύμασας	Διὰ τί ἐθαύμασας
Revelation 17:7	
I will tell thee	I will tell thee
ἐγὼ σοι ἐρῶ	ἐγὼ ἐρῶ σοι
Revelation 17:8	
and go into perdition	and go into perdition
καὶ εἰς ἀπώλειαν ὑπάγειν	καὶ εἰς ἀπώλειαν ὑπάγει
Revelation 17:8	
they...shall wonder	they...shall wonder
καὶ θαυμάσονται οἱ	καὶ θαυμασθήσονται οἱ
Revelation 17:8	
whose names were not written	whose name was not written
ὧν οὐ γέγραπται τὰ ὀνόματα	ὧν οὐ γέγραπται τὸ ὄνομα
Revelation 17:8	
when they behold the beast	when they behold the beast
βλέποντες τὸ θηρίον	βλεπόντων τὸ θηρίον
Revelation 17:8	
that was	that was
ὅ, τι ἦν	ὅτι ἦν
Revelation 17:8	

Textus Receptus-Scrivener	Nestle-Aland 26,27
and yet is	and shall be present
καίπερ ἔστιν	καὶ παρέσται
Revelation 17:9	
are seven mountains	are seven mountains
ὄρη εἰσίν ἑπτὰ	ἑπτὰ ὄρη εἰσίν
Revelation 17:10	
and one is	one is
καὶ ὁ εἷς ἔστιν	ὁ εἷς ἔστιν
Revelation 17:12	
but...power	but...power
ἀλλ ἐξουσίαν	ἀλλὰ ἐξουσίαν
Revelation 17:13	
power and strength	power and strength
τὴν δύναμιν καὶ τὴν ἐξουσίαν	τὴν δύναμιν καὶ ἐξουσίαν
Revelation 17:13	
their	their
ἑαυτῶν	αὐτῶν
Revelation 17:13	
shall give...unto the beast	give...unto the beast
τῷ θηρίῳ διαδιδώσουσιν	τῷ θηρίῳ διδόασιν
Revelation 17:16	
the ten horns which thou sawest upon the beast	the ten horns which thou sawest, and the beast
τὰ δέκα κέρατα, ἃ εἶδες ἐπὶ τὸ θηρίον	τὰ δέκα κέρατα ἃ εἶδες καὶ τὸ θηρίον
Revelation 17:17	
until the words of God shall be fulfilled	until the words of God shall be fulfilled
ἄχρι τελεσθῇ τὰ ῥήματα τοῦ Θεοῦ	ἄχρι τελεσθήσονται οἱ λόγοι τοῦ θεοῦ
Revelation 18:1	
And after these things	After these things
Καὶ μετὰ ταῦτα	Μετὰ ταῦτα
Revelation 18:2	
And he cried mightily with a strong voice, saying	And he cried with a mighty voice, saying
καὶ ἔκραξεν ἐν ἰσχυρῖ, φωνῇ μεγάλῃ λέγων	καὶ ἔκραξεν ἐν ἰσχυρᾷ φωνῇ λέγων
Revelation 18:2	
the habitation of devils	the habitation of devils
κατοικητήριον δαιμόνων	κατοικητήριον δαιμονίων
Revelation 18:2	
....	and the hold of every unclean beast
....	(καὶ φυλακὴ παντὸς θηρίου ἀκαθάρτου)
Revelation 18:3	
all nations have drunk	all nations have fallen
πέπωκε πάντα τὰ ἔθνη	πέπωκαν πάντα τὰ ἔθνη
Revelation 18:4	
Come out of her, my people	Come out of her, my people
Ἐξέλθετε ἐξ αὐτῆς, ὁ λαός μου	Ἐξέλθατε, ὁ λαός μου, ἐξ αὐτῆς
Revelation 18:4	
and that ye receive not of her plagues	and that ye receive not of her plagues
καὶ ἵνα μὴ λάβητε ἐκ τῶν πληγῶν αὐτῆς	καὶ ἐκ τῶν πληγῶν αὐτῆς ἵνα μὴ λάβητε
Revelation 18:6	

Textus Receptus-Scrivener	Nestle-Aland 26,27
even as she rewarded you	even as she rewarded
ὡς καὶ αὐτὴ ἀπέδωκεν ὑμῖν	ὡς καὶ αὐτὴ ἀπέδωκεν
Revelation 18:6	
and double unto her double	and double the double
καὶ διπλώσατε αὐτῇ διπλᾶ	καὶ διπλώσατε τὰ διπλᾶ
Revelation 18:7	
How much she hath glorified herself	How much she hath glorified herself
ὅσα ἐδόξασεν ἑαυτὴν	ὅσα ἐδόξασεν αὐτὴν
Revelation 18:7	
for she saith in her heart	for she saith in her heart that
ἐν τῇ καρδίᾳ αὐτῆς λέγει	ἐν τῇ καρδίᾳ αὐτῆς λέγει ὅτι
Revelation 18:8	
who judgeth her	who judged her
ὁ κρίνων αὐτήν	ὁ κρίνας αὐτήν
Revelation 18:9	
And...shall bewail her	And...shall bewail
καὶ κλαύσονται ἀυτην	Καὶ κλαύσουσιν
Revelation 18:9	
shall bewail her	shall bewail her
κόψονται ἐπ αὐτῇ	κόψονται ἐπ αὐτὴν
Revelation 18:10	
for in one hour	for one hour
ὅτι ἐν μιᾷ ὥρᾳ	ὅτι μιᾷ ὥρᾳ
Revelation 18:11	
and mourn over her	and mourn over her
καὶ πενθοῦσιν ἐπ αὐτῇ	καὶ πενθοῦσιν ἐπ αὐτήν
Revelation 18:12	
and of pearls	and of pearls
καὶ μαργαρίτου	καὶ μαργαριτῶν
Revelation 18:12	
and fine linen	and fine linen
καὶ βύσσιου	καὶ βυσσίνου
Revelation 18:12	
and silk	and silk
καὶ σηρικοῦ	καὶ σιρικοῦ
Revelation 18:13	
And cinnamon	And cinnamon
καὶ κινάμωμον	καὶ κιννάμωμον
Revelation 18:13	
and odours	and amomum, and odours
καὶ θυμιάματα	καὶ ἄμωμον καὶ θυμιάματα
Revelation 18:14	
the fruits that thy soul lusted after	the fruits that thy soul lusted after
ἡ ὀπώρα τῆς ἐπιθυμίας τῆς ψυχῆς σου	ἡ ὀπώρα σου τῆς ἐπιθυμίας τῆς ψυχῆς
Revelation 18:14	
and goodly are departed from thee	and goodly are destroyed from thee
καὶ τὰ λαμπρὰ ἀπῆλθεν ἀπὸ σοῦ	καὶ τὰ λαμπρὰ ἀπώλετο ἀπὸ σοῦ
Revelation 18:14	

Textus Receptus-Scrivener	Nestle-Aland 26,27
and thou shalt find them no more at all	and they shalt find them no more at all
καὶ οὐκέτι οὐ μὴ εὑρήσῃς αὐτά	καὶ οὐκέτι οὐ μὴ αὐτὰ εὑρήσουσιν
Revelation 18:16	
And saying	Saying
καὶ λέγοντες	λέγοντες
Revelation 18:16	
and decked with	and decked [with]
καὶ κεχρυσωμένη ἐν	καὶ κεχρυσωμένη (ἐν)
Revelation 18:16	
gold	gold
χρυσῷ	χρυσίῳ
Revelation 18:16	
and pearls	and pearl
καὶ μαργαρίταις	καὶ μαργαρίτῃ
Revelation 18:17	
all the company in ships	all who sail to *any* place
πᾶς ἐπὶ τῶν πλοίων ὁ ὅμιλος	πᾶς ὁ ἐπὶ τόπον πλέων
Revelation 18:18	
And cried when they saw	And cried when they saw
καὶ ἔκραζον ὁρῶντες	καὶ ἔκραζον βλέποντες
Revelation 18:19	
all that had ships	all that had ships
πάντες οἱ ἔχοντες πλοῖα	πάντες οἱ ἔχοντες τὰ πλοῖα
Revelation 18:20	
Rejoice over her	Rejoice over her
εὐφραίνου ἐπ αὐτήν	Εὐφραίνου ἐπ αὐτῇ
Revelation 18:20	
and *ye* holy apostles	and *ye* saints and holy apostles
καὶ οἱ ἅγιοι ἀπόστολοι	καὶ οἱ ἅγιοι καὶ οἱ ἀπόστολοι
Revelation 18:21	
a stone like a great millstone	a stone like a great millstone
λίθον ὡς μύλον μέγαν	λίθον ὡς μύλινον μέγαν
Revelation 18:23	
shall shine no more at all	shall shine no more at all
οὐ μὴ φανῃ	οὐ μὴ φάνῃ
Revelation 19:1	
And after these things	After these things
καὶ μετὰ ταῦτα	Μετὰ ταῦτα
Revelation 19:1	
I heard	I heard as
ἤκουσα	ἤκουσα ὡς
Revelation 19:1	
a great voice of much people	a great voice of much people
φωνὴν ὄχλου πολλοῦ μεγάλην	φωνὴν μεγάλην ὄχλου πολλοῦ
Revelation 19:1	
saying	saying
λεγόντος	λεγόντων
Revelation 19:1	

Over 8,000 Differences Between the T.R. and the Nestle-Aland Greek N.T.

Textus Receptus-Scrivener	Nestle-Aland 26,27
and glory, and honour	and glory
καὶ ἡ δόξα καὶ ἡ τιμὴ	καὶ ἡ δόξα
Revelation 19:1	
unto the Lord our God	of our God
Κυρίῳ τῷ Θεῷ ἡμῶν	τοῦ θεοῦ ἡμῶν
Revelation 19:2	
at her hand	at her hand
ἐκ τῆς χειρὸς αὐτῆς	ἐκ χειρὸς αὐτῆς
Revelation 19:4	
the four and twenty elders	the four *and* twenty elders
πρεσβύτεροι οἱ εἴκοσι καὶ τέσσαρες	πρεσβύτεροι οἱ εἴκοσι τέσσαρες
Revelation 19:4	
that sat on the throne	that sat on the throne
τῷ καθημένῳ ἐπὶ τοῦ θρόνου	τῷ καθημένῳ ἐπὶ τῷ θρόνῳ,
Revelation 19:5	
a voice came out of the throne	a voice came out of the throne
φωνὴ ἐκ τοῦ θρόνου ἐξῆλθε	φωνὴ ἀπὸ τοῦ θρόνου ἐξῆλθεν
Revelation 19:5	
Praise our God	Praise to our God
Αἰνεῖτε τὸν Θεὸν ἡμῶν	Αἰνεῖτε τῷ θεῷ ἡμῶν
Revelation 19:5	
and ye that fear him	[and] ye that fear him
καὶ οἱ φοβούμενοι αὐτόν	(καὶ) οἱ φοβούμενοι αὐτόν
Revelation 19:5	
both small and great	small and great
καὶ οἱ μικροὶ καὶ οἱ μεγάλοι	οἱ μικροὶ καὶ οἱ μεγάλοι
Revelation 19:6	
saying	saying
λεγόντας	λεγόντων
Revelation 19:6	
the Lord God omnipotent	the Lord [our] God omnipotent
Κύριος ὁ Θεὸς ὁ παντοκράτωρ.	κυριος ὁ θεὸς (ἡμῶν) ὁ παντοκράτωρ
Revelation 19:7	
Let us be glad and rejoice	Let us be glad and rejoice
χαίρωμεν καὶ ἀγαλλιώμεθα	χαίρωμεν καὶ ἀγαλλιῶμεν
Revelation 19:7	
and give honour to him	and give honour to him
καὶ δῶμεν τὴν δόξαν αὐτῷ	καὶ δώσωμεν τὴν δόξαν αὐτῷ
Revelation 19:8	
clean and white	white, clean
καθαρόν καὶ λαμπρὸν	λαμπρὸν καθαρόν
Revelation 19:8	
is the righteousness of saints	is the righteousness of saints
τὰ δικαιώματα ἐστι τῶν ἁγίων	τὰ δικαιώματα τῶν ἁγίων ἐστίν
Revelation 19:9	
These are the true sayings of God	These are the true sayings of God
Οὗτοι οἱ λόγοι ἀληθινοί εἰσί τοῦ Θεοῦ	Οὗτοι οἱ λόγοι ἀληθινοί τοῦ θεοῦ εἰσιν
Revelation 19:10	

Textus Receptus-Scrivener	Nestle-Aland 26,27
And I fell	And I fell
καὶ ἔπεσον	καὶ ἔπεσα
Revelation 19:10	
the testimony of Jesus	the testimony of Jesus
τὴν μαρτυρίαν τοῦ Ἰησοῦ	τὴν μαρτυρίαν Ἰησοῦ
Revelation 19:10	
for the testimony of Jesus	for the testimony of Jesus
ἡ γὰρ μαρτυρία τοῦ Ἰησοῦ	ἡ γὰρ μαρτυρία Ἰησοῦ
Revelation 19:11	
I saw heaven opened	I saw heaven opened
εἶδον τὸν οὐρανὸν ἀνεῳγμένον	εἶδον τὸν οὐρανὸν ἠνεῳγμένον
Revelation 19:11	
was called Faithful and	[*was* called] Faithful and
καλούμενος πιστὸς καὶ	(καλούμενος) πιστὸς καὶ
Revelation 19:12	
His eyes were as a flame of fire	His eyes were [as] a flame of fire
οἱ δὲ ὀφθαλμοὶ αὐτοῦ ὡς φλὸξ πυρός	οἱ δὲ ὀφθαλμοὶ αὐτοῦ (ὡς) φλὸξ πυρός
Revelation 19:13	
and his name is called	and his name is called
καὶ καλεῖται τὸ ὄνομα αὐτοῦ	καὶ κέκληται τὸ ὄνομα αὐτοῦ
Revelation 19:14	
the armies *which were* in heaven	the armies *which were* in heaven
τὰ στρατεύματα τὰ ἐν τῷ οὐρανῷ	τὰ στρατεύματα (τὰ) ἐν τῷ οὐρανῷ
Revelation 19:14	
white and clean	white, clean
λευκὸν καὶ καθαρόν	λευκὸν καθαρόν
Revelation 19:15	
he should smite the nations	he should smite the nations
πατάασσῃ τὰ ἔθνη	πατάξῃ τὰ ἔθνη
Revelation 19:15	
the winepress of the fierceness and wrath	the winepress of the fierce wrath
τοῦ οἴνου τοῦ θυμοῦ καὶ τῆς ὀργῆς	τοῦ οἴνου τοῦ θυμοῦ τῆς ὀργῆς
Revelation 19:17	
he cried with a loud voice	he cried [in] a loud voice
ἔκραξε φωνῇ μεγάλῃ	ἔκραξεν (ἐν) φωνῇ μεγάλῃ
Revelation 19:17	
to all the fowls that fly	to all the fowls that fly
πᾶσι τοῖς ὀρνέοις τοῖς πετωμένοις	πᾶσιν τοῖς ὀρνέοις τοῖς πετομένοις
Revelation 19:17	
Come and gather yourselves together	Come, gather yourselves together
Δεῦτε καὶ συνάγεσθε	Δεῦτε συνάχθητε
Revelation 19:17	
unto the supper of the great God	unto the great supper of God
τὸ δεῖπνον τοῦ μεγάλου Θεοῦ	τὸ δεῖπνον τὸ μέγα τοῦ θεοῦ
Revelation 19:19	
to make war against	to make war against
ποιῆσαι πόλεμον μετὰ	ποιῆσαι τὸν πόλεμον μετὰ
Revelation 19:20	

Over 8,000 Differences Between the T.R. and the Nestle-Aland Greek N.T.

Textus Receptus-Scrivener	Nestle-Aland 26,27
and with him	and with him
καὶ μετὰ τούτου	καὶ μετ αὐτοῦ
Revelation 19:20	
a lake of fire burning	a lake of fire burning
τὴν λίμνην τοῦ πυρὸς τὴν καιομένην	τὴν λίμνην τοῦ πυρὸς τῆς καιομένης
Revelation 19:20	
with brimstone	with brimstone
ἐν τῷ θείῳ	ἐν θείῳ
Revelation 19:21	
which *sword* proceeded out of his mouth	which *sword* came forth out of his mouth
τῇ ἐκπορευομένῃ ἐκ τοῦ στόματος αὐτοῦ	τῇ ἐξελθούσῃ ἐκ τοῦ στόματος αὐτοῦ
Revelation 20:1	
the key of the bottomless pit	the key of the bottomless pit
τὴν κλεῖδα τῆς ἀβύσσου	τὴν κλεῖν τῆς ἀβύσσου
Revelation 20:2	
that old serpent	that old serpent
τὸν ὄφιν τὸν ἀρχαῖον	ὁ ὄφις ὁ ἀρχαῖος
Revelation 20:2	
and Satan	and Satan
καὶ Σατανᾶς	καὶ ὁ Σατανᾶς
Revelation 20:3	
and shut him up	and shut up
καὶ ἔκλεισεν αὐτόν	καὶ ἔκλεισεν
Revelation 20:3	
that he should deceive the nations no more	that he should deceive the nations no more
ἵνα μὴ πλανήσῃ τὰ ἔθνη ἔτι	ἵνα μὴ πλανήσῃ ἔτι τὰ ἔθνη
Revelation 20:3	
and after that	after that
καὶ μετὰ ταῦτα	μετὰ ταῦτα
Revelation 20:3	
he must be loosed	he must be loosed
δεῖ αὐτὸν λυθῆναι	δεῖ λυθῆναι αὐτὸν
Revelation 20:4	
which had not worshipped the beast	which had not worshipped the beast
οἵτινες οὐ προσεκύνησαν τῷ θηρίῳ	οἵτινες οὐ προσεκύνησαν τὸ θηρίον
Revelation 20:4	
neither his image	neither his image
οὔτε τὴν εἰκόνα αὐτοῦ	οὐδὲ τὴν εἰκόνα αὐτοῦ
Revelation 20:4	
upon their foreheads	upon the foreheads
ἐπὶ τὸ μέτωπον αὐτῶν	ἐπὶ τὸ μέτωπον
Revelation 20:4	
and reigned with Christ	and reigned with the Christ
καὶ ἐβασίλευσαν μετὰ Χριστοῦ	καὶ ἐβασίλευσαν μετὰ τοῦ Χριστοῦ
Revelation 20:5	
But the rest of the dead	The rest of the dead
οἱ δὲ λοιποὶ τῶν νεκρῶν	οἱ λοιποὶ τῶν νεκρῶν
Revelation 20:5	

Textus Receptus-Scrivener	Nestle-Aland 26,27
lived not again until	lived not again until
οὐκ ἀνέζησαν ἔως	οὐκ ἔζησαν ἄχρι
Revelation 20:6	
the second death	the second death
ὁ θάνατος ὁ δεύτερος	ὁ δεύτερος θάνατος
Revelation 20:6	
a thousand years	[the] thousand years
χίλια ἔτη	(τὰ) χίλια ἔτη
Revelation 20:8	
Gog and Magog	Gog and Magog
τὸν Γὼγ καὶ τὸν Μαγώγ	τὸν Γὼγ καὶ Μαγώγ
Revelation 20:8	
to gather them together to battle	to gather them together to the battle
συναγαγεῖν αὐτοὺς εἰς πόλεμον	συναγαγεῖν αὐτοὺς εἰς τὸν πόλεμον
Revelation 20:8	
the number of whom *is* as	the number of whom of them *is* as
ὧν ὁ ἀριθμὸς ὡς	ὧν ὁ ἀριθμὸς αὐτῶν ὡς
Revelation 20:9	
and compassed the camp	and compassed the camp
καὶ ἐκύκλωσαν τὴν παρεμβολὴν	καὶ ἐκύκλευσαν τὴν παρεμβολὴν
Revelation 20:9	
and fire came down from God	and fire came down
καὶ κατέβη πῦρ ἀπὸ τοῦ Θεοῦ	καὶ κατέβη πῦρ
Revelation 20:10	
where the beast	where also the beast
ὅπου τὸ θηρίον	ὅπου καὶ τὸ θηρίον
Revelation 20:11	
a great white throne	a great white throne
θρόνον λευκὸν μέγαν	θρόνον μέγαν λευκὸν
Revelation 20:11	
and him that sat on it	and him that sat on it
καὶ τὸν καθήμενον ἐπ αὐτοῦ	καὶ τὸν καθήμενον ἐπ αὐτόν
Revelation 20:11	
from whose face	from whose face
οὗ ἀπὸ προσώπου	οὗ ἀπὸ τοῦ προσώπου
Revelation 20:12	
small and great	the great and the small
μικροὺς καὶ μεγάλους	τοὺς μεγάλους καὶ τοὺς μικρούς
Revelation 20:12	
stand before God	stand before the throne
ἐστῶτας ἐνώπιον τοῦ θεοῦ	ἐστῶτας ἐνώπιον τοῦ θρόνου
Revelation 20:12	
and the books were opened	and the books were opened
καὶ βιβλία ἠνεῴχθησαν	καὶ βιβλία ἠνοίχθησαν
Revelation 20:12	
and another book	and another book
καὶ βιβλίον ἄλλο	καὶ ἄλλο βιβλίον
Revelation 20:12	

Textus Receptus-Scrivener	Nestle-Aland 26,27
was opened	was opened
ἠνεῴχθη	ἠνοίχθη
Revelation 20:13	
the dead which were in it	the dead which were in it
τοὺς ἐν αὐτῇ νεκροὺς	τοὺς νεκροὺς τοὺς ἐν αὐτῇ
Revelation 20:13	
the dead which were in them	the dead which were in them
τοὺς ἐν αὐτοῖς νεκροὺς	τοὺς νεκροὺς τοὺς ἐν αὐτοῖς
Revelation 20:14	
This is the second death	This is the second death
οὗτος ἐστιν ὁ δεύτερός θάνατος	οὗτος ὁ θάνατος ὁ δεύτερός ἐστιν
Revelation 20:14	
....	the lake of fire
....	ἡ λίμνη τοῦ πυρός
Revelation 21:1	
were passed away	were passed away
παρῆλθε	ἀπῆλθαν
Revelation 21:2	
And I John	And
καὶ ἐγὼ Ἰωάννης	καὶ
Revelation 21:2	
saw the holy city, new Jerusalem	saw the holy city, new Jerusalem
εἶδον τὴν πόλιν τὴν ἁγίαν Ἰερουσαλὴμ καινὴν	τὴν πόλιν τὴν ἁγίαν Ἰερουσαλὴμ καινὴν εἶδον
Revelation 21:2	
coming down from God out of heaven	coming down out of heaven from God
καταβαίνουσαν ἀπὸ τοῦ Θεοῦ ἐκ τοῦ οὐρανοῦ	καταβαίνουσαν ἐκ τοῦ οὐρανοῦ ἀπὸ τοῦ θεοῦ
Revelation 21:3	
a great voice out of heaven	a great voice out of heaven
φωνῆς μεγάλης ἐκ τοῦ οὐρανου	φωνῆς μεγάλης ἐκ τοῦ θρόνου
Revelation 21:3	
and God himself shall be with them	and God himself shall be with them
καὶ αὐτὸς ὁ Θεὸς ἔσται μετ αὐτῶν	καὶ αὐτὸς ὁ θεὸς μετ αὐτῶν ἔσται
Revelation 21:3	
and be their God	[and be their God]
Θεός αὐτῶν	(αὐτῶν θεός)
Revelation 21:4	
And God shall wipe away	And shall wipe away
καὶ ἐξαλείψει ὁ Θεὸς	καὶ ἐξαλείψει
Revelation 21:4	
from their eyes	out of their eyes
ἀπὸ τῶν ὀφθαλμῶν αὐτῶν	ἐκ τῶν ὀφθαλμῶν αὐτῶν
Revelation 21:4	
for the former things	[for] the former things
ὅτι τὰ πρῶτα	(ὅτι) τὰ πρῶτα
Revelation 21:4	
are passed away	are passed away
ἀπῆλθον	ἀπῆλθαν
Revelation 21:5	

Over 8,000 Differences Between the T.R. and the Nestle-Aland Greek N.T.

Textus Receptus-Scrivener	Nestle-Aland 26,27
he that sat upon the throne	he that sat upon the throne
ὁ καθήμενος ἐπὶ τοῦ θρόνου	ὁ καθήμενος ἐπὶ τῷ θρόνῳ
Revelation 21:5	
I make all things new	I make all things new
καινὰ πάντα ποιῶ	καινὰ ποιῶ πάντα
Revelation 21:5	
And he said unto me	And he said
καὶ λέγει μοι	καὶ λέγει
Revelation 21:5	
these words are true and faithful	these words are faithful and true
οὗτοι οἱ λόγοι ἀληθινοί καὶ πιστοί εἰσι	οὗτοι οἱ λόγοι πιστοὶ καὶ ἀληθινοί εἰσιν
Revelation 21:6	
It is done	They are done
Γέγονε	Γέγοναν
Revelation 21:6	
I am	I [am]
ἐγώ εἰμι	ἐγώ (εἰμι)
Revelation 21:6	
I am Alpha and Omega	I am Alpha and Omega
τὸ Α καὶ τὸ Ὠ	τὸ Ἄλφα καὶ τὸ Ὠ
Revelation 21:7	
shall inherit all things	shall inherit these things
κληρονομήσει πάντα	κληρονομήσει ταῦτα
Revelation 21:7	
shall be my son	shall be my son
ἔσται μοι ὁ υἱός	ἔσται μοι υἱός
Revelation 21:8	
But the fearful	But the fearful
δειλοῖς δὲ	τοῖς δὲ δειλοῖς
Revelation 21:8	
and sorcerers	and sorcerers
καὶ φαρμάκευσι	καὶ φαρμάκοις
Revelation 21:8	
which is the second death	which is the second death
ὅ ἐστι δεύτερος θάνατος	ὅ ἐστιν ὁ θάνατος ὁ δεύτερος
Revelation 21:9	
And there came unto me	And there came
Καὶ ἦλθε πρὸς με	Καὶ ἦλθεν
Revelation 21:9	
one of the seven angels	one of the seven angels
εἷς τῶν ἑπτὰ ἀγγέλων	εἷς ἐκ τῶν ἑπτὰ ἀγγέλων
Revelation 21:9	
the seven angels which had the seven vials full of the seven last plagues	the seven angels which had the seven vials. who were full of the seven last plagues
τῶν ἑπτὰ ἀγγέλων τῶν ἐχόντων τὰς ἑπτὰ φιάλας τὰς γεμούσας τῶν ἑπτὰ πληγῶν τῶν	τῶν ἑπτὰ ἀγγέλων τῶν ἐχόντων τὰς ἑπτὰ φιάλας, τῶν γεμόντων τῶν ἑπτὰ πληγῶν τῶν
Revelation 21:9	
the bride, the Lamb's wife	the bride, the Lamb's wife

Over 8,000 Differences Between the T.R. and the Nestle-Aland Greek N.T.

Textus Receptus-Scrivener	Nestle-Aland 26,27
τὴν νύμφην τοῦ ἀρνίου τὴν γυναῖκα	τὴν νύμφην τὴν γυναῖκα τοῦ ἀρνίου

Revelation 21:10

to...mountain	to...mountain
ἐπ ὄρος	ἐπὶ ὄρος

Revelation 21:10

that great city, the holy Jerusalem	the holy Jerusalem
τὴν πόλιν τὴν μεγάλην, τὴν ἁγίαν Ἰερουσαλὴμ	τὴν πόλιν τὴν ἁγίαν Ἰερουσαλὴμ

Revelation 21:11

and her light *was* like	her light *was* like
καὶ ὁ φωστὴρ αὐτῆς ὅμοιος	ὁ φωστὴρ αὐτῆς ὅμοιος

Revelation 21:12

And had a wall	Had a wall
ἔχουσαν τε τεῖχος	ἔχουσα τεῖχος

Revelation 21:12

and had twelve gates	*and* had twelve gates
ἔχουσαν πυλῶνας δώδεκα	ἔχουσα πυλῶνας δώδεκα

Revelation 21:12

which are *the names* of the twelve tribes	which are [the names] of the twelve tribes
ἅ ἐστι τῶν δώδεκα φυλῶν	ἅ ἐστιν (τὰ ὀνόματα) τῶν δώδεκα φυλῶν

Revelation 21:12

of the children of Israel	children of Israel
τῶν υἱῶν Ἰσραήλ	υἱῶν Ἰσραήλ

Revelation 21:13

On the east	On the east
ἀπ᾽ ἀνατολῆς	ἀπὸ ἀνατολῆς

Revelation 21:13

on the north	and on the north
ἀπὸ βορρᾶ	καὶ ἀπὸ βορρᾶ

Revelation 21:13

on the south	and on the south
ἀπὸ νότου	καὶ ἀπὸ νότου

Revelation 21:14

had twelve foundations	had twelve foundations
ἔχον θεμελίους δώδεκα	ἔχων θεμελίους δώδεκα

Revelation 21:14

and in them	and upon them
καὶ ἐν αὐτοῖς	καὶ ἐπ αὐτῶν

Revelation 21:14

the names of the twelve apostles	the twelve names of the twelve apostles
ὀνόματα τῶν δώδεκα ἀποστόλων	δώδεκα ὀνόματα τῶν δώδεκα ἀποστόλων

Revelation 21:15

had a golden reed	had a golden measuring reed
εἶχε κάλαμον χρυσοῦν	εἶχεν μέτρον κάλαμον χρυσοῦν

Revelation 21:16

the length is as large as	the length is
τὸ μῆκος αὐτῆς τοσοῦτόν ἐστιν ὅσον	τὸ μῆκος αὐτῆς ὅσον

Revelation 21:16

the breadth	the breadth

Over 8,000 Differences Between the T.R. and the Nestle-Aland Greek N.T.

Textus Receptus-Scrivener	Nestle-Aland 26,27
καὶ τὸ πλάτος	(καὶ) τὸ πλάτος
Revelation 21:17	
an hundred *and* forty *and* four cubits	an hundred *and* forty *and* four cubits
τεσσαρακοντατεσσάρων πηχῶν	τεσσεράκοντα τεσσάρων πηχῶν
Revelation 21:18	
And...was	And
καὶ ἦν	καὶ
Revelation 21:18	
the building of the wall	the building of the wall
ἡ ἐνδόμησις τοῦ τείχους	ἡ ἐνδώμησις τοῦ τείχους
Revelation 21:18	
like unto clear glass	like unto clear glass
ὅμοια ὑάλῳ καθαρῷ	ὅμοιον ὑάλῳ καθαρῷ
Revelation 21:19	
And the foundations	The foundations
καὶ οἱ θεμέλιοι	οἱ θεμέλιοι
Revelation 21:19	
the second, sapphire	the second, sapphire
ὁ δεύτερος, σάπφειρος	ὁ δεύτερος σάπφιρος
Revelation 21:20	
the sixth, sardius	the sixth, sardius
ὁ ἔκτος, σάρδιος	ὁ ἔκτος σάρδιον
Revelation 21:20	
the ninth, a topaz	the ninth, a topaz
ὁ ἔννατος, τοπάζιον	ὁ ἔνατος τοπάζιον
Revelation 21:21	
as it were transparent glass	as it were transparent glass
ὡς ὕαλος διαφανής	ὡς ὕαλος διαυγής
Revelation 21:23	
to shine in it	to shine for it
ἵνα φαίνωσιν ἐν αὐτῇ	ἵνα φαίνωσιν αὐτῇ
Revelation 21:24	
And the nations of them which are saved shall walk in the light of it	And the nations shall walk through the light of it
καὶ τὰ ἔθνη τῶν σωζομένων ἐν τῷ φωτὶ αὐτῆς περιπατήσουσι	καὶ περιπατήσουσιν τὰ ἔθνη διὰ τοῦ φωτὸς αὐτῆς
Revelation 21:24	
do bring their glory and honour	do bring their glory
φέρουσι τὴν δόξαν καὶ τὴν τιμὼν αὐτῶν	φέρουσιν τὴν δόξαν αὐτῶν
Revelation 21:27	
any thing that defileth	any thing common
πᾶν κοινοῦν	πᾶν κοινὸν
Revelation 21:27	
neither *whatsoever*	neither *whatsoever* he that
καὶ	καὶ (ὁ)
Revelation 21:27	
worketh abomination	worketh abomination
ποιοῦν βδέλυγμα	ποιῶν βδέλυγμα

Over 8,000 Differences Between the T.R. and the Nestle-Aland Greek N.T.

Textus Receptus-Scrivener	Nestle-Aland 26,27
Revelation 22:1	
a pure river of water of life	a river of water of life
καθαρὸν ποταμὸν ὕδατος ζωῆς	ποταμὸν ὕδατος ζωῆς
Revelation 22:2	
and on either side	and on either side
ἐντεῦθεν καὶ ἐντεῦθεν	ἐντεῦθεν καὶ ἐκεῖθεν
Revelation 22:2	
every month	every month
κατὰ μῆνα ἕνα ἕκαστον	κατὰ μῆνα ἕκαστον
Revelation 22:3	
no more curse	no more curse
πᾶν κατανάθεμα οὐκ	πᾶν κατάθεμα οὐκ
Revelation 22:5	
And there shall be no night there	And there shall be night no longer
καὶ νὺξ οὐκ ἔσται ἐκεῖ	καὶ νὺξ οὐκ ἔσται ἔτι
Revelation 22:5	
and they need no	and they need no
καὶ χρείαν οὐκ ἔχουσι	καὶ οὐκ ἔχουσιν χρείαν
Revelation 22:5	
candle, neither light of the sun	light of a candle, neither light of the sun
λύχνου καὶ φωτὸς ἡλίου	φωτὸς λύχνου καὶ φωτὸς ἡλίου
Revelation 22:5	
the Lord God giveth...light	the Lord God shall give...light
Κύριος ὁ Θεὸς φωτίζει	κύριος ὁ θεὸς φωτίσει
Revelation 22:5	
them	upon them
αὐτούς	ἐπ αὐτούς
Revelation 22:6	
and the Lord God	and the Lord God
καὶ Κύριος ὁ Θεὸς	καὶ ὁ κύριος, ὁ θεὸς
Revelation 22:6	
of the holy prophets	of the spirits of the prophets
τῶν ἁγίων προφητῶν	τῶν πνευμάτων τῶν προφητῶν
Revelation 22:7	
Behold	And, behold
ἰδοὺ	καὶ ἰδοὺ
Revelation 22:8	
And I John	And I John
Καὶ ἐγὼ Ἰωάννης	Κἀγὼ Ἰωάννης
Revelation 22:8	
saw these things, and heard *them*	heard these things, and saw *them*
ὁ βλέπων ταῦτα καὶ ἀκούων	ὁ ἀκούων καὶ βλέπων ταῦτα
Revelation 22:9	
for I am thy fellowservant	I am thy fellowservant
σύνδουλός σού γὰρ εἰμι	σύνδουλός σού εἰμι
Revelation 22:10	
for the time is at hand	for the time is at hand
ὅτι ὁ καιρὸς ἐγγύς ἐστιν	ὁ καιρὸς γὰρ ἐγγύς ἐστιν

Textus Receptus-Scrivener	Nestle-Aland 26,27
Revelation 22:11	
and he which is filthy	and the filthy *one*
καὶ ὁ ῥυπῶν	καὶ ὁ ῥυπαρὸς
Revelation 22:11	
let him be filthy still	let him be filthy still
ῥυπωσάτω ἔτι	ῥυπανθήτω ἔτι
Revelation 22:11	
let him be righteous still	let him practice righteousness still
δικαιωθήτω ἔτι	δικαιοσύνην ποιησάτω ἔτι
Revelation 22:12	
And, behold	Behold
καὶ ἰδοὺ	Ἰδοὺ
Revelation 22:12	
as his work shall be	as his work is
ὡς τὸ ἔργον αὐτοῦ ἔσται	ὡς τὸ ἔργον ἐστὶν αὐτοῦ
Revelation 22:13	
I am	I
εἰμι ἐγὼ	ἐγὼ
Revelation 22:13	
Alpha and Omega	Alpha and Omega
τὸ Α καὶ τὸ Ω	τὸ Ἄλφα καὶ τὸ Ὦ
Revelation 22:13	
the beginning and the end, the first and the last	the first and the last, the beginning and the end
ἀρχὴ καὶ τέλος, ὁ πρῶτος καὶ ὁ ἔσχατος	ὁ πρῶτος καὶ ὁ ἔσχατος, ἡ ἀρχὴ καὶ τὸ τέλος
Revelation 22:14	
Blessed *are* they that do his commandments	Blessed *are* they that wash their robes
μακάριοι οἱ ποιοῦντες τὰς ἐντολὰς αὐτοῦ	Μακάριοι οἱ πλύνοντες τὰς στολὰς αὐτῶν
Revelation 22:15	
For without *are* dogs	Without *are* dogs
ἔξω δὲ οἱ κύνες	ἔξω οἱ κύνες
Revelation 22:15	
and whosoever loveth	and whosoever loveth
καὶ πᾶς ὁ φιλῶν	καὶ πᾶς φιλῶν
Revelation 22:16	
and the offspring of David	and the offspring of David
καὶ τὸ γένος τοῦ Δαβίδ	καὶ τὸ γένος Δαυίδ
Revelation 22:16	
the bright and...star	the bright...star
ὁ ἀστὴρ ὁ λαμπρὸς καὶ	ὁ ἀστὴρ ὁ λαμπρὸς
Revelation 22:16	
morning	morning
ὀρθρινός	ὁ πρωϊνός
Revelation 22:17	
say, Come	say, Come
λέγουσιν, Ἐλθέ	λέγουσιν, Ἔρχου
Revelation 22:17	
say, Come	say, Come
εἰπάτω, Ἐλθέ	εἰπάτω, Ἔρχου

Over 8,000 Differences Between the T.R. and the Nestle-Aland Greek N.T.

Textus Receptus-Scrivener	Nestle-Aland 26,27
Revelation 22:17	
And let him that is athirst come	And let him that is athirst come
καὶ ὁ διψῶν ἐλθέτω	καὶ ὁ διψῶν ἐρχέσθω
Revelation 22:17	
And whosoever will	Whosoever will
καὶ ὁ θέλων	ὁ θέλων
Revelation 22:17	
let him take the water	let him take *the* water
λαβανέτω τὸ ὕδωρ	λαβέτω ὕδωρ
Revelation 22:18	
For I testify	I testify
Συμμαρτυροῦμαι γὰρ	Μαρτυρῶ ἐγὼ
Revelation 22:18	
unto every man that heareth	unto every man that heareth
παντὶ ἀκούοντι	παντὶ τῷ ἀκούοντι
Revelation 22:18	
If any man shall add unto these things	If any man shall add unto these things
ἐάν τις ἐπιτιθῇ πρὸς ταῦτά	ἐάν τις ἐπιθῇ ἐπ αὐτά
Revelation 22:18	
that are written in this book	that are written in this book
τὰς γεγραμμένας ἐν βιβλίῳ τούτῳ	τὰς γεγραμμένας ἐν τῷ βιβλίῳ τούτῳ
Revelation 22:19	
if any man shall take away from	if any man shall take away from
ἐάν τις ἀφαιρῇ ἀπὸ	ἐάν τις ἀφέλῃ ἀπὸ
Revelation 22:19	
the words of the book	the words of the book
τῶν λόγων βιβλίου	τῶν λόγων τοῦ βιβλίου
Revelation 22:19	
God shall take away	God shall take away
ἀφαιρήσει ὁ Θεὸς	ἀφελεῖ ὁ θεὸς
Revelation 22:19	
his part out of the book of life	his part out of the tree of life
τὸ μέρος αὐτοῦ ἀπὸ βίβλου τῆς ζωῆς	τὸ μέρος αὐτοῦ ἀπὸ τοῦ ξύλου τῆς ζωῆς
Revelation 22:19	
and *from* the things which are written	*from* the things which are written
καὶ τῶν γεγραμμένων	τῶν γεγραμμένων
Revelation 22:19	
in this book	in this book
ἐν βιβλίῳ τούτῳ	ἐν τῷ βιβλίῳ τούτῳ
Revelation 22:20	
Even so, come, Lord Jesus	Come, Lord Jesus
Ναί ἔρχου, Κύριε Ἰησοῦ	ἔρχου, κύριε Ἰησοῦ
Revelation 22:21	
The grace of our Lord	The grace of the Lord
Ἡ χάρις τοῦ Κυρίου ημῶν	Ἡ χάρις τοῦ κυρίου
Revelation 22:21	
Jesus Christ	Jesus
Ἰησοῦ Χριστοῦ	Ἰησοῦ

Textus Receptus-Scrivener	Nestle-Aland 26,27
Revelation 22:21	
be with you all	*be* with all
μετὰ πάντων ὑμῶν	μετὰ πάντων
Revelation 22:21	
Amen	....
ἀμήν	....

About the Editor

The editor and publishing agent of this book, Dr. D. A. Waite, received a B.A. (Bachelor of Arts) in Classical Greek and Latin from the University of Michigan in 1948, a Th.M. (Master of Theology), with high honors, in New Testament Greek Literature and Exegesis from Dallas Theological Seminary in 1952, an M.A. (Master of Arts) in Speech from Southern Methodist University in 1953, a Th.D. (Doctor of Theology), with honors, in Bible Exposition from Dallas Theological Seminary in 1955, and a Ph.D. in Speech from Purdue University in 1961. He holds both New Jersey and Pennsylvania teacher certificates in Greek and Language Arts.

He has been a teacher in the areas of Greek, Hebrew, Bible, Speech, and English for over thirty-five years in ten schools, including one junior high, one senior high, three Bible institutes, two colleges, two universities, and one seminary. He served his country as a Navy Chaplain for five years on active duty; pastored three churches; was Chairman and Director of the Radio and Audio-Film Commission of the American Council of Christian Churches; since 1971, has been Founder, President, and Director of THE BIBLE FOR TODAY; since 1978, has been President of the DEAN BURGON SOCIETY; has produced over 700 other studies, books, cassettes, or VCR's on various topics; and is heard on both a five-minute daily and thirty-minute weekly radio program IN DEFENSE OF TRADITIONAL BIBLE TEXTS, on national radio and shortwave. His 60-minute church services (Romans through Revelation Verse by Verse) can be viewed on streaming video on the Internet at BibleForToday.org, 24/7/365. Dr. and Mrs. Waite have been married since 1948; they have four sons, one daughter, and, at present, eight grandchildren, and three great-grandchildren. Since October 4, 1998, he has been the Pastor of the Bible For Today Baptist Church in Collngswood, New Jersey.

Order Blank (p. 3)

Name:_____

Address:_____

City & State:_____Zip:_____

Credit Card #:_____Expires:_____

More Books By Dr. Jack Moorman

[ ] Send *The Doctrinal Heart of the Bible--Removed from Modern Versions* by Dr. Jack Moorman, VCR, $15 +$4 S&H

[ ] Send *Modern Bibles--The Dark Secret* by Dr. Jack Moorman, $5 + $2 S&H

[ ] Send *Samuel P. Tregelles--The Man Who Made the Critical Text Acceptable to Bible Believers* by Dr. Moorman ($2+$1)

Books By or About Dean Burgon

[ ] Send *The Revision Revised* by Dean Burgon ($25 + $4 S&H) A hardback book, 640 pages in length.

[ ] Send *The Last 12 Verses of Mark* by Dean Burgon ($15+$4 S&H) A hardback book 400 pages.

[ ] Send *The Traditional Text* hardback by Burgon ($16 + $4 S&H) A hardback book, 384 pages in length.

[ ] Send *Causes of Corruption* by Burgon ($15 + $4 S&H) A hardback book, 360 pages in length.

[ ] Send *Inspiration and Interpretation*, Dean Burgon ($25+$4 S&H) A hardback book, 610 pages in length.

[ ] Send *Burgon's Warnings on Revision* by DAW ($7+$3 S&H) A perfect bound book, 120 pages in length.

] Send *Westcott & Hort's Greek Text & Theory Refuted by Burgon's Revision Revised--Summarized* by Dr. D. A. Waite ($7.00 + $3 S&H), 120 pages, perfect bound.

[ ] Send *Dean Burgon's Confidence in KJB* by DAW ($3+$3)

[ ] Send *Vindicating Mark 16:9-20* by Dr. Waite ($3+$3 S&H)

[ ] Send *Summary of Traditional Text* by Dr. Waite ($3 +$2)

[ ] Send *Summary of Causes of Corruption*, DAW ($3+$2)

[ ] Send *Summary of Inspiration* by Dr. Waite ($3 + $2 S&H)

Send or Call Orders to:

THE BIBLE FOR TODAY

900 Park Ave., Collingswood, NJ 08108

Phone: 856-854-4452; FAX:--2464; Orders: 1-800 JOHN 10:9

E-Mail Orders: BFT@BibleForToday.org; Credit Cards OK

Website: www.BibleForToday.org

Order Blank (p. 4)

Name:_____

Address:_____

City & State:_____Zip:_____

Credit Card #:_____Expires:_____

Books by D. A. Waite, Jr.

[ ] Send *Readability of A.V. (KJB)* by D. A. Waite, Jr. ($6+$3)
[ ] Send *4,114 Definitions from the Defined King James Bible*
   by D. A. Waite, Jr. ($7.00+$3.00 S&H)
[ ] Send *The Doctored New Testament* by D. A. Waite, Jr.
   ($25+$4 S&H) Greek MSS differences shown, hardback
[ ] Send *Defined King James Bible* lg. prt. leather ($40+$6)
[ ] Send *Defined King James Bible* med. prt. leather ($35+$5)

Book by Dr. H. D. Williams

[ ] Send *The LIE That Changed the Modern World* by Dr.
   H. D. Williams ($16+$4 S&H) Hardback book

Miscellaneous Authors

[ ] Send *Guide to Textual Criticism* by Edward Miller ($7+$4)
   Hardback book
[ ] Send *Scrivener's Greek New Testament Underlying the King
   James Bible*, hardback, ($14+$4 S&H)
[ ] Send *Scrivener's Annotated Greek New Testament*, by Dr.
   Frederick Scrivener: Hardback--($35+$5 S&H);
   Genuine Leather--($45+$5 S&H)
[ ] Send *Why Not the King James Bible?--An Answer to James
   White's KJVO Book* by Dr. K. D. DiVietro, $10+$4 S&H
[ ] Send Brochure #1: "*1000 Titles Defending KJB/TR*"(N.C.)
   Send or Call Orders to:
   THE BIBLE FOR TODAY
   900 Park Ave., Collingswood, NJ 08108
Phone: 856-854-4452; FAX:--2464; Orders: 1-800 JOHN 10:9
E-Mail Orders: BFT@BibleForToday.org; Credit Cards OK
   Website: www.BibleForToday.org

the
BIBLE
FOR
TODAY

900 Park Avenue
Collingswood, NJ 08108
Phone: 856-854-4452
www.BibleForToday.org

The Dean Burgon Society
Box 354, Collingswood, NJ 08108
Phone: 856-854-4452
www.DeanBurgonSociety.org

#3084

Printed in the United States
111533LV00001B/4/P